城厢年鉴

YEARBOOK OF CHENGXIANG 2019

中共莆田市城厢区委　城厢区人民政府主办
中共莆田市城厢区委党史和地方志研究室承编

方志出版社
Publishing House of Local Records

图书在版编目（CIP）数据

城厢年鉴．2019 / 中共莆田市城厢区委党史和地方志研究室编．-- 北京 ：方志出版社，2020.1
ISBN 978-7-5144-4090-4

I. ①城… II．①中… III．①区（城市）－莆田－2019－年鉴 IV．① Z525.74

中国版本图书馆 CIP 数据核字（2020）第 059085 号

城厢年鉴（2019）

编　　者：中共莆田市城厢区委党史和地方志研究室
责任编辑：王　娜

出 版 者：方志出版社
地址　北京市朝阳区潘家园东里 9 号（国家方志馆 4 层）
邮编　100021
网址　http://www.fzph.org
发　　行：方志出版社图书经销中心
电话（010）67110500
经　　销：各地新华书店
印　　刷：福州报业鸿升印刷有限责任公司

开　　本：889×1194　1/16
印　　张：24
字　　数：609 千字
版　　次：2020 年 1 月第 1 版　2020 年 1 月第 1 次印刷
印　　数：001 ～ 500 册

ISBN　978-7-5144-4090-4　定价：260.00 元

《城厢年鉴》编辑部

主　　　编：林建如

副　主　编：黄敢力　　吴胜飞　　林丽洪

执行副主编：郑美梅

编　　　辑：谢　彬　　方友新　　吴娓金　　陈荔婷
　　　　　　林葵华　　张与望　　郑星星　　卢永芳

编辑说明

一、《城厢年鉴》是中共莆田市城厢区委、城厢区人民政府主办的地方年度资料性文献，由中共莆田市城厢区委党史和地方志研究室具体承纂，一年一卷，公开出版。

二、《城厢年鉴（2019）》以马克思列宁主义、毛泽东思想、邓小平理论、“三个代表”重要思想、科学发展观、习近平新时代中国特色社会主义思想为指导，坚持辩证唯物主义和历史唯物主义的立场、观点和方法，全面、客观、翔实、系统地记载2018年城厢区政治、经济、文化、社会、生态等方面基本情况，突出反映各行各业、各条战线的新发展、新成就、新经验。

三、本年鉴原则上记载城厢区2018年度资料，记事时限为2018年1月1日至2018年12月31日。年鉴内容分为三大版块，卷首设图片、特载、专记、大事记、区情概况；内文（主体部分）以概况、职能、工作条目、综合记事条目及年度动态条目等各类条目为主要信息和基本撰稿内容；卷末设先进单位、先进个人和领导名录以及收录个别重要文献资料。

四、本年鉴框架设计上采用栏目、分目、条目三级结构，除特载、专记收录综合性文章外，内文（主体部分）采用综合年鉴规范性记述，以条目为基本单元和主要表现形式。

五、本年鉴采用记述体为主兼具说明体，文字、标点符号、计量单位均以国家现行规范为准。文中凡简称“党员”均指中国共产党党员，“省、全省”均指福建省，“市、全市”均指莆田市，“区、全区”均指城厢区。

六、本年鉴所有资料均由各有关单位提供并审核，作者署名。相关统计数据，均以区统计局公布统计资料为准，统计局统计范围之外的数据，由各主管部门提供。由于统计口径不同，个别数据在不同条目中不尽相同，使用时请注意出处。全区文稿经区保密局审查。

城厢区地图

图例
设区市行政中心
县级行政中心
街道办事处 乡、镇
社区居委会 村委会
自然村
设区市行政区域界
县级行政区域界
乡镇级界线
高速公路
出入口 枢纽
铁路及车站
在建铁路
G228 国道
在建国道
S211 省道
县道
一级街道
二级街道
一般道路
山峰
景点
盐田
河流及水库
比例尺1:170 000
审图号：闽S〔2019〕144号
福建省制图院 编制 资料截至2018年12月
注：本图界线为权宜画法，不作划界依据。
莆田市
城厢区
荔城区
常太镇
华亭镇
灵川镇
东海镇
龙桥街道
凤凰山街道
霞林街道
镇海街道
拱辰街道
西天尾镇
新度镇
白沙镇
钟山镇
枫亭镇
界山镇
东庄镇
东圳水库
仙游县
涵江区
秀屿区
泉州市
九龙谷
李富墓
石室岩寺
凤凰山
释迦文佛塔
林兆恩墓
木兰陂
延寿桥
东汾五帝庙
灵川盐场
秀屿港区
枫亭港
莆田站
莆田东站
S10莆永
G15沈海
G1517莆炎
G324
G356
G228
S211
S213
福厦高铁

城南木兰溪木兰陂段　（许金珊 摄）

城北新貌　　（许金珊 摄）

10 月 28 日，海内外高僧大德共植“同愿林”　（陈斌 摄）

10 月 28 日，海内外高僧大德共步同心桥　（陈斌 摄）

佛教论坛之夜，南湖公园喷泉秀　（许金珊 摄）

10 月 28 日，莆田市美术馆在霞林街道霞林社区揭幕　　（陈斌　摄）

10 月 30 日，第五届世界佛教论坛分论坛在莆田市美术馆举行　　（蔡昊　摄）

10 月 28 日，海内外高僧大德到莆田市美术馆参观　　（蔡昊　摄）

金海湾立交桥夜景　（许金珊 摄）

12 月 17 日，城厢区逸夫小学西门立交桥投入使用　（许金珊 摄）

2018 年 6 月 3 日，城厢区“YouBike 微笑自行车”正式启用　（许金珊摄）

X281天龟线 （许金珊 摄）

2018 年，滨溪安置房投入使用
（许金珊 摄）

9 月 28 日，东圳库区搬迁安置首批业主入住“圳湖华苑”
（许金珊 摄）

鸟瞰莆田市美术馆 （蔡昊 摄）

泗华溪与绶溪公园交汇处 （许金珊 摄）

2月27日，绶溪公园播放水上电影 （许金珊 摄）

5月3日，城厢区举行城市管理网格化暨执勤巡逻车车辆交接仪式
（区报道组 供）

10月4日，城常公路使用柏油补裂缝
（许金珊 摄）

东圳水库
（许金珊 摄）

2月3日，城厢区在华亭镇前柳村举办“移风易俗人人倡 平安家庭户户创”主题晚会

（区报道组 供）

5月31日，城厢区举行庆“六一”暨少先队入队仪式示范活动（许金珊 摄）

2月3日，城厢区南门社区举办联谊慰问（区报道组 供）

2 月 11 日，莆田五中南大门举行落成揭牌仪式 （蔡新添 摄）

7 月 3 日，华林学校举办第三届“传递爱心 扶志助学”公益夏令营活动 （陈丽君 摄）

12 月 14 日，城厢区筱糖小学举办十岁成长礼—“十载缤纷路 追梦少年礼” （许金珊 摄）

5 月 26 日，城厢区举行 2018 年中学生合唱比赛 （许金珊 摄）

7 月 30 日，宏峰集团（福建）有限公司慰问环卫工人（凡英 摄）

6 月 16 日，区住建局在万达广场开展安全宣传月咨询日活动 （陈宏斌 摄）

2月9日，小书法家义务写春联
（蔡新添 摄）

5月31日，城厢区在华亭镇花卉世界举办亲子活动 （蔡新添 摄）

2月17日，东海镇举办春节文体活动 （蔡新添 摄）

6月8日，常太镇下莒村污水治理中　　（易振环 摄）

3月22日，城厢区水务局到常太镇开展世界水日宣传活动
（黄知岸 摄）

12月5日，城厢区教育局组织美育工作考察团赴浙访学交流　　（许金珊 摄）

目 录

特 载

专 记

大事记

区情概况

中共莆田市城厢区委员会

莆田市城厢区人民代表大会

莆田市城厢区人民政府

政协莆田市城厢区委员会

法治 军事

民主党派 社会团体

经济管理

农业　水利

工业 商业

建设 环保

交通运输

金融 保险

教育 科技

文化　旅游

卫生 计划生育

人力资源 社会保障

民 政

社会 民生

镇 街

人 物

名 录

附 录

索 引

区委常委会工作报告

（2018 年 12 月 29 日在区委九届九次全会上）

城厢区委书记　王文才

我受区委常委会委托，向全会报告区委九届六次全会以来的工作。

一年来，在市委的坚强领导下，区委常委会坚持以习近平新时代中国特色社会主义思想为指导，全面贯彻党的十九大和十九届二中、三中全会精神，深入学习贯彻习近平总书记对福建工作的重要指示精神和治理木兰溪的重要理念，紧紧围绕区委九届六次、七次、八次全会确定的目标和坚持高质量发展落实赶超要求，团结带领全区干部群众，全面贯彻落实上级的决策部署，推动经济、政治、文化、社会、生态文明建设和党的建设取得新进展。

一、聚焦学懂弄通做实，持续掀起“大学习”热潮

常委会始终坚持把学习宣传贯彻习近平新时代中国特色社会主义思想和党的十九大精神作为首要政治任务，严格按照中央的“十个领会”“五个聚焦”要求，精心组织开展学习宣传贯彻系列活动，推动新思想和党的十九大精神在城厢落地生根、开花结果。

突出领导带头。按照省委关于全面兴起“大学习”热潮的部署要求，区委常委以身作则，带头原原本本、认认真真学习，先后召开 32 次区委中心组学习会，集中学习习近平新时代中国特色社会主义思想三十讲等新理论，并开展专题研讨 6 次；利用夜间学堂，举办科级干部“深入学习贯彻习近平新时代中国特色社会主义思想”专题班，组织专题学习 8 次，引导全区党员干部把学习新思想与贯彻落实习总书记对福建工作的重要指示精神结合起来，与践行总书记治理木兰溪的重要理念结合起来，深刻把握新思想的发展脉络，准确领会新思想的精髓要义，进一步树牢“四个意识”，坚定“四个自信”，践行“两个维护”。

突出氛围营造。不断丰富和创新学习宣传载体，组织区委宣讲团深入企业、农村、机关、校园、社区等基层一线，开展巡回宣讲；借助《今日城厢》《城厢新闻网》《城厢基层党建》等“两微一端”

新媒体，开设一批专栏、专题；结合莆田小戏、曲艺小品等地方特色文艺演出，推动全区各个领域、各条战线、各行各业全面兴起“大学习”热潮，把学习宣传贯彻新思想不断引向深入。今年以来，全区学习宣传情况先后10次在中央电视台、福建电视台上报道。

突出学用结合。引导全区各级领导干部充分发挥“头雁效应”，以开展“强突破、促提升、争先行”行动为工作主线，紧密结合纪念建党97周年系列活动、推进“两学一做”学习教育常态化制度化、巡视整改专题民主生活会、美丽莆田先行区建设等，大兴调查研究之风，深入基层、深入一线，谋思路、找方法，解难题、促发展，努力做到“学思用贯通、知信行合一”，真正将学习成效转化为推动城厢发展的强大动力。

二、聚焦高质量发展落实赶超，持续夯实经济稳健运行基础

常委会始终坚持新发展理念，坚持质量第一、效益优先，紧抓供给侧结构性改革这一主线，加大重点项目攻坚协调力度，持续优化产业结构，高质量发展落实赶超的基础进一步夯实。

全力以赴稳增长。紧盯全年目标，进一步细化分解任务，把高质量发展落实赶超落实到每一项具体工作中，努力在新一轮发展中争先进位。全年预计（下同）全区生产总值完成397亿元，增长9%；农林牧渔业总产值完成16.8亿元，增长1%；规模以上工业产值完成331亿元，增长10.3%，增加值增长9%；固定资产投资增长25%；财政总收入完成34.2亿元，增长7.6%，其中地方级财政收入完成22.8亿元，增长7%；社会消费品零售总额完成246亿元，增长14.5%。外贸出口总额完成62.7亿元，增长9.4%。

全力以赴促升级。坚持把发展经济的着力点放在实体经济上，把提高供给体系质量作为主攻方向，不断增强经济创新力和竞争力，三次产业比例调整为2.1∶39.9∶58，产业结构持续优化。做大做强实体工业。认真落实中央和省、市出台的一系列促进企业产能发挥、落实工业稳定增长的政策措施，促进工业持续平稳增长。把稳增长的重点放在现有企业上，重新认真梳理各项帮扶企业政策11项，完善落实区领导、区直部门挂钩帮扶企业制度，积极为企业排忧解难。今年以来，共指导91家企业争取各级惠企政策奖励资金4339万元，为22家企业办理应急转贷5.8亿元。大力支持企业技改扩建、增产增效，组织实施省市重点工业企业技改项目17个，完成总投资8.54亿元，15家企业通过两化融合贯标体系认定，9家企业获评福建省名牌。实施创新驱动战略，注重“两高”企业培育，新增省“专精特新”中小企业4家、省制造业“单项冠军产品”称号1家，省级高成长企业13家，高成长企业、高新技术企业占比全市第一。提质提升现代服务业。继续把加快服务业发展作为转方式调结构的战略举措，深入实施现代服务业提速提质工程，全力抓好“4个+”，增创转型发展新优势。①扶持“平台+”。立足区位、区域资源优势，依托鞋服、食品、工艺美术等传统特色产业，对标先进地区做法，全力抓好跨境电商、智慧能源等平台建设。目前，智慧能源一期已签约加盟在外民营加油站300家，跨境电商通关服务平台启动建设，中国跨境电商中心实现开园，“大工美之家”平台上线试运营。②壮大“互联网+”。坚持以电商小镇为引领，以电商产业为主导，联合商务部研究院成功举办首届“一带一路”跨境电商国际合作高峰论坛，有效提升电商小镇影响力和辐射力，打响莆田电商名片。③培育“楼宇+”。依托现有31栋100万㎡商务楼宇资源，积极引进新能源、医药等企业，大力发展总部经济，同仁堂福建营销总部已成功试运营，纳云川新能源汽车总部2019年初投产运营。④发展“旅游+”。积极主动融入“清新福建”，加快天龟线、灵华线和木兰溪流域景观轴建设，全力打造莆田第二个国家旅游度假区，培育文化旅游和生态休闲旅游增长极，创建“省级全域旅游示范区”。今年以来，全区游客接待量达897万人次，实现旅游收入88亿元。做精做特现代农业。坚持农业生产集约化、规模化经营，全年流转用地840公顷。大力发展设施工业、高优农业，完成农民创业园示范基地、华亭利农蔬菜现代农业产业园建设，加快推进扶贫农场、温氏肉禽产业园、华亭桂圆产业园等一批重点项目，力促农业综合效益稳步提升。

全力以赴攻项目。坚持抓龙头、铸链条、建集群，谋划和推进一批重大产业项目。全年新增总投资亿元以上项目260个，总投资2000亿元以上，13个省重点项目、59个市重点项目、139个市级九大专项行动项目和7个市重大攻坚项目均完成年度计划任务，被评为“美丽莆田”建设优秀县区。坚持“一把手”抓招商，实施产业链招商、以商引商、点对点招商，全年招商项目25个，总投资320亿元。创新“五个一批”项目综合考评办法，固投始终保持高幅增长，四个季度均排名全市第一，“五个一批”考评上半年排名全市第一、第三季度排名第二。总结推广“指挥部+党支部”等经验做法，采取组团式集中攻坚等措施，全年征地149.2公顷，拆除房屋超200万㎡，成功出让坂头东、莆田学院二期等5宗192亩经营性土地，油画城、钟潭、屿上、万达南、坂头东、樟塘整村改造等项目征迁创出“城厢速度”。

三、聚焦群众关切期盼，持续保障和改善民生

常委会始终坚持以人民为中心的发展思想，以群众关心关注的问题为导向，着力加强以保障和改善民生为重点的社会建设，努力增强人民群众获得感、幸福感、安全感。

完善社会保障体系。切实办好15件年度惠民实事项目，回应群众关切，满足群众需求。以巩固脱贫成果为重点，结合乡村振兴、“破壳消薄”等行动，精准落实就业、教育、健康、住房、小额信贷、低保兜底等措施，全区763户2304名建档立卡贫困户实现高质量稳定脱贫，7个贫困村全部摘帽。加快安置房和保障房项目建设，泗华滨溪二期、莆田西等6个安置房3746户群众实现回迁，木兰大道、木兰溪防洪工程濑溪安置区等8个安置房动工建设，第三批经济适用房完成配售。不断完善养老服务体系，新建3个街道日间照料中心和24个农村幸福院。城乡低保人均补助水平进一步提高，共发放低保补助等各类救助资金约1.2万人次2500多万元。实施更加积极的就业政策，多渠道促进就业创业，新增城镇就业人员3167人，帮助下岗失业人员再就业354人，期末城镇登记失业率为2.01%，低于市控目标。

加快社会事业发展。坚持教育优先发展，积极推进教育基础设施建设，兴安小学及附设园、太平小学等一批学校改造扩容投入使用，新增幼儿园学位480个、小学学位600个；中高考总分、平均分均居全市各县区第一，荣获“省先进教育县区”“市教育优秀管理县区”称号，“教育强区”工作被定为全省重点发展对象。医药卫生体制改革不断深化，基层卫生服务逐步完善，完成58个村卫生所一体化建设，区医院与省人民医院等3家省内名医院建立协作关系，公共卫生服务保障能力持续增强。积极创建全国知识产权强县试点，专利申请量1423件，居全市第一。加强党管武装工作，积极做好双拥优抚安置工作，巩固深化双拥共建发展成果。

统筹城乡协调发展。以创建国家历史文化名城和实施“城乡规划建设管理提升年”为契机，结合第五届世界佛教论坛筹办工作，大力推进南湖公园—美术馆—木兰陂为重点的61个提升年攻坚项目，实现创建省级文明城区“四连冠”，城市的美誉度和影响力大幅提升。其中，莆田美术馆建成试开放，成功承办佛教与艺术电视分论坛暨“圆融”佛教艺术展，成为莆田新地标；完成莆田西高速路出口—荔城大道—东园路沿线建筑立面改造及夜景工程建设、公园建设提升10个、打通“断头路”3条、架设立交桥及人行天桥6座、实现主次干道通车5条、道路“白改黑”5条、新增公共停车位近1500个，整个城区颜值更高、交通更有序、出行更温馨。大力推进乡村振兴战略，成立区振兴乡村集团，实施壮大村级集体经济“破壳消薄”工程，59个“薄弱村”全部实现收入超5万元。持续共建美丽乡村，全域开展乡村人居环境治理和“厕所革命”，农村垃圾无害化处理率达 99% 以上，新建公厕 116 座，作为福建省模板在全国展示。

维护社会安定稳定。紧盯第五届世界佛教论坛等重要节点，加大维稳工作力度，社会总体保持安定稳定。坚决打好防范化解重大风险攻坚战，处置化解不良贷款 52 笔金额 14.74 亿元，完成市政府年初下达不良率 2.5% 以内的防控目标，坚决守住区域不发生系统性风险的底线。以中央督导组下沉督导为契机，纵深推进扫黑除恶专项斗争，集中攻坚重点案件、重点问题、重点领域，强力整治电信诈骗、“套路贷”等群众反映的突出问题，社会治安形势持续向好。加强矛盾纠纷排查化解，突出综治网格中心实战化，创新提升大调解中心、商会调解、网上调解、名人调解等多元矛盾调解机制，树立了“莆田枫桥经验”品牌。严格落实安全生产责任，扎实开展安全生产“严排查、严整治、严监管”活动和“严整治、促提升”专项行动，聚焦 25 个重点行业领域，排查整改各类隐患 4062 项，全年未发生较大及重特大安全生产事故。成功防控非洲猪瘟，顺利通过验收评估并解除疫区封锁。开展全国食品安全城市创建活动，做好防汛防台风工作，全区大局安定稳定。

四、聚焦体制机制创新，持续增创改革开放新优势

常委会坚持以改革开放 40 周年为契机，积极先行先试，大胆探索创新，努力在新一轮改革开放大潮中，迈出更大步伐，实现更大突破。

突破重点领域改革。按照“惠企政策落下去、市场主体活起来、领导干部动起来”的要求，主动对标对表中央和省里的评价指标体系，加快转变政府职能，进一步简政放权，持续深化“放管服”改革，全面推行“一趟不用跑”“最多跑一趟”和“政务+互联网”，实现事项达 95.9%。全面实施第二轮“多证合一”“证照分离”等商事制度改革，全市首家开发运行企业服务平台，及时收集、全程跟踪、精准解决企业反映问题。积极构建亲清新型政商关系，加快建设法治政府、诚信政府，深入开展企业大走访活动，及时协调解决用水用电、用工融资等问题，帮助企业技改创新、增资扩产，大力营造尊商重商、亲商安商、扶商兴商的良好环境。此外，严格按照中央和省委、市委的统一部署，准确有序推进机构改革，为高质量发展落实赶超提供重要保证。

扩大对外开放水平。主动承接“海丝”核心区、福建自贸区、福厦泉国家自主创新示范区政策外溢，持续谋划生成新的项目并列入省、市计划盘子，形成项目滚动发展、接续推进的良好态势。精心组织首届城厢区两岸中华五帝文化论坛，成功举办“大爱妈祖”两岸书画精品大联展、“海峡两岸·食在城厢”首届台湾美食文化节，进一步促进两岸艺术交流和民间来往。今年以来，共对接引进台资项目（含意向）10 个，总投资 8 亿元。

五、聚焦宣传思想文化工作，持续唱响主旋律传播正能量

常委会认真落实党委意识形态工作主体责任，紧扣“举旗帜、聚民心、育新人、兴文化、展形象”的使命任务，强化政治担当，保持战略定力，坚持守正创新，推动宣传思想文化工作再上新水平。

牢牢掌握意识形态工作领导权。强化理论武装，通过集中学习讨论、专题讲座、知识竞赛等形式，全面兴起习近平新时代中国特色社会主义思想“大学习”热潮，推动党的理论创新成果深入人心。强化舆论引导，围绕改革开放 40 周年等重大主题及全区中心工作，在中央、省级和市级主流媒体刊发新闻稿件 1200 多篇（幅），认真做好网上网下负面舆情的收集、分析、研判和处置，形成良好舆论声势。强化阵地管理，坚决守好新闻媒体、公共宣传载体、党校课堂、论坛、报告会等意识形态领域阵地，牢牢把握意识形态工作的领导权、主动权和话语权。强化责任落实，以抓好中央、省委巡视反馈问题整改为契机，进一步建立健全意识形态领域分析研判常态化、纳入干部考察及科级干部年度考核等制度，组织开展专题督查考评，推动意识形态工作责任制落实落地落细。

积极培育践行社会主义核心价值观。以筹办第五届世界佛教论坛为契机，大力开展“百日攻坚打硬仗、文明城市再提升”活动，省级文明城区创建实现“四连冠”。以培育和践行社会主义核心价值观为根本，大力加强公民道德建设，培育推选“福建好人”2名，评选表彰区级基层“最美人物”10名，开展道德模范宣讲、故事汇巡演等活动20余场，推动形成见贤思齐、崇德向善的良好氛围。以创建全国“志愿之城”为抓手，扎实推进志愿服务制度化、常态化建设，组织开展各类志愿服务活动150余场次，防诈骗反传销宣传志愿服务活动入选全省学雷锋志愿服务“四个最美”先进典型名单。以弘扬社会主义新风尚为目标，大力推进以整治禁燃禁炮、殡葬恶俗等不良风气为重点的移风易俗工作，推动公民文明素质和城乡文明程度进一步提升。

推进文化事业和文化产业繁荣发展。围绕推动文化产业高质量发展，重点扶持欧雅艺术、腾晖木雕等一批核心竞争力强的大型文化企业，带动全区文化产业整体发展水平提升。围绕满足群众美好精神文化生活新期待，新建提升48个村级文化综合服务中心，建成一批农家书屋、文化激情广场、多功能运动场所等文体设施，新增省非物质文化遗产代表性项目2个，组织创作《家园记忆》（华亭篇）等一批优秀文艺作品，持续打造“百姓大舞台”、“我们的节日”等公益文化活动品牌，着力化解文化发展中的不平衡不充分问题。围绕打击非法有害出版活动、侵权盗版等重点任务，积极开展扫黄打非“净网”“护苗”“秋风”等系列专项整治行动，持续净化全区文化市场环境。

六、聚焦生态环境保护，持续践行绿色发展理念

常委会深入贯彻落实习近平总书记治理木兰溪的重要理念，坚持以生态环境质量改善为核心，聚力补齐环保短板，攻坚解决生态难题，努力让城厢的天更蓝、地更绿、水更清、空气更清新。

抓好体制机制创新。严格落实环保“党政同责、一岗双责”要求，完善党政生态环保目标责任书考核机制，配套出台责任书考核指标，制定生态环境保护工作职责规定，解决部门职责不清、责任落实不到位等问题，构建“管发展必须管环保”“管行业必须管环保”“管生产必须管环保”的工作格局。积极融入福建国家生态文明试验区建设，创新生态保护机制建设，完成商品林赎买102公顷，超额完成年度任务。

抓好水气土壤污染防治。按照市委“百日攻坚打硬仗、强化责任勇担当”部署，坚决落实属地责任，以迎接国务院大督查及中央环保督察“回头看”为契机，紧盯木兰溪流域及汇水支流、东圳库区、城区内河水质提升等3张作战图，发挥三级河长作用，全力推进污染源监管、流域综合治理、污水收集处理、畜禽污染防治等一系列攻坚措施，东圳水库和木兰溪干流水质优良（达到或优于III类）比例均达100%，重点小流域I类—III类水质比例明显上升，基本构建“碧水城厢”新格局。其中，建成区内9条内河综合整治，已基本完成城区龙桥溪、下磨溪黑臭水体治理，水质稳定达标；农村污水处理工程一期PPP项目加快推进，累计铺设污水管网140公里以上，建设三格化粪池8000多个，惠及44个村近3万户。强力推进大气污染防治工作，开展建筑工地扬尘、城市道路扬尘、严控露天烧烤等专项治理，完成83家涉挥发性有机物（VOCs）企业、159家“小散乱污”企业整治。加强土壤污染源头风险防控，全面完成农用地土壤污染状况详查点位核实工作。助力全市创建国家森林城市，实施全民绿化行动，造林绿化208.6公顷，全区森林覆盖率达71.8%，位居全市第一。

抓好突出问题整治。紧盯中央、省环保督查反馈问题，研究制定省委省政府环保督察反馈意见整改、城市黑臭水体和建成区河道整治、木兰溪流域水质提升等三个方案，逐一对照落实，逐个验收交账。至目前，中央环保督察反馈问题12个、省督察反馈问题24个，已整改到位17个，长期坚持19个。按照“全覆盖、零容忍、明责任、重实效”的总体要求，对突出环境问题保持执法高压态势。今年以来，结合开展清水蓝天、全国环保执法大练兵、“双随机抽查”等环保专项执法行动，出动执法人员672人次，检查286家次企业，发现违法问题企业69家，取缔关闭16家，立案处罚20家，责令整改69家，关停、查封“散乱污”企业100家，拆除关闭反弹复养的畜禽养殖场81家1万多平方米。

七、聚焦社会主义民主政治建设，持续营造团结和谐政治局面

常委会始终坚持党的领导、人民当家作主和依法治国的有机统一，大力支持人大、政协和统一战线履行职能、开展工作、发挥作用，巩固和发展生动活泼、安定团结的政治局面。

支持人大依法履行职责。坚持把人大工作纳入总体工作布局，支持区人大及其常委会围绕大局履行职责，统筹安排监督、决定、任免、代表等各项工作。加强对“一府一委两院”监督，听取和审议工作报告14项，作出决议、决定16项。坚持党管干部与人大依法任免有机统一，共依法任免国家机关工作人员10人次，其中任免区级领导2人次，确保党组织推荐的人选通过法定程序成为国家机关工作人员，为推动城厢经济社会发展提供坚强有力的组织保证。

加强政协协商民主建设。支持区政协履行政治协商、民主监督、参政议政职能。围绕全区改革发展重大问题和人民群众关心关注的民生问题，组织委员深入开展调查研究和议政建言，共形成专题报告3份，提出意见建议31条。重视政协提案落实，今年以来共立案68件，对其中13件重点提案进行了督办。所有提案均已办复，提案办理满意率达98.5%，一批难点热点问题得到解决。支持政协加强和改进民主监督工作，积极开展专题调研、委员视察等活动，推动重大方针政策和决策部署的贯彻落实。支持加强政协党的建设，实现党的工作对政协委员全覆盖。

扎实推进统一战线工作。支持各民主党派、工商联、无党派人士围绕中心、履职尽责，今年以来先后召开专题会议研究统战、民族宗教、宗教自查、侨情普查等工作。支持工商联开展“进商会、访企业、助发展”活动，进企问需、入企问难、访企问计，聚焦疏通企业在发展过程中的难点、痛点、堵点，拓展问题反馈渠道。推进精准扶贫企村对接，协调北京、上海、浙江等7个异地商会与华亭南湖、灵川何寨、常太渡里等7个老区村对接帮扶，重点帮助解决村集体收入问题。深化对外联谊，今年共组织闽台乡镇村里对接、大爱妈祖两岸书画精品展等对台交流3批40多人次。重视加强民族和宗教工作，民族宗教领域保持和谐稳定。深入推进工会、共青团、妇联等人民团体改革，不断增强党联系人民群众的桥梁纽带作用。

深入推进依法治区。全面贯彻实施宪法，组织实施“七五”普法规划，将“七五”普法工作落实纳入我区经济发展社会规划中，纳入全年目标绩效考核、综合治理、党建工作、精神文明等体系中，做到同部署、同检查、同考核、同落实。以“谁执法、谁普法”为原则，把普法与依法治区相结合，深入开展法律、法规宣传教育，依法执政能力不断增强，社会治安明显好转，法治政府建设有效推进。今年，我区作为全市唯一一家获评第四批全国法治县（市、区）创建活动先进单位。

八、聚焦管党治党责任，持续推进全面从严治党

常委会始终坚持和加强党的全面领导，切实履行管党治党政治责任，扎实推进党的政治建设、思想建设、组织建设、作风建设、纪律建设，不断提升党组织的创造力战斗力凝聚力，推动全面从严治党向纵深发展。

坚持把政治建设摆在首位。把维护核心作为最大的讲政治，教育引导党员干部增强“四个意识”，坚定“四个自信”，坚决维护习近平总书记党中央的核心、全党的核心地位，坚决维护党中央权威和集中统一领导。紧扣省委巡视、省委市委主体责任检查反馈的问题，逐项抓好整改落实，并努力固化为制度建设成果。加强对严守纪律规矩的监督检查，共查处违反政治纪律和政治规矩案件4件，问责2人。

加强基层党组织建设。坚持大抓基层、大抓支

部的良好态势，以项目化推进、品牌化运转的方式，精心培育、精准发力，打造“城厢样板”。圆满完成村级换届。建立处级领导干部和机关部门挂钩制度，严密谋划部署，严把资格条件，严肃换届纪律，全区120个村（社区）换届选举工作圆满完成，实现了“两个100%”的目标，共选举产生了新一届村“两委”成员870名，呈现出“五个提高一个增多一个降低”的特点（即文化程度比例、女性比例、“一肩挑”比例提高、35周岁以下年轻干部人数、具有大专以上学历人数提高，新面孔增多，平均年龄降低）。注重基层党建创新。充分发挥中心村党委的辐射带动作用，涧口中心村党委组织联建模式相关做法得到中组部党建研究所充分肯定。大力推行“党支部+指挥部”一线党建工作法，抽调区镇（街道）村（社区）党员干部600多名，充实一线征迁力量，同步成立一线临时党支部12个，以党建引领保障项目攻坚。推行街道“大工委”和社区“大党委”的运行机制，吸纳共建单位30余家，开展常态化共建项目80多个，服务群众1.5万人次。推进阵地品牌建设。新建主题党日活动基地20个，累计开展主题党日活动200余场，参观人数1万多人次。打造省市区级基层一线党代表工作室（党员名师工作室）15个，持续推动党员教育管理常态长效。选树“初心党建”“食颂党建”“党建联盟”等特色品牌，探索建立1带2先锋工程、乡村振兴+企业党建、三建立三提升等工作机制，培育形成新的党建示范点3个，确定首批五星级党组织12个。

全面提振干部精气神。认真贯彻落实中央和省市关于进一步激励广大干部新时代新担当新作为的意见措施，引导全区各级干部增强“八种本领”，做到“五个过硬”，掀起新一轮干事创业、担当作为的热潮。坚持一线考核、正向激励、反向问责，树立重实干重实绩的鲜明用人导向，今年以来选派90多名区直单位干部参与项目攻坚工作，提拔重用21名在基层一线工作表现突出的干部。严格落实省市关心关爱措施，落实干部谈心谈话制度，对科级干部开展谈心谈话80多人次，在思想关心、政治重视、待遇倾斜、人文关怀上优化干部工作环境和成长条件。

深入推进党风廉政建设和反腐败斗争。按照省委“八个坚定不移”和“五抓五看”要求，始终把政治建设放在首位，持续抓好“两个责任”落实。压紧压实主体责任。狠抓中央和省委巡视整改和省委、市委全面从严治党主体责任检查反馈意见整改，督促细化责任，抓好整改落实。截至目前，省委巡视反馈问题22个，已整改到位21个，基本整改到位1个；省委主体责任检查反馈问题8个，市委主体责任检查反馈问题25个，均已整改到位。开展区级巡察，今年以来，共组建3轮9个巡察组，巡察21个单位党组织，发现问题164个。持续加大追责问责力度，今年以来，共问责39人，涉及科级干部28人，给予党纪政务处分5人，给予“一案双查”4人。持之以恒正风肃纪。以建立“四查三问”督查机制为抓手，深入开展专项治理，坚决整治群众身边腐败和作风问题，共查处扶贫领域案件65件98人，给予党政纪处分26人；民生领域侵害群众利益案件17件25人，给予党纪政务处分12人；涉黑涉恶腐败、充当“保护伞”及工作推动不力案件8件10人，给予党纪政务处分8人，问责2人，移送司法机关处理2人；查处违反中央八项规定精神案件25件29人，给予党纪政务处分21人，通报典型案例13起17人；形式主义、官僚主义案件34件46人，给予党纪政务处分46人，通报典型问题4起6人。保持反腐高压态势。今年以来，共立案155人次，其中科级12人，给予党纪政务处分144人，采取留置措施4人，移送审查起诉6人。同时，通过打造“一馆两园”廉政示范点、开展学用《监察法》网络答题活动、评选基层“最美人物”等形式，推进廉政文化建设，营造风清气正的政治生态。

一年来，常委会十分注重加强自身建设。认真贯彻执行民主集中制，坚持重大事项集体研究，今年以来，召开26次区委常委会会议，集体研究解决65个重大问题，有效推动议事决策科学化、规范化，民主化。健全区委全会和常委会决策程序、议事规则，落实讨论决定重大问题和任用重要干部票决制、重大决策社会稳定风险评估、保密工作责任制等机制。坚持总揽全局、协调各方，定期听取区人大常委会、政府、政协党组和区纪委监委以及法院、检察院党组工作汇报，支持各套班子依法依规、独立负责、协调一致地开展工作，努力巩固和衷共济谋发展、同心协力干工作的良好局面。区委班子成员带头当好讲政治、担当尽责、执政为民、团结协作、清正廉洁的“五个表率”，为全区党员干部作出示范。

区委常委会一年来工作取得的成效，离不开市委的正确领导，离不开全区干部群众的努力拼搏，也离不开各位委员的大力支持。当前，城厢发展依然面临不少困难和挑战，我们的工作也存在一些差距和不足，欢迎同志们对区委常委会的工作进行监督、提出意见和建议，为打造人文宜居新城厢，建设美丽莆田先行区而共同奋斗！

区人大常委会工作报告

（2018 年 12 月 28 日在城厢区九届人大三次会议上）

城厢区人大常委会主任 王国太

我受区人大常委会的委托，向大会报告工作，请予审议，并请列席会议的同志提出意见。

2018 年是全面贯彻落实党的十九大精神的开局之年，是决胜全面建成小康社会、实施“十三五”规划承上启下的关键一年。一年来，区人大常委会在中共城厢区委的坚强领导和市人大常委会的精心指导下，深入学习贯彻习近平新时代中国特色社会主义思想和党的十九大精神，全面落实中央、省委、市委和区委的重大决策部署，围绕中心，服务大局，认真行使宪法和法律赋予的各项职权，把人大工作与全面推进高质量发展落实赶超紧密结合，为推动全区经济社会发展和民主法治建设作出积极贡献。

一、贯彻落实新思想，始终坚持正确政治方向

常委会始终坚持党的领导，坚定政治立场，严守政治纪律和政治规矩，保证人大工作沿着正确政治方向前进。

坚持党的领导，坚定政治立场。深入贯彻习近平新时代中国特色社会主义思想和党的十九大精神，贯彻落实习近平总书记对福建工作的重要指示精神，树牢“四个意识”，坚定“四个自信”，做到“两个维护”。深入学习习近平总书记关于坚持和完善人民代表大会制度“十个坚持”的重要论述，坚持党的领导、人民当家作主、依法治国有机统一。切实维护区委总揽全局、协调各方的工作格局，落实向党委请示报告制度，涉及人大工作的重大问题和事项，及时向党委请示报告。把意识形态工作纳入党建工作责任制，做到同部署、同检查、同落实。

坚持围绕中心，落实决策部署。常委会发挥人大自身优势，始终与区委同心同向，围绕推进高质量发展落实赶超、打好三大攻坚战、佛教论坛筹备等中心工作，积极响应，主动融入，紧扣事关城厢经济社会发展的全局性、长远性问题以及重大事项，开展执法检查、视察调查和专题调研活动，作出相关决议决定。一年来，先后召开 7 次人大常委会会议，听取和审议“一府两院”工作报告 14 项，作出决议、决定 15 项。常委会领导班子成员及相关委（室）按照区委的决策部署和工作安排，认真做好挂钩联系镇（街道）、项目推进、信访维稳等事项，常委会2位副主任、3位常委参与钟潭溪片区、屿上片区、樟林片区、坂头东片区、月塘南片区等项目攻坚，1位副主任负责全区项目督查工作，助力我区重点项目推进。

*坚持党管干部，实现组织意图。*坚持党管干部与人大依法任免有机统一，严格落实市委、区委人事安排意图，依法选举产生区监察委员会主任，任命区监察委员会副主任、委员，确保区监察委员会顺利完成组建。通过任前法律考试、供职发言、颁发任命书、组织宪法宣誓仪式等方式，提升新任职人员公仆意识和宪法意识。一年来，共依法任免国家机关工作人员11人次，其中任免区级领导2人次，确保党组织推荐的人选通过法定程序成为国家机关工作人员，为推动我区经济社会事业发展提供组织保证。

二、着力展现新作为，持续增强监督工作实效

常委会紧紧围绕全区中心工作和人民对美好生活的向往，依法履职尽责，积极有效作为，工作取得明显成效。

*助推经济稳中向好。*密切关注全区经济运行情况，按照稳中求进工作总基调的要求，提建议、抓监督、促落实，凝心聚力推进高质量发展落实赶超。组织对2018年上半年计划、预算的执行情况和重点项目建设情况开展视察检查，督促区政府大力发展实体经济，增强赶超发展后劲；加快项目推进速度，持续扩大有效投资；优化生产要素配置，努力破解瓶颈制约；全面提升第三产业，提高经济增长贡献率。听取和审议2017年本级财政决算的报告、本级预算执行和其他财政收支的审计工作报告，重视运用审计结果，督促区政府重视存在问题，责成有关部门认真整改。审查批准2017年本级财政决算、2018年区本级预算调整方案，督促区政府及有关部门规范预算执行，优化支出结构。听取和审议区政府2018年新增地方政府债务限额及调整新增债券资金支出预算方案，建议区政府要按照有关规定依法管理和使用，提高资金使用效率。听取和审议区政府"十三五"规划纲要实施情况中期评估报告，督促政府积极应对经济形势变化，合理运用中期评估成果，深化产业结构调整，深入实施乡村振兴战略，努力完成各项目标任务。作出月塘南片区改造项目列入2018年国民经济和社会发展计划的决议，要求区政府及有关部门做好项目资金平衡管控，稳步推进片区改造项目。组织对我区林下经济发展工作情况开展专题调研，督促区政府以发展现代农业为导向，以生态林业产业化为方向，大力发展林下经济，推动我区农业产业结构调整和转型升级。

*助推打好三大攻坚战。*主动适应经济发展新常态，认真践行新发展理念。聚焦防范重大风险。支持区政府着力防控区域金融风险，处置化解信贷风险企业的不良贷款，把不良率控制在市政府下达的2.5%范围之内。组织对在我区的9家银行业金融机构服务本区实体经济情况开展调研，倡导开展创建"人民满意先进单位"活动，授予工商银行城厢支行等4家银行业金融机构2017-2018年度创建"人民满意先进单位"荣誉称号，引导金融机构把支持和服务实体经济发展作为工作重点，更好地为我区经济转型升级、产业结构优化服务。聚焦精准脱贫。组织对我区贯彻实施《福建省促进革命老区发展条例》情况开展执法检查，督促区政府及相关部门把开展精准脱贫工作与发展老区工作紧密结合，通过调整产业结构，打造支柱产业，发展旅游经济，促进老区经济发展。常委会班子领导成员积极参与脱贫攻坚行动，带动机关干部开展挂钩帮扶活动，为挂钩的5户国（省）定困难户、20户贫困户送去慰问金、生活必需品等，帮助贫困户解决生产生活的实际困难。聚焦污染防治。坚持绿色发展理念，高度关注环境保护和生态文明建设，推动我区打赢污染防治攻坚战。组织对我区全面推行河长制工作情况开展视察调查，督促区政府及职能部门落实好以党政领导负责制为核心的河长制组织体系，加强河道建设规划布局，进行标本兼治、控源截污；响应市人大常委会发出的"治污攻坚战、代表在行动"倡议，动员全区各级人大代表履职尽责，模范带头，

营造全社会共同参与河道整治与保护的良好氛围。组织对我区 2017 年度环境状况和环境目标完成情况开展视察调查，实地察看我区“六水共治”工程项目，督促区政府及相关部门坚持绿色发展，加强生态保护，强化环境监管，巩固我区生态环境保护成果。组织开展“中华环保世纪行”宣传活动，围绕“提升木兰溪水质，助推美丽莆田建设”主题，促进政府及有关部门落实环保责任，保持经济建设与生态环境保护的协调发展，共同建设清新自然的生态家园。

助推提升城市品质。结合城乡规划建设管理提升年活动，组织对我区“百日攻坚打硬仗，文明城市再提升”工作情况开展专题调研，督促区政府及有关部门深入开展城市品质提升工作，全力抓好广化寺寺前广场、南湖公园及钟潭片区配套项目建设，大力实施城区基础设施建设、道路交通畅通保障、文明有序行动等“六大工程”，为第五届世界佛教论坛在我市成功举办营造文明和谐的社会环境和人文环境。组织对我区城市规划修编工作情况开展专题调研，督促区政府及有关部门立足城厢发展实际，充分发挥规划的引领效应，确保项目规划更具前瞻性、整体性和可操作性，推动我区城市品质和建设水平再上新台阶。

助推增进民生福祉。听取区政府 2018 年为民办实事项目落实情况汇报，促进今年 15 件惠民实事项目基本完成。组织对我区“完善公共文化服务体系，深入实施文化惠民工程”工作情况开展专题调研，督促区政府健全完善以政府为主导、以公益性文化单位为平台、鼓励社会积极参与的公共文化服务体系，让全区民众共享文化惠民成果。组织对我区安置房建设及回迁情况开展视察调查，听取区政府专项报告，督促有关部门采取措施加快项目建设进度，完善项目前期手续办理，做好安置房回迁和不动产产权证登记等工作，促进征迁安置工作有序进行。组织对我区贯彻实施《福建省养老机构管理办法》情况开展执法检查，督促区政府及其职能部门加大宣传力度和财政投入，整合社会资源，引导和支持社会力量参与，加强养老机构规范管理，满足多层次多样化的养老服务需求。组织对我区贯彻实施《宗教事务条例》情况开展执法检查，督促区政府及各有关部门提升宗教场所管理水平，促进我区宗教活动规范化发展，发挥宗教界在经济社会发展中的积极作用。

助推依法治区进程。全面落实依法治国方略，弘扬社会主义法治精神，着力推进法治城厢建设。召开公检法司“四长”座谈会，促进我区司法机关进一步完善和落实冤假错案终身责任追究机制，协调解决扫黑除恶专项斗争工作中存在的问题，充分发挥司法机关职能作用，努力营造公平公正的法治环境。 组织对我区“七五”法治宣传教育工作情况开展专题调研，督促区政府坚持普法和法治实践相结合，以开展“法律六进”等形式，加强机关、社区、学校、企事业单位等各类组织和公共场所的法治宣传教育阵地建设，切实增强群众的法治观念，推动全区公民学法懂法用法守法。畅通民意表达渠道，把人大信访工作作为密切联系群众、倾听群众心声的重要抓手，注重做好化解稳控工作。一年来，共受理上级人大转来或群众来信 42 件，共接待群众来访 54 批 72 人次，为化解矛盾、促进社会和谐稳定做出积极努力。

三、全面贯彻新要求，充分发挥代表主体作用

常委会坚持深化和拓展代表工作，重视代表工作的规律和特点，着力激发代表履职活力，服务和保障代表依法履职。

着力加强服务保障。进一步拓宽代表履职渠道，邀请代表列席常委会会议，有计划安排代表参加执法检查、视察调查和专题调研活动，开展常委会组成人员联系代表活动，充分听取代表意见和建议，帮助代表解决履职过程中遇到的困难和问题。抓好代表履职培训，不断提升代表依法履职能力和水平。认真做好全国、省、市人大代表在我区调研视察的服务保障和协调联系工作，为代表履职创造条件。注重加强代表队伍建设，强化代表履职管理和监督，依法做好代表补选、资格终止等工作，完

善代表退出机制，一年来共接受15名代表因工作变动等原因辞去代表职务，并根据工作需要依法补选6名区人大代表。

着力丰富履职形式。加强镇、街道代表活动室建设，完善代表小组活动制度，搭建代表小组活动平台，保证代表小组活动有章可循、规范有序。加强对代表小组活动的指导，适时总结推广镇（街道）经验做法，进一步丰富活动内容和形式，开展异地视察考察活动，增强代表小组活动实效。持续开展“代表日”活动，为代表依法履职创新载体。完善代表履职网络平台，认真做好代表议案建议的征集和录入工作，做到线上线下有机结合，让代表联系人民群众的渠道更加通畅。

着力提升办理实效。改进代表建议督办工作，听取和审议区政府办理代表建议情况汇报，发出审议意见书加强督办，推动办理工作从“答复型”向“落实型”转变。区九届人大二次会议期间共收到46件代表建议，确定6件代表建议进行重点督办。至目前，46件代表建议全部在规定时限内答复，其中已办结28件，正在办理8件，向代表解释说明10件。对往年代表建议办理情况进行“回头看”，一些代表和群众关心的问题，如兴安路“白改黑”工程、兴安小学挂牌招生等建议得到有效办理。对今年办理代表建议成效突出的6家单位，评为代表建议办理工作先进单位，并在本次代表大会上授牌表彰。

四、主动顺应新形势，努力提升依法履职能力

常委会坚持不忘初心，牢记使命，久久为功加强自身建设，提高政治站位，不断提升履职能力和工作水平。

加强思想政治建设。坚持用习近平新时代中国特色社会主义思想武装头脑，全面兴起“大学习”热潮。将习近平新时代中国特色社会主义思想、党的十九大精神、《习近平谈治国理政》、新《党章》等作为学习重点，坚持在学深悟透做实上下功夫、见成效。召开全区人大系统深入学习贯彻习近平总书记关于坚持和完善人民代表大会制度重要思想交流会，增进对人民代表大会制度的认识，进一步增强做好人大工作的责任心和使命感。重视组织机关人员参加省委、市委党校及上级人大举办的法律法规和业务知识培训班、读书班，参加区委中心组及“夜间学堂”学习等，增强推进高质量发展落实赶超的行动自觉。

加强党风廉政建设。严格按照“五抓五看”要求，切实履行好党组抓党建及党风廉政建设的主体责任。严格落实中央八项规定精神，加强常委会及机关党的建设，规范党内政治生活，推进党风廉政建设，支持和保障区纪委派驻机关纪检组工作。常委会党组成员带头正风肃纪，履行“一岗双责”，层层传导压力，形成齐抓共管的工作格局。坚持把党规党纪、廉政法规等纳入机关干部学习教育内容，组织全体党员观看警示教育片，进一步增强党员干部的纪律意识。召开专题民主生活会，聚焦省委巡视反馈的问题，进行对照检查，制定整改措施，切实抓好整改。认真贯彻民主集中制原则，坚持集体行使职权。重视在元旦、春节、国庆等节假日敏感节点抓好廉洁教育，要求机关每位党员干部特别是领导干部要带头清正廉洁，杜绝违规违纪行为发生。

加强作风效能建设。扎实开展“转作风、提效率，美丽莆田我先行”活动，坚决反对“四风”，切实改进文风、会风和工作作风。结合“四下基层”和“千名干部进村户、排忧解难保平安”活动，组织机关党员干部到挂钩的华亭镇郊溪村、圳头村开展“平安三率”入户宣传，组织志愿者服务队深入凤凰山街道月塘社区开展“除四害”、清理楼道以及参与城区交通文明督导、无偿献血、佛教论坛志愿服务等。常委会机关先后获得市级文明单位和平安单位荣誉称号。

加强工作交流互动。注重调查研究，围绕“学习贯彻习近平新时代中国特色社会主义思想和党的十九大精神，展现新时代人大工作新作为”开展课题调研。积极协助配合上级人大常委会来我区开展执法检查、视察调查和立法调研等活动，促进相关工作有序开展。重视联系交流，积极做好省内外县、区人大常委会来我区调研、考察等活动的服务保障

工作，展现我区人大的良好形象。密切与“一府一委两院”及相关部门的联系沟通，营造良好的工作氛围。加强对镇、街道人大的工作指导，提升全区人大工作整体水平。加强人大的宣传工作，组织区人大代表和书画家参加市人大常委会举办的纪念改革开放四十周年书画摄影作品展，丰富群众文化生活，宣传人大制度，传播人大声音，展示人大风采，讲好人大故事。

各位代表，一年来，区人大常委会工作所取得的成绩，是区委坚强领导和市人大常委会精心指导的结果，是全区人大代表共同努力的结果，是区政府、区监察委、区法院、区检察院密切配合的结果，也是全区人民和社会各界大力支持的结果。在此，我谨代表区人大常委会，表示崇高的敬意和衷心的感谢！

在肯定成绩的同时，我们也清醒地看到，常委会工作与人民的期望和代表的要求仍有差距，如监督实效有待进一步增强，行使重大事项决定权的工作机制有待进一步完善，人大代表的作用有待进一步发挥，镇、街道人大的工作有待进一步规范，常委会及机关自身建设有待进一步加强等等。常委会将正确认识和对待这些问题，虚心听取意见，采取有效措施，切实加以改进。

各位代表，2019 年是新中国成立 70 周年、地方人大设立常委会 40 周年，是实现高质量发展落实赶超的重要一年，更是决胜全面建成小康社会第一个百年奋斗目标的关键之年。区人大常委会工作的总体要求是：以习近平新时代中国特色社会主义思想为指导，全面贯彻党的十九大和十九届二中、三中全会精神，深入贯彻落实习近平总书记对福建工作的重要指示精神和治理木兰溪的重要理念，认真贯彻落实省委十届六次、市委七届六次和区委九届八次全会精神，统筹推进“五位一体”总体布局，协调推进“四个全面”战略布局，坚持稳中求进工作总基调，坚持新发展理念，在中共城厢区委的坚强领导下，围绕高质量发展落实赶超，立足人大工作特点，认真履行宪法和法律赋予的各项职权。

*注重强基固本，增强政治定力。*深入学习贯彻习近平新时代中国特色社会主义思想和党的十九大精神，坚决维护以习近平为核心的党中央权威和集中统一领导，在思想上、政治上、行动上同党中央保持高度一致。自觉把人大工作置于党委的领导之下，紧紧围绕区委工作中心，把区委决策部署贯穿人大工作全过程，转化成人大工作的具体行动。进一步深化对人大地位、性质和作用的认识，不断增强坚持党的领导、人民当家作主、依法治国有机统一的自觉性，使人大及其常委会成为全面担负起宪法法律赋予的各项职责的工作机关，成为同人民群众保持密切联系的代表机关。

*注重履职作为，加快落实赶超。*坚持高质量发展落实赶超是省委、市委和区委贯彻落实习近平新时代中国特色社会主义思想和党的十九大精神的具体举措，是统领当前经济社会建设的总纲领，常委会要充分运用视察调查、专题调研、执法检查、满意度测评等监督形式，适时作出决议决定，推动各项工作有效落实。促进经济社会发展。加强对政府全口径预算决算的审查和监督，听取和审议财政预、决算和审计工作报告，审查批准 2018 年区本级决算，维护预算的严肃性。加强经济形势调研分析，听取和审议计划执行情况的报告。听取和审议区政府关于我区行政事业性国有资产管理情况的报告，审查批准 2019 年区本级预算调整方案。促进重点工作开展。持续跟踪督促打好防范化解重大风险、精准脱贫、污染防治三大攻坚战。认真践行习近平生态文明思想，推动做好木兰溪流域的综合治理工作。听取和审议 2018 年度环境状况和目标完成工作情况的报告，组织对我区实施水污染防治法情况的执法检查，推动全区治污。配合市人大常委会持续开展中华环保世纪行宣传活动，推进宜居城厢建设。组织对区政府全面推进河长制审议意见落实情况的跟踪调研，改善生态环境。促进社会事业发展。持续以城乡规划建设管理提升年为契机，不断提升我区城市品质和文明形象。听取和审议区政府关于乡村振兴战略实施情况报告，促进城乡融合发展。

突出教育优先战略，组织对我区实施教师法情况的专题调研，并对我区实施中小学校幼儿园规划建设条例情况开展执法检查。维护社会和谐稳定，组织对区政府落实宗教事务条例执法检查审议意见情况的跟踪调研。

注重公平正义，推动依法治区。加大全民普法宣传力度，建设社会主义法治文化，树立宪法法律至上、法律面前人人平等的法治理念。支持和促进“一府一委两院”依法行政、公正司法，确保“一府一委两院”的各项工作在法治轨道上运行。推进司法体制综合配套改革，落实司法责任制，加强和改进司法监督，围绕规范司法行为、完善司法管理体制和司法权力运行机制，积极探索监督新途径，让人民群众进一步感受到公平正义。组织对我区实施人民陪审员法情况的执法检查，提升司法公信力。组织对我区检察机关开展公益诉讼工作情况的专题调研，维护社会公共利益。加强和改进人大信访工作，畅通社情民意表达和反映渠道。

注重服务保障，发挥代表作用。尊重代表主体地位，营造有利于代表履职的工作氛围。完善代表联系群众机制，引导代表广泛了解社情民意。密切常委会组成人员与代表、代表与群众的联系，扩大代表对常委会工作的参与。完善代表小组活动制度，丰富内容和形式。加强对代表建议的综合分析，提高办理实效。优化代表履职服务保障，完善网络服务平台建设。探索开展代表向原选举单位或选民报告履职情况。加强履职培训、专题培训，建立履职档案，让代表更好行使权利履行职责。

注重提高素质，抓好自身建设。坚持把政治建设放在首位，全面推进党的思想建设、组织建设、作风建设、纪律建设和制度建设，落实意识形态工作责任制。持续推进“两学一做”学习教育常态化制度化，开展“不忘初心、牢记使命”主题教育，坚定理想信念。切实转变工作作风，严格落实中央八项规定精神，全面落实从严治党责任，不断加强党风廉政建设。自觉接受市人大常委会的指导，密切与各县（区）人大工作的互动，加强指导镇、街道人大工作，不断提高我区人大工作整体水平。弘扬“马上就办，真抓实干”精神，确保区委交办的各项工作任务在人大机关不折不扣地完成，形成干事创业的良好氛围。

各位代表，新时代孕育新思想，新思想引领新征程，新征程展现新作为，让我们更加紧密地团结在以习近平同志为核心的党中央周围，高举中国特色社会主义伟大旗帜，全面贯彻落实习近平新时代中国特色社会主义思想和党的十九大精神，在中共城厢区委的坚强领导下，紧紧依靠全区人民，坚定信心、振奋精神，埋头苦干、奋勇拼搏，为加快打造人文宜居新城厢、建设美丽莆田先行区作出新的更大的贡献！

政府工作报告

（2018 年 12 月 27 日在城厢区九届人大三次会议上）

城厢区人民政府区长 吴文恩

现在，我代表区人民政府向大会报告工作，请予审议，并请区政协各位委员和其他列席人员提出意见。

攻坚克难 砥砺前行
在奋进中硕果累累的 2018 年

2018 年，在市委市政府和区委的坚强领导下，区政府坚持以习近平新时代中国特色社会主义思想为指导，深入学习贯彻习近平总书记对福建工作的重要指示精神和治理木兰溪的重要理念，全面落实中央和省、市、区委的各项决策部署，牢固树立新发展理念，紧盯高质量发展落实赶超工作目标，凝心聚力、攻坚克难，各项工作取得积极进展，经济社会保持持续健康发展的良好局面，较好地完成了区九届人大二次会议确定的目标任务。全区生产总值预计（下同）完成 397 亿元，增长 9%。农林牧渔业总产值完成 16.8 亿元，增长 1%。规模以上工业产值完成 331 亿元，增长 10.3%；增加值增长 9%。固定资产投资增长 25%。财政总收入完成 34.2 亿元，增长 7.6%；其中地方级财政收入完成 22.8 亿元，增长 7%。社会消费品零售总额完成 246 亿元，增长 14.5%。外贸出口总额完成 62.7 亿元，增长 9.4%。实际利用外资 6500 万元。居民人均可支配收入 35200 元，增长 8.5%。城镇登记失业率为 1.99%。

一年来，我们以产业供给侧结构性改革为主线，深入实施“三转一市”“五换三名”，新旧动能加快转换。三次产业比例预计由上年的 2.4 ∶ 41.1 ∶ 56.5 调整为 2.1 ∶ 39.9 ∶ 58，产业结构持续优化。兑现“三转一市”等惠企政策奖励资金近 3000 万元，实现“个转企”1262 家、“下转上”216 家，新增各类市场主体 1.5 万户，总数达 6.7 万户，增幅达 38.1%，工贸体量进一步壮大。联合商务部研究院成功举办首届“一带一路”跨境电商国际合作高峰论坛，提升电商小镇影响力和辐射力。“大工美之家”平台上线试运营，跨境电商通关服务平台完成建设即将投入运营，拓宽了企业销售渠道；莆田国际油画城顺利搬迁，被中国轻工业联合会授予“中国油画产业之都”称号，产业集聚规模不断扩大。乡村游、生态游等特色旅游加快发展，提升改造 9 家星级酒店，全年游客接待量达 897 万人次，实现旅游收入 88 亿元，分别比增 23%、30%。深入实施“五换三名”工程，开展“四无”企业整治，“腾笼换鸟”旧厂房 32 万㎡，二次嫁接招商易捷乐、小爱科技等 15 个项目；实施东盛工贸、新元鞋业等一批改扩建项目，改造“老厂房”24 万㎡；23 家工业企业实施技改，提高工业性投资质量和效益。加强金融信贷产品和服务创新，深入开展“服务实体百日千企万户行”活动，大力推进“助保贷”“园区贷”“无间贷”“小微快贷”等普惠金融业务，搭建银企合作平台，进一步破解小微企业融资难问题。持续用好用活政府过桥资金，为 22 家困难企业办理转贷 5.8 亿元，有效缓解企业资金周转问题。成功举办首届中国中式菜肴高峰论坛和“新中式生活”高峰论坛，推动食品和工艺美术产业发展。大力培育“两高企业”，新增萨拉曼、劲德电源等 4 家国家级高新技术企业，华源工贸、杰讯光电等 13 家省级高成长企业，皇冠制罐、南兴针织等 11 家工信部两化融合贯标企业，蛤老大、才子服饰、诚味食品等 3 家省科技小巨人领军企业，亚明食品、东南艺纸等4家省“专精特新”中小企业；宏峰集团成为全省首家、全国第五家“双特双甲”民营企业。大力推进乡村振兴战略，成立区振兴乡村集团，实施壮大村级集体经济“破壳消薄”工程，59个“薄弱村”全部实现年收入超5万元。华亭桂圆产业园、利农冷藏库冷链生产线、扶贫农场等一批重点农业项目加快建设，不断夯实农业基础。

一年来，我们以项目带动扩大有效投资为引领，突出落实“五个一批”“三改一拆”，发展后劲明显增强。贯彻落实建设美丽莆田行动，全市首家运行重点项目监察管理系统，健全项目督查机制，全区440个重点项目预计完成投资200亿元，其中13个省重点项目、59个市重点项目、139个市级九大专项行动项目和7个市重大攻坚项目均完成年度计划任务，被评为“美丽莆田”建设优秀县区。创新“五个一批”项目综合考评办法，推行差异化考评制度，实现成绩量上可比、质上可评，全年新增总投资亿元以上项目260个，其中谋划项目50个、签约项目80个、开工（增资）项目75个、投产项目55个，总投资2000亿元以上。大力实施“三改一拆”工程，制定土地收储出让三年计划，全年征地149.2公顷，拆除房屋超200万㎡，成功出让坂头东、油画城住宅安置区、莆田学院二期等5宗192亩经营性土地，油画城、钟潭、屿上、万达南、坂头东、樟塘整村改造等项目快签约、快拆房、快净地，充分展现“城厢速度”。抓好国家土地例行督察、卫片执法检查整改及“两违”综合治理，共拆除“两违”建筑839宗约33万㎡。紧盯省市数字经济、光电信息等新兴产业发展方向，全年招商项目25个，总投资320亿元。其中，新增签约三利谱偏光片、TPU超临界发泡材料等11个项目，落地杰木芯片、中电智能智造等8个项目，跟踪洽谈中电互联网产业园、人工智能产业园等6个重大项目，进一步集聚发展动能。

一年来，我们以城乡规划建设管理提升年行动为载体，大力推进“绿化美化”“网格管理”，城乡面貌焕然一新。牢牢把握我市举办第五届世界佛教论坛国际盛会的历史机遇，大力推进以南湖公园—美术馆—木兰陂为重点的61个提升年攻坚项目，城区颜值更高、环境更美、出行更温馨。莆田美术馆建成试开放，成功承办佛教与艺术电视分论坛、“圆融”佛教艺术展，进一步提升城厢的知名度和美誉度。完成莆田西高速路出口—荔城大道—东园路沿线建筑立面改造及夜景工程建设，城市夜景流光溢彩。完善提升南湖、绶溪等4个公园，南湖公园夜景和音乐喷泉成为莆田“网红”地标，加快建设九龙山公园、木兰陂公园，新建屿上、木兰等4个口袋公园，增添市民休憩空间；建成投用荔城大道与荔园路立交桥和市区第一条隧道—九龙山隧道，打通学园路、胜利路、延寿路等3条“断头路”，架设筱塘小学、莆田五中等5座人行天桥，实现木兰大道一期、广化路等5条主次干道通车，完成荔华东大道、江鸿路2条道路及月塘南、新塘、梅山等3个片区道路“白改黑”，道路通行能力有效提高。新增公共停车位近1500个，投放公共自行车4000多辆，解决市民出行“最后一公里”问题。实施“城管+公安”新型网格化运行模式，整合现有城管协管员、网格巡逻员全部进格入网，进一步提升智慧化城市管理水平。开展“百日攻坚打硬仗、文明城市再提升”活动，全市率先实施城区垃圾强制分类试点，累计整治临街店面摊外摊、店外店、占道摆摊设点等1.4万余起，拆除各类违规招牌标识近2000块，展现整洁有序、文明和谐的城市管理新面貌，荣获省级文明城区“四连冠”。持续共建美丽乡村，全域开展乡村人居环境治理和“厕所革命”，农村垃圾无害化处理率达99%以上，新建公厕116座，公厕建设作为福建省公厕模板在全国“厕所革命”推进会上展示。

一年来，我们以推进污染防治攻坚战为突破，着力统筹“六水共治”“蓝天净土”，生态环境更加优美。深入贯彻落实习近平总书记木兰溪治理重要理念，全面开展木兰溪生态水系建设，实施木兰溪防洪安全、水质提升、景观整治等一系列综合治理工程，累计清理河道173公里，清理沿线历史垃圾3000多吨，疏浚木兰陂至濑溪段沿线零星的“水下孤岛”，初步实现游艇自由航行，在打造莆田版“多瑙河”上迈出了坚实步伐。持续开展碧水、蓝天、净土保卫战，切实抓好中央、省、市环保督察发现问题整改工作，集中解决了东圳库区一级保护区内居民搬迁等20个突出环境问题，取缔“反弹复建”畜禽养殖场81家1万多㎡，有效堵住污染源头，东圳水库和木兰溪干流水质优良（达到或优于III类）比例均达100%，重点小流域I类—III类水质比例明显上升，基本构建“碧水城厢”新格局。持续推进“六水共治”，全面实施建成区9条内河综合整治，基本完成城区龙桥溪、下磨溪黑臭水体治理，水质稳定达标，龙桥溪污染源普查经验在全省进行交流。农村污水处理工程一期PPP项目加快推进，累计铺设污水管网140公里以上，建设三格化粪池8000多个，惠及44个村近3万户；完成长岭溪、草埔溪等4条安全生态水系建设，治理生态河道32公里，水土流失综合治理面积达3800亩；持续推进木兰溪防洪工程华亭段、篁山溪榜头片防洪工程，完成太青联合堤二期、西墩海堤除险加固工程，建设堤防21.6公里；完成南门、钟潭溪、莆田西三大片区雨污水管网改造提升，有力缓解城市内涝；完成龙桥水厂整合，实现城北片区供水管网接入城市主管网，进一步保障群众饮水安全。加大工业废气整治力度，完成83家涉挥发性有机物（VOCs）企业、159家“小散乱污”企业整治。创新生态保护机制建设，生态环境损害赔偿试点取得突破，完成商品林赎买1530亩，造林绿化3129亩，全区森林覆盖率达71.8%，为我市成功创建“国家森林城市”提供有力支撑。

一年来，我们以强化民生保障为宗旨，全面推进“惠民实事”“民心工程”，群众获得感持续增强。民生投入不断加大，全年民生支出18.3亿元，占一般公共预算支出的72.3%。顺利完成建设“四好农村路”等15件年度惠民实事，解决了一批群众关注的民生问题。精准脱贫深入实施，精准落实就业、教育、健康、住房、小额信贷、低保兜底等扶贫措施，建设绿丰园艺、恩典绿化等4个农业扶贫基地，成立宏峰扶贫、鑫淼慈善等6个基金会，创建和硕农业、华林智联等20个合作示范单位，带动全区763户2304名建档立卡贫困户迈向高质量稳定脱贫，7个贫困村全部摘帽。保障性安居工程加快推进，泗华滨溪二期、莆田西等6个安置房3746户群众实现回迁，木兰大道、木兰溪防洪工程濑溪安置区等8个安置房动工建设，第三批经济适用房完成配售。坚持教育优先发展，加快推进城乡义务教育一体化，中高考总分、平均分均居全市各县区第一，荣获“省先进教育县区”“市教育优秀管理县区”称号，“教育强区”工作被定为全省重点发展对象。加大教育资源供给，兴安小学及附设园、太平小学等一批学校改造扩容投入使用，推进11个住宅小区配套幼儿园建设和移交接管工作，新增幼儿园学位480个、小学学位600个。教育集团建设和名校联姻结对工作有效推进，莆田三中等4所学校分别与福州八中等5所省内名校开展教学结对；成立南门学校华林分校，开展“高效课堂”试点改革，优质教育资源总量递增，校际差距逐步缩小。医药卫生体制改革不断深化，完成58个村卫生所一体化建设，其中52个上线远程视频诊疗服务，创新举措走在全省前列；以医联体建设为载体，区医院与省人民医院等3家省内名医院建立协作关系，名医专家定期基层坐诊，让更多群众在家门口享受专家诊疗服务。文化惠民力度加大，春晖木雕艺术馆建成对外开放，新建提升48个村级文化综合服务中心，一批农家书屋、文化激情广场、多功能运动场所等文体设施建成投用。非遗保护取得新成效，新增省非物质文化遗产代表性项目2个，公布第一批区级非物质文化遗产代表性传承人53人。全民健身广泛开展，联发欢乐跑等群众体育活动有声有色。加强国家知识产权强县工程试点建设，专利申请量1423件，居全市第一。养老服务体系不断完善，新建3个街道日间照料中心和24个农村幸福院，升级改造常太镇敬老院，全市首家实行公建民营。提高城乡低保人均补助水平，发放低保补助、临时救助和残疾人两项补贴等各类社会救助资金1.2万人次2500多万元。顺利完成新一届村（居）委会换届选举工作，有序推进第四次全国经济普查、第三次全国国土调查及侨情普查工作。国防动员、民兵预备役、平安海域、双拥等工作得到加强，人事、编制、保密、物价、档案、地震、应急、慈善、老龄、残疾人、工青妇、地方志、民族宗教等各项事业也取得新进展。

一年来，我们以增强群众安全感为目标，不断深化“扫黑除恶”“安全生产”，社会治理水平显著提升。重大风险有效防范，实施金融风险实时防控预警监测工作模式，完成市政府年初下达不良率2.5%以内的防控目标，坚决守住区域不发生系统性风险的底线。深入开展“大排查、大走访、大化解”活动，有力保障第五届世界佛教论坛顺利召开。纵深推进扫黑除恶专项斗争，社会治安持续向好。深入推进社会治理创新，新设2200个视频监控探头、47处高空全景监控和135套人像识别系统，有效提升全区治安防控智能化水平。加强矛盾纠纷排查化解，创新商会调解、名人调解等多种方式，树立了“莆田枫桥经验”品牌，全省综治中心规范化建设现场会在我区召开。严格落实安全生产责任制，扎实开展安全生产“严排查、严整治、严监管”活动和“严整治、促提升”专项行动，依托“智慧安监平台”，聚焦25个重点行业领域，排查整改各类隐患4062项，全年未发生较大及重特大安全生产事故。成功防控非洲猪瘟，顺利通过验收评估并解除疫区封锁。落实粮食安全行政首长责任制，强化储备粮管理，提升粮食安全保障水平。积极创建国家食品安全示范城市，搭建区级食品安全电子信息平台，完善食品追溯体系，全面夯实食品安全监管工作。

一年来，我们以提升行政服务效能为抓手，全面落实“从严治党”“依法行政”，政府自身建设不断加强。坚持把党的政治建设摆在首位，全面兴起“大学习”热潮，牢固树立“四个意识”，坚定“四个自信”，做到“两个维护”，深入推进“两学一做”学习教育常态化制度化建设，严格落实意识形态工作责任制。法治政府建设上新水平，被评为“全国法治区”创建活动先进单位。认真执行区人大及其常委会的各项决议决定，自觉接受区人大工作监督、法律监督和区政协民主监督，认真听取各方面意见，办理人大代表建议45件、政协提案68件，解决了代表委员关注的一批重点难点问题。严格执行中央八项规定精神和国务院“约法三章”，持之以恒纠正“四风”，查处违反中央八项规定精神案件20件24人，“三公”经费支出下降20.8%。围绕“强突破、促提升、争先行”主题实践活动，开展各类效能督查28次，予以效能问责57人次，作风建设不断加强。加大“放管服”改革力度，全面推进网上大厅建设，实现“一趟不用跑”和“最多跑一趟”事项达95.9%。全面实施第二轮“多证合一”“证照分离”等商事制度改革，全市首家开发运行企业服务平台，及时收集、全程跟踪、精准解决企业反映的问题，企业开办时间压缩至4.5个工作日之内，营商环境进一步优化。认真落实全面从严治党要求，压紧压实“两个责任”，不断深化廉政建设，狠抓上级巡视反馈问题整改工作，全力支持和保障纪检监察机关履行职责，党风廉政建设和反腐败工作进一步加强。

各位代表，一年来，我们坚决贯彻落实新发展理念，坚持稳中求进，攻坚克难，建设美丽莆田先行区迈出了坚实步伐。这是市委市政府和区委正确领导，区人大和区政协大力支持，全区人民齐心协力、团结奋斗的结果。在此，我代表区人民政府，向全区干部群众，向各位人大代表、政协委员，向离退休老同志、各民主党派、工商联、人民团体、无党派人士，向驻莆部队、武警官兵、公安政法干警，向所有参与、关心、支持城厢建设与发展的同志们、朋友们，表示衷心的感谢和崇高的敬意！

在总结成绩的同时，我们也清醒地看到当前我区发展中还存在不少困难和问题，主要是：发展活力动力不足、高质量发展效益不高的问题仍然存在；

工业制造业相对薄弱，龙头企业不多不强，新兴产业有待培育，新的增长点尚未完全形成；生态环境保护任务依然任重道远，水环境综合治理需要进一步强化；发展不平衡不充分问题尚未解决，住房、教育、医疗等民生领域还存在不少短板；政府职能转变和体制机制创新还需加大力度，部分干部担当意识有待增强，等等。我们一定高度重视这些问题，采取有效措施努力加以解决。

抢抓机遇 凝心聚力
全面推进高质量发展落实赶超

2019年是新中国成立70周年，是决胜全面建成小康社会、推动高质量发展落实赶超的关键之年。

政府工作的总体要求是：以习近平新时代中国特色社会主义思想为指导，全面贯彻党的十九大和十九届二中、三中全会精神，坚持党的全面领导，坚持稳中求进工作总基调，坚持新发展理念，坚持质量第一、效益优先，统筹推进“五位一体”总体布局，协调推进“四个全面”战略布局，坚持以供给侧结构性改革为主线，落实“六稳”工作要求，按照省委十届六次、市委七届六次和区委九届八次全会部署，紧紧围绕高质量发展落实赶超要求，着力创新驱动、转型升级、改革开放、乡村振兴、区域协调、生态建设、民生改善，努力推动产业发展高素质、城乡建设高品质、改革开放高层次、生态环境高颜值、民生幸福高指数、政府服务高效能，实现“打造人文宜居新城厢，建设美丽莆田先行区”奋斗目标，为创建美丽中国的示范区作出城厢贡献。

全区经济社会发展主要预期目标是：全区生产总值443亿元，增长9.5%。农林牧渔业总产值17.5亿元，增长2%。规模以上工业产值368亿元，增长11%；其中增加值107亿元，增长9.5%。固定资产投资252亿元，增长16%。财政总收入36.9亿元，增长8%；其中地方级财政收入24.2亿元，增长6.2%。社会消费品零售总额273亿元，增长11%。外贸出口总额65.8亿元，增长5%。实际利用外资7000万元，增长7.7%。居民人均可支配收入38300元，增长8.8%。重点做好六个方面工作：

（一）增颜值、提品质，持续增强美丽城厢新魅力。深化城乡规划建设管理提升年三年行动，以“三改一拆”为抓手，围绕“一溪一区”，推动城市有机更新。

高起点规划建设“一溪一区”。以打造木兰溪“百里兰溪十里景”为纽带，带动两岸周边开发建设，推动城市“向西看”。高起点规划木兰陂至濑溪桥沿线10公里城市设计，高标准编制两岸周边产业规划，高水平建设木兰陂国家水利公园，持续实施木兰溪两岸景观整治、水质提升等综合治理工程，布建木兰溪沿线码头，“百里兰溪十里景”逐步展现“舟行碧波上，人在画中游”的新画卷，为建设美丽中国示范区提供生动范本。加快樟林产、城、生态融合规划编制，适时启动周边旧村庄整治，重点布局电子信息、研发总部、健康产业，塑造产城融合国际社区。以南山文化名胜区为依托，发挥后论坛效应，打造城市新名片。加快南山文化名胜区周边建设，重点推进月塘南片区和钟潭片区综合开发，与南湖公园形成集聚效应，努力打造美丽莆田新亮点。发挥莆田美术馆引领作用，委托专业机构运营管理，定期举办大型展览，集聚人流、商流、信息流，繁荣城市经济。

高强度推进“三改一拆”。牢牢把握木兰新城纳入全市三大重点片区规划的重要机遇，主动融入，滚动开发，拉大城市框架。全年重点实施木兰新城、月塘南、泗华整村和华亭山牌等4个片区改造，适时启动沟头、才子、龙德井、延寿整村等片区改造，全年计划征收土地166.67公顷、拆除房屋100万m²以上，实现樟林、万达南等6宗26.67公顷经营性土地出让。强化“两违”监管执法，坚持“露头就打，出土就拆”，重点打击木兰溪沿岸、灵华线、天龟线及高速高铁沿线和东圳库区、凤凰山、天马山等风景区范围内的“两违”行为，持续保持“两违”综合治理高压态势。

高标准配套基础设施。对标全国标杆城区，坚持基础配套先行，提升营商环境“硬实力”。开工建设龟山路，加快灵华线、联十一线、木兰大道三期和福厦客运专线建设，实现笏枫公路改扩建工程完工通车，构建城乡互联交通运输体系。加快滨溪北路建设，动工滨江北路，打通延寿路西伸、月塘路、顶黄路和园区竹林路等4条“断头路”，架设市委党校路口、天九湾市场等4座人行天桥，实现肖厝东路、八二一大街南伸等城市干道建成通车，有效提升城区通行能力。推进天马山省级森林公园及凤凰山风景名胜区慢道规划，建成北渠绿道三期、凤凰山沿渠景观带等慢道，新增洋西溪、肖厝路等4个口袋公园，拓展市民休闲空间。

高品质做精城市管理。常态化推进提升创城工作，积极创建全国卫生城市，完善“城管+公安”网格化机制，加强“数字城管”平台应用衔接，构建城市管理综合执法条块联动协作体系。提升城区管理“四化”水平，着力规范148个开放式小区管理，深入开展占道经营、车辆乱停等无序行为专项治理，改造提升文献、福兴等4个老旧小区，实施天九湾、新塘等8个农贸市场标准化改造，建设精致集约有内涵的城区。全域推进生活垃圾强制分类，环卫保洁机械率提升至95%以上，城区生活垃圾无害化处理率达100%。探索建立餐厨垃圾清单式的常态化管理机制，依法查处非法收集、运输、处置等违法行为，提升中心城区餐厨垃圾收运覆盖率。深化“共建美丽乡村”行动，农村生活垃圾无害化处理率99.5%以上。

（二）调结构、促转型，持续培育实力城厢新动能。聚焦推进高质量赶超发展，努力推动质量变革、效率变革、动力变革，促进经济持续健康发展。

转型升级实体经济。继续实施“三转一市”“五换三名”工程，新增“个转企”720家、“下转上”150家以上，不断做大增量。落实促进园区高质量发展三年行动计划，全面整治亩均税收10万元以下“低小散”企业，“腾笼换鸟”旧厂房10万㎡以上，建设莆田储能电站，不断完善园区基础配套，全面提升园区综合发展水平。实施创新型高成长企业“倍增”计划，加快传统产业智能化改造，促进实体经济和数字经济、工业化和信息化、制造业和现代服务业深度融合，新增工信部两化融合贯标企业6家以上。加快建设灵华线及其延伸路，打通城区通往港口大动脉，串联“三镇、两园区”，拓展灵川、东海近万亩腹地，壮大工业发展空间。着力打造产业集群，围绕鞋服制造产业，加快华林鞋艺小镇建设，推进小镇生态旅游项目、工业旅游项目落地，打造运动鞋创新生态平台；围绕电子信息产业，重点依托杰木科技、三利谱等掌握核心技术的高新企业，引进上下游配套企业，打造一流信息技术研发中心和高端产品研制基地。

提升发展现代服务业。促进生产性服务业和战略性新兴产业的深度融合，构建产业链、供应链、价值链“三链合一”的服务业发展新体系，打造现代服务业示范区。大力扶持平台经济，筹办第二届“一带一路”跨境电商国际合作高峰论坛，打造“一带一路”跨境电商交流合作平台及数字贸易中心，为电商发展提供新方向、新路径、新模式。推动福建骠骑公司举办第一届两岸动力摩托车文化交流节，建立全国首家提供高端摩托车租赁、社交、保养等服务的线上平台，打造国内高端体育用品电商销售平台。依托莆田跨境电商监管中心和通关公共服务平台，为电商企业提供跨境通关、结汇退税、信贷等一站式服务，补齐电商物流短板；依托跨境电商供应链平台，为地区跨境电商提供货源稳定、品质保障的产品供应，力促敦煌网、抠抠网等国内知名平台区域总部落地，完善地区电商生态链；依托“大工美之家”平台，促进龙头企业整合行业资源，打造工艺美术国际品牌。积极培育楼宇经济，盘活近100万㎡的商务楼宇资源，进一步完善总部经济和楼宇经济政策，加大莆田西写字楼、肖厝商务大楼、南兴国贸中心等楼宇招商力度，统一规划、精准招商，一楼一策发展商务服务大楼、建筑劳务大楼、金融服务大楼等专业楼宇，进一步繁荣城市经济。全力发展全域旅游，积极实施“1366”战略，加快木兰大道、天龟线等旅游公路沿线景观景点及周边乡村旅游的创建、提升工作，突出木兰溪、绶溪两大绿色生态水系旅游建设，着力打造钟潭风景区、木兰陂国家水利公园、南山文化名胜区、龟山禅文化园等一批国家级旅游产品，力争全年游客接待量突破千万人次，旅游总收入突破百亿元。

做优做特现代农业。深入实施乡村振兴战略，以埔柳、马院等13个市级“百村示范”试点村建设为引领，同步配套10个区级示范村，着力打造农业文化旅游“三位一体”，逐步实现农村生活生产生态“三生同步”，一村一品、以点带面、连线成片，带动全区乡村振兴。重点实施油潭整村改造，推进千亩有机稻香农场、高科技温室农场、亲子体验、共享民宿、共享商业街等农业新业态，打造成独具特色的农村共享社区典范。完善乡村振兴人才支撑，深入推进科技特派员制度，全区村（社区）实现科技特派员服务全覆盖，吸引更多资本、技术、人才等要素向农业农村流动。大力发展设施农业、生态农业，加快建设华亭利农采摘观光园、常太枇杷产业园、灵川温氏肉禽项目等重点农业项目，推动农业全面升级、农村全面进步、农民全面发展。

（三）抓项目、重质量，持续构建活力城厢新空间。牢固树立项目兴区意识，完善项目支撑引领，强化招商引资带动，不断增强经济发展后劲。

狠抓项目支撑。全年安排重点项目398个，总投资2183亿元，年计划投资265亿元。全年计划开工项目178个，完成投资185亿元以上；竣工项目139个，完成投资65亿元以上。完善“五个一批”项目推进机制，围绕国家产业政策、重大规划、重点投向，加强项目策划，持续生成一批重点项目，力争亿元以上项目谋划50个、签约100个、开工（含增资）80个、投产50个，总投资2000亿元以上。

强化服务保障。落实重点项目一周一协调、一月一调度、一季一督查，完善区领导挂钩督导、现场办公、区直单位挂钩联系等一线工作机制，全力推进重点项目建设。突出规划引领，深化木兰溪两岸城市设计，完成沟头—顶墩、文献、霞林、铁岭、绶溪等分区单元控规编制。积极拓宽融资渠道，充分利用银行、证券等融资渠道，探索“片区改造+国有企业”模式，争取更多融资支持，为加快城区开发建设提供资金保障。实行重点项目“马上就办”，促进重点项目与林地资源有效衔接，力争全年报批用地153.33公顷、用林66.67公顷以上。

提升招商实效。主动融入省市产业发展布局，积极对接在外莆商、知名人士，搭建商会、协会合作招商平台，通过授权委托第三方招商、以商招商、购买服务等新模式，拓展招商新渠道。围绕新能源、新材料、新技术等新兴业态，引进、培育处于产业链核心、关键环节的龙头企业。推动三利谱偏光片等11个签约项目开工建设，人工智能产业园等在谈项目尽快签约；继续围绕电子信息、新能源等优先发展产业，对接引进一批优质项目，力争全年引进亿元以上投资项目20个以上，总投资100亿元以上，其中产业类项目争取突破50亿元。

（四）重改革、破难题，持续激发创新城厢新活力。认真贯彻落实习近平总书记在改革开放40周年纪念大会上的重要讲话精神，继续深化重点领域和关键环节改革，强化创新驱动，全力破除体制机制束缚，不断激发创新发展的新动力。

加快重点领域改革。完成新一轮政府机构改革，推动行政职能回归行政机构，强化事业单位公益属性。加快推动农业转移人口市民化、农村土地“三权分置”，健全农村产权交易市场，推动资源要素更多流向农村。实施市场监管领域综合执法改革，全面推行“双随机一公开”，建立健全跨部门、跨区域执法联动和协作机制。深化商事制度改革，巩固“多证合一”成果，全面推进“证照分离”，电子证照应用率80%以上。进一步完善和落实房地产调控措施，确保房地产市场平稳健康发展。

持续优化营商环境。认真打好减税费、降成本等一系列政策“组合拳”，积极稳妥降低企业杠杆率，助推经济转型升级。强化民营企业金融保障，积极推动普惠金融发展，努力缓解民营企业特别是小微企业融资难、融资贵问题。深入开展全区企业大走访，不断完善企业服务平台，在企业与政府间架设沟通的连心桥，构建亲清新型政商关系。继续深化“放管服”改革，编制“一趟不用跑”和“最多跑一趟”办事事项审批工作细则。大力推行“互联网+政务服务”，以APP推动政务数据整合汇聚，实现网上政务服务“一号申请、一窗受理、一网通办”，让群众和企业办事像“网购”一样方便。

大力实施创新驱动。发展新一代电子信息、新材料、新能源、高端装备制造、节能环保等高新技术产业，培育一批具有自主知识产权及自主品牌的国家级高新技术企业、创新型企业和科技型企业，建设一批科技创新平台，提高企业自主创新能力，力争全年培育20家以上“两高”企业、10家以上获得“单项冠军”“专精特新”和“科技小巨人”等称号企业，新增市级以上企业技术中心4家，市级工业设计中心2家。加大对高层次人才的挖掘、培育和扶持，为建设创新型城区提供有力人才支撑。提高全区专利申请量、授权量以及发明专利在总申请量中的比例，着力增强企业核心竞争力。

（五）守底线、防风险，持续展现和谐城厢新形象。全力打好防范化解重大风险、精准脱贫、污染防治攻坚战，加大薄弱环节破解力度，强基固本，努力保障高水平全面小康目标。

打赢防范化解重大风险攻坚战。保持打击各种金融违法违规行为高压态势，根据不同领域金融风险情况采取差异化办法，健全金融监管协调体系，强化风险监测预警，持续防范金融风险，力争不良贷款率控制在2%以内。加强政府债务管控，严防地方债务风险，确保政府债务安全运行。强化安全生产红线意识，健全安全风险分级管控和隐患排查治理双重预防机制，坚决遏制重特大安全事故的发生。加强应急管理，提升防汛防台、防灾减灾、预警预防和救援处置水平。

打赢精准脱贫攻坚战。以巩固脱贫成果为重点，全力打好产业、就业、教育、健康、住房安全五大战役，推进脱贫攻坚十大专项行动。加大资金投入，与市乡村振兴集团合作开发，重点突出7个贫困村脱贫产业项目建设，进一步盘活农村资产资金，实现全区所有村（社区）年收入全部达到10万元以上。充分发挥社会资本、基金会等力量，利用补充耕地项目资金返还等政策红利，引导贫困村参与服务实体经济，加大公益性岗位、就业培训、小额信贷、雨露计划等实施力度，不断提高贫困对象自我发展能力；不断健全医疗、低保等政策兜底保障，确保不漏一户、不落一人。

打赢污染防治攻坚战。持续推进“河长制”“湖长制”，继续实施“六水共治”三年计划，重点推进44个村农村污水处理二期工程，新改建城市污水管网12公里，铺设农村污水管网300公里以上，建设三格化粪池6000个以上，实现城区和农村污水管网体系全覆盖，全面消除劣Ⅴ类水体。持续开展木兰溪水质提升、东圳库区饮用水源保护工程，重点实施东太溪、径里溪等6条30公里河道生态治理工程，持续整治洋西溪、棠坡沟等9条城市内河，全区小流域水质100%达到或优于III类。打好蓝天保卫战，深化重点行业挥发性有机物（VOCs）治理，全面整治“散乱污”企业，推进餐饮油烟污染、扬尘污染防治，整治夜市流动摊点，取缔露天烧烤摊点，单位GDP二氧化碳排放下降4.5%以上，空气质量优良率达到95%以上。打好土壤污染防治战，有序实施土壤污染治理和修复。

（六）补短板、惠民生，持续满足幸福城厢新期待。聚焦群众所需所盼，推进社会事业改革发展，完善公共服务体系，努力让群众在改革发展中有更多获得感。

均衡发展社会事业。大力实施教育工程包，倾力补齐教育短板，动工建设九华学校、顶墩学校等5个新校区，新改扩建筱塘、文献等4所幼儿园，接管滨溪、恒大等5所幼儿园，确保秋季投入使用，新增初中学位1620个、幼儿园学位2880个，缓解中心城区入园难就学难问题。持续推进教育集团化办学和信息化建设，继续实施名师、名校、名校长“三名”工程，充分发挥12所“高效课堂”试点校和16所教研基地校的作用，促进教师队伍素质、教学质量整体提升。持续深化医药卫生体制改革，全面推进区医院医联体建设，加快区医院新址搬迁并投入使用，大力推进家庭医生签约服务和名医工作室，发展特色医疗健康服务。全面完成区、镇、村卫生服务一体化管理，进一步完善农村远程视频诊疗服务体系，全区62家村卫生所全面实现远程就诊服务，让村民在家门口就能享受到城市专家医疗服务，有效解决农村“看病难、看病贵”问题。繁荣发展文体事业，以创建国家历史文化名城为契机，妥善保护钱四娘纪念馆、张琴故居等历史建筑。加快区图书馆、文化馆和镇（街道）文化站等公共文化设施新建改造提升，配套补齐中小型公共体育设施，构建区、镇（街道）、村（社区）三级全民健身设施网络和城市15分钟健身圈。深化农村移风易俗活动，塑造文明乡风。支持工青妇、老年人、残疾人、红十字会等群团组织工作，统筹推进档案、地震、外侨台、地方志等工作。

全面加强民生保障。集中财力办好一批惠民利民实事，加快霞林地块七、洋西地块A等12个安置房建设，力争木兰大道、坂头东地块一等7个安置房上半年动工建设，肖厝10#楼、华亭山牌、木兰溪防洪工程濑溪、樟塘等4个安置房回迁。继续推进剩余安置房处置工作，加快第四批经济适用房配售进度，缓解城市困难群众住房压力。新建10个农村幸福院，盘活用好镇敬老院和街道日间照料中心，实现使用率100%。鼓励城市既有住宅增设电梯，不断适应人口老龄化需求。实施大学生就业促进和创业引领计划，加快培养和引进适应企业转型发展需求的技能人才，期末城镇登记失业率控制在3%以内。全面推进全民参保工作，实现社会保障全覆盖。坚决落实粮食安全行政首长责任制，提高粮食应急保障能力，确保粮食安全。大力实施食品安全战略，集中开展学校及校园周边、托幼机构食品安全等专项整治，推进食品安全“一品一码”全过程追溯体系，努力创建国家食品安全示范城市。

全力构建“平安城厢”。持续深化扫黑除恶专项斗争，集中攻坚重点案件、重点问题、重点领域，强力整治电信诈骗、“套路贷”等群众反映的突出问题，逐步建立源头治理防范工作机制，彻底铲除黑恶势力滋生土壤，提升人民群众的安全感、满意度。以坚持和发展新时代“枫桥经验”为抓手，充分发挥“五治”作用，拓展大调解新模式，创建省市级金牌调解室，提升矛盾纠纷化解成效。持续推进“智慧天网”建设，新建全彩高清视频监控探头3000个，突出综治网格中心实战化，提升基层社会治理水平。深入开展社会治理五个专项行动和千名干部“进村入户”平安宣传活动，着力提升“平安三率”水平，力争70%以上村居创建“平安和谐村居”，建设更高水平“平安城厢”。继续做好民族和宗教工作，不断促进民族团结、宗教和睦、社会和谐。

马上就办 真抓实干
建设法治担当有为的人民满意政府

做好新一年工作，加强政府自身建设是保障。面对新时代、新形势、新任务、新要求，我们将认真落实全面从严治党的要求，坚持以法治思维和创新精神推动工作，努力打造有为有效、人民满意的法治政府。

强化政策执行力。深入贯彻习近平新时代中国特色社会主义思想，旗帜鲜明讲政治，严明政治纪律和政治规矩，认真开展“不忘初心、牢记使命”主题教育，牢固树立“四个意识”，坚定“四个自信”，做到“两个维护”，不折不扣贯彻落实好中央省市各项决策部署。要强化意识形态工作责任制，带头管阵地把导向强队伍，推动意识形态工作责任制落细落实。严格落实全面从严治党主体责任，严格执行中央八项规定实施细则，持之以恒整治形式主义、官僚主义等“四风”问题。要雷厉风行抓执行，坚持“快”字当头，定了就干，干就干好，实行重点工作任务执行情况报清单、评清单、晒清单制度；要创新方法抓执行，多做主观努力，少找客观理由，善于在给定的条件下把工作做成、做好；要以结果论执行，用事实来说话，让时间来检验，由群众说了算，自觉接受人大代表、政协委员、社会各界监督。

强化干事担当力。在其位就要谋其政、担其责。要敢于担当，对有利于发展的事情要善于说“怎么做”，对不利于发展的事情敢于说“不”；要主动担当，把上级交代的事、群众和基层找上门的事都当作“分内事”来做，坚持“马上就办”，坚决纠正推诿扯皮、办事拖沓等行为，使政府服务更贴心，让群众办事更省心；要善于担当，建立基层干部正向激励和容错纠错机制，正确把握“三个区分开来”，旗帜鲜明地为想干事、能干成事的干部提供事业平台。要加强法治宣传教育，继续开展“七五”普法，深入推进法治政府建设，提高全民守法意识。完善重大决策机制，加大政府信息和政务公开力度，及时回应舆论和社会关切，提高政府工作的透明度，让权力在阳光下运行。

强化重点突破力。要把突破力作为提升新时期政府工作本领的关键一招来抓，全力打通各类工作瓶颈和堵点。要大兴调查研究之风，始终保持同人民群众的血肉联系，多到工作现场，从夯实基础做起，深入一线问政、问需、问效于民；要聚焦形成合力，紧紧围绕重大产业、重大项目、重大改革，进一步解放思想、开拓创新，面上发力、点上破冰，强力突破事关全局的重点领域和关键环节；要突出工作重点，着力在三大攻坚战、淘汰落后产能、征迁扫尾“清零”、重大项目提质提速、招商引资项目落地、历史遗留问题化解、打造城市管理亮点等方面下苦功、打硬仗、见成效。

时序交替、梦想前行。站在新的历史起点上，我们将以更加强烈的使命担当、更加开放自信的胸襟气度，锚定高质量发展落实赶超新目标，在新时代新征程上再次扬帆起航，不忘初心，牢记使命，逐梦远行。让我们更加紧密团结在以习近平同志为核心的党中央周围，在区委的坚强领导下，紧紧依靠全区人民，共克时艰、奋力拼搏，为打造人文宜居新城厢，建设美丽莆田先行区而努力奋斗！

《政府工作报告》部分缩写词释义

1. 三转一市：即个体工商户转企业、规模以下企业转规模以上企业、有限责任公司转股份有限公司、企业上市。

2. 五换三名：即腾笼换鸟、机器换工、空间换地、电商换市、引智换脑，培育名牌、名企、名家。

3. “两高”企业：即高技术、高成长型企业。

4. 五个一批：即“谋划一批、签约一批、开工一批、投产一批、增资一批”五个阶段项目。

5. 三改一拆：即改造旧片区、旧村庄、旧厂房，拆除“两违”。

6. 六水共治：即治污水、清河水、防洪水、排涝水、保供水、抓节水等六项治水工程。

7. 六稳：稳就业、稳金融、稳外贸、稳外资、稳投资、稳预期。

8. “1366”战略：打造莆田市旅游枢纽一个目标，构建“一核、一轴、三廊”三大旅游格局，完善“吃、住、行、游、购、娱”六要素旅游生态，打造“商、养、学、闲、情、奇”六大旅游类型。

9. “五治”：政治、自治、法治、德治、智治。

10. 三个区分开来：即把干部在推进改革中因缺乏经验、先行先试出现的失误和错误，同明知故犯的违纪违法行为区分开来；把上级尚无明确限制的探索性试验中的失误和错误，同上级明令禁止后依然我行我素的违纪违法行为区分开来；把为推动发展的无意过失，同为谋取私利的违纪违法行为区分开来。

区政协常委会工作报告

（2018 年 12 月 26 日在城厢区政协八届三次会议上）
城厢区政协主席　黄志强

我受政协第八届莆田市城厢区委员会常务委员会的委托，向大会作报告，请各位委员审议，并请列席会议的同志提出意见。

2018 年工作回顾

一年来，常委会在中共城厢区委坚强领导下，深入学习贯彻习近平新时代中国特色社会主义思想和中共十九大精神，全面贯彻落实习近平总书记关于加强和改进人民政协工作的重要思想、对福建工作的指示精神和治理木兰溪的重要理念，坚决贯彻中共中央和省委、市委、区委决策部署，围绕“打造人文宜居新城厢，建设美丽莆田先行区”，坚持团结和民主两大主题，认真履行政治协商、民主监督、参政议政职能，为推动城厢经济社会发展作出了积极贡献。

一年来，常委会认真学习贯彻习近平新时代中国特色社会主义思想，确保正确政治方向。

坚持把加强政治建设摆在首位。认真贯彻落实中央和省委、市委、区委的决策部署，把深入学习贯彻习近平新时代中国特色社会主义思想和党的十九大精神作为首要政治任务，在全区政协系统兴起习近平新时代中国特色社会主义思想“大学习”热潮，不断提高政治站位，牢固树立“四个意识”，坚定 “四个自信”，践行“两个维护 ”，在思想上政治上行动上同以习近平同志为核心的中共中央保持高度一致。2018 年，组织召开 22 次党组学习扩大会，组织 30 多场机关集中学习，积极引导各党派团体和各界人士以习近平新时代中国特色社会主义思想武装头脑、指导实践、推动工作，夯实团结奋斗的共同思想政治基础。

始终坚持和自觉接受区委的正确领导。坚持区委对政协工作的政治领导、思想领导和组织领导，严格执行重大问题请示报告制度，自觉把政协工作融入全区发展大局。每年定期向区委报告工作，重要工作和重大事项及时向区委请示、报告。邀请区委区政府领导出席政协全体会议、大会发言和分组讨论，参加政协常委会议、专题协商会议和其他重要履职活动，主动接受区委对政协工作的领导。

落实意识形态责任制。认真学习贯彻中央和省委、市委、区委关于意识形态工作的部署要求，进一步增强抓好意识形态工作的责任感。切实履行意识形态主体责任，建立健全意识形态工作责任清单，党组书记带头抓意识形态工作，带头管阵地、把导向、强队伍，其他党组成员根据工作分工，抓好分管部门的意识形态工作。牢牢把握意识形态的领导权、管理权和话语权，确保主流思想占领意识形态阵地，引领政协组织政治风气。

一年来，常委会紧紧围绕全区中心工作协商议政，全力助推发展。

紧扣中心工作协商议政。八届二次会议期间，组织广大政协委员广泛开展协商和大会议政，共遴选有效推进和巩固治水成效、做强实体经济、推进特色农业发展等 13 件重点提案，征集提案 76 件，提交大会发言 13 篇，提出意见建议 21 条。2018 年，围绕《深化提升河长制，全力推进河道环境卫生整治》《弘扬工匠精神，培育壮大产业人才队伍》《规范小区物业管理，提升城市管理水平》等课题开展协商议政，形成专题报告 3 份、会议发言 12 篇，提出意见建议 31 条。这些协商议政成果，为区委、区政府科学民主决策提供了参考。

聚焦民生改善协商建言。坚持以人民为中心的发展思想，围绕着力解决重点民生问题，就社会组织参与基层社会治理、中小学心理健康、重点项目落实情况和为民办实事项目实施等开展专项视察，就教育、交通、文明城市等开展调查研究。2018年，围绕8项课题开展专题调研视察，提出意见建议33条，为增强人民获得感和幸福感献智出力。

围绕改革发展协商汇智。区政协领导班子成员协助区委区政府抓好工作落实，为推进全区经济社会发展鼓实劲、出实招、干实事。挂钩腾辉工艺产业园、福厦铁路客运专线、南山文化名胜区等重点项目，及时协调解决项目建设遇到的困难和问题。围绕精准脱贫、污染防治、防范化解重大风险三大攻坚战，按照分工开展工作，为打赢打好三大攻坚战献计出力。持续深入开展“三深入三服务”活动，经常走访委员企业，与业主交心谈心，了解企业经营的情况和困难，力所能及地帮助企业协调解决一些问题。

一年来，常委会加强和改进民主监督，坚定不移贯彻落实各项决策部署。

丰富民主监督形式。常委会与纪委监委、法院、检察院等单位紧密配合，规范了选派政协委员担任职能部门特邀监督员制度，有10多名委员担任特邀监督员，这些委员积极参加有关监督检查和效能绩效评议，及时反映群众意见和呼声，认真履行民主监督职能，受到群众和有关部门好评。参与平安城厢建设和扫黑除恶专项斗争，做到带头宣传发动、监督助力、参与支持。通过组织委员参加每月的共建美丽乡村考评工作、参与人民法院庭审、参加人民检察院开展的“检察开放日”活动等，丰富民主监督形式。

健全社情民意信息监督。高度重视反映社情民意信息工作，完善《关于加强反映社情民意信息工作的意见》，重点围绕党委政府重视、人民群众关心的问题，积极拓宽社情民意信息渠道，不断完善信息征集、报送、督办和反馈机制。2018年，被省、市刊物采用信息稿件40多篇，宣传信息工作位于全市县区政协前列。同时及时与有关部门就社情民意信息的办理情况进行沟通落实，切实发挥政协社情民意信息的“直通车”作用，及时把群众的呼声传递给有关部门，获得较好的社会反响。

全力推动精准扶贫。发挥委员资源优势，加大“造血”式帮扶力度，帮助贫困户脱贫解困。区政协领导班子成员继续分别挂钩1户贫困户，区政协机关继续挂钩灵川镇太湖村16户贫困户（贫困人口34名），做到经常走访慰问贫困户，了解扶贫政策和帮困措施的落实情况。同时，还开展科技服务、医疗卫生、文化教育等主题的帮扶活动。

一年来，常委会把握团结民主两大主题，广泛凝聚改革发展强大合力。

努力营造合作共事氛围。坚持区政协领导与各党派团体联系制度和协调沟通机制，为各民主党派、工商联、无党派人士在政协履行职责创造条件，形成了相互尊重、体谅包容、畅所欲言、合作共事的民主氛围。各党派团体充分发挥自身优势，积极参加政协各项履职活动，共提交集体提案11份、大会交流5篇。

加强与各界人士的团结联谊。以加强与非公有制经济人士团结联系为主题，开展走访委员系列活动，广泛宣传城厢投资创业环境和有关政策，鼓励引导城厢籍莆商回乡创业。广泛团结新的社会阶层、少数民族和宗教界等各方面人士，主动协助各级党委和政府协调关系、化解矛盾、理顺情绪、凝聚共识，使政协工作进一步向基层延伸、向各界别和各阶层拓展。

积极开展联络联谊活动。加强和香港委员联系，探索香港委员履职方式，为促进共同繁荣发展献计献策。参加市县区政协主席联席会议，学习交流工作经验，增进共识。做好省市政协和外地政协来城厢考察服务工作，展示城厢发展成果，宣传推介城厢。全年共陪同省市政协领导考察视察11批次，外地政协学习考察3批次。

一年来，常委会完善机制建设，不断推进政协工作创新发展。

构建协商议政新格局。积极探索协商民主有效形式，创新协商载体，形成以全体会议协商为龙头，以专题常委会议和主席会议协商为重点，以对口协商、界别协商和提案办理协商为常态的协商议政格局。改进专题议政性常委会议方式，做好会前调研、会中讨论交流、会后整理提升等工作，提高协商成效。继续探索政协工作向基层延伸的有效途径和方式，积极发挥政协组织和委员在基层协商民主中的作用。

开展政协理论研讨。根据全国、省、市政协部署，开展习近平总书记关于加强和改进人民政协工作的重要思想理论研讨活动，制定了《实施方案》和《工作推进表》，以《习近平总书记关于加强和改进人民政协工作的重要思想专题摘编》为主要学习材料，采取集中学习、专题辅导、理论研讨、主题宣讲、个人自学等形式开展学习，做到学深悟透，准确把握其精髓要义。2018 年，共举办学习贯彻党的十九大精神暨提升能力培训班 1 期，召开理论研讨会 1 场，征集理论研讨文章 5 篇，被省、市政协汇篇 3 篇。

提升提案监督功能。坚持把提高提案质量作为立足点，将协商贯穿于提案的提出、立案、交办、办理、督办和反馈全过程，不断创新和完善提案工作机制。切实改进提案督办方式，推动提案提交由数量型向质量型转变、提案办理由重答复向重落实转变。坚持对提案办理征求意见形式改“面对面”为“背靠背”，由提案委直接向提案人征询意见，这一举措让承办单位对提案办理工作更加认真负责，更加富有成效。开展民主评议提案办理单位活动，对区教育局、区住建局等 8 家单位的提案办理工作进行民主评议，促进承办单位把评议的压力转化为办好提案的动力，进一步提高了提案办理的落实率和满意率。区委、区政府高度重视提案办理工作，要求区各级党委（党组）自觉接受政协民主监督，认真办理政协提案、建议，把提案办理纳入承办单位绩效考评。八届二次会议以来共收到提案 76 件，经审查立案 68 件，截止 11 月底，所有提案均已办复，提案办理满意率和基本满意率达 98.5%，《整合文创 + 旅游资源，打造莆田西大门》《进一步加强社区医疗场所建设》等一批事关经济社会发展和民生改善的提案得到较好解决，推动了社会和谐稳定。

一年来，常委会着力加强自身建设，切实提高政协工作科学化水平。

从严从实抓好党的建设。区政协党组认真学习贯彻《关于加强新时代人民政协党的建设工作的若干意见》，落实深化全面从严治党主体责任。制定《中共莆田市城厢区政协党组深化全面从严治党主体责任清单》，认真落实“一岗双责”，严格执行中央八项规定和实施细则，推动“两学一做”学习教育常态化制度化。坚决抓好中央、省委巡视反馈意见整改工作，学习贯彻习近平总书记关于巡视工作的一系列重要讲话精神，进一步提高政治站位，认真制定巡视反馈意见整改方案、措施，明确时间表、任务图，压实工作责任，健全长效机制，确保巡视反馈意见整改工作落深落细落实。严格落实区委《关于进一步严格党内组织生活的十二条措施》，严格执行民主集中制，落实“三会一课”、民主生活会、主题党日活动等党内制度。落实党风廉政建设主体责任，坚持把纪律规矩挺在前面，强化廉政教育、警示教育、作风建设和反腐败斗争，支持区纪委监委驻政协机关纪检组履行监督执纪问责职责，使党员干部牢固树立党章党规党纪意识，做到严格自律、慎独慎微。加强对政协机关党支部的领导，每年年初、年中、年终 3 次听取党支部工作汇报。机关党支部强化“六个基本”建设，制定完善党支部工作规则，推动党支部主体作用发挥。2018 年，共召开党组理论学习 20 次，党组民主生活会 3 次，组织生活会 2 次，举行党组理论研讨 5 个专题，开展主题党日活动 12 次。

加强政协机关建设。按照“懂政协、会协商、善议政”和提高“四个能力”的要求，大力弘扬“六

种精神”，切实加强政协自身建设，着力夯实履职基础，提升履职能力。以“建设学习型党组织”活动为载体，从抓管理、抓活动入手，加强机关效能建设，着力打造“五型”机关团队形象。完善专委会工作制度，加强专委会之间工作联动协作，有效发挥专委会基础性作用。践行社会主义核心价值观，争创市级文明单位和平安单位，努力营造政协机关积极向上的良好工作氛围。

强化委员队伍建设。加强和改进委员学习培训，不断提高委员履职能力。修订《关于区政协委员履行职责服务管理办法（试行）》，不断完善全覆盖的委员联系制度，开展委员履职综合评价，调动和激励委员履职积极性，更好发挥委员主体作用。加强对镇、街道委员联络组工作指导。2018 年，区政协领导联系委员 200 多人次，委员参加培训 100 多人次。全体委员以全区发展大局为重、以民生关切为念，认真履职，不负重托，不辱使命，充分发挥本职工作中的带头作用、政协工作中的主体作用和界别群众中的代表作用，为我区改革发展作出了积极贡献。

各位委员！一年来，区政协工作取得的成绩，是中共城厢区委正确领导的结果，是区人大常委会、区政府和社会各方面支持的结果，是区政协各参加单位、全体政协委员和政协工作者团结努力的结果。在此，谨让我代表区政协常委会，向大家的鼎力支持表示衷心的感谢！

回顾一年来的工作，我们也清醒地看到，区政协的工作与新时代新目标新任务的要求相比，还存在不足，主要表现为：协商民主建设还有待进一步深化，民主监督的工作机制还有待进一步完善，委员主体作用还有待进一步发挥，政协履职的制度建设还有待进一步加强等。真诚希望广大委员对常委会工作提出意见和建议，帮助我们把工作做得更好。

部分简称注释：

“四个意识”：即政治意识、大局意识、核心意识、看齐意识。

“四个自信”：即中国特色社会主义道路自信、理论自信、制度自信、文化自信。

“两个维护”：即坚决维护习近平总书记党中央的核心、全党的核心地位，坚决维护党中央权威和集中统一领导。

“三深入三服务”：即深入企业服务经济发展、深入社区服务社会和谐、深入群众服务民生改善。

“一超过、两不愁、四保障”：“一超过”即 2017 年人均年收入超过 4000 元；“两不愁”即不愁吃、不愁穿；“四保障”即教育、住房、医疗、饮水安全有保障。

“六个基本”：即基本组织、基本队伍、基本活动、基本作用、基本制度、基本保障。

“六种精神”：即刻苦学习、埋头苦干、开拓创新、甘于奉献、勇于负责、团结合作。

“五型”：即学习型、服务型、效能型、创新型、和谐型。

“四个能力”：即政治把握能力、调查研究能力、联系群众能力、合作共事能力。

“五位一体”：即经济建设、政治建设、文化建设、社会建设、生态文明建设五位一体。

“四个全面”：即全面建成小康社会、全面深化改革、全面依法治国、全面从严治党。

关于城厢区 2018 年国民经济和社会发展计划执行情况及 2019 年国民经济和社会发展计划草案的报告

（2018 年 12 月 27 日在区九届人大三次会议上）

城厢区发展和改革局局长 徐达威

受区人民政府委托，现将城厢区 2018 年国民经济和社会发展计划执行情况及 2019 年国民经济和社会发展计划草案，提请会议审议，并请区政协委员和其他列席人员提出意见。

一、2018 年国民经济和社会发展计划执行情况

一年来，在市委、市政府的正确领导下和区人大代表的监督指导下，全区上下坚持以习近平新时代中国特色社会主义思想为指导，认真贯彻落实党的十九大和省委十届六次、市委七届六次和区委九届八次全会精神，牢牢把握稳中求进工作总基调，围绕高质量发展落实赶超工作目标，紧抓承办第五届世界佛教论坛新机遇，协调推进经济社会发展，全区经济运行总体平稳、稳中提质，较好地完成了区九届人大二次会议审议通过的目标任务，各项经济社会事业工作取得新进展。

（一）主要经济发展指标完成情况

1. 预期性指标 9 项：地区生产总值 397 亿元（预计，下同），增长 9%，完成年计划的 99.7%。农林牧渔业总产值 16.8 亿元，增长 1%，完成年计划的 71.5%。规模以上工业产值 331 亿元，增长 10.3%，完成年计划的 91.2%，其中：规模以上工业增加值增长 9%。固定资产投资增长 25%。社会消费品零售总额 246 亿元，增长 14.5%，完成年计划的 100%。财政总收入 34.2 亿元，增长 7.6%，完成调整后预算的 100.8%，其中：地方级财政收入 22.8 亿元，增长 7%，完成调整后预算的 100.3%。外贸出口总额 62.7 亿元，增长 9.4%，完成年计划的 113.8%。实际利用外资（验资口径）6500 万元。全体居民人均可支配收入 35200 元，增长 8.5%，完成年计划的 97.8%。

2. 约束性指标 12 项：居民消费价格总水平同比上涨 2%、城镇登记失业率 1.99%、人口自然增长率 7.99‰，均控制在年初预期目标内。基本养老保险参保率、贫困人口减少、城镇棚户区住房改造、耕地保有量、万元地区生产总值用水量、单位地区生产总值二氧化碳排放量降低、单位地区生产总值能耗降低、主要污染物排放、森林蓄积量和森林覆盖率等约束性指标均完成市下达任务。

（二）项目建设进展情况

1. 重点项目建设顺利推进。全年共实施区重点项目 440 个，总投资 1905 亿元，全年完成投资 200 亿元。其中，列入省重点项目 13 个，完成投资 45 亿元，完成年计划 33.6 亿元的 133.9%；列入市重点项目 59 个，完成投资 125 亿元，完成年计划 120 亿元的 104.2%；列入市级九大专项行动项目 139 个，完成投资 80 亿元，完成年计划 74.6 亿元的 107.2%。

2. “五个一批”项目全力推进。全年新增（含升级）亿元以上项目 260 个，总投资 2000 亿元以上。其中：新增 TPU 超临界发泡材料、森田国际体育文化产业等谋划项目 50 个，总投资 1300 亿元；新增杰讯光电、杰木芯片研发等签约项目 80 个，总投资 290 亿元；新增锐马电器、固源实业等开工（增资）项目 75 个，总投资 230 亿元；新增凯达卫生纸业、

韩廷药业等投产项目55个，总投资250亿元。“五个一批”全市总考评位居全市前列，在全市做经验交流。

3.“美丽莆田”建设快速推进。列入市30个重大攻坚项目7个（子项目26个），全年完成投资25.37亿元，完成年计划24.77亿元的102.4%，其中，城厢区电商小镇、广化寺佛教文化名胜区、广化路及寺前广场配套项目、灵华线等24个子项目有序推进。创新推出舆论氛围营造、安置方案完善、重点问题预见、难点问题解决等“四个在前”征迁工作机制，油画城、钟潭、屿上、樟塘、万达南、坂头东等每个片区均仅用1-3个月时间顺利完成征迁任务，被市里评为“美丽莆田”建设优秀县区。

4.招商引资成效明显。紧紧围绕电子商务、平台经济、装备制造、文化旅游等多条产业链招商，强化以商招商，探索委托式招商。全年对接项目14次，新增三利谱偏光片等签约项目11个；落地杰木芯片等项目8个；跟踪洽谈中农批冷链仓储集群等项目6个。

（三）计划执行主要成效

1.产业转型取得新进展。产业结构持续优化，三次产业结构预计由去年的2.4:41.1:56.5调整为2.1:39.9:58。一是工业发展转型提质。工业先行指标运行良好，全年用电量增长12 %。发展的新旧动能加快转换，新增4家国家级高新技术企业，13家企业省级高成长企业，11家企业通过工信部两化融合贯标称号，3家企业获得省科技小巨人领军企业。鞋服产业产值增长14%；食品产业产值正增长；电子信息产业产值突破20亿元；工艺美术产业产值增长10%；战略性新兴产业产值增长13%。凯达卫生、艾力艾体育、金彩纸塑等13个项目建成或投产，固源混凝土、锐马电气、欧雅艺术等7个项目开工建设。二是服务业发展持续向好。服务业增加值占地区生产总值达58%，超过十三五规划预期目标3个百分点。社会消费品实现零售额246亿元，电子商务加快发展，限额以上企业网上零售额增长25%。大工美之家在第五届世界佛教论坛期间正式上线运营，跨境电商通关服务平台完成建设即将投入运营。民宿体验、生态休闲等特色旅游加快发展，全年接待游客量达897万人次，实现旅游收入88亿元，分别比增23%、30%。三是农业发展平稳运行。聚力开展乡村振兴，突出产业融合发展，华亭镇桂圆产业园、肉禽产业园等一批乡村振兴项目加快建设。粮食种植面积稳定在3200公顷，总产量达1.65万吨。种植业、畜牧业、渔业、林业等产值分别达3.88亿元、7.06亿元、3.7亿元和0.6亿元。

2.重点项目强势推进。项目建设较好地发挥了我区经济高质量赶超发展的新引擎、新动力作用。一是投资结构持续优化。全年固定资产投资预计完成217亿元，比增25%，其中：工业投资完成24亿元，占比11.1%；商贸业投资完成15.5亿元，占比7.1%；交通路网类投资完成14.2亿元，占比6.5%；城建投资完成160亿元，占比73.7%；民生事业投资完成3.3亿元，占比1.5%。南湖公园、城厢区夜景工程等96个项目实现竣工，华源纺织城、联发电商城等198个项目加快建设，洋西地块A安置房等104个项目开工建设。二是项目机制不断创新。率先研发启用全市首个重点项目监察管理系统，率先在全市创新“五个一批”项目差异化综合考评办法，制定出台项目分级管理和主要经济指标考核机制，营造比学赶超的浓厚氛围。三是基础设施加快建设。木兰大道三期、泗华片区周边配套道路等28个项目开工建设，学园路等3条断头路，城区5 座人行过街天桥，月塘、新塘“白改黑”工程等15个项目实现竣工使用。灵华线、联十一线、笏枫公路等20个项目加快建设。四是“三改一拆”工程快速推进。创新“党建+指挥部”模式助推项目征迁，全年征地149.2公顷，拆迁房屋超200万平方米。莆田学院二期、油画城住宅安置区等5块经营性土地成功出让，钟潭、屿上、樟塘整村改造等项目快签约、快拆房、快净地。

3.三大攻坚战有效突破。明确攻坚战方向、科学制定计划和实施方案，精准施策，打好三大攻坚战。一是打好防范债务风险攻坚战。着力防控区域金融风险，处置化解信贷风险企业不良贷款 8.80 亿元，不良率控制在市政府年初下达 2.5% 范围之内，坚决守住区域不发生系统性风险底线。二是打好脱贫攻坚战。融合扶贫工作与乡村振兴发展，落实落细就业、教育、健康等扶贫措施，巩固扶贫成果。成立区振兴乡村集团，建设 4 个农业扶贫基地，成立 20 个合作示范单位，创立 6 个基金会，助推精准脱贫，推动全区 763 户 2304 名建档立卡贫困户向高质量稳定脱贫，7 个贫困村成功实现摘帽。三是打好污染防治攻坚战。贯彻落实习近平总书记木兰溪治理重要理念，加大生态文明建设力度。持续推进“六水共治”，清理河道 173 公里，清理陈年垃圾 3000 多吨，解决 20 个突出环境问题，东圳水库和木兰溪干流水质优良（达到或优于Ⅲ类）比例均达 100%。农村污水一期 PPP 项目加快推进，铺设污水主管网、接户管 140 公里以上；龙桥溪、下磨溪黑臭水体治理及 9 条内河整治基本完成；南门、钟潭溪、莆田西等三大片区雨污水管网完成改造提升。完成 83 家涉 VOCs 企业、159 家“小散乱污”企业整治。商品林赎买 102 公顷，造林绿化 208.6 公顷，全区森林覆盖率达 71.8%，为成功创建“国家森林城市”提供有力支撑。

4. 重点领域改革更趋优化。莆田美术馆建成试开放，佛教与艺术电视分论坛暨“圆融”佛教艺术展成功承办，出台提升营商环境行动方案，着力为实现高质量发展和赶超目标营造稳定公平透明、可预期的营商环境。一是“放管服”改革深入开展。全面推进网上大厅建设，“最多跑一趟”和“一趟不用跑”事项占本级行政审批和公共服务事项总数的比例达 95.9%。全面实施第二轮“多证合一”“证照分离”等商事制度改革，全市首家开发运行企业服务平台，营商环境进一步优化。二是扶持实体政策持续兑现。供给侧结构性改革持续推进，兑现“三转一市”等惠企政策奖励资金近 3000 万元，深入开展“助保贷”“无间贷”“小微快贷”等普惠金融业务，今年共为 15 家新增民营企业贷款 2.45 亿元、22 家困难企业办理转贷 5.8 亿元。三是一体化试点建设加快推进。19 个“幸福家园”试点建设加快实施，探索了一批可复制可推广的经验和模式，助力乡村振兴。完成国有企业、事业单位公车改革。

5. 城乡居民获得感稳步提升。持续加大民生事业投入，群众的幸福指数不断提升。一是文体教育事业加快实施。东海蔡亭、西厝等 3 个幼儿园项目开工建设，兴安小学及附设园、太平小学等一批学校改造扩容投入使用，新增幼儿园学位 480 个，小学学位 600 个。春晖木雕艺术馆建成对外开放，新建提升 48 个村级文化综合服务中心，社会保障不断完善。完成 58 个村卫生所一体化建设，其中 52 个上线远程视频诊疗服务。推进家庭医生签约服务，覆盖率达 30.5%。就业水平不断提高，全区城镇登记失业率为 1.99 %。二是住房保障持续加强。木兰大道等 8 个安置房动工建设，莆田西、霞林安置房等 13 个安置房加快建设，泗华滨溪二期、顶墩－下黄等 6 个安置房 3746 户群众实现回迁。三是社会治理水平显著提升。纵深推进扫黑除恶专项斗争；深入推进社会治理创新水平，有效提升全区治安防控智能化水平；树立了“莆田枫桥经验”品牌，综治平安规范化建设取得新进展；严格落实安全生产责任制；成功防控非洲猪瘟，顺利通过验收评估并解除疫区封锁；食品安全等进一步强化提升。

各位代表，我们在看到成绩的同时也清醒地认识到当前我区发展中还存在不少困难和问题：一是赶超发展的支撑乏力，工业减停产仍然存在，龙头企业不多不大，建筑业后劲乏力。二是产业结构不尽合理，产业规模普遍较小，企业自主创新能力不强。三是民生领域短板较多，经济社会发展不平衡、不充分，与人民群众日益增长的美好生活需要还有差距。对此，我们将努力通过加快发展和深化改革逐步加以解决。

二、2019 年国民经济和社会发展的主要目标

2019 年是新中国成立 70 周年，是决胜全面建设小康社会、推动高质量发展落实赶超的关键之年，在承接市里各项指标任务和“十三五”规划的基础上，充分考虑我区的区位优势和支撑能力，政府工作报告提出的经济社会发展目标如下：

——全区生产总值增长 9.5% 左右，预期 443 亿元。

——农林牧渔业总产值增长2%，预期17.5亿元。

——规模以上工业产值增长11%，预期368亿元。

——固定资产投资增长 16%，预期 252 亿元。

——财政总收入增长8%，预期36.9亿元，其中：地方级财政收入增长 6.2%，预期 24.2 亿元。

——社会消费品零售总额增长 11%，预期 273 亿元。

——外贸出口总额增长 5%，预期 65.8 亿元。

——实际利用外资增长 7.7%（按验资口径），预期 7000 万元。

——全体居民人均可支配收入增长 8.8%。

——居民消费价格指数增幅控制在 3% 左右。

——城镇登记失业率控制在 3% 以内。

——人口自然增长率控制在 14‰以内。

——基本养老保险参保率、贫困人口减少、城镇棚户区住房改造、耕地保有量、万元地区生产总值用水量、单位地区生产总值二氧化碳排放量降低、单位地区生产总值能耗降低、主要污染物排放、森林蓄积量和森林覆盖率等约束性指标完成市下达任务。

三、2019 年国民经济和社会发展计划的主要任务

认真贯彻落实党的十九大精神、习近平同志对福建的重要指示精神和治理木兰溪重要理念，以深化城乡规划建设管理提升年为契机，充分发挥好世界佛教论坛的后续效应，推动高质量赶超发展，奋力开创美丽莆田先行区建设新局面，重点抓好以下几项工作。

（一）以加快产业转型升级为抓手，推动经济高质量发展

紧紧围绕高质量发展落实赶超任务目标，充分发挥政策叠加效应作用，全面提升我区产业竞争力。一是推动服务业新动能培育。按照“立足特色产业，搭好平台、整合资源、创建品牌”要求，整合特色产业平台，加快传统平台化转型，积极培育服务型平台，进一步打造经济新引擎，重点扶持跨境通关公共服务、大工美之家、骠骑项目、跨境电商供应链平台。壮大“互联网 +”，以电商小镇为引领，深化特色小镇“五个一”创建工作机制，推动互联网与实体经济融合发展。做好第二届“一带一路”跨境电商国际合作高峰论坛的筹办工作，扩大影响力，打造跨境电商交流合作平台及数字贸易中心。积极培育楼宇经济，依托 31 栋 100 万平方米商务楼宇资源，重点推动莆田西写字楼、南兴国贸中心等楼宇招商力度，统一规划发展商务服务、建筑劳务、金融服务等楼宇经济。大力发展全域旅游，加快木兰大道、天龟线等旅游沿线景观景点建设、周边乡村旅游的创建及提升工作，力争全年游客接待量千万人次以上，旅游收入百亿以上。二是推动传统产业提质增效。持续推进产业转型升级，深挖资源，外引内促，实施“三转一市”，新增“个转企”720家、“下转上”150 家以上。落实促进园区高质量发展三年行动计划，进一步深化“五换三名”工程，严把准入门槛，清理整治“四无”企业、“低小散”企业。拓展灵川、东海两侧近万亩腹地，“腾笼换鸟”旧厂房 10 万平方米以上。加快华林鞋艺小镇建设，打造运动鞋创新生态平台。统筹抓好存量提升和增量优选，升级改造鞋服等传统支柱产业，加快高技术产业、战略性新兴产业项目落地，重点依托杰木科技和新能源汽车产业，引进上下游配套企业，打造一流信息技术研发中心和高端产品研制基地。三是推动特色农业精细发展。深入实施乡村振兴战略，推动马院、埔柳等 13 个市级乡村振兴示范村建设，

同步配套10个区级示范村，加快油潭整村改造，统筹推进幸福家园、美丽乡村建设，大力发展岭下生态旅游休闲产业，建设一批田园综合体、扶贫农场，以点带面，串点成线，连片发展，辐射全区乡村振兴。围绕培育精品农业，大力发展设施农业和生态农业，加快枇杷产业园、温氏肉禽等重点农业项目建设，借力电子商务，促进一二三产业融合发展。

（二）以重点项目建设为抓手，增强赶超发展后劲

牢固树立发展是硬道理、赶超是硬任务、项目是硬支撑的意识，强化招商引资带动，优化投资结构，不断增强经济发展后劲。一是狠抓项目攻坚。全年共安排重点项目398个，总投资2183亿元，比2018增长14%以上，年计划投资265亿元，比2018年增长8.3%。从行业结构看，其中：工业能源类项目58个，总投资731亿元，年计划投资22亿元；社会事业类项目54个，总投资59.7亿元，年计划投资9亿元；交通路网类项目38个，总投资118亿元，年计划投资20亿元；城建环保类项目133个，总投资951亿元，年计划投资182.2亿元；商贸服务类项目57个，总投资295亿元，年计划投资23.9亿元；农林水利类项目58个，总投资28.5亿元，年计划投资7.9亿元。继续完善“五个一批”项目推进工作机制，实时谋划调整充实项目库，实现良好的滚动发展态势，特别是要力促60个总投资亿元以上新开工项目，保进度促达产。从梯次分级看，在建项目184个，总投资682.1亿元，年计划投资179亿元；预备项目90个，总投资287.7亿元，年计划投资86亿元；前期项目124个，总投资1213.5亿元。二是做好服务保障。按照“统一管理、分级负责、重点保障、联动推进”的原则，实行区领导和区直单位挂钩联系制度。全面推行“责任在一线落实、调度在一线进行、服务在一线到位、问题在一线解决”的一线工作法。各项目责任单位对照重点项目的年度目标任务，相互协调、密切配合、形成合力，共同推进重点项目按序时开工、竣工、投产、增资。加快项目前期工作进度，突出规划引领作用，深化木兰溪两岸城市设计，加快沟头-顶墩、绶溪等分区控规修编。积极拓宽融资渠道，争取金融机构的大力支持。高效率报批重大项目，促进重大项目与用地、用海、用林资源的有效衔接。三是提升招商实效。对接省市的产业布局，承接福建自贸区、闽东北经济协作区政策外溢效应，积极对接在外莆商等各类招商平台，采用政府购买服务的方式，探索开展委托招商、外包招商、顾问团招商等方式，加大电子信息、绿色产业、朝阳产业、新能源产业等领域招商力度，围绕产业链核心、关键环节的龙头企业，推进三利谱、人工智能产业等项目落地，增强经济高质量赶超发展的后劲。

（三）以城乡融合发展为载体，突出绿色生态发展

持续发挥好世界佛教论坛的后续效应，重点围绕“一区一溪一街道一片区”，加快南进西拓，拓展城市框架。一是围绕南山文化名胜区周边开发建设，打造世界佛教艺术中心。加快推进月塘南片区改造、钟潭片区综合开发，提升拓宽空间，努力打造城市新亮点。依托莆田美术馆引领作用，重点打造莆田西文化创意产业园，提升莆田“西大门”形象。以创建国家历史文化名城为契机，加快广化寺、梅峰寺、龟山寺等周边环境整治提升，同步规划建设寺区、景区、城区，实现三区互动，带动旅游业发展。二是围绕木兰溪“百里兰溪十里景”规划提升，打造美丽中国示范区的生动范本。突出规划引领，对接中规院和清华设计院，对木兰溪两岸全线进行高标准规划、高起点建设、高品质开发、高水准运营。重点推进木兰片区的山、水、人、文景观整治提升，打造“百里长廊、千年古陂、万古兰溪”旅游产业融合示范带。加快樟林产、城、生态融合规划编制，适时启动周边旧村庄整治，重点布局电子信息、研发总部、健康产业，塑造产城融合国际社区。三是围绕一街道一片区的策划实施，打造城乡规划建设管理提升样板工程。全年征地166.67公顷，拆除房屋100万平方米以上。重点实施木兰新城、月塘南、泗华整村和华亭山牌等 4 个片区。适时启动沟头、才子、龙德井、延寿整村等片区改造。力争实现樟林、万达南等 6 宗 26.67 公顷经营性土地出让。

（四）以优化营商环境为导向，纵深推进重点领域改革

坚持新发展理念，继续深化重点领域和关键环节改革，全力破除体制机制束缚，强化创新驱动，不断激发创新发展动力。一是加大“放管服”改革力度。以简化办事手续、减少办事时间、降低办事成本为着力点，持续提升营商环境，持续深化放管服改革，持续推进信息资源汇聚共享和大数据应用，进一步推进“互联网 + 政务服务”，编制“一趟不用跑”和“最多跑一趟”审批工作细则。清理规范审批前置条件，做好上级下放事项的承接落实及对口衔接，积极探索容缺受理、并联审批、多证合一、证照分离等行政审批新模式，提高服务效率。实施市场监管领域综合执法改革，全面推行“双随机一公开”，建立执法联动和协作机制。二是深化供给侧结构性改革。积极稳妥降低企业杠杆率，助推经济转型升级。强化民营企业金融保障，推动普惠金融发展。优化土地资源配置，推进工业园区高质量发展。推进住房供给侧结构性改革，扎实推进共有产权住房建设，盘活存量住房资源。落实房地产市场调控政策，严厉打击违规销售行为。三是大力实施驱动创新。发展新一代电子信息、新材料、高端装备制造、节能环保、新能源等高新技术产业，培育一批具有自主知识品牌的国家级高新技术企业、创新型企业和科技型企业，建设一批科技创新平台，鼓励企业加大研发投入，提高企业自主创新能力。加大对高层次人才的挖掘和扶持，为建设创新型城区提供有力的人才支撑。提高专利申请量、授权量以及发明专利占总申请量的比例，提高企业核心竞争力。

（五）以增强群众获得感为出发点，着力补齐民生事业短板

聚焦教育、医疗、养老等发展不平衡不充分问题，集中财力办好一批惠民利民实事，加快补齐社会事业民生短板。一是推动文教事业建设。推动实施教育民生工程，新改扩建 4 所幼儿园，接管 5 所幼儿园，启动新建泗华小学、九华学校等 5 个新校区，缓解中心城区入园、就学难问题。充分发挥 12 所高效课堂试点校和 16 所教研基地校的作用，推进高效课堂全覆盖。二是加快卫生资源供给。持续深化医药卫生体制改革，持续分级诊疗、医疗联合体、远程视频诊疗工作。加快区医院新址搬迁并投入使用，完善农村远程视频诊疗服务体系，全区 62 家村卫生所全面实现远程就诊服务。三是繁荣发展文体事业。挖掘保护钱四娘纪念馆、张琴故居等历史建筑。加快区图书馆、文化馆和镇街文化站等公共文化设施新建改造，构建区、镇（街）、村（社区）三级全民健身设施。四是完善社会保障体系。构建全域就业服务网络，城镇登记失业率控制在 3% 以内。进一步落实全民参保计划，实现社会保障覆盖及全区未纳入低保的建档立卡对象全覆盖。加快完善养老服务体系，新建农村幸福院 10 个。鼓励城市既有住宅增设电梯，适应人口老龄化需求。加强保障性安居工程建设，加快山牌、洋西地块 A 等 12 个安置房建设，满足各类家庭基本住房需求。五是统筹城乡基础设施配套。完善交通路网，加快联十一线、木兰大道三期等国省干线城厢段和福厦客运专线、灵华线建设，实现笏枫公路改扩建工程完工，开工建设龟山路，构建城乡互联交通运输体系。推动肖厝东路、八二一大街南伸等城市干道建成通车，加快滨溪北路续建，启动顶黄路、滨江北路及其南段等支路建设，扩大农村公路网覆盖范围和通达深度，打造综合交通体系。

（六）以构建和谐社会为根本，主动防风险守底线保平安

增强风险防控意识，夯实稳定脱贫基础，从源头上减少污染物排放，做到精准施策、标本兼治，全力攻坚。一是防范化解重大风险攻坚战。保持打击各种金融违法违规行为高压态势，根据不同领域金融风险情况采取差异化办法，健全金融监管协调体系，强化风险监测预警，持续防范金融风险，力争不良贷款率控制在2%以内。加强政府债务管控，严防地方债务风险，确保政府债务安全运行。二是打好精准脱贫攻坚战。不断健全医疗、就业、住房安全、低保等政策保障，确保兜底保障应保尽保。深入推进脱贫产业发展，依托专业合作社、结对帮扶企业等平台，盘活建档立卡贫困村资源资金，引导贫困村参与服务实体经济，谋划产业扶贫项目，加快推进扶贫农场、乡村旅游等脱贫项目，不断增强造血功能，确保高质量完成脱贫任务。加大就业培训、小额信贷、雨露计划等实施力度，不断提高贫困对象自我发展能力。三是打赢污染防治攻坚战。结合木兰溪综合整治，为美丽中国建设提供生动范本。全面落实“六水共治”三年行动计划，持续推进“河长制”“湖长制”，重点推进木兰溪防洪排涝华亭段、木兰陂生态修复与南北渠连通等重点项目建设，推进木兰溪、延寿溪流域、城市内河等一批重大项目整治。加快推进城南、城北等4个片区污水源整改工作。加快推动东圳水库、延寿溪上游综合整治等一批生态项目建设。持续实施水、大气、土壤三大污染防治工程，加强饮用水水源地保护，严肃查处环境违法行为，努力降低碳排放强度，确保单位GDP二氧化碳排放下降4.5%以上。四是持续提升安全保障水平。全面开展扫黑除恶专项斗争，坚决铲除黑恶势力滋生土壤。强化安全生产红线意识，健全安全风险分级管控和隐患排查治理双重预防机制，坚决遏制重特大安全事故发生。保障网络安全，提升防汛防台、防灾减灾救灾、应急管理和预警预防能力。深化食品安全、综治平安、精神文明等工作，构建和谐新城厢。

各位代表，2019年国民经济和社会发展工作，任务艰巨、责任重大。我们要在区委、区政府的坚强领导下，在区人大和区政协的监督支持下，全面贯彻落实党的十九大精神，集智聚力，奋力赶超，完成本次会议通过的各项任务，为“打造人文宜居新城厢，建设美丽莆田先行区”奋斗目标而努力！

附表：城厢区2019年国民经济和社会发展主要综合指标安排表

附表　　城厢区2019年国民经济和社会发展主要综合指标安排表

序号	指标	单位	2018年			2019年计划	
			预计数	增长(%)	完成年计划(%)	预期数	增长(%)
1	地区生产总值	亿元	397	9	99.7	443	9.5左右
	第一产业增加值	亿元	8.6	1	68.8	9	2
	第二产业增加值	亿元	158.4	8.9	95.1	177	11
	工业增加值	亿元	107	8.8	92.2	117	9
	建筑业增加值	亿元	51.4	9.5	101.8	60	16
	第三产业增加值	亿元	230	12	105	257	11
	三产结构	%	2.1:39.9:58			2:40:58	
2	农林牧渔业总产值	亿元	16.8	1	71.5	17.5	2
3	规模以上工业产值	亿元	331	10.3	91.2	368	11
4	固定资产投资	亿元	-	25	-	252	16
5	社会消费品零售总额	亿元	246	14.5	100	273	11
6	外贸出口总额	亿元	62.7	9.4	113.8	65.8	5
7	实际利用外资（验资口径）	万元	6500	-	-	7000	7.7

续表

序号	指标	单位	2018 年			2019 年计划	
			预计数	增长 (%)	完成年计划 (%)	预期数	增长 (%)
8	财政总收入	亿元	34.2	7.6	100.8	36.9	8
	# 地方级财政收入	亿元	22.8	7	100.3	24.2	6.2
9	全体居民人均可支配收入	元	35200	8.5	97.8	38300	8.8
10	居民消费价格指数	%	102	2	-	103	3
11	城镇登记失业率	%	1.99	-	-	3	-
12	人口自然增长率	‰	7.99	-	-	14	-

关于城厢区 2018 年预算执行情况及 2019 年预算草案的报告

（2018 年 12 月 27 日在城厢区九届人大三次会议上）

城厢区财政局局长　许玉树

受区人民政府委托，现将城厢区 2018 年预算执行情况和 2019 年预算草案提请区九届人大三次会议审议，并请区政协各位委员和其他列席人员提出意见。

一、2018 年预算执行情况

2018 年，全区财税部门认真贯彻区委区政府各项决策部署，在区人大及其常委会的监督支持下，以习近平新时代中国特色社会主义思想和党的十九大精神为指导，以贯彻落实供给侧结构性改革为主线，深化财政体制改革，落实积极财政政策，为城厢经济社会发展提供了强有力的财力保障。

（一）全区财政预算执行情况

1. 全区财政一般预算执行情况

区九届人大二次会议通过的 2018 年全区一般公共预算总收入代编预算为 338900 万元，其中：地方一般公共预算收入 220000 万元；全区一般公共预算支出代编预算 214857 万元。区九届人大常委会第十二次会议审查批准，2018 年区本级使用地方政府新增一般债券资金调减 6550 万元，相应调减支出预算 6550 万元。调减地方政府新增债券资金收支后，当年度安排支出预算 208307 万元。预算执行过程中，由于收支因素发生变化，经区九届人大常委会第十四次会议批准，全区一般公共预算总收入调整为 338900 万元，与年初预算数持平，其中：地方一般公共预算收入 227200 万元，调增 7200 万元。

2018 年全区一般公共预算总收入预计完成 341600 万元，完成预算的 100.8%，增长 7.6%。其中：地方一般公共预算收入 227800 万元，完成预算的 100.3%，增长 7.0%。

全区地方一般公共预算收入 227800 万元，减去预计上下级财政体制结算净上解 26606 万元，加上地方政府债券转贷资金 12900 万元、收回部分上年结转资金 8832 万元、调入国有资本经营预算收入 1779 万元和预算稳定调节基金 4637 万元，全区预算内总财力为 229342 万元。全区一般公共预算支出259765万元，增长4.6%，总支出减去上年结转支出和当年上级专项支出30423万元，全区财力支出229342万元，当年财政收支平衡。

2. 全区政府性基金预算执行情况

2018年全区政府性基金收入65863万元，完成预算的99.8%，加上上级专项补助收入5131万元，上年结余收入3403万元，地方政府专项债券资金59200万元，收入总计133597万元；政府性基金支出95669万元（含上年结转和当年上级专项支出4566万元），上解上级支出33960万元，收支对抵，年终滚存结余3968万元。

（二）区本级财政预算执行情况

1. 区本级财政一般预算执行情况

区九届人大二次会议通过的2018年区本级一般公共预算总收入为270000万元，其中：地方一般公共预算收入180000万元；可用财力206557万元，相应安排支出预算206557万元。区九届人大常委会第十二次会议审查批准，2018年区本级使用地方政府新增一般债券资金调减6550万元，相应调减支出预算6550万元。调减地方政府新增债券资金收支后，当年度安排支出预算200007万元。预算执行过程中，因收支情况发生变化，经区九届人大常委会第十四次会议批准，区本级一般公共预算总收入调整为272000万元，其中：地方一般公共预算收入187200万元；区本级一般公共支出预算226541万元。

2018年区本级一般公共预算总收入预计完成273200万元，完成预算的100.4%，增长6.0%。其中：地方一般公共预算收入187500万元，完成预算的100.2%，增长5.0%。

区本级地方一般公共预算收入187500万元，加上预计上下级财政体制结算净补助4978万元、地方政府债券转贷资金12900万元、收回部分上年结转资金8832万元、调入国有资本经营预算收入1779万元和预算稳定调节基金4637万元，区本级预算内总财力为220626万元。

区本级一般公共预算支出250730万元。总支出减去上年结转支出和当年上级专项支出30363万元，区本级财力支出220367万元，加上本级财力补助下级支出259万元，区本级财力总支出220626万元，当年财政收支平衡。

2. 区本级政府性基金预算执行情况

2018年全区政府性基金收入65863万元，完成预算的99.8%，加上上级专项补助收入5131万元，上年结余收入3403万元，地方政府专项债券资金59200万元，收入总计133597万元；政府性基金支出95669万元（含上年结转和当年上级专项支出4566万元），上解上级支出33960万元，收支对抵，年终滚存结余3968万元。

3. 区本级国有资本经营预算执行情况

2018年区本级国有资本经营收入1779万元，完成预算的100%，同比增收1638万元，全部调入一般公共预算。

4. 区本级社会保险基金预算执行情况

2018年区本级社会保险基金收入25200万元，完成预算的98.8%，较上年增长10.1%；社会保险基金支出23834万元，完成预算的101.4%，较上年增长23.2%；当年结余1366万元，累计结余50109万元。

以上数据在2018年决算编制中还会有所调整，待决算编制完成后，再报请区人大常委会审批。

（三）2018年区本级债务情况

2018年省政府下达我区政府债务限额450247万元，包括一般债务限额177665万元、专项债务限额272582万元。2018年政府债务余额446716万元，包括一般债务限额174369万元、专项债务限额271980万元，政府负有担保债务367万元。其中：2018年新增债券额度72100万元，包括一般债务12900万元、棚改专项债务13000万元、土地储备专项债务46200万元。2018年完成地方政府债券置换存量债务26500万元，2014年清理甄别存量债务已全部置换完成。

（四）2018年预算执行和财政工作的主要特点

1. 致力保重点，为经济发展增动能

（1）强化征管，确保完成收入目标。加强宏观政策和经济形势分析，关注重点税源变化趋势，推进部门之间涉税信息共享，及时掌握税收入库动态，兑现落实相关财税政策，支持招商引资和产业发展，夯实财政增收基础。积极组织非税收入，力争应收尽收，确保完成全年收入预算目标。截止 2018 年 11 月 30 日，全区一般公共预算总收入完成 322239 万元，完成预算的 95.1%，同比增长 9.0%。其中：地方一般公共预算收入 215619 万元，完成预算的 94.9%，同比增长 10.1%。

（2）筹措资金，支持重点项目建设。积极争取上级棚户区改造资金支持 3340 万元，统筹安排各类资金 281009 万元，用于保障性住房等省、市、区重点项目建设。同时，争取上级新增债券额度 72100 万元和置换债券额度 26500 万元，重点投向保障性安居工程、交通市政等基础性设施建设，确保年度重点项目建设任务顺利推进。

（3）培植财源，扶持产业转型升级。拨付工业发展专项资金 2785 万元，第三产业发展专项资金 3277 万元，扶持奖励规上、限上企业扩大生产、转型升级，扶持电子商务良性发展，支持“三转一市”工作。拨付科技资金 3704 万元，落实各项科技创新优惠政策，鼓励企业增加研发资金，支持企业智能化改造，增强企业发展动力，促进企业实现更高质量发展。

2. 致力惠民生，为人民群众谋福祉

（1）支持打好“三大攻坚战”。一是推动扶贫资金统筹整合工作。统筹整合各级各类财政扶贫资金 4525 万元，用于造福工程危房改造、扶贫农场设施、雨露计划等脱贫攻坚项目。二是支持污染环保防治攻坚战。拨付资金 4936 万元，用于农村环境综合整治、“五小行业”污染整治及畜禽养殖整治行动。三是做好政府债务风险防控工作。将限额内政府债务年度还本付息资金纳入全口径预算管理，共安排 14522 万元专门用于偿还政府债券本金利息，确保债券按期还本付息，不出现政府债务逾期风险。

（2）推进社会公共事业发展。拨付资金 4540 万元，用于义务教育阶段学校免杂费和公用经费，保证中小学校正常运转。拨付资金 4019 万元，用于筱塘幼儿园、华亭云峰小学、九华学校、兴安小学、顶墩实验学校等学校建设。拨付资金 1588 万元，用于科技职业学校免除学费和学生宿舍楼建设。拨付资金 807 万元，全面保障中小学校安全工作。拨付资金 1564 万元，用于改善薄弱学校办学条件。拨付资金 242 万元，用于广播电视村村通向户户通升级。拨付资金 110 万元，用于名人故居保护利用示范工程和村级综合文化服务中心示范点建设。

（3）推进社会保障体系建设。拨付资金 18794 万元，用于机关事业单位养老保险、城乡居民基本养老保险等补助。拨付资金 9000 万元，用于城乡居民基本医疗保险和城镇职工基本医疗保险等补助。拨付资金 2322 万元，用于发放伤残军人、复员退伍军人、烈属重点优抚对象生活补贴、退役军人自谋职业费、义务兵优待金。拨付资金 2188 万元，用于提高重病重残低保户政府补助和低保对象政府补助发放标准。拨付资金 691 万元，用于提高困难残疾人生活困难补助和护理补贴水平。拨付资金 527 万元，用于敬老院、农村幸福院及社区老年人日间照料中心项目建设。拨付资金 435 万元，用于困难群众临时救助，提升社会救助效益。

（4）推进公共安全网格化建设。拨付资金 3987 万元，用于网格化和综治协管员队伍建设、人像识别系统及社会治安动态视频监控建设、“扫黑除恶”专项斗争、平安村居创建 “两个 10%”奖励等，着力提升“平安三率”水平。拨付资金 2535 万元，用于警用电动巡逻车购置、交通安全电子劝导站建设和区法治教育主题公园建设，加大对公安、司法、道安、消防的经费支持力度，提高公共安全和处置突发事件的保障能力，促进社会安定和谐。

（5）推进城乡基础设施建设。拨付资金 11293 万元，用于灵华线、龟山至濑榜路、笏枫路拓宽工程等农村路网建设。拨付资金 3571 万元，用于城区环卫作业及农村垃圾清运补助经费。拨付资金 2300 万元，用于荔城路南段人行道整治提升工程、月塘新塘片区道路“白改黑”改造、城区主干道及背街巷道路面及下水管道维护等工程建设，完善城市基础设施建设。拨付资金 697 万元，用于危桥改造建设、农村公路水毁修复和农村公路安保养护等工程建设，改善农村交通面貌。拨付资金 879万元，用于40座公厕和农村“三格化粪池”建设，改善居民生活设施服务。

3. 致力严监管，为资金运行保安全

（1）加强财政监督工作。开展重点行业会计监督检查，选择 6 家单位进行检查，重点检查单位会计内控制度、费用支出规范情况、报销手续情况、债权债务清理情况等项目，针对检查中发现的单位会计内控制度不健全、费用支出不规范、报销手续不齐全、债权债务未按规定清理等问题，责成单位限时整改。开展全区扶贫专项资金专项督查工作，严肃财经纪律，助力精准扶贫。2018 年我区共收回资金 357 万元，统筹整合用于其他扶贫项目，切实提高扶贫专项资金绩效。

（2）强化政府采购管理。加强政府采购监督管理，严格执行政府采购预算，规范政府采购工作程序，推进政府采购网上公开信息系统建设，提高政府采购效益，提升政府采购社会公信力。2018 年共执行政府采购68批，预算采购资金9592.76万元，实际采购资金8846.50万元，节约资金746.26万元，节约率 7.78%。

（3）推进资金动态监管。完善三公经费在线动态监控机制，全区 225 家预算单位纳入三公经费平台监管范围，截至 11 月 30 日，区直“三公”经费监管总额 195.99 万元，同比下降 20.66%。完善落实资金在线动态监控机制，依托“扶贫资金在线监管系统”平台，对扶贫资金和项目全面准确实时动态监控，及时发现滞留、闲置扶贫资金等问题，进一步强化扶贫资金监管。

4. 致力促改革，为财政管理添活力

（1）全面推进预算绩效管理。对预算执行进度和绩效目标实现程度实行“双监控”，强化预算绩效运行监控，确保项目如期完成绩效目标。加强财政支出绩效评价，在开展单位自我评价基础上，选择一些社会关注度高、涉及民生的项目开展重点评价，并将评价结果作为 2019 年度预算编审的直接依据。

（2）提升财政投资评审水平。通过组织开展评审业务年度考评、向社会公开更新审价机关备选库，建立优胜劣汰的动态淘汰机制。进一步完善项目评审复核制度，执行项目评审审核跟踪机制，及时掌握项目评审动态，优化评审工作流程，逐步提高工程预结算评审质量。2018 年评审工程项目 214 个，送审总额 118514 万元，审定额 113784 万元，净核减 4730 万元，平均核减率 3.99%。

（3）开展政府资产报告试点工作。组织开展政府资产的摸底、录入、汇总、审核等工作，建立健全政府资产数据库，为盘活政府资产、提高资产使用效益、促进国有资产充分增值保值打好基础准备。经统计，全区纳入资产报表编报范围的行政事业单位共 370 个，总资产 211498 万元，净资产 157653 万元。

在总结工作成绩的同时，我们也清醒地看到财政运行中存在的问题和不足：财政收入体量小，新增长点不多，增收难度大；财政支出压力大、刚性强，收支矛盾极为突出。下一步我们将全面贯彻落实区委、区政府的各项决策部署，持续抓紧财源建设，提升预算管理绩效，扎实有效做好财政预算执行工作。在此，恳请各位代表、委员多提宝贵意见建议，并对财政工作一如既往地给予指导和支持。

二、2019 年预算草案

根据我区经济社会发展目标和财政收支情况，2019 年主要预算指标编列如下：

全区一般公共预算总收入代编预算为 368900 万元，比增 8.0%，其中地方一般公共预算收入 241500 万元。根据上下级预算管理体制测算，加上上下级财政体制结算净收入、收回部分上年结转资金、调入稳定调节基金等，预计全区总财力227710万元，相应安排支出预算227710万元。当年财政收支平衡。

区本级一般公共预算总收入预算为293900万元，其中地方一般公共预算收入为197000万元。根据上下级预算管理体制测算，加上收回部分上年结转资金、调入稳定调节基金等，预计区本级预算内总财力219033万元，相应安排支出预算219033万元。当年财政收支平衡。

区本级政府性基金预算收入安排2292万元，加上政府性基金补助收入184847万元，地方政府专项债券资金30000万元，收入合计217139万元。相应安排政府性基金预算支出217139万元。

区本级国有资本经营预算收入930万元，调入一般公共预算930万元。

2019年社会保险基金收入预算27536万元，增长9.3%;安排社会保险基金支出预算24892万元，增长4.4%;当年结余2644万元。

为圆满完成2019年预算任务，全区财税部门将认真学习贯彻落实习近平新时代中国特色社会主义思想，着力培植财源税源，强化民生保障能力，提升整体管理水平，持续加大扶贫、环保、教育、社会保障等领域经费支持和保障力度。

（一）征管与培植并举，实现财政收入保持稳定增长

1. 强化征管保增长。进一步落实好减税降费和相关财政奖励政策，用政府收入的“减法”换取市场活力的“加法”，落实“放管服”改革政策，进一步优化营商环境。充分发挥财政资金引导作用，做大做强特色产业，推动传统鞋服业开展技术改造，提升企业盈利水平和竞争能力，提高财源增收潜力。大力发展总部经济，加强对总部企业履约保障管理，及时足额兑现扶持政策，吸引大中型企业集团、行业龙头企业、知名品牌企业在我区设立区域总部，促进总部税源集聚。

2. 扶持产业促提升。安排工业发展专项资金3053万元，落实稳增长、促发展各项优惠措施，完善工业转型升级财政扶持政策，促进企业技术创新和改造，支持绿色能源、循环经济和低碳经济发展。安排第三产业专项资金3077万元，支持商贸服务业、油画产业、电子商务产业发展，兑现电商补助和企业入驻租金补助，促进第三产业持续提升。安排科技资金3050万元，支持企业提高自主创新能力，提升产品核心竞争力，营造科技创新引领高质量发展的良好氛围。安排旅游专项资金1500万元，扶持旅游推介、景区创建和基础设施建设。

3. 支持项目增后劲。安排资金5070万元，支持城区环境整治、城区环卫作业、农村家园清洁、公厕建设和公厕免费开放。安排资金3495万元，用于小型农田水利重点项目和农村水利设施建设。安排资金2490万元，用于维护市政基础设施，黑臭水体及河道整治工程、荔城路南段人行道整治提升工程等项目建设，完善城市道路基础设施。安排资金893万元，用于“四好”农村路建设和危桥改造建设，改善农村交通面貌。安排资金693万元，用于安置房改造提升工程建设。安排资金689万元，用于空气自动站建设、土壤污染防治、生态补偿，保护木兰溪流域及东圳水库饮水源。

（二）投入与民生兼顾，实现财政保障能力逐年增强

1. 提高社会保障水平。以社会保险、社会救助、社会福利为基础，以基本养老、基本医疗、最低生活保障为重点，加大投入力度。安排资金21078万元，用于城乡居民社会养老保险和机关事业单位基本养老保险，提高最低居民困难生活保障和社会整体救助水平。安排资金8789万元，提高城乡居民、城镇职工医疗保险补助水平，提高医疗保险参保率，实现人人享有医保。安排资金4058万元，推进基本公共卫生服务项目建设，全面落实区级基本公共卫生服务和村卫生所基本药物零差率。安排资金1142万元，用于义务兵优待金、退役军人自谋职业安置。安排资金1500万元，用于区医院门诊楼、医技楼、病房楼等项目建设。安排资金 567 万元，免费为残疾人提供康复服务，提高残疾人健康服务水平。

2. 推进公共事业发展。安排资金 4882 万元，加大教育经费投入力度，保障中小学校公用经费足额拨付到位。安排资金 10511 万元，用于中小学校工程建设及改造项目。安排资金 3118 万元，提高对农村文化事业投入比例，支持农村公共文化事业，繁荣基层文化建设。

3. 支持平安城厢建设。安排资金 3646 万元，用于“智慧防汛”信息化建设、网格化平台建设、社区网格化规范管理建设、“电子小区”维护、大调解工作救助、道路交通事故救助等，提升技防水平和侦破效率。安排资金 4800 万元，用于公安、司法、消防、安监、食安、道安等部门安全保障支出，支持“扫黑除恶”专项斗争工作向纵深推进，提高公共安全和突发事件应急处置能力。

（三）创新与监管并重，实现财政管理水平不断提升

1. 推进国库集中支付改革。加强区级国库集中支付管理与监督，建立健全预算执行动态监控系统，逐步完善系统智能预警，提高财政资金使用的安全性、规范性和有效性。推进国库电子化管理改革，将全区预算单位全部纳入实施国库电子化管理改革试点范围，加强财政资金安全管理，提高财政资金支付效率。同时，健全支出进度通报和约谈机制，加大对预算单位支出的督导力度，不断提高预算单位预算执行力。

2. 防范化解政府债务风险。完善政府债务风险预警机制及应急处置机制，从源头上采取措施，统筹考虑财政承受能力、与债务风险程度，坚持“量力而行、尽力而为”原则，严格控制新增财政性投资项目。将新增债券资金优先用于支持实施农村振兴战略和在建重点建设项目，并发挥专项债券自求平衡的约束性作用，强化对财政项目库的滚动管理，确保项目正常合规融资。

3. 提高预算绩效管理水平。一是预算编制环节突出绩效导向。依托预算管理绩效评价系统，严格审核各部门各单位申报的绩效目标，未按要求设定绩效目标或审核未通过的，不得安排预算。二是预算执行环节加强绩效监控。对绩效目标实现程度和预算执行进度实行“双监控”，对预算单位发现问题及时分析原因并督促纠正，必要时暂缓或停止预算拨款，切实提高预算执行效率。三是决算环节全面开展绩效评价。实现项目绩效自评全覆盖，如实反映绩效目标实现结果；建立健全重点绩效评价常态机制，对重大政策和项目定期组织开展重点绩效评价，不断创新评价方法，提高预算评价质量。

各位代表，2019 年财政工作任务艰巨，责任重大。我们将在区委、区政府的坚强领导和区人大、政协的监督指导下，振奋精神，攻坚克难，乘势而上，确保全年财政各项工作圆满完成，为“打造人文宜居新城厢，建设美丽莆田先行区”提供强有力的财力保障！

教育强区

2018年，城厢区教育局在区委区政府正确领导和市教育局的指导下，以推进项目建设和教育集团化为抓手，创新发展思路，改善办学条件，优化师资队伍，实施品牌战略，提高教学质量，狠抓学校安全，城厢教育各项工作有了长足进步，城厢区获评莆田市“教育优秀管理县区”，被省政府授予“先进教育县区”称号，“教育强区”工作被定为全省重点发展对象。主要成效和做法如下：

一、夯实基础，党建工作充满能量

一是抓党建常态。通过宣讲、主题党日、党员大会、专题党课等多种形式组织系统干部学习贯彻中共十九大精神和习近平新时代中国特色社会主义思想，让党员自觉增强“四个意识”，促进信念教育常态化。加强系统党委管理，修订《中共城厢区教育系统委员会议事规则》，全面落实《城厢区教育系统党委委员分工制度》《城厢区教育系统党委委员挂钩联系点制度》等制度，进一步明确党委委员职责和工作任务，确保从严治党工作有保障。二是强党建堡垒。6月，出台《城厢区党员名师工作室管理实施办法》《城厢区学校党务工作者管理办法》《规范学校干部工作议事规则》等文件。加大对民办学校党组织管理，重新按区域调整筹划成立民办学校第一、二、三党支部，选派公办学校优秀党务工作者负责指导筹建。实现党建工作全覆盖。提出“让党建引领学校正能量，让党员成为教师领头羊”，创新“五个一批”（发展生产脱贫一批、易地搬迁脱贫一批、生态补偿脱贫一批、发展教育脱贫一批、社会保障兜底一批）创建活动，成立了“党员名师工作室”10个，辐射100名党员教师。对30个“党员师带徒典型”进行授牌，开展党员教师与年轻教师结对子，通过签订“师徒结对”方式带动年轻教师专业成长。三是创党建载体。对全区41个学校党组织两次开展“互查互比”党建工作督导全覆盖检查，效果良好。成立由党委委员和教育集团党委书记组成的习近平新时代中国特色社会主义思想宣讲团，走进9个片区基层学校开展9场宣讲活动，1600名党员参与，努力“让好声音听得到，让好政策看得懂，让好理念记得牢”。开展全区教育系统科级干部“习近平新时代中国特色社会主义思想”研讨会，增强党性意识。四是造党建品牌。坚持党建引领，大力推进党建品牌创建工程。莆田五中被定为全区首批基层“五星级党组织”。莆田五中、逸夫实验小学被区委组织部授予“城厢区主题党日活动基地”。

二、加大投入，基础设施明显改善

投资 5365 万元，采取挂图作战、一周一反馈、一月一通报等方式推进项目建设。一是续建项目抓使用。科技校学生宿舍楼及地下停车场、太平小学综合楼及地下停车场、文献中学学生宿舍楼投入使用。二是新建项目抓竣工。东海蔡亭幼儿园、东海西厝幼儿园竣工。筱塘幼儿园综合楼力争年底封顶。三是筹建项目抓前期。五个新校区齐头并进，九华学校、泗华小学新校区办理供地手续，顶墩学校、下黄小学新校区完成总平及方案等基建前期手续，华亭云峰小学新校区完成招投标。四是接管项目抓装修。推进住宅小区配套幼儿园建设和移交接管工作。莆田恒大御景半岛等 11 个小区配套幼儿园在建，建设面积 21901.26 平方米，投资 4837 万元。其中莆田恒大御景半岛、泗华滨溪二期两个小区配套幼儿园办理移交手续和提前介入装修；同时改建莆田市职业技术学校为兴安小学及附设园，秋季投入使用。五是“改薄”项目抓统筹。根据学校仪器设备需求，合理安排项目。投资 1812 万元，统筹配置课桌椅、图书、计算机、教学仪器设备，秋季投入使用。同时投入 1000 万元实施信息化建设，莆田五中、华林学校等 16 所学校完成“数字校园”建设，新建 5 间云学堂、购置 189 套班班通设备和 240 台教师终端。

三、强化管理，教学改革更加深入

一是实施课堂改革。成立高效课堂建设领导小组、研究指导小组和督查督导小组，出台方案，召开启动仪式，明确“高效课堂”目标任务、工作重点、实施步骤，确定小学、初中、普高（职业）三个学段 12 所学校作为第一批试点校，践行“高效课堂”新理念。莆田五中探索“三学三研”进课堂模式，莆田三中推出“新课”和“复习课”教学新模式，南门学校立足“三备两研”实施精准分层教学模式，筱塘小学探索“353”高效课堂模式，逸夫实验小学分学科探索特色教学模式，区第一实小、第二实小探索“师让学”高效课堂模式，霞林学校推出高效课堂“学－授－测－结－思”的“4+1”模式。二是加强随机督查。对中学晚自修和小学的常规工作进行昼夜随机督查。采取随堂听课、随机访谈、随机抽查形式深入莆田三中、园头学校、路东小学等 20 多所学校进行教学常规督查。发现问题及时通报，责令整改。对问题比较多的学校校长进行约谈。三是联姻互助共赢。实施莆田三中等 4 所学校分别与福州八中等 5 所学校教学结对工作。通过校领导互访、专家讲座、骨干教师蹲点交流、高效课堂观摩、集体备课、课堂诊断等措施，有效促进区域间学校优势互补、互助共赢。四是努力搭建平台。举办“教学能手”和“教坛新秀”评选、中小学教师优秀论文等区级学科专业技能比赛，努力促进教师专业成长。举办主题为“探索高效课堂建设”的第十五届教育论坛，共商提质良策。五是抓好质量监测。加强全区教育教学质量管理，每年一次实施中小学教学质量监测工作，组织三、四年级学期相关学科教学区级质量监测，组织六、七年级学科教学质量市级监测，收集、分析教学情况数据和资料，召开全区学校教育教学质量分析会，促进教师围绕教学质量提升转变教育思想和改进教学方式方法。2018 年，中高考整体质量再上一个新台阶，中考、高考全区总分平均分均居全市各县区第一名。中考全区总分平均分 454.1 分，中考语文等九个学科全区平均分居七个县区第一名；南门学校、砺成中学获 2017—2018 学年初中教育教学优质管理奖，莆田第十二中学、柯朱学校获初中教育教学进步奖。高考全区文科、理科总分平均分居七个县区第一名，获 2017—2018 学年高中教育教学优质管理奖；莆田第三中学、莆田第十二中学获高中教育教学优质管理奖；莆田十八中获高中教育教学进步奖。

四、集团建设，优质资源总量递增

一是管理制度日益完善。持续落实“单月例会、双月交流会”和“三长”年度述职制度。区教育局班子成员挂钩教育集团工作，理顺南门教育集团内 23

名教师人事关系，理顺原龙桥街道中心小学、华林学校、公园幼儿园等学校62名教师人事关系。莆田五中教育集团实施“三走三转变”模式，细化对成员学校具体工作的督导、检查、跟踪落实。南门学校教育集团实施“四统一”模式，推行集体备课、教研、赛课制度和培训共享制度，实施统一命题、质量检测、跨校监考，集中评卷、分析、总结。逸夫实小教育集团实施“六个统一”模式，重点随机抽查、专项督导和综合联评等方式，点面结合，严督勤导，促进集团年度目标任务的落实。二是教研教改全面开花。莆田五中教育集团在推广听课、评课和教研组集体备课取得成效的基础上，全面实施高效课堂研究和推广工作。南门学校教育集团注重教学常规工作推广，同时组织教师到沟头小学、筱塘小学观摩骨干教师高效教学活动。逸夫实验小学教育集团采用“每周各校自主研讨”“每月集团联动教研”形式向成员校传输教学模式和方法；通过“在线无生课堂”，由集团总校选派优秀教师主讲，将优质教学资源实时传输到华亭第一中心小学及基层小学。目前，总校开设的英语、音乐等八门学科在线授课，最大限度地协助边远、薄弱学校开齐上足课程。逸夫实小教育集团4次组织吴淑红名师工作室成员赴基层校就数学高效课堂工作开展研讨交流活动。三是办学文化深度融合。促进多元文化融合，打响教育品牌。五中教育集团突出“和而不同”理念，保持成员学校教学、管理和文化特色的基础上，提出“以学生发展为本”，创造适合学生全面发展的教育集团。南门教育集团确立“内涵发展”理念，发挥集团总校的示范和引领作用，各成员校按照“统一课程编排，统一教学进度，统一教研集备、统一常规检查、统一评价标准”的要求，扎实开展各项教育教学工作。逸夫教育集团突出“一校一品”理念，从主题教育、国学经典、阳光体育、莆仙艺术、科普活动等方面建立五大文化品牌。坚持利用成员校现有资源，以学生行为习惯养成为突破口，充分挖掘成员学校的传统优势，开展各具特色的“一校一品”活动内容。如，逸夫实验小学开展国学经典诵读活动，太平小学开展练习中华武术活动，延寿小学开展健美操活动，华亭第一中心小学开展太极拳特色活动，华亭第一中心下属的后塘学片、柳园学片分别开展科技小制作、剪纸、乒乓球等活动。四是优质资源总量递增。三大教育集团通过品牌带动、示范引领，促进成员校常规规范、教学有序、质量提升，知名度不断扩大，学生数得到扩增；优质教育资源总量递增，校际差距逐步缩小。9月20日福建日报以较大篇幅刊发《城厢区“集团化”力推“均衡化”》一文。9月19日新华社政务智库报告刊发了《福建城厢区多管齐下探索教育集团化发展路径》一文，省长唐登杰、副省长杨贤金作了批示，杨副省长指示教育厅总结莆田城厢区的好做法、好经验及存在的问题，帮助他们解决问题。

五、机制推动，师资活动不断增强

一是落实教师补充机制。完善教师“退一进一”机制，根据全区师资余缺实际，通过公开招聘，招录编内新任教师67名，招聘编外127名。举行2019年高中教师招聘工作，初步考核招聘北京师大、厦门大学、福建师大毕业生11人。二是实施“三名”培养机制。组织76位名师参加省级培训，设立莆田五中陈玉水等8个区级“名师工作室”，徐国裕被确认为首批省级名师工作室领衔名师。组织10名教师参加国培计划，37名小学数学骨干到西南大学培训，53人次校长（园长）参加省级培训，4500多名教师参加网络全员培训，200名教师参加由省教育学院代培的首批乡村教师能力提升工程培训。组织莆田三中、文献中学、霞林学校、区第一实验小学四所学校与福州市5所名校结对帮扶，组织南门学校、沟头小学教师到厦门市名校跟班学习。组织九年级各学科备课组组长及骨干教师53人到厦门名校学习中考备考策略。组织中学及高三骨干教师外出宁化、湖北、长沙、厦门等地考察学习先进教学方法、了解高考动态。三是实施教师交流机制。继续实施城乡教师10%流动计划，2017 年 272 名、2018 年 231 名教师参与校际交流，实施区内城乡学校结对帮扶，开展名师、教研员、骨干教师送教下乡活动，促进农村青年教师专业成长。四是启动片区管理机制。切实加强学前教育管理，努力补齐民生短板，出台《城厢区推进学前教育片区管理实施方案》，落实公办扶持民办制度。11 所省市示范幼儿园挂钩 65 所公办园和 33 所民办园，通过师资流动、教研培训、资源共享等手段，促进师资水平提升。五是落实教师岗位大练兵机制。开展教师岗位大练兵，层层选拔优秀教师参加第四届全市教师技能大赛，14 人获一等奖、15 人获二等奖、17 人获三等奖，总获奖人数居全市前茅。1 人获第四届全省教师技能大赛二等奖。六是落实提高教师待遇机制。提高乡村教师生活补助标准，2018 年乡村教师生活补助每人每月统一提高 100 元，2019 年每人每月再统一提高 100 元。审核确认1145名原民办、代课教师，2017 年 3 月至 2019 年 12 月享受养老补助人数 608 人，补助金额 330 万元。有效协调，第三轮教师岗位设置全面实施，教师队伍积极性加强。

六、打造品牌，达标创建取得成效

一是发展高中校。制定《城厢区推进普通高中综合改革工作实施方案》，实施新高考改革前期准备工作。莆田五中推进基地校建设，构建符合校情的课程建设主体框架，投入 300 万元夯实硬件建设，莆田五中首批通过省普通高中课程改革基地校、省示范高中评估和省一级达标校复评。莆田三中晋升省二级达标校。投入 200 万元支持莆田十二中实施硬件建设，筹备省一级达标创建工作。支持莆田十八中发展美术等特色学科。二是发展义务教育学校。支持霞林学校、太平小学等一批学校扩容，支持中特小学等一批学校提升办学条件。持续投入，4 所中学和 6 所小学通过省义务教育教改示范校评估。三是发展学前教育。积极创造条件，激励幼儿园参与各级示范园评估，逸夫实验幼儿园通过市级示范性幼儿园复评，中特幼儿园通过市级示范性幼儿园评估，区第一实验幼儿园有望通过省级示范园评估。区第一实验幼儿园、逸夫实验幼儿园获得省第二批保教改革建设幼儿园称号。嘉艺、金威、凰华第二等 3 所民办园通过市级民办示范园评估。确定小灵童等 5 所幼儿园为普惠性幼儿园，核拨政府购买服务资金 23.7 万元。四是发展职业教育。科技学校通过规范化省级评估验收，学生宿舍楼三期及地下停车场建成投入使用，并被评为福建省第二批规范化中等职业学校。

七、落实责任，党风廉政日益加强

一是突出制度重建。针对省、市、区巡视发现的问题，成立整改领导小组，分解任务，明确分工，落实主体责任，强化教育学习，开展集体廉政责任谈话10场，廉政谈话提醒 19 人次。健全党风廉政建设和干部队伍管理建设长效机制，重修重建《城厢区教育局关于落实“三重一大”集体决策制度实施细则规定》《加强教育类工程项目资金管理制度》《区教育局廉政风险点及防控措施》等 8 个相关制度，从制度上规范权力、管住干部，确保问题整改到位。二是狠抓热点难点问题。举办党风廉政和财经知识培训会，开展八项规定执行情况监督检查和“双随机”检查，着力整治教育系统社会关注度较高的考风考纪、升学招生、违规补课、教辅征订、工程建设、物品采购等涉水领域“四风”及信访问题，着力营建风清气正的政治生态，着力提升教师队伍整体形象。三是加大案件查办力度。严格落实案件主办人员的工作责任制，认真梳理分析每一件来信来访，做好每一个案件的调查工作。2018 年以来，共受理信访件 13 件。“12345”政府平台诉求件 700 件，按时办结率 100%。通过调查，现已立案 2 人，政纪处分 9 人，整个系统工作作风持续好转。

八、内涵发展，校园文化蓬勃发展

以阅读、体育、美育工作为重点，推动校园文化建设深入开展。一是实施智慧阅读。通过成立阅读工作群、加强阅读指导、组织命题培训会、发挥“试点校”引领作用、加大督查力度的方式，全面实施“书香校园建设”，涌现出一批阅读特色明显、成效显著的试点校。南门学校开展“读书月系列活动”，举办现场会展示经验做法。逸夫实小设立校园朗读亭、建立朗诵社团、开展“百日阅读计划”等方式开展阅读活动，并推广到集团10多个成员学校。莆田三中建成藏书10万册的“步云书院”和学校电子阅览平台。区第一实验小学建成书法长廊，打造碑帖墨香校园。二是加强课程管理。督促学校开齐开足音乐、美术、体育课程，重视学校艺术校本教材的编写，开设各类兴趣班。培养学生体育兴趣，93%中小学生掌握一项体育运动技能。12月，组织42名美术教师赴浙江访学交流，邀请莆田学院林荣华院长为音乐教师作合唱讲座。同时，改善薄弱学校美育基本办学条件，购置体育、美育器材，新建莆田三中、逸夫实小、筱塘小学等校园足球标准场地。三是打造品牌特色。鼓励学校根据地方特色围绕“一校一品”抓创建，涌现了莆田五中、文献中学等6所全国足球特色学校、莆田十八中规范汉字书写、华林学校的莆仙戏表演等一批特色学校，其中莆田十二中陶艺、沟头小学的妈祖、筱塘小学梆鼓咚等艺术校本教材参加省赛。四是搭建活动平台。督促学校开展形式多样的活动，30多个学校开展校园文化节、科技节等活动。举办第十五届教育论坛、第十五届中小学艺术大赛、第十八届中小学生田径运动会、第五届教职工篮球赛和第一届中小学教师气排球赛，推动全区中小学内涵建设不断向纵深推进。五是竞赛成果丰硕。区教育局获得福建省第六届中小学生艺术节优秀组织奖，30多位师生在省、市艺术比赛中获一等奖。其中，文献中学学生卢子滢、科技学校绘画作品获省一等奖，莆田五中林伟立教师获得2018全国工笔画双年展复评第五名，太平小学等4所学校节目赴省参演。30多个学校参加全国、省、市各级各项运动会及单项比赛中获奖，莆田五中参加全市中小学生乒乓球、足球比赛中夺得6个第一名；文献中学参加全市各类足球比赛夺得5个第一名，参加福建省青少年校园足球联赛暨中学生锦标赛初中女子组获三等奖。南门学校、逸夫实验小学、灵川中心小学参加莆田市第三十一届运动会相关项目比赛获得一等奖，极大地推动城厢区学校竞技体育运动的蓬勃发展。

九、多措并举，校园实现安定稳定

全区学校安全工作以创建“平安校园”为抓手，以学生为中心，以抓扫黑除恶专项斗争、校园防欺凌、信访维稳、校园周边环境整治、食堂管理、火灾隐患排查整治和防溺水安全教育等活动为载体，大胆探索，全员参与，创新措施，积极引导，落实责任，推动创建工作全面有效开展。尤其重视扫黑除恶专项斗争，采取强化领导、强化宣传、强化整改、强化摸排、强化督导等“五强化”推动工作深入开展，出台“两方案两机制”和《城厢区学生心理健康教育发展三年行动计划》，采取“五聚焦五发力”措施推进扫黑除恶专项斗争中央督导反馈问题整改，校园欺凌现象明显减少。毒品预防教育工作有效推进，建设4个标准化教育室。全区116所学校分别被评为AAAAA、AAAA、AAA级平安校园。

（宋建伟）

非物质文化遗产

【非物质文化遗产代表性项目情况】 截至2018年底，城厢区非物质文化遗产代表性项目一共包含九大类别97个项目，其中国家级非物质文化遗产代表性项目1个，省级非物质文化遗产代表性项目4个，市级非物质文化遗产代表性项目34个，区级非物质文化遗产代表性项目97个。有九个传承基地（传习所）符合标准：留青竹刻传承基地、闽台送王船传习所、复茂饼家制作技艺传承基地、莆田木雕（郑春辉）

传承基地、莆田南少林武术传承基地、老蒲鲜（莆田传统美食）传承基地、华艺雕刻传习所、庄严苑传承基地、金沙宫上元祈福传承基地，其中庄严苑工艺品有限公司获得省旅游局颁发的“清新福建、旅游观光工厂”称号。非遗展示馆方面两个，分别是中国工艺美术大师郑春辉建成全市首家民间私人展示馆——春晖木雕展示馆，并免费向公众开放；新建的民间私人非遗展示馆是传统佛像制作技艺项目传承人王剑涯——佛艺博物馆（展示馆）。

城厢区国家级和省级非物质文化遗产代表性项目一览表

表 1

序号	类　别	项目名称	级别（批次）	保护单位
1	传统美术	竹刻（莆田留青竹刻）	国家级　第二批	莆田市云起香材有限公司
2	民　俗	闽台送王船	省级　第二批	灵川镇东汾五帝祖庙董事会
3	传统美术	留青竹刻	省级　第二批	莆田市云起香材有限公司
4	传统技艺	复茂饼家制作技艺	省级　第三批	福建复茂食品有限公司
5	传统体育	南少林武术（莆田）	省级　第四批	莆田南少林武术协会

城厢区市级非物质文化遗产代表性项目一览表

表 2

序号	类　别	项目名称	级别（批次）	保护单位
1	民间文学	小五哥传说	市级　第二批	城厢区文化馆
2	民间文学	龙眼的传说	市级　第二批	城厢区文化馆
3	民间文学	龟山茶的传说	市级　第二批	城厢区文化馆
4	民间文学	黄濂起义歌	市级　第三批	城厢区文化馆
5	传统舞蹈	南门棕轿舞	市级　第二批	凤凰山街道南门社区居委会
6	传统舞蹈	皂隶舞（东汾五帝庙）	市级　第二批扩展	东汾五帝庙管委会
7	传统戏剧	莆仙戏“净、末”	市级　第二批	莆田市艺术研究所
8	传统戏剧	木偶戏（东海西厝）	市级　第三批扩展	城厢区文化馆
9	曲　艺	俚歌（常太山歌－俚歌）	市级　第一批扩展	城厢区文化馆
10	传统美术	刘氏竹雕	市级　第一批	莆田市云起香材有限公司
11	传统技艺	复茂饼家制作技艺	市级　第一批	福建复茂食品有限公司
12	传统技艺	莆田柯氏藤编传统技艺	市级　第二批	柯国华藤编工艺所
13	传统技艺	方氏家酿枇杷酒工艺	市级　第二批	城厢区天妃红酒业有限公司
14	传统美术	郑氏沉香雕	市级　第四批	城厢区文化馆
15	传统技艺	郑氏山水木雕圆浮雕技艺	市级　第四批	城厢区腾晖工艺厂
16	传统技艺	莆田传统美食烹饪技艺	市级　第五批	城厢区老蒲鲜海鲜楼
17	传统技艺	龟山茶制作技艺	市级　第五批	三紫有机茶叶有限公司
18	传统医药	郑氏传统跌打伤科	市级　第四批	南湖郑氏传统拳医研究室
19	民　俗	东汾端午节化龙船	市级　第一批	灵川镇东汾五帝祖庙董事会
20	传统体育	南少林三十六宝传统拳术	市级　第二批	莆田南少林武术协会
21	传统体育	戴氏南少林鸣鹤二十八宿	市级　第二批	莆田南少林武术协会

续表 2

序号	类　别	项目名称	级别（批次）	保护单位
22	传统体育	南少林桂麟拳	市级　第二批	莆田南少林武术协会
23	传统体育	南少林韦陀拳	市级　第二批	莆田南少林武术协会
24	传统体育	南少林韦陀扁担法	市级　第三批	莆田南少林武术协会
25	传统体育	南少林五雷拳	市级　第三批	莆田南少林武术协会
26	传统体育	南少林白鹤拳	市级　第三批	莆田市非物质文化遗产学会
27	传统体育	南少林佛祖棍法	市级　第四批	莆田南少林武术协会
28	传统体育	南少林青龙大刀	市级　第四批	莆田南少林武术协会
29	传统体育	南少林候拳	市级　第三批	莆田南少林武术协会
30	传统体育	南少林老鹰披翅拳	市级　第四批	莆田南少林武术协会
31	传统技艺	东沙村油纸灯笼制作技艺	市级　第六批	东海镇东沙村委会
32	民　俗	东海镇金沙宫上元祈福习俗	市级　第六批	东海东沙金沙宫
33	传统医药	余氏传统消痈配方	市级　第六批	莆田国医堂民间秘方研究所
34	传统技艺	唐式佛像彩绘、贴金	市级　第六批	庄严苑工艺品有限公司

城厢区非物质文化遗产项目代表性传承人一览表

表 3

序号	类　别	项目名称	传承人	批次 / 级别	主要传承地
1	民　俗	闽台送王船	林玉坤	第二批　省级	闽台送王船传习所
2	传统技艺	复茂饼家制作技艺	郭继光	第三批　省级	福建复茂食品有限公司
3	传统技艺	郑氏山水木雕圆浮雕技艺	郑春辉	第三批　省级	城厢区腾晖工艺厂
4	传统体育	南少林武术（莆田）	洪光荣	第四批　省级	莆田市南少林武术协会
5	传统技艺	柯氏藤编技艺	柯国华	第三批　市级	柯国华藤编工艺所
6	民　俗	闽台送王船	林庆森	第四批　市级	闽台送王船传习所
7	传统技艺	刘氏竹雕	刘志高	第三批　市级	莆田市工艺美术城木雕区
8	传统技艺	留青竹刻	刘建新	第四批　市级	莆田市工艺美术城玉雕区
9	传统技艺	莆田传统美食烹饪技艺	陈伟军	第四批　市级	莆田市城厢区老蒲鲜海鲜楼
10	传统技艺	龟山茶制作技艺	郑亦新	第四批　市级	三紫有机茶叶有限公司
11	传统技艺	郑氏沉香雕	郑云鹏	第四批　市级	莆田华艺雕刻厂
12	传统体育	南少林三十六宝拳术	洪光荣	第二批　市级	莆田市南少林武术协会
13	传统体育	南少林老鹞批翅拳	郑瑞凿	第四批　市级	莆田市南少林武术协会
14	传统体育	南少林候拳	朱圣熙	第四批　市级	莆田市南少林武术协会
15	传统体育	南少林韦陀拳术	陈玉樵	第四批　市级	莆田市南少林武术协会
16	传统体育	南少林佛祖棍法	吴　鹤	第四批　市级	莆田市南少林武术协会
17	传统体育	南少林白鹤拳	吴锦春	第四批　市级	莆田市南少林武术协会
18	传统体育	南少林戴氏鸣鹤二十八宿	戴义龙	第四批　市级	莆田市南少林武术协会

其中，传承人郑春辉作品《清明上河图》是莆田市唯一一位在非物质文化遗产传统技艺类获得吉尼斯世界纪录者。（许少杭）

1月

2日，市委书记林宝金带队到木兰大道项目三期（园头段）调研。

3日，区委副书记、区长吴文恩陪同湖北宇能动力一行考察东海镇33.33公顷制造业基地。

8—9日，城厢区村（社区）党组织书记学习贯彻中共十九大精神培训班开班。

10日，在区机关三层大会议室召开区委常委（扩大）会暨区委中心组学习（扩大）会，传达学习市“两会”精神。

11日，区委副书记、区长吴文恩带队到新步、亚明，调研企业需协调解决的问题。

12日上午，城厢区举办“美丽城厢”美术教师写生暨“喜迎新年”写生作品成果展评活动，展出全区美术老师的写生作品80余幅。

18日，市委书记林宝金带队到木兰大道项目三期（油潭大桥南湖段），听取市城投集团朱正扬汇报项目进展情况、区长吴文恩汇报项目征迁情况。

同日，区委副书记郑松青到星华模具现场调研用地情况。

19日，市委常委、纪委书记吴立新带队慰问洋西村重点项目征迁困难户辛梅犇、泗华村重点优抚对象李元池、北磨社区特困群众李光蕰、下磨社区重点优抚对象郭炳森、太平社区困难职工郭碧云、兴安社区计生特困户、独男户吴杨芳等。

20日，区委书记王文才带领相关部门负责人到常太镇岭下村东圳移民精神展示馆调研党风廉政建设和生态环保工作。

同日，城厢区“不忘初心 重走根据地 牢记使命踏上新征程”处级党员领导干部主题党日活动，在常太镇马院村闽中游击区革命纪念馆举行。

22日，区委书记王文才组织召开2017年度区委领导班子及其成员民主生活会会前征求意见座谈会，向区级老人代表、各镇（街道）党委（党工委）书记、华林经济开发区负责人征求意见。随后，在东方国际大酒店附属楼一层会见厅，区委书记王文才组织召开区委区政府工作通报会，通报全区2017年经济社会发展情况。

同日，常太镇马院村闽中游击区革命纪念馆正式开馆，区委书记王文才、区委副书记郑松青为纪念馆揭牌，并举行城厢区“不忘初心重走根据地、牢记使命踏上新征程”处级党员领导干部主题党日活动。

23日，召开区委领导班子成员述责述廉会议，区委领导班子成员分别在会上述责述廉。

同日，区委宣传部联合区直21家单位，在东海镇东沙村举行城厢区文化、科技、卫生“三下乡”集中服务活动，为当地群众送去科技文化图书、疾病预防和卫生知识，并举办现场义诊、写春联等多项活动。

24日，区委书记王文才先后到华亭镇西许村蔡丽华家（困难职工）、华亭镇西许村刘金烟家(重点优抚对象)、华亭镇隆兴村林国良家（挂钩贫困户）、霞林街道坂头村蔡美琼家(特困残疾人)、霞林街道顶墩村林秀梅家（重点项目征迁困难户）、霞林街道莆糖社区范家进家（困难党员）、凤凰山街道旧区政府集资房杨云鹏家（老干部）、龙桥街道兴安社区王伟家(老干部)走访慰问。

26日，区委书记王文才会见中电光谷调研组，听取樟林片区互联网信息产业园前期规划调研工作情况。

28日，城厢区离退休教育工作者协会在莆田文献中学举行2017年年会暨老教师祝寿贺金婚大会。

30日，区委书记王文才一行到区地税局开展慰问及调研工作。

31日，城厢区举行全区首批主题党日活动基地揭牌授牌仪式。城厢区委常委、组织部部长陆建琪，区委常委、宣传部部长吴建銮，区委常委、常务副区长肖志雄，市委组织部组织科科长陈剑波等先后为常太镇岭下党支部、龙桥街道太平社区党支部等“城厢区主题党日活动基地”揭牌，并为其他活动基地授牌。

2月

1日，区委书记王文才主持召开区委常委会。会上，审议《中共城厢区纪委九届三次全会建议方案》《中共城厢区纪委九届三次全会工作报告（送审稿）》，听取区纪委工作汇报（含巡察、党风廉政建设和从严治党建设等工作）；传达学习全省、全市宣传思想文化系统专题会议精神并研究我区贯彻意见，听取宣传工作汇报，听取意识形态工作汇报；研究关于推荐厦门会晤和党的十九大期间为我市社会安定稳定作出突出贡献的集体和个人建议方案，研究关于推荐2017年度市级“平安单位、平安镇（街道）”有关事宜；研究《城厢区国有企业公务用车制度改革实施方案》和《城厢区事业单位公务用车制度改革实施方案》；研究区委领导班子民主生活会对照检查材料；听取区人大常委会党组工作汇报；听取区政府党组工作汇报；听取区政协党组工作汇报；听取区法院党组工作汇报；听取区检察院党组工作汇报；听取党建工作汇报（含“两学一做”、新社会阶层组织党建等工作）；听取统战工作汇报（含新社会阶层等工作）。

2日，召开区纪委九届三次全会。区委书记王文才讲话，区委副书记、区长吴文恩传达市纪委七届三次全会精神，区委常委、区纪委书记余丽红作工作报告。随后，召开区委常委（扩大）会暨区委中心组学习（扩大）会。区委书记王文才讲话，区人大主任王国太传达学习省十三届人大一次会议主要精神，区政协主席黄志强传达学习省政协十二届一次会议主要精神。

5日，市委书记林宝金带队先后前往木兰陂公园、广化寺片区调研建设美丽莆田项目工作。

7日，市委副书记程强带队慰问特困教师林峰、困难军转干部黄金兴、特困群众黄金明、特困残疾人林银高等。

同日，市纪委书记吴立新、副市长胡国防到万升鞋业现场查看城厢区鞋业创新示范基地竣工项目。

同日，全市举行2018年第一季度项目集中开竣工活动。市领导程强、吴立新、胡国防带队先后到广化寺佛教文化名胜区开工、城厢区鞋业创新示范基地竣工、城厢区商务大楼竣工等处调研。

8日，区委书记王文才以普通党员身份参加区委办公室党支部组织生活会。

9日，市委书记林宝金带队到莆田万达广场调研安全生产工作。

同日，召开区委农村工作会议和全区金融工作会议。

11日，副市长胡国防到亚明食品参观考察。

同日，区委书记王文才带队先后到沃尔玛超市、市公交南站及中石化灵川加油站，检查人员密集场所安全、节前市场供应情况、交通安全、危化品及特种设备安全等。随后，到灵川镇径里村检查脱贫攻坚工作，并先后到径里村困难群众陈秀霞、柯玉连家中走访慰问。

12日，区委书记王文才、区长吴文恩带队先后到城厢公安分局看望慰问节日一线公安干警，到凤凰山广场察看城厢区迎春元宵花展展区，详细了解节日氛围布置情况。区领导陈庆王、杨碧静、郭国辉、林一虎陪同。

13日，市委书记林宝金带队到凤凰山交警执勤点看望节日一线执勤人员。

同日，在东方国际大酒店附属楼三楼会议室，举行城厢区2018年新春团拜会。区委书记王文才致辞并携区四套班子领导集体向全区人民拜年，区长吴文恩主持。区四套领导班子，省党代表、人大代表、政协委员，回乡异地城厢商会会长，区委委员、候补委员、区纪委委员，区人大常委、区政协委员，劳动模范、新长征突击手、三八红旗手代表，区直副科级以上单位主要领导，各镇（街道）党政主要领导、人大主席，科技、教育、文化、体育、卫计系统和人才代表，各民主党派、工商联负责人，在城厢央企、省属国企代表，离退休老干部代表、驻城厢区部队领导参加。

22日，召开区委常委（扩大）会。

27日，市委林宝金书记带队到华亭镇开展木兰大道项目三期调研。

3月

1日，区委副书记、区长吴文恩带队到东海镇信访维稳督导及调研项目推进情况。

2日，由区委宣传部指导，推荐2018年度全省学雷锋活动示范点和岗位学雷锋标兵，中共城厢区常太镇马院村支部委员会荣获2018年度全省学雷锋活动示范点。

5日，区委书记王文才主持召开区委常委会。研究城厢区2017年度重点项目攻坚工作先进集体、先进指挥部、先进个人名单，《2017年度城厢区纳税大户表彰方案》《城厢区贯彻落实〈建设美丽莆田行动纲要〉2018年专项行动计划》及《“五个一批”考评办法》、《关于稳步推动农村集体产权制度改革工作实施方案（送审稿）》、《城厢区进一步贯彻落实中央八项规定精神实施办法》；传达学习全省、全市统战部长会议精神，研究我区贯彻意见；传达学习全省、全市组织部长会议精神，研究我区贯彻意见；研究关于个别区九届人大代表、常委会委员退出建议意见；研究干部工作等。

6日，市委林宝金书记带队先后到南湖公园和贝克啤酒厂调研佛教论坛重点项目。

7日，市委副书记程强和市委常委、组织部长卓晓銮带领队到华亭镇隆兴村走访看望华亭镇女村（社区）主干。随后，区委书记王文才带队到华林经济开发区调研溢通环保项目。市委常委、纪委书记吴立新带队到凤凰山街道开展信访督导。

8日，市委书记林宝金带队在城厢区开展城乡规划建设管理提升年项目调研。

9日，在东方国际大酒店附属楼三楼会议室，召开城厢区贯彻落实美丽莆田建设暨“强突破、促提升、争先行”行动动员大会。随后，召开城厢区纳税大户表彰大会。

12日，市委检查组到城厢区召开2017年度市对区全面从严治党主体责任检查见面会。

17日，区四套班子领导、公检法主要领导及区绿化委成员单位、区妇联、团区委等部门在灵川镇桂山村的桂山溪护堤上开展义务植树活动。

19日，市委书记林宝金带队到华亭镇油潭村调研木兰大道项目。

同日，区委书记王文才主持召开区委常委会。听取2017年度省委全面从严治党主体责任落实情况检查反馈意见整改任务分解汇报；传达学习全省、全市宣传部长会议精神，研究我区贯彻意见；研究《2018年区政协年度协商计划》《中共城厢区委常委会2018年工作要点》；听取法治建设、生态文明建设工作、安全生产工作、宗教工作、审计工作、精神文明建设工作、信访工作、工会工作、共青团工作、妇联工作和党校工作汇报等。

22 日，区委书记王文才主持召开区委常委会（扩大）会议，传达学习全国“两会”精神以及省委、市委常委会（扩大）会议精神。随后，继续召开城厢区党的组织、宣传、统战工作会议和 2018 年全区生态环境保护工作会议。

23 日，召开中电光谷关于城厢区产业发展定位及樟林片区产业规划研究报告汇报会。

24 日，城厢区召开全区党的工作会议。

28 日，市委书记林宝金带队到广化寺调研项目工作。市委副书记程强带领市委检查组在区委六楼二号会议室，开展市对区全面从严治党主体责任检查。

30 日，省政协主席、第五届世界佛教论坛福建组委会主任崔玉英，省委常委、统战部部长、组委会常务副主任雷春美，省政协副主席、组委会副主任洪捷序，带领省直有关部门负责人到城厢区区调研第五届世界佛教论坛筹备工作。

31 日，市委书记林宝金带领市委办等相关部门主要负责人到广化寺片区调研城乡规划管理提升年项目，市领导郑瑞锦，区领导王文才、郑松青陪同调研。

4 月

2 日，中科院海西研究院专家一行到华林开发区三利谱企业调研。

同日，区委书记王文才主持召开区委常委会。会上，研究城厢区建设美丽莆田 2018 年专项行动计划，2018 年度市委全面从严治党主体责任落实情况检查反馈意见整改任务分解有关事宜，《城厢区扫黑除恶专项斗争实施方案》《城厢区城乡规划建设管理提升年重点项目实施方案》《莆田市城厢区关于推进安全生产领域改革发展的实施意见》；听取关于出资入股智慧能源（莆田）有限公司的通报，关于组建莆田九木科技有限公司相关事项的通报。

3 日，副市长胡国防调研樟林片区樟塘村整村改造（一期）等有关项目，随后到开发区召开城厢区片区改造座谈会。

4 日，区农业局、文明办、志愿之家联合在绶溪公园开展第 36 届“爱鸟周”爱鸟宣传志愿活动。

9 日，市委常委、组织部长卓晓銮带队到复茂食品、欧雅艺术、亚明食品等企业调研党建工作。

同日，在莆田五中报告厅，举行区委中心组学习（扩大）会议，邀请市银监局局长傅兵作“金融服务实体，防范化解风险”专题辅导讲座。

11 日，区委书记王文才、区长吴文恩带队到华亭镇实地调研重点项目建设，先后察看莆田西文创城项目、樟塘村整村改造项目、察看木兰大道三期（将军岩隧道和油潭大桥）等。

16 日，区委书记王文才主持召开区委常委会。会上，研究关于城厢区莆田西霞林地块 A 安置房项目周边道路工程采用设计、施工总承包 EPC 模式等相关事宜，区城管执法网格化实施方案，《城厢区总工会改革方案》《共青团城厢区委改革方案》《城厢区妇联改革实施方案》《莆田市城厢区科协改革方案》，以及干部工作等。

17 日，区委书记王文才组织收听收看省委省政府推进高质量发展和落实赶超工作督查视频会议。

19 日，组织收听收看全省村级组织换届选举工作视频会议。随后，区委书记王文才带队到龙桥街道、常太镇调研，先后察看东圳水库水环境综合治理工程、跨境电商生态园项目、九华学校项目、泗华片区改造项目（泗华小学项目）。

同日，区农业局组织举办城厢区农产品质量安全法律法规暨“一品一码”追溯体系建设培训班，全区近百家种养殖业生产主体负责人参加培训。

20 日，区委书记王文才带队到灵川镇、东海镇、霞林街道调研，先后察看福厦客专项目、苏山取土点、灵华线项目、东海鞋辅基地、顶墩下黄整村改造项目、木兰陂公园项目、屿上片区改造、钟潭片区项目等。

26 日，市委书记林宝金、市长李建辉带队到木兰大道项目现场看望慰问一线工人。

28 日，在希尔顿酒店举行第十三届中国（海峡）工艺品博览会主题活动“新中式生活论坛”，特别邀请中国企业联合会常务副会长兼理事长朱宏任、工业和信息化部机关服务局局长付京波、工信部工业文化发展中心主任罗民、副市长陈志强出席并致辞，中央工艺美术学院原院长、清华大学原副校长王明旨作为特邀嘉宾出席论坛并致辞。

同日，区委书记王文才带队调研广化寺文化名胜区项目。

29 日，区委书记王文才带队调研樟塘村整村改造项目。

5 月

2 日，在莆田五中报告厅，举行区委中心组学习（扩大）会议，邀请市农业局局长、市委农办主任林峰作以《精准发力 分类施策 努力实现脱贫攻坚新飞跃》为题的专题辅导讲座。

4 日，召开城厢区推进高质量发展和落实赶超工作督查暨建设美丽莆田工作推进会、城厢区 2018 年村级组织换届选举工作动员部署会议和组织收听收看全市安全生产工作视频会议。

5 日，区委书记王文才带队到莆田西安置房项目、华林经济开发区入口处、新路鞋业有限公司等处调研安全生产工作。

6 日，区委副书记、区长吴文恩到三海鞋材检查安全。

7 日，副市长胡国防带队深入华林规下企业进行安全检查。

8 日，在区防汛办会议室，区委书记王文才、区长吴文恩组织收听收看全省、全市河长制工作视频会议，随后，立即召开全区河长制工作视频会议。

9 日，区委书记王文才带队先后到文献步行街调研防范化解金融风险工作，到下磨溪中游（新光电影院旁）调研黑臭水体整治情况和河长制工作推进情况，到东海镇坪洋村调研精准脱贫工作。

同日，区委副书记、区长吴文恩到东海镇召开城厢区第二季度农村生活污水垃圾治理暨共建美丽乡村工作现场推进会。

14 日，市委书记林宝金带队先后到龙桥溪东圳路段、下磨溪擢英段调研黑臭水体整治情况。

16 日，在莆田五中报告厅，举行区委中心组学习（扩大）会议，邀请省防汛办调研员李梅作“防汛业务知识”专题讲座。

17 日，国家开发银行总行住宅事业部住宅信贷局局长张瑞宇、国家开发银行福建分行行长曾丽卿带领调研组，到城厢区调研棚改项目工作并召开座谈会。

同日，区委副书记、区长吴文恩带领区府办、区环保局、交通局、住建局、水务局、国土分局等主要领导一行前往常太镇调研东圳水库饮用水源地保护工作，实地察看松峰天龟路与村部前造林绿化点、长基污水收集和处理 2 个终端、洋边村未搬迁户、南川村 PPP 污水收集情况、常太村屠宰户污水整治情况。

18 日，市委书记林宝金队到城厢区实地调研木兰陂公园建设以及屿上路提升改造情况等。

19 日，副市长郑瑞锦深入常太镇松峰村、长基村调研督查生态环保工作。

20 日，在莆田悦华酒店国际会议中心凌云厅，举行莆田市城厢区宏峰扶贫基金捐赠仪式。

21 日，区检察院与莆田市车门町汽车（销售）服务有限公司签订“未成年人技能培训观护基地”共建协议。

22 日，召开省委巡视四组巡视城厢区情况反馈意见签收会。随后，区委书记王文才主持召开省委巡视四组巡视城厢区情况反馈会。省纪委副书记、省监委副主任、省委巡视工作领导小组成员洪仕建；省委巡视四组组长江玉平、副组长张健、联络员何小娟；省委巡视办三处副处长余华建；市委常委、市纪委书记、市监委主任吴立新；区委、区人大、区政府、区政协领导班子成员，以及其他在职处级领导干部；区法院院长、检察院检察长、公安分局局长；区纪委监委和组织部领导班子成员，区委巡察办主任和巡察组组长；区直部门主要负责人；各镇（街道）党政主要领导；区省、市党代表、人大代表和政协委员各 2 人；区各民主党派负责人；县处级离退休老人2人参加会议。会上，省委巡视四组江玉平组长反馈巡视情况；省纪委副书记、省监委副主任、省委巡视工作领导小组成员洪仕建讲话；市委常委、市纪委书记、市监委主任吴立新讲话；区委书记王文才作表态。

23日，区委书记王文才主持召开区委常委会。会上，传达学习省委巡视四组对城厢区巡视情况的反馈意见，省委巡视工作领导小组成员、省纪委副书记、省监委副主任洪仕建讲话精神，市委常委、市纪委书记、市监委主任吴立新讲话精神等；研究《中共城厢区委关于成立省委巡视反馈意见整改工作领导小组的通知》《落实省委巡视四组〈关于对莆田市城厢区巡视情况的反馈意见〉的整改任务和分解方案》；传达学习全市扫黑除恶专项斗争领导小组成员单位（扩大）暨全市扫黑办主任培训班会议精神；研究《中共莆田市城厢区委全面深化改革领导小组2018年工作要点（送审稿）》；研究区莆田西高速路出口——荔城路——东园路两侧等夜景工程、建筑立面改造工程按EPC工程模式进行建设有关问题；研究成立城厢区新社会阶层代表人士联谊会有关事宜；研究市委全面从严治党主体责任检查反馈意见中，涉及民主生活会有关问题的整改事宜；研究干部挂职期满免职有关事宜。

24日，召开省委巡视反馈意见整改工作领导小组第一次会议暨整改任务交办部署会。区委书记、巡视整改领导小组组长王文才作强调讲话；区委常委、纪委书记、监委主任余丽红主持会议，并部署省委巡视反馈意见的整改任务分解及时间节点。省委巡视反馈意见整改领导小组成员，各责任单位主要领导，区委巡察办、区委办、区府办、区纪委监委、区委组织部相关人员参加会议。随后，召开收听收看省委省政府工作检查总结视频会议。

25日，区委书记王文才带队实地调研防汛备汛工作，先后察看市委党校地灾点整治情况、常太镇松峰村村级视频系统建设、莆田五中救灾仓库物资储备情况等。

26日，华亭镇埔柳村全区首家完成村级党组织换届，选举产生新一届党委班子成员。

28日，太湖海域管理局副局长黄卫良、省河长办副主任、省环保厅副厅长郑志忠等一行人到常太镇调研河长制工作，查看樟龙溪、莒溪河道整治及下莒村污水处理站运行情况。

29日，区委书记王文才带队到华亭镇调研村级组织换届工作并宣讲习近平新时代中国特色社会主义思想和中共十九大精神。

5月，区档案局编纂的《东青村志》由中国文史出版社顺利出版发行，该志共11章节38万字。

6月

1日，莆田市委书记林宝金到城厢区第一实验幼儿园及华林学校开展“六一”国际儿童节慰问活动并调研教育事业，向少年儿童致以节日祝福。

同日，施清芳副区长带队现场查看华林路污水干管改造工程。

2日，区委副书记、区长吴文恩带领区府办、区农业局等相关科局领导深入常太镇调研乡村振兴工作。

4日，市委书记林宝金带队到华亭镇园头桥调研。

同日，召开区委中心组学习（扩大）会议，邀请新华社中国经济信息社舆情监测中心高级分析师、主任编辑李雪作“新媒体时代突发事件的舆情处置”专题讲座。

5日，全国普法办公室发布《关于表彰第四批“全国法治县（市、区）创建活动先进单位”的决定》，城厢区获评第四批全国法治县（市、区）创建活动先进单位，系莆田市唯一获批国家级法治先进的县区。

同日，召开省委巡视反馈意见整改工作领导小组第二次会议。

6日，省委常委、政法委书记王洪祥带队到广化寺检查第五届世界佛教论坛安保工作。

7日，市委书记林宝金带队到莆田一中巡视高考工作。随后，区委书记王文才带领区委办、区教育局等部门负责人到莆田五中巡视高考工作。

8 日，市委林书记带队到天马山调研五山公园项目。

10—18 日，区委台办、市妈祖书画院在莆田国际油画城南山艺术中心举办“妈祖缘 • 同胞情 • 城厢美”两岸书画精品大联展。

11 日，区委书记王文才主持召开区委常委会。会上，研究《区委常委会工作规则（送审稿）》及《区委常委会议事规则（送审稿）》、《2018 年区委全面从严治党主体责任清单》、成立莆田市城厢区振兴乡村有限公司及干部挂职有关事宜。

14 日，省委组织部副部长兼省委非公企业和社会组织工委书记林承通带队到城厢区调研。

19 日，区委书记王文才主持召开区委常委会。会上，传达学习了有关密级会议精神，研究《关于深入开展 2018 年城厢区扫黑除恶专项斗争重点整治工作方案（送审稿）》。

21 日，市委书记林宝金、市长李建辉带队到城厢区实地调研城乡规划建设管理提升年重点项目，先后在天马山半山腰，察看五山公园等高线栈道及连接五山慢道建设项目，在凤翔城 9 号楼 32 层楼顶，察看广化寺片区项目。

同日，全市举行 2018 年第二季度项目集中开竣工活动。市领导程强、吴立新、胡国防带队先后到洋西片区改造地块 A 安置房、泗华片区配套道路工程、佛教论坛分会址（贝克啤酒厂）、山牌片区安置房等处调研。

同日，区委副书记、区长吴文恩带队调研东圳库区饮用水源保护区环境整治工作，查看长基村生态水系建设、南川村畜禽整治、九龙谷景区污水整治、加油站整改、镇周边沙场整治等情况。

22 日，“温暖工程 1 家 1 助跑圆梦行动”助学金颁发暨“城厢区第三期职教励志大讲堂”在莆田科技职业技术学校举办。

23 日，区委书记王文才组织召开会议，听取镇（街）、区直相关部门有关“三大攻坚战”、经济指标、村级组织换届等重点工作情况，并传达学习 6 月 22 日市委常委会及木兰溪水质提升攻坚动员部署暨环保督察反馈问题整改推进会精神。

26 日，市委常委、市纪委书记、市监委主任吴立新深入常太镇松峰村、洋边村慰问困难党员，察看纪检组织建设、扶贫领域精准监督等情况。

同日，市政协副主席彭丽靖带队市政协一行 23 人调研视察构建城乡垃圾治理长效机制助推美丽莆田建设工作，深入常太镇长基村调研小流域治理、污水一体化处理情况，实地察看常太镇南川村生活垃圾治理、集镇公厕、垃圾转运站运作管理情况，并召开座谈会。

27 日，由省综治办副主任王冰带队的省综治调研督导组一行，到城厢区调研督导上半年综治（平安建设）工作。

28 日，区委书记王文才带队到华亭镇慰问隆兴村贫困户林国良和前黄村困难党员吴庆平、后塘村困难党员陈秀锋。

同日，城厢区食品产业妇联在福建省亚明食品有限公司成立。

7 月

3 日，市委书记林宝金带队到调研基础设施建设工作，先后察看木兰大道项目三期（将军岩隧道园头段）及福厦客专项目、滨海大道与纵一线、联十一线并线情况。

5 日，召开精准脱贫攻坚战集体约谈会。

6 日，召开全区治理污水垃圾暨整治小作坊、畜禽养殖污染动员大会。

9 日，区委书记王文才主持召开区委常委会，研究《城厢区贯彻落实省委省政府环境保护督察反馈意见整改方案》、组建莆田杰木科技有限公司相关事宜及干部工作等。

10 日，在城厢区防汛指挥中心会议室，城厢区组织收听收看全省、全市防御第 8 号台风“玛莉亚”电视电话会议，市领导吴立新、胡国防、何金清，区领导王文才、吴文恩、颜启昌、郭国辉在城厢分会场参加。随后，市委常委、市纪委书记吴立新先后到广化寺、莆田西、钟潭溪项目工地等处，实地检查指导防汛抗台工作。

同日，区农业局组织农技人员前往各镇（街道）农业服务中心，指导荔枝、水稻等成熟农作物应急采摘、收割事项，做好超强台风“玛莉亚”来袭前农作物抢收工作。

11日，省委常委、秘书长、宣传部部长梁建勇带队到城厢区的广化寺片区南湖公园及寺前广场配套项目、钟潭溪桥等处检查指导防御第8号台风“玛莉亚”工作。

12日，市检察院院长于南生带队深入常太镇外东坪村，实地考察挂钩扶贫村帮扶工作情况，查看外东坪村村道工程及光伏发电等帮扶项目建设情况，并慰问贫困户，强调要守规范、讲效益、重规划、树理念。

13日，区直机关党工委举行中国共产党建党97周年先进表彰会议，全区20个先进基层党组织、30名优秀共产党员和17名优秀党务工作者受到表彰。

15日，召开区委领导班子落实省委巡视反馈意见整改工作专题民主生活会。

17日，召开全委会票决任免干部；组织收听收看省委省政府推进高质量发展落实赶超工作督查和新兴产业发展推进视频会议。

同日，区委副书记、区长吴文恩带区直相关部门主要负责人及各镇街党政党子成员到东海召开全区精准脱贫百日攻坚战现场会。

18日，组织收听收看市委市政府推进高质量发展落实赶超工作督查视频会。

19日，市委常委、组织部长卓晓銮带领市信访督查组到城厢区，召开市对区2018年第一轮信访督查反馈会。

20日，国家税务总局莆田市城厢区税务局正式挂牌成立，标志着城厢区国税局、城厢区地税局完成合并。

同日，市委副书记、市长李建辉带领市环保局、市住建局、市农业局、市执法局、市河长办、市水务集团等相关领导及各县区河长、河长办领导深入城厢区常太镇调研松峰村污水PPP项目建设情况、察看樟龙溪生态水系及长基村污水处理设施建设情况，并参观各县区水质攻坚行动成果展板。随后在城厢区常太镇召开莆田市7月河长日现场会。

24日，省司法厅副厅长俞建春为组长的扫黑除恶专项斗争省第六集中督导组对城厢区开展工作督导。

26日，市委书记林宝金带队到木兰陂公园调研。

27日，在莆田市边防支队机动中队会议室，区委书记王文才主持召开区委议军会。之后，区四套班子领导、国动委成员单位主要领导和各镇（街道）党政主要领导在莆田市边防支队机动中队操场和射击训练室开展“军事日”活动，区委书记王文才带队先后到武警内卫支队、武警边检站、解放军九五医院、莆田市消防支队、武警第二机动总队机动第五支队等地开展2018年“八一”走访慰问部队活动。

30日，区委书记王文才主持召开区委常委会。会上，研究《莆田市城厢区2018年木兰溪流域水质提升工作实施方案》，研究《城厢区关于贯彻落实习总书记在中财委第一次会议上重要讲话精神坚决打好精准脱贫攻坚战的意见》，研究《扫黑除恶专项斗争百日攻坚实施方案》，研究区级平安单位、平安村居评选有关事宜，研究《关于进一步加强和完善城乡社区治理的实施方案》和《关于推进防灾减灾救灾体制机制改革的实施方案》，研究《城厢区关于落实中央巡视组巡视福建省部分反馈意见的整改任务与分解建议方案》，传达学习市委木兰溪生态治理工作会议精神，并研究城厢区贯彻意见。

同日，市人大调研《东圳库区水环境保护条例（草案）》座谈会在常太镇举行。

31日，先后召开区委区政府推进高质量发展落实赶超工作督查会、全区生态环境保护大会和国家生态文明试验区建设推进会、全区网络安全和信息化工作会议与数字城厢建设推进会。随后，区委书记王文才带队到莆田军分区开展2018年“八一”走访慰问部队活动，先后到霞林街道木兰陂，华林经济开发区郑庄沟、霞皋沟，华亭镇濑溪桥头、长岭溪、天怡养殖场、利农现代农业、园头桥、云峰罐头厂以及华亭镇云峰村等地，现场调研督导木兰溪水环境治理及精准脱贫等工作情况，并在云峰村部宣讲习近平新时代中国特色社会主义思想和中共十九大精神。

同日，全区120个村（社区）全面完成村级党组织换届选举工作，实现100%一次性选举成功。

7月，城厢区有华源工贸、杰讯光电、锐马电气、振兴旅游等13家企业被认定为省级高成长企业。

8月

2日，区委副书记、区长吴文恩带队前往华林园区郑庄沟黑臭水体整治现场进行回头看。

3日，省、市安办到南兴针织进行夏季高温安全生产防范措施落实情况专项督导检查。

同日，区委书记王文才带队先后到福厦路快乐农庄门前路口、姚明织带有限公司、城港桥下、融创坂头七工地、联创大型商业综合体、嘉新商业城，实地认真检查道路交通安全、工业企业安全、建筑施工安全、大型商业综合体安全，以及出租房、沿街店面“三合一”安全等查。随后，区委书记、人武部党委第一书记王文才带队检查征兵体检工作。

6日，区委副书记、区长吴文恩到祥冠鞋业、新步鞋业、新路鞋业等企业调研，并召开鞋业企业座谈会。

6—9日，中宣部组织人民日报社、新华社、中央电视台、中央人民广播电台、经济日报、中国水利报、人民网等中央媒体记者到莆田城厢区，就木兰溪治理经验进行大型主题采访。

8日，区检察院联合市院民行处开展东圳水库全流域专项巡查。

同日，区法院受理签发由区残联代二级智力残疾人申请的人身保护令。这是该院与区残联所受理签发的全国首例由残联机构代残疾人申请的人身保护令。

9日，陈志强副市长带队调研华源纺织城项目。

同日，召开全区习近平新时代中国特色社会主义思想学习汇报会。

10日，区委书记王文才带队深入东圳库区调研生态环境建设情况，现场查看库区退果还林项目建设、加油站治理、洋边村库区旧房拆除、常太村定点屠宰场整治、洋西安置房建设等进展情况。

同日，区委书记王文才带队到常太镇现场调研督导东圳库区水环境治理工作。随后，到第五届世界佛教论坛安保指挥部及区公安分局实地调研督导，并在区公安分局会议室召开扫黑除恶专项斗争“百日攻坚”重点问题整治暨第五届世界佛教论坛安保工作调研座谈会。

13日，区委书记王文才主持召开区委常委会（扩大）会议暨区委落实中央第一巡视组巡视福建省的反馈意见整改工作领导小组第二次会议。会上，区委王书记传达学习省委、市委常委会（扩大）会议精神，部署中央第一巡视组关于巡视福建省的反馈意见整改工作。之后，区委书记王文才主持召开区委常委会，研究城厢区《落实中央第一巡视组关于巡视福建省的反馈意见部分整改任务的分解方案》及干部工作。

14日，组织收听收看全省、全市扫黑除恶专项斗争电视电话会议，随后立即召开全区扫黑除恶专项斗争工作会议。

16日，市委书记林宝金带领部分区直部门主要负责人到南湖公园、钟潭片区调研城乡规划建设管理提升年重点项目。

同日，顺昌县委书记江建华带领顺昌县党政代表团，到城厢区参观考察片区改造项目和生态治理工作。

20日，区委书记王文才主持主持召开区委常委会。会上，传达学习《党政领导干部选拔任用工作条例》，听取区农业局汇报精准脱贫百日攻坚工作开展情况、区环保局汇报污染防治百日攻坚工作开展情况、区委政法委汇报维稳安保及扫黑除恶百日攻坚工作开展情况、区金融办汇报防范金融重大风险百日攻坚工作开展情况，研究我区落实：《〈中央第一巡视组关于对福建省委巡视工作开展专项检查的情况报告〉的整改任务与分解方案》《〈中央第一巡视组关于巡视检查福建省委落实意识形态责任制的情况报告〉的整改任务与分解方案》。

21 日，区委书记王文才带队先后到龙桥街道、凤凰山派出所现场调研督导扫黑除恶有关工作。

27 日，城厢区组织有关部门收听收看 2018 年全国医改工作视频会议。随后，区委书记王文才主持召开区委落实中央巡视组巡视整改意见专题民主生活会征求意见会，征求部分党代表、人大代表、政协委员、基层党员群众的意见建议。

同日，区委副书记、区长吴文恩陪同国家林草局驻福州专员办到常太镇调研退果还林项目。

28 日，城厢区组织收听收看中央扫黑除恶第 4 督导组督导福建省工作动员视频会议。

29 日，城厢区组织收听收看全省实施乡村振兴战略工作视频会议；区委书记王文才主持召开中共城厢区委领导班子及成员落实中央巡视反馈意见整改工作专题民主生活会。

31 日，召开城厢区委巡视整改工作领导小组第五次会议，区委巡视整改工作领导小组成员及部分区直单位领、各镇（街道）党委（工委）书记、华林经济开发区负责人、太湖工业园主任参加会议。

9 月

1 日，区委书记王文才带队到凤凰山街道办事处调研督导扫黑除恶工作。

3 日，区委常委、组织部部长、区总工会主席陆建琪到力奴鞋业、荔盛环卫公司、亚明食品有限公司送清凉，慰问一线职工。

6 日，溢通环保获得福建省第二批制造业单项冠军产品称号。

7 日，区领导王文才、吴文恩、李文杰等出席投洽会项目签约仪式，副区长李文杰代表区政府与 4 个项目的签约代表进行现场签约。

9 日，区委书记王文才带领区委办、区教育局主要领导到逸夫实验小学、南门中学、莆田五中走访慰问困难教师和优秀教师黄云琼、张朝霞、马学乔。

10 日，中央扫黑除恶第 4 督导组来城厢区下沉督导工作，并召开座谈会。

11 日，召开城厢区扫黑除恶专项斗争领导小组会议；召开城厢区委巡视整改工作领导小组第六次会议。随后，区委书记王文才主持召开区委常委会。会上，研究《建设更高水平“平安城厢”实施意见》，传达学习全市基层党建工作重点任务推进会暨抓党建促脱贫攻坚、城市基层党建工作现场会主要精神，并研究我区初步贯彻意见，研究干部处分有关事宜。

14 日，区检察院联合区政法委、区司法局和区法学会举办首届“城厢区首届优秀公诉人、优秀律师个人论辩赛”。

同日，区委书记王文才主持召开区委常委会。会上，区委常委、政法委书记陈庆王传达学习市委常委会（扩大）会议主要精神，研究《关于成立城厢区扫黑除恶问题整改领导小组的通知》《城厢区关于做好中央扫黑除恶专项斗争督导问题整改落实的通知》。

15 日，召开区扫黑除恶专项斗争领导小组会议。

17 日，在莆田五中报告厅委举办区管干部“深入学习贯彻习近平新时代中国特色社会主义思想”专题班，区委书记王文才为专题班学员作报告。

20 日，区工会开展“助理河长制，携手保护母亲河”志愿服务活动，组织志愿者到木兰坡沿河附近开展环境卫生整治志愿行动和扫黑除恶宣传活动。

21 日，召开全区组织工作会议暨区委新时代新担当新作为工作领导小组第一次会议。随后，召开全区精神文明建设暨全国文明城市常态化创建工作会议。

同日，省领导张志南、雷春美等一行赴南湖公园、莆田美术馆等处调研佛教论坛筹备工作。

22 日，市委书记、市河长林宝金，市长、市河长李建辉利用节假日时间，带领市各套班子领导、市直有关部门负责人、各县区（管委会）党政主要负责人、河长开展“河长日”活动，在木兰陂公园南岸，察看木兰陂生态修复及南北渠连通一期工程。

25 日，市委书记林宝金带领市直有关部门负责人到城厢区开展城乡规划建设管理提升年项目调研，并先后察看南湖公园、莆田美术馆及周边环境。

同日，福建省亚明食品有限公司被认定福建省品牌培育管理体系有效运行及示范企业。

26 日，环境保护部深入常太镇督查东圳水库饮用水源地保护工作。

同日，区委书记王文才召开区委理论中心组专题研讨交流会，围绕“木兰溪治理经验”系列新闻报道，开展专题学习和研讨交流。

28 日，福建东南艺术纸品股份有限公司被认定为市级工业设计中心。

同日，组织收听收看市委理论学习中心组学习(扩大)视频会，宣讲团成员、省纪委常委、省监委委员邱天华到莆田市宣讲新修订《中国共产党纪律处分条例》。

30 日，区四套班子领导在闽中革命烈士陵园纪念广场参加全市烈士纪念活动。随后，组织收听收看全省、全市深化“五个一批”推进项目攻坚视频会议。

同日，城厢区 120 个村（社区）全面完成村级组织换届选举工作，实现 100% 一次性选举成功。选举产生新一届村级委员 870 名，一批政治过硬、素质优良、群众认可的优秀人员被选为村级组织带头人。

10 月

1 日，区四套班子领导在市机关 1 号楼前参加全市庆祝中华人民共和国成立 69 周年升国旗仪式活动。

同日，市委书记林宝金带领市直有关部门负责人先后到木兰大道一期、莆田美术馆项目现场慰问一线工人。

2 日，市委书记林宝金带领市直有关部门负责人到梅峰寺、龟山寺等处调研重点寺院周边环境整治工作。

3 日，市委书记林宝金带领市直有关部门负责人调研水生态文明建设工作，先后察看木兰陂公园周边环境整治情况和木兰溪防洪工程华林段水土保持及景观带项目规划建设情况。

8 日，召开第五届世界佛教论坛筹备转段动员大会。随后，区委书记王文才主持召开区委常委会。会上，传达学习省委十届六次全会、市委七届六次全会精神，并研究《区委九届八次全体会议方案》《王文才人在区委九届八次全体会议上的讲话（送审稿）》《区委九届八次全体会议决议（草案）》《中共莆田市城厢区委关于深入贯彻落实习近平总书记重要指示精神和治理木兰溪的重要理念坚持高质量发展落实赶超奋力开创建设美丽莆田先行区新局面的实施意见（送审稿）》等。

9 日，召开中共城厢区委九届八次全会。区委书记王文才代表区委常委会向全会作报告，区委副书记、区长吴文恩就相关文件作说明。会议审议通过《中共莆田市城厢区委关于深入贯彻落实习近平总书记重要指示精神和治理木兰溪的重要理念坚持高质量发展落实赶超奋力开创建设美丽莆田先行区新局面的实施意见》；表决通过了《中国共产党莆田市城厢区第九届委员会第八次全体会议决议》。区委委员、候补委员，区人大、区政府、区政协党员领导干部，区公检法主要领导，区纪委常委、区监委委员，区人大、区政协内设委（室）主任，区直有关单位党员主要领导，各镇（街道）党政主要领导、华林经济开发区负责人、太湖工业园主任，区省第十次党代会、市第七次党代会和区第九次党代会代表中的部分基层人和专家学者参加会议；区人大、区政府、区政协非中共党员处级领导干部，离退休老干部代表，区各民主党派主要领导列席会议。

8—19 日，区档案馆举办“改革开放 40 年　档案见证新城厢”新老照片展，在城厢区政府、莆田五中、绶溪公园流动展出。

9 日，城厢区华林鞋艺小镇管理委员会揭牌仪式在华林开发区举行，1 华林鞋艺小镇正式揭牌。

10 日，莆田银行业服务实

体百日千企万户行启动仪式在华林工业区举行。

11日，组织收听收看全市深入贯彻落实习近平总书记重要指示精神和治理木兰溪的重要理念坚持高质量发展落实赶超项目攻坚视频会议。

15日，区委书记王文才带领区委办、区老龄办、区农业局主要领导到华亭镇濑溪村、隆兴村慰问百岁老人程亚幼、困难老人许美凤和贫困户林国良。

同日，区委书记王文才主持召开区委常委会，听取区农业局、区环保局、区金融办汇报三大攻坚战百日攻坚工作开展情况，听取维稳安保及扫黑除恶百日攻坚有关工作情况汇报（含督导问题整改落实情况），研究城厢区《产权保护制度依法保护产权的实施办法（送审稿）》《关于加强乡镇政府服务能力建设的实施方案（送审稿）》，研究莆田市城厢区慈善总会换届、召开九届人大三次会议、召开政协八届三次会议、区法学会设立党组及党组成员组成以及干部工作等相关事宜。

同日，区委副书记、区长吴文恩到东海镇慰问百岁、困难老人及贫困户。

16日，区委书记王文才带领区住建局、水务局、城管执法局、环卫处等部门主要领导调研木兰溪水环境治理工作。

17日，区工会在华亭社区联合开展“纪念改革开放40周年暨大力弘扬劳模精神·争做时代奋斗者”文艺会演活动。

18日，省档案局常太镇东青村验收“乡村记忆档案”。

22日，召开第五届世界佛教论坛活动期间安保维稳工作会议。随后，召开中央扫黑除恶第4督导组督导福建省反馈问题整改部署会。

23日，区委书记王文才带领区安监局、区信访局、区消防大队等部门负责人并先后到旷远集团气化混气灌瓶站、莆田市美术馆、南湖公园、希尔顿酒店和龙桥街道办事处，调研第五届世界佛教论坛信访安保维稳及扫黑除恶有关工作。

24日，区委书记王文才带领区财政局、区国土分局、区规划分局等部门负责人到霞林街道，调研推进坂头东、万达南片区改造项目征迁工作，区领导肖志雄、林少敏、郭国辉一同参加。

25日，区委书记王文才带领区财政局、区国土分局、区规划分局、区住建局、区农业局、区前期办等部门主要领导调研樟林片区。组织收听收看省委省政府三季度经济形势分析会暨坚持高质量发展落实赶超工作督查视频会议；组织收听收看市委市政府坚持高质量发展落实赶超工作督查暨三大攻坚战推进视频会议。

26日，区委书记王文才带队在区佛教论坛安保指挥中心观摩市、区重大活动安保综合演练。

29日，召开城厢区“三转一市”工作推进会。

11月

1日，市委副书记、市长李建辉到莆田跨境通项目现场实地调研考察。

2日，组织收听收看全省扫黑除恶专项斗争推进会。

7日，城厢区新一届村（社区）党组织书记培训班开班，区委书记王文才作开班动员，区委常委、组织部长陆建琪主持会议。全区新一届村（社区）党组织书记、各镇（街道）党务工作者120余人参加培训班。

同日，区检察院联合市东圳水库管理局开展以保护东圳水库饮水源保护区为主题的检察公益诉讼专项监督。

7—9日，城厢区举办2018年新一届村（社区）党组织书记培训班，120名村（社区）党组织书记参加。此次培训为期三天，采取集中讲授、实地参观考察、观看电教片等形式，围绕意识形态、三大攻坚战、扫黑除恶专项斗争、宗教工作等方面进行专题辅导。

8日，召开庆祝第19个记者节座谈交流会。会上，区委书记王文才向全区广大新闻工作者致以节日的问候，并作讲话。区委宣传部分管领导，市广电中心城厢记者站、区委报道组负责人及新闻记者参加会议，围绕如何提升新闻宣传报道质量作发言。下午，区委书记王文才主持召开区委常委会，听取灵川海兴公司生猪非正常死亡有关情况汇报，研究干部处分，个别区九届人大代表、常委会委员辞去（补选）代表、委员职务以及干部工作等有关事宜。

9 日，区委书记王文才带队赴灵川镇察看生猪非正常死亡处理情况。

同日，城厢区 2018 年新一届村（社区）党组织书记培训班结业式在金海湾大酒店召开，区委副书记、党校校长郑松青做总结讲话。

同日，福建省亚明食品有限公司获评市级企业技术中心。

12 日，区领导吴文恩、林荣斌、施清芳带区府办、食药局、环保局、交通局、国土分局主要领导到东海调研交通、海域污染现场办公会。

14 日，召开收听收看第五届世界佛教论坛莆田市筹委会工作总结暨建设美丽莆田推进会。

15 日，市委书记林宝金带领市直有关部门负责人到复茂食品走访调研民营企业。

16 日，市委书记林宝金带队调研城乡规划建设管理提升年工作，先后在木兰陂公园北岸，察看木兰片区；乘船前往樟林皮划艇训练基地（沿途听取吴区长汇报片区开发情况）；在厦门国际银行 32 层楼顶，察看月塘南片区。

19 日，区检察院“12309”检察服务中心暨公益损害与诉讼违法举报中心升级运行，系莆田市首家融入公益保护和诉讼活动监督的服务中心。

20 日，副市长陈志强到华源纺织城、凯达卫生用品项目、赛博思项目、华骏鞋业调研。

同日，组织收听收看全省、全市脱贫攻坚现场推进视频会，随后召开全区脱贫攻坚工作推进会。

21 日，市四套班子主要领导带队调研片区规划建设及木兰溪水质提升攻坚战工作，先后在在凤翔城 9 号楼 32 层楼顶察看城厢区片区规划建设情况，在木兰溪防洪工程奠基点察看木兰溪两岸提升情况。

22 日，国家商务部研究院电商研究所所长张莉深入常太镇马院村调研。

同日，副市长、市公安局局长陈枫带领公安人员在力奴鞋业召开公安机关服务民营企业发展座谈会。

28 日，市检察院党组书记、检察长于南生一行到区检察院看望慰问“全国模范检察官”徐晋雄。

12 月

1 日，召开区委常委会。会上，传达学习全省市县机构改革推进暨培训会主要精神并研究我区贯彻意见，研究莆田市城厢区退役军人事务局组建方案，研究莆田市城厢区机构改革上报方案，研究关于市人大代表差额人选、补选区九届人大代表候选人有关事宜，研究关于推荐第五届世界佛教论坛筹备工作有功集体、有功个人有关事宜，研究干部处分有关事宜。

2 日，区总工会第六届工会趣味运动会举行，有飞镖、背靠背夹球跑、托球跑、呼啦圈拉力等趣味项目，组织全区基层工会干部和职工 200 多人参加。

9 日，召开区委常委会。会上，听取区政府党组工作汇报，研究《政府工作报告（送审稿）》；听取区人大常委会党组工作汇报，研究《区人大常委会工作报告（送审稿）》以及召开区九届人大三次会议有关事宜；听取区政协党组工作汇报，研究《区政协常委会工作报告（送审稿）》及召开区政协八届三次会议有关事宜；听取区法院党组工作汇报，研究《区人民法院工作报告（送审稿）》；听取区检察院党组工作汇报，研究《区人民检察院工作报告（送审稿）》；研究《关于城厢区 2018 年国民经济和社会发展计划执行情况及 2019 年国民经济和社会发展计划草案的报告（送审稿）》；研究《关于城厢区 2018 年预算执行情况及 2019 年预算草案的报告（送审稿）》；传达学习全省、全市宣传思想工作会议及全省县级融媒体中心建设推进会精神，研究我区贯彻意见；研究莆田三中聘用校级干部编制有关问题；研究关于确定补选的区九届人大正式代表候选人及个别人辞去区九届人大代表职务等有关事宜；研究干部工作等。

10日，区委副书记、区长吴文恩带区区府办、住建局、农业局及环保局领导到东海调研福厦铁路沿线环境整治工作。

12日，省农业厅动物疫病预防控制中心专家组到飞燕生物有限公司检查非洲猪瘟疫区消毒情况。

17日，省检察院党组成员、政治部主任王金文一行到区检察院参加徐晋雄获“全国模范检察官”表彰会暨颁证仪式。

20日，区委副书记、区长吴文恩到华林开发区开展跨境通调研。

同日，省农业厅组织验收组到莆田市皇兴养殖有限公司开展疫区解除封锁验收工作。

同日，市委、市政府正式批复《城厢区机构改革方案》。

21日，东南艺纸、亚明食品、蛤老大食品和荔城纸业等4家企业获评福建省“专精特新”中小企业。

25日，区委副书记、区长吴文恩到华亭镇云峰中心村上“践行新理念，迈步新征程”主题专题党课，区府办党员干部、华亭镇两委成员、云峰中心村党员干部100多人参加。

26日，召开区委常委会。会上，传达全市机构改革动员会议精神，研究城厢区机构改革实施工作有关事宜；传达全省深化巡察工作会议精神并研究我区贯彻意见；传达省委政法委紧急通知精神；研究《关于打赢精准脱贫攻坚战三年行动的实施意见》及《凤凰山街道白洋村等3个建档立卡贫困村2018年度脱贫出列》有关问题；研究《莆田市城厢区贯彻落实福建省提升营商环境行动计划实施方案》；研究干部工作。

28日，召开区委常委会。会上，研究区委九届九次全体会议有关事宜，以及2019年区委区政府为民办实事项目（送审稿）。

29日，城厢区工业和信息化局挂牌。

12月底，城厢区被省政府授予“教育先进县（区）”称号，列为“教育强区”培养对象。

根据市环境监测中心站监测结果，截至12月31日，城厢区空气质量有效监测天数355天，超标41天（其中臭氧超标35天，PM2.5超标6天），比上年减少5天，空气质量优良天数比例为88.5%，排名从上年全市第五上升为第三。

区情概况

自然环境

【区域位置】 城厢区地处福建省“黄金海岸”莆田市中部，台湾海峡西岸，位于北纬25°15′34″—25°35′14″，东经118°49′13″—119°02′48″。西与仙游县、泉港区相邻，北接涵江区，东连荔城区，南毗秀屿区。北距省会福州市108公里，南距厦门经济特区190公里，与台湾隔海相望，距台中港仅72海里，是全市承北接南、推进与“南北两州”（福州和泉州）、“南北两角”（“珠三角”和“长三角”）、“东西两岸”（台湾和内陆地区）对接工作的重要阵地。全区东西宽约20公里，南北长36公里，全区土地总面积505平方公里，其中市区面积13.5平方公里，域内山、海、田兼备。

（方 琳）

【海域】 城厢区海域面积约33平方千米，大陆海岸线长度24千米。北侧以境内所辖沿海镇街海岸线为界；东侧、南侧以秀屿区和城厢区海域行政界线为界；西侧以城厢区和仙游县海域行政界线为界。

【地质地貌】 城厢区地处福建沿海中部低山丘陵区，由低山、丘陵和平原组成。境内山脉纵横，丘陵起伏，河谷错综其间，地形较复杂，山脉属闽中戴云山脉向东延伸的支脉。区境内地势西北高东南低，区内为树枝状水系，主要河流为木兰溪。木兰溪从西向东贯穿中部，延寿溪从西北向南流经东部、北部，全市最大的东圳水库坐落境内。最南端的灵川、东海2个镇临界于“世界少有、中国不多”的优良港湾湄洲湾，滩涂和浅海面积较大，适宜发展滩涂和浅海养殖，是本区主要的海产品养殖基地。沿海岸有成片围海农田、水产养殖区及盐场，胜利围垦的耕地面积1006.67公顷，为境内最大的围垦耕地。境内地层分布广，出露地面约430平方公里，占全区面积88.8%。有上侏罗长林组（J3c）、南园组（J3n）和第四系（Q）。南园组占绝对优势，呈大面积分布。第四系仅分布在木兰溪两岸、沿海地区山间盆地，长林组仅见于常太镇至候山一带，面积4平方公里。南园组分为第一段（J3n1）、第二段（J3n2）、第三段（J3n3）、第四段（J3n4）4个岩性段。以第二、第三段为主，第四段次之，第一段仅在东海镇上炉一带，面积3.5平方公里，第四系根据成因类型分为更新洪冲积层（Q3pal）、全新统洪冲积层（Q4pal）和海积层（Q4m）。

（方 琳）

【土地资源】 区域境内不仅拥有部分市区、山区、低山丘陵区（由低山、丘陵、草地和平原组成），以及浅海面积较大的滩涂。

土地类型较齐全，自然资源丰富，全区土地总面积50506.25公顷，其中，农用地面积34966.64公顷，占土地总面积的69.23%；建设用地面积6699.85公顷，占土地总面积的13.27%；其他土地面积8839.76公顷，占土地总面积的17.50%。全区耕地面积5396.6公顷，占土地总面积的10.69%。主要分布于沿海低丘台地、中部平原和北部山区。其中灵川、常太、华亭3个镇耕地面积都超过1333.33公顷。三个镇耕地面积总和4239.44公顷，占耕地总面积的78.56%。全区园地面积8394.96公顷，占土地总面积的16.62%。有果园8358.22公顷，茶园34.78公顷，其他园地1.96公顷。园地主要分布在平原与山区过渡地带的丘陵缓坡上，果树大多属热带和亚热带树种，主要有龙眼、枇杷、荔枝、橄榄等果树，园地分布在华亭（3210.24公顷）、常太（3653.98公顷）两镇，分别占全区果园面积的38.24%、43.53%，其次为龙桥街道，占4.64%；沿海灵川、东海两镇果园较少。林地面积19857.7公顷，占土地总面积的39.32%。是全区面积最大的用地类型，以有林地为主，主要分布在北部的低山丘陵区。有林地16139.23公顷，灌木林26.93公顷，其他林地3691.54公顷，其中华亭镇（4661.16公顷）和常太镇（9310.22公顷）面积较大，该区域林地面积为13971.38公顷，占全区林地总面积的70.36%；其他区域林地总面积为5886.32公顷，占全区林地总面积的29.64%。其他农用地面积4853.57公顷，占土地总面积的9.61%。主要为田坎、农田水利用地和农村道路。

（方　琳）

【矿产资源】　截至2018年12月，城厢区发现矿产20种，其中金属矿产有铁、铬、铜、铅、铅锌、多金属、镍、金等8种；非金属矿产有滑石、蛇纹石、高岭土、叶蜡石、水晶、黄铁矿、饰面石材、建筑石料、建筑用砂、砖瓦黏土等10种，能源矿产有泥煤、地热水等2种。其中，铁矿点3处，分别分布于常太镇的新厝山、印斗山和莒溪；铬矿化点1处，在常太长基；铜矿化点1处，在常太长基；铅矿化点1处，在灵川何寨；铅锌矿点1处，在常太长基；多金属矿点1处，在常太白硎；镍中型矿床1处，在常太长基，矿床资源量为D级，镍矿石量3144.2吨，金属量61638吨（ZS22），外D级镍矿石量490.3万吨，金属量8576吨（ZS22），金矿点1处，在东海坪洋金矿化点。

从总体上看，城厢区矿产矿种少，且以非金属矿建筑用石料和石材为主。建筑用石料资源非常丰富，饰面用石材储量也较为丰富，主要品种有“华亭青”（石英闪长岩）等。金属矿产少，仅镍矿有一定的储量规模，能源矿产仅有地下热水，储量较丰富，开发利用前景良好。探明资源储量居全省第一位的常太长基镍矿、滑石、化肥用蛇纹石中型矿床，因位于东圳水库边，属禁采区，而无法开发利用。

（方　琳）

气候特征

【气候】　2018年，城厢区气候总体平稳，城厢区气象灾害偏轻，属较好年景。年平均气温为21.7℃，偏高1.0℃，属异常偏高，与1961年以来历年相比，平均气温历史第二高。年极端最高气温36.3℃，出现在7月31日，年极端最低气温2.9℃，出现在2月6日。年降水量1887毫米，较常年偏多410.3毫米，属显著偏多；年日照时数1922.2小时，较常年偏多71小时，属正常。

年内主要出现7次强冷空气、5个台风、29次强对流、9场暴雨过程。天气气候主要特点：年平均气温异常偏高，季节分布呈现早春季、雨季气温异常偏高，夏季气温偏高，秋季、冬季气温正常的特点；降水量季节分布呈现冬季、夏季和秋季显著偏多，早春季偏少的特点。早春季降水偏少，对春播造成不利影响；气象旱情持续不断，出现了严重干旱。早春季降水偏少，雨季开始时间晚，导致出现春夏连旱。从4月18日开始，截至5月27日，大部分乡镇达气象重旱，随着5月28日开始降水逐渐增多，气象干旱有所缓解，截至31日大部分乡镇转为轻到中旱，但后续降水不足，至6月17日，大部分乡镇达到特旱，直至6月18—23日的持续性降水过程，才使得气象干旱得以解除。影响台风个数偏多但整体影响偏弱，第8号台风“玛莉亚”7月11日9时10分在连江沿海登陆，给该区带来风雨灾害，随后4次影响台风强度明显偏弱。2018年，城厢区气象灾害主要是暴雨洪涝灾害，台风灾害次之，。其中，8月25—31日受低压系统影响，出现持续性暴雨过程。暴雨过程主要有以下特点：持续时间长，降水从25日持续到31日；雨量大，统计8月24日20时至31日20时累积降水量，所有乡镇街道均超过100毫米，其中东海镇、华亭镇超过500毫米，以东海镇555毫米为最大。最大日降水量出现在8月29日，华亭镇220.1毫米。强降水导致房屋倒塌受损，道路交通塌方，农作物受灾，溪堤塌方冲毁，对全区造成较大的经济损失。

（林　楠）

建置与行政区划

【建置】　1984年，析莆田县的城厢镇和城郊公社设立城厢区，为县级建置，直属莆田市；5月25日，成立中共城厢区委员会，组建城厢区人民政府，6月1日，正式对外办公。10月，城郊公社改为城郊乡，城厢镇改为荔城街道办事处。2002年2月1日，莆田市区划调整；5月，常太镇、华亭镇、灵川镇、东海镇划归城厢区。至2018年12月，城厢区下辖龙桥、凤凰山、霞林3个街道办事处和常太、华亭、灵川、东海4个镇。

【行政区划】　置区之前，城厢是莆田县境域的组成部分，其行政区划隶属沿革随莆田县。

南朝陈光大二年（568），析南安郡东北部地置莆田县，县治在延陵里，隶属丰州（州治在今福州）南安郡；不久县废，地还属南安郡。隋开皇九年（589），改丰州为泉州（州治在今福州），析南安县地再置莆田县属之；大业三年（607），撤销莆田县建置，其地归建安郡（郡治在今福州）南安县。唐武德五年（622），析南安县置丰州（州治在今泉州），复置莆田县属丰州。圣历二年（699），置武荣州，析莆田西部地置清源县（后改名仙游县），莆田、清源两县同属之。景云二年（711），武荣州改名泉州，莆田县属之。天宝元年（742），升泉州为清源郡，莆田县属之。后汉乾祐二年（949），升泉州为清源军，莆田县属之。乾德三年（965），改清源军为平海军，莆田县属之。太平兴国四年（979），析莆田、仙游、福清、永福（今永泰）山区接合部之地置兴化县，县治设在今仙游游洋，同时建太平军领之；不久，改太平军为兴化军。太平兴国五年（980），莆田县改隶兴化军。太平兴国八年（983），兴化军治所从游洋迁莆田县公廨里，并筑军城，隶属不变。景炎二年（1277），升兴化军为兴安州，莆田县属之。同年十月，元军占领莆田，改兴安州为兴化路，莆田县属之。至正二十年（1360），置兴化路分省，莆田县属之。明洪武元年（1368），改兴化路为兴化府，莆田县属之。正统十三年（1448），撤销兴化县，以武化、长乐二乡的六个里并为广业里，划归莆田县。清沿明制，废兴化、平海二卫。直至清宣统三年（1911），莆田县均隶属兴化府。

民国2年（1913），撤销府建置，福建设省、道、县三级地方政权。全省划分为东路、西路、南路、北路四道，莆田县属南路道。民国3年（1914），南路道改称厦门道，莆田县属厦门道。民国15年（1926），道废，莆田县直属福建省政府管辖。民国22年（1933）11月，国民革命军第十九路军在福建成立中华共和国人民革命政府，莆田县隶属兴泉省。次年1月，“闽变”失败，国民党南京政府恢复统治，莆田县隶属第四行政督察区。

1949年8月21日莆田县解放。1949年10月1日中华人民共和国成立，福建省划分为8个专区及福州、厦门2个市。莆田县成立人民政府，隶属福建省第五行政督察专员公署（驻泉州）。1950年4月起，第五行政督察专员公署先后更名为“晋江行政督察专员公署”和“晋江地区专员公署”（简称晋江专署），莆田县隶属不变。1955年12月，莆田县人民政府改称莆田县人民委员会，仍隶属晋江专署。1967年7月，成立莆田县军事管制委员会（简称军管会），隶属于晋江专区军事管制委员会。1968年9月，撤销“军管会”，成立莆田县革命委员会，隶属晋江专区革命委员会。1970年2月17日，经国务院批准，莆田县由晋江专区划属闽侯专区；专区革委会机关由闽侯螺洲迁至莆田县城厢镇。1971年4月13日，改闽侯专区为莆田专区；同年5月，改莆田专区为莆田地区，莆田县隶属莆田地区。1979年1月，莆田地区革命委员会改称莆田地区行政公署。1980年12月，莆田县革命委员会改称莆田县人民政府，隶属不变。1983年5月，撤销莆田地区，成立莆田市筹备组；9月9日，经国务院批准，建立莆田市，为省辖地级市，下辖莆田、仙游两个县和涵江、城厢两个区。5月25日，中国共产党莆田市城厢区委员会成立；6月1日，莆田市城厢区人民政府正式挂牌办公。

人　口

【人口基本情况】　截至2018年11月30日，全区总户数123658户，总人口429844人，总人口数比上年净增7228人，净增率1.68%，其中男215815人，占总人口数50.21%，女214029人，占总人口数49.79%，男性比女性多1786人；城镇人口211280人，占总人口数49.15%。按年龄段划分，18岁以下106115人，占总人口数24.69%；18—34岁99998人，占总人口数23.26%；35—59岁154583人，占总人口数35.96%；60岁以上的69148人，占总人口数16.09%。

【人口自然增长】　出生人数：年内出生8242人，出生率为1.92%，其中男4299人，占52.16%；女3943人，占47.84%。死亡人数：年内死亡注销2135人，死亡率为0.50%，其中男1189人，占55.69%；女946人，占44.31%。增长人数：人口自然增长数为6107人，人口自然增长率为1.42%。

【人口机械增减】　年内人口迁入12178人，其中省外1210人、省内10968人。年内人口迁出10941人，其中省外992人、省内9949人。人口机械增长1237人，人口机械增长率0.29%。

（黄淑芬）

经济社会发展

【经济社会发展】　2018年，城厢区生产总值397.30亿元，比上年增长8.9%。其中：第一产业增加值8.25亿元，负增长3.5%；第二产业增加值153.68亿元，增长8.7%；工业增加值101.60亿元，增长8.9%；第三产业增加值235.37亿元，增长9.7%。人均地区生产总值91755元，增长8.8%。一般公共预算总收入34.50亿元，增长8.7%；其中地方一般公共预算收入23.17亿元，增长9.0%。规模以上工业增加值94.65亿元，增长9.1%。农林牧渔业总产值16.11亿元，负增长4.0%。固定资产增长24.8%。社会消费品零售总额237.85亿元，增长10.9%。外贸出口额62.07亿元，增长7.2%；实际利用外资53898万元。城镇居民人均可支配收入42551元，增长8.2%；农村居民人均纯收入19919元，增长8.4%。

城镇登记失业率2.01%。参加基本养老保险25.91万人，覆盖率95.22%。城镇生活污水集中处理率92.18%，城镇生活垃圾无害化处理率99.5%。

【转换新旧动能】　以产业供给侧结构性改革为主线，城厢区深入实施“三转一市”“五换三名”，加快转换新旧动能。三次产业比例由上年的2.4:41.1:56.5调整为2.1:38.7:59.2，产业结构持续优化。兑现“三转一市”等惠企政策奖励资金近3000万元，实现“个转企”1262家、“下转上”216家，新增各类市场主体1.5万户，总数达6.7万户，增幅达38.1%，工贸体量进一步壮大。联合商务部研究院成功举办首届“一带一路”跨境电商国际合作高峰论坛，提升电商小镇影响力和辐射力。“大工美之家”平台上线试运营，跨境电商通关服务平台完成建设即将投入运营，拓宽企业销售渠道；莆田国际油画城顺利搬迁，被中国轻工业联合会授予“中国油画产业之都”称号，产业集聚规模不断扩大。乡村游、生态游等特色旅游加快发展，提升改造9家酒店（含6家星级酒店），全年游客接待量达871.75万人次，实现旅游收入87.92亿元，分别比增19.5%、30%。深入实施“五换三名”工程，开展“四无”企业整治，“腾笼换鸟”旧厂房32万平方米，二次嫁接招商易捷乐、小爱科技等15个项目；实施东盛工贸、新元鞋业等一批改扩建项目，改造“老厂房”24万平方米；23家工业企业实施技改，提高工业性投资质量和效益。加强金融信贷产品和服务创新，深入开展“服务实体百日千企万户行”活动，大力推进“助保贷”“园区贷”“无间贷”“小微快贷”等普惠金融业务，搭建银企合作平台，进一步破解小微企业融资难问题。持续用好用活政府过桥资金，为22家困难企业办理转贷5.8亿元，有效缓解企业资金周转问题。成功举办首届中国中式菜肴高峰论坛和“新中式生活”高峰论坛，推动食品和工艺美术产业发展。大力培育“两高企业”，新增萨拉曼、劲德电源等4家国家级高新技术企业，华源工贸、杰讯光电等13家省级高成长企业，新路体育、南兴针织等14家工信部两化融合贯标企业，蚧老大、才子服饰、诚味食品等3家省科技小巨人领军企业，亚明食品、东南艺纸等4家省“专精特新”中小企业；宏峰集团成为全省首家、全国第五家“双特双甲”民营企业。大力推进乡村振兴战略，成立区振兴乡村集团，实施壮大村级集体经济“破壳消薄”工程，59个“薄弱村”全部实现年收入超5万元。华亭桂圆产业园、利农冷藏库冷链生产线、扶贫农场等一批重点农业项目加快建设，不断夯实农业基础。

【投资重点项目】 贯彻落实建设美丽莆田行动，全市首家运行重点项目监察管理系统，健全项目督查机制，全区440个重点项目完成投资200亿元，其中13个省重点项目、59个市重点项目、139个市级九大专项行动项目和7个市重大攻坚项目均完成年度计划任务，被评为“美丽莆田”建设优秀县区。创新“五个一批”项目综合考评办法，推行差异化考评制度，实现成绩量上可比、质上可评，全年新增总投资亿元以上项目253个，其中谋划项目44个、签约项目85个、开工（增资）项目75个、投产项目49个，总投资2075亿元以上。大力实施“三改一拆”工程，制定土地收储出让三年计划，全年征地149.2公顷，拆除房屋超200万平方米，成功出让坂头东、油画城住宅安置区、莆田学院二期等5宗12.8公顷经营性土地，油画城、钟潭、屿上、万达南、坂头东、樟塘整村改造等项目快签约、快拆房、快净地，充分展现“城厢速度”。抓好国家土地例行督察、卫片执法检查整改及“两违”综合治理，共拆除“两违”建筑839宗约33万平方米。紧盯省市数字经济、光电信息等新兴产业发展方向，全年招商项目25个，总投资320亿元。其中，新增签约三利谱偏光片、TPU超临界发泡材料等11个项目，落地杰木芯片、中电智能智造等8个项目，跟踪洽谈中电互联网产业园、人工智能产业园等6个重大项目，进一步集聚发展动能。

【城乡规划管理建设】 把握莆田市举办第五届世界佛教论坛国际盛会的历史机遇，大力推进以南湖公园—美术馆—木兰陂为重点的61个提升年攻坚项目，城区颜值更高、环境更美、出行更温馨。莆田美术馆建成试开放，成功承办佛教与艺术电视分论坛、“圆融”佛教艺术展，进一步提升城厢的知名度和美誉度。完成莆田西高速路出口—荔城大道—东园路沿线建筑立面改造及夜景工程建设，城市夜景流光溢彩。完善提升南湖、绶溪等4个公园，南湖公园夜景和音乐喷泉成为莆田“网红”地标，加快建设九龙山公园、木兰陂公园，新建陂头温泉、金海湾等2个口袋公园，增添市民休憩空间；建成投用荔城大道与荔园路立交桥和市区第一条隧道—九龙山隧道，打通学园路、胜利路、延寿路等3条“断头路”，架设筱塘小学、莆田五中等5座人行天桥，实现木兰大道一期、广化路等5条主次干道通车，完成荔华东大道、江鸿路2条道路及月塘南、新塘、梅山等3个片区道路“白改黑”，道路通行能力有效提高。新增公共停车位近1500个，投放公共自行车4000多辆，解决市民出行“最后一公里”问题。实施“城管＋公安”新型网格化运行模式，整合现有城管协管员、网格巡逻员全部进格入网，进一步提升智慧化城市管理水平。开展“百日攻坚打硬仗、文明城市再提升”活动，全市率先实施城区垃圾强制分类试点，累计整治临街店面摊外摊、店外店、占道摆摊设点等1.4万余起，拆除各类违规招牌标识近2000块，展现整洁有序、文明和谐的城市管理新面貌，荣获省级文明城区“四连冠”。持续共建美丽乡村，全域开展乡村人居环境治理和“厕所革命”，农村垃圾无害化处理率达99%以上，新建公厕116座，公厕建设作为福建省公厕模板在全国“厕所革命”推进会上展示。

【优美生态环境】 深入贯彻落实习近平总书记木兰溪治理重要理念，全面开展木兰溪生态水系建设，实施木兰溪防洪安全、水质提升、景观整治等一系列综合治理工程，累计清理河道173公里，清理沿线历史垃圾3000多吨，疏浚木兰陂至濑溪段沿线零星的“水下孤岛”，初步实现游艇自由航行，在打造莆田版“多瑙河”上迈出坚实步伐。持续开展碧水、蓝天、净土保卫战，切实抓好中央、省、市环保督察发现问题整改工作，集中解决东圳库区一级保护区内居民搬迁等20个突出环境问题，取缔“反弹复建”畜禽养殖场373家99975平方米，有效堵住污染源头，东圳水库和木兰溪干流水质优良（达到或优于III类）比例均达100%，重点小流域I—III类水质比例明显上升，基本构建“碧水城厢”新格局。持续推进“六水共治”，全面实施建成区9条内河综合整治，基本完成城区龙桥溪、下磨溪黑臭水体治理，水质稳定达标，龙桥溪污染源普查经验在全省进行交流。农村污水处理工程一期PPP项目加快推进，累计铺设污水管网140公里以上，建设三格化粪池4000多个，惠及44个村近3万户；完成长岭溪、草埔溪等4条安全生态水系建设，治理生态河道32公里，水土流失综合治理面积达253.3公顷；持续推进木兰溪防洪工程华亭段、篁山溪榜头片防洪工程，完成太青联合堤二期、西墩海堤除险加固工程，建设堤防21.6公里；完成南门、钟潭溪、莆田西三大片区雨污水管网改造提升，有力缓解城市内涝；完成龙桥水厂整合，实现城北片区供水管网接入城市主管网，进一步保障群众饮水安全。加大工业废气整治力度，完成83家涉挥发性有机物（VOCs）企业、322家“小散乱污”企业整治。创新生态保护机制建设，生态环境损害赔偿试点取得突破，完成商品林赎买88.8公顷，造林绿化208.6公顷，全区森林覆盖率达71.91%，为莆田市成功创建“国家森林城市”提供有力支撑。

【强化民生保障】 全年民生支出18.3亿元，占一般公共预算支出的72.3%，民生投入不断加大。完成建设“四好农村路”（把农村公路建好、管好、扩好、运管好）等15件年度惠民实事，解决一批群众关注的民生问题。精准脱贫深入实施，精准落实就业、教育、健康、住房、小额信贷、低保兜底等扶贫措施，建设绿丰园艺、恩典绿化等4个农业扶贫基地，成立宏峰扶贫、鑫淼慈善等7个基金会，创建和硕农业、华林智联等16个合作示范单位，带动全区763户2317名建档立卡贫困户迈向高质量稳定脱贫，7个贫困村全部摘帽。保障性安居工程加快推进，泗华滨溪二期、莆田西等6个安置房3746户群众实现回迁，木兰大道、木兰溪防洪工程濑溪安置区等8个安置房动工建设，第三批经济适用房完成配售。坚持教育优先发展，加快推进城乡义务教育一体化，中高考总分、平均分均居全市各县区第一，荣获“省先进教育县区”“市教育优秀管理县区”称号，“教育强区”工作被定为全省重点发展对象。加大教育资源供给，兴安小学及附设园、太平小学等一批学校改造扩容投入使用，推进11个住宅小区配套幼儿园建设和移交接管工作，新增幼儿园学位480个、小学学位600个。教育集团建设和名校联姻结对工作有效推进，莆田三中等4所学校分别与福州八中等5所省内名校开展教学结对；成立南门学校华林分校，开展“高效课堂”试点改革，优质教育资源总量递增，校际差距逐步缩小。医药卫生体制改革不断深化，完成58个村卫生所一体化建设，其中52个上线远程视频诊疗服务，创新举措走在全省前列；以医联体建设为载体，区医院与省人民医院等3家省内名医院建立协作关系，名医专家定期基层坐诊，让更多群众在家门口享受专家诊疗服务。文化惠民力度加大，春晖木雕艺术馆建成对外开放，新建提升48个村级文化综合服务中心，一批农家书屋、文化激情广场、多功能运动场所等文体设施建成投用。非遗保护取得新成效，新增省非物质文化遗产代表性项目2个，公布第一批区级非物质文化遗产代表性传承人53人。全民健身广泛开展，联发欢乐跑等群众体育活动有声有色。加强国家知识产权强县工程试点建设，专利申请量1423件，居全市第一。养老服务体系不断完善，建成48所农村幸福院，3个街道日间照料中心，常太镇敬老院、东海镇敬老院实现公建民营，灵川镇敬老院实现医养结合。提高城乡低保人均补助水平，发放低保补助、临时救助和残疾人两项补贴等各类社会救助资金1.34万人次2866多万元。

精神文明建设

【概况】 2018年，莆田市城厢区精神文明工作坚持以中共十九大和习近平新时代中国特色社会主义思想为指导，以社会主义核心价值体系建设为根本，广泛开展群众性精神文明创建活动，精神文明建设各项工作取得不俗成绩：城厢区获得第五届“省级文明城区”称号，实现省级文明城区“四连冠”；防诈骗反传销宣传志愿服务项目被评为全省“最佳志愿服务项目”；城厢区万达广场万达金街被省文明委评为福建省“诚信经营示范街区”；常太镇马院村被评为全国文明村；全区共有7个省级文明村镇、16个省级文明单位、4个省级社区、4个省级文明校园、1个省级文明家庭。2018年度市对区科学发展目标“全国文明城市常态化创建”绩效考核标准值1分，城区取得0.99分好成绩，全市并列第一。

【创城工作常态化】 2018年是新一轮全国文明城市、省级文明城区创建的起始年，城厢区持续推进常态化创城工作。强化“讲文明树新风”“图说我们的价值观”等公益广告宣传，营造浓厚的创城宣传氛围。不断加大资金投入力度，进行社区阵地建设和市政设施及老旧小区的改造提升。定期和不定期开展专项督查，推动各镇街、各单位创城工作落实到位。区直单位结对社区开展楼道整治活动，加强对物业小区的楼道、电梯进行整治，工作成效与文明单位测评和创城绩效评定挂钩。

【群众性精神文明创建活动】 2018年，中共城厢区委精神文明建设办公室（以下简称区文明办）组织开展全区新一届全国文明村镇、文明单位、文明校园及培育对象和2018—2020年度省级精神文明建设各类先进申报工作。其中申报全国文明村镇和全国文明单位培育对象各1个、省级文明村镇17个、文明单位21个、文明社区6个，文明校园8个，申报工作全面完成。组织开展第十四届（2016—2018年度）市、区级精神文明建设各类先进申报考评工作。其中全区申报市级文明村镇21个、文明单位69个、文明校园20个、文明家庭6户；申报区级文明村镇19个、文明单位29个、文明校园48个、文明家庭9户。

【公民道德实践活动】 2018年，区文明办开展“我推荐，我评议身边好人”活动。太平小学林育青和区第一实验小学王彩娇等2名老师入选“福建好人榜”。开展道德模范宣讲、故事汇巡演、“传帮带”活动20余场，慰问困难道德模范3名。道德模范林萍作为敬老爱亲代表参与录制莆田市“新人、新事、新风”现场交流活动，发挥其先进典型的模范带头作用。开展“我们的节日”主题活动10余场，全区逐步形成健康文明节俭过节的良好氛围。

【未成年人思想道德建设】 2018年，区文明办开展“扣好人生第一粒扣子”主题实践教育活动，进一步增强爱国主义情感；深入开展校园德育教育，成功承办莆田市2018年“学习和宣传新时代好少年”主题教育观摩会、全区“清明祭英烈”现场会，全面开展“传承红色基因、优秀传统文化”活动，组织“非遗文化进校园”“典型人物进校园”等活动10余场次，发放5000元慰问5名困难美德少年。不断完善万辉、霞林等社区未成年人活动中心和家长学校；在太平社区设立省级青少年科普示范基地和家长学校示范点，全区社区未成年人阵地达80%以上。区校外未成年人心理健康辅导站面向全区未成年人持续开展“未成年人心理健康知识百场公益巡讲”活动，开展心理健康研讨、进社区、进校园、进家庭20余场。开展“挺进自然　快乐一夏”“圆梦蒲公英”等公益研学旅行、“传送爱心　扶志助学”公益夏令营暨“八不规范进校园”活动10余场。围绕“六个建设”深化文明校园创建工作，校园文明新风成效明显，全区学校申报文明校园率达100%。常太学校荣获省级乡村少年宫荣誉称号，5所乡村学校少年宫成功与省级文明学校对接共建，征集推荐的2篇优秀童谣获得市级表彰。

【唱响城厢志愿服务品牌】 2018年，区文明办以创建全国“志愿之城”为契机，开展“助力新莆田，建功新时代”志愿服务行动百余场。推行莆田市志愿者卡，全区登记在册的办理志愿者卡人数超过1万人，机关干部基本上实现“一人一卡”。举行大型志愿服务骨干培训。健全志愿服务激励机制，2月3日，城厢志愿之家联合太平社区开展优秀志愿者表彰大会暨志愿者回馈活动，表彰林惠静等30多位优秀志愿者。广泛开展志愿活动。形成“网络求真”“一元理发”“石厝健康志愿服务日”“防诈骗反传销”等志愿活动品牌。11月23日，城厢区防诈骗反传销宣传志愿服务活动入选福建省2018年全省学雷锋志愿服务“四个最美”先进典型名单——最佳志愿服务项目。

【服务世界佛教论坛】 2018年，区文明办以举办第五届世界佛教论坛为契机，开展“百日攻坚打硬仗，文明城市再提升”活动，不断巩固创建成果、提升创建水平。认真履行佛教论坛文明环境组和志愿服务组职责，对全区特别是南湖公园等佛教论坛有关项目周边及沿线环境卫生、交通秩序等整治情况进行督导督查；安排500多名志愿者深入社区，开展重大活动期间文明引导、正面劝导和社会面防控工作，为论坛成功举办提供优质高效志愿服务。

【移风易俗工作】 2018年，区文明办加强移风易俗工作宣传，全区各镇街、有关单位开展“倡导移风易俗·文明礼仪教育”“倡导移风易俗·推行文明祭扫”等活动50余场，“倡移风易俗·谱文明乡风”等文艺汇演8场、木偶戏巡演3场、“迎春杯”“天誉杯”等大型春节文体系列赛事3场。全区民营企业家带头捐款

2018年中秋期间，城厢区慰问造血干细胞捐献者　（沈慧清　摄）

2060万元，用于支持精准扶贫和乡村公益事业发展，进一步推动社风民风向上向善。全区各级文明单位与120个村（社区）结对共建，广泛开展评选表彰“好婆婆”“好媳妇”“五好家庭”“星级文明户”等创评活动，通过表彰群众身边的先进典型，让广大干部群众学有榜样、做有标杆，用典型人物和事迹引领全区移风易俗工作深入推进。

【诚信建设活动】　2018年，区文明办坚持把诚信建设贯穿于创建文明城区、文明村镇、文明单位等各项群众性精神文明创建活动之中。广泛开展诚信主题教育实践活动，倡导诚信经营、诚信消费；在公园、广场、商场、超市设置大型诚信公益广告、诚信文化墙，营造诚信氛围；持续推进“诚信经营示范店”“诚信经营示范街”创建活动，8月，万达金街顺通过省级“诚信经营示范街”验收。

【网上文明建设】　2018年，区文明办结合城厢特色，开展“匆匆那年·致学生时代单纯的小美好”“穿越时间·让40年的独家记忆绽放如花”等网络文明传播活动12个，发动全区文明单位志愿者1000余名在微博、博客等平台献言献策，引导网民树立正确的舆论导向，净化网络空间。在前三季度信息综合采用情况的通报中，区文明办推送信息稿件评分成绩排名全市前茅。

（李立群）

区委主要工作

【区委常委名录】 区委书记：王文才；区委副书记、区长：吴文恩；区委副书记：郑松青；区委常委、统战部长：陈洪武；区委常委、纪委书记：余丽红；区委常委、组织部长：陆建琪；区委常委、宣传部长：吴建銮；区委常委、区政府党组成员：林荣斌（至2018年12月）；区委常委、政法委书记：陈庆王；区委常委、副区长：肖志雄；区委常委、人武部部长：颜启昌；区委常委、副区长、区政府党组成员：周敏；区委常委、区政府党组成员：黄美光 （2018年12月起）。

【工作概况】 2018年，中共城厢区委领导班子坚持以习近平新时代中国特色社会主义思想为指导，深入贯彻落实习近平总书记对福建工作重要指示精神和治理木兰溪的重要理念，围绕中央和省委、市委工作部署，统筹推进经济、政治、文化、社会、生态文明和党的建设，各项工作取得新的突破，特别是在项目推进、城市提升、论坛筹备、民生保障、文明创建等方面，跑出“城厢速度”，创造“城厢模式”，形成“城厢经验”，获得“全国法治区创建活动先进单位”“省级文明城区”“全省教育工作先进县区”“全市美丽莆田建设优秀县区”等称号，县区（管委会）党政领导落实生态环境保护目标责任书、综治（平安建设）责任书情况考评均居全市第一，为坚持高质量发展落实赶超奠定了坚实基础。

【理论学习】 2018年，中共城厢区委班子成员坚持把学习宣传贯彻习近平新时代中国特色社会主义思想和中共十九大精神作为首要政治任务，带头原原本本、认认真真自学，并先后召开32次区委中心组学习会，开展6次专题研讨，集中学习习近平新时代中国特色社会主义思想三十讲和中共十九大精神等新理论，同时利用夜间学堂，举办科级干部“深入学习贯彻习近平新时代中国特色社会主义思想”专题班，组织专题学习8次，带动全区党员干部深入学习贯彻新思想，深刻把握新思想的发展脉络，准确领会新思想的精髓要义，进一步树牢“四个意识”，坚定“四个自信”，坚决做到“两个维护”。

【制度执行】 2018年，中共城厢区委贯彻执行民主集中制，坚持重大事项集体研究，全年共召开26次区委常委会会议，集体研究解决65个重大问题，有效推动议事决策科学化、规范化，民主化。健全区委全会和常委会决策程序、议事规则，坚决落实讨论决定重大问题和任用重要干部票决制、重大决策社会稳定风险评估、保密工作责任制等机制。坚持总揽全局、协调各方，定期听取区人大常委会、政府、政协党组和区纪委监委以及法院、检察院党组工作汇报，支持各套班子依法依规、独立负责、协调一致地开展工作。班子成员坚持以身作则，率先垂范，带头当好讲政治、担当尽责、执政为民、团结协作、清正廉洁的表率，为全区党员干部作出示范。

【严守纪律规矩】 2018年，中共城厢区委严守党的政治纪律和政治规矩，牢固树立“四个意识”，始终在政治立场、政治方向、政治原则、政治道路上同以习近平人为核心的党中央保持高度一致。认真学习、严格遵守、全面贯彻和坚决维护党章，作决策、办事情都坚持以党性原则为标尺。坚决贯彻和执行党的路线方针政策，认真贯彻落实中央和省委、市委的决策部署，引导全区各级领导干部充分发挥“头雁效应”，以开展“强突破、促提升、争先行”行动为工作主线，结合纪念建党97周年系列活动、推进“两学一做”学习教育常态化制度化、巡视整改专题民主生活会等，努力做到知行合一，确保工作落实。

【统筹经济建设】 2018年，中共城厢区委紧盯全年目标，进一步细化分解任务，把高质量发展落实赶超落实到每一项具体工作中，努力在新一轮发展中争先进位。是年，全区生产总值完成397.3亿元，增长8.9%；农林牧渔业总产值完成16.11亿元；规模以上工业产值完成333.59亿元，增长10.2%，增加值增长9.1%；固定资产投资增长24.8%；财政总收入完成34.5亿元，增长8.7%，其中地方级财政收入完成23.17亿元，增长9%；社会消费品零售总额完成237.85亿元，增长10.9%。其中，GDP、固投2个指标增幅排名全市第一，规模以上工业增加值、社会消费品零售总额、限额以上住餐业营业额3个指标增幅排名全市第二，地方级财政收入、实际利用外资、外贸出口总额3个指标增幅排名全市第三。坚持把发展经济的着力点放在实体经济上，把提高供给体系质量作为主攻方向，不断增强经济创新力和竞争力，三次产业比例调整为2.1:38.7:59.2，产业结构持续优化。做大做强实体工业，落实中央和省、市出台的一系列促进企业产能发挥、落实工业稳定增长的政策措施，促进工业持续平稳增长。把稳增长的重点放在现有企业上，重新认真梳理各项帮扶企业政策11项，完善落实区领导、区直部门挂钩帮扶企业制度，为企业排忧解难，指导91家企业争取各级惠企政策奖励资金4339万元，为22家企业办理应急转贷5.8亿元。大力支持企业技改扩建、增产增效，组织实施省市重点工业企业技改项目17个，完成总投资8.54亿元，15家企业通过两化融合贯标体系认定，9家企业获评福建省名牌。实施创新驱动战略，注重“两高”企业培育，新增省“专精特新”中小企业4家、省制造业“单项冠军产品”称号1家，省级高成长企业13家，高成长企业、高新技术企业占比全市第一。提质提升现代服务业。继续把加快服务业发展作为转方式调结构的战略举措，深入实施现代服务业提速提质工程，全力抓好“4个+”，增创转型发展新优势。扶持“平台+”，立足区位、区域资源优势，依托鞋服、食品、工艺美术等传统特色产业，对标先进地区做法，全力抓好跨境电商、智慧能源等平台建设。智慧能源一期签约加盟在外民营加油站300家，跨境电商通关服务平台启动建设，中国跨境电商中心实现开园，“大工美之家”平台上线试运营。壮大“互联网+”，坚持以电商小镇为引领，以电商产业为主导，联合商务部研究院成功举办首届“一带一路”跨境电商国际合作高峰论坛，有效提升电商小镇影响力和辐射力，打响莆田电商名片。培育“楼宇+”，依托现有31栋100万m²商务楼宇资源，引进新能源、医药等企业，发展总部经济，同仁堂福建营销总部成功试运营，纳云川新能源汽车总部2019年初投产运营。发展“旅游+”，融入“清新福建”，加快天龟线、灵华线和木兰溪流域景观轴建设，打造莆田第二个国家旅游度假区，培育文化旅游和生态休闲旅游增长极，创建“省级全域旅游示范区”。全年游客接待量达897万人次，实现旅游收入88亿元。做精做特现代农业。坚持农业生产集约化、规模化经营，全年流转用地840公顷。发展设施工业、高优农业，完成农民创业园示范基地、华亭利农蔬菜现代农业产业园建设，加快推进扶贫农场、温氏肉禽产业园、华亭桂圆产业园等一批重点项目，农业综合效益稳步提升。坚持抓龙头、铸链条、建集群，谋划和推进一批重大产业项目。全年新增总投资亿元以上项目260个，总投资2000亿元以上，13个省重点项目、59个市重点项目、139个市级九大专项行动项目和7个市重大攻坚项目均超额完成年度计划任务，被评为“美丽莆田”建设优秀县区。坚持“一把手”抓招商，实施产业链招商、以商引商、点对点招商，全年招商项目25个，总投资320亿元。创新“五个一批”项目综合考评办法，固投始终保持高幅增长，四个季度均排名全市第一，“五个一批”考评上半年排名全市第一、第三季度排名第二。总结推广“指挥部+党支部”等经验做法，采取组团式集中攻坚等措施，全年征地149.2公顷，拆除房屋超200万m²，成功出让坂头东、莆田学院二期等5宗12.8公顷经营性土地，油画城、钟潭、屿上、万达南、坂头东、樟塘整村改造等项目征迁创出“城厢速度”。

【完善社会保障体系】 2018年，中共城厢区委切实办好15件年度惠民实事项目，回应群众关切，满足群众需求。以巩固脱贫成果为重点，结合乡村振兴、“破壳消薄”等行动，精准落实就业、教育、健康、住房、小额信贷、低保兜底等措施，全区763户2304名建档立卡贫困户实现高质量稳定脱贫，7个贫困村全部摘帽。加快安置房和保障房项目建设，泗华滨溪二期、莆田西等6个安置房3746户群众实现回迁，木兰大道、木兰溪防洪工程濑溪安置区等8个安置房动工建设，第三批经济适用房完成配售。不断完善养老服务体系，新建3个街道日间照料中心和24个农村幸福院。城乡低保人均补助水平进一步提高，共发放低保补助等各类救助资金约1.2万人次2500多万元。实施更加积极的就业政策，多渠道促进就业创业，新增城镇就业人员3167人，帮助下岗失业人员再就业354人，期末城镇登记失业率为2.01%，低于市控目标。

【发展社会事业】 2018年，中共城厢区委坚持教育优先发展，推进教育基础设施建设，兴安小学及附设园、太平小学等一批学校改造扩容投入使用，新增幼儿园学位480个、小学学位600个；中高考总分、平均分均居全市各县区第一，获“省先进教育县区”“市教育优秀管理县区”称号，“教育强区”工作被定为全省重点发展对象。医药卫生体制改革不断深化，基层卫生服务逐步完善，完成58个村卫生所一体化建设，区医院与省人民医院等3家省内名医院建立协作关系，公共卫生服务保障能力持续增强。积极创建全国知识产权强县试点，专利申请量1423件，居全市第一。加强党管武装工作，做好双拥优抚安置工作，巩固深化双拥共建发展成果。

【统筹城乡协调发展】 2018年，中共城厢区委以创建国家历史文化名城和实施“城乡规划建设管理提升年”为契机，结合第五届世界佛教论坛筹办工作，大力推进南湖公园—美术馆—木兰陂为重点的61个提升年攻坚项目，实现创建省级文明城区“四连冠”，城市的美誉度和影响力大幅提升。其中，莆田美术馆建成试开放，成功承办佛教与艺术电视分论坛暨“圆融”佛教艺术展，成为莆田新地标；完成莆田西高速路出口—荔城大道—东园路沿线建筑立面改造及夜景工程建设、公园建设提升10个、打通“断头路”3条、架设立交桥及人行天桥6座、实现主次干道通车5条、道路“白改黑”5条、新增公共停车位近1500个，整个城区颜值更高、交通更有序、出行更温馨。推进乡村振兴战略，成立区振兴乡村集团，实施壮大村级集体经济“破壳消薄”工程，59个“薄弱村”全部实现收入超5万元。持续共建美丽乡村，全域开展乡村人居环境治理和“厕所革命”，新建公厕116座，农村垃圾无害化处理率达99%以上，作为福建省模板在全国展示。

【维护社会安定稳定】 2018年，中共城厢区委紧盯第五届世界佛教论坛等重要节点，加大维稳工作力度，社会总体保持安定稳定。坚决打好防范化解重大风险攻坚战，处置化解不良贷款52笔金额14.74亿元，完成市政府年初下达不良率2.5%以内的防控目标，坚决守住区域不发生系统性风险的底线。以中央督导组下沉督导为契机，纵深推进扫黑除恶专项斗争，集中攻坚重点案件、重点问题、重点领域，强力整治电信诈骗、“套路贷”等群众反映的突出问题，社会治安形势持续向好。加强矛盾纠纷排查化解，突出综治网格中心实战化，创新提升大调解中心、商会调解、网上调解、名人调解等多元矛盾调解机制，树立了“莆田枫桥经验”品牌。严格落实安全生产责任，扎实开展安全生产“严排查、严整治、严监管”活动和“严整治、促提升”专项行动，聚焦25个重点行业领域，排查整改各类隐患4062项，全年未发生较大及重特大安全生产事故。成功防控非洲猪瘟，顺利通过验收评估并解除疫区封锁。开展全国食品安全城市创建活动，做好防汛防台风工作，全区大局安定稳定。

【重点领域改革】 2018年，中共城厢区委深化经济体制改革，按照“惠企政策落下去、市场主体活起来、领导干部动起来”的要求，主动对标对表中央和省里的评价指标体系，加快转变政府职能，进一步简政放权，持续深化“放管服”改革，全面推行“一趟不用跑”“最多跑一趟”和“政务+互联网”，实现事项达95.9%。全面实施第二轮“多证合一”“证照分离”等商事制度改革，全市首家开发运行企业服务平台，及时收集、全程跟踪、精准解决企业反映问题。构建亲清新型政商关系，加快建设法治政府、诚信政府，深入开展企业大走访活动，及时协调解决用水用电、用工融资等问题，帮助企业技改创新、增资扩产，营造尊商重商、亲商安商、扶商兴商的良好环境。深化社会治理改革，网格化社会治理、矛盾纠纷排查调处、立体化治安防控体系、视频作战法等一系列经验做法在全省、全国交流推广，城厢区作为全市唯一县区获评“全国法治区创建活动先进单位”称号。深化生态文明改革，生态环境损害赔偿试点取得突破，超额完成商品林赎买任务，全区森林覆盖率71.8%，居全市第一，助力全市成功创建“国家森林城市”。深化机构改革，严格按照中央和省委、市委的统一部署，准确有序推进机构改革，新组建机构和更名机构全部完成挂牌，主要领导配备到位，为高质量发展落实赶超提供重要保证。。

【落实党委意识形态工作主体责任】 2018年，中共城厢区委紧扣“举旗帜、聚民心、育新人、兴文化、展形象”的使命任务，强化政治担当，保持战略定力，坚持守正创新，推动宣传思想文化工作再上新水平。强化理论武装，通过集中学习讨论、专题讲座、知识竞赛等形式，全面兴起习近平新时代中国特色社会主义思想“大学习”热潮，推动党的理论创新成果深入人心。强化舆论引导，围绕改革开放40周年等重大主题及全区中心工作，在中央、省级和市级主流媒体刊发新闻稿件1200多篇（幅），认真做好网上网下负面舆情的收集、分析、研判和处置，形成良好舆论声势。强化阵地管理，坚决守好新闻媒体、公共宣传载体、党校课堂、论坛、报告会等意识形态领域阵地，牢牢把握意识形态工作的领导权、主动权和话语权。强化责任落实，以抓好中央、省委巡视反馈问题整改为契机，扎实抓好意识形态工作责任制和宗教领域问题整改，进一步建立健全意识形态领域分析研判常态化、纳入干部考察及科级干部年度考核等制度，组织开展专题督查考评，推动意识形态工作责任制落实落地落细。以筹办第五届世界佛教论坛为契机，开展“百日攻坚打硬仗、文明城市再提升”活动，省级文明城区创建实现“四连冠”。以培育和践行社会主义核心价值观为根本，大力加强公民道德建设，培育推选“福建好人”2名，评选表彰区级基层“最美人物”10名，开展道德模范宣讲、故事汇巡演等活动20余场。以创建全国“志愿之城”为抓手，扎实推进志愿服务制度化、常态化建设，组织开展各类志愿服务活动150余场次，防诈骗反传销宣传志愿服务活动入选全省学雷锋志愿服务“四个最美”先进典型名单。以弘扬社会主义新风尚为目标，推进以整治禁燃禁炮、殡葬恶俗等不良风气为重点的移风易俗工作，推动公民文明素质和城乡文明程度进一步提升。围绕推动文化产业高质量发展，重点扶持欧雅艺术、腾晖木雕等一批核心竞争力强的大型文化企业，带动全区文化产业整体发展水平提升。围绕满足群众美好精神文化生活新期待，新建提升48个村级文化综合服务中心，建成一批农家书屋、文化激情广场、多功能运动场所等文体设施，新增省非物质文化遗产代表性项目2个，组织创作《家园记忆》（华亭篇）等一批优秀文艺作品，持续打造“百姓大舞台”“我们的节日”等公益文化活动品牌，着力化解文化发展中的不平衡不充分问题。围绕打击非法有害出版活动、侵权盗版等重点任务，开展扫黄打非“净网”“护苗”“秋风”等系列专项整治行动，持续净化全区文化市场环境。

【践行绿色发展理念】 2018年，中共城厢区委贯彻落实习近平总书记治理木兰溪的重要理念，持续深化生态文明建设，聚力补齐环保短板，攻坚解决生态难题，努力让城厢的天更蓝、地更绿、水更清、空气更清新。严格落实环保“党政同责、一岗双责”要求，完善党政生态环保目标责任书考核机制，配套出台责任书考核指标，制定生态环境保护工作职责规定，解决部门职责不清、责任落实不到位等问题，构建“管发展必须管环保”“管行业必须管环保”“管生产必须管环保”的工作格局。融入福建国家生态文明试验区建设，创新生态保护机制建设，完成商品林赎买102公顷，超额完成年度任务。按照市委“百日攻坚打硬仗、强化责任勇担当”部署，坚决落实属地责任，以迎接国务院大督查及中央环保督察“回头看”为契机，紧盯木兰溪流域及汇水支流、东圳库区、城区内河水质提升等3张作战图，发挥三级河长作用，推进污染源监管、流域综合治理、污水收集处理、畜禽污染防治等一系列攻坚措施，东圳水库和木兰溪干流水质优良（达到或优于III类）比例均达100%，重点小流域I—III类水质比例明显上升，基本构建“碧水城厢”新格局。其中，建成区内9条内河综合整治，基本完成城区龙桥溪、下磨溪黑臭水体治理，水质稳定达标；农村污水处理工程一期PPP项目加快推进，累计铺设污水管网140千米以上，建设三格化粪池8000多个，惠及44个村近3万户。推进大气污染防治工作，开展建筑工地扬尘、城市道路扬尘、严控露天烧烤等专项治理，完成83家涉挥发性有机物（VOCs）企业、159家“小散乱污”企业整治。加强土壤污染源头风险防控，全面完成农用地土壤污染状况详查点位核实工作。实施全民绿化行动，造林绿化208.6公顷，全区森林覆盖率达71.8%。紧盯中央、省环保督查反馈问题，研究制定省委省政府环保督察反馈意见整改、城市黑臭水体和建成区河道整治、木兰溪流域水质提升等三个方案，逐一对照落实，逐个验收交账。至年底，中央环保督察反馈问题12个、省督察反馈问题24个，已整改到位17个，长期坚持19个。按照“全覆盖、零容忍、明责任、重实效”的总体要求，对突出环境问题保持执法高压态势。结合开展清水蓝天、全国环保执法大练兵、“双随机抽查”等环保专项执法行动，出动执法人员672人次，检查286家次企业，发现违法问题企业69家，取缔关闭16家，立案处罚20家，责令整改69家，关停、查封“散乱污”企业 100 家，拆除关闭反弹复养的畜禽养殖场 81 家 1 万多平方米。

【营造团结和谐政治局面】 2018 年，中共城厢区委始终坚持党的领导、人民当家作主和依法治国的有机统一，支持人大、政协和统一战线履行职能、开展工作、发挥作用，进一步巩固和发展生动活泼、安定团结的政治局面。坚持把人大工作纳入总体工作布局，支持区人大及其常委会围绕大局履行职责，统筹安排监督、决定、任免、代表等各项工作。加强对“一府一委两院”监督，听取和审议工作报告 14 项，作出决议、决定 16 项。坚持党管干部与人大依法任免有机统一，共依法任免国家机关工作人员 10 人次，其中任免区级领导 2 人次，确保党组织推荐的人选通过法定程序成为国家机关工作人员，为推动城厢经济社会发展提供坚强有力的组织保证。支持区政协履行政治协商、民主监督、参政议政职能。围绕全区改革发展重大问题和人民群众关心关注的民生问题，组织委员开展调查研究和议政建言，共形成专题报告 3 份，提出意见建议 31 条。重视政协提案落实，全年立案 68 件，对其中 13 件重点提案进行督办。所有提案均办复，提案办理满意率达 98.5%，一批难点热点问题得到解决。支持政协加强和改进民主监督工作，积极开展专题调研、委员视察等活动，推动重大方针政策和决策部署的贯彻落实。支持加强政协党的建设，实现党的工作对政协委员全覆盖。支持各民主党派、工商联、无党派人士围绕中心、履职尽责。支持工商联开展“进商会、访企业、助发展”活动，进企问需、入企问难、访企问计，聚焦疏通企业在发展过程中的难点、痛点、堵点，拓展问题反馈渠道。推进精准扶贫企村对接，协调北京、上海、浙江等 7 个异地商会与华亭南湖、灵川何寨、常太渡里等 7 个老区村对接帮扶，重点帮助解决村集体收入问题。深化对外联谊，全年组织闽台乡镇村里对接、大爱妈祖两岸书画精品展等对台交流 3 批 40 多人次。重视加强民族和宗教工作，区委常委会听取民族宗教工作专题汇报，并就宗教自查、广化寺片区规划建设、梅峰基督教堂内部矛盾化解等进行研究部署，民族宗教领域保持和谐稳定。深入推进工会、共青团、妇联等人民团体改革，不断增强党联系人民群众的桥梁纽带作用。全面贯彻实施宪法，组织实施“七五”普法规划，将“七五”普法工作落实纳入城厢区经济发展社会规划中，纳入全年目标绩效考核、综合治理、党建工作、精神文明等体系中，做到同部署、同检查、同考核、同落实。以“谁执法、谁普法”为原则，把普法与依法治区相结合，深入开展法律、法规宣传教育，依法执政能力不断增强，社会治安明显好转，法治政府建设有效推进。是年，城厢区作为全市唯一一家获评第四批全国法治县（市、区）创建活动先进单位。

【落实管党治党责任】 2018 年，中共城厢区委区委领导班子始终坚持和加强党的全面领导，切实履行管党治党政治责任，扎实推进党的政治建设、思想建设、组织建设、作风建设、纪律建设，不断提升党组织的创造力战斗力凝聚力，推动全面从严治党向纵深发展。把维护核心作为最大的讲政治，教育引导党员干部增强“四个意识”，坚定“四个自信”，坚决维护习近平总书记党中央的核心、全党的核心地位，坚决维护党中央权威和集中统一领导。紧扣省委巡视、省委市委主体责任检查反馈的问题，逐项抓好整改落实，并努力固化为制度建设成果。加强对严守纪律规矩的监督检查，共查处违反政治纪律和政治规矩案件 4 件，问责 2 人。坚持大抓基层、大抓支部的良好态势，以项目化推进、品牌化运转的方式，精心培育、精准发力，打造“城厢样板”。圆满完成村级换届。建立处级领导干部和机关部门挂钩制度，严密谋划部署，严把资格条件，严肃换届纪律，全区 120 个村（社区）换届选举工作完成，实现“两个 100%”的目标，选举产生新一届村“两委”成员 870 名，呈现出“五个提高一个增多一个降低”的特点（文化程度比例、女性比例、“一肩挑”比例提高，35周岁以下年轻干部人数、具有大专以上学历人数提高；新面孔增多；平均年龄降低）。注重基层党建创新，发挥中心村党委的辐射带动作用，涧口中心村党委组织联建模式相关做法得到中组部党建研究所肯定。推行“党支部+指挥部”一线党建工作法，抽调区镇（街道）村（社区）党员干部600多名，充实一线征迁力量，同步成立一线临时党支部12个，以党建引领保障项目攻坚，创出“城厢速度”。推行街道“大工委”和社区“大党委”的运行机制，吸纳共建单位30余家，开展常态化共建项目80多个，服务群众1.5万人次。推进阵地品牌建设，新建主题党日活动基地20个，开展主题党日活动200余场，参观人数1万多人次。打造省市区级基层一线党代表工作室（党员名师工作室）15个，持续推动党员教育管理常态长效。选树“初心党建”“党建联盟”等特色品牌，探索建立1带2先锋工程、乡村振兴+企业党建、三建立三提升等工作机制，培育形成新的党建示范点3个，确定首批五星级党组织12个。贯彻落实中央和省市关于进一步激励广大干部新时代新担当新作为的意见措施，坚持一线考核、正向激励、反向问责，树立重实干重实绩的鲜明用人导向，全年选派90多名区直

11月6日，“五星级党组织”授牌　　（李玲　摄）

单位干部参与项目攻坚工作，提拔重用21名在基层一线工作表现突出的优秀年轻干部。落实省市关心关爱措施，落实干部谈心谈话制度，对科级干部开展谈心谈话80多人次，在思想关心、政治重视、待遇倾斜、人文关怀上优化干部工作环境和成长条件。注重约束监督管理干部，树立“管思想、管工作、管作风、管纪律”的全面监督理念，突出政治监督，进一步加大治庸治懒治散力度，更加经常、更加主动的开展干部提醒教育，严格落实省委、市委关于推进干部能上能下的有关规定，确保干部不敢不为。坚持党管人才，深化人才发展体制机制改革，积极探索“寻访、筑巢、安家”等举措，为全区发展提供人才和智力支撑。按照省委“八个坚定不移”和“五抓五看”要求，始终把政治建设放在首位，持续抓好“两个责任”落实。狠抓中央和省委巡视整改和省委、市委全面从严治党主体责任检查反馈意见整改，督促细化责任，抓好整改落实。中央巡视反馈意见涉及16项任务、专项巡视反馈意见涉及4项任务、意识形态反馈意见涉及22项任务已整改到位。省委巡视反馈问题22个、省委主体责任检查反馈问题8个，市委主体责任检查反馈问题25个，均整改到位。开展区级巡察，全年组建3轮9个巡察组，巡察21个单位党组织，发现问题164个。持续加大追责问责力度，全年问责39人，涉及科级干部28人，给予党纪政务处分5人，给予“一案双查”4人。落实中央八项规定及其实施细则和省市区实施办法，以建立“四查三问”督查机制为抓手，深入开展专项治理，坚决整治群

众身边腐败和作风问题，查处扶贫领域案件 65 件 98 人，给予党政纪处分 26 人；民生领域侵害群众利益案件 17 件 25 人，给予党纪政务处分 12 人；涉黑涉恶腐败、充当“保护伞”及工作推动不力案件 8 件 10 人，给予党纪政务处分 8 人，问责 2 人，移送司法机关处理 2 人；查处违反中央八项规定精神案件 25 件 29 人，给予党纪政务处分 21 人，通报典型案例 13 起 17 人；形式主义、官僚主义案件 34 件 46 人，给予党纪政务处分 46 人，通报典型问题 4 起 6 人。全年立案 155 人次，其中科级 12 人，给予党纪政务处分 144 人，采取留置措施 4 人，移送审查起诉 6 人。同时，通过打造“一馆两园”廉政示范点、开展学用《中华人民共和国监察法》网络答题活动、评选基层“最美人物”等形式，推进廉政文化建设，营造风清气正的政治生态。

区委办主要工作

【工作概况】 2018 年，中共莆田市城厢区委办公室（以下简称区委办）坚持以习近平新时代中国特色社会主义思想为指导，贯彻落实习近平总书记对福建工作重要指示精神和治理木兰溪的重要理念，围绕区委中心工作，坚持超前谋划、主动跟进、担当尽责，不断提升“三服务”水平，坚决当好区委坚强前哨和巩固后院，有力保障了区委各项工作的平稳高效运行。

【理论学习】 2018 年，区委办始坚持把学习宣传贯彻习近平新时代中国特色社会主义思想和中共十九大精神作为首要政治任务，通过学习例会、专题讨论等多种形式，带动全办人员深入学习贯彻新思想，深刻把握新思想的发展脉络，准确领会新思想的精髓要义，进一步树牢“四个意识”，坚定“四个自信”，坚决做到“两个维护”。学习省、市重要文件精神以及产业转型升级、精准扶贫等方面的政策、法规和业务知识，引导干部职工学习科学技术、市场经济、法律等现代知识和《秘书工作》《党办通讯》等相关业务知识，不断拓宽知识面，打造业务“多面手”，切实提高整体水平。坚持边学习、边思考，把理论学习与提高“三服务”水平结合起来，把办公室工作实际与推动城厢发展更好地结合起来，做到以学促用、以用促学。一年来，围绕年度重点热点工作，开展调研并组织撰写《关于促进跨境电商发展的思考与建议》等调研文章 10 篇，为实现区委提出“打造人文宜居新城厢、建设美丽莆田先行区”的发展目标参谋辅政。

【综合文字工作】 2018 年，区委办强化精品意识和效率意识，各类综合文稿起草工作突出思想性、指导性、实效性，努力吃透上级精神、贯彻领导意图，严把政策关、公文体例格式关、文字关和校核关，力求政策清楚、主题突出、观点正确、格式规范、逻辑严谨、准确及时。全年起草各类较为重要的会议材料、领导讲话、汇报材料等 300 余篇 100 多万字，保证上级和区委区政府的各项工作及时准确地贯彻落实、安排部署，发挥以文辅政作用。

【行文办会】 2018 年，区委办在公文处理上，严格贯彻落实《党政机关公文条例》的要求，坚持“从严、从精、及时、实效”的原则，高标准、严要求，处理的各类文件、资料，没有出现歧义和差错，确保公文高效流转。在会务和调研保障上，严把质量标准，将“周密严谨、细致认真”的工作作风贯穿于会议、活动的全过程，全年承办各类会议、安排领导调研、接待上级领导检查等工作，均做到一丝不苟、精益求精、万无一失。

【督促检查】 2018 年，区委办按照“一事一办、专人负责、严格把关”的原则和“快、实、准”的要求，组织修订完善督促检查工作制度，围绕区委区政府中心工作、阶段性工作、领导和大众关注的热点难点问题，对重大决策、重要工作部署、重点项目和领导批示，采取全程督办、跟踪督办、专项督办等办法，不断增强督查实效，确保督查督办事项事事有着落、重要批示指示件件有结果。是年，办理上级督查件107件、区委领导指示件33件，办结率100%；下发督查督办单41份。

【信息报送】 2018年，区委办围绕区委中心工作，紧密贴合领导关注焦点、特色工作亮点、改革推进难点、群众关心热点，在求真、求实、求准、求深上下功夫，持续提升信息收集、综合和反馈水平，有效发挥“耳聪目明”的作用，并及时向省市报送反映城厢社会经济发展中的新成果、新情况、新问题。指导督促镇（街道）、区直部门建立信息员制度，设立信息工作微信群，推行信息员跟班培训模式，健全完善《城厢区党委信息工作制度》及《城厢区党委系统信息工作评分标准》，继续采用业务通报形式表彰激励基层信息点，有效提升信息员队伍活力。是年，编辑《城厢信息》44期，增刊13期，业务通报4期。累计上报省、市信息2550条，其中66条被市委办采用，24条信息被省委办采用，全年信息工作排名进入省市优秀行列。

【后勤保障】 2018年，区委办加强公务用车使用管理，做到规范、安全、节约、高效。严格执行领导干部带班和24小时值班制度，做好重大节日、重要节点值班工作，切实履行好上情下达、下情上报、协调左右的职能，确保区委工作正常运转。坚持厉行节约、反对铺张浪费，进一步严肃财经纪律，严格控制“三公”经费支出，不断加强办公室财务管理。

【机要保密工作】 2018年，区委办建立健全机要工作的各项规章制度，组织对密码通信机房进行地毯式消防安全隐患排查，确保通信畅通，做到来往电报、材料即收即办，实现“优质、高效、保密、无事故”的目标。深入贯彻落实《中华人民共和国保守国家秘密法》，突出加强对机关干部的保密宣传，组织印发《保密工作致党政领导干部的函》150多份，深化宣传教育，规范保密管理，着力提升各单位保密管理和机关干部的保密防范能力。

（陈　超）

纪检监察

【工作概况】 2018年，中国共产党莆田市城厢区纪律检查委员会和莆田市城厢区监察委员会（以下简称区纪委监委）学习贯彻中共十九大精神和习近平新时代特色社会主义思想，坚决贯彻落实上级纪委全会和省、市纪委监委部署要求，强化管党治党责任，聚焦监督执纪问责，全年全区纪检监察机关立案142件，其中自办案件110件，科级案件12件，给予党政纪处分148人，移送司法机关处理7人。办理检控类初信初访件199件，其中按期应办结199件，办结199件，办结率100%；转立案55件，成案率27%。

【落实“两个责任”】 2018年，区纪委监委做好十届省委巡视组巡视城厢期间各项保障工作，狠抓中央和省委巡视整改工作；针对省委、市委全面从严治党主体责任检查反馈意见，督促细化责任，抓好整改落实。严明政治纪律和政治规矩，开展年度全面从严治党主体责任落实情况检查和巡察，持续用好提醒、函询、诫勉等办法，把“两个维护”落实到强化监督、执纪审查、调查处置、巡察监督、问责追责等各项工作中，共查处违反政治纪律和政治规矩案件4件，问责2人。省委巡视反馈问题22个，省委主体责任检查反馈问题4个，市委主体责任检查反馈问题25个，全部整改到位，督促建章立制58项。是年，问责35人，涉及科级干部24人，给予党纪处分5人，“一案双查”4人。

【严明党纪】 2018年，区纪委监委净化涵养政治生态，实行廉政档案电子化管理，汇总分析地区“树木”与“森林”状况，对问题线索集中的领域，形成问题清单实施“靶向”治理。建成418名科级干部廉情档案，登记初核问题线索40条，其中转立案9人次，谈话函询34人次。实行“党风廉洁意见回复关”前移，深入开展村级换届风气监督检查，确保党的组织路线落到实处。有效运用批评教育、诫勉谈话、组织处理、纪律处分等手段，全面加强纪律建设，实现由“惩治极少数”向“管住大多数”拓展。全区谈话函询270件，面对面初核了结38件，轻处分106件，运用第一、二种形态占监督执纪总数的91.98%；重处分及重大职务调整42人，移送司法机关处理7人。

【廉政文化建设】 2018年，区纪委监委加强党风廉政新闻宣传，围绕重点热点创新点，展示城厢区党风廉政建设和反腐败工作最新成果。经常性开展严肃认真的政治性警示教育，采取通报曝光典型案例、组织党员干部参观警示教育基地、旁听职务犯罪案件庭审等。加强廉政教育，通过组织新任（转任）科级干部参加任前廉政法规知识测试、学用《中国人民共和国监察法》网络答题、创编莆田方言“三句半”等方式，深入宣传贯彻《中华人民共和国监察法》和新修订的《中国共产党纪律处分条例》等，着力在扩大覆盖面、提升针对性、增强震慑力等方面下功夫，教育引导广大党员、干部知敬畏、守底线、勇担当。扎实开展“清风城厢•你我共建”系列活动，开展体验式廉政教育，打造东圳移民精神展示馆、园头村勤廉广场、蔡襄家风家训教育基地等廉洁文化品牌，推动廉政文化向基层延伸。

【党风政风监督】 2018年，区纪委监委构建“四查三问”机制，推动“四个专项”治理机制化、系统化、一体化。扶贫专项治理方面，采取“三化”举措，查处扶贫领域案件60件86人，党政纪处分15人，问责10人。民生专项治理方面，实行“124工作法”，查处民生领域侵害群众利益案件15件21人，给予党政纪处分9人。涉黑涉恶腐败问题专项整治方面，开展“拳击”行动，查处涉黑涉恶腐败、充当“保护伞”及工作推动不力案件6件8人，给予党纪政务处分2人，问责2人。移风易俗专项治理方面，围绕治理主城区燃放烟花爆竹、高价彩礼等问题，建立“四个一”工作机制，通过举办“践行移风易俗•倡导文明新风”文艺会演、推行“文明祭扫”主题活动等形式，着力破陋习树新风。形式主义、官僚主义集中整治方面，将整治形式主义、官僚主义作为贯彻落实中央八项规定精神的重点内容，查处违反中央八项规定精神案件17件21人，给予党政纪处分13人；查处形式主义、官僚主义案件12起21人，给予党政纪处分14人，通报2起典型问题。

【从严执纪】 2018年，区纪委监委立案142件，其中自办案件110件，科级案件12件，给予党政纪处分148人，采取留置措施4人，移送司法机关处理7人。坚持行贿受贿一起查，对黄建辉、郑训钦两起留置案件中的行贿行为予以查处，查处教育系统行贿案件14件14人，予以“一案双查”4人。赋予镇（街道）纪（工）委部分监察权，授予镇（街道）纪（工）委办理监察范围信访件权限，同时实行联合办信、提级办理，以办信推动监察向基层延伸。是年，镇（街道）纪（工）委办理监察范围信访件4件，办结3件，部分属实2件，转立案1件。全区纪检监察机关受理信访举报件493件次，办理检控类初信初访件199件次，办结199件，转立案55件，成案率27%。

【自身建设】 2018年，区纪委监委制定《城厢区监察委员会工作规则》，构建分工协作与集体决策机制，明确委务会集体研究事项，规范调查流程；出台《监察机关与检察机关办理职务犯罪案件衔接流程图》，形成监察机关与检察、公安、司法机关相互衔接、执纪与执法相互贯通的工作机制；建立监察机关与派驻机构、巡察机构、镇（街）纪检组织联动监督机制，形成立体化监督格局。利用“主题党日”教育实践活动、“暖心•家访”谈话活动两个抓手，锤炼党性，提升政治素质，通过开展“学思增本领·践行新使命”纪律检查和国家监察双向业务培训，举办职务犯罪侦查与执纪审查专题辅导班等抓业务素质提升，增强自身本领，优化机构设置和人员配置，执纪监督骨干和审查调查骨干混合配备，实现优势互补，形成“1+1>2”融合效应。

（阮 武）

1月31日，城厢区举办主题党日活动基地揭牌仪式暨座谈会（李玲摄）

组织工作

【工作概况】 2018年，城厢区组织工作坚持以学习贯彻习近平新时代中国特色社会主义思想为引领，以新时代党的组织工作路线为遵循，深刻学习领会全国、全省、全市组织工作会议精神，提高政治站位，找准职能定位，在服务中心大局中顺势而为、主动作为，有效提升全区组织工作水平。在职党员进社区、党组织星级达标创建、主题党日活动教育基地建设等工作在《八闽快讯》《福建组工通讯》《湄洲快讯》《湄洲日报》等报刊媒体刊登报道。

【学习教育活动】 2018年，中共莆田市城厢区委组织部（以下简称区委组织部）把握“大学习”要求，分领域、分专题开设学习培训班，依托科级干部“夜间学堂”，集中利用一个月时间，举办城厢区科级干部“深入学习贯彻习近平新时代中国特色社会主义思想”专题班，开展8个专题培训。全区500多个基层党组织开展专题学习2000多次，19000多名党员参加学习研讨。运用“城厢基层党建”微信公众号和《城厢党旗红》电视栏目等各类媒体平台，开设专题专栏，及时刊发系列解读文章。依托镇街夜校、“田间课堂”、20个主题党日活动基地等，拓宽党员学习教育渠道。引导各级党组织坚持把学习贯彻习近平新时代中国特色社会主义思想与全力推动高质量发展落实赶超，与佛教论坛、项目征迁、三大攻坚战等重点工作紧密结合起来。

【干部队伍建设】 2018年，区委组织部利用科级干部“夜间学堂”平台，邀请专家教授、业务骨干等围绕三大攻坚战、法律法规、项目建设等开展专题培训19场，培训干部7600多人次。主动适应事业发展需要，选派80多名领导干部参加上级举办的专题培训班，选派18名领导干部参加清华大学、中国人民大学、同济大学、浙江大学等高校举办的城乡规划建设、乡村振兴、产业转型等专题研修班。发挥党校作为培训主阵地作用，举办青干班1期，培训学员43人。在全区开展“巡回课堂”送教下乡活动，切实提高培训的实效性和针对性。选派区镇村三级干部600多名参与项目攻坚工作，10多名年轻干部到区扶贫办、美丽办等岗位实践锻炼，20多名党务干部到村（社区）、“两新”组织蹲点挂职，提高干部处理复杂问题的能力。推行“党支部+指挥部”，同步成立油画城片区、钟潭片区、屿上片区、樟林片区、坂头东片区、万达南片区等12个项目一线临时党支部，充发挥党员干部在项目攻坚中的示范带动作用，全年完成征地 149.2 公顷，拆除房屋约 200 万平方米，创造“城厢速度”。提拔重用的 30 名干部中有 21 名是在基层一线工作表现突出而得到提拔重用。坚持严管厚爱，出台城厢区《关于进一步激励广大干部新时代新担当新作为的若干措施》，对科级干部开展谈心谈话 280 多人次，做深做细做实干部监督工作，对城厢区各项目指挥部开展五次专项督查，督促干部更好在一线服务项目。

【村级组织换届选举】 2018 年，区委组织部组织召开专题座谈会 7 场，摸排出 13 个重点难点村（社区）；建立区、镇（街道）两级村“两委”候选人资格审查联审制度，对村“两委”班子成员严把标准关、结构关、纪律关等“三道关口”，全区共资格审查 1779 名村干部候选人，其中党组织委员候选人 887 名（含 157 名书记候选人）；否决 100 名村干部候选人，其中党组织委员候选人 54 名（含 12 名书记候选人）。建立区、镇（街道）观察员制度，遴选 98 名观察员，对村级组织换届选举工作进行全程观察监督。开展警示教育、签订承诺书、推行集体谈话，严肃换届纪律。7 月 31 日、9 月 30 日分别完成村级党组织和村委会换届选举工作，实现“两个 100%”的目标，选举产生新一届村“两委”成员 870 名，“一肩挑”比例达 36.67%、文化程度比例提高、35 周岁以下年轻干部比例提高、女性比例提高、“两委”班子中女性正职的比例提高、新面孔比例提高、平均年龄降低。

【基层组织建设】 2018 年，区委组织部巩固提升涧口中心村党委组织联建模式，中组部党建研究所到涧口中心村党委调研考察，充分肯定了涧口中心村党委的做法。推行街道“大工委”和社区“大党委”的运行机制，目前万辉、骏欧龙盘、肖厝家园等 3 个小区成立小区党支部，吸纳辖区 30 余家驻地单位共建，建立党建联席会议制度，开展下岗人员再就业技能培训等常态化共建项目 80 多个，每年服务群众 1.5 万人次。加强城市党建的人财物保障，招聘 17 名社区专职党务工作者，下拨给收入较少的 6 个社区每年工作经费和服务群众专项经费 10 万元。指导建设“红色教育型、产业带动型、美丽乡村型、制度规范型、廉政教育型”等五种类型 20 个主题党日活动基地，累计开展主题党日活动 200 余场，参加活动的党员 10000 余人次。不断拓宽“两新”组织党建新路子，开展“三有”未建“两新”党组织排查工作，重点挖掘企业“口袋党员”，全市首家试点将村（社区）党员身份证信息提取到社保部门关联，督促引导 22 名企业“口袋党员”转接党组织关系，全部完成 6 家“三有”未建企业党组织覆盖。在行政服务中心窗口设立“强党建、促发展”联合行动工作站，为非公企业审批、项目代办等提供绿色通道。开通“两新”党组织网上办事大厅，推广使用电子证照，依托惠民宝 APP、微信公众号、自助申报终端等，推进网上办事服务。挖掘选树“初心党建”“食颂党建”“党建联盟”等特色品牌，探索建立互联网 + 党建、乡村振兴 + 企业党建等工作机制，培育形成方家铺子、绿丰园艺、油画城等新的党建示范点。

【招才引智】 2018 年，区委组织部宣传、落实好《关于实施人才“壶兰计划”的意见》等人才政策，首批成功认定 50 名优秀人才。组织企业开展人才项目申报工作，蛤老大、诚味食品、才子服饰等 3 家企业获省级科技小巨人领军企业；溢通环保袁敏团队入选省第六批“百人计划”；市级科技特派员入选 22 名；工科类青年专业人才认定通过 2 名，推动各类人才政策和补助资金落地见效。与清华大学、中科院、厦门大学、福建农业大学等开展深度合作，引进科研团队和专家学者，亚明食品有限公司与中国工程院院士、北京工商大学校长孙保国教授合作，并成功承办首届中国中式菜肴产业高峰论坛。完成 74 套人才公寓升级改造，有 9 名优秀人才实现拎包入住，其余人才在申报审核中。组织 6 名企业高级经营管理人才赴北京、深圳等地研修，为人才干事创业提供优质保障。

（李 玲）

宣传工作

【工作概况】 2018 年，城厢区宣传思想文化工作在区委的领导和市委宣传部的指导下，围绕中心、服务大局，唱响主旋律，打好主动仗，为打造人文宜居新城厢、建设美丽莆田先行区提供有力的思想文化条件。中共莆田市城厢区委组织部（以下简称区委组织部）落实意识形态工作责任制，突出意识形态在宣传思想工作中的重要位置，紧扣思想共识教育主线，认真制定学习计划，通过专题学习、辅导讲座、交流研讨等形式，深入学习贯彻中共十九大精神和习近平新时代中国特色社会主义思想。

【理论武装】 2018 年，区委召开中心组学习 32 次，传达学习中共十九大、十九届二中、三中全会精神，全国、省、市“两会”等重要会议、文件精神；召开意识形态、全面从严治党等专题研讨 6 次，引导领导干部深入学、往里学，夯实理论基础。区委宣传部注重多途径引领学习热潮，举办全区科级干部“学习贯彻中共十九大精神”集中培训班、纪念中国共产党建党 97 周年党的知识竞赛、区科级干部“深入学习习近平新时代中国特色社会主义思想”专题班等活动，引导党员领导干部坚决维护习近平总书记作为党中央的核心、全党的核心，坚决维护党中央权威和集中统一领导，树立“四个意识”，坚定“四个自信”，推动习近平新时代中国特色社会主义思想入脑入心。依托“夜间学堂”平台，邀请各级领导干部、专家教授等到城厢为党员领导干部作“精准发力、分类施策，努力实现脱贫攻坚新飞跃”“新媒体环境下的突发事件舆情处置”等专题讲座。开展 4 场专题讲座，副科级以上领导干部共近 2000 人次聆听讲座。做精做强“大宣讲”活动，将“庆祝改革开放四十周年宣讲活动”“学习贯彻习近平总书记治理木兰溪重要理念宣讲活动”引向深入。成立城厢区乡村讲师团，采取“菜单式”管理，组成理论、农技、文教、健康、政策等 5 支宣讲小分队深入各镇（街道）、村（社区）开展多层次、多元化的宣讲活动。依托夜间学堂、道德讲堂、田间学校、文化戏台、民俗祠堂、百姓舞台等平台，宣传扫黑除恶、平安家庭、移风易俗等内容，融合理论宣讲与文艺宣讲，方式生动灵活，内容深入人心，推进基层理论宣讲品牌化，助力新时代城厢乡村振兴。引导全区干部深入学习贯彻习近平新时代中国特色社会主义思想，不断强化理论武装，配合全市开展理论进百村、理论进百企、理论进百校、理论进百庙等理论进基层“四个百”活动，组织参与第八期社会科学知识有奖竞答活动，进一步扩大学习范围。

【弘扬社会主义核心价值观】 2018 年，区委宣传部持续深入弘扬社会主义核心价值观，推进社会主义核心价值体系建设，持续推进“八不”行为规范进乡村、进社区、进校园活动。加强公民思想道德建设，潜心培育道德模范建设，开展“我推荐，我评议身边好人”活动，入选“福建好人榜”2 名。深入全区镇街、村居、学校、机关等单位开展道德模范宣讲、故事汇巡演活动，宣扬道德模范先进事迹，在全社会形成讲道德、学道德、守道德的良好风尚。推进未成年人思想道德建设，持续推进城厢区高一新生家国情怀情感教育巡回课堂宣讲、“扣好人生第一粒扣子”主题实践教育等思想道德教育活动，帮助未成年人铸就理想信念、培养高洁操行、锤炼高尚品质。成功承办莆田市 2018 年“学习和宣传新时代好少年”主题教育观摩会、全区“清明祭英烈”现场会，开展“传承红色基因、优秀传统文化”活动，组织“非遗文化进校园”、“典型人物进校园”等活动 10 余场次。进一步规范未成年人校外教育工作，加强校外未成年人心理健康辅导站建设，发挥乡村学校少年宫等校外教育机构阵地作用，开展“挺进自然快乐一夏”“圆梦蒲公英”等公益研学旅行、“传送爱心 扶志助学”公益夏令营暨“八不规范进校园”活动，常太学校荣获省级乡村少年宫称号。举办城厢区2017年度践行社会主义核心价值观基层“最美人物”观摩表彰会，对10名“最美人物”进行表彰。

【新闻宣传】 2018年，区委宣传部把握全区宣传工作重点，策划组织项目攻坚、“打赢‘三大攻坚战’”“扫黑除恶”“强突破 促提升 争先行”等重大主题宣传。持续推进融媒体中心建设，在11月份完成融媒体中心对外挂牌。坚持“走转改”，注重挖掘各行业涌现出的工作亮点和典型，对接相关主流媒体，策划主题新闻，提升城厢新闻宣传影响力。邀请中央媒体聚焦莆田“五日节”习俗，报道华亭镇米糕制作工艺，参与中央媒体在城厢开展木兰溪治理经验的主题采访活动，邀请福建日报记者采写报道辖区“乡村振兴”“红色文化”“城厢教育”等有分量的新闻，在《湄洲日报》城厢观察版面推出产业转型、扫黑除恶、美丽乡村、社会治理、教育均衡发展等主题、典型宣传报道，广泛宣传全区在经济社会建设方面的特色和亮点。全年在中央媒体刊发42篇（幅），省级媒体刊发204篇（幅），其中福建日报莆田观察4个专版；《湄洲日报》1022篇（幅）、头题232条（幅）。进一步推进传统媒体和新兴媒体的融合发展，做大做强《今日城厢》微信公众号、APP新媒体平台，开设“强突破，促提升，争先行”“打赢三大攻坚战”“扫黑除恶”“城厢大学习”“移风易俗”“文明创建”等栏目，多角度宣传全区各项重点工作的新进展、新成效、新经验，展现各级各部门、各条战线的实践成果和精神面貌，打造城厢大名片，展好城厢新形象。

【文化建设】 2018年，区委宣传部发挥区、镇（街道）文化场馆的主阵地作用，策划宣传中共十九大精神报道专栏，宣讲中共十九大精神，利用区文化馆开展社会主义核心价值观宣传。坚持文化惠民，开展群众性文化文艺活动。1月份举办宣传中共十九大精神，开展文化、科技、卫生“三下乡”集中服务活动及宣传移风易俗活动；2月，在三清殿举办“宣传十九大精神”条屏书画精品展览，华亭镇前柳村开展城厢区“我们的节日·春节”主题联欢晚会；3月5日，龙桥街道万辉社区举办第四届元宵节文化活动暨移风易俗文艺汇演，华林学校开展“清明祭英烈”启动仪式；4月，在莆田市国际油画城（肖厝佳园）举办“咫尺风雅 相约五月”国画名家书画展；5月中旬，在莆田市群众艺术馆举办“母亲节”书法作品展，极大地丰富了市民群众的精神文化生活。着重加大文化设施的建设力度，补齐短板，有线电视未联网的22个行政村光纤联网全覆盖；筹建区图书馆，推进民间博物馆和区文化馆（争取达到国家二级馆标准）提升建设；完成3个（社区）村级文化服务中心示范点、建设12个农家书屋、12个数字农家书屋、10个文化激情广场等新建设施选址和方案。坚持传承保护发展并重，充分发挥莆仙戏非遗代表性传承人及老艺人的“传、帮、带”作用，扶持民营剧团发展壮大，确保全区民营剧团稳定在10个，年演出不少于1000场次。利用市莆仙戏网络交流平台，开展莆仙戏进校园、进社区、进乡村、进文化场馆、进党校等“五进”活动。持续深入常太镇28个村、华亭镇30个村、灵川镇15个村开展乡村文化文艺采风活动，收集整理记录家风家训、民俗工艺、名人传说、古厝民居等系列资料，挖掘和建设城厢传统文化资源，编辑出版《家园记忆（华亭篇）》。

【舆论阵地管理】 2018年，区委宣传部重视网络舆论的管控，把互联网阵地监管作为重中之重，对接省市上级部门，与公安、政法等部门团结协作，推动网络舆情形成齐抓共管新局面。夯实网络评论员队伍，围绕市网管办布置的网评任务展开，组织网评员对全国、省、市热点新闻积极在网络各大媒体开展正面评论百余次，充分发挥正能量引导效应；建立健全网评员考核激励机制，举办全区网评员培训班，强化提升专业素养和业务能力，表彰2017年度先进集体和个人。注重文化专项整治，出动执法人员1200多人次，组织专项执法行动3次。

【文化产业】 2018年，区委宣传部推动骨干文化企业做大做强，申报闽中游击区革命史展示馆、腾晖木雕作为市级爱国主义教育基地，推荐闽中游击区革命史展示馆申报2018年度省级文化产业发展专项资金，做好腾晖工艺文化园招商项目申报。4月，马院村党支部申报省级学雷锋示范点并通过考评；6月，华亭镇五云村农村群众文化小广场建设通过省级考评验收。借助区域内腾晖工艺、复茂食品及国家AAA级景区御庄园温泉度假村等资源，拟在莆田西规划建设文化创意产业园，将传统文化产业工艺美术和旅游业相结合，形成集创作、生产、展示、旅游观光为一体，成为城厢区文化产业重点创作生产及培训基地。依托市、区6大品牌资源优势，立足妈祖名片和民间文化人才优势，融入地方特色文化，开发妈祖手游等游戏动漫产品，打造联创动漫产业基地；充分发挥油画品牌和人才优势，在莆田国际油画城的基础上，依托莆田万名画工千名画师百名画家资源，策划打造中国莆田艺术小镇，入驻1000家以上油画企业及配套文创项目；依托郑春晖等非遗人才优势，在19个非遗项目的基础上，再扶持8家市级非遗生产性保护基地，做大做强工艺美术产业；发挥鞋城优势，依托华林园区产业基础，将文化因素注入产业发展，打造城厢区华林鞋艺小镇。

（余思宁）

统战工作

【工作概况】 2018年以来，中共莆田市城厢区委统战部（以下简称区委统战部）学习贯彻习近平新时代中国特色社会主义思想和中共十九大精神，把握大团结大联合主题，有效落实中央、省、市、区委关于统一战线重大决策部署，在推进政治协商、引导参政议政、参与精准扶贫、促进社会和谐、服务改善民生、拓展对外联谊等工作努力拼搏、不断创新，为促进全区经济社会发展发挥独特作用。

【统战工作会议】 3月22日，城厢区召开统战、民族宗教工作会议，区委常委、统战部部长陈洪武总结通报2017年全区统战、民族宗教工作情况，部署2018年工作任务，区委书记王文才作强调讲话。

【民营企业座谈会】 11月19日，区委统战部在莆田三威鞋业召开城厢区民营企业座谈会，传达贯彻习近平总书记在民营企业座谈会上的重要讲话精神，区领导吴文恩、陈洪武、施清芳等参加，会议解读中央关于优化营商环境的文件精神，宣传中央、省、市、区惠企政策，进一步增强企业家信心，激发和保护企业家精神，更好地为企业“减负”“加力”，提振企业家的企业健康发展的信心。

【同心助学活动】 10月21日，民建城厢支部、民革城厢支部、农工党城厢支部联合开展“情暖山村校园·同心送书助学”活动，为东海镇坪洋村山区学校捐赠小学幼儿园故事书、科普图书、儿童故事书等书籍300多册，为留守学生送上丰富的知识资粮。

【乡村振兴专题调研活动】 12月5—7日，民建城厢支部围绕“乡村振兴战略、打造农业农村现代化”开展考察调研，调研组一行深入浙江西湖转塘街道、安吉县灵峰街道、庆元县屏都镇问民生、看生态、谈发展，全面了解乡村振兴工作现状。

【精准扶贫义诊送健康活动】 12月7日上午，农工党城厢支部举办“精准扶贫、健康同行”大型义诊活动，为东海镇西厝村民提供免费体检、健康咨询、急救知识培训、送医送药等医疗服务，发放“精准扶贫”宣传手册及慢病宣传材料300多份，义诊人数150多人，送出药品价值5000多元。

【历史文化古城保护考察活动】 11月21—24日，致公党城厢支部深入浙江仓桥直街和安昌古镇历史文化保护区实地考察，调研历史街区、传统村落、文物建筑的保育活化工作，为莆田申报国家历史文化名城出谋划策。

【纪念“五一口号”发布70周年座谈会】 5月9日，区委统战部召开城厢区纪念“五一口号”发布70周年座谈会，传达学习习近平总书记3月4日重要讲话精神，交流“五一口号”发布70周年的感想和体会，各民主党派负责人，工商联、无党派代表人士、镇街统战委员，统战口科级干部30多人，区委常委、统战部部长陈洪武出席会议并作强调讲话。

【侨情普查】 8月起，区委统战部在全区范围组织开展侨情普查工作，汇总登记海外乡亲28732人，其中华人26872人，华侨1814人，归侨46人，侨眷6266人；留学人员62人；重点人士22人；社团4个。

【城厢区两岸中华五帝文化论坛】 5月10日，城厢区首届两岸中华五帝文化论坛在东汾五帝祖庙举行，来自台北基隆、苗栗、新竹等台湾五帝信众450多人参加活动，35名两岸五帝文化研究专家围绕“中华五帝情·两岸一家亲”主题开展研讨，共征集到论文21篇，汇编成《城厢区两岸中华五帝文化论坛文集》。

【成立新阶层人士联谊会】 5月30日，城厢区召开新的社会阶层代表人士联谊会第一次代表会员大会暨成立大会，选举产生第一届理事会班子，有80多个会员单位参加，福建汇美电子商务有限公司董事长刘建杰当选首届会长。

（陈继扬）

区直机关党的工作

【工作概况】 2018年，区直机关党建工作坚持以中共十九大和习近平总书记系列重要讲话精神为指导，把握坚持党要管党，全面从严治党这个指导方针，全面落实新时代党的建设总要求，以党的政治建设为统领，以“不忘初心、牢记使命”主题教育为重点，提高政治站位，履行政治责任，强化政治担当、推进机关党的思想组织、作风、制度、党风廉政和意识形态建设，不断提高机关党建工作科学化水平。落实《中国共产党党内监督条例》所赋予机关党委、党总支、党支部日常监督各项责任，将党内监督和严格落实组织生活制度等要求融入到实践“四种形态”的全过程，延伸党内监督触角，激活党内监督网络的“神经末梢”。

【党章专项学习】 2018年，中共莆田市城厢区直属机关工作委员会（以下简称区直机关党工委）定期组织开展遵守党章、执行党章情况的督促检查，对党章意识不强、不按党章办事的，及时提醒、坚决纠正，切实维护党章的权威性和严肃性，推动各级党组织和党员干部学习党章、贯彻党章、维护党章、尊崇党章。

【意识形态建设】 2018年，区直机关党工委按照区委宣传部的部署，贯彻落实《党委（党组）意识形态工作责任制实施办法》，聚焦聚力工作主线，进一步把学习宣传贯彻习近平中国特色社会主义思想和中共十九大精神引向深入，通过“上好一次党课，学习研讨一遍党章，参观一次党史展览，瞻仰一次革命遗址，重温一次入党誓词”等活动，引导广大党员干部始终牢记习近平总书记谆谆教诲，铭记全心全意为人民服务的根本宗旨。创新工作方式方法，综合利用传统与新媒体手段，构建常态化的干部职工思想动态分析、教育引导机制。

【党内政治生活制度建设】 2018年，区直机关党工委健全完善和严格落实党内政治生活制度，是加强政治建设的制度保障和基本路径。要加强领导班子和党员干部思想政治建设，严格执行《新形势下党内政治生活若干准则》和城厢区出台的《关于进一步严格党内组织生活的十二条措施》，以每月主题党日活动为抓手，用好20个主题党日活动基地，落实好“三会一课”制度，不断增强党内政治生活的政治性、时代性、原则性、战斗性。

【主题实践活动】 2018年，区直机关党工委以纪念改革开放四十年为契机，深化“建设美丽莆田·机关走在前”活动，在机关各级基层党组织中广泛开展“不忘初心勇担当·党员先锋做表率”主题实践活动。践行“马上就办、真抓实干”精神，促进机关工作体制机制创新，助推机关“放管服”改革。引导党员干部立足岗位献计献策、比学赶创，积极投身“创建美丽中国的示范区”的伟大实践，全面提升机关党建“服务中心、建设队伍”的水平。

【主题党日常态化建设】 2018年，区直机关党工委根据区委和区委组织部提出进一步规范落实党支部主题党日活动的意见，深度融合“三会一课”等基本制度，使主题党日活动成为开展党内经常性教育的有效载体，促进每月15日的党支部主题党日活动有“党味”、有主题、有形式、有记录、有督查、有成效，推进党内组织生活常态化、规范化、制度化。用好20个主题党日活动基地，拓展活动空间，加强学习交流，深化内涵外延，学习了解原鲁山等革命先辈的故事、学习身边优秀党员干部的故事，全面提升基层党组织的组织力。

【基层党组织建设】 2018年，区直机关党工委结合近年全区巡察所发现的突出党建工作问题，以基层党支部标准化建设为抓手，以解决党建工作“灯下黑”为重点，组织开展“做合格党员，建合格支部”活动，严格落实“三会一课”、支部主题党日活动、民主生活会、组织生活会、党员民主评议和谈心谈话等党内组织生活制度。从严从实做好发展党员、党费收缴使用管理等各项党务工作。要持续开展结对帮扶贫困户和在职党员进社区等活动，发挥党员干部先锋模范作用。

【党建品牌提升】 2018年，区直机关党工委坚持“以项目化推进、品牌化运转”的方式，持续打造更多具有“城厢元素”的党建品牌。开展党支部“达标创新”活动，坚持把区四套班子领导所在支部建设成示范支部，发挥表率作用。按规定选优配强机关党务干部，充分发挥机关党建人才资源，充分发挥“党代表工作室”的作用，创新工作方法方式，重点选树一批机关党建先进典型。制定建设标准，科学合理设置支部，配齐配强支部书记、专（兼）职党务干部，开展“先锋支部”建设，发挥战斗堡垒作用。学校党建要紧扣建设教育强区目标，以“五个一”活动为主要内容，推动党建工作与教育教学融合发展。

【党建工作责任落实】 2018年，区直机关党工委健全完善基层党组织抓党建促发展双述双评机制，推进述职评议向区直机关各个党组织全覆盖。积极探索“以强化基层组织书记管党责任为主体，以内容标准化、核查精准化、评议具体化、整改项目化为支撑”的“一体四化”党建工作责任述职评议模式，促使各基层党组织书记把基层党建责任扛在肩上、抓在手上。逐级建立党建工作“责任清单、问题清单、任务清单、整改清单”等“四个清单”通报制度，通过互比互看、拉练观摩、现场评议、定期通报等形式，确保党建工作责任落实。

【党员队伍教育管理】 2018年，区直机关党工委探索改进党员教育管理方式，注重区分党员身份、学历、分布等不同类别，实行党员分类管理。探索建立党员教育微网平台，引导广大党员开展网上互动学习交流。要持续强化党代表作用的发挥，实现党代表服务范围全覆盖。加大不合格党员处置力度，推行发展党员全程纪实制度。

【作风建设】 2018年，区直机

关党工委配合纪委机关，贯彻落实新出台的中央八项规定“实施细则”和市委“实施办法”精神，督促机关各单位对照习近平总书记批评的“十种表现”，持续深入抓好“四风”问题专题整治，推动反“四风”向深度和广度延伸。在机关党员干部中大力倡导移风易俗，开展党员签订“讲文明、除陋习、倡新风”承诺书活动，充分发挥机关党组织的战斗堡垒作用。依托创建全国文明城市、文明单位、文明家庭的创建，促进纠正“四风”往深里抓实里做，形成鲜明导向。

【机关廉政文化建设】 2018年，区直机关党工委发挥廉政文化潜移默化的引导作用，依托优秀传统文化，传承优秀传统家风家训，挖掘民间特色资源。突出党章党规党纪加强经常性纪律教育，配合纪检机关定期开展廉政宣传教育，引领带动区直机关廉政文化建设的全深入开展。

（吴国晖）

机构编制工作

【工作概况】 2018年，城厢区级机构改革，设置党政机构33个，党委机构10个，其中纪检监察机关1个，工作机关9个；政府工作部门23个。中共莆田市城厢区委机构编制委员会办公室（以下简称区委编办）通过梳理和完善行政许可、公共服务事项清单，保留区级行政许可事项222项，公共服务事项177项。清理行政审批中介服务和前置审批事项，保留区级行政审批中介服务84项，调整或取消30项；保留区级前置审批157项，调整14项。推进区级部门权力清单和责任清单两单融合，编制区级34个部门权责清单4182项，镇（街道）权责事项949项。全面公开各类清单，在政务服务网事项管理系统入驻发布行政许可、行政给付、行政确认、行政奖励、行政裁决、公共服务、其他行政权力7种办事服务类事项办事指南，在省执法平台入驻发布行政检查、行政处罚、行政强制、行政征收4种行政监管类事项办事指南，区直34个权责清单单位实现应录全录。全区按照《事业单位登记管理暂行条例》符合登记条件的278个事业单位中215个法人单位进行了年检，其中变更14家，新设立3家。

【机构改革和编制管理】 2018年，城厢区撤销区监察局，设立区级监察委员会与区纪委实行一套工作机构、两个机关名称，履行纪检、监察两项职能。上级下达城厢区转隶行政编制全部划转至区监委。区纪委、监委纪检监察室设置5个纪检监察室，执纪监督和审查调查职能。重新明确区大调解办、区城乡一体化办的机构规格为股级，核销正、副科级领导职数4名。配合推进环保监测监察执法垂直管理体制调整工作，将城厢区环保局行政编制4名、城厢区环境监察大队参公事业编制20名、城厢区环境应急与信息中心全额拨款事业编制20名划入市生态环境局相应派出机构。

【重点领域机构编制保障】 2018年，区委编办统筹编制资源，内部挖潜，创新管理，编制总量内部调剂，腾出编制满足事业发展需要，用“减”和“调”的方法，保障重点领域机构编制配置。合理调整学校定编制，根据农村和城区中小学学生数分布情况、增减变化和流动趋势，将乡镇中小学校部分教职工编制调剂到城区学校，实现中小学编制城乡统筹；学校后勤人员核定编制的，予以过渡保留，人退编减，保障专技教师用编，用足用活编制。理顺人事工资关系，理顺财贸幼儿园、原龙桥街道中心小学、公园幼儿园、华亭第二中心小学人事、工资关系，让流动教师能参与任教学校的职称晋升滚动。建立中小学编外聘用教师队伍，按教师人员编制数的10%核编给区教育局统筹使用，工资总额核定视同在编教师，所需经费纳入区财政预算。全年度聘用编外合同教师127名。

【深化放管服】 2018年，区委编办对接中央、省、市文件精神，及时动态调整区级部门权力事项。调整（并入）行政权力（不含行政许可）29 项，新增行政许可 1 项，承接行政许可 11 项，调整行政许可 5 项，承接公共服务 10 项，承接行政监督检查 2 项，承接其他行政权力 9 项；动态调整取消行政许可 12 项、取消公共服务 13 项、取消其他行政权力 5 项、取消内部审核 1 项；下放行政权力事项 3 项。开展“减证便民”专项行动，对涉及企业、群众办事的各种证照和奇葩证明、循环证明进行全面清理，分两批次取消证明材料 9 项和 33 项，保留涉企涉民证明事项 316 项。推行“多点办理”“同城通办”“最多跑一趟”等服务方式，将群众办件量较大的门牌证、残疾人证、老年人优待证、交通一卡通、社会保障卡等“含金量”较高的 5 个事项，会同有关部门把事项授权委托镇（街道）便民服务中心直接实施或代办，第二代残疾人症核发、保障性住房申请资格核准、户口登记、户口项目登记及变更、居民身份证签发等事项一并下放，实现群众办事能就近能办、异地可办。梳理公布《城厢区直相关单位审批服务事项特殊环节清单》183 项，所有事项办理环节控制在“3+1”个以内，“最多跑一趟”和“一趟不用跑”办事清单占比达到 95.86%，将项目建议书审批、可研审批、初步设计审批、企业投资项目核准等审批事项由法定时限 20 个工作日压缩至 2 个工作日，压缩 90%；将企业境内投资项目备案由法定时限 5 个工作日压缩为即办件，成功实现全程网办。

【商事改革】 2018 年，区委编办统筹推进“多证合一”改革和“证照分离”改革，推广运用电子证照。整合证照推进“减证便民”，将涉及企业登记、备案等 63 项涉企证照事项整合到单一的营业执照办理上，申请人办理企业注册登记时只需填写“一张表格”，向“一个窗口”提交“一套材料”，即可完成 63 项涉企证照事项的审批（备案）手续，联合开展 “多证合一”改革工作落实情况专项督查，区直部门 12 项涉企证照事项，全部通过审批信息系统登记、备案管理，进一步减少企业办事时间和成本经费，有效降低制度性交易成本；推进商事登记全程电子化，全区电子证照录入完成 44 万件，实现网上审批系统和电子证照库的无缝对接，各进驻窗口收件原则上不再收取本市相关部门核发的证照或批文复印件，进一步提高审批效率。

（陈俊洪）

党校工作

【工作概况】 2018 年，中共莆田市城厢区委党校（以下简称区委党校）在区委、区政府的领导下，以习近平新时代中国特色社会主义思想为指导，贯彻落实中共十九大精神，牢牢把握全国全省党校工作会议精神，坚持党校姓党，坚持围绕大局，聚焦主责主业，努力发挥理论宣传主阵地、干部培训主渠道、党性锻炼大熔炉作用，为全区干部教育培训作出贡献。

【干部教育培训】 2018 年，区委党校围绕学习宣传贯彻习近平新时代中国特色社会主义思想、中共十九大精神的总体要求，抓好干部教育培训工作。全年举办和联办各类培训班 4 期，其中“城厢区 2018 年青年干部培训班”1 期 43 人，“城厢区意识形态培训班”1 期 180 人，“城厢区科级干部深入学习贯彻习近平新时代中国特色社会主义思想专题班”1 期 460 人，“2018 年新任基层党组织书记培训班”1 期 120 人。同时，为适应互联网时代干部学习方式的新变化，组织全区 1959 名干部参加“福建干部网络学院”在线学习，进一步提高全区各级干部的综合素质和能力。

【理论宣讲活动】 2018 年，区委党校组织骨干教师参加城厢区中共十九大精神宣讲团和自主下乡宣讲，深入区直各系统党委、镇街、工业园区、村（社区）等单位开展“习近平新时代中国特色社会主义思想”“党的十九大精

7月27日，城厢区2018年青年干部培训班结业典礼（林志勇摄）

神”专题宣讲23场，推动党的理论创新成果走进党员、走进群众，凝聚了党心民心，扩大社会共识。

【精准扶贫】 2018年，区委党校每季度组织干部教师深入华亭镇走马亭村开展精准扶贫工作，引导挂钩贫困户脱贫致富、自食其力。至2018年底，全部挂钩贫困户均能足额享受小额无息贷款、发展特色农业补助、低保金、养老金等扶持政策，部分家庭实现新增劳动力就业，脱贫步伐更加稳健。区委党校还发动干部教职工捐助慰问金5000元、慰问品2049元，让这些贫困户感受到党和政府的关怀和温暖。

【“非洲猪瘟”防控】 11月7日至12月22日，根据区防控“非洲猪瘟”办公室的工作安排，区委党校派出四个小组轮流进驻灵川镇育农生猪养殖场，一天24小时开展监督、检查、消毒和登记等工作，确保该养殖场没有疫情发生。

（林志勇 吴章福）

党史研究工作

【工作概况】 2018年，中共莆田市城厢区委党史研究室（以下简称区委党史室）深入学习贯彻习近平新时代中国特色社会主义思想以及习近平总书记关于党的历史和党史工作重要讲话精神，坚持“党史姓党”大原则大方针，贯彻落实五大发展理念，围绕中心、服务大局，以史鉴今，不断做好新形势下的党史工作，即时收集和整理好2018年度重大会议的材料，以及事关城厢发展的重大决策部署资料和区委大事记等，夯实党史研究的资料基础，提升党史工作影响力，取得一定成效。

【党史征编】 2018年，区委党史室完成《中国共产党莆田市城厢区第九次代表大会资料汇编》编印工作。通过向区委组织部，区委办等部门收集相关文件资料，按照既定的计划，有步骤地推进党史编纂工作，经过多次的核对、修改，完成全书4个部分、7.66万字的校对工作，交付印刷并作为内部资料出版。开展《中共城厢区党史人物》编纂工作，基本完成收编对象传略的征集工作，进一步征集完整，进行较对后，拟正式由出版社编印发行。征集、整理中共抗日战争口述史，根据中共莆田市委党史研究室《关于开展中共抗日战争口述史料集、整理与研究的工作》文件精神，通过摸清健在抗日战争亲历者，确定采访对象，制定采访方案，采访2位抗日战争老兵，通过影像、音像记录的方式，对抗战老兵口述的史料、回忆录进行系统的整理上报市党史研究室。

【党史教育基地保护利用】 2018年，区委党史室为推进城厢区党史资政育人、推进革命遗址保护和推动红色旅游发展，每年都给党史教育基地一定的维护补助经费。协助常太镇妥善做好马院村闽中游击区革命纪念馆规划和修缮建设工作，开馆并成为主题党日活动基地，2018年确定为区级党史教育基地。

（郑星星）

信访工作

【工作概况】 2018年，城厢区

信访工作以“三大活动”、“四大攻坚”、“诚信建设+信访”和扫黑除恶专项斗争工作为抓手，以维护全国、省、市“两会”、第五届世界佛教论坛、改革开放40周年等重要敏感时期的安定稳定为重点，通过不断强化源头治理，夯实基层基础，加强法治建设，健全化解机制等措施，推动解决了一大批群众反映强烈的信访问题，全区信访态势平稳有序，信访指标稳中有降。是年，全区接待群众161批305人次（集体访3批70人次），同比分别下降9%和21.4%（集体访批次和人次分别下降76.9%和42.6%）；到市115批675人次（集体访55批546人次），同比分别下降6.5%和31.7%（集体访分别下降21.4%和37.7%）；到省43批97人次（集体访6批45人次），同比分别下降28.3%和23%（集体访批次和人次分别下降14.3%和29%）；进京越级访29批34人次，批次、人次同比分别下降29.3%和45.2%。进京到非接待场所上访8批10人次，同比批数不变，人数上升11.1%。全区受理来信（来邮）216件，办结216件，已息访息诉172件：其中国家投诉件42件，办结42件，息访息诉33件；省局来信84件，办结84件，息访息诉65件；省长信箱48件，办结48件，息访息诉40件；市局来信31件，办结31件，息访息诉25件；本局来信11件，办结11件，息访息诉9件。

【机构改革】 2018年12月26日，根据中共莆田市城厢区委办公室、莆田市城厢区人民政府办公室关于印发《莆田市城厢区区级机构改革实施方案》的通知要求将区委区政府信访局由区委办公室、区政府办公室管理的机构调整为区政府工作部门，名称调整为区政府信访局。组建区委信访局，与区政府信访局合署办公。中共莆田市城厢区委、城厢区人民政府信访局（以下简称区信访局）含信访局、信访接待站、信访信息中心等3个机构，其中信访局为行政机关，人员编制3人，实有5人；信访接待站为事业单位参照公务员管理，人员编制3人，实有3人；信访信息中心为事业单位，人员编制6人，实有4人。全体人员17人，其中干部12人，劳务派遣人员5人；设局长1人，主任科员1人，副局长2人，副主任科员1人。局长：陈士忠，主任科员：柯子鹏，副局长：陈丽娟、连益斌，副主任科员：蔡剑鸣。设一个支部，党员6人，办公地点设在区机关大院附属楼。

【畅通信访渠道】 2018年，区信访局推进领导干部接访。发挥领导干部接访的带头示范效应，坚持“两延伸一落实”领导干部接访机制，推动区领导65人次参与接访，接待来访群众76批306人次，其中集体访4批56人次。推动视频接访系统的建设和运用，组织民政、人社、国土、住建等区直部门开展专题视频接访活动2场次，接待群众2批次。加大对信访信息系统推广应用和指导督查，全区59家单位接入全国信访信息系统，受理网上信访件169件，占全区信访总量32.2%，同比上升19.9%。实现信访形式全覆盖、信访业务全流转、过程全公开。

【矛盾纠纷化解】 2018年，区信访局组织全区干部职工不定期常态化的进村入户开展“涉访人员大走访，信访问题大排查，信访积案大化解”活动，全面排查梳理可能引发越级进京到省上访、集体访，进京到非接待场所上访、个人极端事件和负面舆论炒作等信访突出问题，对排查梳理的信访事项，全面加强化解稳控。全区排查重点涉访人员315人，化解278件，化解率达88.3%。以打好信访矛盾化解攻坚战为抓手，突出对“重点领域”“重点群体”“重点问题”和“重点人员”的整治。排查重点领域5件化解4件，重点群体2件化解2件，重点问题15件化解15件，重点人员30人化解20件。在全区范围内开展“奖励三个10%　创建新三无”活动，对评上“三无”村居的给予“三个10%”奖励，即村（居）民参加新型农村合作医疗和城镇居民医疗保险，个人缴费部分由县乡财政贴补10%；参加新农保的60周岁以上村（居）民，基础养老金提高 10%；大病保险实际报销金额增加 10%。通过深化“三无”创建活动的开展，引导群众依法逐级走访，理性反映诉求，2018 年全区达标村（居）72 个。组织全区各镇（街道）和区直单位对开展“百日攻坚 保障论坛”专项活动，对“三大活动”排查出来未化解的行政类信访事项，重点领域、重点群体、重点问题、重点人员涉及未化解的行政类信访事项以及去年以来进京到非接待场所上访的行政类信访事项进行集中整治，对排查出的信访事项要求逐村深入排查预判，逐一明确包案领导，逐件落实工作措施，实现信访案件“清仓见底，案结事了”。省交办 2 件、市（区）级自行排查 13 件信访积案，全部办结息访，办结率 100%。

【信访秩序维持】 2018 年，区信访局加大进京到非接待上访整治。定期滚动梳理进京到非接待场所上访重点人员台账，督促各镇（街道）对交办的重点人员逐一分析研究，组建工作专班，明确区领导挂钩包案，逐一落实稳控责任单位、责任领导和责任人员，切实采取有针对性的措施做好教育转化和人员稳控工作，最大限度地预防和减少进京到非接待场所上访的发生。依法处置信访违法行为，对信访人不按规定逐级走访，而采取进京到非接待场所上访等违法信访活动的，由公安机关及时收集固定证据、依法进行处置，进一步提升进京到非接待场所上访整治效果。是年，公安机关依法查处违法信访人员 8 人次，其中警告 2 人次，行政拘留 4 人次，刑事拘留 2 人次。注重维权与维稳的关系，注重扫黑除恶与治乱的关系，加强对群众来访来信网诉等线索筛查，成立专门力量分析案情，线索摸排移送小组实行进展情况每天“一报告”、每月“一会商”制度，建立线索快速移送反馈机制，加强与政法机关的日常联系，筛选疑似案件 15 件，移送 2 件，接收 2 件。

【强化责任落实】 2018 年，区信访局按照信访维稳“党政同责、一岗双责”的要求，区镇（街道）二级层层落实“属地管理、分级负责、谁主管、谁负责”的责任机制。坚持对各镇（街道）、区直有关单位的信访工作情况进行量化考评，制定科学合理的信访工作量化考评办法，考评结果作为综治、绩效信访部分得分依据。深化联合督导专项督导相结合的督导机制，区信访工作联席会议每年定期不定期组织督导检查组深入各镇（街道）开展信访事项实地督查活动，通过“一督导、一通报”，进一步落实信访工作主体责任。全年区信访联席会议开展 16 次信访事项实地督查，督导检查信访案件 50 件，化解 26 件。三进一步推动《信访工作责任制实施办法》和《福建省信访工作责任制实施细则（试行）》的落实落细，针对 2018 年上半年全区涉访群众越级进京到省上访有所反弹等现象，区委约谈 5 个镇（街）党委（党工委）书记，信访联席办发出 5 份提醒督办函。全年倒查问责干部 3 人次，其中诫勉教育 1 人次、通报批评 2 人次。

（陈蜜云）

老干部工作

【工作概况】 2018 年，中共莆田市城厢区委老干部局（以下简称区委老干局）工作在区委、区政府的领导和市委老干部局的指导下，以党的十九大、习近平总书记系列讲话精神、习近平新时代中国特色社会主义思想为指导，把离退休老干部的思想政治工作和服务管理工作作为一项重要工作来抓，全面落实老干部工作的各项政策措施，使离退休老干部真正做到“老有所养、老有所乐、老有所教、老有所学”。

【落实老干部待遇】 2018 年，区委老干局对离休干部档案做到“四清”，并及时掌握离休干部动态信息。确保每名离休干部都有 1 名在职干部联系，每月联系一次，定期走访慰问，并坚持做到“五必访”。对接社区四就近服务、临时党支部、志愿队伍等资源，紧扣离休干部需求，提供医疗对接、户外健身场所、文娱活动场所、日间照料、党员活动等就近服务项目。开展走访交谈、慰问遗属、祝寿献礼、春节慰问、落实生活补助等工作，做好离休干部的生活保障和精神慰藉服务。执行出台的各项老干部政策，确保老干部生活待遇得到落实：全区老干部的离退休费及时足额发放到位，医药费按规定实报实销；将困难离休干部和遗属帮扶补助专项资金列入财政预算，设立“特殊困难离休干部帮扶基金”，专项列支用以解决离休干部及遗属的特殊困难。是年，先后赴龙岩、福州等地慰问看望迁居外地老干部及遗属；并为全区离休干部无工作遗属发放定期定额生活补助费；坚持“有病必访”工作制度，经常到医院探望慰问患病住院老干部。并严格按照文件要求落实老干部生活待遇、政治待遇，将老干部服务工作做细做实。

【丰富老干部精神文化生活】 2018 年，区委老干局利用社区送学上门服务、主题党日活动、宣讲会议、老干部座谈会、离退休干部学习班等方式，满足老干部学习需要。组织老干部座谈，老干部们围绕党的建设，反腐倡廉等当前包括老干部在内的群众关心的热点问题畅所欲言，对区委重视老干部的政治待遇表示满意。组织区处级退休老领导参观东圳水库，天龟路线并领略龟山寺佛教文化，丰富老干部精神文化生活；组织老年志愿队伍上街发放治安宣传资料，离退休老干部们用真心服务社会，为综治平安做出了贡献；组织老干部开展“庆七一”书画笔会，展示老干部精神风貌，与老干部共筑中国梦；向全区老年朋友们发出“当好第五届世界佛教论坛东道主”倡议书，共创亮丽城市。通过老干部学习班，带领老干部们参观市博物馆、市美术馆、菊花展，展现美丽莆田的新科技、新面貌，感受鲜活饱满、欣欣向荣的莆田气象；与区党史办共同采访抗日老战士宋金德、宋启宁，传承老战士们的精神财富。对行动不便的老干部，开展送学上门活动，鼓励老同志读懂弄通中共十九大精神；通过微信平台交流学习心得和人生感悟，引领老同志开展党组织生活，传递正确的人生价值观。

【老年大学建设】 2018 年，区老年大学依法治校，强化政治意识，切实践行社会主义核心价值观，引导老同志发挥政治、经验和威望优势，围绕中心，服务大局。通过社会办学、开放办学和合力办学，扩大老年教育覆盖面，创新教育方式、手段和活动载体。通过与社区、乡村、学校、企业结对子，让学员施展才华，服务社会，搭建展示老干部精神风采的平台，引导老同志开展增添正能量活动。区各级党委、政府关心重视区老年教育，加大老年大学经费投入、增添办学设备、改善办学条件，为老年教育发展提供必要保障。开设时事政治、养生保健、太极拳、太极剑、交谊舞、音乐、书法、秧歌、十音八乐、木兰拳、木兰单扇舞、木兰双扇舞、民族舞等 12 门课程。

【离退休干部党支部建设】 至 2018 年，全区成立莆田市城厢区老年大学临时党支部、万辉社区离休老干部临时党支部、兴安社区离休老干部临时党支部、莆田市城厢区关工委临时党支部、太平社区离休老干部临时党支部、城厢区离休老干部党支部、下黄社区离休老干部党支部、南门社区离休老干部党支部、莆糖社区离休老干部党支部。临时党支部组织党员开展主题党日活动、参观闽中革命纪念馆、开展龙脊山公园志愿清洁活动，体现了老干部们的风采；组织志愿者成为莆田市‘万年青’老干部志愿服务者中的光荣一员，参与志愿服务，宣传文明新风，为建设美丽莆田作出新贡献。在龙桥街道万辉社区、区老年大学及兴安社区建有老党员之家活动场所，老党员之家对接老年大学、社区“四就近”服务资源，提供多样化教学课程、兴趣交流平台、医疗对接、户外健身场所、文娱活动场所、日间照料、党员活动等服务，丰富老同志精神生活，发挥老干部作用。

（郑 宓）

对台工作

【工作概况】 2018年，全区对台工作在习近平总书记关于对台工作的重要思想为统领，区委、区政府的领导和市台办的指导下，按照“一国两制、和平统一”的方针，围绕推动两岸关系和平发展这个主题，着力于加强联谊、促进交流，着力于培育特色、打造亮点，着力于谋求合作、务见实效，进一步活跃两岸人员往来，推动两岸密切交流与深入合作，全区对台工作水平有新的提升。

【对台宣传】 2018年，中共莆田市城厢区委台湾事务办公室（以下简称区委台办）运用“城厢对台之窗”及“城厢区台商联谊微信群”等宣传平台，编办专刊4期，宣传习近平总书记关于对台工作的重要思想、党的对台方针政策及两岸关系大势，宣传国台办31条惠台政策、福建66条实施意见、莆田35条惠台措施，营造良好的政策环境。经常在《台北莆仙会刊》《台湾导报》，以及省、市、区主流新闻媒体宣传城厢区投资环境、优惠政策及两岸交流合作最新成果。

【两岸五帝文化交流】 2018年，区委台办开展两岸中华五帝文化交流联谊活动，精心组织首届城厢区两岸中华五帝文化论坛。参加文化节活动的台北基隆、苗栗、新竹等台湾五帝信众达450多人。35名两岸五帝文化研究专家围绕“中华五帝情·两岸一家亲”主题开展研讨，编印《城厢区两岸中华五帝文化论文集》，《福建日报》作宣传报道。

【两岸妈祖文化交流】 2018年，区委台办协同莆田市台办、莆田市妈祖书画院在台湾台中市成功举办“大爱妈祖”两岸书画精品大联展。展出两岸书画精品120幅，50位两岸书画家参加现场笔会交流，进一步弘扬妈祖文化，促进两岸文化交流。台中市福兴宫妈祖宫董事会给予此展很高的评价。

【第十届海峡论坛交流活动】 2018年，区委台办做好参加第十届海峡论坛妈祖文化活动周城厢嘉宾的陪同接待工作。邀请三个团组共90人，其中台中市村里长及基层代表10人，彰化青创协会30人，妈祖信众及各界人士代表50人。

【首届台湾美食文化节】 2018年，区委台办举办“海峡两岸·食在城厢”首届台湾美食文化节。在有关部门的支持下，首届台湾美食节在万达广场得以成功举办，推出美食摊位39个，涉及肉食、海鲜、包子、伴手礼等各类地道台湾美食90多种，反响良好，让莆田市民现场品尝台湾美食，感受推广台湾美食文化，进一步促进两岸文化交流，丰富市民节日文化生活。

【对台招商】 2018年7月和8月，城厢区分别组织两个团赴台，在进一步推进闽台村里对接交流的同时，深入推介城厢的投资环境与投资项目，就妈祖书画交流、生态旅游、精密机械合作开发等5个项目达成合作意向。借第十届海峡论坛妈祖文化活动周及“大爱妈祖”两岸书画精品联展交流之机，邀请台湾嘉宾和客商来区考察工业园区，洽谈台资项目（含意向）8个，其中凌菲跨境电商物流及精密机械和模具研发制造加工等2个项目总投资共1.6亿元，参加全市第十届海峡论坛妈祖文化周合作莆台项目签约，其他6个项目在洽谈对接中。在11月18日的第三届妈祖文化论坛招商项目签约仪式上，又有台湾檀香、金线莲等名贵树种及经济作物种植基地项目参加签约，总投资1.2亿元。

（吴碧清　黄国祥）

莆田市城厢区人民代表大会

区人大主要会议

【城厢区第九届人民代表大会第三次会议】 12 月 27—29 日上午，召开区九届人大三次会议，大会应出席代表 182 名，出席会议的代表有 176 名。出席区政协八届二次会议的全体委员和区政府组成人员、市直属有关部门、区直有关部门和单位负责人列席大会。会议听取和审议城厢区人民政府区长吴文恩所作的政府工作报告、书面听取区发展和改革局局长徐达威作的关于区 2017 年国民经济和社会发展计划执行情况及 2018 年国民经济和社会发展计划草案的报告和区财政局局长许玉树作的关于区 2017 年预算执行情况及 2018 年预算草案的报告、听取区人大常委会主任王国太作的区人大常委会工作报告、区人民法院院长陈志权作的区人民法院工作报告、区人民检察院检察长林秀冰作的区人民检察院工作报告。经审议，大会决定批准上述报告。大会选举刘华山、林杰、柳军勇为城厢区第九届人民代表大会常务委员会委员，表决通过刘玉银为莆田市城厢区第九届人民代表大会财政经济委员会委员，选举蔡金清为莆田市第七届人民代表大会代表。

【城厢区人大常委会会议】

城厢区九届人大常委会第九次会议　2 月 28 日上午举行，会期半天。会议听取和审议区政府关于城厢区全面推行河长制工作情况的报告，传达省十三届人大一次会议精神。区人大常委会主任王国太、副主任黄光明、王乌妹、林少敏、林晋居及委员 24 人出席会议。会议由王国太主持。

城厢区九届人大常委会第十次会议　4 月 20 日上午举行，会期半天。会议听取和审议区人大常委会执法检查组关于城厢区贯

12 月 27 日，城厢区召开九届人大三次会议　（许金珊 摄）

彻实施《福建省养老机构管理办法》及《福建省促进革命老区发展条例》情况的执法检查报告。会议作出关于接受林烽辞去区九届人大代表、财政经济委员会委员职务、赵鲁山辞去区九届人大代表职务、吴智杰、吴志明辞去区九届人大代表、常委会委员职务请求的决定。区人大常委会主任王国太、副主任黄光明、王乌妹、林少敏及委员21人出席会议，会议由王乌妹主持。

城厢区九届人大常委会第十一次会议 5月5日上午举行，会期半天。会议听取和审议莆田市公安局涵江分局的《关于提请许可对黄寿椿采取刑事强制措施的报告》（涵公综〔2018〕81号），作出关于许可涵江公安分局对黄寿椿采取刑事强制措施并暂时停止其执行区人大代表及区人大常委会委员职务的决定。区人大常委会副主任黄光明、王乌妹、林少敏、林晋居及委员20人出席了会议，会议由黄光明主持。

城厢区九届人大常委会第十二次会议 6月27日上午举行，会期半天。会议听取和审议区人大常委会执法检查组关于城厢区贯彻实施《宗教事务条例》情况的执法检查报告；听取和审议区人大常委会考察调查组关于城厢区2017年度环境状况和环境保护目标完成情况的考察调查报告；听取和审议区人民政府关于提请审议批准2018年城厢区政府债务限额及调整新增债券资金支出预算的议案。会议作出免去马晋的城厢区人民政府副区长职务、傅建彬、林国煌的城厢区人民检察院检察员、检委会委员职务、翁元珍的城厢区人民检察院检察员职务的决定。

区人大常委会主任王国太、副主任黄光明、王乌妹、林少敏、林晋居及委员共19名出席，会议由林晋居副主任主持。

城厢区九届人大常委会第十三次会议 8月28日上午举行，会期半天。会议听取和审议区政府关于城厢区2018年上半年国民经济和社会发展计划执行情况及重点项目建设情况的报告，区政府关于城厢区2018年上半年预算执行情况的报告、区政府关于2017年本级财政决算的报告、2017年本级预算执行和其他财政收支的审计工作报告，决定任命莫彩华为城厢区人民政府副区长。区人大常委会主任王国太、副主任黄光明、王乌妹、林少敏、林晋居及委员19人出席会议。会议由林晋居主持。

城厢区九届人大常委会第十四次会议 10月31日上午举行，会期半天。会议听取和审议区政府关于2018年区本级预算调整的议案、区政府关于城厢区国民经济和社会发展"十三五"规划纲要实施情况的中期评估报告、区九届人大二次会议代表建议办理情况的报告，作出关于补选城厢区第九届人民代表大会代表选举日的决定及关于召开区九届人大三次会议的决定。会议作出接受林海斌、陈士忠辞去区九届人大代表职务请求的决定及接受苏顺琪、黄寿椿辞去区九届人大代表、常委会委员职务的请求的决定。区人大常委会主任王国太、副主任王乌妹、林少敏、林晋居及委员19人出席会议。会议由林晋居主持。

城厢区九届人大常委会第十五次会议 12月21日上午举行，会期半天。会议对在城厢区的银行业金融机构创建"人民满意先进单位"活动进行评议，作出授予中国工商银行莆田市城厢支行等四家银行业金融机构2017—2018年度创建"人民满意先进单位"称号的决定；审议通过区人民政府关于提请审议月塘南片区改造项目列入2018年国民经济和社会发展计划的议案；会议审议通过区九届人大会常委会代表资格审查委员会关于补选代表的代表资格审查报告；审议通过区九届人大会常委会公告；初审区九届人大常委会工作报告；审议通过区九届人大三次会议有关事项；书面听取和审议区政府关于2018年为民办实事落实情况的报告。会议作出关于接受蔡辉森辞去莆田市第七届人大代表职务请求的决定及关于接受周燕英、陈伟、刘国文辞去区九届人大代表职务请求的决定。会议决定免去田林华城厢区安全生产监督管理局局长的职务、吴立锋城厢区水务局局长的职务；免去蔡枫金区人民检察院检察员的职务，任命余晓冬为区检察院检察委员会委员的职务；任命柳军勇为区人大常委会龙桥街道人大工作委员会主任。区人大常委会主任王国太、副主任黄光明、王乌妹、林少敏、林晋居及委员 20 人出席会议。会议由林晋居主持。

城厢区九届人大常委会第十六次会议 12 月 29 日下午，会期半天。会议听取区政府副区长肖志雄作区政府机构改革方案有关情况的报告；会议决定免去黄美光区人民政府副区长的职务，林春生区经济和信息化局局长的职务、刘都峰区农业局局长的职务、许淑珍区文体广电出版局局长的职务、陈清汉区卫生和计划生育局局长的职务；决定任命林春生为区工业和信息化局局长、沈国发为区人力资源和社会保障局局长、陈攀为区水利局局长、刘都峰为区农业农村局局长、许淑珍为区文化体育和旅游局局长、陈清汉为区卫生健康局局长、黄鹏远为区退役军人事务局局长、刘国文为区应急管理局局局长、陈士忠为区政府信访局局长的职务。区人大常委会主任王国太、副主任黄光明、王乌妹、林少敏、林晋居及委员 22 人出席会议。会议由黄光明主持。

人大常委会主要工作

【工作概况】 2018 年，区人大常委会学习贯彻习近平新时代中国特色社会主义思想和中共十九大精神，全面落实中央、省委、市委和区委的重大决策部署，围绕中心，服务大局，行使宪法和法律赋予的各项职权，把人大工作与全面推进高质量发展落实赶超紧密结合，为推动全区经济社会发展和民主法治建设作出贡献。是年，先后召开 9 次人大常委会，听取和审议“一府两院”工作报告 14 项，作出决议、决定 15 项，组织代表开展执法检查、考察调查、专题调研 14 次，依法任免国家机关工作人员 28 人次，其中任免区级领导 2 人次，完成区九届人大二次会议确定的各项任务。是年，区人大常委会开展 3 项执法检查，5 项考察调查，6 项专题调研，听取和审议“一府两院”专项工作报告 14 项，作出决定、决议 15 项，形成审议意见 9 项，促进“一府两院”依法行政，公正司法。

【组织对城厢区全面推进河长制工作情况进行考察调查】 1 月 23 日，区人大常委会组织对城厢区全面推进河长制工作情况进行考察调查。针对思想认识仍不够到位、河长办自身力量不足、部门联动需要进一步加强、污水流入河道问题较为严峻等问题，提出要进一步完善并理顺工作体制机制、加强城乡水环境治理保护力度、加大环境治理保护宣传力度的意见建议，促进政府及其有关职能部门落实责任、改进工作。

【《福建省养老机构管理办法》执法检查】 3 月 22 日，区人大常委会组织对城厢区贯彻实施《福建省养老机构管理办法》开展执法检查，针对检查发现的一些问题，建议区政府及相关职能部门要牢固树立依法行政意识，加大宣传力度和财政投入，完善管理机制和总体规划，充分整合社会资源，满足多层次多样化的养老服务需求，进一步提升城厢区养老机构的管理水平和服务质量。

【《福建省促进革命老区发展条例》执法检查】 3 月 27 日，区人大常委会组织对城厢区贯彻实施《福建省促进革命老区发展条例》开展执法检查。针对老区发展不平衡现象比较突出、建设老区的重视度还需提高、老区建设的“合力效应”还不明显等问题，提出进一步强化责任意识、突出重点帮扶、注重政策倾斜、促进规范管理等意见建议，促进区政府及其职能部门相关工作。

【《宗教事务条例》执法检查】 5 月 30 日，区人大常委会组织对城厢区贯彻实施《宗教事务条例》开展执法检查，指出城厢区在贯彻实施《宗教事务条例》中还存在一些问题，提出区政府及其职能部门要牢固树立依法行政意识，加大对《宗教事务条例》的贯彻实施力度，采取有效措施依法管理宗教事务，不断完善工作机制，维护宗教和睦，促进和谐社会建设等意见建议。

【组织对区政府关于2017年度环境状况和环境保护目标完成情况进行考察调查】 5月31日，区人大常委会组织对区政府关于2017年度环境状况和环境保护目标完成情况进行考察调查。指出区政府在环境保护工作上仍然存在思想认识不高，环境质量不容乐观，环保基础设施建设滞后，环境污染防治存在薄弱环节等问题。建议区政府要坚持绿色发展，加快产业结构转型；直面问题实处，加快补齐环保短板；坚持问题导向，加大问题整改力度；严格依法行政，提升环境执法水平；加大环保宣传力度，营造全社会保护环境氛围。

【组织对城厢区2018年上半年重点项目建设、计划及预算执行情况进行考察调查】 7月26日，区人大常委会组织对城厢区2018年上半年重点项目建设、计划及预算执行情况进行考察调查，指出城厢区经济发展仍然存在一些不可忽视的困难和问题，建议区政府要进一步加强经济运行调度，强化责任意识，研究应对措施，全力推动落实，确保全年计划目标的顺利完成。

【组织对城厢区"七五"普法工作情况进行专题调研】 8月10日，区人大常委会组织对城厢区"七五"普法工作情况进行专题调研，针对调研中发现的问题，提出意见建议。

【组织对城厢区城市规划修编进展情况进行专题调研】 8月22日，区人大常委会组织对城厢区城市规划修编进展情况进行专题调研。针对调研中发现的问题，提出意见建议。

【组织对城厢区林下经济发展工作情况进行专题调研】 9月6日，区人大常委会组织对城厢区林下经济发展工作情况进行专题调研，针对调研中发现的问题，提出意见建议。

【组织对城厢区"十三五"规划纲要实施情况的中期评估进行考察调查】 9月19日，区人大常委会组织对城厢区"十三五"规划纲要实施情况的中期评估进行考察调查，指出了城厢区在实施"十三五"规划过程中存在的一些问题，建议区政府要应对经济形势变化，合理运用中期评估成果，确保规划纲要全面实施；深化产业结构调整，促进产业转型升级；强化要素资源保障，促进经济社会可持续健康发展；统筹城乡发展，加快城乡一体化进程。

【组织对城厢区安置房建设及回迁情况开展专题调研】 9月26日，区人大常委会组织对城厢区安置房建设及回迁情况开展专题调研。指出了城厢区安置房建设及回迁面临一些困难和问题，建议区政府要明确责任，加快推进项目建设、靠前服务，完善项目前期手续办理工作、主动作为，做好安置房回迁和不动产产权证登记工作、严格管理，确保运行规范有序，促进相关工作开展。

【组织城厢区"百日攻坚打硬仗 文明城市再提升"情况进行专题调研】 10月10日，区人大常委会组织城厢区"百日攻坚打硬仗 文明城市再提升"情况进行专题调研，针对调研中发现的问题，提出意见建议。

【组织对区九届人大二次会议代表建议办理情况进行考察调查】 10月12日，区人大常委会组织对区九届人大二次会议代表建议办理情况进行考察调查，针对存在的问题，提出进一步提高认识、创新方法、加强督办等建议。

【组织对城厢区"完善公共文化服务体系，深入实施文化惠民工程"情况开展专题调研】 11月1日，区人大常委会组织对城厢区"完善公共文化服务体系，深入实施文化惠民工程"情况开展专题调研，针对调研中发现的问题，提出意见建议。

【组织对在城厢区的金融机构创建"人民满意先进单位"情况进行评议】 12月21日，召开区九届人大常委会第十五次会议，对在城厢区的9家银行机构创建“人民满意先进单位”工作进行评议，会议指出，参与创建活动的9家银行机构（工商银行城厢支行、中国银行城厢支行、农业银行城厢支行、建设银行城厢支行、兴业银行城厢支行、邮储银行城厢支行、农商银行城厢支行、光大银行城厢支行、厦门银行城厢支行），能够按照《创建“人民满意先进单位”工作情况开展评议的实施方案》，结合各银行工作实际，细化创建方案、制定活动计划清单，围绕6个方面13项内容，在完善内部机制（制度建设、党风廉政、思想道德）、提升服务质量、创新金融产品、服务实体经济、强化风险控制、加快处置化解企业信贷风险等方面，开展一系列创建活动，为城厢金融事业稳定持续发展作出积极贡献。决定授予中国工商银行股份有限公司莆田城厢支行、中国农业银行股份有限公司莆田城厢支行、中国邮政储蓄银行股份有限公司莆田市城厢区支行、兴业银行股份有限公司莆田城厢支行等四家银行业金融机构2017—2018年度创建“人民满意先进单位”称号。

1月22日，区人大常委会慰问贫困户　　（人大办　供）

【代表工作】　2018年，区人大常委会坚持常委会组成人员联系走访代表制度，听取代表的意见和建议，帮助解决代表履职过程中遇到的困难和问题。扩大代表对常委会工作的参与，在闭会期间邀请代表列席常委会会议、参加执法检查、考察调查和专题调研等活动，组织代表参与信访接待和调解衔接工作，协调解决社会矛盾纠纷，为构建和谐城厢尽责服务。充实代表队伍，自区九届人大二次会议闭幕以来，因工作变动（或调离本行政区域、病故）而辞去（或终止）代表职务的有15名，根据工作需要于12月16日依法补选6名区人大代表，截至2018年12月31日，莆田市城厢区第九届人民代表大会实有代表182名。

【代表建议办理】　2018年，区九届人大二次会议收到代表建议46件，其中涉及教育卫生方面10件，规划建设方面10件，社会管理方面9件，农业水利方面5件，公路建设方面3件，交通管理方面3件，财经方面2件，环境保护方面1件，其他方面3件。在区政府及各承办单位的努力下，46件人大代表建议均答复代表，其中办结或基本办结28件，占总数的61%；在办理8件，占总数的17.78%；向代表解释说明10件，占总数的22.22%。从总体上看，代表对建议办理工作比较满意。

【人事任免】　2018年，区人大常委会依法任免国家工作人员28人次，其中任免区级领导2人次，区人大常委会派出工作委员会工作人员2人次，区政府组成单位工作人员15人次，法院、检察院工作人员9人次。

（杨耀崴　陈建国）

区政府主要工作

【政府机构】　2018年，城厢区人民政府设置工作机构23个：办公室、发展和改革局、教育局、科学技术局、工业和信息化局、民政局、司法局、财政局、人力资源和社会保障局、自然资源局、住房和城乡建设局、交通运输局、水利局、农业农村局、商务局、文化体育和旅游局、卫生健康局、退役军人事务局、应急管理局、审计局、市场监督管理局、统计局、信访局。其中，办公室挂政府外事办公室、金融工作办公室牌子；发展和改革局挂粮食和物资储备局牌子；民政局挂革命老根据地建设办公室牌子；住房和城乡建设局与人民防空办公室实行一个机构，两块牌子；农业农村局挂扶贫开发领导小组办公室、区委实施乡村振兴战略领导小组办公室牌子；文化体育和旅游局挂新闻出版广电局牌子；退役军人事务局挂双拥共建工作领导小组办公室牌子；市场监督管理局挂知识产权局牌子。

【政府领导简况】　区长：吴文恩（区委副书记）；常务副区长：肖志雄（区委常委）；副区长：周敏（区委常委）、黄美光、施清芳、李文杰、谢长征、杨碧静、郭国辉、马晋（至2018年1月）、莫彩华（2018年8月起）；党组成员：林荣斌（区委常委）、张伟国、陈丽萍、吴俊峰、蔡建志。

【工作概况】　2018年，城厢区政府牢固树立新发展理念，紧盯高质量发展落实赶超工作目标，凝心聚力、攻坚克难，各项工作取得进展，经济社会保持持续健康发展的良好局面，完成区九届人大二次会议确定的目标任务。全区生产总值完成397.3亿元，增长8.9%。农林牧渔业总产值完成16.11亿元；规模以上工业产值完成333.59亿元，增长10.2%；增加值增长9.1%。固定资产投资增长24.8%。财政总收入完成34.5亿元，增长8.7%；其中地方级财政收入完成23.17亿元，增长9%。社会消费品零售总额完成237.85亿元，增长10.9%。外贸出口总额完成62.07亿元，增长7.2%。实际利用外资53898万元。居民人均可支配收入35147元，增长8.3%。

区府办日常工作

【工作概况】　2018年，莆田市城厢区人民政府办公室（以下简称区府办）始终牢固树立服务理念，突出主动性、针对性，更好地发挥参谋助手、承上启下、督促落实和后勤保障作用，推动政府机关高效运作。是年，先后被评为全省政府系统信息工作先进单位，市、区提案办理先进单位，区人大建议办理先进单位，信息、法制、海防、电子政务工作考评名列全市第一。

【文秘工作】 2018年，区府办重点围绕第五届佛教论坛电视分论坛及佛教艺术展的各项活动，对接市筹委会各工作组，协调区直相关单位，形成工作合力，为论坛举办提供良好的服务保障。整治“文山会海”，严把会议、文件审批关，做到上会内容规范化，会议议题重点化，会议服务细致周到，会议记录完整准确，会议纪要编发及时，办文办会数较上年均有缩减。全年制发莆城政文件253份，莆城政办文件97份，莆城政函148份；区政府常务会议纪要29份，区长办公会议纪要11份，专题会议纪要104份，莆城土文件20份；收到并处理省、市文件5500多份。做好区政府全体成员会议、常务会议、区长办公会议、党组会议、经济分析会、纳税大会表彰会议等重要会议的承办工作，科学合理安排领导调研行程、车辆。同时，做好“一带一路”跨境电商国际合作高峰论坛、首届中国式菜肴产业发展高峰论坛等大型活动，中央、省扫黑除恶督导组、省委巡视组、各级调研考察等重要公务活动的接待、保障工作。做到办文办会办事零差错、高效率。

【综合文字工作】 2018年，区府办坚持把以文辅政贯穿办公室工作全过程，紧扣区委区政府重大决策部署，深入实际、深入一线、深入群众开展专题调研活动，从全区重点工作、中心工作和社会关注、群众关心的热难点等方面入手开展调查研究，广纳意见、实事求是，为区领导把握全局、科学决策和工作实施提供优质、高效的参考资源和决策依据，发挥参谋助手作用。始终把提高综合材料质量放在中心位置，立足区情实际，准确把握区领导意图和决策思路，切实将领导工作思路、工作实际结合到文稿起草全过程，做到行文严谨细致、语言简练准确、紧贴工作实际。全年完成区政府各类重要会议领导讲话、省市会议发言材料、专题材料汇报、政府工作报告、各级调研考察项目介绍、赴外招商推介等综合材料230余篇。

【电子政务服务】 2018年，区府办围绕信息公开、办事服务、政民互动及政策解读四大功能，对区政府网站内容重新组织，完善网站系统。区政府网站信息公开4万余条，收受审批事项6万余件，按程序进行处理及回复。全年完成机关网络光纤改造、视频会议系统升级改造、政务视频会议公共平台建设，新增两个高清视频会场。全年保障全国、省、市及区级视频会议95场次、应急视频会议7场次，完成与中央、省、市以及镇（街道）五级视频会议平稳运行。

【督查工作】 2018年，区府办将督查工作的重点放在区委区政府重大决策部署、区“两会”、区政府各类会议确定的重点事项，对区政府工作报告任务目标责任进行跟踪督促检查，确保政府工作目标的贯彻落实。抓好15件惠民实事的专项督查，全年完成通报8次，确保好事办好。抓好人大代表建议和政协委员提案的办理工作。市人大代表建议20件、政协提案38件均按时答复。区府办连续多年被区人大评为建议办理先进单位。办理市领导、区委领导批示（办）件110件，办复率100%；跟踪督查区长批示件149件。

【信息采编】 2018年，区府办不断增强信息工作的敏锐性，多渠道、多角度挖掘信息，有效拓展信息源，提高信息工作的主动性。全年刊发城厢要讯正刊48期，增刊10期。建立完善信息目标管理制度、定期通报制度、审核把关制度等，每月统计汇总并通报信息报送采用情况，累计通报12次。全年报送省、市信息1000余条，其中通过市府办向国务院办公厅报送并采用7条，省政府办公厅采用23条，市政府办公室采用85条，为上级领导决策提供第一手材料。全年主动公开政府信息98条，解读16份政策文件，受理9件依申请公开，均在规定时间内给予答复。

【法制建设】 2018年，区府办自觉运用法治思维、法治方式开展工作，依法办理区政府交办的各项涉法事务，做好法制保障和法律服务工作。对政府的重大决策进行合法性审查，为政府依法决策服务。依法公正办理行政复议案，全年收到行政复议申请6件，依法受理4件，不予受理2件，均审结。全年审查备案规范性文件18份，清理2018年前（不含2018年）发布的规范性文件357件。依法履行行政应诉职责，收案行政诉讼169件，对每起应诉案件督促相关单位依法提交答辩材料并及时安排人员出庭应诉。

【后勤保障】 2018年，区府办按照深化监察体制改革试点工作要求，在两周内完成机关大院5家单位办公场所调整，保障区纪委、监委合署办公的用房配备，做到工作衔接紧密有序。按照“1+X”专项督查要求，开展办公用房、公务用车、外侨等工作月（周）督查，确保严格符合国家要求。绿化、美化机关大院，营造优美的办公环境，不断优化机关食堂服务，为干部职工提供更高质量的后勤保障。扎实开展公共机构节能工作，在机关事务管理处指导下，华亭十二中被评为国家级机构节能减排示范单位，文献中学被评为省级机构节能减排示范单位。

【外侨工作】 2018年，区府办坚持“以人为本，为侨服务”的宗旨，开展外事、侨务工作。办理因公出国（境）2批次2人次，出访团组均圆满完成任务。做好华侨到闽定居办理工作，办理3名华侨到闽定居，出具不予受通知书37份。为100多名归侨、侨眷送医送药、健康咨询、免费体检等活动，为贫困归侨侨眷17人送去补助款2万元。接待来信来访2批5人次，其中来信1件，来访4人次。

【效能建设】 2018年，区府办以“马上就办”“12345平台”为抓手，增强行政服务实效。建立区级34个部门权责清单共4182项，实行清单动态调整机制。实行“一个窗口”受理，所有事项办理时限均控制在法定时限50%以内。梳理第四批“最多跑一趟”和“一趟不用跑”办事清单，事项占比超过95%。规范“12345平台”运行，提升便民服务水平。全年受理“12345”诉求件16579件，处理完毕16431件，当期办结率100%，及时回复率99.97%，及时查阅率99.9%，群众满意度97.98%。开展各类效能督查28次，发出通报7期，予以效能问责58人次，其中诫勉教育17人次、通报批评37人次、效能告诫4人次，促进机关作风转变。

（林育帆）

招商引资

【工作概况】 2018年，城厢区招商局（以下简称区招商局）结合《城厢区贯彻落实〈建设美丽莆田行动纲要〉实施方案》，立足抓早抓实，全力项目攻坚，招商工作稳步推进。是年，全区新增签约落地招商项目11个，总投资43.5亿元。其中工业科技项目6个（九木专用服务器研发、杰木芯片研发、中电海西智能制造研究院、杰讯光通信产业链、TPU超临界发泡材料、三利谱偏光片），总投资额21.5亿元；三产项目5个（莆田跨境通、腾讯企点、骠骑平台、万屹建筑总部、初凡贸易），总投资额22亿元。九木专用服务器研发、杰木芯片研发、中电海西智能制造研究院等7个项目落地运营；重点在谈项目6个，计划总投资375.5亿元，包括中农批冷链仓储集群、中电互联网信息产业园、闽投电力储能电站项目等重大招商项目。

【对接洽谈】 2018年，区招商局赴武汉、北京对接中电互联网信息产业园、森田新能源汽车等项目；赴湘潭大学考察新能源产业项目热储能实验室。组织招商小分队赴厦门凯纳石墨烯技术股份有限公司考察石墨烯项目，区领导带队赴深圳拜访莆籍企业家，考察企业运营情况，对接

3D 玻璃产品、三利谱偏光片等项目，洽谈项目建设方案。派人拜访厚健投管理（上海）有限公司，考察浙江宁海生物产业园。区领导率小分队赴北京洽谈新能源汽车、汽车零部件产业园等项目；赴深圳拜访腾讯公司，洽谈腾讯企点合作项目；拜访晨星软件公司，签约杰木芯片研发、人工智能产业园项目。6 月 20 日，按照市里统一安排，参加第十届海峡论坛项目签约洽谈会，上台签约凌菲跨境电商物流、台湾精密机械和模具制造等 2 个台资项目项目。区招商局先后参加福建省第八届民企对接洽谈会，赴北京中国保利集团总部洽谈佛教论坛事务，并调研中粮信托下属大恒城城市综合体项目。8 月 22 日，区领导率有关部门责任人赴北京开展小分队招商，拜访中农批冷链物流有限公司，洽谈莆田冷链物流项目落地事宜；此外还洽谈爱笔人工智能、硅调谐器芯片研发设计、中电海西智能制造研究院等项目。9 月 19 日，赴长沙考察、参加中国电子信息产业集团有限公司与长沙市人民政府共同合作“中电工业互联网有限公司”成立大会；10 月 15—16 日，赴深圳参加莆田市“深圳电子信息产业招商会”，商谈推进宽幅偏光片生产线项目。11 月 22—24 日，城厢区小分队赴上海拜访上海市工商联、松江区人民政府、上海（城厢）商会，商谈天喔企业目前的合法生产经营权与发展思路和非公有制经济健康发展的意见。12 月，赴深圳参加 2018 年芯跑会，参观、考察晨星公司、寒武纪科技等企业，深化政企合作。

【招商政策】 2018 年，城厢区继续实施实体制造业招商优惠政策，给予新引进企业房租补贴、税收奖励、投资补助、人才奖励等优惠。正在进一步完善总部、楼宇招商优惠政策，发挥政策叠加作用，增强招商吸引力，引导产业集聚发展。利用区位及楼宇资源优势，谋划楼宇经济项目，针对莆田西新建成的 4 幢写字楼，已拟就《莆田西 4 幢写字楼项目招商优惠政策（建议方案）》，从招商对象、入驻条件和优惠政策等方面提出具体意见。

【保障服务】 2018 年，区委、区政府主要领导率队赴北京、上海、深圳等地考察、洽谈招商项目 14 次，对接中农批冷链仓储集群、森田国际体育文化产业、杰木芯片研发等项目。通过政企座谈会、项目协调会等方式，为招商企业解决项目选址、市场调研、组建公司等实际问题。与北京、上海、浙江三个异地商会签订招商战略合作协议，同时研究第三方机构（如谷川联行等）委托招商办法。通过商会牵线搭桥，对接中农批冷链仓储集群、森田国际体育文化产业等一批项目。推出重点项目全程手续代理服务，转变项目业主“摸黑探路”“跑断腿”的情况，指导、代理莆田杰木科技有限公司、莆田九木科技有限公司、福建纳云川汽车超市有限公司等多家项目运营公司的设立手续。在项目推进过程中，对全区重点攻坚项目进行定期督查通报，并下达年度招商任务，把招商引资（税）纳入绩效考评体系。

（陈 学）

政协主要会议

【八届三次会议】　中国人民政治协商会议第八届莆田市城厢区委员会第三次会议，12月26日至28日在城厢召开。会议听取并同意区政协主席黄志强所作的工作报告和副主席郑尚庆所作的提案工作报告。列席区九届人大三次会议，听取并讨论政府工作、计划、预算等报告。会议对上述报告表示赞同。会议选举叶建平为中国人民政治协商会议第八届莆田市城厢区委员会常务委员。会议审议通过中国人民政治协商会议第八届莆田市城厢区委员会第三次会议决议。

【八届常委会第六次会议】　7月23日，区政协召开八届常委会第六次会议。区政协主席黄志强，副主席郑尚庆、黄斌华、何剑锋及26名常委出席。会议听取区政府关于2018年上半年全区经济运行和社会发展情况通报；传达学习中共城厢区委关于在全区进一步兴起习近平新时代中国特色社会主义思想“大学习”热潮的通知；开展“深化提升河长制，全力推进河道环境卫生整治”专题协商。

【八届常委会第七次会议】　10月19日，区政协召开八届常委会第七次会议。区政协主席黄志强，副主席郑尚庆、林素香、黄斌华、何剑锋及24名常委出席。会议听取区政府关于2018年城厢区重点项目实施和为民办实事项目落实情况通报；开展“发展职业教育培训，壮大产业人才队伍”专题协商；开展意识形态学习培训。

【八届常委会第八次会议】　12月18日，区政协召开第八届常委会第八次会议。区政协主席黄志强，副主席郑尚庆、林素香、黄斌华、何剑锋及24名常委出席。会议就《区政府工作报告》征求意见；听取区政府关于区政协八届二次会议以来提案办理情况通报；听取区人民法院、人民检察院2018年工作通报；民主评议2018年重点提案办理单位；开展“规范小区物业管理，提升城市管理水平”专题协商；审议通过有关人事事项；审议通过区政协八届三次会议议程、日程等有关文件。

【八届常委会第九次会议】　12月26日，区政协召开第八届常委会第九次会议。区政协主席黄志强，副主席郑尚庆、林素香、黄斌华、何剑锋及28名常委出席。会议协商提交全体委员酝酿的区政协八届三次会议选举办法（草案）；协商增选政协第八届莆田市城厢区委员会常务委员候选人建议名单（草案）；提名产生大会选举总监票人、监票人建议名单（草案）；协商提交全体委员讨论的区政协八届三次会议决议（草案）。

【八届常委会第十次会议】 12月27日，区政协召开第八届常委会第十次会议。区政协主席黄志强，副主席郑尚庆、林素香、黄斌华、何剑锋及28名常委出席。会议听取各组讨论、酝酿、协商有关事项情况的汇报；审议决定提交大会表决通过的区政协八届三次会议选举办法（草案）；协商确定提交大会选举的增选政协第八届莆田市城厢区委员会常务委员正式候选人名单；协商决定提交大会表决通过的总监票人、监票人建议名单（草案）；审议决定提交大会表决通过的区政协八届三次会议决议（草案）；听取了提案委员会关于八届三次会议提案审查情况的汇报。

12月26日，城厢区召开政协九届三次会议 （许金珊 摄）

区政协常委会主要工作

【工作概况】 2018年，区政协常委会学习贯彻习近平新时代中国特色社会主义思想和中共十九大精神，全面贯彻落实习近平总书记关于加强和改进人民政协工作的重要思想、对福建工作的指示精神和治理木兰溪的重要理念，坚决贯彻中共中央和省委、市委、区委决策部署，围绕“打造人文宜居新城厢，建设美丽莆田先行区”，坚持团结和民主两大主题，履行政治协商、民主监督、参政议政职能，为推动城厢经济社会发展作出贡献。发挥政协代表性和包容性强的优势，加强广泛联系、注重更大包容、坚持真诚合作、致力共同事业，努力构建和谐民族关系、宗教关系、阶层关系和海内外关系。关注新阶层及各类群体的合理诉求，搭建合作平台，做好大团结大联合工作。组织民主党派、人民团体及社会知名人士召开议政座谈会、“三八”国际妇女节、教师节座谈会等，畅叙友情，共谋发展，为加快推进城厢建设鼓与呼。坚持“走出去、请进来”，利用省、市政协领导及兄弟政协到城厢考察等有利时机，广泛对外联谊，在加强横向协作交流、助推城厢和谐发展方面发挥积极作用。全年召开全委会议1次，常委会议5次。

【政治建设】 2018年，区政协常委会坚持把加强政治建设摆在首位，把学习贯彻习近平新时代中国特色社会主义思想和中共十九大精神作为首要政治任务，在全区政协系统兴起习近平新时代中国特色社会主义思想“大学习”热潮，不断提高政治站位，牢固树立“四个意识”，坚定 “四个自信”，践行“两个维护 ”，在思想上政治上行动上同以习近平同志为核心的中共中央保持高度一致。切实履行意识形态主体责任，建立健全意识形态工作责任清单，牢牢把握意识形态的领导权、管理权和话语权，确保主流思想占领意识形态阵地，引领政协组织政治风气。全年组织召开22次党组学习扩大会，组织30多场机关集中学习，引导各党派团体和各界人士以习近平新时代中国特色社会主义思想武装头脑、指导实践、推动工作，夯实团结奋斗的共同思想政治基础。

【理论研讨】 2018年，区政协常委会根据全国、省、市政协部署，开展习近平总书记关于加强和改进人民政协工作的重要思想理论研讨活动，制定“实施方案”和工作推进表，以《习近平总书记关于加强和改进人民政协工作的重要思想专题摘编》为主要学习材料，采取集中学习、专题辅导、理论研讨、主题宣讲、个人自学等形式开展学习，做到学深悟透，准确把握其精髓要义。

【落实深化全面从严治党主体责任】 2018年，区政协常委会学习贯彻《关于加强新时代人民政协党的建设工作的若干意见》，落实深化全面从严治党主体责任。制定《中共莆田市城厢区政协党组深化全面从严治党主体责任清单》，落实“一岗双责”，严格执行中央八项规定和实施细则，推动“两学一做”学习教育常态化制度化。坚决抓好中央、省委巡视反馈意见整改工作，学习贯彻习近平总书记关于巡视工作的一系列重要讲话精神，进一步提高政治站位，制定巡视反馈意见整改方案、措施，明确时间表、任务图，压实工作责任，健全长效机制，确保巡视反馈意见整改工作落深落细落实。严格落实区委《关于进一步严格党内组织生活的十二条措施》，执行民主集中制，落实“三会一课”、民主生活会、主题党日活动等党内制度。落实党风廉政建设主体责任，坚持把纪律规矩挺在前面，强化廉政教育、警示教育、作风建设和反腐败斗争，支持区纪委监委驻政协机关纪检组履行监督执纪问责职责，使党员干部牢固树立党章党规党纪意识，做到严格自律、慎独慎微。加强对政协机关党支部的领导，每年年初、年中、年终3次听取党支部工作汇报。机关党支部强化“六个基本”建设，制定完善党支部工作规则，推动党支部主体作用发挥。

【政治协商】 2018年，区政协常委会紧扣区委、区政府中心工作，把握履行职能与服务大局的最佳结合点，利用全体会议、常委会议、主席会议、专题协商会议和参加党政重要会议等渠道，开展多层次的政治协商。先后就城厢区经济社会发展的重大问题和人民群众关注的热点问题、为民办实事、重点项目建设及“两院”工作等专题开展协商，组织实施区政协2018年度协商计划，对《深化提升河长制，全力推进河道环境卫生整治》《弘扬工匠精神，培育壮大产业人才队伍》《规范小区物业管理，提升城市管理水平》等3个专题开展调研、外出学习等活动，在此基础在开展3次专题协商，形成3份调研报告，为促进城厢高质量发展建言献策。

【民主监督】 2018年，区政协常委会密切与区政协参加单位及各民主党派、无党派人士、人民团体的联络，发挥群团组织和社会新阶层的作用，帮助他们搭建参政议政平台，营造协商民主氛围，拓宽意见反馈渠道。与区纪委监察、法院、检察院等单位紧密配合，规范委派政协委员担任职能部门特邀监督员制度，特邀监督员由区政协和聘任单位共同管理，确保委员在推动行政机关和司法机关依法行政、公正司法、促进机关作风转变等方面，发挥应有的民主监督作用。

【参与项目建设】 2018年，区政协常委会协助区委区政府抓好工作落实，为促进全区经济社会科学发展鼓实劲、出实力、干实事。区政协班子成员挂钩腾辉工艺产业园、福厦铁路客运专线、南山文化名胜区等重点项目，做到深入基层，耐心细致地做好群众思想工作，及时就项目建设遇到的困难和问题进行协调解决。围绕精准脱贫、污染防治、防范化解重大风险三大攻坚战，按照分工开展工作，为打赢打好三大攻坚战献计出力。同时，深入委员企业，与业主交心谈心，了解企业经营的情况和困难，力所能及地帮助企业解决一些难题。

【“三深入、三服务”活动】 2018年，区政协常委会为进一步发挥政协联系面广的独特优势，把开展“深入企业服务经济发展、深入社区服务社会和谐、深入群众服务民生改善”活动贯穿于政协履行职能的全过程，将委员参与活动的实绩纳入委员履职考核管理。

【调研视察】 2018年，区政协常委会围绕区委、区政府中心工作，精心选题，采取“专题听、实地看、当面问、亲身察、重点议”的方法，把事前监督和事后监督有机结合起来，进一步加强和改进调研视察工作。开展社会组织参与基层社会治理、中小学心理健康、重点项目落实情况和为民办实事项目实施等专项视察活动3次。

【提案办理】 2018年，区政协常委会坚持把提高提案质量作为立足点，将协商贯穿于提案的提出、立案、交办、办理、督办和反馈全过程，不断创新和完善提案工作机制。切实改进提案督办方式，推动提案提交由数量型向质量型转变、提案办理由重答复向重落实转变。坚持对提案办理征求意见形式改“面对面”为“背靠背”，由提案委直接向提案人征询意见。开展民主评议提案办理单位活动，对区教育局、区住建局等8家单位的提案办理工作进行民主评议，促进承办单位把评议的压力转化为办好提案的动力，进一步提高提案办理的落实率和满意率。八届二次会议以来收到提案76件，经审查立案68件，截至2018年11月底，所有

10月19日，区政协八届七次常委会 （蔡新添 摄）

提案均办复，提案办理满意率和基本满意率达98.5%，《整合文创+旅游资源，打造莆田西大门》《进一步加强社区医疗场所建设》等一批事关经济社会发展和民生改善的提案得到较好解决，推动社会和谐稳定。

【反映社情民意】 2018年，区政协常委会高度重视反映社情民意信息工作，完善《关于加强反映社情民意信息工作的意见》等工作制度，注重发挥委员的优势和特长，进一步提高反映社情民意信息工作的质量。在反映社情民意信息中，紧扣社会热点，反映民声民愿，汇聚民意民智，对加强城市管理、实现高质量发展等提出意见建议。是年，被省、市刊物采用信息稿件40多篇，宣传信息工作名列全市县区政协前列。同时及时与有关部门就社情民意信息的办理情况进行沟通落实，切实发挥政协社情民意信息的“直通车”作用，及时把群众的呼声传递给有关部门。

【精准扶贫】 2018年，区政协常委会切实把精准扶贫工作作为政协服务民生的出发点和落脚点。发挥政协参加单位、政协委员专业优势和资源优势，深入了解困难群众需求，加大“造血”式帮扶力度，带动贫困户共同发展，为城厢全面建成小康社会贡献力量。区政协主席会议成员分别挂钩1户贫困户，区政协机关挂钩灵川镇太湖村16户贫困户（贫困人口34名），做到经常走访慰问贫困户，了解扶贫政策和帮困措施的落实情况，尽力帮助他们早日脱贫。同时，还开展科技服务、医疗卫生、文化教育等主题的帮扶活动。

（陈德胜）

政法委及综治

【工作概况】 2018年，中共莆田市城厢区委政法委员会（以下简称区委政法委）与城厢区社会管理综合治理委员会办公室（以下简称区综治办）贯彻落实中央、省、市政法工作会议精神，强化综治领导责任制落实，围绕服务和保障第五届世界佛教论坛活动，推进扫黑除恶专项斗争、道路交通安全整治、社会治安五个专项治理行动、综治中心规范化建设等重点工作落实，坚持发展新时代"枫桥经验"，推进更高水平"平安城厢"建设，全区社会始终保持安定稳定。

【校园及周边安全整治】 2018年，区委政法委、区综治办建立"巡查防范、宣传教育、线索摸排、依法打击、重点学生教育辅导、校外监管对象管理、未成年人进高消费娱乐场所监管、考评督导"8项常态化机制，推进校园及周边安全整治。特别是全区教育系统在辖区中小学开展校园欺凌专项治理，制定专项整治工作方案，将校园欺凌防治工作纳入年度考核考评内容，签订管理责任书，建立校内外预防和处置"校园欺凌事件"联动机制，加强视频监控和网格巡查，防止校园欺凌事件发生。

【建设"心防工程"】 2018年，区委政法委、区综治办持续加强社会心理服务体系建设，探索建立"城厢区未成年人心理健康辅导站、莆田五中心理辅导中心、太平社区心理咨询室"等心理辅导机构，以政府购买社会服务方式为主，聘请专业心理咨询师定期对青少年学生及特殊人群进行心理疏导和人文关怀。

【公共安全监管】 2018年，区委政法委、区综治办开展安全生产"严排查、严整治、严监管"和"严整治、促提升"专项行动，特别是佛教论坛期间以美术馆、希尔顿酒店为中心两公里范围的核心区域，进行"拉网式"全面摸排，对违法违规行为坚决实行"全覆盖、零容忍"。扎实开展消防示范社区建设，全年投入133万购置19部消防摩托车充实社区微型消防站，19个社区全部完成微型消防站建设，2个社区被评为省级消防安全示范社区，8个社区争创消防安全示范社区。

【社会治安整治】 2018年，区委政法委、区综治办围绕影响社会稳定和治安突出问题，结合社会治安五个专项治理三年行动工作部署，开展平安"1-5号"行动，深入开展打击"盗抢骗"、涉众型经济犯罪、电信网络诈骗、涉枪涉爆等违法犯罪活动，保持严打高压态势。严厉打击涉众型经济违法犯罪，开展"惊雷"系列行动、云端行动，摸排担保公司、小额贷款公司、典当行、P2P网贷公司等共计62家、从业人员300余名。是年，全区立各类经济案件128起，破112起，破案数同比上升38.27%，其中破获网络传销案件1起、非法集资案件2起、恶意逃废债案件17起（信用卡诈骗案件16起、贷款诈骗案件1起）、侵犯知识产权案件25起，捣毁制假售假窝点49处。严厉打击涉枪涉爆违法行为，全区共破获涉枪刑事案件1起；核查涉枪案件线索6条，均核查并反馈。全区立刑事案件2685起，同比下降0.88%；破1360起，同比上升5.5%；破案率50.65%，同比上升3.06%。其中，立“两抢”案件21起，同比下降41.67%；破21起，破案率100%，同比上升22%。立盗窃案件1183起，同比下降5.7%；破434起，破案率36.69%。

【“地下黑卡”整治】 2018年，区委政法委、区综治办针对安福电商城路口摆摊销售手机“黑卡”现象，组织公安、工商、安福管委会等职能部门定期对黑卡流动设点进行巡查摸排和联合执法行动，对通信营业网点及各代办点进行摸底登记造册，要求营业网点严格落实电话用户实名登记制度。全区抓获5名销售手机“黑卡”人员，缴获手机“黑卡”740多张，切断“黑卡”流通渠道和利益链条，打击销售“黑卡”违法犯罪行为。

【“雪亮工程”智能化】 2018年视频监控在线率和联网率达100%，形成全方位、全时空视频监控网络，有效提升安保实战化、智能化水平。是年，通过智能感知系统破获各类刑事案件54起，抓获在逃人员26人（其中命案逃犯3人），抓获犯罪嫌疑人38人。

【矛盾纠纷调处】 2018年，区委政法委、区综治办严格执行每半月矛盾纠纷排查化解制度，提升大调解中心建设，推动“网格+网调”、商会调解、劳动关系1+N调处中心、律师代理申诉案件等深度融合，培育市级金牌调解工作室——侯毅民心调解室和“蔡开典”个人调解室，建立九龙谷景区人民调解委员会，评选159名星级调解员。截至年底，大调解中心线上受理各渠道流转案件1969起，在线调处成功率95.5%；莆田市劳动关系协会1+N人民调委会受理外来务工人员的各类矛盾纠纷564起，调处成功率100%。大调解中心经验做法被省委政法委推荐为新时代“枫桥经验”典型。

【综治（网格）中心建设】 2018年，区委政法委、区综治办按照市里“两心合一”“多心合一”工作要求，推进区、镇（街道）、村（社区）三级综治中心规范化运行管理，创新基层治理“六联驱动、三化四治”工作机制，培育龙桥街道、华亭镇、龙桥街道太平社区、华亭镇浦柳村综治中心品牌，初步实现实体运作、资源整合、数据共享、精细治理。拓展、提升“网格化+扫黑除恶、治安巡防、城市管理、食药监管、平安宣传、消防安全、多元调解、环保监管、严重精神障碍患者救治管理”等模式。创新“网格+治安巡防”，在巡特警武装巡逻、派出所街面巡逻的基础上，组织开展社会面网格化大巡逻、大防控，在早、中、晚三个时间段，形成“网格化布控，精细化防控”的防控机制，网格巡查队伍日均巡逻198次。创新“网格+两实采集”，开展实有房屋、实有人口基本信息采集工作，采集排查实有房屋35万户，实有人口55万人，出租房屋6万户，流动人口8万人，采集排查登记率达99%，实现“村不漏房、房不漏户、户不漏人”，社会治安管控底数清、情况明。创新“网格+城市管理”，推进网格巡逻改组，城区3个所和华林工业园区城管干部和城管协管员、网格巡逻员全部包片进格，开展城市管理的日常巡查、事项采集以及流动摆摊、乱贴广告、占道经营等查纠工作。截至年底，日均查纠事项达400多件，事件处置率从原来的52%提升到98.04%。创新“网格+综合执法”，华亭镇聘请第三方单位（莆田市智谷安全科技有限公司）专业人员参与开展安全检查，组织派出所、交警中队、安监站、“三合一”办、道安办等人员和第三方专家人员组成检查组，对辖区关键路口、重点场所部位进行安全检查，推动基层执法力量整合，实现执法监管全覆盖。创新“网格＋校园管理”，将校园周边治安防范纳入网格监管，设置护学岗，加强校园及周边治安巡逻、城市管理，截至2018年年底，共采集录入校园周边重点人员1196人。创新“网格＋消防安全”，全面开展沿街店铺消防隐患排查整治，对居民进行消防安全讲解和消防知识的宣传，采集排查消防安全信息9千条，办结率达96.63%。

【基层“善治”示范化建设】 2018年，区委政法委、区综治办持续开展“六无六好”平安和谐村（社区）创建，推进法治、德治、自治、共治“四治一体”的“善治”工程治理模式，培育发展20个基层善治示范村（社区），评选78个“平安和谐村居”。在全区7个村（居）开展“未成年人零犯罪村（居）”创建示范活动，综合运用教育、服务、管理、帮教和优化环境等多种工作机制，开展法制宣传活动、推荐未成年人就业、开展文化市场检查等活动，消除危害未成年人健康成长的黄赌毒等不良因素。

【“平安志愿”社会化建设】 2018年，区委政法委、区综治办以提升人民群众安全感、满意度为目标，组织区、镇（街道）、村（社区）干部和政法部门干警以“平安志愿者”身份深入开展“进村入户”访谈、宣传活动，加强面对面沟通、解释、引导，鼓励广大群众参与、支持平安建设，有效提升“平安三率”水平。创新群防群治“格安保”工作，全区划定41个安保重点区域单元网格，每个单元网格由18名区直机关干部职工、村居干部、网格长、网格员、平安协会会员等组成，其他240个单元网格由5—7名平安志愿者服务队组成。全区组织1.7万名平安志愿者参与佛教论坛各类平安志愿服务，6千名平安志愿者上岗入网格，形成“路路都有红袖圈、巷巷都有蓝马甲”的浓厚氛围。创新“护学岗”平安志愿活动，率先在城区中小学及农村中心校探索开展“护学岗”平安志愿活动，发动广大家长志愿者参与护学，建立“爱心家长护学岗志愿者”。

（陈　坚）

公　安

【工作概况】 2018年，全区公安机关以习近平新时代中国特色社会主义思想和中共十九大精神为指导，始终坚持“对党忠诚、服务人民、执法公正、纪律严明”总要求，持续深化“平安城厢”“法治城厢”建设、公安改革、建设美丽莆田社会治理专项行动等，以庆祝改革开放40周年、第五届世界佛教论坛、第三届世界妈祖文化论坛等重大活动安保工作为主线，牢牢掌握维护政治安全、政权安全的工作主动权，全区未发生影响大局稳定的案事件。全面推进公安工作和队伍建设，严格落实巡特警武装巡逻机制，严密106家重点目标单位安全。防范维护社会大局安定稳定，服务经济社会发展，全市综治考评公安牵头项目得分排名第一。是年，全区立各类刑事案件2685起，保持发案下降的良好态势，破获各类刑事案件1359起，破案率50.6%，抓获刑事作案人员1497名、网上在逃人员251人，辖区社会治安总体平稳有序。信息化警务中心获全国公安综合情报工作成绩突出集体、公安系统2015-2016年度全国青年文明号创建活动成绩突出单位，龙桥派出所获评第13届省级文明单位。华亭派出所获全国公安机关执法示范单位，交警大队（交通事故快处中心）获福建省第八届文明行业创建竞赛活动全省公安系统示范点。

【安保任务】 2018年，莆田市公安局城厢分局（以下简称城厢公安分局）坚持从深从细、从严从实抓好各项安保措施落实，完成重大活动、重点时间节点安保任务。特别是在第五届世界佛教论坛安保中，全区公安机关发挥主力军作用，扎实开展“四项行动”“三大三严”竞赛活动、治安基础要素排查、“平安”系列行动等，制定20多项安保工作方案，落实定人、定岗、定责、保安全措施，完成论坛安保任务。

【“净网2018”专项行动】 2018年，城厢公安分局开展“净网2018”专项行动，严厉打击网络违法犯罪活动，侦办侵犯公民个人信息案20起27人、网络水军案1起4人、网络诈骗案72起55人、网络赌博案4起36人、网络贩毒8起10人，关停100多个违法网站，有效净化网络环境。

【防控猪瘟疫情】 2018年，面对突发非洲猪瘟疫情，全区公安机关站位大局，强化担当，在党委政府统一指挥下，从指挥调度、隐患排查、巡逻堵控、设卡盘查、打击处理、应急处置等方面积极应对，展示应急处置能力。全区设置路面卡点7个，日均投入警力275名，实行24小时查控勤务，盘查过往车辆8万余台次。

【小案快侦多破】 2018年，城厢公安分局以“雪亮工程”建设为依托，以视频技战法为支撑，建立“视频合成攻坚、小案快侦多破”工作机制，实现“发案数明显下降、破案率明显提高、破案时间明显缩短”的目标。3月17日，副省长、公安厅长田湘利到分局调研指导，对小案快侦多破工作做法和取得的成效予以高度肯定。年内，破获盗抢骗案件553起，其中“两抢”案件21起全部告破，盗抢案件48小时内破案87起，24小时内破案49起，101起案件实现追赃挽赃。

【治安问题整治】 2018年，城厢公安分局持续开展打击治理电信网络新型违法犯罪专项行动，破获电信诈骗案件70起，及时止付冻结涉案银行账户资金400万元。全力推进“禁毒2018两打两控”暨“飓风肃毒2018”会战行动，破获毒品犯罪案件67起，移送起诉91人，查获吸毒人员241人。严厉打击经济违法犯罪活动，开展“惊雷”系列行动、云端行动，破获各类经济案件112起，其中破获传销案件4起，捣毁窝点15个，破获制假案件21起，捣毁窝点32处。抓获各类经济犯罪嫌疑人70人，发起全国集群战役2起；深入开展行业场所专项整治、“黄赌”问题集中整治，南门单面街重点区域集中整治行动，成立尖刀队，严打严治，处罚违规旅馆85家、洗浴场所44家，取缔无证留宿场所40家，关停整顿洗浴按摩场所44家；破获黄赌刑事案件91起、刑拘黄赌等违法犯罪人员143人，查处黄赌治安案件310起。

【交通安全管理】 2018年，城厢公安分局持续推进道路交通安全综合整治，开展交通违法纳入诚信系统专项整治，不断完善道路交通事故快处中心建设，创新立体化纠违模式，建立电子交通劝导站64个，查处交通违法行为13万多起，其中“五类十项”严重道路交通违法行为4万多起，全区交通安全形势保持平稳有序。年内，全区发生道路交通事故249起，同比下降20.49%；造成26人死亡，同比下降27.77%；造成317人受伤，同比下降15.69%；造成直接经济财产损失108470元，同比下降7.4%，四项指数全面下降，亡人数与前三年（2015—2017年）平均数同比下降18.46%，没有发生一次死亡3人以上的事故，重点整治地区华亭镇死亡10人，同比下降44.44%，实现“摘帽”。

【消防安全管理】 2018年，城厢公安分局开展“三合一”场所、出租房屋、沿街店面、重点单位等消防安全专项整治，强化消防监督执法，及时消除各类安全隐患，辖区消防安全形势保持平稳，未发生火灾亡人事故。年内全区排查出租房屋54030多户，排查率95.16%，拘留11人；检查单位10671家，整改隐患12366处，下发责令改正通知书5944份，行政处罚决定书586份，罚款130.4879万元。

【危爆物品安全管理】 2018年，城厢公安分局加强民爆等危险物品、寄递物流管控，查隐患、促整改、堵漏洞，坚决防止重特大安全生产事故的发生。全年检查涉危涉爆单位 103 家次，现场督促整改各类安全隐患 165 个，查处涉及烟花爆竹案件 97 起，抓获涉案人员 83 人，收缴非法运输、储存、燃放烟花饱足 1050 件。

【构筑立体化社会治安防控体系】 2018 年，城厢公安分局以构筑立体化社会治安防控体系为目标，推进“天网”建设，改建综治视频探头 565 个，布建“电子小区”探头 2480 个；推进“滤网”建设，建设人像识别系统 135 个、Wi-Fi 采集系统 200 个；推进“地网”建设，建立巡特警、机关警种、派出所、网格站“四级”巡逻防控机制，提升群众安全感。年内，全区发案保持下降的良好态势，其中盗窃发案比降 5.8%，两抢发案比降 41.7%，八类暴力犯罪案件比降 35.4%。

【网格治理】 2018 年，城厢公安分局持续推进网格化服务治理工作，建立以网格中心、综治中心“两心”为底坐，以实体化运作、信息化支撑、精细化管理“三化”为牵引，以要素采集、治安联防、城市管理、多元调解、重点监管、联动执法、平安创建、民生服务等“八进”为抓手的“网格+”工作模式，创新“一图一表”做法，形成“城厢样本”。全国各地 65 批次到区参观，市委书记林宝金三次调研并作出批示肯定。

【信息采集】 2018 年，城厢公安分局持续推进社会治安专项治理三年行动，开展治安基础要素排查、“双实”信息采集、标准地址二维码管理等工作，采集实有房屋 367346 户、实有人口 518065 人，标准地址二维码管理在全市率先进入白名单。深化安全区和基层政法满意单位创建，完善“进村入户”大走访常态机制，社会治理能力明显提升。

【法制员队伍建设】 2018 年，城厢公安分局持续推进法制员队伍建设，深化受立案和“两统一”等机制改革，出台相关文件规范，进一步完善全流程接处警。围绕以审判为中心的刑事诉讼制度改革，进一步规范执法办案程序，修订出台《2018 年度全区公安机关执法质量考核评议工作方案》。以执法质量考评为抓手，狠抓执法能力水平提升，组织完成执法质量考评 12 次，考评案卷 5598 起，发现整改问题 31546 个。分局连续两年获评全省公安机关执法质量优秀单位。

【服务窗口建设】 2018 年，城厢公安分局加强治安、户政、出入境、车驾管等服务管理工作，开展户籍窗口规范化建设，完善软硬件设施，改造龙桥派出所户籍大厅，新建华亭派出所办证大厅，不断优化窗口服务，提升群众满意度。是年，全区办理户口迁入 12240 人、户口迁出 10802 人、出生申报 7948 人，死亡注销 2118 人；办理第二代居民身份证 35086 张、临时身份证 3887 张，省内异地身份证 6068 人次、跨省异地身份证 1273 人次；受理公民因私出国（境）申请 39008 人次。

（黄淑芬）

消 防

【工作概况】 2018 年，莆田市城厢消防大队（以下简称城厢消防大队）以习近平新时代中国特色社会主义思想为指引，在区委区政府和支队的领导下，团结拼搏、务实进取，完成年度各项任务，确保队伍管理和火灾形势两个稳定。是年，大队接警 396 起，出动消防车 606 辆次，消防人员 3516 人次，抢救被困人员 42 人，疏散人员 23 人，抢救财产价值 232.2 万元。其中火灾 75 起，因火灾引起的直接经济损失 113.1053 万元，死亡 0 人，受伤 0 人，火灾四项指数二平二降，伤亡人数与上年同期持平，火灾起数下降了 31.82% ，直接财产损失下降 3.23% 。完成全国“两会”、第五届世界佛教论坛、数字中国峰会、妈祖文化论坛等重大消防安保工作。大队在支队 2018 年“迎春杯”篮球比赛中获得第二名，在支队 2018 年度夏季实战化训练比武竞赛中获得团体第三名，在支队下半年消防业务比武竞赛中，大队华林中队获得第三名，龙桥中队获得第五名。大队获评全区综治平安单位和安全生产先进单位。

【构建立体防控】 2018年，城厢消防大队提请区委、区政府把消防工作纳入安全生产责任制、社会治安综合治理和文明创建体系，区委书记王文才、区长吴文恩、副区长杨碧静等主要领导多次听取汇报、作出批示指示和带队检查。区政府先后组织召开2018年度消防工作会议、夏季及冬春火灾防控工作部署会、“四项整治”工作部署会议以及党政领导约谈会等各类会议共十余次，分析研判火灾形势，及时研究协调解决全区消防工作热点难点问题。区政府先后下发《全区居住出租房、“三合一”场所、宗教民俗场所和电动自行车消防安全专项整治工作实施方案》《全区消防安全大排查大整治专项行动工作方案》等文件，部署开展社会面火灾防控工作。区政府成立督导考评小组，年内分别于1月、7月和9月三次组织开展消防督导检查工作，针对消防安全责任目标落实情况、今冬明春火灾防控工作、夏季火灾防控工作以及第五届世界佛教论坛消防安保工作等情况进行了检查督导，进一步督促推动各级各部门履行消防安全职责。对接8个行业主管部门，召开行业系统消防安全培训会，指导行业部门开展现场检查，推动行业部门在各自职责范围内开展火灾隐患排查整治工作，对行业、系统的消防安全工作进行全面梳理。公安分局将派出所消防监督工作纳入等级考核和派出所警务区基础工作考核内容，并将专项整治工作纳入警务督察范围，强化各警种联动执法的工作模式。是年，全区派出所检查单位9067家，发现并督促整改火灾隐患10916余处，发出改正通知书5210份，行政处罚504份，责令“三停”35家，临时查封27处，罚款9.7782万元，拘留11人。以消防安全示范社区建设为抓手，落实镇（街道）、村（居）委会、物业管理单位职责，推动开展住宅小区、居民楼院“四清一查”。全区有8个社区申报全省消防安全示范社区。巩固完善消防安全网格化管理建设水平。大队不断与区网格化中心协调，进一步明确消防工作纳入综治网格事项、工作流程、工作职责与工作要求，根据消防工作重点，第一时间将出租屋消防安全排查、电动自行车火灾隐患等内容加入基层消防安全网格化排查模块内容。全区网格员加强对“九小场所”“三合一”场所、沿街店面和出租屋等场所的检查力度。是年，全区各级网格力量采集消防工单13915处，整改办结13888处。

【佛教论坛消防安保】 2018年，城厢消防大队做好佛教论坛消防安保工作。大队详细制定第五届世界佛教论坛安保工作方案和工作序时推进表，每项任务均明确时限、责任到人，确保安保工作展开。以涉会主要场馆周边3公里核心区，各参观点、接待酒店周边500米区域范围内的7类重点类别场所部署开展排查整治，对排查出的危险化学品场所、19栋高层建筑、34家宾馆酒店、33家公共娱乐场所、53家宗教民俗场所、671家出租房屋以及104处“三合一”场所逐一确保隐患“清零”，实现检查率以及火灾隐患整改率“双一百”任务目标，最大限度的降低社会面火灾风险。

【“四项整治”行动】 2018年，城厢消防大队在全区范围内部署开展“四项整治”专项工作。广泛推行简易喷水设施、独立式感烟火灾探测报警器等技防措施的运用，提升此类小场所抗御火灾能力，严防“小火亡人”火灾事故发生。是年，全区增设灭火器2311具，增设独立式感烟探测器617个，增设简易喷淋11套，增设电动车集中停放点152处。专项整治期间，全区排查居住出租房40321家，发现并整改隐患40262处，拘留11人；排查“三合一”场所187家，取缔、查封24家，罚款7.85万元；督促整改电动自行车违规停放点232处；排查宗教民俗场所222家，督促整改隐患61条。全区公安机关检查单位10671家，发现并督促整改火灾隐患12366余处，发出改正通知书5944份，行政处罚586份，责令“三停”35家，临时查封27处，罚款130.5万元，拘留11人。健全完善重点单位“户籍化”管理档案和三项报告备案工作。实行重点单位“点对点”精细化管理，建立重点单位动态执法台账。对全区公众聚集场所、易燃易爆场所、高层建筑、等重点场所实行高频排查整治，签订消防安全责任状356份。

【消防教育培训】 2018年，城厢消防大队联合公安、安监、民政、教育、工商等部门开展“防灾减灾日”“安全生产月”“消防安全伴我成长”“消防进军训”“119消防宣传月”等系列主题宣传活动31场次。组织党政机关及企事业单位开展消防安全培训及演练85场次。大队印刷《消防安全检查参考图册》《宗教场所防火安全须知》《电动车宣传海报》《居家消防安全提示》等宣传海报4万多份，发动消防官兵、公安片警、社区网格员、消防志愿者、社区宣传大使等开展入户宣传。利用辖区主要道路、街口的楼宇视频、沿街店铺LED显示屏和大型公共聚集场所、电梯间、公共走廊等人流量高的部位滚动播放和张贴消防公益广告。是年，全区发送消防公益短信10万余条，播放消防公益广告和消防安全字幕提示2万余条，印制消防宣传品3万余件，微信关注人数达1.7万人，开放消防站接待群众1750人，有力提高消防知识普及率。同时，向中央、省、市级媒体发稿，报道消防工作动态，开展典型火灾警示教育，跟踪曝光重大火灾隐患和消防违法行为，提升消防“热度”。大队在中央级媒体上稿9条，省、市级媒体上稿74条，在省、市级媒体曝光2家场所火灾隐患。

（黄淑芬）

检　察

【工作概况】 2018年，莆田市城厢区人民检察院（以下简称区检察院）贯彻落实习近平新时代中国特色社会主义思想和中共十九大精神，围绕服务保障美丽城厢高质量发展落实赶超，全面践行新时代检察工作“讲政治、顾大局、谋发展、重自强”总体要求，忠诚履行法律监督职责，各项检察工作健康均衡发展，为打造人文宜居新城厢，建设美丽莆田先行区提供良好司法保障。是年，区检察院实行司法办案与维护稳定、化解风险一体履职工作机制，制定出台《发挥检察职能助力打好“三大攻坚战”工作方案》，得到区委主要领导批示肯定。防范重大风险坚决有力，妥善办理非法吸收公众存款、集资诈骗等涉众型经济犯罪案件4件25人，涉案金额2307余万元，稳控群访2件，完成世界佛教论坛等重要节点安保维稳任务。助力精准脱贫务实有效，依法办理危害农村安定稳定、农业生产有序和农民利益保护的犯罪案件118件144人，监督解决农民工讨薪讨债问题5件，结对帮扶的11户对象稳定脱贫，完成村居换届选举383名候选人检察环节资格审查工作。参与污染防治，围绕“天蓝、水清、岸绿、景美”生态环境综合治理目标，打击非法占用农用地、滥伐林木等生态领域犯罪7件7人，向有关部门发出检察建议32份。

【扫黑除恶案件办理】 2018年，区检察院依法严惩强震慑，提前介入引导侦查重大复杂黑恶案件3件37人，受理审查逮捕涉嫌黑恶犯罪18件30人，批准逮捕14件23人，受理审查起诉30件98人，提起公诉23件86人，依法起诉1起省检察院省公安厅联合挂牌督办的黑社会性质组织罪。建章立制强保障，组建5个专班专责办案组，制定线索摸排、问题线索双向移送、重大复杂黑恶案件会商研判等6项工作机制，梳理近三年案件中涉黑涉恶问题线索，向有关部门移送23条；加强与区扫黑办、上级院以及侦查、审判等机关配合衔接，形成内外合力、上下联动的工作格局。参与“七类案件万人发案比”、校园及周边综合治理等“百日攻坚”专项整治行动，发出改进行业监管等检察建议4份，保持扫黑除恶专项斗争“有黑扫黑、有恶除恶、有乱治乱”的高压态势。

【护航民企】 2018年，区检察院注重司法保护实效性，落实高检院《充分发挥检察职能为民营企业发展提供司法保障》等3份意见及“十一条解读”，健全涉企案件办理绿色通道、经济影响评估等机制，稳妥处理涉企产权纠纷等申诉10件，依法严惩侵犯企业产权、侵害经济人士犯罪21件21人。突出司法服务针对性，通过领导挂企、巡回检察、检联共建、送法入企等多元方式，提供菜单式定制化司法服务16次。专设服务民营企业窗口，为企业参与项目投标、政府采购等提供行贿档案查询1439次；严惩扰乱市场经济秩序犯罪，依法打击假冒注册商标、制售伪劣产品犯罪22件22人，营造法治化营商环境，持续服务保障新时代民营企业健康发展。

【严惩犯罪增强人民群众安全感】 正确履行捕诉职能，批准逮捕各类犯罪426件567人、提起公诉773件1037人。严惩危害公共安全犯罪，批准逮捕故意杀人、抢劫等严重暴力犯罪44件56人、提起公诉64件92人，批准逮捕“黄赌毒盗抢骗”等犯罪219件262人、提起公诉237件360人。专项打击新型网络犯罪，依法起诉高检院挂牌督办的全市首例“网络水军”案，办理电信网络诈骗等犯罪案件26件65人、涉案金额679余万元，严惩侵犯公民个人信息犯罪13件39人、涉及公民身份、资产等信息104余万条。依法办理职务犯罪案件，组建专门办案组，实行“捕诉一体”工作模式，与区纪委监委建立提前介入阅卷、提出取证建议等机制，实现纪监检办案无缝衔接，受理审查起诉国家工作人员职务犯罪案件5件7人，提起公诉2件3人。

【柔性司法模式创建】 2018年，区检察院牵头区公检法司四机关会签《加强未成年人权益保障若干规定》，依法对涉罪未成年人不批准逮捕5人、决定不起诉11人，封存犯罪记录25人次，实行“自我改正＋心理疏导＋技能培训＋社交引导”精准帮教路径，引导9名未成年人重回人生正轨。宽严相济化解矛盾，对因家庭、邻里等纠纷引发的轻微刑事犯罪，运用不捕不诉公开听证、公开宣告等机制以案释法，化解因案而激社会矛盾10件，依法适用无逮捕必要不批准逮捕88人、决定不起诉22人。综合治理促进共享，多维开展防治校园欺凌、关爱女童成长、司法救助等社会综合治理工作，“未成年人零犯罪村居”创建工作列入全省未检创新实践展播项目。

【检察服务提升】 2018年，区检察院一站式平台功能齐备，改造升级“12309”检察服务中心，融线下实体大厅、热线电话、线上官微官网于一体，涵盖案件受理、违法举报、接受监督等13项便民业务。升级版机制快捷高效，推行“最多跑一趟”服务机制，信息汇聚、分流反馈实现闭环衔接，办理群众控告申诉、司法救助、国家赔偿等诉求109人次，公开起诉书、抗诉书等法律文书831份。智能化服务便捷优质，提供线上线下多种可选方案，完善在线实时诉讼服务功能，办理律师阅卷286人次、提供电子卷宗255件次，向当事各方反馈强制措施变更、案件办理进度等程序性信息1207次，城检官微动态传播“检察好声音”、讲好“检察好故事”，推送工作信息145条。

【刑事立案侦查监督】 2018年，区检察院完善派驻基层公安派出所监督机制，聚焦有案不立、有罪不究、违规立案等问题，监督立案5件、追捕追诉漏犯45人、漏罪10起。依法开展自行补充侦查活动，坚决排除非法证据，对事实不清、证据不足案件不批准逮捕29件55人、决定不起诉9件14人。检警互动提升侦查质效，定期通过检警例会、质量通报等方式，在毒品犯罪案件证据规格、醉驾酒精鉴定等方面形成多项共识，专项开展退回补充侦查、不捕不诉案件释法说理工作，监督侦查机关重新移送审查逮捕

10 件 14 人。

【刑事审判活动监督】 2018 年，区检察院落实庭审实质要求，常态运行重大疑难复杂案件庭前会议等机制，完善证人、鉴定人、侦查人员出庭作证等制度，检察官以国家公诉人身份出庭指控犯罪 831 件 1055 人，纠正审理不当情形 2 次。探索简案快办机制，实践认罪与不认罪相区分的诉讼程序，对危险驾驶、盗窃、故意伤害致人轻伤等 4 类案件，依法适用认罪认罚从宽制度，提出量刑建议 155 人次、采纳率 93%。加强裁判结果监督，严格落实检察长列席审委会等制度，聚焦审判权归位下放带来的同案不同判、量刑不平衡等实务难题，严审细查一审刑事判决 797 件 1036 人，对错误判决提出抗诉 5 件 6 人，法院改判 2 件 2 人。

【刑事执行活动监督】 2018 年，区检察院注重司法人权保障，办理对犯罪嫌疑人、被告人的羁押必要性审查 105 人，对不需要继续羁押的 50 人建议释放或变更强制措施，纠正超期羁押 3 人，维护在押人员合法权益。强化社区矫正监管，对 282 名在矫罪犯逐一建档、定期巡查，针对脱管漏管安全隐患问题，向司法行政机关发出纠正违法通知书 4 份、检察建议 3 份，督促加强过程监管。促进刑罚落地执行，专项开展判处实刑未交付执行和财产刑执行检察活动，依法对 6 名罪犯监督收监执行，建立财产刑执行检察监督大数据库，对历年判处罚金和没收财产的 1294 件生效裁判逐件录入，坚决打通刑罚执行刚性权威的“最后一公里”。

【优化民事检察流程】 2018 年，区检察院贴近群众需求，针对民事诉讼、行政领域申诉逐年递增趋势，专项开展“民事行政检察服务下乡活动”，在企业、村居和律所等地设立 21 个工作联系点，引导群众通过法治途径表达诉求。着力多元调解，实践新时期“枫桥经验”城厢做法，“检律调”三方联动机制有机融入区大调解中心体系，律师驻院全程参与民事行政申诉接访 22 场次、调解 3 场次，接受群众预约代理申诉 5 次，促进运用法治方式定纷止争。改进监督方式，归集分析群众申诉需求，完善群众申诉情况双向通报、移送和反馈等机制，会同审判机关、行政机关召开座谈会 4 次，共同推动解决涉法涉诉事项，形成良性互动工作共识。

【维护诉讼权利】 2018 年，区检察院规范民事执行活动监督，聚焦社会反映强烈的执行“老赖”问题，立案执行监督案件 18 件，向公安机关移送拒不执行生效裁判犯罪线索 5 条，依法起诉 4 件。规范民事生效裁判监督，运用调查核实权，调阅审查生效裁判调解案件 141 件，对认为确有错误的生效裁判调解，运用检察建议、提请抗诉等法律手段监督 5 件，对不服正确生效裁判调解的案件逐一做好息诉服判工作。规范民事审判违法监督，坚持从裁判结果监督向诉讼过程监督延伸，从实体违法监督向程序违法监督拓展，立案审查审判程序错误等情形 5 件，依法启动纠正程序。

【依法行政】 2018 年，区检察院探索行政违法行为监督，突出围绕个别行政机关存在的消极履职、不当履职等情形，依法发出 8 份检察建议，督促启动行政处罚、行政强制等行政执法程序 9 件。扎实开展行政生效裁判监督，坚持发现一起、监督一起，开展行政诉讼案件异地调卷和审查核实工作，对认为生效裁判确有错误的案件依法提请抗诉 1 件。专项开展非诉行政执行监督，通过“两法衔接”信息共享平台，规范审查成员单位录入的行政执法案件 542 件，依法督促没有强制执行权的行政机关向法院申请非诉执行 7 件，所办 1 起督促收缴国有土地出让金案件，获评全省检察机关优秀非诉行政执行监督案件。

【聚焦民生】 2018 年，区检察院从群众最关心的公共利益问题着力，成立全市首家公益损害与诉讼违法举报中心，围绕生态环境、食药安全、国有资产管理、国有土地出让、英烈保护等重点领域，立案公益诉讼案件 20 件，提起公益诉讼7件、居全市第一。从群众最关注的食药安全问题发力，开展“保障千家万户舌尖上的安全”公益诉讼检察专项监督活动，依法办理危害食药安全犯罪3件3人，及时介入监督非洲猪瘟疫情事件处置工作。从群众最关切的水源水体问题施力，聚焦生态环保突出问题，把东圳水库饮用水源保护和城区内河黑臭水体治理作为核心抓手，专项开展“保护生命线、呵护水源地”1+1检察监督行动，切实将学习贯彻习总书记治理木兰溪的重要理念转化为维护公益的检察实践。

【工作会商联动】 2018年，区检察院强化工作会商联动，构建“建室、设点、定员、联户”网格模式，设立河道检察官，定期与区、镇街两级河长办召开联席会议，会同有关部门研判梳理水源水体、国有土地保护等公益受损问题23件。强化常态巡查联动，加强“两法衔接”机制在公益保护工作中的实践应用，分别会同环保、国土、农业、食药监等部门开展执法巡查活动8次，及时纠正危害水源水体安全的违法行为3件，督促对9家驾校违法占地14.05公顷的行为限期依法处置到位。强化普法预防联动，联合行政主管部门深入环库沿河周边、工业集聚区域等地开展宣传活动7场次、受教育人数逾千人。

【聚智法治】 2018年，区检察院诉前程序柔性纠错，优先通过诉前检察建议、圆桌会议机制解决公益损害问题，为有关部门履职提供建议方案，涉及东圳水库水源保护的7个方面14个问题均在诉前妥善解决，形成的专项检察监督报告获市委主要领导批示肯定。提起诉讼体现刚性，对确有必要提起诉讼解决的难题，严把政策法律适用关，确保起诉一起、教育一片，国有资产保护领域7件案件均获生效裁判支持，涉及国家资金65余万元。跟进监督促进长效，对立案监督的公益保护事项，持续督促落实整改，协助改进监管。福建法治报在头版刊发《以检察“蓝”护生态“绿”》，专题报道区检察院维护公共利益、服务美丽莆田建设的工作做法。

【检察队伍建设】 2018年，区检察院多措并举提升实务能力，完善“全员轮训、岗位实训、骨干集训”复合培养机制，通过与华侨大学检学交流、举办全区首届检律论辩赛、跨市三地检察官对抗赛等方式激发干警竞争活力，6名干警在全市检察业务练赛中获评标兵能手称号。精细引领强化办案素能，优化整合17个专业化员额检察官办案团队，以类案专办模式促进业务专项能力提升，在办案周期缩短30%的基础上，实现全年案件增质提效。思行互促厚实理论素养，善用实证调研方法解决司法实务难题，形成理论指导实践、实践升华理论的良性互动，全年共发表检察理论调研文章108篇、获国家级表彰26篇、省市级表彰35篇，结项高检院重点课题1项，连续6年获得全省检察理论年会一等奖。

（叶林林）

法 院

【工作概况】 2018年，莆田市城厢区人民法院（以下简称区法院）深入学习贯彻中共十九大和十九届二中、三中全会精神，坚持以习近平新时代中国特色社会主义思想为指导，忠实履行宪法和法律赋予的职责，坚决打赢“三大攻坚战”，深入推进扫黑除恶专项斗争，服务保障乡村振兴战略实施，做好第五届世界佛教论坛安保维稳工作，为“打造人文宜居新城厢、建设美丽莆田先行区”提供有力司法保障。成立消费者权益保护合议庭，制定消费者权益保护审判执行若干意见，妥善审结此类案件16件，助力城厢区创建国家食品安全示范城。在区委政法委主导下，与公安、检察院加强配合，加大对非访打击力度，推进重大项目的落地实施。灵活运用先予执行措施，确保第五届世界佛教论坛道路改造项目如期完工，得到区委主要领导的肯定。全力以赴推进“四项行动”措施落实落细，筑牢安保维稳的铜墙铁壁，为第五届世界佛教论坛圆满举办创造稳定的社会环境。全年受理各类案件 11480 件，审结 8702 件，受理数、审结数及结收比均居全市基层法院前茅。

【刑事审判】 2018 年，区法院推进以审判为中心的刑事诉讼制度改革，落实“三项规程”（《人民法院办理刑事案件排除非法证据规程（试行）》和《人民法院办理刑事案件第一审普通程序法庭调查规程（试行）》），审结各类刑事案件 797 件 1029 人。突出打击重点，审结严重危害人民群众生命财产安全犯罪案件 85 件 117 人，助力平安城厢建设；审结涉众型经济犯罪案件 5 件 7 人，力挽国家及群众经济损失；审结“黄赌毒”犯罪案件 63 件 112 人，制假售假案件 10 件 10 人，促进社会治理创新；审结贪污贿赂、渎职侵权等职务犯罪案件 18 件 20 人，彰显惩治腐败的鲜明态度和坚定决心。强化人权保障，对 105 名轻微刑事犯罪分子依法判处非监禁刑或免予刑事处罚；坚持寓教于审，判处未成年犯 8 人，做好犯罪记录封存、帮助复学就业等工作。

【民商事审判】 2018 年，区法院在保障民生、促进经济发展上有作为，审结各类民商事案件 5184 件。妥处纠纷维护稳定，审结婚姻家庭案件 433 件，注重维护弱势群体权益，构建和睦友好的社会关系；推进移风易俗，针对高彩礼婚约等现象在判决书后附法官寄语，邀请资深法官开展移风易俗宣讲会，倡导文明新风；审结民间借贷案件 1447 件，回应群众对财产权利的关切；审结机动车交通事故责任纠纷案件 649 件，其中调解 565 件，调撤率达 90%，高效化解纠纷。审慎判决力促发展，建立“三级联调”涉众型纠纷调解机制，成功调解商品房销售合同纠纷系列案 392 件，劳动争议系列案 64 件，促进案结事了人和；审结房地产纠纷案件 730 件，促进房地产市场健康发展；审结建设工程合同纠纷案件 48 件，维护建筑市场秩序；贯彻习近平总书记在民营企业座谈会上的重要讲话精神，加大产权保护力度，对正常生产经营但暂有困难的企业审慎采取保全、查封等措施，进一步优化营商环境，服务实体经济发展。

【行政审判】 2018 年，区法院坚持“保护与监督”并重，审结行政诉讼案件 237 件、非诉行政审查案件 81 件。实质性化解行政争议，行政案件调撤率达 13.6%；首次组成 7 人大合议庭，公开审理全区首例行政公益诉讼案件；共 36 名行政机关负责人出庭应诉，行政机关工作人员出庭应诉率达 98.6%；发出司法建议书 15 份，其中反馈 12 件，促进依法行政和公正司法“双提高”。常态化推进府院互动，在全市首次开展跨行政区域府院联席会议，进一步拓展司法与行政良性互动领域；发布 2017 年行政审判白皮书，供党委政府决策参考。

【案件执行】 2018 年，区法院集全院之力，决胜“基本解决执行难”，执结生效案件 2303 件，执行到位标的人民币 5.9 亿元；在市法院举办的“全力攻坚执行难”擂台赛中取得第一名好成绩。院长带队攻坚执行难，邀请区人大代表、政协委员及多家媒体同行，网易全程直播，43 万网友在线观看，拘留到位 12 人；贯彻为民理念，在全市率先建成执行事务中心，当事人通过刷身份证即可实现“一站式”案件信息全知晓，并可在系统留言、提供财产线索；快速执结涉民生案件，执行到位 4209 万元，集中发放农民工工资 170.8 万元；开展执行款专项清理，退款 260 万元；在全市率先建成执行大数据智能研判中心，实现多项文书自动生成；引入第三方力量，与财产保险公司签订执行“无忧悬赏”；加大司法网拍力度，实现网拍率 100%，总成交额 1.82 亿元，平均溢价率 17.4%，网拍数量居全市基层法院第一。多措并举严惩戒，开展“春夏秋冬”四大战役、“假日风暴”等专项行动，形成打击声势，出动警力 300 多人次，拘留 103 人，促成 32 人履行或和解，到位金额人民币 178 万元；区委常委、政法委书记陈庆王亲自督战腾房行动，取得良好成效；高度重视联合惩戒失信被执行人体系建设，构建“一处失信，处处受限”的信用惩戒大格局；与三家通信公司签订协议，为“老赖”定制失信彩铃；多途径公布失信被执行人 2473 人；向公安机关移送涉嫌拒执罪 8 件 8 人，判决 3 件 3 人，有效维护裁判权威。

【助力经济发展】 2018 年，区法院专题制定司法助力防范化解金融风险若干意见，审结金融类案件 785 件，清理涉金融执行案件 346 件，执行到位人民币 3.4 亿元，为营造良好金融营商环境，助力全区经济高质量发展落实赶超提供司法保障。专题制定司法助力精准脱贫攻坚工作若干意见，审结涉农案件 128 件，成功调解涉扶贫领域案件 9 件，及时维护贫困户合法权益。学习贯彻习近平总书记治理木兰溪的重要理念，深化生态环境司法保护，审结此类案件 26 件，为实现生态环境“高颜值”提供司法服务保障。专题制定司法助力乡村振兴战略实施若干意见，找准契合点，推进多项服务举措。区委书记王文才对三份《若干意见》作专门批示，予以肯定。

【司法服务】 2018 年，区法院坚持“以人民为中心”的理念，不断满足群众日益多元的司法需求。完善现代化的司法服务，推行“马上办、网上办、就近办、一次办”，优化“跨域”立案，推出网上预约立案平台，开通“12368”诉讼服务热线。完善有亲和力的司法服务，引入社会第三方参与机制，广泛吸纳律师、人民调解员、心理专家等入驻诉讼服务中心，提供法律咨询、心理疏导等服务；积极推进调解前置，构建多元化解纠纷新格局。完善有温度的司法服务，加强司法救助与法律援助、社会救助联动，依法减、缓、免交诉讼费用人民币 26 万多元；为 6 名符合条件的困难群众发放司法救助金 23 万多元。

【司法品牌创新】 2018 年，区法院将“工匠精神”贯穿新时代司法品牌建设中，以匠心打造司法匠品，形成品牌荟萃的生动局面。将老品牌做精彩，持续发掘“反家暴审判”“律师代理申诉制度”“一站式多元化解机制”“少年审判”等传统品牌内涵，将老品牌做强做亮。牢记习近平总书记“两个格外”的殷殷重托，勇于改革创新，发出全国首份由残联代为申请的人身安全保护令，《人民法院报》等多家媒体予以深度报道。将新品牌做精致，以公正为民为着力点，创建网格化送达、家事审判、旅游巡回法庭、消费者权益保护等新品牌。推行繁简分流“5573”审判模式，促简案快审、繁案精审、普案标审；与市旅游发展委员会签订旅游纠纷诉调衔接合作备忘录，调解旅游纠纷 3 件，打造“清新福建、妈祖圣地、美丽莆田”旅游品牌。

【阳光司法工程】 2018 年，区法院不断推进阳光司法工程，让公平正义以看得见的方式实现。让公开更加全方位，召开“2017 年行政审判通报、机动车交通事故纠纷化解情况通报、2015—2017 年涉银行案件审判通报”3 场新闻发布会，举办法院开放日 5 场。让公开更趋多元化，注重运用“两微一网”传播法治好声音，入驻抖音、快手两大短视频平台，力求以群众喜闻乐见的方式展现法院工作。让公开更具直观性，持续加强“五大公开平台”建设，公布生效裁判文书 8132 份，开展网上庭审直播 252 场；深化人民陪审员制度改革，案件陪审率达 92.8%。

【队伍建设】 2018 年，区法院坚持正确选人用人导向，为推进司法改革、提升司法公信培育优质人才。深耕细耘强根基，开展“大学习、大调研、大培训”，举办法官论坛 5 期，通过传帮带推进司法人才梯次培养，激发队伍创新创优活力；完善专业法官会议机制，召开专业法官会议 16 场，着力提升案件质效；先后组织 48 人次前往国家法官学院、延安等地学习交流。砥砺淬炼聚动能，开展人岗适应度调查，对 11 名干警进行轮岗，优化队伍资源配置；鼓励全面发展，1名法官受中国法官协会、中国女法官协会邀请开展主题交流；1名干警担任首届数字中国建设峰会法院展区的讲解员，并被最高院、省院通报表扬，多名干警参与演讲比赛，其中1名获全市政法系统演讲比赛第一名。

【接受人大监督】 2018年，区法院自觉接受人大及其常委会的监督。促进监督制度化，完善人大代表联络工作机制，和区人大代表开展定向联络，走访人大代表、政协委员132人次；坚持大会报告和专项报告制度，全面落实人大决议和常委会审议意见。促进监督规范化，寄送工作月报，全面详尽地向人大常委、政协常委展示法院工作动态；办理代表意见、建议和来信37件，第一时间予以反馈，将意见建议吸纳并转化为公正为民举措。促进监督常态化，邀请人大代表、政协委员见证执行、观摩庭审、专项视察、参与调解、参加新闻发布会及法院开放日等各项活动，真诚服务代表履职；召开“两提升”听审评议座谈会，加强法官队伍能力建设。

（林文琴）

司法行政

【工作概况】 2018年，莆田市城厢区司法局（以下简称区司法局）司法行政工作围绕党委政府中心工作，以服务高质量发展为主线，以公共法律服务体系建设为总抓手，统筹兼顾，突出重点，真抓实干。村（社区）法律顾问达到100%全覆盖；开展法治讲座等法律服务活动100余次，参与矛盾纠纷调解20余起，提供法律建议30余条，“12348”法律服务热线接受群众热线咨询116次，办理法律援助案件112件；办理公证案件149件，其中国内民事公证148件，国内经济公证1件。开展法律宣传活动26场，助推基层治理的科学化、民主化和法治化进程。排查、调处人民调解矛盾纠纷824件，矛盾纠纷调解率100%，调解成功率100%，实现无民间纠纷转化为刑事案件、非正常死亡、群体性械斗案件、群体性上访事件的目标。累计接收社区矫正人员1621名，解除社区矫正人员1370名，没有出现脱管、漏管的现象。接收刑释人员数178人，帮教率100%，安置率100%，没有重新犯罪。

【普法依法治理】 2018年，区司法局依托阵地、活动、品牌“三位一体”格局，建设城厢特色法治文化阵地。分层级搭建法治文化主题公园、法治书屋、青少年法治体验馆等法治宣传教育平台，在城厢区形成“横向延展、纵向到底”的百姓“能看懂、能喜欢、能接受”法治文化阵地网络体系建设。以乡村、社区、企业、学校为重点，开展多层次多形式法治创建活动，构建点面结合、互促共进的法治创建格局。推进青少年实践基地建设，与检察院构建“反欺凌”法治宣讲平台，与霞林学校、法院、检察院等部门联合举办外来务工子女夏令营暨法治夏令营活动，与区教

6月26日，区司法局开展法律进校园志愿服务活动（许帅娟 摄）

育开展“深刻领会宪法精神推动法治学习新风尚”的师生分组书法、征文比赛。联合供销社邀请律师前往华林工业园区开展安全生产等法治宣传讲座，联合区总工会开展“12•4”法治咨询大型活动，开展诚信经营、依法纳税等法治讲座进企业等活动。依托创新的法治宣传形式，赠送法治书籍、组织农村法治小戏巡演，开展“法治（平安）城厢进行时”、扫黑除恶、安全生产月、“3•15”国际消费者权益日、“12•4”国家宪法日暨宪法宣传周等主题宣传活动，创新普法载体，打造城厢区法治“微”品牌。在福建莆田东南网网站上开辟法治栏目和专版，开通“城厢法治”微信公众号，定期推送法治动态，宣传法治精神，在全社会营造学法、守法、用法、遵法的氛围。

12 月 3 日，区司法局在华亭镇云峰村开展“12・4”宪法宣传系列活动之法治文艺晚会活动（彭洁 摄）

【法律服务】 2018 年，区司法局构建区公共法律服务中心、镇（街道）公共法律服务站两级立体化公共法律服务体系，实现实体法律服务平台“全覆盖”。全面整合“12348”法律服务热线、法律援助、公证服务、法律咨询等法律服务资源，实现全区公共法律服务“网上 + 网下”双服务，为群众提供多层次、宽领域、高效率的公共法律服务。打造“互联网 + 公证”办证新模式，接入公证云在线公证平台，开通“福建省莆田市木兰公证处”微信公众号，实施应用网上预约、咨询、申办公证服务等便民功能，节省群众办证时间。开展提存公证业务，成功办理 1 件轻微刑事案件预交赔偿金提存公证。服务区委、区政府佛教论坛配套项目建设、泗华小学建设等经济、民生项目，广泛提供公证服务，积极防范各类经济活动法律风险，提升法律援助服务水平，以“应援尽援、保证质量”为目标，发挥法律援助中心的关口作用，采取“快接案、快审查、快介入、快立案、快结案”的“五快”方式，为维护弱势群体合法权益开辟了“绿色通道”，实现法律效果和社会效果的有效统一 。

【律师事务所法律服务】 2018 年，区司法局深化“一村（社区）一法律顾问”，完成城厢区 7 个镇街法律顾问的签约，服务村级组织选举，律师进村开展普法讲座。为配合村级组织选举工作，组织律所深入镇（街）村（社区）开展村级组织选举相关法律知识讲座，普及村级组织选举法律知识，提高村（社区）干部群众的法律知识，村（社区）法律顾问达到 100% 全覆盖。组织律师开展《中华人民共和国宪法》《中华人民共和国监察法》知识讲座，开展 2017 年度律师事务所年度检查考核工作，组织全区 5 个律师事务所顺利完成了年度注册检查考核工作，合格率达到 100%。

【人民调解】 2018 年，区司法局坚持普遍排查与重点排查相结合，突出元旦、春节、佛教论坛等重点时期开展集中排查，及时了解群众关注的热点、难点问题，对矛盾纠纷隐患进行地毯式排摸梳理并及时化解。加强部门协作，将所有人民调解组织、调解员信息提交给区网格化管理中心，增强人民调解在社会治理中的参与度。从解决社会问题入手，加强行业性专业性调解组织建设，成立莆田市城厢区九龙谷景区人民调解委员会、东海蔡开典个人调解室、常太镇陈美金党代表调解工作室，加强基层人民调解力量。在7个镇街建立访调对接调解室，有效化解信访案件，减少政府资源的投入。开展人民调解业务培训，邀请资深律师讲课，组织调解员现场观摩法官调解，以案代训，不断提升调解员工作水平。加强激励鼓励，提升调解动力，推荐159名星级调解员候选名单，159名星级调解员被市级评定为星级调解员，其中侯毅和陈国荣获三星级调解员。

【安置帮教】 2018年，区司法局逐步完善安置帮教工作工作机制，7个镇（街道）安置帮教工作实行党委、政府统一领导，司法所负责组织实施，相关部门协调配合，社会力量参与的工作机制，同时吸纳村（社区）治保主任、网络员兼职本村（社区）安置帮教工作，形成区、镇、村三级安置帮教组织网络。提高服刑人员信息核查率、刑满释放人员衔接率和重点帮教对象接送率为重点，规范服刑人员信息录入核查、刑满释放前基本信息对接、重点帮教对象必接必送等工作环节，做好对有重新违法倾向人员、“三无”（民政部门收养的无生活来源、无劳动能力、无法定抚养义务人或法定抚养义务人丧失劳动能力而无力抚养的公民）人员等重点帮教对象的必接必送工作，提高接送率。推行公安派出所、司法所、村居、家庭“四帮一”帮教模式，实行“必访、必帮、必控”。对一般帮教对象，侧重教育巩固、引导帮扶，鼓励其积极融入社会。做好对刑满释放人员就业指导和就业服务，为刑释人员职业技能1期，培训26人。对全区服刑人员未成年子女帮扶进行排查摸底，帮扶服刑在教未成年子女17人。

【社区矫正】 2018年，区司法局从应对社会风险入手，加强特殊人群管理，做好社区矫正各项基础性工作，不断探索新管理模式。联合莆田监狱干警开展社区服刑人员集中训诫活动，增强社区服刑人员的认罪悔罪意识、身份意识。设立龙桥司法所和华亭司法所2个社区矫正教育示范司法所，利用集中学习的时间，开展读书会、观看今日说法、重点服刑人员谈心交流等各种形式的教育，实现教育矫正。聘请心理治疗机构，开展社区矫正心理矫治工作，开启“社区矫正+心理咨询”教育新模式。推进“城厢区社区矫正中心”建设。落实社区矫正“163”执行模式和“12345”工作法，启动远程视频督察系统的建设，实现省、市级社区矫正监管指挥中心平台无缝对接。

（彭　洁）

军　事

【工作概况】 2018年，莆田市城厢区人民武装部（以下简称区人武部）坚决贯彻落实习主席一系列重要指示和省军区、军分区党委扩大会议精神，围绕强军目标，牢牢把握“稳”居首要、“战”放中心、“建”为根本、“新”作引领的“四字”工作指导，着力举旗铸魂、聚力应急应战、强力正风肃纪，本部应急应战和全面建设整体推进、稳步发展全年完成基干民兵整组任务、民兵军事训练和新兵征集任务，大学生入伍比例78%。城厢区人民武装部被福建省军区评为“基层建设先进单位”。

【议军会】 2018年，区人武部协调地方党委政府落实党管武装各项制度，7月，抓住2018年是备战练兵提升能力的关键期。会议讨论解决后备力量建设经费问题；协调解决1名随军家属调动安置问题。

【征兵启动仪式】 2018年5月，区人武部配合市征兵办在莆田学院举行“大学生征兵启动仪式”，取得较好宣传发动效果。5月份，全区兵役登记率达100%，超额完成指标，提前1个多月完成任务。民兵整组、征兵宣传、国防动员工作被省军区东南前哨、莆田市电视台、湄洲日报、城厢新闻等媒体相继报道；“参军吧，兄弟”被《福建征兵》头版头条刊登。

【征兵工作】 2018年，区人武部按市征兵办赋予城厢区任务要求高标准完成，组织预定新兵进行为期3天进行役前训练；没有一例退兵，“五率”标准走在分区前列。兵役登记100%完成，各项征兵工作扎实高标准完成，整体兵员质量全面提高，完成2018年度征兵任务。

【民兵整组】 2018年，区人武部依据《中国人民解放军后备力量建设“十三五”规划》，按照军分区明确的组建任务，依据平时战时应急应战需求，依据城厢区兵员潜力分布情况，全区重新编建民兵队伍。

【战备值班】 2018年，区人武部围绕能力形成这一任务，及时调整国防动员机构人员、展开国防潜力调查、修订完成防卫作战和国防动员主案配套方案。全年落实24小时干部值班和职工值副班制度，完成重大节日、重要敏感时期战备组织工作，确保人武部战备工作秩序正规，辖区安全稳定，无错情、漏情、误情。

【国防动员潜力调查】 2018年，区人武部根据市国动委指示，为准备掌握辖区国防动员潜力情况，为动员支前打下基础，第四季度区国动委综合办组织辖区7个乡镇和9个国职能办开展国防动员潜力调查工作，专门召开国防动员潜力调查任务部署会。调查人员“采取横向到边、纵向到底”的方法，走访城厢区各乡镇、村居、分管职能部门、大中型企业、工业园区，收集相关资料数据，全面了解掌握辖区人力、经济、交通设施、人防设施、医疗卫生、物资储备、车辆装备维修、船舶、军民通用装备等情况，并将数据进行栅格化处理，录入国防动员潜力调查数据管理系统。通过调查摸底，准确掌握辖区国防动员潜力情况，解决潜力数据不真、不实、不准的问题。

【脱贫攻坚】 2018年，区人武部能够协调辖区驻军单位开展行动，制定脱贫攻坚方案，协调挂钩领导到户慰问和政策辅导6次，慰问资金3000元现金和日常生活用品，组织各类扶贫活动4次，优先承办2名贫困户家庭青年入伍，开展“助学兴教”慰问10名大学生5万元。

【“智慧党建平台”建设】 2018年，区人武部完善“互联网＋党建”交互平台10个模块内容，整合部历史沿革、记录单位年鉴资料、规范组织生活落实、收集红色书籍；坚持党的组织制度、规范统一的党员日常生活及学习管理等；统筹年度“三会一课”制度落实，对党委会、党支部会、党小组会等各类会议55项内容进行了整合规范；结合单位实际，因地制宜规范党委会议室设置、党建宣传栏、走廊文化等27块宣传板块进行设计和制作。

【“传承红色基因，担当强军重任”主题教育活动】 2018年，区人武部在军分区统一计划，采取上下联动、统分结合、分类组织的方法，按照三个阶段四个专题展开思想摸底、调查问卷、授课辅导、讨论辨析、对照检视、现地见学、体会交流等形式，组织全体干部职工落实理论学习12次，观看红色影片14次，现地参观见学3次，组织讨论11次，制作展板3期，全过程播放学习标语26条，及时上报情况6份，每人拟制自学计划1份，撰写心得体会4份，对照检查4份，引导所属人员准确把握红色基因本源，准确把握强军精髓要义，强化寻根塑源、强化传承担当、强化问题整改、强化自觉践行，有效推动主题教育内容落实，为有效履行职责使命注入强大动力。

【“和平积弊大起底大扫除”活动】 2018年，区人武部通过党委会、座谈会、动员部署会、学习部署会，认制定好学习活动计划，带头查找问题，多次在理论学习会上讲感想、谈体会。组织全体干部职工对照军委纪委8个方面52个形式主义官僚主义问

城厢区开展“国防教育进校园”活动　　　　（王中华　摄）

题清单、“八查”“46条问题清单”问题，进行调查问卷、座谈了解、函询基层，结合民兵整组、征兵工作、国防动员等各项活动，先后5次深入基层人武部展开调研，广泛听取基层反映的问题和提出的意见建议，协助党委梳理总结本部22条问题清单、分析查找三大问题原因、制定14条整改措施。

【“国防教育进校园”活动】 2018年，区人武部由城厢区国防教育办公室牵头，利用6天时间在辖区内1所大学、5所中学、2所小学展开国防教育，帮助学校训练升旗手，展示军人素养，提高了学生的国防意识。

【后勤保障】 2018年，区人武部保障工作，坚持以践行中共十九大精神及习近平强军思想为指导，以军事斗争准备为牵引，围绕战备训练开展服务保障工作，实现年度经费收支综合平衡。全年投入50余万元用于基础设施整治及建设，26万多元为职工（含临时工）办理保险，43万多元用于保障征兵，8.3万多元用于慰问困难党员群众及慰问共建单位等。保障战备训练、重大军事活动以及征兵工作等大项活动的完成。

【全面停止有偿服务】 军队全面停止有偿服务是中央军委及习主席重要指示，也是后勤年度中心任务之一。2018年，区人武部分别召开办公会、业务对口会、党委会等进行再强调再部署。截至5月31日所有出租项目全部收回，有效的落实上级的有关精神指示。

【涉地经费清理整治】 根据省军区闽保传〔2018〕12号通知要求，于7月25日至8月30日对区人武部从全军古田政工会议后（2014年10月）至2018年6月30日涉地经费收支使用管理情况进行全面清理清查。接到通知后部党委高度重视，专门召开党委会研究部署，成立清查领导小组，制定清理整治计划，并向地方政府有关部门发出16份协助调查函，向军分区上报3份专题自查整改报告，上缴违规款项5万多元，完成涉地经费清理整治工作。

（温智建　林清煌　戴强）

民主党派 社会团体

民　革

【工作概况】　2018年，中国国民党革命委员会莆田市城厢区支部委员会（以下简称民革城厢支部）以习近平新时代中国特色社会主义思想为指导和行动指南继承和发扬孙中山先生爱国、革命、不断进步的精神，发挥中国特色社会主义参政党的作用，履行参政议政、民主监督、参加中国共产党领导的政治协商职能，围绕区委、区政府中心任务，组织调研，撰写报告，同时关注群众反映的热点、难点问题，反映社情民意。组织开展“不忘合作初心，继续携手前进”主题学习教育实践活动及“坚持和发展中国特色社会主义学习实践活动”，并参加民革市委会和区委统战部组织的一系列纪念中共中央“五一口号”发布70周年暨民革成立70周年活动，开展学习宣传贯彻“深入学习习近平新时代中国特色社会主义思想”及进一步兴起“学习”大热潮。同时，坚持一个中国原则，秉持“两岸一家亲”的理念，反对任何形式的“台独”分裂图谋，团结台湾同胞，增进融合。是年2月，民革城厢支部组织慰问离退休老党员及困难党员活动；3月，响应民革市委会号召，发动支部党员献爱心捐款资助荔城支部郭振兴党员突发疾病救助，号召党员为贫困户捐款献爱心；12月，帮扶常太镇内东坪村平安文明创建、环境卫生整治及其他公益事业建设。

【参政议政】　2018年，民革城厢支部围绕区委、区政府中心任务，关注民生，关注老百姓关心的热点、难点问题，深入基层调研、建言献策、撰写提案、反映社情民意，上报区委统战部1个调研课题《新时代党外知识分子思想状况调查》，上报市委会1个提案《关于加强莆田城区老旧小区白蚁防治工作的建议》，报送区政协3个集体提案《创新农村环境管理模式，创造生态宜居城区》《关于教师合理使用微信平台进行家校互动的建议》《关于完善农村污水管网建设监管的建议》，以及1个调研课题《关于完善志愿服务机制推进“志愿城厢”建设的建议》（为区政协八届三次大会发言书面材料）。

【学习调研】　2018年，民革城厢支部先后组织多次学习调研活动，提高党员的理论水平和参政议政能力。5月18日，民革城厢支部党员赴常太镇马院村“闽中游击区革命纪念馆”爱国主义教育基地及美丽乡村建设项目进行实地参观学习，区委统战部陈继扬同志应邀参加活动。在闽中游击区革命纪念馆，党员们接受革命传统教育，观看学习史料图片、革命器具实物、革命事迹照片等。在活动过程中，参观常太镇马院村美丽乡村幸福家园建设项目，同时围绕“人文宜居新城厢、建设美丽莆田先行区”，就建设人文宜居新城厢，美丽乡村建设，实施乡村振兴战略等建言献策。10 月 12 日，在东海镇蔡襄纪念馆，党员们在馆长蔡美林带领下，参观纪念馆里蔡襄生平活动的文物遗作、书简、字贴和各种版本蔡氏族谱，以及国内 300 多幅名家书画。10 月 12 日，民革城厢支部一行 13 人到该村扶贫产业项目——中药材种植基地实地参观调研，据了解，坪洋村位于莆田市城厢区东海镇海拔 600 多米的山上，地理位置偏僻，交通闭塞，经济落后，是莆田市纪委挂钩帮扶的贫困村。坪洋村有 7 个自然村，12 个村民小组，5300 多人口，村里长期没有可发展的产业，青壮年劳动力多以外出务工为主。该村从实际出发，谋划产业发展，采用“村集体投资 + 种植户管理”的农业种植产业带动脱贫模式改善民生，基地种植金丝皇菊 3.07 公顷、紫苏及金银花 0.2 公顷，安排 3 户贫困户就业，预计每年村集体收入可增加 20 多万元，村民每户增收 1 万—2 万元，助力脱贫攻坚，助推乡村振兴。党员们感受到中央扶贫政策及莆田各级党委政府因村施策、帮扶脱困给山村百姓带来的真正实惠，表示要履行参政党职能，为助推山村农民致富、乡村振兴建言献策。

【送法进校园活动】 5 月 28 日下午，为推进全面依法治区，助力校园法治建设，增强青少年一代法制观念，提高法律意识，民革城厢支部以“关爱青少年·助力法治校园建设”为主题，联合区法院通过赠送蕴含法律知识的趣味故事书，以及以法律常识、未成年人犯罪的典型案例、不良行为引发犯罪、预防犯罪为主题而精心制作的展板进行展示、讲解等，教育引导青少年学法、懂法、守法，增强法制观念，预防和减少未成年人犯罪，保障青少年健康成长。

【开展“情暖山村校园·同心送书助学”活动】 10 月 12 日，民革城厢支部、民建城厢支部、农工党城厢支部一行 26 人驾车前往东海镇坪洋小学，送去童话故事书、幼儿图书册、科普图书、国学等书籍 375 册，总金额 7987 元，帮助偏远贫困山村薄弱学校学生能有更多的课外书籍阅读，进一步丰富山区学生的课余生活，助力山区学生从小学习和传承国家优秀传统文化，从小培育和践行社会主义核心价值观，进一步开拓视野，增长知识，增强才干，茁壮成长为建设社会主义现代化强国的接班人和建设者。

（郭妙桑）

民　盟

【工作概况】 2018 年，中国民主同盟会莆田市城厢区支部（以下简称民盟城厢支部学习贯彻习近平新时代中国特色社会主义思想和中共十九大精神，贯彻落实习近平总书记系列重要讲话精神、对福建工作的指示精神和治理木兰溪的重要理念，中共中央、民盟中央和中共省委、民盟省委、中共市委、中共区委和民盟市委的决策部署，围绕“打造人文宜居新城厢，建设美丽莆田先行区”，履行参政党职能，为推动城厢经济社会发展作出贡献。

【理论学习】 2018 年，民盟城厢支部把学习贯彻习近平新时代中国特色社会主义思想和中共十九大精神作为首要政治任务，与学习习近平总书记关于新型政党制度的重要论述有机结合起来，深刻理解“四个全面”的重要意义，培育和践行社会主义核心价值观，以纪念中共中央发布“五一口号”70 周年、改革开放 40 周年为抓手，持续开展“不忘合作初心，继续携手前进”专题教育活动。切实履行意识形态主体责任，确保主流思想占领意识形态阵地。通过集中学习、召开座谈会、参加培训、外出考察学习、撰写心得体会、个人自习等方式，形成多形式、分批次、常态化的学习体系，掀起大学习的热潮，盟员的思想觉悟和政治站位进一步提升，不断增进对中共和新时代中国特色社会主义的政治共识。全年组织全体盟员集中学习2次；开展振兴乡村调研2次；召开座谈会2次；组织骨干盟员赴浙江考察学习1次；选派骨干盟员参加市盟长汀读书班；选派盟员委员参加区政协举办的读书班，组织教师盟员参加市盟的教师节座谈会，指派2017入盟的新盟员参加市盟培训。

【组织建设】 2018年，民盟城厢支部落实“人才强盟”战略，加强自身建设。坚持“选好干部、配强班子”的原则，保证支部班子的凝聚力与战斗力。做好组织发展工作，有针对性地吸纳人才，不断充实新生力量，保证拥有一支政治素质较高、综合素质较强的队伍。重视后备队伍建设，坚持备培结合，重在培养的原则，规范后备干部的发现、选拔、培养、推荐等程序。日常工作中，注重个体与团队的互补和优化，整合各类资源，集聚团队智慧，开展各项活动，通过活动增强组织凝聚力。是年，吸收2名优秀的人才入盟。春节前夕，走访慰问退休盟员代表，为他们送上节日的问候和祝福。推荐骨干盟员参加市盟读书班，指派新盟员参加市盟培训。

【参政议政】 2018年，民盟城厢支部发挥自身优势，围绕中心、服务大局，为城厢区经济建设出谋划策，真实反映社情民意，为党委政府提供科学决策依据，为维护社会稳定、经济稳速增长尽力尽责。区政协八届三次全会上，支部集体提案3篇，委员个人提案9篇，在市政协七届二次会议上，支部委员提交提案4篇。在区政协七届三次全会作《关于全区鞋业转型升级的发展现状和建议》大会交流发言。全年向市盟和区统战部反映社情民意信息36条，调研文章1篇。民主监督，通过人大、政协平台，参与区重大项目的视察活动，提出有针对性的监督意见，推动工作的落实和解决。同时，不断拓宽民主监督渠道，有市机关效能建设监督员1名、区法院廉政监督员1名、区法院人民陪审员1名，广泛参与执法检查、监督评查等活动，履职尽责。政治协商，出席区委、区政府、区政协、区委统战部的通报会、反馈会、征求意见会等9次，列席区委全会2次。是年，在区政协八届三次会议上，支部提案《关于进一步加强社区医疗场所的建议》，盟员方碧娴提案《关于加强家政服务行业监管》被评为2018年度优秀提案。盟员宋茜茜、郑梦华合作的调研课题《抵押预告登记制度及法律规定的建议》获民盟莆田市委会三等奖。

【社会服务】 2018年，民盟城厢支部按照“发挥优势、突出重点、量力而行、讲求实效、持之以恒”的指导方针，利用人才优势，整合资源，除开展传统的送学送医活动外，还开展送法、送温暖、送文化等新的社会服务内容，更好地为经济建设服务，为科技、教育、文化等事业发展服务。同时，通过社会服务，盟员的视野和空间得到拓展，掌握大量第一手社情民意信息，为形成高质量、有价值的提案、议案提供宝贵的实践基础。支部在有限的经费中，给予边远的沿海乡村东海镇东海村10000元的帮扶经费。主委林少斌挂钩东海村2位贫困户、宣传委员方碧娴挂钩1位贫困户、盟员郭凤祥联系常太镇6户贫困户（挂钩1户），均实现脱贫。支部的法律界盟员开展送法进企业2场。组织委员吴懿娴、盟员林静送教下乡各2场。盟员黄俊和春节前组织市书法研究会会员开展10余场送文化送春联活动。盟员江志平作为莆田学院客座教授受邀给100多位中小企业家授课。

（林少斌）

民　建

【工作概况】 2018年，中国民主建国会莆田市城厢区支部委员会（以下简称民建城厢支部）学习贯彻习近平新时代中国特色社会主义思想和中共十九大精神及习近平总书记的一系列重要讲话精神和民建省委市委会议精神、全区统战工作会议精神。积极推

4 月 19 日，民建城厢支部举办纪念“五一口号”70 周年系列活动暨红色革命教育主题活动 （吴洪云 摄）

荐骨干会员、新会员参加省社会主义学院、民建市委会举办的各类培训班、学习，通过召开会员大会、各类座谈会、学习交流会、培训提高会等多种形式组织会员学习。使会员较为系统地掌握新时期统战理论及社会发展的有关知识，提升做好工作的本领，增强会员的党派意识。4 月 19 日上午民建城厢支部组织会员参加由区委统战部举办纪念“五一口号”70 周年系列活动暨红色革命教育主题活动；4 月 20—21 日组织会员赴东山县谷文昌纪念园开展“不忘合作初心 弘扬时代精神”专题学习教育活动；5 月 7—11 日，民建城厢支部参与“深化提升河长制。全力推进河道环境卫生整治”专题视察调研；8 月 18—20 日支部组织会员参加民建莆田市委 2018 年暑期读书班；9 月 22—24 日支部会员企业家参加 2018 年中国（江西）非公有制经济发展论坛·民建支部班子及课题组成员一行深入浙江省，围绕“乡村振兴战略、打造农业农村现代化”开展考察调研。发展会员壮大队伍。从物色对象、联系考察、上报审批等相关程序都不断健全，严把入会关，注重政治素质，发展新会员 2 名，发展与巩固相结合，吸收从事经济工作、专业性强的层次较高的人士入会，非公经济代表人士入会，拓展专业领域。四是注重社会工作和开展活动为载体。年终岁末，支部在民建省委和市委的号召，由支部志愿者组成的“爱心志愿者服务队”参与民建市委挂钩联系漳州市政和县“三下乡”扶贫帮困，走访会员企业活动。支部积极响应区委宣传部号召，联合开展城厢区文化、科技、卫生“三下乡”活动。

【参政议政】 2018 年，民建城厢支部会员立足本职，发挥特点和优势，充分运用调研成果在“两会”上积极建言献策，取得良好成效。2018 年提在市、区政协《关于城厢区实施乡村振兴战略，打造农业农村现代化的调研报告》调研文章在区政协八届三次大会发言，受到区委、区政府主要领导高度重视。同时，支部提交《关于加快推进莆田省级水利博物馆建设的提案》《关于高起点规划木兰溪百里兰溪十景的建议》《关于进一步加强农贸市场建设和管理的提案》等提案。

【制度建设】 2018 年，民建城厢支部以制度建设为突破口，进一步规范会务工作，制定详细的学习制度，每月支部至少组织一次学习，每两个月全体会员组织一次集体学习，每一季度组织一次学习交流活动。进一步健全支部主委会议、支部委员会议制度，组织生活制度，领导制度，参政议政、社会服务工作制度等。更加注重社会服务工作，密切协调好企业界会员的横向联系，协调好企业界会员与民建上级组织企业工委的纵向联络；注重会员活动的多样性，丰富会员社情民意活动内容，坚持定期走访探望会员企业与不定期慰问相结合。广大会员立足本职，乐于奉献，创先创优，锐意进取，为支部增光添彩。加强后备干部队伍建设，注重培养政治素质高、业务能力

4月29日，民建城厢支部参加谷文昌精神专题学习教育活动
（吴洪云摄）

强的年轻同志，为其成长和锻炼提高积极搭建平台。

（吴洪云）

农工党

【工作概况】 2018年，中国农工民主党莆田市城厢区支部委员会（以下简称农工党城厢支部）以习近平新时代中国特色社会主义思想为指导，全面贯彻落实中共十九大和十九届二中、三中全会精神，不断提高政治站位，牢固树立“四个意识”，坚定“四个自信”，践行“两个维护”，深入学习领会习总书记关于新型政党的论述，深刻领会统一战线、多党合作、协商民主的新理论新实践新发展。围绕中共福建省委、莆田市委、城厢区委的各项决策部署，不断加强自身建设，切实履行参政党各项职能，支部的政治思想、自身建设、参政议政、服务社会职能等全面得到加强和提高。是年，农工党城厢支部政协委员在区政协八届三次会议上提交反映社情民意的提案建议9件。叶丽珊被市委会评为先进党员，潘仁东、阙国强被市委会评为参政议政先进个人。

【民主监督】 2018年，农工党城厢支部通过参加区人大、政协会议，专题调研和视察，以及通报会、协商会等活动，发挥本党党员的区人大代表、政协委员、安全生产协会评审员、特约审计员、人民陪审员、教育系统“三风”督查员作用，多渠道多形式参与党外民主监督活动，履行各自的职责，提出的意见建议，得到采纳。

【服务社会】 2018年1月26日，农工党城厢支部的委员们在主委潘仁东的带领下到城厢区下黄小学，举行“爱心点亮希望，书籍润泽童年”的图书捐赠活动，捐赠国学经典类图书200余册，价值3000多元。3月26日，由莆田市历史学科带头人叶丽珊到莆田二十四中开展送教下乡义务授课活动。6月27日，为纪念中国共产党成立97周年，弘扬“奉献、友爱、互助、进步”的志愿服务精神，农工党城厢区支部医护人员在常太镇山门村为现场群众进行义诊和健康咨询，并送上家庭常用的备用药品，把关爱传送给前来咨询的每一位群众，义诊送出药品价值1000多元。10月12日，支部组织部分党员前往城厢区东海镇开展“情暖山村校园·同心送书助学”主题活动，向坪阳中心小学捐赠各类图书、国学等书籍共300多册。此外，支部组织部分党员利用一些节假日的时间，到各级慈善机构当义工；为大方县博爱家园精准扶贫项目捐款4200元。第五届世界佛教论坛在莆田举办期间，党员吴丽琴在南门社区第十二网格协助工作，叶丽珊在下磨社区当志愿者，肖太波在交通组公交车安检，肖建娇在广化寺当义工，黄海峰在美术馆作医疗保障。

【精准扶贫】 2018年12月6日，农工党城厢支部党员前往城厢区委统战部扶贫挂钩的凤凰山街道林桥村开展“挂钩扶贫、助推脱贫”主题活动。支部一行到林桥村村部，送上15000元扶贫资金，希望能对脱贫攻坚战提供帮助。12月7日，在东海镇西厝村联合举办以“精准扶贫、健康同行”为主题的大型义诊活动。经过3个小时的义诊活动，分发宣传材料300多份，义诊人数150多人，送出价值5000多元的药品。

（潘仁东）

致公党

【工作概况】　2018年，中国致公党莆田市委城厢支部（以下简称城厢致公党）围绕区委、区政府中心工作积极建言献策，在“两会”前及时召开参政议政专题部署会，组织党员们开展调查研究，撰写高质量的议案、提案、建议，支部党员或领衔或附议向市区“两会”提交议案、提案、建议17件，区政协大会发言1篇。党员们履行民主监督参政议政职能，反映社情民意，参与单位或支部组织的各种调研、视察、检查活动，撰写调研课题4篇。

【理论学习】　2018年，城厢致公党组织党员全年集中学习4次，学习中共十九大精神，领会习近平新时代中国特色社会主义的思想内涵，着重在学懂弄通做实上下功夫，学习统一战线理论知识，不断增强党员的政治认同；踊跃参加省、市、区举办的读书班、学习研讨会、一周课堂等多种形式的培训。为纪念中共中央发布“五一口号”70周年暨爱国主义教育活动，5月30日，支部组织党员们观看纪念“五一口号”发布70周年书画展，实地参观东圳水库移民精神展示馆，还围绕纪念“五一口号”发布70周年进行座谈并互相交流心得。

【服务社会】　2018年，城厢致公党联合华亭镇前黄村委会举办“倡移风易俗，谱文明新风”文艺汇演；组织全体党员在华亭镇涧口村开展植树造林活动，并对涧口“致公林”进行养护，为建设美丽城厢增加一片绿；组织党员开展＂扶贫攻坚，致公在行动”系列活动之一；发动党员开展“党费一日助”献爱心活动，为省级困难户送去慰问品慰问金1165元；拨付补助东海镇坪洋村扶贫修致公之路1万元。

（蔡琼琼）

九三学社

【工作概况】　2018年，九三学社城厢区支社委员会（以下简称九三学社城厢区支社）全体社员学习中共十九大会议精神以及习近平新时代中国特色社会主义思想，切实做到“两个维护”、坚定“四个意识”，全体社员围绕区委、区政府的中心工作，开展社会服务活动，履行民主监督职能，参政议政。

【学习调研】　2月11日，九三学社城厢区支社召开学习中共十九大精神暨2018年工作布置会，支社全体社员参加会议，并邀请社市委挂钩联系支社的副主委蔡国萍到会指导。4月17日，召开支社委员会议，学习全国两会精神、讨论社务工作。会议集中学习全国“两会”精神，重点学习习近平总书记在十三届人大一次会议闭幕式上的重要讲话精神。4月18—22日，支社主委参加社市委组织的纪念“五一口号”发布70周年赴江苏省开展现场学习调研，赴宜兴、无锡、镇江、南京，参观学习周培源故居、王选事迹陈列馆、茅以升纪念馆、南京大屠杀死难同胞纪念馆。支社还结合进一步兴起学习习近平新时代中国特色社会主义思想热潮活动，发动全体社员自行学习《习近平新时代中国特色社会主义思想三十讲》原文，做到结合职工作学，学深学透理论，指导工作实践，推动工作落实。

【参政议政】　2018年，九三学社城厢区支社注重建言献策质量，坚持把履行参政议政职能的作为第一要务来抓。社内各位政协委员、其他社员围绕各自工作及社会关注的热点问题，找准切入点、抓住突破点，建言献策。上报的《调动民间资本、金融资本等参与美丽乡村建设的对策与建议》提案作为社市委团体提案入选市政协七届二次会议提案，7月份并得到市农业局办理答复。

【社会服务】 2018年，九三学社城厢区支社围绕“整合资源、打造特色、打响品牌”的工作思路，坚持社会服务工作特色化、品牌化、长期化的方向，扎实推进社会服务工作。6月10日下午，整合社内外资源，发动区医院几名社员医生利用周末休息的时间，联合灵川镇卫生院的两名医生护士，组成诊疗小分队到区委统战部挂钩帮扶的灵川镇云庄村为十几户建档立卡贫困户免费诊疗。11月25日，联合莆田市直第一支社、莆田学院支社，组织社员前往城厢区灵川镇书峰村和东海镇坪洋村开展联合调研活动，旨在调研产业发展，谋划乡村振兴，推广金丝皇菊，助力扶贫济困。

（吴清松）

总工会

【工作概况】 2018年，莆田市城厢区总工会（以下简称区总工会）组织各级工会坚持以习近平新时代中国特色社会主义思想和中共十九大精神为指导，全面落实习近平总书记对工会工作的重要指示和中国工会十七大精神，深入贯彻落实习近平总书记对福建工作的重要指示精神和治理木兰溪的重要理念，坚持围绕中心、服务大局，团结动员全区广大职工坚持高质量发展落实赶超，为建设美丽莆田先行区作出贡献。

【机构改革】 2018年9月30日以后，区总工会根据区委印发关于《城厢区总工会改革方案》要求，对接省、市总工会机构调整设置方案和本区工作需要，把原内设办公室、财务部、经审办、保障部、工会组建部、宣教部、民管部等部室调整为办公室（含财务部、经审办、网络工作部、女工部）、基层工作部、劳动与经技工作部（含权益保障部、宣传部、职工服务中心）等3个职能部门，下属事业单位1个，即区职工服务中心。优化职能配置，理顺纵横关系，提升工作效能。

【“中国梦·劳动美”主题教育】 2018年，区总工会深入学习宣传习近平新时代中国特色社会主义思想，以加强职工思想政治工作为引领，以强化主题宣传活动为抓手，以更生动、更多样、更有效的宣传方式，把党的意志和主张宣传落实到职工中去，引导职工群众听党话跟党走，切实增强各级工会干部和广大职工“四个意识”，坚定“四个自信”，坚决做到“两个维护”，在思想上政治上行动上同以习近平同志为核心的党中央保持高度一致。引导广大职工践行社会主义核心价值观，组织开展劳模风采展、演讲比赛、体育活动、文艺演出、公益讲座等“中国梦·劳动美”“贯彻十九大·美丽莆田工会再行动”等主题宣传教育活动8场，激励广大职工争做中国梦的模范践行者。

【开展“建功新时代”各类劳动竞赛】 2018年，区总工会贯彻落实新发展理念，紧紧围绕中心大局，以“当好主人翁·建功新时代”为主题，以创建“工人先锋号”为引领，突出抓好复茂企业的“英才创新交流计划”、腾辉工艺岗位练兵、“花艺品香”技能竞赛、中式烹调师职工技能比赛、“壶兰杯”油画职业技能竞赛等竞赛活动，不断激励广大职工在建立美丽莆田先行区、服务城厢重点一线项目、打好“三大攻坚战”中献策出力，团结动员广大职工投身城厢改革发展的火热实践，唱响“劳动美”、引领“创新潮”、掀起“技能热”。是年，参加各级工会组织开展的劳动和技能竞赛的职工达6000人次，组织3项“五小”创新项目参加全省创新大赛，有4人获省级劳模称号，培育选树各级工人先锋号12家。

【实施职工素质工程建设】 2018年，区总工会深入实施以弘

2月2日，在华林园区开展迎新春·送温暖系列活动（吴佩仙 摄）

扬工匠精神为核心的职工素质建设工程，组织发动各级工会组织加强职工职业教育培训，持续开展“名师带高徒”活动，深化职工书屋建设，加快打造一支有理想守信念、懂技术会创新、敢担当讲奉献的职工队伍，为提高职工素质打下良好基础。每年坚持举办1期规模200人以上的基层工会业务培训班，提升基层工会干部业务水平；以“劳模工作室”为依托，以省（市）劳模、五一劳动奖章获得者及技术能手为主体，实现定期目标化培养，至年底，创建劳模工作室9家，结对师徒120对。推动基层工会职工书屋建设，新建市级职工书屋2家（绿丰、喜盈门），扩建市级职工书屋1家（祥冠），投入18万元资金，支持和加强6家职工书屋示范点的建设。丰富职工业余文化生活，组织开展“欢乐元旦，爱在华林”联欢晚会、迎新春送文化系列活动、“关爱外来工·欢乐中秋节”文艺演出、纪念改革开放40周年文艺汇演、第六届职工趣味运动会等职工喜闻乐见的文体活动6场。

【做优做实工会送温暖品牌】2018年，区总工会以满足职工美好生活需要为目标，以职工群众的认可度和满意度来评判工作，做优做实困难职工解困脱困、工会四送、就业指导、法律维权、政策宣传、女职工权益维护、医疗互助、关爱外来工及子女等工会维权帮扶服务。是年，筹集送温暖资金55.49万元，走访慰问困难职工和一线职工340人，慰问艰苦一线女职工100人，关爱外来工子女135人，新建立爱心妈妈小屋2家，向全区123人次发放医疗互助补助金23.6万元，持续开展“送关爱、送清凉、送平安”活动，为高温作业一线职工送去清凉品3520份；坚持开展“平安返乡·送爱农民工”活动，为留莆过年外来工送去春联3500副和电影票800多张。

【维权维稳】2018年，区总工会重点抓好华林园区制鞋行业工资集体协商的开展，指导规范签订集体合同、工资集体协议等，

3月21日，区总工会开展“温暖的祝福”—慰问艰苦一线女职工活动暨文艺演出（吴佩仙 摄）

12月1日，莆田市总工会，城厢区总工会联合开展2018年“世界艾滋病日”主题宣传活动（吴佩仙 摄）

有效维护劳动关系的和谐稳定；健全协商劳动关系三方机制，参与解决辖区内的劳资纠纷及外来务工人员的其他各类民事矛盾纠纷争议。重视劳动保护工作，开展“安康杯”竞赛活动和安全生产月宣传等活动，依法维护职工安全健康权益，组织500家企业参加“安康杯”竞赛活动，开展《职业病防治法》宣传活动2场，领导干部深入企业指导检查工作45次。加强工会法律监督员队伍建设，全区建立基层工会劳动法律监督委员会322家，为职工提供更专业、更便捷、更有效的维权服务；开展法治宣传活动，通过开展送法进企业、法律知识讲座、“12·4”国家宪法日主题宣传等活动，不断提升广大职工“尊法、守法、用法”意识。维护职工队伍稳定。加强与有关部门的工作联合，加大风险排查预警、源头预防和应急处置力度，为维护职工队伍稳定工作打下基础。

【基层工会建设】 2018年，区总工会加强工会组建和会员发展工作，持之以恒抓好农民工入会工作，重点是抓好“八大群体”入会和幼儿园建会工作。全年新成立基层工会46个，发展会员2579人，实现幼儿园100%建会，“八大群体”入会率达45%以上。加强和完善镇街（园区）工会规范化建设，完善区总工会领导联系基层制度，党组每位成员以1—2个镇街（园区）工会作为联系点，及时把握基层动向，督促和指导镇街（园区）工会规范建设，立足实际加大工会经费支持力度；稳步推进基层工会规范化建设，培育选树省级非公企业规范化建设示范单位2家（复茂、亚明）、省级会员评家示范单位1家（祥冠）、省级模范职工之家1家（宏峰），省级模范职工小家2家（宏峰集团工程部、南门幼儿园），发展会员实名制单位10家。

（吴佩仙）

共青团

【工作概况】 2018年，共青团莆田市城厢区委员会（以下简称团区委）贯彻党的群团工作会议精神，以推进共青团改革为契机，以加强团的思想建设和组织建设为重点，围绕党政中心工作，扎实开展团的各项工作。依托“城厢共青团”官方微信公众号、微博等，及时发布中共十九大、改革开放四十周年等相关政治热点，宣传“青年大学习”，及时发布活动信息，积极推进网络意识形态引导工作，传播正能量，以喜闻乐见、新颖新鲜的形式弘扬主旋律，传递正能量，激发青年的责任感和使命感。全年在各类媒体报纸宣传报道信息150余条。五四期间组织“青春心向党 建功新时代”演讲比赛；“六一”国际儿童节期间，开展“你好·新时代”少先队入队仪式示范活动；在少先队建队69周年期间举行先进集体和个人表彰、开展“7·2”讲话“青年大学习”主题活动、团十八大精神宣传活动等，引导青年听党话、跟党走，突出共青团的政治性。

【青少年社工服务】 2018年，团区委按照“团干部+社工+志愿者”的模式，采取岗位购买的形式，推进重点青少年事务社会工作服务，加大扶助弱势青少年群体力度。团区委联合华林学校举办城厢区第三届“传递爱心·扶志助学”关爱外来务工子女公益夏令营。至年底，团属社工机构承接2018年城厢区青少年事务社会工作专业服务项目、“七彩童年，琢玉成器”城厢区儿童之家、社区家长学校服务、关爱留守儿童等项目，进一步提升社会工作影响力。

【青少年权益维护】 2018年，团区委联动各预青成员单位，组织青少年事务社工、青年志愿者，开展青少年自护教育、禁毒防艾宣传、法治游园、法治讲座、法治夏令营等系列主题活动，营造良好的预防青少年违法犯罪工作宣传氛围。3月24日上午，在龙桥街道万辉社区开展社会工作宣传周暨创建“青少年零犯罪零受害社区”系列主题宣传活动，得到团市委的肯定。暑期，团区委联合区禁毒办在莆田市博物馆开展青少年暑期禁毒工作宣传活动。2018年，城厢区预防青少年违法犯罪工作考评分数居全市第一位。

【青年志愿服务活动】 2018年，团区委完善更新青年志愿者库，组织青年志愿者开展春运志愿服务、法律咨询、交通文明劝导、关爱留守儿童、环境保护、义诊等活动，让志愿者的精神和身影活跃在城厢的每一个角落。3月4日，联合相关部门在凤凰山广场开展学雷锋志愿服务活动。先后组织“青春携手　温情暖冬”“青春志愿行·温暖回家路”春运志愿服务等活动，服务文明城市创建。在高考期间，组织开展的“助力高考　圆梦青春”志愿服务活动在省、市电视台得到相关报道。

【青春助力精准扶贫】 2018年暑期，各镇（街道）团工委组织返乡青年大学生围绕入户走访、志愿服务、扶志助学、就业帮扶四个方面的服务内容持续开展为期20天的精准脱贫专项行动，不断为脱贫攻坚队伍注入新鲜血液，协助解决贫困户需求和困难，为全力打赢精准脱贫攻坚战奠定坚实的基础。团区委机关挂钩华亭镇濑溪村4户贫困户，全部脱贫，全年帮扶12次，为他们送去慰问金、慰问物品近2万元。

【基层组织建设】 2018年，团区委从严做好中学团员的发展、教育、管理工作。持续推动实施“4+1”联系服务青年、“1+100”直接联系青年、团干部直接联系团支部制度，做到“线上”和“线下”相结合，形成密切联系青年的长效机制，推动青年从服务对象变成共青团的“铁杆粉丝”。推动7个镇（街）完成村级团组织换届工作，持续推动非公企业团组织建设。

（韩超凡）

妇　联

【工作概况】 2018年，城厢区妇女联合会（以下简称区妇联）组织全区各级妇联以习近平新时代中国特色社会主义思想为指引，落实中国妇女十二大精神，切实保持和增强政治性、先进性、群众性，团结引领全区妇女为坚持高质量发展落实赶超，奋力推进新时代，新城厢建设发挥半边天作用。

【创业创新巾帼行动】 2018年，区妇联组织3家女性创业企业参加“6·18”项目成果交易会，进行技术征集、项目对接。在复茂食品有限公司成立“城厢区巾帼创业创新烘焙技能培训中心”，为培养更多的女性技能人才搭建成长平台。举办“巾帼精英杯”美容师职业技能竞赛，促进弘扬工匠精神，发现培养一批技能人才，为经济社会发展服务。

【巾帼脱贫攻坚行动】 2018年，区妇联与人社局等部门开展了2场“妇女就业专场”招聘会，现场80多家企业参加，为妇女就业提供3000多个工作岗位。区妇联挂钩5户精准扶贫户，每

11 月 25 日，区妇联在东海镇上亭村开展“中国妇女十二大精神进基层”大宣讲活动
（苏剑玲 摄）

个月都深入到挂钩户家中看望慰问。联合爱心企业走访慰问 82 户贫困妇女儿童家庭，其中精准扶贫户 12 户，发放慰问金和慰问品 10 万元，为特殊困境妇女儿童和家庭排忧解难。开展“两癌”筛查救助工作，将“两癌”免费检查项目列入区政府 2018 年为民办实事项目。为省“母亲健康 1+1”募捐，募集 25407 元，全部汇入“福建省红十字母亲健康天使基金”专用账户，用于救助“两癌”贫困母亲。1 名“两癌”患病妇女得到全国妇联 1 万元的救助、20 名得到省妇联各 2000 元的救助、2 名得到省妇联 3000 元的救助。持续开展精准扶贫建档立卡贫困妇女赠送保险工作，为 463 名建档立卡贫困妇女购买女性安康疾病保险，为基层村、社区妇联干部进行乳腺知识讲座和义诊检查。开展关爱留守流动儿童活动，“六一”国际儿童节期间，市委书记林宝金及区委书记王文才深入区第一实验幼儿园、华林学校，区长吴文恩深入南门幼儿园，慰问留守流动儿童，送去慰问金及节日的祝福。联合华林学校，开展“传递关爱 • 点亮未来”关爱留守流动儿童活动，为 168 名留守儿童每人赠送一块安全手表。开展城厢区第三届“传递爱心 • 扶志助学”公益夏令营活动。

【建设生态家园巾帼行动】 2018 年，区妇联开展“巾帼护河 • 共建生态家园”主题活动，组织广大妇女参与农村生活污水垃圾治理，发动巾帼志愿者参与木兰溪沿岸垃圾治理。配合市妇联在万辉社区举办“低碳你我他 • 绿色进万家”主题志愿服务活动，倡导绿色社区、绿色家园。在绶溪公园内开展挂鸟巢、剪鸟网等爱鸟护鸟活动。

【乡村振兴巾帼行动】 2018 年，区妇联组织动员广大妇女积极参与农业农村发展、生态环境保护、乡风文明建设、弱势群体关爱等活动。培育巾帼示范基地，凤凰家政服务公司通过省级申报考评，获“闽姐姐家政培训示范基地”称号。

【家庭文明建设】 2018 年，区妇联评选表彰区“五好家庭”27 户、最美家庭 28 户。参与全国、省、市 “最美家庭”评选，

9 月 21 日，城厢区举办区直机关党员干部家风家训专题讲座
（苏剑玲 摄）

2018 年度获全国最美家庭 2 户、福建省最美家庭 2 户、市五好家庭标兵 1 户、市五好家庭 5 户、市十佳最美家庭 1 户、市最美家庭 3 户。通过微信平台向全区发出倡议书，引导广大妇女和家庭树立风正气顺、文明节俭的生活方式。不断完善儿童之家和社区家长学校建设，列入区政府 2018 年为民办实事项目，2018 年新建 13 个儿童之家。通过购买社会服务，开展儿童之家、社区家长学校系列活动，开展 82 场亲子活动，促进社区儿童和家长学校的教育服务功能。

【巾帼维权行动】 2018 年，区妇联开展"三八"维权月宣传活动，联合法院等单位到常太学校举行《中华人民共和国反家庭暴力法》讲座；制作家庭美德、预防犯罪等宣传展板，向群众、学生们宣传有关法律常识；分发法律宣传折页、宣传单、宣传品 2000 多份；利用微信公众号进行普法宣传；联合相关单位分别在市博物馆和万达广场开展"健康人生·绿色无毒"禁毒宣传活动；参与"扫黑除恶"专项行动宣传活动，引导群众切实维护自身合法权益。创新婚姻家庭纠纷调解模式，依托区大调解中心，通过网上在线调解，成功调解 5 起婚姻纠纷案件。接待来访 25 件，其中家庭暴力 3 件，离婚 3 件，其他孩子户口落户、老人赡养、邻里宅基地等纠纷 19 件，每件来访件都及时给予调解，调解率为 100%。

【城厢区食品产业妇联成立】 6 月 28 日，城厢区食品产业妇联在福建省亚明食品有限公司成立。市妇联副主席郭笑蓉、区人大副主任黄光明、区妇联主席陈颖珊、华林经济开发区负责人林俊杰、区妇联副主席林琳、区非公党工委专职副书记胡宏等参加成立大会，选举产生了妇联主席 1 名、副主席 7 名、执委 21 名。

（苏剑玲）

6 月 28 日，全市首个食品产业妇联成立 （苏剑玲 摄）

科　协

【工作概况】 2018 年，在区全民科学素质行动计划纲要领导小组各成员单位的共同努力下，城厢区科学技术协会（以下简称区科协）团结全区广大科技工作者，学习贯彻中共十九大精神，深入贯彻习近平新时代中国特色社会主义思想，根据省、市科协 2018 年的工作部署，围绕"建设美丽莆田打造宜居港城"工作目标，贯彻实施《全民科学素质行动纲要》，开展科普宣传、科技培训及青少年科技创新大赛活动等工作，完成 2018 年的各项工作。

【科协机关自身建设】 区委第一巡察组自 2018 年 6 月 25 日对区科协开展为期 2 个月巡察。11 月 1 日向区科协反馈巡察意见，指出 6 个方面 13 个问题，提出整改意见。针对巡察反馈的问题，区科协高度重视，召开专题会议进行研究布署，制定整改方案，明确责任分工，细化分解任务，逐一落实整改，并以巡察工作为契机，扎实抓好党建及党风廉政建设。开展"两学一做"学习教育活动，通过三会一课、主题党日活动等多种形式集中学习，坚定理想信念，保持思想纯洁，加强道德修养，推进扎实工作。组织学习中共十九大精神，学习习近平新时期中国特色社会主义思想。通过学习反腐败典型案件，领导谈话提醒等方式对本单位的干部进行反腐败教育，做到警钟常鸣。

【青少年创新实践科普教育平台】 2018年，区科协组织城厢区中小学生参加第33届福建省青少年科技创新大赛，获得省级一等奖2个，三等奖1个；获得市级一等奖6个，二等奖8个，三等奖8个；城厢区第二实验小学徐灿老师获得省十佳优秀科技辅导员称号。投入25万元资金用于各中小学购买机器人比赛设备。组织城厢区中小学参加第十六届福建省青少年机器人竞赛，获得省级二等奖2个，三等奖3个；市级一等奖3个，二等奖8个，三等奖11个。筱塘小学林秀华老师获得市级优秀教练员称号。

【科普阵地建设】 2018年，区科协重视科普教育示范基地建设，绿丰园艺建设成为市级科普教育示范基地。区科协多次到绿丰园艺公司调研、指导科普工作，绿丰园艺科普基地加大科普宣传力度，发挥科普示范作用，带动周边群众一起科学致富。接下来华亭镇宫利村、常太镇东青村将按照省科普示范村的标准进行建设。新建亚明食品院士专家工作站，至年底建设好4个工作站。新建9个科普E站，利用各个E站网络设备，下载微视频、科普知识以及科普新闻进行推广，加大科普宣传力度。8个科普E站被评选为福建省示范性科普E站，获得奖补资金24万元。新建成3个青少年科学工作室，分别建在霞林街道棠坡社区、肖厝社区和常太镇东青村，投入资金18万元。科学工作室发挥其职能，就近带动青少年体验科学。除沟头、龙德井两个社区因要拆迁未建外，其余14个社区全部建设完成，将继续在成熟的村、学校建设青少年科学工作室。

【群众性主题科普活动】 1月23日，区科协组织参加在东海镇东沙村蔡襄纪念馆举办的2018年城厢区文化、科技、卫生“三下乡”活动，现场开展科技咨询服务，向广大农民群众发放科普宣传材料1500多份，科普挂图600多份，接待群众500多人次。按照《关于举办2018年莆田市科技活动周的通知》，科技活动周期间，区科协围绕“科技创新强国富民”科技活动周主题，结合“全国科技工作者日”主题，利用三个宣传载体，搞好宣传造势。利用科普宣传栏载体刊发相关节日宣传；在区政府大门口制作拱门宣传4天；利用微信开展城厢区科技工作者日活动宣传。在全国科普日期间，区科协协同市科协到南日岛开展全国科普日科普宣传活动，参加群众1000多人次，分发科普书籍600多册，科普大篷车展出六个主题24项科普展品，吸引大量群众争先观看、探索。联合南门中特小学开展科普日活动，参加活动师生500多人次，分发科普书籍200多册。10月14日，区科协联合其他部门参加市组织的2018年莆田市社会科学普及宣传周启动仪式，科普大篷车发挥其展教功能，现场分发科普书籍1000多册，参加群众2000多人次。

（肖珍珠）

工商联（商会）

【工作概况】 2018年，莆田市城厢区工商业联合会（以下简称区工商联）在区委、区政府的领导下，在市工商联业务指导下，以中共十九大精神和习近平书记系列讲话精神为指导，以“为打造人文宜居新城厢、建设美丽莆田先行区”为目标，发挥工商联的特点和优势，团结和带领全区非公经济人士，围绕区委、区政府的中心工作，积极服务经济发展。5月20日，区工商联会员企业中交建宏峰集团有限公司向宏峰扶贫基金会捐赠1500万元启动资金，用于扶贫开发工作，用实际行动为城厢区脱贫攻坚工作添砖加瓦。

【非公有制经济人士的思想政治工作】 9月14日，区工商联组织企业家代表召开“不忘创业初心，接力改革伟业”宣讲会。引导非公有制经济人士不断增强中国特色社会主义道路自信、理论自信、制度自信、文化自信，自觉做爱国敬业、守法经营、创业创新、回报社会的表率和践行亲清新型政商关系的典范。

【走访企业】 6月份，区工商联按照全国工商联开展上规模企业调研的文件精神开展调研，了解全区上规模企业生产经营现状，帮助企业厘清发展思路，为企业发展与管理出谋划策，听取企业的相关诉求。9月29日，开展民营企业大走访活动，深入会员企业力奴鞋业有限公司、亚明食品有限公司、三威鞋业有限公司，通过实地考察企业车间厂房，与企业负责人进行座谈，详细了解企业生产经营状况、面临的主要困难和矛盾，以及未来的发展规划。

【召开民营企业座谈会】 11月20日，区工商联组织召开2018年城厢区民营企业座谈会。区领导吴文恩、陈洪武、施清芳、谢长征、吴俊峰等出席会议，会议由区委常委、统战部部长陈洪武主持。会上，区长吴文恩通报全区经济社会发展情况，区委常委、统战部部长陈洪武传达学习习近平总书记在民营企业座谈会上的重要讲话精神以及中央书记处书记、中央统战部部长尤权在中央统战部民营企业家座谈会上的讲话精神和浙江调研时的讲话精神。与会的企业家们畅谈学习习近平总书记重要讲话精神的体会，并围绕进一步优化民营经济发展环境等提出意见建议、问题共40条。会后，区工商联对此进行整理上报区委、区政府，并把建议和问题分解给相关责任单位。通过座谈会的平台，疏通政府与企业的交流平台。

【精准扶贫】 2018年，工商联通过多方协调落实“精准扶贫—莆商再行动”会议精神，先后组织浙江城厢商会、莆田漳州商会、北京城厢商会等商会与华亭南湖、常太洋边、灵川何寨等7个老区村挂钩对接，以签约结对、企村共建形式开展帮扶行动，通过产业帮扶、就业帮扶、捐赠帮扶、技能帮扶，帮助贫困群众增收脱贫，帮助贫困村提高集体经济收入，发展特色现代农业，推进乡村绿色发展。

（沈美丽）

侨　联

【工作概况】 2018年，莆田市城厢区归国华侨联合会（以下简称区侨联）深入学习贯彻中共十九大精神和第十次全国侨代会精神，围绕区委、区政府工作中心、服务大局，履行侨联工作职能，服务科学发展，努力促进社会和谐，为实现城厢科学发展跨越发展提供最广泛的力量支撑。先后派人参加莆田市侨商会2018年会、“健康伴我行讲座”、市侨联六届四次全委会议、专家讲解中共十九大精神和习近平有关侨务工作论述、全国涉侨纠纷多元化解试点工作推进会等，通过集中学习、研讨学习、领导带头学习、个人自学、主题党日+学习等，推动全区侨联系统掀起学习大热潮。是年，接待印尼雅加达兴安会馆、印尼泗水仙谿总会、马来西亚马六甲兴安会馆、新加坡兴安会馆、沙特华商会、莫桑比克莆田同乡会等访莆团，接待回乡的海外重点人士100多人次。响应海外社团的各类庆典活动，及时向海外侨团换届和知名人士获得荣誉等发去贺电，并在侨联、侨商、侨青等微信群上发布，保持侨联组织的关切度。

【参政议政】 2018年，区侨联加强全区侨联系统参政议政工作机制建设，参政议政工作走向制度化、规范化、程序化。在参政议政中重点关注涉侨问题，在市政协大会上，区侨联常委、市政协委员张锦煜提交《关于乡镇生活、生产用水的水资源整合的建议》《关于关于修缮园头村陈天香法师故居暨创建纪念馆的建议》的提案，通过侨联的参政议政为区侨界再办一件好事、实事。

【联谊活动】 2018年，区侨联利用春节、元宵、中秋等传统节日，拜访10多位回乡的侨商重点人士，送去鲜花，送上节日的问候和祝福。通过网站、微信群等新媒体，发布市侨联新春贺词、中秋电子贺卡等，向广大归侨侨眷和海外乡亲拜年、贺团圆。

【助力扶贫帮困】 2018年，区侨联开展“百侨帮百村—联村助户”活动，挂钩帮扶6户贫困户，省侨联向其中的6户贫困户下拨帮扶资金1.8万元，捐资扶贫帮困助学，助力脱贫攻坚。春节期间，区侨联参与省、市侨联组成的慰问团深入归侨侨眷家中，开展送温暖活动，看望慰问孤寡、病残、特困归侨，发放慰问品、慰问金，把党和政府的温暖送到归侨侨眷的心中。

【侨情普查】 2018年，区侨联推进侨联基础性工作，按照市侨情普查工作领导小组的工作部署，切实负起责任，多次深入基层指导开展好侨情普查工作，基层侨联配合当地政府进村入户指导侨情普查，引导侨界群众参与普查登记。

【涉侨维权机制建设】 2018年，区侨联组织全面建立与公、检、法、司法机关的涉侨矛盾纠纷多元化解机制，为开展涉侨矛盾纠纷多元化解工作和依法维护侨益提供支撑。发挥区侨联法顾委的作用，指导基层侨联提升涉侨矛盾纠纷调解衔接工作站的服务水平，开展侨法宣传，处理侨界群众的来电来信来访，协调诉讼案件，提供法律咨询服务，切实维护侨益。区侨联着力深化涉侨矛盾纠纷工作的信息专报件得到上级侨联主要领导的批示和肯定。

【侨胞之家建设】 2018年，区侨联推进建设“网上侨胞之家”，及时在网站、微信群等发布侨联信息，扩大侨联组织在网上的影响力。坚持“党建带侨建”，推动“侨胞之家”建设，促进基层侨联组织起来活跃起来。

（郑依青）

文 联

【工作概况】 2018年，莆田市城厢区文学艺术界联合会（以下简称区文联）在省、市文联的指导下，围绕服务全区中心工作，服务工作大局，团结全区广大文艺工作者，开展文艺创作、送戏下乡等活动，不断浓厚文艺创作氛围，优化创作环境，扩大创作面，将个体创作纳入全区文艺创作工作，侧重推出涉及不同领域、富有城厢特色、贴近群众需求的文艺作品，更好满足人民精神文化生活新期待。

【文艺创作】 2018年，全区举办各类文艺演出、展览活动200余场次。区文联指导协助《家园记忆》系列篇、影视剧本《濲川》和闽中游击区革命史（常太镇马院村）红色文化系列创作申报2019年度省文艺发展专项资金项目。持续深入镇、村开展乡村文化文艺采风活动，收集整理记录家风家训、民俗工艺、名人传说、古厝民居等系列资料，挖掘和建设城厢传统文化资源，编辑出版《家园记忆》（华亭篇）。组织美协会员创作美术作品和精品，参加省市各级主题书画展览，赴台书画展览交流、参加“海丝寻梦”中韩美术交流等活动，筑就城厢文艺高峰。

【文艺设施建设】 2018年，城厢区加大公共文化设施补短板力度，有线电视实现光纤联网全覆盖。筹建区图书馆，推进民间博物馆和区文化馆（争取达到国家二级馆标准）提升建设；新建3个（社区）村级文化服务中心示范点、建设12个农家书屋、12个数字农家书屋、10个文化激情广场等设施，提升公共文化服务水平。落实文化馆（站）公共文化设施免费开放制度，文化公益培训、艺术普及、阅读欣赏、展示展览等基本服务项目健全；举办文化下乡、书画展、广场舞、激情广场大家唱等文艺活动比赛10场，“2131”电影放映612场次。

【文艺人才队伍建设】 2018年，区文联继续实施人才培养工程，发挥文艺创作孵化器的作用，协调、组织文艺领域拔尖人才和高层次经营管理人才、专门技术人才，强化培训深度，加大培养力度，努力造就一批专业贡献突出、引领作用明显的文化名家和各领域领军人物。坚持人才挖掘、培养两手抓，发现和培养扎根乡土的文化能人、民间文化传承人和文化活动积极分子，为全区书画、摄影、文学创作等文艺事业提供强大的后备军力量，抓好区文化馆、乡镇文化站等文化场馆人才培养，打造富有乡镇特色的文化人才队伍，全面提升基层文化管理服务水平。至年底，全区从事工艺美术专业技师3000多名，上百件工艺美术精品在国内外美展中获奖。

【文化惠民】 2018年，区文联坚持文化惠民，开展群众性文化文艺活动，1月，举办宣传中共十九大精神，开展文化、科技、卫生“三下乡”集中服务活动及宣传移风易俗活动；2月，在三清殿举办“宣传十九大精神”条屏书画精品展览，华亭镇前柳村开展城厢区“我们的节日·春节”主题联欢晚会；3月5日，龙桥街道万辉社区举办第四届元宵节文化活动暨移风易俗文艺汇演，华林学校开展“清明祭英烈”启动仪式；4月，在莆田市国际油画城（肖厝佳园）举办“咫尺风雅 相约五月”国画名家书画展；5月中旬，在莆田市群众艺术馆举办“母亲节”书法作品展，丰富市民群众的精神文化生活。发挥莆仙戏非遗代表性传承人及老艺人的“传、帮、带”作用，扶持民营剧团发展壮大，确保全区民营剧团稳定在10个，年演出不少于1000场次，推进莆仙戏进校园、进社区、进乡村、进文化场馆、进党校。

【传统文化保护】 2018年，城厢区加强全区文物保护利用工作，加大文物保护经费投入，完成横江祖庙的修缮工作，东汾五帝庙实施第二期文物修缮工程即将完工。做好具有文物价值的省、市、县区级文物保护单位的升级申报工作，组织相关专家对涂氏祠堂（常太镇）、清风岭天后宫（龙桥街道）2处新申报的文物点进行现场勘查，提请上级主管申报市级文物保护点。加强历史文化资源普查，继续做好历史文化名城名镇名街名村、历史文化街区、传统村落的申报、批准、规划、保护、管理等工作，提升博物馆、纪念馆、名人故居的展示水平，对蔡襄纪念馆进行装修，充实有关蔡襄历史故事的相关内容图片，及时开放展示，不断提升展示水平。

（蔡丽红）

残　联

【工作概况】 2018年，莆田市城厢区残疾人联合会（以下简称区残联）学习贯彻习近平新时代中国特色社会主义思想，宣传和践行人道主义思想，热爱残疾人事业，维护残疾人权益，热忱服务残疾人，在广大残疾人中具有较高威信，推动残疾人事业发展；贯彻落实中共十九大、省、市残联有关会议精神，围绕区委区政府的中心工作，履行“代表、服务、管理”职能，坚持“夯实基础、加大宣传、扩大影响、多办实事、不断创新”的工作思路，着力解决残疾人最关心、最直接、最现实的康复、教育、就业、扶贫、维权等问题。是年，组织考核组对9名镇（街）残疾人工作联络员进行年度考核；举办镇（街）、村（居）残疾人工作联络员培训班，提高他们工作服务能力。

【为民办实事】 2018年，区残联实施省委、省政府为民办实事项目，扶持贫困残疾人创业就业，为33名残疾人补助，每人5000元；开展省委、省政府残疾人居家托养工作，为118名残疾人补助居家护理费用，每人2000元。实施区委、区政府为民办实事项目，为100名残疾人举办实用技术（职业技能）培训班或劳动就业招聘会。5月，举办一期实用技术培训班，培训人数60人；11月份举办残疾人种、养殖实用技能培训班，培训人数60余人。居家养护补助为150名精神、智力残疾或精准扶贫挂钩户的残疾人及其他类别重度残疾人补助居家护理费用，每人2000元。

【残疾儿童康复项目】 2018年，区残联做好0—6岁残疾儿童抢救性康复”项目，救助126名儿童进行康复训练，合计142余万元。根据《2018年莆田市城厢区困难残疾人慈善救助实施方案》，经各村（居）委会、镇街残联审核、公示，镇街两委会研究通过，区残联理事会研究，为12名残疾儿童提供7—14岁听力、言语、肢体（脑瘫）、智力、精神（孤独症、自闭症、多动症）等残疾少儿医疗康复训练救助项目补助，每人8000元，合计96000元。

【残疾人辅助器具发放】 2018年，区残联对0—6岁残疾儿童人工耳蜗植入手术、辅助器具适配等基本康复服务补贴实现全覆盖，为残疾儿童进行人工耳蜗手术补助。根据《2018年莆田市城厢区困难残疾人慈善救助实施方案》，经各村（居）委会、镇街残联审核、公示，镇街两委会研究通过，区残联理事会研究，为2名残疾人提供7岁以上人工耳蜗手术救助项目补助，每人10000元，合计20000元。继续优化残疾人辅助器具适配服务，全区98名残疾人得到辅助器具适配服务，合计120余件，适配服务率达84.25%。为全区55名精神残疾人提供住院医疗补助，合计补助69282.34元。

【残疾人就业】 2018年，区残联扩大残疾人就业面，落实安置残疾人就业工作，其中按比例就业的残疾人2家，社区基层就业和公益性岗位就业3人，个体就业自主创业的残疾人有2人，灵活就业居家就业13人。组织落实好就业培训，全年举办2期残疾人农村技术培训及职业技能培训，培训内容包括龙眼丰产稳产栽培技术与新品种介绍、盛产期枇杷改造技术等，120多名残疾人参加培训；组织35名残疾人、3家招聘企业参加莆田市残联于金保大厦组织的举办“春风行动”残疾人招聘会。加强就业机构人员的队伍建设，输送6名基层就业指导员参加2017年清华大学职业指导员远程教育培训，提升就业服务人员专业化水平；报送1名县（区）残疾人工作人员参加北京师范大学远程培训。依法征收就业保障金，全年有561家单位缴纳残疾人就业保障金，收取残疾人就业保障金3993327.89万元，申报覆盖面达14.11%。做好扶助残疾人创业就业“1+5”政策落实，按照扶助残疾人创业就业“1+5”文件要求，全年审核认定2家，残疾人自主创业社会保险补贴。为扶持残疾人就业创业，鼓励用人单位安排残疾人就业，根据省残联、财政厅、人社厅制定有关文件。根据符合补贴和奖励条件的单位和个人申报，为15名自主就业创业残疾人补助社会保险补贴每人补贴3120元，补贴4.68万元，其中3人有医保补贴共补贴3262.56元。补贴金额5.006256万元。是年家门店享受超比例安排残疾人补助，超比例安置2人，奖励15000元。

【维权工作】 2018年，区残联继续规范有序开展第二代残疾人证换发工作，办理第二代残疾人证4577本；切实维护残疾人合法权益，发挥“12385”残疾人服务热线和市“12345”政务平台，受理“12345”平台诉求件合计22件，群众满意度达100%；接待、办理残疾人和家属来信来访近1件次，法律政策咨询1人次；8月，区残联接受华亭镇残疾人卢某委托，向区法院发出全国第一份由残疾人联合会代为申请的“人身安全保护令申请书”，并在区法院的审理后，见证“人身安全保护令”的有效送达。

【社会保障】 2018年，区残联为“一户多残”残疾人家庭进行生活困难补助，每户每月100元，发放补助280余万元。协助民政部门做好“两项补贴”制度，全年发放困难残疾人生活补贴2661170元，惠及37839人次、发放重度残疾人护理补贴6581230元，惠及38824人次。为9950名办证残疾人办理意外保险，每人每年投保16元。

（俞碧珊）

红十字会

【工作概况】 2018年，莆田市城厢区红十字会（以下简称区红十字会）贯彻习近平总书记提出的“以人民为中心”思想，围绕红会职责使命，弘扬“人道、博爱、奉献”的精神，发挥红十字会的优势，开展应急救护培训“六进”活动、红十字博爱系列活动、体验式生命教育等活动，发挥政府人道工作领域的助手作用，持续提升红十字会工作的影响力和实效性、促进社会文明进步，为构建和谐城厢做出贡献。

【舆论宣传】 2018年，区红十字会做好“5·8”博爱周、世界急救日等纪念活动的宣传，围绕主题和红十字会性质、宗旨，开展红十字知识宣传、救护培训、义诊、咨询、社会志愿服务等形式多样的宣传活动，组织各级各类宣传活动12场次，发放《应急救护手册》《常见意外伤害应急救护突发急症》《自救故事》红十字“掌上”学堂折页、无偿献血以及造血干细胞等宣传材料2000余份，使广大群众对红十字会精神有进一步理解，扩大红十字会的影响。

【应急救护“六进”活动】 2018年，区红十字会在全区广泛开展应急救护进社区、进农村、进学校、进机关、进企业、进家庭的“六进”活动。先后在万辉社区、华林学校、沃盛咨询、吉盛鞋业、沃盛咨询有限公司、社会治理网格化中心等地开展急救培训活动，活动采取理论知识讲解、示范操作、现场模拟演示等多种形式。培训内容包括救护新概念、心肺复苏、创伤救护四项技术（止血、包扎、骨折固定及搬运护送）、气道异物梗阻急救法、常见急症现场处理、突发事件和意外情况现场应对，进一步保障群众生命安全和身体健康，参与的总人数约1400多人。

5月14日，区红十字会开展纪念“5.8”世界红十字日宣传服务活动

（沈慧清 摄）

【无偿献血】 2018年，区红十字会组织无偿献血活动9场次，有干部、群众1000多人次踊跃参加，采集健康血液14万多毫升，为全市医疗临床用血提供保证，进一步弘扬“人道、博爱、奉献”的精神。

【造血干细胞捐献】 2018年，区红十字会通过形式多样的宣传活动，广泛宣传造血干细胞的相关政策。截至年底，有5人捐献造血干细胞，捐献人数居全市之首。中秋佳节，组织慰问辖区造血干细胞志愿者，进一步弘扬博爱精神。

【体验式生命教育】 2018年，区红十字会举办应急救护培训班，组织为华林学校师生进行应急救护暨防溺水安全教育知识授课。聘请救护师资为在校师生讲授救护知识，并分发《应急救护手册》等学习资料，起到很好的宣传普及效果。

（沈慧清）

经济管理

发展计划管理

【工作概况】 2018年，城厢区经济总体持续保持“稳中有进”态势不变，全区地区生产总值(GDP)397.3元，增幅8.9%，增幅全市排名第一。规模以上工业产值完成333.59亿元，增长10.2%；增加值增长9.1%。固定资产投资同比增长24.8%，增幅排名全市第一。财政总收入完成34.5亿元，同比增长8.7%，其中地方级财政收入完成23.17亿元，同比增长9%，增幅排名全市第三。社会消费品零售总额完成237.85亿元，增长10.9%。外贸出口总额完成62.07亿元，增长7.2%。实际利用外资53898万元。居民人均可支配收入35147元，增长8.3%。城镇登记失业率为1.99%。

【谋划经济工作】 2018年，莆田市城厢区发展和改革局（以下简称区发改局）加强前瞻性、全局性问题的研究和分析，合理编制城厢区2018年度国民经济和社会发展计划报告（草案）、《城厢区贯彻落实建设美丽莆田2018年行动计划》（莆城委办〔2018〕3号），明确30大美丽莆田重点攻坚项目、15项重点工作任务及210个九大专项行动项目，为“打造人文宜居新城厢，建设美丽莆田先行区”再上新台阶提出了年度目标任务。牵头制定《中共莆田市城厢区委关于深入贯彻落实习近平总书记重要指示精神和治理木兰溪的重要理念坚持高质量发展落实赶超奋力开创建设美丽莆田先行区新局面的实施意见》，提出了高质量赶超的总体要求、指导思想、九大专项任务，明确了责任单位和保障措施。围绕美丽莆田建设和区委、区政府工作报告部署，分解目标任务，并把赶超发展落实到具体项目上，牵头下发《莆田市城厢区人民政府关于下达2018年城厢区国民经济和社会发展计划的通知》（莆城政〔2018〕40号）、《莆田市城厢发展和改革局关于2018—2020年主要目标及重大项目台账管理工作的通知》（莆城发改〔2018〕33号）和《关于印发城厢区2018年城厢区年项目投资计划及项目服务领导安排的通知》（莆城委办〔2018〕4号），全年安排440个重点项目、72个省市重点项目，明确年度计划、赶超目标、牵头部门、责任单位等，推动赶超各项目标任务按计划推进。建立经济指标各项工作台账，并出台经济指标考评办法和提醒函制度，有力地推动了全区各项经济指标任务的落实。开展“十三五”规划中期评估。按照省、市部署，结合区情和各单位职能，开展区“十三五”规划中期评估和基本公共服务体系专项规划中期评估，明确各单位工作重点、时间节点，召开中期评估座谈会，并通过区人大审议。

【项目建设】 2018年，城厢区

加快重点项目步伐，结合项目实工作需要，研发设计全市首家重点项目监察管理系统，实现重点项目管理从粗放管理到精细管理，把项目进度、项目问题、项目督察全部纳入系统，促进项目问题“早发现、可跟踪、能追责”，该做法也得到了市美丽办、市住建局的借鉴。全年共安排440个重点项目、72个省市重点项目、30大美丽莆田重点攻坚项目、15项重点工作任务及210个九大专项行动项目均完成年度计划任务，特别是广化寺文化名胜区项目的快速推进及木兰大道三期、联发君领天玺、钟潭片区、灵华线、天龟线及中小学改扩建工程等重大项目的动工建设，为城厢区固投高位增幅注入新动力。“五个一批”项目成效显著，落实正向激励措施，优化“五个一批”项目考评机制，牵头制定《莆田市城厢区“五个一批”项目考评办法》（莆城政办〔2018〕48号），在全市率先创新“五个一批”项目综合考评办法，实行差异化考评制度，结合各镇（街道）的主导产业不同赋予不一样的考评分值，注重投资、三产、招商、征迁等方面考核，形成各镇（街）、园区和各相关单位的成绩在量上可比、质上可评，并每月、每季度通报，营造比学赶超的浓厚氛围。全年新增（含升级）亿元以上项目253个，总投资2075亿元。其中，新增USB3.X芯片研发生产项目、森田国际体育文化产业等谋

融创板头二期 （蔡新添 摄）

划项目44个，总投资1288亿元；新增杰讯光电、杰木芯片研发等签约项目85个，总投资330亿元；新增锐马电器、固源实业等开工（增资）项目75个，总投资227亿元；新增凯达卫生纸业、韩廷药业等投产项目49个，总投资230亿元，年度考评位居全市前列。美丽莆田建设快速推进，139个列入市九大专项行动项目，全年完成投资96.4亿元，完成年计划74.6亿元的129.3%。列入市30个重大攻坚项目7个（子项目26个），全年完成投资29.45亿元，完成年计划24.77亿元118.91%。项目成果交易扎实推进，提高企业自主创新能力和核心竞争力，以区产业发展为导向，搭建科技创新成果转化应用平台，做好第十六届中国海峡项目成果交易会组织工作，重点征集区产业关键、共性技术需求，以及区企事业发展中急需解决的项目、技术、人才、资本需求，对接项目130项，总投资额13.15亿元，其中合同项目130项，总投资13.15亿元。征集企业技术需求45项，5家优秀企业在莆田馆参展，助推区高质量赶超发展。

【投资项目管理】 2018年，区发改局持续开展“放管服”工作，深化行政审批制度改革，加强中介服务机构管理，建立区级行政审批事项动态目录，梳理审批权力清单，优化审批流程，切实提高审批效率。根据国家产业政策，及时组织项目上报，列入年度的项目，加以扶持引导，同时做好项目的立项审批工作，做到严把政策关，同时强化服务企业、服务项目建设，提高办事效率，开通行政审批“绿色通道”，坚持政策性和灵活性结合的原则，采取特事特办，指导业主编制规范的项目建议书、可行性研究报告。

全年办理项目92个，其中备案项目57个，总投资130亿元；审批项目32个，总投资107亿元；核准项目3个，总投资2.6亿元。项目办件准确率、承诺件提前办结率、时间提前率均为100%。

【美丽莆田先行区建设】 2018年，区发改局制定区建设美丽莆田专项行动计划，提出各个专项行动的具体行动目标、重点任务和工作举措。其中列入市美丽莆田九大专项行动项目100个，完成投资80亿元，完成年计划的110.5%，实现动工项目94个，正在开展前期项目6个。列入市30大重点攻坚项目7个（11个子项目），完成投资45亿元。

【深化改革工作】 2018年，区发改局持续深化放管服改革工作，牵头印发《莆田市城厢区贯彻落实福建省提升营商环境行动计划实施方案》（莆城委办发〔2018〕12号），着力为实现高质量发展和赶超目标营造稳定公平透明、可预期的营商环境，让群众和企业办事像“网购”一样方便。扭住“放管服”改革“牛鼻子”，跑出创新“加速度”，倒逼提速增效，不断激发市场活力。通过合并审批环节、开辟“容缺预审”绿色通道、加强事中事后监管等，形成全新的投资项目“并联审批路线”。将行政审批和公共服务事项全部纳入“最多跑一趟”“一趟不用跑”清单，审批、核准时限由法定20个工作日压缩到2个工作日，压缩率为90%，做到“最多跑一趟”；企业投资项目备案由法定时限5个工作日压缩为即办件，全流程网上办理，做到“一趟不用跑”，便利感和获得感持续增强。持续推进电子证照应用工作，加快网上办事证照材料电子化应用，实现“群众少跑路，数据多跑腿”。截至2018年12月底，区电子证照入库完成50万份，进一步优化政务服务、提高电子证照应用率。推动存量证照录入、证照盖章入库，持续推进补证纠错处理工作，及时解决群众办事堵点，为群众办事提供更大便利。落实《莆田市数字莆田建设领导小组办公室关于确认全市证照不再重复受理证照清单的函》（莆数办函〔2018〕46号）文件要求，参照市首批“不再重复受理”证照清单，对接做好“不再重复受理”证照的生成及应用工作。持续推进社会信用体系建设，以守信激励和失信惩戒机制为核心，牵头制定《莆田市城厢区加强政务诚信建设的实施方案》和《莆田市城厢区加强个人诚信体系建设实施方案》，发挥政府在社会信用体系建设中的表率作用，提升政府公信力，同时弘扬诚信传统美德，营造良好信用环境。牵头制定《莆田市城厢区民营经济综合改革2018年工作要点》（莆城民综改〔2018〕1号），制定2018年经济体制改革和国有企业、事业单位公务用车改革，各项改革任务均按计划有序推进。

【城乡一体化建设】 2018年，区发改局持续推进和完善试点配套项目建设。19个“幸福家园”试点建设加快实施，探索一批可复制可推广的经验和模式，助力乡村振兴。建设项目涉及产业发展、新型社区建设、基础设施建设、公共服务配套建设、土地整理及流转等5个大类项目，项目总投资约10亿元。试点建设工作处于扫尾阶段，基本完成华亭镇涧口、云峰村、五云村、灵川镇径里村、常太镇马院村、岭下村等试点村建设。扎实开展特色小镇创建工作，华林鞋艺小镇完

联发未来电商城 （林杭 摄）

成省级特色小镇和莆田电商小镇市级特色小镇创建申报，并基本完成核心区项目华林智汇电商城项目建设，在招商引资，其他配套项目同步推进；莆田电商小镇完成联发莆田电商城、世全·时尚国际电商城等项目，其他工程包项目有序推进。

【资金争取】 2018年，区发改局重点围绕保障性安居工程、社会事业、服务业等领域，向上争取各类资金补助，其中：中央预算内资金补助、省级预算内资金补助1919.94万元，分别是城厢区洋西片区安置地块A配套基础设施项目1320万元、华亭镇山牌片区改造项目安置房（一期）工程配套基础设施项目440万元、城厢区园头桥水质自动监测站53万元、凤凰山街道社区老年人日间照料中心80万元、村级组织活动场所建设项目26.94万元等5个项目，有效缓解区资金建设瓶颈问题；省级服务业投资正向激励奖励经费120万元；向上争取莆田市互联网经济发展扶持资金50万元（QZL8033云企项目）；获得市级固定资产投资、五个一批奖励170多万元。加强中央预算内、省预算内项目资金监管，确保上级补助资金落到实处，开展双随机一公开工作，对政府投资类项目进行招投标检查，促其项目投资公开、公平、公正。同时，规范重大项目库的跟踪管理，做好入库项目的每月进度更新工作；按要求编制计划，做好项目储备。

【物价工作】 2018年，区发改局开展价格监督检查，联合区旅游局、食药监局等对辖区内旅游景点进行了专项检查。对发现的标价不规范、乱涨价等问题，要求当场整改。做好价格鉴证和价格举报工作，价格认证中心受理价格认定案件416起，涉案金额6582万元；价格矛盾纠纷调解1起，调解金额6000元，主要涉及助力车、电动车、摩托车和黄金饰品等，为司法部门和行政执法单位提供客观、公正、可靠的法律依据。加强价格举报查处，受理价格平台投诉200件，办结175件。其中“12345”有102件，办结102件；“12358”有98件，办结98件，通过及时受理、耐心解答和核查处理，化解了价格矛盾。清理规范行政事业性收费，全面梳理各收费单位收费项目、标准、依据，对全区43家有资质的行政事业性收费单位在城厢区政府网站公布。全年共减轻企业负担约73.2万元，减轻企业和个人负担共计约201.5万元。

（陈俊莺、刘 媛）

国有资产管理

【工作概况】 2018年，莆田市城厢区国有资产管理委员会办公室（以下简称区国资办）作为履行全区国有资产监督管理职能的办事机构，在区委、区政府的领导部署下，履行国资办的职责，做好国有资产监管工作，最大限度盘活国有资产，实现国有资产的保值增值。进一步规范和加强全区行政事业单位国有资产管理，维护国有资产安全完整，提高国有资产使用效益。根据上级财政有关文件精神，结合城厢区实际，9月28日制定印发《关于进一步规范和加强城厢区行政事业单位国有资产管理的通知》文件（莆城财〔2018〕193号），加强和规范国有资产监督管理，建立健全内部激励机制，规范内部运作程序，强化内部监督管理，防止国有资产流失。

【固定资产处置审批】 2018年，区国资办按照《关于加强行政事业单位国有资产管理工作的通知》等国有资产管理文件规定，对各行政事业单位报送资产处置的申请材料进行审核把关，办理资产处置批复42件，其中涉及房屋对外招租3件、资产报废36件（报废资产金额1040.99万元）及划转3件（划转资产金额34.45万元）。

【征迁补偿评估报告复核】 2018年，区国资办按照城厢区政府办公室《关于印发莆田市城厢区经营性土地收储项目和城区工业企业搬迁评估结果复核审核工作方案（试行）的通知》要求，征迁补偿费用评估结果应复核确认。区国资办按照文件要求，采取随机抽取专家方式成立复核审核专家组，组织评估复核审核工作，对港峰（福建）恒隆房地产开发有限公司、星华电子模具有限公司、莆田三迪山庄置业有限公司、贺喜科技（福建）有限公司、市侨雄轻工有限公司等6宗征迁评估补偿报告开展审核复核。

【剩余安置房清理处置】 2018年，区国资办为理顺剩余安置房产权调拨程序，进一步加强全区剩余安置房资产管理，规范剩余安置房资产处置行为，加快推进存量资产盘活工作，防止国有资产流失和沉淀，增加财政收入。10月出台《莆田市城厢区人民政府办公室关于印发城厢区进一步加强安置房欠款清缴及清占攻坚工作方案的通知》文件，区财政局（国资办）牵头负责统筹全区安置房欠款清缴工作的督促指导、信息汇总工作。督促相关镇（街）进一步摸清剩余安置房情况，开展剩余安置房侵占和清算欠款清理工作，提交剩余安置房处置具体建议方案。组织村居干部力量，启动各辖区内安置房差价款及申购款欠款清缴工作。

【全区政府资产报告试点工作】 2018年，区国资办根据福建省财政厅《关于编报2017年度行政事业单位国有资产报告的通知》和莆田市财政局《关于编报2017年度行政事业单位国有资产报告的通知》等有关文件精神，城厢区以2017年12月31日为资产统计工作基准日开展资产统计工作，完成2017年度行政事业单位国有资产报告并予以上报市局。本次资产年报纳入资产报表编报范围的行政事业单位数为370个，其中行政单位71个，事业单位299个，资产总计211498.43万元，负债总计53845.88万元，净资产157652.55万元。

【全区行政事业单位经管资产报告及自然资源国有资产报告试点工作】 2018年，区国资办根据财政部《关于做好2017年度行政事业单位经管资产报告及自然资源国有资产报告试点工作的通知》和福建省财政厅《关于做好2017年度行政事业单位经管资产报告及自然资源国有资产报告试点工作的通知》以及《莆田市财政局关于做好2017年度行政事业单位经管资产报告及自然资源国有资产报告试点工作的通知》等要求，以2017年1月1日至12月31日为报告期，及时下发文件通知全区行政事业单位、各镇街组织填报，于6月30日前完成。截至2017年12月31日，城厢区行政事业单位经管资产总值60052.16万元，主要为政府储备物资136.8万元，公共基础设施59915.36万元。截至2017年12月31日，城厢区自然资源国有资产情况：土地资源16433.46公顷，其中收储土地30.84公顷，耕地2102.67公顷，园地666公顷，林地12485.42公顷，交通运输用地472.72公顷，水域及水利设施用地658.48公顷，其他土地17.33公顷。森林资源9798.42公顷，其中天然林389.53公顷（防护林271.52公顷，用材林65.35公顷，经济林9.5公顷，特殊用途林43.16公顷）；人工林9408.89公顷（防护林2569.04公顷，用材林1706.7公顷，经济林5059.06公顷，薪炭林8.6公顷，特殊用途林65.49公顷）。

【行政事业单位固定资产出租处置】 2018年，为规范城厢区行政事业单位公有店面、闲置房对外出租项目市场化配置工作，防止国有资产流失。城厢区参照《莆田市城厢区人民政府关于加强产权转让及收入管理的通知》《关于印发〈规范城厢区行政、事业单位公有店面、闲置房对外出租项目市场化配置工作方案〉的通知》等文件规定，统一报送区财政局、国资办审批后，依托莆田市行政服务中心网站，对外公开招标信息。2018年，全区固定资产涉及房屋对外招租3宗。

【国有企业监督检查】 2018年，为进一步强化完善国有企业内部管理制度，规范和加强国有资产管理，防止国有资产流失，根据莆城委〔2018〕56号文件精神，结合城厢区实际情况，由区财政局会同区住建局、区交通局等单位相关人员组成检查组于2018年11月13—15日对区经发公司、八达公司、城投公司、樟林公司、交投公司等部分区属国有企业开展监督检查。重点检查企业是否存在违反“三重一大”（重大事项决策、重要干部任免、重要项目安排、大额资金的使用，必须经集体讨论做出决定的制度）重大决策程序造成失误和失职渎职等行为以及在审批监管、资源开发、金融信贷、工程招投标等方面的突出问题。截至年底，各区属国有企业在资产收购、重大投资事项等方面均有按照要求向主管部门及区政府申报；企业职工招聘等经主管部门审核、区政府审批同意后进行；企业实施的重大项目按规定程序办理报批手续；项目工程资金支出按程序每月经财务部门审核后办理拨付；能较好地完成区政府安排的任务。截至检查日尚未发现存在违反“三重一大”重大决策程序造成失误和失职渎职等行为以及在审批监管、资源开发、金融信贷、工程招投标等方面存在不合法合规现象。

（陈元水）

国土资源管理

【工作概况】 2018年，在区委区政府的坚强领导下，莆田市国土资源局城厢分局（以下简称区国土局）学习贯彻习近平总书记对福建工作的重要指示精神和治理木兰溪的重要理念，贯彻落实市、区委的各项决策部署，牢固树立新发展理念，完成国土资源管理各项工作。

【供地保障】 2018年，区国土局建立项目跟踪服务机制，对列入重点项目均安排专人跟踪，提前了解项目用地需求动态，做好土地报批，全年组卷上报农用地转用和土地征收8个批次及4个单独选址，面积252.70公顷；办理供地项目16个，面积14.91公顷；办理划拨供地项目10个，面积13.53公顷；出让经营性土地4宗，收缴土地出让金253800万元。

【严守耕保红线】 2018年，区国土局划定永久基本农田保护目标4093公顷，并完成上图入库、成果验收和报备等工作，设立基本农田保护牌17块，其中乡级标志牌4个，片块标志牌13个，设立界桩220个。开展土地开发和高标准基本农田建设，完成县级开发项目立项6宗，面积27.96公顷，新增耕地24.54公顷；实施旧村复垦项目6个25.58公顷，新增耕地16.19公顷，完成验收项目3个，新增耕地5.40公顷；立项高标准农田建设项目5个，项目总规模195.66公顷，完成验收入库4个，新增耕地1.28公顷。

【执法监察】 2018年，区国土局以“4·22”世界地球日、“6·25”全国土地日活动为契机，多渠道宣传国土资源管理法律法规。落实国土资源执法监察动态巡查制度，开展联合执法12场次，拆除违法建筑152宗，面积14600平方米；开展卫片执法检查，立案查处12个图斑涉及10宗违法用地，面积0.973万平方米；开展矿山安全生产“严排查、严整治、严监管”活动和“严整治、促提升”专项行动，实地检查10个废弃矿山及无证矿点，及时发现和有效制止非法违法采矿行为，无证矿点取缔率达100%；根据《莆田市人民政府办公室关于加快清理处置供而未用土地的通知》文件精神，加强土地批后监管，及时跟踪企业施工动态，加大项目用地批后监管和督促力度，促进项目用地按时开工建设，发送《约谈通知书》促进3家企业及时开工建设。同时，出台《城厢区边角地专项清理整治行动方案》《城厢区农用地流转及设施农用地清理整治工作实施方案》，开展边角地、农用地流转及设施农用地专项清理行动。

【民生保障】 2018年，区国土局融合扶贫工作与乡村振兴发展，开展挂钩扶贫，每4名党员挂钩帮扶1户贫困户，每月一走访，挂钩的常太镇岭下和洋边12

户贫困户全部脱贫。同时，用好增减挂钩政策，通过项目建设带动脱贫，有贫困村7个上报旧村复垦项目，其中有4个贫困村通过项目建设实现脱贫；农村地籍房屋调查工作完成75个村，完成调查面积80%；及时发放征地补偿款，2018年发放木兰溪防洪工程华亭段、东圳水库、顶墩片区安置房等重点建设征地项目征地补偿款1958.82万元。

【“放管服”改革】 2018年，区国土局推进“放管服”审批制度改革，落实“一趟不用跑”和“最多跑一趟”覆盖率达到100%。进一步优化营商环境。制定2018年“双随机”抽查实施方案，完善“两单、两库、一细则”管理，加强事中事后监管。

【污染防治】 2018年，区国土局贯彻落实习近平总书记治理木兰溪重要理念，加大生态文明建设力度，完成华亭镇宝山建筑用凝灰岩矿生态恢复治理任务。对接区环保局做好土壤污染防治工作，建立建设用地土壤污染风险管控和修复名录，强化固体废物规范化管理，协调做好重点行业企业用地土地污染状况调查准备工作，同时按照省厅要求，进一步加强污染建设用地准入管理，拟定污染地块开发利用负面清单，排查涉及土地污染项目1个。

【信访维稳】 2018年，区国土局做好元旦、春节、各级“两会”和第五届世界佛教论坛等重点期间的信访排查、化解、维控工作，对矛盾纠纷进行拉网式排查，对列入排查范围的问题，逐一“过筛子”“梳蓖子”，把各类不安全、不稳定隐患排查出来，分别制定化解计划。接待群众来访13批32人次，受理“12345”政务服务平台投诉件及市局转办件757件(包括重复件)，全部作出反馈。接听“12336”热线电话107宗，均按时办结，办结率为100%。

【地灾防治】 2018年，区国土局针对汛期持续发生强降雨，及时做好气象动态信息发布，落实应急处置准备，组织人员加强巡查、监测，同时全局实行领导带班和值班人员24小时值班室值班制度，收集各地发生的灾险情及人员转移情况等，并按规定及时报告、转达和处理。通过组织全区各镇街分管领导、村建站负责人、各国土资源所负责人、经办人员和各地灾隐患点及高陡边坡所在村居主干、监测人进行防灾知识培训和在常太镇渡里村开展村居地灾防御群众转移预案演练，提高镇街、村居、群众防灾自救能力。全年完成地灾点整治14处，获得省级补助资金的地灾点工程治理项目完成4个，并通过验收。

（方琳）

2018年6月11日，区国土局在常太镇渡里村开展地灾避险演练活动 （区国土局 供）

财政

【工作概况】 2018年，莆田市城厢区财政局（以下简称区财政局）面对经济发展新常态，城厢区财税部门贯彻区委区政府各项决策部署，在区人大及其常委会的监督支持下，发挥财政的职能作用，深挖税收增长潜力，优化财政支出结构，筹措项目资金，推进财政管理改革，为城厢经济社会发展提供财力保障。2018年，全区一般公共预算总收入34.50亿元，比上年增长8.70%。其中地方一般公共预算收入23.17亿元，比上年增长8.95%。全区一般公共预算支出26.13亿元，比上年增长5.69%。

【组织财政收入】 2018年，区财政局强化征管，确保完成收入目标。着重加强宏观政策和经济形势分析，关注重点税源变化趋势，推进部门之间涉税信息共享，及时掌握税收入库动态，兑现落实相关财税政策，支持招商引资和产业发展，夯实财政增收基础。组织非税收入，应收尽收，确保完成全年收入预算目标。落实支持重点项目建设工作，争取上级棚户区改造资金支持1848万元，统筹安排各类资金共计235516万元，用于保障性住房等省、市、区重点项目建设。同时，争取上级新增债券额度72100万元和置换债券额度26500万元，重点投向保障性安居工程、交通市政等基础性设施建设，确保区委区政府下达年度重点项目建设任务顺利推进。兼顾培植财源，扶持产业转型升级，拨付工业发展专项资金2785万元，第三产业发展专项资金3223万元，扶持奖励规上、限上企业扩大生产、转型升级，扶持电子商务良性发展，支持“三转一市”（个体工商户转企业、规模以下工业企业转规模以上工业企业、有限责任公司转股份有限公司、推动企业上市）工作。拨付科技资金3648万元，落实各项科技创新优惠政策，鼓励企业增加研发资金，支持企业智能化改造，增强企业发展动力，促进企业实现更高质量发展。

【支持民生工程】 2018年，区财政局支持打好“三大攻坚战”。推进扶贫资金统筹整合，统筹整合财政扶贫资金4346万元，用于造福工程危房改造、扶贫农场设施、雨露计划等脱贫攻坚项目。支持污染环保防治攻坚战，争取中央第二批水污染防治资金3599万元，用于常太镇污水管网建设；拨付资金1337万元，用于开展“五小行业”（小浴室、小美容美发厅、小歌舞厅、小旅馆、小网吧）污染及畜禽养殖整治专项行动。抓好政府债务风险防范工作。将限额内政府债务年度还本付息资金纳入全口径预算管理，安排14522万元专门用于偿还政府债券本金利息，确保债券按期还本付息，不出现政府债务逾期风险。推进社会保障体系建设，拨付资金19583万元，用于机关事业单位养老保险、城乡居民基本养老保险等补助。拨付资金8468万元，用于开展城乡居民基本医疗保险和城镇职工基本医疗保险工作。拨付资金2375万元，用于发放伤残军人、复员退伍军人、烈属等重点优抚对象的生活补贴。拨付资金2225万元，用于特困人员供养补助，提高重病重残低保户政府补助、低保对象人均补助发放标准。拨付资金691万元，用于提高困难残疾人生活困难补助和护理补贴补助水平。拨付资金467万元，用于农村幸福院建设及社区老年人日间照料中心项目建设。拨付资金289万元，用于城乡临时救助。推进公共安全网格化建设，拨付资金3987万元，用于网格化协管员、综治协管员队伍建设，人像识别系统及社会治安动态视频监控建设、扫黑除恶专项斗争、平安村居创建“两个10%”奖励等，着力提升“平安三率”水平。拨付资金2577万元，用于惠民服务工程、户籍历史档案数字化工程、“智慧城市交通”项目，加大对公安、司法和消防部门的经费支持力度，提高公共安全和处置突发事件的保障能力，促进社会安定和谐。

【助力项目建设】 2018年，区财政局助力项目建设，促进城乡一体协调发展。拨付资金908万元，用于洋西、棠坡等安置房改造提升工程建设。拨付资金6622万元，支持城区环境整治、农村家园清洁工作、公厕建设和公厕免费开放。拨付资金3000万元，用于石材加工行业和粘土机砖厂拆除补助，开展畜禽养殖污染整治，进一步保护木兰溪流域及东圳水库饮水源。拨付资金2400万元，用于维护市政基础设施，推进荔城路南段人行道整治提升工程和月塘片区道路“白改黑”改造工程等项目建设，完善城市道路基础设施。拨付资金600万元，用于加强南门片区内涝整治项目等城区易涝点整治工程建设，提升城区排水设施。拨付资金13768万元，用于灵华线、天龟线、笏枫公路拓宽工程等项目建设，支持完善农村道路交通基础设施，改善农村交通面貌。拨付资金600万元，落实粮食风险金制度，推进粮库建设，保障粮油储备。助力脱贫攻坚，促进扶贫产业稳步发展。拨付资金476万元，用于造福工程危房搬迁及改造工程。拨付资金400万元，用于东圳库区移民等集中安置点建设。拨付资金1540万元，支持“美丽乡村”“幸福家园”试点村等项目建设。拨付资金210万元，用于贫困村发展集体经济。拨付资金902万元，用于贫困村基础设施建设。助力产业创新，促进地方经济健康发展。拨付资金3015万元，用于扶持及奖励规上、限上企业升级改造、扩大生产，促进企业加快转型升级。拨付资金1213万元，用于扶持商贸服务业、电子商务良性发展。拨付资金558万元，用于引进总部经济和新税源，推动总部经济发展。拨付资金177万元，用于推广和宣传景点建设，推动旅游事业发展。拨付资金1503万元，落实各项科技创新优惠政策，鼓励企业加大科技研发投入力度。

【财政绩效管理】 2018年，区财政局全面推进预算绩效管理，对预算执行进度和绩效目标实现程度实行“双监控”，强化预算绩效运行监控，确保项目如期完成绩效目标。加强财政支出绩效评价，在开展单位自我评价基础上，致力于对一些社会关注度高、涉及民生的项目进行评价，并将评价结果作为下年度预算编审工作依据。提升财政投资评审水平，通过组织开展评审业务年度考评、向社会公开更新审价机关备选库，建立优胜劣汰的动态淘汰机制。进一步完善项目评审复核制度，执行项目评审审核跟踪机制，及时掌握项目评审动态，优化评审工作流程，逐步提高工程预结算评审质量。2018年评审工程项目214个，送审总额118514万元，审定额113784万元，净核减4730万元，平均核减率3.99%。开展政府资产报告试点工作，组织开展政府资产的摸底、录入、汇总、审核等工作，建立健全政府资产数据库，为盘活政府资产、提高资产使用效益、促进国有资产充分增值保值打好基础准备。是年，全区纳入资产报表编报范围的行政事业单位共370个，资产总计211498万元，净资产157653万元。

（王佩君）

税务

【工作概况】 2018年，区地税局完成新税务机构挂牌、“三定”暂行规定制定落实、社保费和非税收入征管职责划转前期准备、个人所得税改革工作等各项改革任务，确保税务机构内部平稳运行、外部衔接顺畅，实现国税地税征管体制改革的稳步推进和税收收入的稳定增长，为区域经济转型升级发展做出贡献。是年，区地税局组织入库省局口径税收收入319988万元，完成市局调整2018年税收收入计划数312000万元的102.56%，超收7988万元，同比增收29100万元，增长10%。截至12月31日，组织入库政府口径税收收入318251万元，完成市局调整2018年税收收入计划数315000万元的101.03%，超收3251万元，同比增收29268万元，增长10.13%。正视组织收入工作中面临的困难，组织税收收入，力争完成各级收入任务，始终坚持“依法治税、应收尽收、坚决不收过头税，坚决防止和制止越权减免税”组织收入原则，开展税源摸底调查，深化税收分析预测。把严重点税源监控，加强税收风险管理，加强税收会计核算工作，做好税收票证管理工作。全年组织入库税收收入319988万元。从税种结构看，增值税123947

万元，占比 38.73%；企业所得税 69249 万元，占比 21.64%；个人所得税 19646 万元，占比 6.14%；财产行为税 106785 万元，占比 33.37%。从行业结构看，制造业 53666 万元，占比 16.77%；商业 15821 万元，占比 4.94%；建筑业 33822 万元，占比 10.57%；房地产业 158500 万元，占比 49.53%。

【机构合并】 机构合并前，莆田市城厢区国家税务局（以下简称区税务局）内设办公室、税政科、收入核算科、纳税服务科（办税服务厅）、征收管理科、人事教育科、监察室、财务科、信息中心等 9 个科室，下辖税源管理一分局、税源管理二分局、税源管理三分局、税源管理四分局等 4 个税源管理分局。全体人员 91 人，其中干部 85 人，职工 6 人。设局长 1 人，副局长 3 人，纪检组长 1 人。设机关委员会 1 个，下辖 7 个党支部，党员 115 人。办公地点：莆田市城厢区南门西路 1119 号。城厢区地方税务局(以下简称区地税）设有办公室、政工科、税政科、征收管理和法规科、监察室等 5 个科室，稽查分局、常太管理分局、龙桥管理分局、凤凰山管理分局、霞林管理分局、华亭管理分局、灵川管理分局等 7 个基层分局。机构合并前全局有在编人员 88 人，设党总支 1 个，下辖 2 个党支部。办公地点设在莆田市城厢区荔城中大道 1939 号。

2018 年 7 月 20 日机构合并后，国家税务总局莆田市城厢区税务局（以下简称区税务局）设有办公室、法制股、税政一股、税政二股、社会保险费和非税收入股、收入核算股、纳税服务股、征收管理股、风险管理股、财务管理股、人事教育股、党建工作股、纪检组、信息中心、第一税务分局、第二税务分局、第三税务分局、龙桥税务分局、凤凰山税务分局、霞林税务分局等部门。办公地点更改至莆田市城厢区荔城中大道 1939 号。

机构合并前，区国税局长：陈玉标；副局长：章慰冰、沈碧波、胡庆澄、陈明阳、陈泓。纪检组长：黄岩峰。区地税局局长：林洪勇；副局长：郭继红、张建华、王振木；纪检组长：方淑鲸。

机构合并后，区税务局领导班子为书记、局长：陈文海；副书记、副局长：陈玉标；副局长：詹慰冰、郭继红、沈碧波、陈明阳、胡庆澄、张建华、王振木、方淑鲸、陈泓；纪检组长：黄岩峰。

【税源征收管理】 2018 年上半年，区税务局清理原国地税信息不一致的问题数据；下半年，做好机构挂牌后征管系统升级有关工作及“三定”（定部门职责、定内设机构、定人员编制）后征管系统和管户的调整工作，并为后续的金三并库做好准备。截至 12 月份，完成总局、省局下发的风险任务和区局自行开展的评估共计 17 批次 27 户，查补税款（企业所得税、增值税）380821.29 元，加收滞纳金 18823.44 元，合计 399644.73 元。以及配合做好影视行业专项治理工作，涉及户数 17 户，告知 17 户，自查补税 4 户，补缴税款 5700 元，滞纳金 558.6 元。自然人自查 3 户，

7 月 20 日，国家税务总局莆田市城厢区税务局正式挂牌成立

（邱凌瑶 摄）

代补缴个人所得税11840元，滞纳金1676.16元。严格征收管理环境保护税，开展全方位政策解读，派发《环境保护税法宣传材料》1000余份；组织税务人员参加环保税业务培训1场次，参加培训人员60人次；组织4场次的纳税辅导，同时对4户纳入省环保厅2018年度重点排污单位名录的重点纳税人进行“一对一”辅导，全年有450户环保税纳税人申报缴纳环保税，征收入库环保税147万元；通过扩面增人提基数、监控重点费源、清理欠费，强化各种规费的征收管理。开展税收风险管理工作，全年组织信息采集及风险识别55户，分三批次向基层税源管理分局进行任务推送，全部完成风险管理全流程，入库税款375.36万元，加收滞纳金49.52万元，风险分析识别命中率达100%。

【税收法治建设】 2018年，区税务局加强法治工作组织领导，在机构改革期间，依法行政工作领导小组常态化运行不受影响，根据局机构合并的实际情况，重新成立区税务局依法行政工作领导小组，并在第四季度依法行政工作领导小组会议研究通过本局新制订的依法行政工作领导小组会议制度和议事规则，有序推进依法治税。推进税务内控机制建设，完成税务系统内部控制监督平台上线工作。平台运行以来，区局运用内控平台对日常过错实时监控，动态跟踪，及时提醒相关责任人根据过错信息进行整改和陈述申辩，降低执法出错率，确保执法行为公平、准确、有效。平台涉及的核实税收执法疑点数据8条，税收执法人员过错202条；加大土地增值税清算力度，全年完成清算项目8个，补缴土地增值税10889.06万元；开展企业所得税汇算清缴，汇缴面达99.96%，申报应补缴税款12,827.11万元；开展年所得超12万元个税申报，完成900个自然人的年所得12万元个税自行申报任务；推广个人所得税明细申报，组织开展个人所得税明细申报干部培训，广泛宣传个税全员全额扣缴申报流程，全年个税系统明细申报户数12200户，申报率超99%。城厢区达到重大税务案件标准的案件7件，审理后发回补正材料案件5件。截至年底，7件重大税务案件受理并审结。其中一件为涉嫌骗税案，其他均为涉嫌虚开增值税专用发票案。在机构改革期间，为保障依法行政工作领导小组常态化运行不受影响，根据机构合并的实际情况，重新成立区税务局依法行政工作领导小组。并在第四季度依法行政工作领导小组会议研究通过新制订的依法行政工作领导小组会议制度和议事规则，有序推进依法治税。全年“1+X”专项督查工作检查18次，检查单位16个，组建检查小组2个，发现问题线索31条，移送问题线索31条。

【纳税服务】 2018年，区税务局规范办税服务厅规划布局，划分办税服务区、咨询辅导区、填单示范区、公告宣传区、等候休息区、自助办税区等六大功能区域，机构合并后，办税服务厅开设29个窗口，其中4个专门业务窗口、6个简易业务窗口、16个综合业务、1个领导值班岗、2个税控盘服务商窗口，16个综合服务窗口可以受理纳税人申请的约90%以上涉税事项。新增设M级纳税信用级别，确保辖区内符合条件的11329户企业及时、准确地拥有纳税信用级别；年度内开展针对性专题辅导培训17期，其中包含财表转换软件操作培训6期、个税改革专题培训4期，累计培训企业1300余户次；全年“12366”热线以及“12345”政务平台受理投诉件中，受理7条纳税服务质效投诉，受理拒开发票、虚假开票等涉税举报累计70件，涉税咨询5件，其余均妥善处理，并按照要求回复。创新应用微信网络直播平台，实现实体学堂与网上学堂相融合的全天候税收培训辅导，大力提升培训辅导效果。召开“问需求，优服务”纳税人座谈会，邀请辖区内企业代表共聚一堂，主动听取纳税人需求、积极回应纳税人关切。

【税收优惠落实】 2018年，全

5月9日，城厢区地税局开展“电子税务局现场体验”网络直播活动，并在财税大讲堂同步直播（林灵 摄）

区增值税小规模纳税人（企业和非企业性单位）累计申报免征增值税41051户次，申报销售额合计202590.20万元，减免增值税税额907.18万元，小微企业受惠面达100%。全年增值税小规模纳税人（个体工商户和其他个人）累计申报免征增值税47561户次，申报销售额合计220245.76万元，减免增值税税额5300.82万元，小微企业受惠面达100%。有2711户小型微利企业享受税收优惠政策，减免企业所得税2054.96万元。从2018年10月1日至年底实施过渡性政策，为城厢区个人所得税纳税人带来80多万元的减税红利。5月1日起减免资金账簿和其他账簿印花税30万；共有3户企业享受安置残疾人城镇土地使用税减免，减免城镇土地使用税9.6万元。

【税收改革】 2018年，区税务局全面部署个人所得税改革，成立个人所得税改革专项工作领导小组，抽调熟悉税政、征管、信息、纳税服务等业务的人员，成立5个个税改革工作组，实行集中办公；以纳税人学堂等形式组织多批次的扣缴义务人培训，参训企业累计约1500户；组织税务干部参加总局、省局、市局和区局举办的个税业务培训；邀请城厢区12家企业开展“问需求，优服务”座谈会；协同开展扣缴客户端的推广、自然人数据清理、运行维护等各项工作任务，确保新税法实施各环节衔接顺畅；做好社保费和非税收入划转准备工作。制定《社会保险费和非税收入征管职责划转工作方案》，并成立工作领导小组，指导全区非税收入划转工作；组织有关业务人员总局、省、市局业务培训，了解拟划转非税收入项目知识；同时组织业务人员到相应的原征收机构进行观摩和跟班学习，了解社会保险费和非税收入征收政策和征缴流程，确保业务工作衔接；由分管领导带队分别走访区农保、区机关保等部门进行调研工作，了解他们管理情况和征收流程，同时加强与财政、人社等部门联系，争取政府支持，为划转工作完成打下基础；及时设立莆田市城厢区城乡居民养老保险缴费归集户和莆田市城厢区城乡居民医疗保险缴费归集户两个专用临时户。

（邱凌瑶 林灵）

审　计

【工作概况】 2018年，莆田市城厢区审计局（以下简称区审计局）按照省市审计工作会议精神，结合城厢区实际，制定《2017年度莆田市城厢区本级预算执行情况及决算草案审计工作方案》及《莆田市城厢区2018年度统一组织审计项目计划》，开展区本级预算执行情况和其他财政收支的审计工作，并按照省、市工作方案对全省三级联审事项实施审计。同时，开展“两学一做”相关学习教育活动，推动“两学一做”学习教育活动从集中性学习教育向经常性学习教育延伸。按照区委、区政府统一部署，组织全局干部职工投入精准扶贫工作，确保脱贫目标完成。作风建设方面，根据《莆田市审计局纪律作风专项整治月活动实施方案》（莆市审党〔2018〕12号），为进一步加强和改进机关作风建设，继续推进“两学一做”学习教育深入开展，坚持全面从严治党、加强纪律建设、廉政教育，贯彻落实中央、省委、市委以及区委有关意识形态的工作部署，不断推进审计机关党风廉政建设和反腐败工作深入开展，为审计事业健康发展提供纪律保障和作风保障。组织实施的“城厢区城乡居民养老保险运行情况审计调查”项目获2017年度全市优秀审计项目及计算机应用成果案例优秀等次，同时统计工作获得福建省审计厅通报表扬。

【政策跟踪审计情况】 2018年，区审计局开展国家重大政策措施落实情况跟踪审计，围绕“政策落实、项目落地、资金保障、激活主体、培育动能、风险防范”六个方面，重点关注重大项目落地、重大政策落实，重点把握政策配套措施科学性评估、政策落实跟踪、政策效应评价，促进推动重大项目落地建成、重点产业提质增效，促进政策安排的不断优化和取得实效，促进提高发展质量和效益。根据市局安排完成对荔城区涵港大道仕方桥至惠下路段、省道201北高埕头303路段工程、荔城区污水治理及壶公路宁海新桥至仕方桥连接段工程政策措施落实情况跟踪审计。

【区本级财政预算执行审计】 2018年，区审计局结合财税改革和财政政策重点，进一步深化本级预算执行、决算草案和其他财政收支审计，重点关注规范建立全口径预算、中央、省级和市级专项资金在各级财政结存和滞留、提前下达的转移支付资金的安排、年初预算执行率、地方政府隐性债务风险管理、加强生态建设和环境保护等政策及重点支出的落实、部门决算草案编制等方面情况，促进财政资金规范、高效使用。全年安排实施审计项目计划24个，安排预算执行审计项目6个，涉及审计单位6个。以促进公共资金安全高效使用为目标，着力构建财政审计大格局。按照全面覆盖、不留盲点和审计全口径预算决算的要求，以预算执行为主线，全部政府性资金为主要内容，财政专项资金为重点进行审计，切实把区委、区政府关注和广大人民群众关心的问题作为审计重点。并组织对上一年度审计查出问题的整改情况进行跟踪检查。

【经济责任审计】 2018年，区审计局以领导干部任期履行经济责任情况为审计重点，发挥好经济责任审计在加强干部监督管理中的职能作用。根据区委组织部委托，经市局批准，组织开展8个经济责任审计项目。

（赵启超）

统　计

【工作概况】 2018年，莆田市城厢区统计局（以下简称区统计局）组织实施国民经济核算制度和全区投入产出调查，收集、汇编、提供国民经济核算资料。组织全区经济、社会、科技和资源环境统计调查，检查、审定、管理、公布、出版全区性基本统计资料，定期发布全区国民经济和社会发展情况的统计信息、统计公报，组织建立服务业统计信息共享和发布制度。组织指导全区统计法规的宣传和普及工作，监督统计法律、法规的贯彻实施，查处统计违法行为。推进统计改革，企业一套表联网直报取得成效。承担组织领导和协调全区统计工作，确保统计数据真实、准确、及时。贯彻执行国家统计政策、规划、基本统计制度和标准，拟订并组织实施全区统计工作规划、调查计划及方案。2018年，全区生产总值完成397.30亿元，比上年增长8.9%。农林牧渔业总产值完成16.11亿元，下降4.0%。规模以上工业增加值完成94.65亿元，增长9.1%。财政总收入完成34.50亿元，增长8.7%，其中地方级财政收入完成23.17亿元，增长9.0%。社会消费品零售总额完成237.85亿元，增长10.9%。外贸出口总额完成62.07亿元，比增7.2%。全体居民、城镇居民和农村居民人均可支配收入分别完成 35147 元、42551 元和 19919 元，分别增长 8.%、8.2% 和 8.4%。

【巡察整改】 根据城厢区委巡察工作统一部署，2018 年 3 月 19 日至 4 月 20 日，区委巡察二组对区统计局开展巡察，2018 年 7 月 10 日反馈巡察意见。按照党务公开原则和巡察工作有关要求。 7 月 11 日、7 月 15 日区统计局召开局班子干部会议，局班子成员对此高度重视、态度鲜明，完全赞同和诚恳接受区委巡察二组的巡察反馈意见，局领导班子坚持以上率下、全员参与，以从严治党的政治自觉和责任担当研究部署检查反馈的整改方案，统一思想认识，从加强党风廉政建设和反腐败工作、强化落实“两个责任”的高度，研究部署反馈意见的整改落实工作，真抓严改，坚决整改到位。

【第四次全国经济普查】 第四次全国经济普查是进入新时代后的首次重大国情国力调查，对全面摸清经济社会发展状况，准确把握新时代经济社会发展特征，具有重要意义。“四经普”数据还将作为核算全区 2018 年经济体量的基础，这将直接影响到全区经济总量和产业结构，也是全区高质量发展与跨越赶超目标的要求。2018 年，区统计局分析全区经济普查进展情况并就下一步工作做具体布置，为全面完成单位清查工作，为 2019 年正式登记奠定坚实基础。

（黄裕模）

工商行政管理

【工作概况】 2018 年，莆田市城厢区工商行政管理局（以下简称区工商局）围绕全区发展大局，为打造人文宜居新城厢，建设美丽莆田先行区做出贡献。1 月底，区委书记王文才、区长吴文恩相继做出批示，充分肯定该局在服务发展上所取得成效。牵头主办的“莆田市城厢区防诈骗反传销宣传志愿服务项目”入选 2018 年全省学雷锋志愿服务“四个最美”先进典型名单。中共城厢区工商局机关委员会被区委组织部授予城厢区首批主题党日活动基地，机关党委被区委组织部评为五星党组织（区直部门仅 2 家）。参与撰写的《福建调研显示：商标注册存在四方面问题》获得国办单条采用并获国务院领导批示，实现局在信息报送方面的突破。2018 年综治平安涉及工商部门的考评项目（查无、打传、广告整治）位居全市第一，在各县区工商局 2018 年度绩效考评中获第一名，获得省级文明单位、市一类平安单位等称号，区里绩效考评优秀等次。是年，全区有各类市场主体 68183 户，注册资本 9992083.7 万元，同比分别增长 20.6%、12.13%。其中内资企业 17688 户，占市场主体总量 25.94%，注册资本 8969899.41 万元，同比分别增长 19.37%、11.82%。外商投资企业 188 户，占市场主体总量 0.28%，同比增长 2.2%，注册资本 573803.34 万元，同比增长 12.63%。农民专业合作社 103 户，占市场主体总量 0.15%，出资总额 25847.5 万元，同比分别下降 1.90%、6.22%。个体工商户 50204，占市场主体总量的 73.63%，资金数额 422533.48 万元，同比分别增长 21.22%、19.81%。全区新增各类市场主体 16683 户，其中新增内资企业 4329 户，同比增长 33.53%；新增注册资本 1168763.80 万元，同比下降 22.92%。新增外资投资企业 15 户，同比下降 34.78%；新增注册资本 6200 万元，同比下降 45.85%。新增农民专业合作社 3 户，同比下降 50%，成员出资总额 380 万元，同比下降 54.22%。新增个体工商户 12336 户，同比增长 24.54%，资金数额 99446.09 万元，同比增长 40.34%。

【商事制度改革】 2018 年，区工商局推进“多证合一”改革。将“多证合一”涉及的被整合证照事项信息由工商部门一次集中采集，让申请人办理企业注册登记时只需填写“一张表格”，向“一个窗口”提交“一套材料”。

9月21日，莆田市"关爱老人·一元理发"志愿服务进社区（城厢区）三周年表彰活动在凤凰山妈祖义工志愿服务站举行（陈珊 摄）

全年登记"多证合一"企业4592户。在全市率先主动联合行政服务中心、审改办、数字办开展"多证合一"工作督查，推动商事登记制度改革向纵深发展。落实各项优惠政策，推行"一窗受理""一人办结制""当天核准制"等多项服务举措，在全市率先以区政府名义下发《关于进一步压缩企业开办时间的实施意见》，将企业开办时间压缩至2.5天。与邮政速递公司联系，按照申请人自愿的原则，开展执照邮寄送达服务，实现"最多跑一趟"。

【服务地方经济】 2018年，区工商局努力提升服务措施，进一步释放改革红利，在全市工商系统率先出台《关于支持特色小镇发展的若干意见》，从"放宽名称核准"等十项扶持措施入手，对辖区内的电商小镇和鞋艺小镇实现精准服务。同时，推进集群注册登记，登记5家运营公司，为全市最多，集群注册企业96户、个体245户。进一步释放住所资源，促进城厢区"互联网+"经济繁荣发展。为市重点项目企业北京同仁堂等132家企业提供"直通车"服务，其中容缺预审企业23户，延时服务企业76户，当天核准企业96户。

【助推产业转型升级】 2018年，区工商局推进"个转企"发展工作。指定专人主动对接各镇、街开展个转企工作，配合各镇街，安排专人负责"个转企"的咨询、指导及办理等工作。对个转企区域、时间比较集中的，安排专人对接进行集中收件，集中受理。同时，借助镇街以及相关部门进行注册登记材料的指导以及收集，做到窗口前移，办理个转企697户。扎实推进品牌兴企战略，新增注册商标1794件，同比增长43.29%。结合实际工作帮助企业解决融资难题，运用动产抵押、股权出质登记等职能帮助22家企业实现融资17.84亿元。

【事中事后监管】 2018年，区工商局继续完善市场退出机制，简化企业、个体注销登记程序，实现市场主体退出便利化，有1097户企业、4365户个体工商户办理注销退出市场，数量均位居全市第二。同时，联合税务部门对不办理注销登记名存实亡的市场主体依法启动吊销程序，吊销企业298户，同比增长213.7%，吊销户数位居全市第一。是年，有10123家企业、37173家个体工商户、95家农民专业合作社完成2017年度年报公示，年报率分别为95.06%、97.57%、95%。在全市率先以区政府名义出台《城厢区跨部门"双随机、一公开"联合抽查工作实施方案》，完成区域内8次跨部门联合双随机抽查行动，抽查企业186家。在全市率先制定《个体工商户"双随机一公开"工作方案》，抽查个体工商户396户，完成557家企业抽查任务，列入异常名录169户。

加强"一张网"信息归集工作。着力注重发挥涉企信息信用联合惩戒作用。新增归集信息12214条，新增总数位居全市前列。全区有25家成员单位上传企业信用信息，归集各类企业信用信息28745条。

【扫黑除恶治乱整治】 2018年，区工商局建立与落实扫黑除恶线索摸排机制及线索双向快速移送反馈机制，与市场开办者对接，加强对商贸集市、批发市场的线索摸排，重点对辖区内11个集贸市场的排查工作。采取暗访明查、综合督查和突击检查相结合等多种形式，安排部署开展学校周边地区、安福及周边地区等市场摸排工作，加大对各类市场主体欺行霸市、强买强卖、垄断经营和制售假冒伪劣商品行为的检查力度，积极排查市场中可能存在的问题，寻求线索突破。组织对2014年以来1900多件行政执法案件和600多件信访件的进行梳理，排查发现3件涉黑涉恶线索移送公安部门，公安部门接收2件。

【无照经营网格化建设】 2018年，区工商局牵头召开城厢区无证无照联席工作会议，依托网格化平台，及时受理网格员分流的无证无照事项，及时引导办理证照，对规定时间仍不办理证照的，依法予以立案查处，突出“查无”工作和文明城区和综治建设的结合和落实，结合文明创城工作，对集贸市场等各区域加大无照清理力度，开展红盾亮照、无照回头看等专项行动，是年，查办无照经营案件102件，罚没金额345.74万元；依托莆田市社会治理网格化平台，收到各类无照经营户1474户，全部清理完毕。

【执法办案】 2018年，区工商局立案查办各类违法违章案件664件，同比增长21.16%，罚没入库649.46万元，同比增长10.34%，超额完成市局下达年度任务指导数，其中罚没20万元以上案件有3件， 罚没10万—20万元案件万元以上的案件有6件，移送公安案件2件。各工商所交叉办案60多件，完成所所、所队联动执法150多次，与其他部门联动执法30多次。

【安福电商城整治】 2018年，区工商局查办商标侵权案件171件，同比增长40.6%，罚没款603.45万元，移送公安部门2件，暂扣假冒侵权物品42092双（件）。联合涵江、北岸工商局开展跨区域执法行动，分别查处10起、2起鞋类商标侵权案件，争取区政府的领导和支持，组织开展联合执法40多次，与公安部门实行无缝对接，5月份在安福小区内现场移交一起销售8万多顶假冒品牌帽子案件给公安，7月在凤凰山街道白洋村现场移交一起生产6000多双“仿冒鞋”案件给公安，全年与公安双向移交10起。

【各类市场监管】 2018年，区工商局开展非洲猪瘟防控工作，加强组织领导，建立机制，明确责任，出动执法人员356人次、检查农贸市场65个次、检查经营户771户次、排查超市57户次，配合主管部门开展督察督导工作，抽调9人参与城厢区非洲猪瘟应急指挥部防控猪瘟工作。在全区范围内加大对物业服务行业监管力度，采取自查与走访、自我整改与行政处罚相结合的方式，倒逼物业公司自我查找问题，自我进行整改，自我进行完善。走访32家物业公司，涉及57个项目，对存在问题项目的4家物业公司进行约谈，责令退还总金额为11万多元。开展电动车行业、寄递物流行业、烟花爆竹、校园周边无证无照等行业的专项无照整治行动。摸排全区校园周边涉嫌非法无证开展教育培训64家，全部抄告区教育局，清理8家非法经营沙场。

【法制工商建设】 2018年，区工商局落实法治工商建设，制定2018年普法清单，制作普法计划，落实“谁执法谁普法”清单。以纪念“3·15”国际消费者权益保护日、“4·26”知识产权日、“12·4”国家宪法日等节日契机，在主要商场、广场开展执法宣传活动，通过LED滚动播放，发放宣传单、展览宣传展板等形式宣传法律法规，将法治思维深入到每一个领域，发放宣传资料6000多份。推进交叉核审，交叉核审349起案件。

【防传打传宣传活动】 2018年，区工商局联合文明办、区公安分局开展防诈骗反传销志愿服务活动，开展“一月一法”宣传活动。

3月15日，城厢区在兴安名城中央城市广场举办2018年“3·15国际消费者权益日”宣传服务活动（林娟 摄）

发挥志愿者作用，每个月15日，安排每个所、队的志愿者在凤凰山妈祖义工志愿服务站，通过设置展板、发放宣传单、张贴海报、悬挂横幅标语等形式开展各类宣传活动。5月15日，城厢区防诈骗反传销骨干志愿者培训班在区工商局召开，现场通过设置展板、PPT讲解、互动问题等形式，进一步提升打传效能。9月27日，在华亭镇开展防范打击传销入园区主题宣传活动。牵头主办的“莆田市城厢区防诈骗反传销宣传志愿服务项目”入选2018年全省学雷锋志愿服务“四个最美”先进典型名单。

【消费维权】 2018年，区工商局受理“12315”“12345”消费者投诉举报5318件（其中全国“12315”投诉平台3032件），同比增长98.65%，期限内办结率100%，成功率96.7%，为消费者挽回经济损失188.95万元。联合市消委会、消保分局组织全市消费代表40余人前往福建省亚明食品有限公司开展消费体察活动。万达金街作为全市唯一一家获评省级“诚信经营示范街区”。

【队伍建设】 2018年，区工商局以抓好巡察整改为契机，修订完善《城厢区工商行政管理局行政处罚案件集体研究制度（试行）》《城厢区工商行政管理局行政执法案件若干事项规定》《城厢区工商局考勤及请销假制度》等30多项制度，努力构建以制度管人管事的机制。中共城厢区工商局机关委员会被城厢区委组织部授予城厢区首批主题党日活动基地，机关党委被区委组织部评为五星党组织（区直部门仅2家）。

【巡察整改】 2018年，区工商局立足“准、实、严”，高标准、严要求，主动强化政治意识，配合巡察工作的开展，坚决把巡察整改工作作为一项重要的政治任务，党组书记第一时间召集召开党组会，专题研究部署整改工作，对整改问题清单进行全面梳理分解，明确整改目标和责任单位责任人。针对巡察组反馈的63个问题落实整改措施156条，完成整改问题59个，开展长效整改问题4个，建章立制35条。

（林娟）

9月27日，城厢区在华林经济开发区举办2018年度防范打击传销进园区主题宣传活动（林娟 摄）

食品药品监督管理

【工作概况】 2018年，莆田市食品药品监督管理局城厢分局(以下简称城厢食药监分局)落实“四个最严”“四有两责”要求，围绕“国家食品安全示范城市”创建工作，真抓实干、开拓创新，全面夯实食品药品监管工作，把日常食品药品监管工作、专项整治工作和网格化工作有机结合，加强网格员培训力度，切实落实网格监管责任，推动各项监管工作顺利、高效运行，各项工作均取得明显成效。是年，针对国家总局有机磷农药污染鱼事件通报，结合春夏季织纹螺等贝类食物中毒高风险期，对辖区集贸市场、水产品经营户进行监督检查。完成2018全国珠宝玉石首饰行业协(商)联席会议、13届中国(莆田)艺博会、第十届海峡论坛保障·妈祖文化活动周、世界佛教论坛工作等10余场重大活动餐饮服务食品安全保障任务。

【建立全区食品生产经营企业电子监控中心】 2018年，城厢食药监局对辖区大型生鲜超市快检室、集贸市场的快检室，大中型餐饮企业、示范街餐饮店、所有学校食堂进行远程电子监控，并配备专职人员负责监控中心工作，提高对重点食品生产经营单位的监管效率。

【全区公立学校食堂实施“明厨亮灶”】 2018年，城厢食药监局与区食安办、区教育局联合协作，召开专门会议进行布置和指导，联合下发《关于加强学校食堂及校园周边食品安全监管工作的通知》，建立联合微信、QQ工作群进行日常业务指导、督促和推进。

【创建国家食品安全示范城市】 2018年，城厢食药监局开展放心肉菜示范超市创建，坚持监督检查与指导创建相结合，对照创建标准细则，对创建单位万达永辉超市进行上门逐条详细指导，确保创建工作完成。推进省局食品追溯系统录入工作，按照“一品一码”工作要求，通过分类召集培训会议，督促指导所有食品生产企业、食品销售企业、保健食品经营企业、大型以上餐饮企业、连锁餐饮企业、学校食堂、集体用餐配送单位、中央厨房登录福建省食品可追溯系统进行注册并录入预包装食品进货台账信息。推进食安创城氛围宣传，利用村居信息员进村入户宣传食安创城知识；通过移动公司短信发布平台，群发食安创城知识、消费警示等内容，提高全区群众食安满意率、知晓率和支持率，利用报纸、网络、电视等媒体发布食品安全监管工作、食品安全知识等报道。

【督促企业落实主体责任】 2018年，城厢食药监局在春节和元宵前召集大中型餐饮企业负责人、食品安全管理员进行集体约谈，对餐饮企业普遍存在的共性问题进行分析指导和现场培训，指导企业开展自查自纠，分发主体责任清单61份，签订食品安全承诺书61份。通过分行业培训的方式，指导辖区食品生产企业商场、超市、零售连锁企业、食品流通可追溯示范单位、大中型以上餐饮企业、连锁餐饮企业、集体用餐配送单位、中央厨房、集体食堂的食品安全管理人员登录“食安在线”进行在线培训和考试，提升企业食品安全管理水平。督促指导辖区89家学校食堂开展自查自评并报送自评报告，指导各学校做好“食安在线”培训考核、省局食品追溯系统录入、“明厨亮灶”等食品安全管理工作。

【校园及周边食品安全监管】 2018年，城厢食药监局开展春季学校食堂及校园周边食品安全监督检查和中高考期间食品安全专项检查，检查学校食堂、校园周边及供校食品生产经营单位267家次，约谈3家，责令整改38家，抽检食品44批次，出具监督意见书或整改意见书14份，查办违法案件12起。同时，联合区教育局开展督查，督查学校食堂11家，并发布联合督查通报。对教育局抄送的校外托管机构小饭桌进行检查评分，累计评分51家，并抄告区教育局。

【食盐日常监管】 2018年，城厢食药监局开展食盐安全专项检查，结合日常监管对食品生产企业、餐饮单位使用及食盐销售企业的食盐来源情况、索证索票、存贮卫生等进行检查，检查432家次，对部分索证索票不规范的当场指导整改。

【推进小餐饮登记】 2018年，城厢食药监局根据《福建省小餐饮登记办法》，联合区食安办制定《城厢区小餐饮登记工作实施方案》，在区长参加的全区食安委成员单位会议上进行布置落实，并于1月26日组织各镇街负责小餐饮登记工作人员业务培训会，进行系统的业务指导，并建立小餐饮登记工作微信群，加强登记过程业务指导。6月份，配合区食安办食品安全中期督查工作，对各镇街小餐饮登记工作进行现场检查和指导。

【药械及保化产品监管】 2018年，城厢食药监局印发药品、医疗器械、保健食品化妆品的工作要点和计划，将检查对象、检查重点和频次等予以明确。制定《2018年“三品一械”双随机监管实施方案》，明确要求采取随机抽查方式，突出重点单位、重点品种等环节的监督检查，并自加压力，将药品、医疗器械经营使用单位的抽查比例增加为10%。将日常监管与认证跟踪、专项整治、药品抽检等相结合，按照监管职能，有效落实监管。开展GSP认证跟踪检查及复查工作、药学技术人员在岗履职专项检查，约谈药品零售企业160家次，因涉嫌执业药师不在岗销售处方药，立案查处12起。落实药品监督抽样工作。对任务进行具体分解、明确了抽验重点、抽验要求，完成药品抽检146批次。

【队伍建设】 2018年，城厢食药监局深入学习贯彻中共十九大精神，推进“两学一做”学习教育常态化制度化，组织党章党规党纪集中学习教育活动，落实“三会一课”，加强党员教育管理，发挥基层党组织先锋作用，推动各项工作迈上新台阶。着力强化作风建设，下发《关于加强作风纪律建设的通知》，严肃组织纪律、工作纪律，规范考勤制度和上班秩序，逐级开展约谈活动，筑牢思想防线。突出食品药品监管业务能力提升，以提升队伍实战能力为重点，持续加大对各级食品药品监管人员、协管员培训，共组织各类培训学习12场次，培训人员300余人次，不断增强队伍业务水平。

（陈培青）

安全生产监督管理

【工作概况】 2018年，莆田市城厢区安全生产监督管理局（以下简称区安监局）贯彻落实习近平总书记关于安全生产工作的重要指示精神，严格落实“党政同责、一岗双责、齐抓共管、失职追责”和“三个必须”要求，扎实开展安全生产“严排查、严整治、严监管”活动、“严整治、促提升”行动和安全生产百日整治攻坚专项行动，持续深化重点行业领域专项整治，持续加大监管执法力度，不断夯实安全生产基层基础。是年，全区安全生产形势总体平稳向好，发生各类生产安全事故37起，比增6起，上升19.4%；死亡14人，减少3人，下降17.6%，没有发生较大及以上生产安全事故。其中，生产性道路交通方面发生事故33起，同比增加3起，上升10%；死亡9人，同比减少6人，下降40%。工矿商贸方面发生事故3起，同比增加3起；死亡4人，同比增加4人。水利建设方面发生事故1起，与去年持平；死亡1人，同比减少1人，下降50%。

【落实安全生产责任】 2018年，城厢区重点完善部门监管责任。各行业领域牵头部门积极履职，强化措施对监管范围和对象实行分级分类管理，在摸清底数的基础上，建立“一企一档”监管台账，与各镇（街道）、重点企业等逐级层层签订责任书，制定执法检查计划，通过分级分类监管、日常监督检查督促生产经营单位强化安全管理。重点落实企业主体责任。督促企业建立健全企业自我约束、持续改进的内生机制，实行全员安全生产责任制度和全过程安全生产管理制度。推进安全生产诚信体系建设，运用安全生产不良行为“黑名单”制度和安全生产失信联合惩戒机制，督促企业开展自查自改。

【隐患排查治理】 2018年，区安监局推进25个重点行业领域安全专项整治，开展安全生产“严排查、严整治、严监管”活动、“严整治、促提升”和安全生产百日整治攻坚等专项行动，落实各项安全防范措施。突出重点领域整治。聚焦25个重点行业领域，着眼各类风险的防范管控，检查生产经营单位5352家次，排查整改安全隐患5206项。严格监管执法，建立健全“双随机”检查、暗查暗访、联合执法和重点执法制度，严厉打击各类违法违规行为。是年，停产停业整顿138家，关闭取缔企业17家，立案处罚120万余元，拘留19人。聚力破除难点隐患，做好上级安委会安全生产督查检查发现问题整改工作，梳理研究，制定整改方案及整改责任清单，细化整改内容、整改措施、整改时限，确保整改工作到位。2018年，市级以上安全生产检查、督查通报涉及城厢区的问题106项，整改到位105项，1项在整改中。

【企业安全生产标准化建设】 2018年，区安监局结合全区实际，制定《莆田市城厢区人民政府安全生产委员会关于继续推进安全生产社会化服务工作的实施意见》（莆城安办〔2018〕65号）文件，引导社会各方力量共同参与企业安全生产标准化创建工作。全区58家规模或限额以上工贸行业企业、297家小微企业、247家企事业单位完成评审达标。

6月16日，城厢区安监局举办“安全生产日”宣传咨询日活动
（潘兰娟 摄）

【职业健康基础建设】 2018年，区安监局开展职业卫生基础建设活动，完成职业病危害项目申报123家，110家企业（其中大中小型企业70家，微型企业40家）通过福建省职业卫生监管系统完成自查自评，其中A级24家，B级24家，培育2家尘毒危害专项整治示范企业。完成职业病危害因素检测65家，开展职业健康体检工作35家。开展“四类企业”职业病危害专项整治，对4家企业下达责令限期整改指令书，全部整改到位。

【安全生产资金投入】 2018年，全区预算安全生产经费9375余万元，其中区安办安全生产专项经费180万元、道安经费2218万元、农村公路安保工程经费85万元、水利工程经费4675万元、农村饮水安全经费近510万元、治理河沟渠道清淤、水毁修复等工程经费448万元、防汛预警预报设备350万元、消防经费909万元。

【完善基层安全监管体制】 2018年，全区7个镇（街道）、2个工业园区均建立安监机构，实现安全生产委托执法，每个镇（街道、园区）发文明确安监站专职人员3—4人；120个村（居）均配备1名专兼职安全协管员。

【专项安全生产管理】 2018年，全区有烟花爆竹批发仓库3家，烟花爆竹销售网点75家。全年出动人员检查烟花爆竹批发仓库和烟花爆竹销售网点500人次，其中部门多次联合开展专项检查，检查烟花爆竹经营单位126家次，排查安全隐患37项，全部整改到位。区安监局组织督查检查组45组次，出动人员154人次，多次巡查8个废弃矿山，未发现无证非法开采行为，对检查8个废弃矿山发现的安全隐患责令相关责任单位整改到位。全区有经营、使用化学品企业107家，其中17家成品油经营单位、90家不带有储存设施经营企业。全年出动检查人员1656人次，检查危险化学品企业262家次，排查安全隐患162项，整改到位158项。排查餐饮场所中非法使用醇基燃料128家，全部拆除，没有发现储存经营及运输醇基燃料企业。全区有4家涉氨制冷企业，检查发现一般安全隐患22项，整改到位20项。全区有粉尘防爆企业12家，全覆盖检查，排查安全隐患37项，全部整改到位。全区有限空间作业7家，全覆盖检查，排查安全隐患26项，全部整改到位。

【安全生产宣传】 2018年，区安监局区围绕“生命至上，安全发展”主题，依托电视、网络、通讯等媒介载体，向市民发送安全生产宣传短信21万多条，发放宣传材料6万多份，微信宣传链接转发5800余人次，悬挂宣传横幅600余条，在人流量较大的3个公交站点设置宣传专栏、6个社区设置灯箱广告宣传栏，广泛宣传安全生产法律法规，普及安全常识和基本技能，提高人民群众安全生产意识。

【佛教论坛期间安全监管】 2018年，为确保第五届佛教论坛在城厢区的顺利召开，所有镇（街道）、所有行业（领域）、所有企事业单位和人员密集场所纳入管控范围，突出危化品、燃气、烟花爆竹、民爆器材等涉危涉爆企业，突出会议场馆及活动场所周边2公里范围，突出事故多发的重点地区和重点部位，突出车站、酒店、旅游景点、文化娱乐场所和学校、医院、城市综合体等人员密集场所，共摸排涉及核心区2公里范围内的生产经营单位共794家。对核心区内生产经营单位进行“拉网式”检查，建立“一张图、一张表”，实行挂图作战，明确生产经营单位重点岗位风险点，紧盯“火、爆、路”监控风险点，建立重大事故隐患清单，针对风险等级和风险类型，实施闭环管理。对佛教论坛有关建筑工地、接待酒店、宗教场所、大型综合体等重点部位、重点领域每半月开展一次专项督查，通过“四不两直”形式，推进执法检查深广度，严格对照监管检查事项清单，督促责任单位落实整改措施，确保整改到位，推动各项工作实现闭环管理。

【创新监管方式方法】 2018年，区安监局持续完善机制建设。制定问题建档立户、隐患清零、检查执法上报、双重预防、督查督导等6项安全生产机制，层层落实安全责任，不断提升全区安全生产工作水平。强化信息化平台建设，推进“智慧安监平台”信息化建设，25个重点行业领域牵头部门全部纳入平台管理，对排查出的各类安全隐患实行全程留痕式监管。推进政府购买安全生产服务，危险化学品、烟花爆竹、建筑施工等专项及工贸等行业、华亭镇、华林园区等单位聘请第三方协助开展隐患排查、风险评估等工作，共检查企业425家次，排查整改安全隐患933项。推进“网格化+安全生产”工作，全区危化品、烟花爆竹、农资、消防、电梯、城镇燃气等专项纳入网格化管理，入格事项16209项，办结16161项，办结率99.7%。

【应急救援能力建设】 2018年，区安监局强化应急预案管理，制定生产安全事故灾难应急预案等预案，完成10个大类型灾害事故救援预案修订。加强应急保障能力建设。加强各类应急处置能力建设，开展各类应急预案演练，举办演练培训330场次，参演参训人数达74000余人次，增强各单位的协调、配合能力，进一步完善应急演练机制，提高突发事件应急处置能力。

（潘兰娟）

农业 水利

农村农业管理

【工作概况】 2018年度，莆田市城厢区农业局（以下简称区农业局）推进现代农业、助力乡村振兴、农村集体"三资"监管、重点区位商品林赎买等工作。同时落实强农惠农政策，开展农业综合执法、农产品质量安全监管工作，实施扶贫攻坚，积极推进农业各项工作的进展。年内，城厢区农林牧渔业总产值16.1113亿元，农业方面全区粮食播种面积3200公顷，总产量1.65万吨；农业经济作物水果总面积10333.33公顷，总产量2.74万吨；蔬菜总面积2126.67公顷，总产量5.09万吨；茶叶总面积46.67公顷，总产量66吨。全区生猪存栏2.56万头（其中能繁母猪1850头），出栏9.8万头；家禽存栏296万羽，出栏1200万羽。完成造林绿化和森林经营面积1193.33公顷，其中造林绿化完成208.6公顷，森林抚育完成602.8公顷，封山育林完成381.87公顷。渔业总产量5.48万吨。

【农产品质量安全监管】 2018年，莆田市城厢区农业局（以下简称区农业局）开展各级农产品质量安全监督抽检工作。果蔬检测全年抽检1666批次，超标5批次，合格率为99.7%。瘦肉精抽检全区养殖场抽检2267批次，结果全部阴性合格；屠宰环节共检测3474批次，结果全部阴性合格。动物检疫受理产地申报生猪4.76万头、家禽124.58万羽，检疫生猪4.76万头、家禽124.58万羽；屠宰检疫生猪6.08万头，屠宰检疫家禽15.8万羽；检疫病害猪肉产品3682千克，检疫病禽512羽，全部按规定做无害化处理。水产品质量安全完成各类水产品质量安全抽样监测，其中开展海水贝类省级抽检7批次，检测合格率为100%；开展产地水产品质量安全监督抽样5个样品，检测合格率为100%；开展市级产地水产品质量安全监督抽样海水鱼和虾贝类36个样品，检测合格率为100%；水产品中禁用药物残留快速检测45批次，合格率为100%；开展织纹螺监管预警预报，送检19个批次，未检测出河豚素超标现象，合格率为100%。

【农业行政执法】 2018年，区农业局检查农资经营门店249家次，整顿农资市场5个，完成农资质量抽检41批次（其中农药样品25批次，肥料样品11批次，兽药5批次），检出农药1批次不合格，依法立案查处。集中销毁假劣农资计69千克，立案查处案件3起，结案5起（包括上年立案未结案），完成罚没款20.88万元。在每月15日、20日年检的基础上组织1—2次农机安全执法巡查。检查拖拉机

260 部，隐患排查车辆 5 部，其中 4 部当场整改到位，一部手扶拖拉机扣留，并予以强制报废。检查动物诊疗机构 5 家（其中宠物医院 1 家，宠物门诊 4 家），非动物诊疗机构 16 家，发放张贴有关动物诊疗法律法规告知书 40 余份，发出整改通知书 8 份。办理 10 起案件，其中立案查处 4 起，罚款 3500 元；立案查处防疫类简易案件 4 起，责令限期改正；立案查处诊疗类简易案件 2 起，责令限期改正。组织巡查、检查、执法 351 人次，发出责令整改通知书 18 份。取缔非法屠宰场 2 个，办结涉嫌私宰生猪案件 2 件，没收非法私宰生猪 4 头，依法作无害化处理，罚款 1 万元，均缴纳。涉林行政案件共立案 11 起，处罚 11 人，罚款 17.77 万元；移送涉嫌刑事责任林业案件 8 起；配合森林公安分局查处涉林案件 2 起。渔业安全执法检查各类渔业船舶 90 余艘次，开展岸线巡查 60 余次、港口锚地巡查 90 余个、海上巡查 20 余次，发现各类一般安全隐患 7 个，均整改到位。饲料安全监管检查饲料生产企业 18 厂次、饲料经营店 7 店次、养殖场（户）36 场次，发出整改通知或建议整改 12 份，收回整改报告 12 份；抽检饲料及饲料添加剂生产、经营、使用单位 21 个，抽检样品数 63 个。

12 月 12 日，省动物疫病预防控制中心专家组到飞燕生物有限公司检查非洲猪瘟疫区消毒情况 （陈玉华 摄）

【重大动物疫病防控】 2018 年，全区发放使用高致病性禽流感 (H5+H7) 二价灭活疫苗 314.5 万毫升（不含温氏公司）；猪口蹄疫 O 型缅甸 98 株 4.8 万毫升、O 型合成肽 5 万毫升、猪 O-A 型二价灭活苗 10.5 万毫升；牛羊 O 型-亚 I 型 1.5 万毫升、牛羊 O-A 型 1 万毫升；小反刍兽疫活疫苗 2.5 万头份；新型二维码耳标发放情况：猪耳标 38124 枚、羊耳标 3600 枚、牛耳标 150 枚。全区监测家禽血清样品 1285 份，禽流感免疫抗体水平合格 1212 份，合格率为 94.3%；监测生猪血清样品 515 份，猪瘟免疫抗体水平合格 477 份，合格率为 92.7%，猪口蹄疫免疫抗体水平合格 461 份，合格率为 89.6%；高致病性猪蓝耳病抗体合格 411 份，合格率为 79.8%；监测牛羊血清样品 125 份（其中羊 105 份），牛羊口蹄疫免疫抗体水平合格 120 份，合格率为 96%，羊小反刍兽疫免疫抗体水平合格 102 份，合格率为 97.1%。以上动物疫病的免疫抗体合格率均高于农业部规定的 70% 的要求。加强流行病学调查工作，全区采集羊血清、羊口腔鼻腔棉拭子各 100 份，采集禽棉拭子 310 份，送市动物疫病预防控制中心作病原检测。加强非洲猪瘟监测排查，截至年底，采样送检生猪抗凝血样品 239 份、组织样品 65 份、环境样品 252 份。H7N9 监测，全区采禽棉拭子 455 头份，往莆田市动物疫预防控制中心检测，禽血样 100 头份，其中 60 份由城厢兽医实验室进行 H7 抗体检测，40 份送往莆田市动物疫预防控制中心检测，检测结果 H7 抗体均为阴性。

【农村集体“三资”监管】 2018 年，城厢区完成农村承包地确权登记颁证工作，完成确权承包合同签订 104 个村（其中 16 个村无地可确权），涉及村民小组 947 个，农户 47019 户，承包地块 138556 块，承包面积

4月4日，城厢区农业局、文明办、志愿之家联合在绶溪公园开展第36届“爱鸟周”爱鸟宣传志愿活动　　（李源　摄）

3631.05公顷。完成确权成果区级自查验收，8月23日确权数据库通过农业部汇交质检，12月完成全区确权颁发证书。健全农村土地流转服务管理体系，制定《城厢区关于加强农村土地承包经营权流转工作管理与服务的实施方案》，进一步加强镇街农经队伍建设，不断增强履行职责能力，健全信息搜集发布、法规政策咨询、合同审查备案和档案管理等方面的服务功能。深化农村集体产权制度改革，组织全区350人次参加市区镇三级的政策培训和清产核资业务培训，发放10多万份致群众的公开信，各村居都设立宣传栏，对农村集体产权制度的相关政策进行张贴公布。全区120个村居都开展清产核资工作，完成镇（街）审核，并把数据录入农业部统一平台工作。发展集体产业，筹集资金3526万元（其中区级财政资金1512万元），成立城厢区振兴乡村有限公司发展集体产业，2018年集体经济收入5万元以下的59个村，均达到5万元以上。完成村干部任期和离任经济责任审计，完成审计单位120个村（居），完成100%，审计资金总额108180.18万元，查处违纪金额174629.73元，其中白条抵扣174629.73元。发展新型农业经营主体，全区有农民专业合作社123家，家庭农场27家。

【森林防火】 2018年，区政府、各镇（街）分别召开春节、清明期间、秋冬季森林防火工作专题部署会议，印发《关于切实做好2018年春节、元宵期间森林防火工作的通知中》《关于组织开展2018年春季森林防火宣传月活动的通知》《关于切实抓好清明期间森林防火工作的通知》《关于切实抓好森林防火工作确保第五届世界佛教论坛顺利举办的通知》《关于切实抓好秋冬季森林防火工作的通知》等。加强防火宣传教育，在“春季和秋冬季”两个防火宣传月里，发放《致林农一封信》《野外火源管理“十不准”“五不烧”通告》《森林防火案例警示宣传》《大手拉小手、防火一起走——致学生家长的一封信》《“文明祭扫、平安清明”倡议书》65000份；新建和翻新永久性、半永久性宣传牌108块，书写、张贴标语600余条；全区固定电话语音提示“护林如爱家、防火靠大家”7100多部；出动森林防火宣传车164多次；发布2次《禁火令》和3次高火险橙色预警信号。严格野外火源管理，对全区153名护林员实施规范管理，填制护林员信息卡，签订管护责任书，进一步明确管护范围和职责，并由区防火办不定期进行抽查。于1月30日至3月2日、3月30日、4月2—5日、9月17—20日对各镇（街）重点时段的森林防火工作进行全面督查。全区各镇（街）均制定《森林火灾应急处置办法》，并投入25万元新购置一批扑火工具和防护装备。建立森林火险预警监测系统，实时掌握森林火险动态。全区建立8支半专业或半专业森林消防队伍260人，确保森林火灾发生时反应迅速、扑救有序、科学高效地实施处置行动，最大程度减少因森林火灾造成的人员伤亡和财产损失，保护森林资源，维护生态安全。在发布高火险橙色警时段及各个节假日，全区各镇（街）严格执行24小时值带班制度，确保通讯畅通，实行每日零报告制度，及时掌握防火工作动态。

【农业面源污染整治】 2018年，全区推广测土配方施肥技术6100公顷次。测土配方施肥覆盖率达80%。制定《2018年城厢区耕地质量监测工作方案》，完成全区46个耕地质量监测点的土样采集，在常太镇照车村建立地力长期监测点，在华亭镇向阳果蔬公司建立施肥示范片区。化肥使用量减少28.57—42.86千克/公顷，肥料利用率为38%。制定《城厢区农药使用量零增长减量化专项行动方案》，发布10期病虫情报；推广绿色防控技术，完成专业化统防统治3866.67公顷次，完成绿色防控17333.33公顷次。农药使用量256 吨，农药利用率达35%。畜禽养殖废弃物资源化利用，制定《莆田市城厢区加快推进畜禽养殖废弃物资源化利用工作方案》，全区拟保留养殖场有60个，其中猪场15个（天怡石梯猪场目前关闭改造），14个规模猪场全部经过生态养殖标准化改造；规模家禽养殖场45个，全部经过畜禽养殖标准化改造，经市、区环保部门环评验收通过，并取的排污许可证。畜禽粪污综合利用率达85%以上，规模养殖场粪污处理装备配套率达90%以上。全区完成造林绿化和森林经营面积1171.07公顷，占市对区下达造林绿化和森林经营任务513.33公顷的146.7%。完成《城厢区2018—2020年松材线虫病综合防控总体方案（修订）》和《城厢区2018年度松材线虫病防控实施方案（修订）》编制。组织实施松墨天牛综合防控，挂设诱捕器310套，设置诱木310处，以菌治虫147.2公顷，药物治虫154公顷。完成预防性林分采伐任务34.57公顷。开展海漂垃圾整治，于6月和9月开展“海漂垃圾”整治活动，悬挂6条宣传横幅，设立10个标语栏，分发宣传单500多张，保护海洋环境。

6月13日，区农业局联合灵川镇开展“碧海银滩”海洋环境保护志愿活动—清理海漂垃圾 （张旭辉 摄）

【落实强农惠农政策】 2018年，城厢区耕地地力保护补贴，耕地面积4221.97公顷，补贴标准1036元/公顷，补贴资金497.28万元拨付到种植农民的“一折通”或“一卡通”上。育肥猪、能繁母猪保险，完成育肥猪保险34800头，每头27.5元，合计95.45万元，其中养殖户承担30%合计28.64万元；完成能繁母猪保险1739头，合计10.43万元，其中养殖户承担30%合计3.13万元。农机具购置补贴受理购机申请农户9单，购机机械12台套，金额2.53万元，惠及农户9户，补贴农机购置专项资金0.83万元。渔船补贴申请发放2017年度国内机动渔船油补29艘，32.2267万元，发放到位。生态林补偿下达省级补助资金492.64587万元（其中森林生态效益补偿资金491.07587万元、公共管护补助1.57万元），均拨付到各镇街。

【发展现代农业】 农民创业园示范基地项目 2018年，城厢区农民创业园示范基地建设完成4个重点项目。完成建设蛤类生产线及仓储中心建设项目，由蛤老大（福建）食品有限公司实施，总投资 141.6 万元；完成建设速冻食品冷库中心建设项目，由莆田市城厢区诚味食品有限公司实施，总投资 147.47 万元；完成建设家禽标准化养殖升级改造项目，由莆田广东温氏家禽有限公司实施，总投资 100.48 万元；完成建设冷鲜禽加工升级改造项目，由莆田市威利思食品有限公司实施，总投资 80.6 万元。

华亭利农蔬菜现代农业产业园综合项目　完成利农农业技术（莆田）有限公司 2018 完善园区基础设施再建设标准化智能温控大棚 4.19 公顷，每亩投资 20 万元，总投资 1252 万元。

实施华亭桂圆产业园项目　2018 年，开始建设华亭、东海、灵川龙眼基地 220 公顷；连片果园配套设施建设，项目总投资 10000 万元。

实施温氏肉禽产业园项目　拟新建禽舍 1 万平方米，占地面积 2 公顷，年出栏家禽 80 万羽，新增产值 1500 万元。

扶贫农场项目　在华亭镇埔柳村流转土地 5.33 公顷，建设设施大棚 4.67 公顷，发展花卉种植基地，无害化蔬菜种植基地和快乐农场。

实施绿色产业（一产）2018 年专项行动计划项目　城厢区 2018 年绿色产业（一产）项目被列入莆田市专项行动重点项目的有 12 个，被列入城厢区专项行动重点项目的有 9 个，年度计划投资 16316 万元，完成投资 8759 万元。

【扶贫脱贫攻坚】　2018 年，城厢区建设扶贫农场，建立长效帮扶机制。在华亭镇埔柳村建设占地约 6.67 公顷的“城厢区扶贫农场”项目，集花卉产业、休闲农业体验、光伏发电、科普基地等为一体，利用现有扶贫、农民创业园、设施农业、区财政支农结余资金和村级发展集体经济等补助资金，建立扶贫长效帮扶机制，可解决 50—60 户因病、因残、因灾等贫困户的帮扶资金问题，增加农村富余劳动力特别是贫困户就业机会。成立扶贫基金，助力精准扶贫，5 月 20 日新增成立城厢区宏峰扶贫基金会。10 月 17 日，结合“国家扶贫日”活动，宏峰扶贫基金会捐赠帮扶资金 380 多万元，用于贫困村学校建设、助学及重点贫困人口帮扶。建设扶贫基地，推动产业帮扶，对接莆田市恩典绿化工程有限公司、福建省绿丰园艺工程有限公司等 20 家企业，带动 472 户贫困户发展农业种植、花卉等优势产业，户均年收益 7000 多元；结合地域、资源等实际，因地制宜建设 4 个农业扶贫基地、16 个合作示范单位，培育乡村旅游、观光农业等特色产业，推动建立扶贫长效机制。是年，全区 763 户 2317 人（其中国定 373 户 1073 人、省定 390 户 1244 人）建档立卡贫困人口已全面脱贫，7 个建档立卡贫困村已全面脱贫“摘帽”。

【食用农产品“一品一码”可追溯体系建设】　2018 年，城厢区出台区级奖补政策，引导食用农产品生产主体积极申报推进试点建设。有 12 家食用农产品生产主体主动申报“一品一码”试点建设，完成验收。持续推进可追溯体系建设，将 83 家设区市级以上农业产业化龙头企业、省级农民合作社规范社，以及部分具有一定规模、品牌和包装销售的茶叶企业纳入农产品质量安全追溯监管信息平台管理。加强专题宣传培训，举办 5 期食用农产品生产主体培训班，各镇办涉农部门及局属相关单位业务培训班 1 期，组织参加市农业局举办的专题培训班 1 期，印发《致全区广大农产品生产主体的告知书》《农产品质量安全追溯体系建设概要》《省级农产品质量安全追溯系统录入范本》等各类纸质宣传材料 1100 余份，发放短信 1500 余条；建立食用农产品生产主体“一品一码”追溯管理业务群。印发《城厢区农业局关于建立食用农产品“一品一码”追溯管理工作“两个机制”的通知》文件，开展省级农产品质量安全信息追溯平台的网络巡查工作，全年完成线上巡查 850 次，督促生产主体上传追溯信息 3 万多条，累计赋码 304 批次产品，用码 7050 次（不含自行打印）。

（许少强）

水 务

【工作概况】 2018年，莆田市城厢区水务局（以下简称区水务局）全面贯彻落实上级关于加快水利改革发展等政策措施，按照区委、区政府的工作部署和要求，突出重点，攻坚克难，做好防汛备汛工作，全面推行河长制，推进项目建设进程，努力实现城厢区水利新跨越。以习近平新时代中国特色社会主义思想为指导，深入学习贯彻习近平总书记对福建工作的重要指示精神和治理木兰溪的重要理念，召开意识形态工作专题会议，重点学习习近平总书记关于意识形态工作重要讲话精神和中央、省、市及城厢区有关文件精神，不断增强“四个意识”，坚定“四个自信”，做到“两个维护”；加强党组的领导，履行政治责任，把扫黑除恶治乱专项斗争摆上重要议事日程，确保各项部署真正落到实处；走村入户开展精准扶贫工作，对灵川镇柯朱村9户24人贫困户走访慰问62人次，投入扶贫资金2.35万元。

【防汛备汛】 2018年，区水务局落实各项防汛责任机制，完善各类防汛责任人和物资队伍储备，重新调整登记全区120个行政村533人锣长。抓好预案完善和预警建设，完成区级防汛指挥图和手册编制工作，完成区级和7个镇（街道）高清视频会商系统建设。强化排查和隐患整改，经核实，全区排查有9处地质灾害点23户1寺100人（常住50人），高陡边坡点61处106户594人（在家102人），危旧房154户399人，低洼地21处54户178人。全区120个（居）共有建档立卡的地质灾害、高陡边坡、低洼地带、危旧房等危险区群众729人。开展防汛检查206人次，检查工程161处，重点检查水库启闭、山塘涵管、海堤水闸、险工险段和输水设施，对所有发现的问题建立台账，逐一制定整改措施。有效地防御4个台风和4场暴雨的影响，转移危险区域人员1639人，最大限度地减少灾害损失，实现“不死人，少损失”的目标，取得阶段性的防洪减灾效益。

【全面推行河长制】 2018年，区水务局为坚决打赢水污染防治攻坚战，不断健全河长架构，于5月9日设立由区委书记及区长担任总河长的“双河长”机制，形成“16名区级河长统筹管理、72名镇级河长（河段长）牵头治理、90名村居专管员包干落实”的三级协调推进机制。同时，在市级河道、重要饮水源及下游河道、木兰溪主要支流及重要小流域、黑臭水体河道、城区内河河道、乡镇交接断面不稳定达标河道等，全面升级流域河长，均推行党政主要领导担任流域河长，持续深化河（湖）长制工作，打响河湖水质提升攻坚战。木兰溪、延寿溪区级河段和东圳水库均增加设置第一河长，由区委书记王文才担任，镇级河段长均更换为镇街党委书记；下磨溪、龙桥溪2条黑臭水体增加设置第一河长，龙桥溪由区委书记王文才担任，下磨溪由区长吴文恩担任；木兰溪主要支流长岭溪增加设置第一河长，由区长吴文恩担任；城区内河10条河道全部升级为区级河道，由区级领导担任河长，街道河段长均更换为所在街道党政主要领导；10个乡镇交接断面所在河道镇级河长均更换为镇街党委书记。各级河长严格按照区级河长每月至少一巡河、镇级河长每周至少一巡开展巡河。9月，将湖长制纳入全面推行河长制工作体系，把全区内河流、湖泊、水库、山塘等所有水域都纳入管理范畴。将湖长体系设置与河长设置结合，各级总湖长、副总湖长由各级总河长、副河长担任；东圳水库第一湖长由区委书记王文才担任，湖长由副区长杨碧静担任。区内所有湖、库、塘按照所在流域和区域分级分区设立湖长，确保所有水域都有明确的责任主体。

【全力推进水利工程项目】 万里安全生态水系工程 2018年，主要实施城厢区延寿溪上游及支流（常太段）安全生态水系建设。项目投资3000万元，治理河道10千米。

防洪防潮工程 2018年，推进城厢区篁山溪榜头片防洪排涝工程、城厢区太湖园区田厝片排涝工程、城厢区滨海大道沿线水闸改建、城厢区沿海片防洪挡潮工程等项目。

引调水工程 2018年，总投资1790万元，完成华亭镇自来水主管改造提升工程、东海镇水利灌溉提升项目。

流域综合治理工程 2018年，整治河道6条，完成钟潭溪上游生态治理、长岭溪安全生态水系治理；总投资2300万完成城厢区“清河水”32条重点河道清淤疏浚建设工程。

【水土保持】 2018年，区水务局对生产建设项目水土保持方案的实施情况跟踪检查，全年监督检查10次，发出整改通知书4份；审批开发建设项目水土保持方案6个，征收水土保持补偿费50万元；完成福建省2018年100个水土流失治理重点乡镇——城厢区华亭镇水土流失综合治理项目治理工作。

【水政水资源管理】 2018年，为做好入河排污口调查摸底工作，区水务局排查出115处排污口，全面封堵非法设置的入河排污口；加强对饮用水源地、河道的巡查力度，全年巡查134次；加大对涉河弃渣、弃浆、阻洪行为的执法力度，立案纠正违法行为2起；做好取水审批工作及水资源论证制度，严格落实水资源费征收，征收水资源费46.3万元。

【水利安全生产建设】 2018年，区水务局抓好水利安全生产工作，加强隐患排查治理，及时部署开展“严排查、严整治、严监管”活动、水利安全生产整治攻坚战和第五届世界佛教论坛期间水利安全生产管控保障工作。针对非法采砂行为和饮水源安全进行巡查，排查安全隐患25个，发出整改通知书13份，落实整改25个。通过一年的努力，全区水利安全生产总体形式平稳，没有发生安全生产事故，保持稳定态势。

【“世界水日”“中国水周”宣传活动】 2018年3月22日，为纪念第二十六届“世界水日”、第三十一届“中国水周”，区水务局在常太镇、万辉国际城举办“节水科普宣传进社区”普法活动，通过千人签名倡议、主题海报展示、宣传材料发放等方式，向群众宣传普及水资源节约、水环境保护等知识。此外，还通过设置标语、制作电视公益节水广告、在城区各主要路口户外LED大屏幕发布水法、节约用水公益广告、发送公益短信等方式呼吁全社会树立珍惜水、节约水、保护水的意识，提高全社会对治水、护水、亲水的认识度和参与度。

【水土保持宣传日活动】 2018年12月10日，区水务局开展以“加强水土保持，建设美丽城厢”为主题的宣传活动。印发宣传资料2000余份，水土保持图解宣传画报25套，定制环保购物袋1000个，环保纸杯10000个。深入各镇（街道）、企业、工厂、开发项目建设工地，张贴宣传标语，在区政府广场悬挂有“开展福建省第五个水土保持宣传日活动，贯彻落实《福建省水土保持条例》”等内容的标语。在人口流动相对密集的凤凰百货门口还设立咨询点，向广大市民普及宣传新《中华人民共和国水土保持法》《福建省水土保持条例》，同时还发放环保购物袋、环保纸杯，并对群众关心的水土保持相关问题进行解难答疑。让社会各界都来关心水保、参与水保，保护生态环境，治理水土流失。

【更名揭牌仪式】 2018年12月29日下午，区水务局举行更名揭牌仪式。副区长郭国辉出席仪式并为区水利局揭牌，区水利局新任局长陈攀主持揭牌仪式，区水利局全体干部参加揭牌仪式。更名挂牌后，“城厢区水务局”正式更名为“城厢区水利局”，内设机构不变。

（蔡夏夏）

移民开发工作

【工作概况】 2018年，莆田市城厢区水电站库区移民开发局(以下简称区移民局)根据上级精神,积极开展各项相关工作。年内,城厢区累计界定库区移民19683人,其中包括三峡水库移民5户计19人,省外大中型水库自主迁入6人;共编报下达后扶项目54个,移民资金2665.11万元。

【移民村环境综合整治】 岭下村地处常太镇西南部12千米处,东圳水库之畔,有4个自然村,468户,1998人,其中库区移民人口1017人。至2018年底,岭下村作为莆田市库区环境综合整治示范村,根据岭下村库区环境综合整治3年规划,完成通村道路工程4个,硬化道路3.2千米,宅前宅后道路硬化面积1.84万平方米,9个村民小组的移民群众直接受益,彻底告别过去出行“雨天一身泥、晴天一身灰”的处境,给移民生产生活带来极大方便;实施房屋外墙粉刷改造工程,对129幢房屋外墙粉刷面积4.6万平方米,完成库区路灯建设4千米,安装独立式路灯62盏,美化岭下村的环境,优化岭下村的宜居条件。岭下村经济建设和各项事业取得可喜的成绩,先后获“全国优秀妇代会”“福建省巾帼示范村”“福建省‘平安库区’创建先进村”等称号。

径里村位于城厢区灵川镇的西北部,距离灵川镇约4千米,距离荔城区、城厢区约25千米。径里村是典型的沿海山区村,辖区内有1座大中型水库,库容量1020万立方米,有8个自然村,598户,2569人,其中库区移民1866人。至2018年底,在“幸福家园”试点建设中,径里村以美丽库区建设为切入点,开展库周整治、环库景观工程、旧村复垦、安置区及基础设施等项目建设。引导村民自行拆除违章搭盖22户700多平方米,对废旧的危房和户外“碉堡式”厕所组织统一拆除40多处;由市、区筹资1300多万元资金,拆除、关闭畜禽养殖场218场12.96万平方米;筹集50多万元资金,购置8辆标准清洁车、30个垃圾箱、配备8个清洁工,有效保障村容村貌的整洁;完成房屋立面改造粉刷4.27万平方米,移民点立面改造4.05万平方米;径里环库漫步道周边架设独立景观灯和庭院灯70盏、建设径里村文化长廊160米,有效地推进社会主义核心价值观、径里美丽库区、灵川特色文化等宣传教育。

东青村位于城厢区常太镇东北部,距镇中心约5千米,辖14个自然村,481户,2345人,其中库区移民794人,是一个集“库区、老区、林区”于一身的山区村庄。至2018年底,为发扬东圳移民无私奉献精神,在前几年大面积拆除畜禽养殖场的基础上,区移民局扶助该村开展村庄环境清理整治行动,整治户外露天厕所115处,露天粪缸89只;拆除鸡鸭猪舍6座320平方米,柴草旧屋3座80平方米,危旧房屋1座100平方米,清理垃圾10处约35立方米,使整个村庄的“脏、乱、差”现象明显改观;梳理主干道两侧线路2.2千米,修缮和粉刷6个移民点59幢房屋立面达2.32万平方米,受惠移民108户,实施彩虹村落景观外立面装饰5168平方米;投资613万元,改造拓宽进村道路1.6千米,完成移民点宅前宅后硬化工程1.2万平方米,建设3层库区移民活动中心建筑面积514平方米,溪道护岸1.3千米,溪边漫步道1.2千米,瓜果长廊2座,田间互联互通步道3.6千米,铺设污水管道1.4万米,新建沟渠1650米,修缮820米;新建登山步道1.8千米,凉亭5座,公厕4处106平方米;新建生态停车场一处2000平方米;投资313万元,架设路灯100盏,在主干道两旁砌筑当地河卵石的绿化池580米,篱笆1280米,栽植乡土乔木和花灌木6000多株,色带4200平方米,建设宣传文化长墙168米,引导农民群众搞好庭院绿化美化,达到户平均2株树和8盆花卉,还结合库区上游水土保持项目,实施封山育林33.33公顷。

【直补资金发放】 2018年,区移民局严格按照省、市大中型水库移民后期扶持基金管理办法,坚持在上级后扶补助资金下达的有效工作日内,核对好后扶资金补助对象的实际情况,将补

2018 年 4 月 8 日，东圳水库之畔开展套种　　（黄知岸 摄）

助资金足额发放到移民个人“一折通”。经省移民局批复，城厢区大中型水库后期扶持直补移民19683 人，发放 4 个季度直补资金 1153.87 万元。

【购置电商城】 2018 年，由莆田市移民局牵头，集中城厢、涵江、荔城三 3 个区的移民资金，以股份制的形式实施库区移民生产开发项目——购置电商写字楼，投入 5000 多万元购置写字楼 5000 多平方米，城厢区投入2500 万元。该写字楼以租赁方式向社会发包，收取租金，增加移民收入。

【电站扩容改造】 城厢区于2012 年 5 月筹集移民资金 1650 万元购置院里水力发电站，每年发电收入约 120 万元。2018 年，该电站被列入扩容改造范畴，完成前期设计、立项审批等工作，计划投入改造资金 1136.24 万元，其中中央补助 280 万元，省市补助 120 万元，公司自筹 736.24 万元，专项资金拨付 314.63 万元。增效扩容 1 号、2 号机组由原来 2×1600 千瓦，改为 2×2000 千瓦，其他机组容量不变，改造后总装机容量为 5460 千瓦，有效提高电站生产效率，增加库区移民收入。

【小额贴息贷款】 2018 年，经库区移民申请，区移民局核实移民身份，莆田农商银行城厢、常太、灵川等 3 个支行独立审贷，发放移民贷款 4200 万元，支付到期贷款移民户贴息约 25 万元。通过贴息，加大对库区移民生产开发的帮扶力度，调动移民自主创业的积极性，更好地促进移民增收。

（陈根敏）

工业 商业

工业和信息化

【工作概况】 2018年，莆田市城厢区工业和信息化局（以下简称区工信局）围绕努力打造人文宜居新城厢，建设美丽莆田先行区目标，深入开展供给侧结构性改革，扎实推进建设美丽莆田绿色产业（二产）专项行动计划，全区工业保持稳中向好态势，完成年度目标任务。全年全区工业用电增长12.2%。规模工业增加值增长9.1%，增幅位居全市五个县区第二位。工业投资比增68.1%，全市第一名；制造业投资比增68.8%，全市第一名；先进制造业比增408.2%，全市第二名；技改投资比增70.9%，全市第三名。是年，全区169家规模以上企业累计完成333.58亿元，同比增长10.2%，占全市的比重为10%；全区实现规模以上工业增加值94.7亿元，增长9.1%，增速位局全市第2位；规上工业用电量27723万千瓦时、增长12.2%。2018年规上工业企业产值增长率达到20%以上的有86家，占比50.8%；124家企业实现正增长，占比73.3%；负增长的企业有45家，其中停产企业16家，负增长面为26.6%，工业基本面稳定。2018年，全区家规模工业企业（除免税企业）纳税4.86亿元（含免抵扣）。

城厢区工业发展迅速，鞋服、食品、电子、工艺等四大支柱产业不断发展壮大，高新技术产业是城厢区经济的新亮点，电子信息产业逐渐发展壮大。截至年底，全区拥有16家国家高新技术企业、2家省级高新技术企业、4家省级企业技术中心、24家市级企业技术中心、9家两化融合贯标企业、6家省级“专精特新”企业、2家省级质量标杆企业、1家省级省品牌培育管理体系有效运行及示范企业、1家市级工业设计中心企业、1家省服务型制造示范企业、1家省制造业单项冠军企业（产品）名录。2018年有皇冠制罐、新兴达饲料、蛤老大等3家食品企业获得工信部授予的“两化融合管理体系评定证书”，占全区通过企业15家数的20%，获得省级切块——通过国家两化融合管理体系评定专项专项切块资金补助30万元。

【投资项目】 2018年，区工信局通过政企座谈会、项目协调会等方式，为招商企业解决项目选址、市场调研、组建公司等实际问题。坚持一把手招商、产业链招商、第三方招商等方式，策划一批高质量产业链重大项目。新增签约落地杰木芯片研发、杰讯光通信产业链、 TPU超临界发泡材料、三利谱偏光片锋工业科技类招商项目6个，总投资21.5亿元。坚持“全系统、全覆盖、全过程”抓项目，扎实推进工业“五个一批”项目。华源纺织城项目、赛博思建筑装配式产业园项目等

37 项重点制造业项目实现投资 14.1 亿元，完成年度计划 14.23 亿元的 99%。建设美丽莆田·绿色二产 2018 年专项行动计划华源纺织城、凯达卫生用品生产等 19 个项目列入市级项目，1—12 月份完成投资 7.77 亿元，完成全年计划投资的 100.1%。重点推进 2018 年省、市两级重点技改项目申报工作，溢通环保、南兴针织、赛博思等 17 个项目被列入市级技改项目，其中荔城纸业、昱达鞋材、华源工贸等 9 个项目被列入省级重点技改项目。落实技改补助政策，荔城纸业获得省级技改补助 65.28 万元，南兴针织、赛博思、昱达鞋业、亚明食品等 4 家企业申报市里技改补助。

【企业融资】 2018 年，区工信局加大对中小企业信贷支持力度，与邮储银行城厢支行合作，持续开展“助保贷”业务，注入 500 万元风险金，按 1:10 比例放大贷款支持小微企业成长。利用邮储银行“助保贷”，为万升鞋业、嘉力德鞋业和溢通环保等公司发放贷款 655 万元。全年转贷 22 笔 5.79 亿元，累计提供 402 笔转贷金额 70.13 亿元，解决企业转贷困难，防止银行收贷压贷。

【节能减排】 2018 年，区工信局开展燃煤锅炉节能环保综合提升改造工程。截至 7 月底，完成城厢区 71 台在用 20 蒸吨以下（不含 20 蒸吨）燃煤锅炉的淘汰整治任务。

【安全生产检查】 2018 年，区工信局制定局安全生产大检查的方案，联合安监、消防、华林园区等部门，开展安全生产大检查。组织人员对牵头的“石油天然气长输管线”和“电力设施”的 2 个安全生产专项工作进行再次的排查。规上工业企业方面，出动人员 127 人次，提醒生产经营单位 161 家次，发现隐患 33 个，全部整改到位。开展“严整治、促提升”专项行动，陆上油气长输管线保护专项整治活动，出动人员 73 人次，新发现 2 处隐患均整改到位。电力设施保护与电力安全专项整治活动，出动人员 63 人次，发现隐患 3 处，全部整改到位。

【高峰论坛】 2018 年 11 月 25 日，首届“中国中式菜肴产业发展高峰论坛”在莆田市召开。论坛由中国食品工业协会、福建省食品工业协会主办，亚明食品承办，莆田市经济和信息化委员会、莆田市科学技术协会、莆田市城厢区人民政府协办。旨在共同探讨中式菜肴产业融合发展模式，为提升福建省“传统主食及中式菜肴业”竞争力出谋献策，副市长陈志强在会上向与会人员介绍莆田市的基本情况。

【技术创新】 2018 年，区工信局加强政策支持和引导，鼓励企业加大研发投入，提升自主创新能力。推进高新技术企业、科技型中小企业与高校、科研院所深度合作，构建院企、校企科技合作互动机制，促进科研与生产紧密衔接，加强核心关键技术的研发，促进科技成果转化和产业化应用。同时，争取各类国家、省创新资金扶持，争取更多新产品、新技术、新工艺类项目被列入省级技术创新计划。杰讯光电、劲德电子等企业与省内外院校、科研机构实施联合技术攻关、实现科技项目成果转化。是年，嘉辉光电、衡力传感器等企业与国内外高校、科研机构开展产业技术成果对接项目。

支柱产业

【鞋服纺织产业】 鞋革产业是城厢的主导产业。2018 年，全区有规模以上鞋业企业 68 家，企业完成产值 12.91 亿元，占全区规模以上工业产值的 38.72%，鞋业产业有郭氏、力奴、新路等龙头企业。鞋革企业贡献税收 2.75 亿元，占全部规上工业企业税收的 56.5%。鞋企主要从事运动鞋、橡胶鞋、皮鞋、特种鞋等生产，制鞋生产线 160 多条，年产能 9000 多万双，从业人员约 2 万人。鞋革生产企业产品涵盖鞋底、鞋材、皮革、鞋楦、鞋扣等鞋材辅料，基本形成完整的鞋业产业链。纺织服装产业是城厢区工业发展的有力支撑。2018年13家纺织服装企业完成产值36.99亿元，比增11.3%，占全部规模工业企业产值的11.09%，有才子省级龙头企业。产品涵盖服装、涤纶线、针织衫、织带、帐篷等，拥有生产线100多条，从业人员约5000多人，拥有才子、华源工贸、南兴针织等7家亿元企业。是年，全区有力奴、新星、祥麟等21家企业投入8500多万元购置新设备，使生产工艺流程智能化，提高产能，同时破解招工难问题。有14家鞋业企业共投入6503万元购置自动化设备，Keen、UA、Wolverine、斯凯奇、菲腊、锐步等国际一线品牌下单城厢区企业，嘉力德鞋业7月份通过阿迪达斯验厂认证

附：典型企业

郭氏鞋业 为省级高成长企业，2018年完成产值6.55亿元，比增18.9%；2018年纳税2859万元，比增382%，主要生产“菲腊”品牌运动鞋，6条生产线，从业人员2500余人。企业近年来投入800万元购置自动化设备，预计可节约人工300余人。

华源工贸 为省级龙头企业，华源纺织城项目计划投资15亿元，占地33.33公顷，引进国外先进生产线，从新疆购进优质棉花原料，生产各种高端棉纱产品，技术达到国内先进水平，产品供应给华峰工贸等知名企业。

才子服饰 为中国服装行业百强企业，全国服装行业重点生产企业，省级龙头企业，通过国家两化融合贯标体系认证。公司有68条生产线，分别生产衬衫、西服、西裤、休闲裤、茄克等全系列服装，年生产能力近两千万件（套）。

南兴针织 公司专业生产针织时装毛衣，是莆田市建市以来最早的奠基企业之一。产品主要销往美国、欧洲、东南亚等国家和地区。公司近年来投资4000余万元将原有传统的人工操作设备全部更换成336台日本岛精电脑横编机，编制速度提高25%，返工率降低35%，电能耗用节省45%，用工节省90%，年生产能力提高60%以上。

力奴鞋业 为安踏战略合作伙伴，2018年产值8.95亿元，税收1796万元，10条生产线，生产线数为全区鞋业最多，产品为运动鞋。公司采用海尔OEC管理模式、精益生产模式、ERP流程系统管理，生产管理水平省内领先。2018年，投资483万元购置设备，实施技改，预计可节约人工100余人。

【食品加工产业】 食品加工产业是城厢区的四大传统支柱产业之一，是工业发展的中坚力量，也是实现经济提质增效的有力抓手。是年，全区规模以上食品加工企业达29家，占全区169家的17.2%，实现规模工业产值71.92亿元，同比增长-0.2%，占全区规模工业总产值的21.5%。2018年食品加工企业贡献税收0.63亿元，占全部工业企业税收的12.5%。初步形成果蔬加工、水产品加工、饮料加工、肉制品加工、食品烘培等门类齐全的食品加工体系，是全市重要的食品加工基地。食品产业成为城厢区发展前景最好的产业之一，区里拟将在太湖工业园区规划建设成食品加工产业园。

附：典型企业

天喔食品 “天喔”商标系中国驰名商标、“天喔蜜饯”是福建省名牌产品，公司系省级企业技术中心，具有全国最大的鲜果处理加工基地，具有全国第一个全封闭的规模成品蜜饯紫外线晾晒房；拥有全市首家公用型保税仓库。2018年，产值15.15亿元，税收1025万元。天喔公共保税仓库项目总投资2亿元，占地约4公顷，建设保税区厂房8万平方米及1幢6层办公楼。

台兴食品 台兴食品的台湾生物科技绿色食品生产基地主要生产台湾特色休闲食品，占地7.87公顷，总建筑面积15.8万平方米，其中生产车间建筑面积2.05万平方米，仓库建筑面积6260平方米，研发办公室建筑面积1.44万平方米，员工宿舍楼建筑面积1.44万平方米。一期二期主体建筑建设完成，在装修中。2018年产值为1.49亿元。

【电子信息产业】 2018年，全区规模以上电子信息企业18家，

其中电子产业亿元企业7家，全年电子规上企业实现产值21.5亿元，占全部规模工业的6.4 %，实现税收2117万元。从业人数1500多人，产品主要为及LCD背光模组、彩色滤光片、偏光片、液晶显示器、光纤产品、LED背光应用、光通讯产品、传感器等产品等。

附：典型企业

杰讯光电　杰讯光电（福建）有限公司集光通讯产品研发、生产、销售于一体的高新技术企业，是国内一家大型光通讯器件生产商。当年又获城厢区“纳税大户”，有20多件自主专利，是国内主要的光电子元器件供应商之一。产品交付国内外龙头新信息公司使用，主要客户为华为技术有限公司、武汉光迅科技有限公司、台湾波若威、昂纳科技等大型信息公司。

嘉辉光电　莆田市嘉辉光电有限公司是一家专业从事液晶显示屏（LCD）开发、设计、生产和销售的高新技术企业。公司占地面积约20000多平方米，总投资额达2亿元，拥有百级、千级、万级标准厂房25000多平方米，职工300多人，其中工程技术人员40多人。公司引进日本（ORC\NAKAN）、台湾友辉等世界各地的最新LCD生产设备，有2条LCD生产线，是国内最大的CTP生产企业之一，年产、销TN、STN液晶屏25万平方米。产品广泛应用于工业仪器、仪表、家电、数码通信、钟表、车载、手机屏等电子领域。

三利谱　三利谱公司自2007年成立以来一直致力于偏光片的研发、生产和销售，是国内偏光片行业最优秀的解决方案供应商之一。产品广泛应用于液晶电视、显示器、笔记本电脑、手机、3D眼镜、仪器仪表、车载显示等领域。公司在偏光片的自主研发、生产工艺、产品质量等方面一直领跑在行业的前列，引领着国内偏光片行业的发展。

【工艺美术产业】　工艺美术产业是城厢区工业的重要组成部分。2018年，全区有14家规上工艺企业，实现产值31.43亿元，比增16%，占全部规模工业企业产值的9.42%，对规模工业产值增长贡献率为14%。拥有庄严苑、欧雅艺术、腾晖工艺、美诚达、金伯爵珠宝5家亿元工艺企业。产品涵盖佛像、木雕、红木家具、石雕、油画、珠宝加工等，从业人员达700多人。

附：典型企业

腾辉工艺　中国木雕工艺大师、高级工艺美术师郑春辉创作作品被国家博物馆收藏4件，获得国家级金奖50多件，大型木雕清明上河图被收录到《吉尼斯世界纪录大全》一书，是福建省非遗传承基地，其木雕工艺技术在全国处于领先地位。

欧雅艺术　主要生产油画、画框、镜框家具等系列产品，在全市率先引进6台过滤净化水帘，获得ISO 9001：2000质量管理体系认证，与国际主流设计师合作，开发国际主流艺术产品，产品主要出口欧洲、美国、中东等国家和地区，企业形成品培训、研发、生产、销售为一体的产业化经营模式，成为莆田市工艺美术制品生产的龙头企业之一，系列产品的出口量居全省前茅。

庄严苑　是一家园林式观光工厂，具有传统佛教文化性质传承古老雕像艺术和现代化生产工艺为一体的新型佛像雕刻造型的企业。在传承传统的基础上融入现代新工艺，引进中国台湾地区、日本等造像、铸造、贴金工艺，使脱胎佛像既具有传统的特点又有新特点，深受各地寺庙喜欢，成为一家以生产佛像为主及寺院配套产品的规模企业，佛像产品占全国市场份额20%—30%。

（林劲腾）

华林经济开发区

【工作概况】　福建莆田华林经济开发区管理委员会（以下简称华林开发区）系省级经济开发区，为正科级事业单位，下设3个园区，华林工业园区、樟林工业园区、太湖工业园区。2018年，规模以上工业企业完成总产值341.67亿元，比增10.93%，开发区固定资产完成投资24.48亿元，其中华林工业园现驻有企业 397 家，其中规模以上企业 95 家。规模以上工业企业完成总产值 268.03 亿元，比增 11.3%，开发区固定资产完成投资 13 亿元；太湖工业园有企业 31 家，投产 25 家，在建 6 家。规模以上工业企业总产值达 73.64 亿元，同比增长 5.2%，超额完成年度计划。社会固定资产投资达 11.48 亿元，同比增长 90%。

【跨境通关平台建设】 2018 年，城厢区樟林投资实业有限公司承租福建莆田汽车运输股份有限公司华林汽车站和汽车维修中心地块，租赁土地面积 36966.1 平方米，建筑物面积 16140.9 平方米。至年底，莆运地块完成厂区绿化、道路等基础设施整改，完成综合楼基础设施装修，在进行仓库装修，开始试运营工作。

【城厢华林鞋艺小镇】 2018 年，华林开发区通过鞋艺小镇共同搭建“政—研—企”转型升级服务平台，建设全国乃至全球的“运动鞋”智慧园区和生态平台，帮助莆田当地传统企业进行新旧动能转换，实现从传统制造到智能制造的蜕变，实现产业的“精准式、集群式”升级。核心建设项目华林智汇在招商和运营中，与大量鞋产业及相关配套产、销平台密集沟通洽谈。

【中电光谷互联网信息产业园＋智能化产业园项目】 2018 年，城厢区委托武汉光谷联合集团有限公司进行樟林片区产业定位及概念设计。樟林片区有两个地块正在报批，上报省国土厅等待批复。其中樟林片区有一拟收储地块，为贺喜科技项目地块，完成地块收储工作。

10 月 9 号，华林鞋艺小镇正式揭牌　（林香 摄）

【服务企业】 2018 年，华林中小企业公共服务平台秉持服务企业的宗旨，整合各类服务资源，努力为企业与服务机构之间架构一座以现代化信息技术为基础的沟通服务桥梁。平台线上累计入驻企业达 322 家，服务机构达 88 家，组织线下服务活动开展 36 场，累计服务企业 1971 家次，为 30 多家企业提供业务嫁接，由平台组建的企业家微信群人数近 200 人，平台管理员持续不间断在群里分享中小企业相关政策咨询和互动交流，保持与企业家们有效互动沟通交流。

【安全生产管理】 2018 年，华林开发区安全生产大排查切实落实安全生产各方责任。排查企业 326 家，发现隐患的有 239 家，发现安全隐患 493 条，立即整改的隐患有 416 条，要求企业限期整改的有 77 条，其中隐患较为严重的 7 家企业采取停产关闭整改。对尚未整改到位，指定网格跟踪人负责跟踪，直至整改到位。

【社会管理】 2018 年，华林开发区加大“两违”监管打击力度。对辖区内征地企业进行全覆盖排查，排查 5 宗“两违”在建案件 3000 多平方米，基本拆除到位；数字城管工作有序开展。开发区内 14 名巡逻网格员及 4 名网格巡逻员分为 3 个网格对辖区内城管工作巡查处置，处置案件 2200

多件，占道经营、户外广告等现象基本管控到位；完善环境卫生保洁工作。现由国有企业莆田市荔盛市容环卫建设有限公司对辖区内各主次干道、河道等区域进行保洁。

【绿色发展】 2018年，华林开发区完善污水管网建设，辖区内企业污水实现全面纳入市政污水管网目标。开展第二次全国污染源普查清查及“小散乱污”企业排查工作，同时整治挥发性有机物。完成节能减排改造，杜绝20蒸吨以下新增燃煤锅炉建设行为，引导企业采用天然气等清洁能源，开发区未新增燃煤锅炉。华林经济开发区环境应急预案编制完成，将根据预案的要求做好辖区内应急工作，不断提升开发区应对突发环境事件的处理能力。

【党建工作】 2018年，开发区党工委为各党支部发放相关学习资料200多册；组织非公企业党员开展集中学习10多次，在各基层党支部宣讲学习20多次；结合“两学一做”（学党章党规、学系列讲话，做合格党员），组织机关和非公企业党员在主题党日开展“三会一课”（指定期召开支部党员大会、党支部委员会和党小组会，按时上好党课）、交纳党费、主题实践活动、开展志愿行动、参加服务群众等100多次活动；邀请市区领导、专家，举办20多次培训会，培训1000多人次。将人才工作纳入党建工作中，实施“党员人才”工程，共引进高科技人才30多名、“院士工作站”等院地合作专家10名，高级技工100多名，中级以上技工500多名。

（林　香　林剑杭）

商　务

【工作概况】 2018年，莆田市城厢区商务局（以下简称区商务局）根据上级精神，积极开展各项相关工作。年内，全区有限额以上商贸企业328家，累计实现限上批发零售业商品销售额365.87亿元，同比增长10.3%，完成全年计划390亿元的93.81%。限上住宿餐饮业营业额8.06亿元，同比增长34.4%，完成年度计划7.8亿元的103.3%。累计实现限额以上消费品零售额146.49亿元，同比增长13.4%，完成全年计划139.5亿元的105%。共有规上营利性服务业企业174家，其中纳入GDP核算企业129家，实现主营业务收入13.31亿元，同比增长21.1%，完成年度计划25亿元的53.24%。城厢对外贸易完成62.07亿元，同比增长7.2%，完成全年任务62.7亿元的99%。2018年完成5.39亿元，完成全年任务6500万元的829.2%。

【资金扶持】 2018年，区商务局组织兑现2017年度区级政策补助资金677.4391万元，惠及企业214家次；兑现2017年下半年及2018年上半年联络人员补贴资金共计105.16万元，涉及783人次。引导企业，组织企业申报省级外贸展会及中小开资金、出口信保扶持等专项资金项目，涉及企业212家次，向上争取资金1410.45万元。

【产业转型】 2018年，区商务局多措并举，助推企业转型升级，优化产业结构。“三转一市”惠企政策初见成效，实现“个转企”691家，“规下（限下）转规上（限上）”企业135家，入选省级上市后备企业2家。主辅分离推动提后劲，通过引导文献超市剥离成立汇犇物流公司、富力进出口分离成立独立检测机构尚维测试，引导才子服饰、天喔食品等10余家老牌制造业企业触网转型，分离出优膳名品、千林商贸、银科商贸、旅行家户外用品等独立电商运营公司。主辅分离工作的有力推动，有效提升区域经济发展后劲。引导商贸物流转型升级，利用商超宅配系统优势，引导文献超市剥离成立汇犇物流公司，并通过快巢APP、文献到家等便利店平台打造B2B2C供应链系统，持续优化物流配送资源，推动城市消费升级。开展电商专项扶贫培训2期，培训学员42名，其中涉及辖区内所有4个镇（街），建档立卡贫困户 23 名。

【市场管理】 2018 年，区商务局以食安创城中期评估、食安宣传周活动为契机，深入全区商超和市场进行文明城市和食安创城的宣传发动，在全区大型商超及市场出入口等显眼位置，以海报、展板、LED 显示屏等直观生动的方式宣传创城工作，在万达广场举行文明及诚信主题宣传活动，通过现场咨询、发张宣传单和文明购物袋等方式，提高市民的参与率与知晓率。强化监督，在加强日常巡查的同时主动联合相关部门不定期深入市场和商场超市开展检查督促，累计检查 20 余次，覆盖全区商超市场 30 多个。推进市场改造，制定出台《城厢区农贸市场标准化建设实施方案》，组织镇街、社区前往泉州等市考察学习农贸市场改造工作经验，扎实推进城厢区市场改造工作，使市场环境卫生、设施配备，经营管理等方面得到全面提升。

【招商引资】 2018 年第二十届“9•8”投洽会，汇总引进、洽谈外资项目 10 个，投资总额 15695 万美元，利用外资 7540 万美元。其中，合同项目 3 个（杰木科技项目、南兴针织增资项目、福建骠骑网络科技公司），投资总额 4000 万美元，利用外资 1600 万美元；意向项目 5 个（凌菲跨境电商物流项目、台湾精密机械和模具制造合作项目、郭氏

9 月 7 日，城厢区组团参加第 20 届中国国际投资贸易洽谈会

（商务局 供）

四星级酒店项目、天宇生态旅游项目、靠莆鞋类垂直分销平台项目），投资总额 10530 万美元，利用外资 5790 万美元；统计项目 2 个（福建天霞商贸有限公司、爱丁医院管理（莆田）有限公司），投资总额 165 万美元，利用外资 150 万美元。

【餐饮业】 2018 年，城厢区 39 家限上住宿餐饮企业累计实现营业额 8.06 亿元，比增 34.4%。城厢区年营业额 200 万元以上企业可以纳入限额以上企业统计，首年增幅达 20%，给予一次性奖励 3 万元，增幅达 50% 以上另外再给予 2 万元奖励；对纳入统计的限上餐饮企业年度营业额首次达 2000 万元、3000 万元、5000 万元以上的，且增幅超过 10% 的企业，分别奖励 2 万元、5 万元、8 万元。

【服务业】 2018 年，实现第三产业增加值 235.37 亿元，比增 9.7%，占地区生产总值 397.3 亿元的 59.24%，创历史新高。公路运输总周转量实现 95606 万吨千米，比增 6.1%。其中，客运总周转量 46819 万人千米，比增 -8.2%。货运总周转量 90924 万吨千米，比增 6.9%；商品房销售面积 91.41 万平方米，比增 12.4%；规模以上服务业其他营利性收入（错月数）完成 13.31 亿元，比增 21.1%；财政预算支出中八项支出之和完成 17.86 亿元，比增 10.1%。

（潘源懿）

电子商务

【工作概况】 2018 年，城厢区电子商务产业以安福电商城等中心基地向全区渗透延伸，经过近

几年的培育和转型，逐步走上“分销为主、品牌塑造、模式多样、产业多元”的特色道路，电子商务经营模式主要包括B2B、B2C、O2O、F2C等，涵盖鞋服、箱包、饰品、工艺品等产业，获批“福建省电子商务示范县区”称号。截至年底，全区入驻电商企业超1000家，经营国内外品牌500多个，电商年交易量约600亿元，电商从业人员20万人，代理的国际一二线品牌包括史努比、鳄鱼、花花公子等50多个，本土自创自主淘品牌包括莫蕾蔻蕾、AU&MU、莱卡金顿等超100个，其中获得省著商标6个，知名商标17个。

【重点项目建设】 2018年，城厢区有序推进电商小镇建设，2018年小镇计划投资4.49亿元，完成投资额5.2785亿元，超序时完成全年计划11.76个百分点。重点项目加快推进，其中联发莆田电商城项目一期正式开园，签约企业进驻办公，二期SOHO主体施工完成，落架完成，室外景观施工进入收尾阶段；三期在建的4栋标准办公楼主体封顶，开始落架完成，室外景光在施工。世全·时尚国际电商城规划把电商部分优势业态链条企业集中在该区域，对接台湾最大的“五分埔成衣批发商圈”，打造综合时尚电商示范园区。室外景观工程完成，通水通电，做好消防验收准备。中国跨境电商中心列入莆田市跨境电商园区试点单位，园区确定设立国际精品展馆、莆田电商地方特色品牌展区等项目，使用面积1万平方米，胡桃里餐饮开始进驻装修，招商洽谈懒蚂蚁科技、蜂巢金服、亿丰电子商务、木木夕电子商务等跨境电商标杆企业10多家，并与唯品会、eBay、喵海购等跨境代表性平台型企业洽谈战略合作。城厢区跨境电商生态园规划打造集产品展示、营销推广、示范企业、物流配套、众创孵化等功能于一体的跨境全产业链综合生态园，引入亚马逊、谷歌等跨境平台资源，园区项目施工全部完成。

【“一带一路”跨境电商国际合作高峰论坛】 2018年11月29—30日，由商务部研究院与莆田市政府共同举办的“一带一路”跨境电商国际合作高峰论坛在莆田成功举办，论坛以“携手共建‘一带一路’跨境电商命运共同体”为主题，围绕“一带一路”跨境电商的机遇与挑战、“一带一路”跨境电商的创新与发展等议题展开探讨。来自政府相关部门、部分省市商务厅、“一带一路”沿线国家和地区政府、跨境电商协会、跨境电商综合试验区、学术研究机构及企业的近500位嘉宾参加论坛。论坛深化各方对共建“一带一路”跨境电商命运共同体的认识和理解，增进各方推进政策沟通的共识，明确“一带一路”跨境电商命运共同体建设的方向和重点任务，凝聚推进“一带一路”跨境电商命运共同体建设的合力。“一带一路”跨境电商国际合作高峰论坛后，城厢区即与敦煌网、抠抠网等项目开展洽谈对接，旨在吸引这些优质平台入驻莆田，带动本土企业发展。

【电商转型升级】 2018年，城厢区建设本土跨境电商供应链供销平台建设，通过打造集产品展示、营销推广、示范企业、物流配套、众创孵化等功能于一体的跨境全产业链综合生态园，引入亚马逊、谷歌等跨境平台资源，带动本土区域品牌共同打造“买全国卖全球”的供应链。依托红色电商微信公众服务号等平台，及时报道诚信系列活动，多渠道宣传引导树新风；开设微信“午间学堂”，在莆田小镇辖区内设立“莆阳书房”智能图书馆，多形式组织企业党员学习党建系列知识。引导商家签订依法诚信经营倡议书和承诺书，以“杜绝异地上线，不留一双假鞋”为目标，打造安福诚信综合市场。开展以鞋服、箱包、工艺饰品为主的“2018安福品牌年货节”，为城厢限上电商及园区内商家搭建较好的产品展示和销售平台，响应各级政府关于扩大内需、拉动消费的精神需要。先后举办2018跨境电商盛会、京东男装、童装、童鞋招商会和莆田电商小镇服务企业发展法律讲座，服务电商小镇电商企业发展，促进产业合作交流。举行蜂巢电商（莆田）多平台跨境电商招商大会，通过打造覆盖广东、福建的一站式跨境电商产业生态链整合平台——蜂巢跨境，融合电商平台、国际认证机构、产业园、商业分销零售等资源，成为打通跨境 B2B、B2C、人才培养聚集中心、信用交易结算平台、电商孵化器、电商沙龙中心、品牌中心、通关环节、供应链金融服务等全业态跨境电商综合体生态圈。

【电商平台打造】 2018 年，城厢区电商平台主要有米必通、大工美之家、七易鲜蔬、汇犇快消品供应链平台（B2B2C）、帮帮团、跨境通等平台。

米必通由米币信息技术开发，属第三方互联网支付平台，以自主研发支付服务系统为特色。作为莆田市政府重点项目，被纳入莆田市“十三五”规划和城厢区重点工作目标。米币信息致力于“米币支付，汇付必通”，长期专注于第三方互联网支付模式的探索与商业实践，为各类电商企业提供高效稳固的网络金融服务和创新体验，在跨境支付服务、互联网保理、供应链金融等方面持续创新。

大工美之家（福建）投资股份公司于 2018 年 5 月正式启动上下屿平台建设，经过 4 个月前期技术端的筹建，上下屿平台于 2018 年 9 月中旬完成微信商城上线试运营，截至 12 月底，上下屿微信商城累计上线 110 余件特色产品，微信公众号的关注量达 3000 余人，实现累计交易量近 2000 单，累积投入平台运营资金 200 余万元，同时淘宝商城完成基础建设。

七易鲜蔬由福建省七易电子商务有限公司开发经营，是实现蔬果从基地直达餐桌的一站式线上采购平台，平台年均销售额稳定在 2400 万元左右。

汇犇快消品供应链平台（B2B2C）该平台是福建汇犇供应链有限公司同北京中科商开展“互联网 +”战略合作引进的一站式进货 APP“快巢”平台，采取 B2B2C 的服务模式，向中小商户开放供应链、仓储日配和门店运营管理模式等，解决万千夫妻食杂店、小便利店进货痛点，有效促进莆田便利行业抱团发展，跨越发展。

帮帮团以智能、节能、健康为主题，依托“互联网 +”平台，改变传统家电产品售后“游击队”服务模式及城市“牛皮癣”推广模式，为家电产品厂家、经销商及终端用户提供线上下单、线下服务的移动互联网 +020 运营系统，打造一个“技术更专业、效率更快捷、服务更满意”的专业性营销服务平台。

跨境通城厢跨境通关公共服务平台和监管中心选址城厢区华亭镇西沙村 324 国道旁华林汽车站，由南日集团、樟林实业、八方物流共同出资成立运营公司，搭建能为全市跨境电商企业提供公共服务的跨境通关平台。项目建成后，将为莆田本地跨境电商企业的快速通关、清关、仓储提供便利，实现“家门口”出货，同时留住莆田跨境电商税收。这将有效解决跨境电商通关远、通关贵问题，有效降低本地物流价格，促进跨境包裹回流，促进产业加速转型升级，推动莆田跨境电商步入集约化、品牌化、规模化的可持续发展之路。

（邹丽萍）

油画产业

【工作概况】 作为全球三大商品油画基地之一，2018 年城厢区油画产值占莆田市油画产值的 50% 以上。城厢区根据上级部门要求申报各项材料，最终获得中国轻工业联合会授予的莆田市“中国油画产业之都•莆田”称号。

【油画城搬迁】 2018 年，城厢区原产业集聚地莆田国际油画城规模偏小，无法满足长期发展需要，且纳入广化寺佛教名胜区统一改造，区委区政府经多方选址拟定霞林街道肖厝佳园一、二、三号楼与七、八、九号楼的一至三层商业店面作为油画业态集聚区，从 1 月开始由区经济发展有限公司整体改造后用于过渡安置油画城一期搬迁。5 月，实现原油画城全部过渡安置并扩大油画企业由原来80多家新增至145家，215块店面全部使用，建筑面积由原来6000平方米增加至16000平方米。搬迁后的油画城业态类型包括“前店后厂”的企业展厅、原创油画家中高端工作室、以商业装饰油画为主的夫妻店、兄弟店、小团队店等，从业人员8000余人。拥有“莆田名邦文化艺术投资有限公司”、省文化示范基地之“欧雅公司”、天顶山、凤荣艺术馆、八方文化、大爱妈祖、香港方盛、合友画业等一批龙头企业。

【重大活动开展】 2018年，油画城搬迁之后为推动城厢区油画产业新规模聚集地提升知名度，相继牵头主办系列大型创作及展览活动。1月，举办“莆阳雅集”福建省新文艺群体油画作品展；5月，举办第十三届海峡工艺品博览会分会场油画产品订货会和“咫尺风雅”相约五月国画名家精品展；7月，举办莆田市城厢区“壶兰杯”油画职业技能竞赛；8月，举办“海丝情缘”中韩德美术作品联展和中秋油画名家作品展；10月，举办“木兰春秋”油画写生采风活动；11月，举办“海丝寻梦”中国（莆田）——韩国（釜山）美术作品交流展。新油画城也日渐成为全市乃至全省举办重大艺术类活动的首选之地。

【油画产业“互联网+”】 2018年，城厢区借助“互联网+”力量，油画产业生意模式正从依靠跑客户推介全面转型到互联网，画家们可以根据客户要求远程定制创作油画。政府力推大平台对接，对接阿里、京东、亚马逊等大平台寻求合作机遇，召开5场交流对接会。与阿里集团展开合作，整合油画企业入驻淘宝、天猫旗舰店、极有家平台。鼓励原创画家工作室等入驻淘宝拍卖会平台，推广莆田原创油画的线上收藏价值。建立跨境电商销售平台，盘活国外客户资源。至年底，油画城入驻阿里巴巴集团旗下阿里巴巴、淘宝、天猫以及亚马逊、京东等主流平台的商户有70多家。制定传达惠企政策，支持艺术电商转型，先后出台多项针对电商及艺术品电商的相关政策，并兑现奖励给3家在“双十一”等电商销售节点取得不俗业绩的油画电商企业。以城内电商典型代表——天顶山为例，在入驻天猫旗舰店及极有家及京东等主流电商平台之后，在每一年度的电商销售节点的销售额都能达近千万元，成为继油画出口贸易及内销之后又一增长点。鼓励引导原创画家工作室等入驻淘宝拍卖会平台，推广莆田原创油画的线上收藏价值。着力打造莆田国际油画城微商城，微信拍卖等。借助微信强大用户群体，迅速打响知名度拓展新的销售渠道。

【转型升级】 2018年，城厢区打造一个管理团队，专门的团队负责城厢区油画产业规划、招商、管理运营等职能，打造开放、包容、理解、呵护的艺术家服务氛围。建立校地产学研合作基地，引导企业与中央美院、福建师大、莆田学院等国内外科研院校对接，制定优惠政策吸引国家级大师、画家、科研院教授等高端人才到城厢安家创业。建立长效机制，结合企业需求，举办公益性培训班，开设油画技术、市场营销等课程。常态化在莆田国际油画城内组织开展油画职业技能大赛（省级、市级）。同时，也利用暑期，沟通邀请中小学生到油画城现场油画写生，由油画城内名师作现场指导，画师暑假期间在油画内办学习班，增强艺术传播功能。“走出去”参展与“请进来”办展相结合，每年至少举办5场以上的油画专业展览，并引导油画企业组团参加写生行活动，举办莆田油画产品世界订货会和省级油画职业技能竞赛。

（李琦）

供销合作

【工作概况】 2018年，莆田市城厢区供销合作社联合社（以下简称区供销社）学习贯彻《中共中央国务院关于深化供销合作社综合改革的决定》精神，按照区委区政府和市供销社的决策部署，围绕改革、创新服务、参与农业产业化、优化资产配置、改造基层供销社的经营理念推进社有企业的发展，努力克服经营困难，整体面貌发生显著变化，为服务“三农”、活跃城乡市场、推进社会主义新农村建设做出贡献。各项经济指较上年同期都有明显增长，完成预定的目标。

【开展主题实践活动和主题党日活动】 2018年，区供销社以主题党日为载体，党支部本着有利于党员干部参加、有利于活动取得实效的原则，围绕“创先争优当先锋，推动供销新发展”目标，分批次走进挂钩村、进社区、进基层开展以志愿者服务的形式进行定点服务，内容包括党的理论宣传，创建全国文明城市（文明城区）宣传及有关三农政策宣专等。开展“千名干部进村户、排忧解难保平安”活动。开展慰问困难干部职工活动，并拨付5000元资金扶持西湖挂钩村文明综治平安建设。

【农资供应】 2018年，区供销社根据市供销社关于做好2018-2019年度农资冬储工作的通知精神，区农资土产公司及下属农资销售网点做好农资供应、农资打假等工作，做好农资冬储供应。加强化肥淡季储备，做好农资供应保障，采取直达运输、让利优惠、送肥下乡等办法，尽量为农民提供便捷满意的服务，节省农民购买农资商品的时间和运输费用。利用电子屏、宣传栏等进行安全使用农药科普宣传及“安全用药健康与环境”的主题宣传活动，为引导农民科学施肥，防止病虫害发生，促进农业增长，农民增收做出贡献。把好农资商品质量关，建立健全农资商品质量承诺和服务承诺制度。在农资经营服务体系建设上实现新突破，建立健全区供销社农业化科技服务体系，办好庄稼医院，广泛开展以有机化肥推广使用和病虫害防治为重点的技术服务。发挥农资销售主渠道作用，进一步延伸网络终端，发展农资放心店，降低农民生产成本。

2018年3月，区供销社开展春耕备耕农资化肥下乡活动

（陈荣明 摄）

【合作经济组织建设】 2018年，区供销社实施项目带动战略，推动企业改革发展。2018年，区供销社继续实施“惠农工程”，新建华亭供销社农资配送中心，推进城厢区供销社农资配送中心建设。按照“建设新供销、服务新农村、引领新发展、再创新业绩”的总要求，投入资金对所属门市进行升级改造，达到优化市场消费环境，满足消费需求的目标，以促进农村经济发展和社会主义新农村建设。

（陈荣明）

城市规划

【工作概况】 2018年，莆田市城乡规划局城厢分局（以下简称城厢规划分局）学习贯彻中共十九大及十九届二中全会和习近平总书记系列重要讲话，以习近平新时代中国特色社会主义思想为指导，按照市委、市政府，区委、区政府《关于开展2018年为民办实事活动的通知》《城乡规划建设管理提升年重点攻坚项目实施方案》等文件要求，围绕市委市政府提出的"生态福建的宜居港城、妈祖故里的幸福家园"的发展目标，按照市规划局及区委、区政府的决策部署，结合城厢区规划工作实际，致力于促进城乡规划事业发展，上下同心、团结奋进，完成各项目标任务。

【基础资料审批】 2018年，城厢规划分局对接各镇、街，华林经济开发区、太湖工业园区及区住建局、区水利局等部门，督促相关单位尽快开展地形图测绘、河道勘测及地下管线探测等工作（帮助明确勘测范围、测绘精度和比例尺等问题）。截至年底，收集龙德井、南门、顶墩—下黄、沟头、坂头东、坂头西、万达南、铁岭、樟林、华林经济开发区、太湖工业集中区等片区地形图约3830公顷，并完成全区重点地段河道测量已完成现场勘测工。

【单元控规编制】 3月6日，城厢规划分局向市规划局报送《城厢区单元控规编制计划建议》，配合各设计单位完成相关分区单元基础资料收集工作。截至年底，主城区洋西分区单元控规已获市政府批准；霞林分区单元控规于6月11日完成专家评审，在修改完善规划方案；文献、沟头—顶墩分区单元控规于10月24日完成专家评审，在修改完善规划方案；铁岭、绶溪分区单元控规于11月5日完成专家评审，在修改完善规划方案；樟林分区单元控规于12月6日完成专家评审，在修改完善规划方案；中心城区西分区单元控规、太湖工业园单元控规完成初步方案。

【城市设计】 2018年，城厢规划分局为加快推进城厢区旧城改造项目，进一步提升广化寺周边及木兰溪两岸地区城市景观风貌，确保第五届世界佛教论坛在莆田市召开，配合开展该片区城市设计，2017年12月委托中规院编制。至年底，广化寺周边及木兰溪两岸地区城市设计完成评审方案。

【镇村规划】 2018年，城厢规划分局进一步完善镇总体规划，加快规划编制进度，促进项目落地。东海镇总体规划获市政府批准；灵川镇总体规划12月21日组织召开专家评审会，在进一步修改完善；华亭镇总体规划修编委托市规划院编制，在进一步修改完善。镇村开发边界专项规划，根据市委、市政府《关于开展2018年为民办实事活动的通知》（莆委〔2018〕6号）文件要求，与省规划院对接，加快规划编制进度，进一步加强镇村建设用地管控。灵川镇镇村开发边界划定于12月21日完成专家评审，在进一步修改完善；城厢区村庄发展研究及布局规划完成初步方案。美丽乡村村庄规划。根据市委、市政府2018年为民办实事工作任务部署，对接各镇、街道推进美丽乡村村庄规划修编工作，并帮助联系规划设计单位，加快委托编制进度。开展凤凰山街道林桥村、朱坑村、华亭镇西湖村、后山村、南湖村、油潭村，常太镇洋边村、坑洋村、下莒村、照车村等10个村庄规划修编工作；其中照车村传统村落保护规划完成评审方案，华亭镇西湖村、后山村、南湖村完成中期成果，凤凰山街道林桥村、朱坑村、华亭镇油潭村、常太镇洋边村、坑洋村、下莒村完成初步方案。传统村落保护发展规划，为确保市历史文化名城工作的推进，根据市委、市政府印发的《莆田市申报国家历史文化名城工作方案》（莆委〔2018〕15号）文件要求，于3月15日、3月26日2次邀请省工大建筑设计院杨昌新教授一行到常太镇照车村五七自然村实地考察，从基础资料收集、现场调研、规划内容和编制深度等方面指导常太镇照车村五七自然村保护规划编制工作，照车村传统村落保护规划完成评审稿。

【规划审批】 2018年，城厢规划分局办理报件70宗，其中下达规划条件10宗，核发《建设项目选址意见书》5宗，建设用地规划许可证4宗，建设用地规划许可证延期1宗，建设工程规划许可证13宗，乡村建设规划许可证2宗，《建设工程竣工规划条件核实意见书》32宗，建筑功能临时变更3宗。

住房和城乡建设

【工作概况】 2018年，莆田市城厢区住房和城乡建设局（以下简称区住建局）围绕市区提出的城乡规划管理提升及美丽莆田建设总体要求，以筹备、举办第五届世界佛教论坛为契机，聚焦目标任务，突出项目策划，实施一批重点城市建设工程，切实抓好行业服务管理，推动全区住房和城建建设管理再上新台阶。是年，全区222个城建固投项目共完成投资205亿元，比2017年增加4.2%，其中32个房地产项目完成投资87亿元；87个市政基础设施项目共完成投资42亿元；14个民生社会事业项目共完成投资15亿元；40个保障性安居项目共完成投资6亿元，完成年度计划的91.3%；3个小城镇项目完成投资49亿元；21个集镇乡村项目完成投资12亿元。全区建筑业创税收33819万元，比上年33392万元增长1.28%；房地产业创税收158500万元，比上年139912万元增长13.29%。全区房地产业、建筑业两项创税收192319万元，约占全区税收总收入344965万元的55.75%。

【市政道路建设】 2018年，城厢区市政道路项目20个。新开工项目2个，其中南站路竣工，滨江北路在选址方案重新编制中。打通市政断头路项目5个，其中学园路南伸工程竣工，肖厝路、九华西路、顶黄路等项目在施工；延寿路西伸及霞林路建设工程设计方案编制完成，提交规划局审批，先行段宏基路—霞林学校进场开工建设。城区市政道路提升工程6个，其中新塘片区“白改黑”改造工程、月塘片区“白改黑”改造工程、江鸿路“白改黑”改造工程、梅山街片区“白改黑”改造工程、荔城路（恒丰—市工行）人行道整治工程、东圳库区洋西安置区道路改造工程等6个项目完工并交付使用。完善片区周边道路项目7个，其中洋西四期周边配套道路（规划一、二路）工程竣工交付使用，洋西四期周边配套道路（山兜路、书院路）工程正在桥梁及路基施工；洋西八期周边配套道路工程，在施工图编制；御龙天峰北侧上山路在

5月18日，区住建局在万达广场开展“实施国家节水行动 让节水成为习惯”宣传活动　　（陈宏斌 摄）

办理用地规划许可证；泗华滨溪小区周边道路工程（一期）在高边坡施工；泗华滨溪小区周边道路工程（二期）：在锚杆锚索施工；土石方开挖中；泗华路拓宽改造工程在电力管道及路幅加宽施工。

【园林绿化建设】　2018年，区住建局投入资金100多万元新建钟潭溪绿道，续建北渠绿道、洋西溪绿道，新增绿道约1千米，连同凤凰山绿道、泗华绿道、延寿绿道、绶溪绿道等构建成城市绿道网络体系。完成陂头温泉公园、金海湾小游园、屿上口袋公园等3个口袋公园建设，投入资金815万元，占地面积约1.34公顷。投入资金150多万元对荔华东大道进行绿化提升改造，对道路两侧进行绿化补植，提升人行道，绿化面积约4039平方米。

【市政配套设施建设】　2018年，城厢区以迎接世界佛教论坛为契机，组织市政设施专业巡查维护小组，加大市政破损设施维护维修力度。完成修复市政道路人行道约3000处，补植绿化面积15000平方米，绿化修剪约10000平方米，树木支撑约1500棵，更换井盖约300多个，雨水篦清理约1200个，安装防坠网约1000多个，雨污管网改造60处，拆除各类电线杆200多根，拆除通信线路约7.5千米，电力电缆下地约6.3千米，完善城区市政配套设施。

【公共停车场建设】　2018年，区住建局启动实施广化寺停车场项目，建成地面临时停车场小车位335个、大巴车位55个、地下停车位486个小车位，同时结合建设莆田市美术馆建设新增停车位约610个。

【黑臭水体的治理】　2018年，区住建局通过采取截污控源、清淤保洁、生态补水等措施，对龙桥溪、下磨溪2条黑臭水体进行综合整治，于6月3—7日接受生态环境部和住建部2018年城市黑臭水体督查小组专项督查，期间督查组采取现场巡河查看，入户调查群众满意度、内业资料检查、投诉件现场核查和现场水质抽检等方式核查黑臭水体整治完成情况，未收到涉及城厢区城市黑臭水体投诉件反馈。12月11日，省环保厅对下磨溪进行水质抽检，氨氮、透明度、氧化还原电位、溶解氧指标均合格。

【城区污水管网建设】　2018年，区住建局完成城区污水管网建设约15千米，主要是结合市政道路新建延伸及改造、片区改造和污水源普查发现问题整改等方面进行，具体有新塘—月塘片区道路“白改黑”配套污水管网、广化路配套污水管、兴安路—梅山街片区道路“白改黑”配套污水管网、荔华东大道配套污水管、下黄河南岸截污管、双面浪及南门市场截污管、宏基—霞林路污水管、崇福寺污水管建设、泗华路拓宽配套污水、泗华滨溪道路一期及二期配套污水管、洋西书

8 月 17 日，区住建局组织施工市政排水管道　　（黄煜 摄）

院路及山兜路配套污水管、莆田西高速路出口—钟潭桥污水管、顶黄路配套污水管、天九湾市场截污管工程、棠坡沟截污管工程、延寿路西延霞林小学段污水管、擢英桥污水管建设等项目，并结合污水管网建设改造同步完成新塘—月塘片区、兴安路—梅山街周边、广化寺片区、洋西片区、区政府周边、莆田西周边等雨污分流改造工作。

【安置房建设】　2018 年，城厢区持续加大安置房建设力度，21 个安置房建设项目回迁或在组织回迁项目 4 个，竣工待回迁项目 2 个；在建项目 9 个，在做前期工作项目 6 个。同时，开展剩余安置房处置工作，至 2018 年底，属城厢区产权的 18 个剩余安置房项目按照《莆田市剩余安置房清理处置工作实施方案》（莆政办〔2017〕46 号）文件精神，将荔涵大道—洋西安置房及华林西沙员工社区安置房 73 套、48 间工具间和 5 个生活保障房转为公租房处置。此外，组织实施安置房提升工程，2018 年 2 个被列入城厢区年度为民办实事项目，2018 年底竣工验收 1 个。

【保障房建设】　2018 年，城厢区组织祥和经济适用房公开抽签选房，组织群众公开选房 110 套、部队自行组织选房 112 套（安排房源 136 套）。在保廉租房 58 户，其中实物租 42 户，租赁补贴 16 户。全区有政府投资公租房 419 套（间），全部完成配租，并进行动态管理。

【房地产开发】　2018 年，为有效增加城厢区房地产业投资，区住建局采取切实有效措施，深入恒大御景半岛、恒大御龙天峰、莆田联发君领绶溪、联发君领天玺、世全时尚国际、正荣木兰紫阙、融城理想大观、融碧铂悦府、鸿运幸福里、京都国际金融中心等 32 个在建房地产项目，宣传国家部委、省、市房地产市场平稳健康发展的精神，为房地产企业鼓劲，切实协调解决项目推进中存在的问题，用好用活上级政策，促进项目能快则快。全年全区 32 个在建房地产项目完成投资额约 87 亿元。房地产市场需求侧在城厢区购房补贴、货币化安置等一系列促进措施下，出现商品房销售面积上升趋势，全区房地产项目完成商品房销售面积约 81.32 万平方米，比上年同期增长 5.1%，全市排名第一，有力促进房地产业健康持续发展。

【美丽乡村建设】　2018 年，全区有 8 个市级为民办实事美丽乡村试点村，计划投资 1401 万元，至年底累计完成投资 1422 万元，完成年度计划投资的 101.5%。清扫清运垃圾 2576 多吨，完成新建农村公厕 5 座并投入使用，拆除房前屋后、禽舍、旱厕等临时搭盖建筑面积 700 平方米，整治裸房 34 栋。同时，开展农村贫困户住房安全评定工作。为贯彻落实农村贫困户住房安全保障工作，于 7 月 18 日协调各镇（街）委托第三方公司对全区 771 户建档立卡贫困户住房进行安全评定，至 11 月份全区 56 户 C、D 级建档立卡贫困户住房全部完成安全评定。

【铁路沿线环境综合整治】 2018年，区住建局制定问题责任整改清单，指导东海镇、灵川镇开展集中整治。至年底，东海、灵川镇完成沿线5个村裸房立面面积调查摸底、养殖场调查摸底等前期工作，以环境综合整治作战图清单方式进行挂图作战。东海镇拆除上亭村搭盖房建筑面积200平方米，拆除蔡亭村养殖场2000平方米，对上亭铁路边乱搭乱建、脏乱差现象进行彻底综合整治。灵川镇清理护坡杂草3000多平方米，清理大型户外广告5处，垃圾治理100多处，清理垃圾80多吨，拆除养殖场2处3000多平方米。

【农村污水处理建设】 截至2018年12月底，城厢区农村污水处理项目开工38个村庄，累计安装三格化粪池8200余户（其中2018年三格化粪池任务完成4252户），完成管网建设约138千米（其中主管57.2千米，接户管80.8千米），占总工程量839公里的16.4%。

【建筑业市场管理】 2018年，城厢区持续加大扶持建筑业发展力度，发放11家建筑企业奖励资金约786.5万元，其中施工总承包一级企业办公用房租赁补贴129万元，扶持企业资质升级奖励412.5万元，扶持特级施工总承包办公用房装修补助30万元，对全区纳税企业奖励215万元，对9家建筑企业15位员工子女解决就学问题。同时加快建筑业办公总部，把区商务大楼（部分楼层）作为区属建筑企业办公总部，制定入驻实施方案，并结合意见建议进行方案优化，促进全区建筑业的发展。是年，城厢区116家入库建筑企业创产值180亿元，比上年增长3.4%。

【安全生产监管】 2018年，区住建局按照上级安全生产“严排查、严整治、严监管”活动和“严整治、促提升”专项行动部署和要求，将保障第五届世界佛教论坛和第三届妈祖文化论坛安全列入工作重点，开展建筑工地、城镇燃气等领域的安全生产监管工作，有效堵塞管理漏洞，夯实安全生产基础，安全生产形势总体稳定。建筑工地质量安全生产监管管理工作成效显著，在全市建筑工地规范管理评比中，多次获得全市第一名；在燃气安全监管上取缔8处黑气窝点，暂扣365瓶违法销售液化气钢瓶，暂扣3部运输车辆，拘留3人。

【招投标监管】 2018年，区住建局落实省市区出台的房屋建设和市政基础设施工程施工招标投标管理的相关文件精神，进一步规范局下属单位承建的工程项目管理；并调整充实区招标办力量，加强业务培训，进一步加强对建筑工程公开招投标项目在开标过程中实时监督；及时受理调处项目招标信访投诉，保证区招标投标项目的公平、公正。是年，全区房屋建筑和市政基础设施工程进行公开招投标的项目有80个，项目投资金额28.7亿元。

【行政审批管理】 2018年，区住建局坚持依法行政的服务原则，牢记“便民、规范、廉洁、高效”的服务宗旨，以踏实的工作作风、规范的窗口服务、快捷的审批效能；最大限度减少企业和群众跑政府的次数，不断优化办事创业和营商环境，截至2018年12月中旬，区住建局窗口有行政许可事项40项，公共服务事项32项，其他行政权力事项1项，办结的行政许可、公共服务事项及其他行政权力事项共936件，其中核发施工许可证及质安备案86件，排水许可核发25件，建筑业企业资质认定及内容变更78件，人防建设审批及防空地下室专项审核告知书26件，建筑起重机械使用登记123件，房屋建筑和市政基础设施工程竣工验收备案20件，占用、挖掘城市道路审批及燃气工程建设项目审批26件，施工招标文件备案、澄清及条件核对233件，物业备案36件，设计变更备案、审批33件、房屋建筑和市政基础设施工程项目报建备案29件及新建房屋白蚁防治工程施工合同备案16件，办结率达到100%。

【物业服务管理】 2018年，区住建局宣传物业管理政策法律法规，主动指导帮助辖区物业企业做好的物业小区防台、防汛、防火以及安全检查工作，并结合实际，制定出台安置房物业小区管理细则，落实小区物业管理职责，不断规范小区物业管理；结合创建全国文明城市工作，开展物业小区“脏乱差”整治及小区路灯、供水、排污、智能化设施建设，营造居住安全、卫生整洁、环境优美、舒适方便、文明和谐的居住生活环境；及时调处物业投诉、纠纷，化解小区物业矛盾纠纷，2018年共调处物业投诉905件。

（林吓站）

城市管理

【工作概况】 2018年，莆田市城厢区城市管理委员会办公室（以下简称区城管办）围绕“打造人文宜居新城厢，建设美丽莆田先行区”的奋斗目标，进一步完善城市综合管理工作机制，强化城市考核，推动城市管理重心下移，城市面貌、城市形象和城市管理水平得到进一步提升，人居环境进一步美化优化。在一年12次的城市管理综合考核中，城厢区取得第一名1次、第二名2次、第三名1次、第五名1次、第六名3次、第七名4次，合计取得奖励金60万元。

【数字化城市管理建设】 2018年，城厢区受理各类城市管理案件77909起，案件处置率均在98%以上。按照“大城管”发展趋势和工作格局，首推“城管+公安”新型网格化运行模式，城区各街道网格站成立由街道（镇）挂钩领导为组长，居委会书记为常务副组长，居委会主任、执法局干部、社区民警为副组长，居委会相关干部、网格巡逻巡查员为成员的城市管理网格化工作领导小组，采用“城管+公安”的模式将现有城管干部、社区民警、城管协管员、网格巡逻员等人力资源进行整合，根据各街道实际情况，对人员进行科学合理调配，最大限度地将执法协勤力量下沉到基层一线（各社区网格站）。每个街道分为6个网格（华林园区为1个网格），网格巡逻巡查员（城管协管员+网格巡逻员）重点参与城市管理工作，负责本网格内的数字城管案件。通过“城管+公安”模式的推行，整合全区城市管理综合执法力量进网入格，进一步提升智慧化城市管理水平。

【市容市貌专项整治】 2018年，区城管办重点针对临街店面摊外摊、店外店、占道摆摊设点、乱堆放物料、乱拉挂等现象开展百日综合整治，优化环境秩序、提升城市形象。是年，出动铲车、路面清理车等执法车辆6779多台次，出动执法人员16655多人次；纠正店外店、摊外摊3896多起，整治流动摊点4799多起、乱堆放637多处；清理横幅布条1058幅；取缔气球、气拱门723起；纠正乱张贴、乱涂写475起，清理占道摆设广告2565起，拆除各类违规招牌标识1647块。

【环卫工作督查】 2018年，区城管办建立健全日巡查督察、周点评整改、月考评通报、年绩效评估、经济奖惩、评优挂钩、责任倒查等工作督查制度，把道路卫生、河道保洁、机械运行、环卫设施、社区管理、公厕管理和公司监管均列入考评，确保环境卫生管理有效推进落实。考评采取“三随机”的方式，即随机抽取考评人员，随机抽取考评对象，随机抽取考评时间，确保工作全面铺开。筹措共建工作考评专项资金，每年预算108万元用于考评奖励，镇（街道）将村（居）共建工作开展情况，列入村主干绩效管理奖金的发放依据之一。各镇（街道）、村（居）均建立“巡查制”，确保问题及时发现。同时，构建城乡环卫微信平台，实行明察暗访，将问题以图片形式通过微信平台发送，提高环卫问题的处置效率。

【基础设置建设】 2018年，区城管办推进公厕建设任务，省、市、区级为民办实事公厕项目城厢区计划新建40座公厕，其中城区9座、集镇区6座、农村25座已出台《关于落实2018年度公厕建设项目的实施方案》，完成各公厕建设选址，确定代理机构，筹备招标工作。对城区环卫设施进行排查和清理，更替新增垃圾桶625个，清洗粉刷老旧垃圾桶490个，安排专人和水车对所有垃圾桶进行每周不少于1次的全面清理。

【城市管理宣传】 2018年，区城管办深化与《湄洲日报》、《莆田晚报》、《海峡都市报》和莆田电视台等宣传载体合作共建，在各类媒体上刊登30多篇城市管理相关内容，不断强化城市管理经验和做法宣传报道，让城市管理深入人心，着力增强市民参与城市管理意识。强化“美丽城厢CXCG”微信宣传，每月定期将最新城市管理活动、材料通过公众号平台进行推送宣传，将市民关注的城市管理政策、热点、难点解决落实情况等及时发布，呼吁广大市民参与“微宣传”，努力提高城市管理公众满意度，提升城市管理质量。

（黄炜琳）

环境卫生管理

【工作概况】 2018年，莆田市城厢区环境卫生管理处（以下简称区环卫处）对照习总书记“绿水青山就是金山银山”“小厕所大民生”“垃圾分类工作就是新时尚”等理念，按照“工作标准化、作业精细化、考核科学化”的要求，以巩固全国文明城市创建成果为契机，创新思路，精细管理，环卫基础设施得到逐步发展，环卫作业质量实现稳步提升，较好地完成各项工作任务。是年，市对县区的城市管理考评中，城厢区环境卫生单项考评成绩获得第一名2次、第二名3次、第三名4次；市对县区的共建美丽乡村考评中，城厢区季度综合考评成绩获得第一名、第二名、第三名、第四名各1次，综合成绩位列全市第二；公厕建设管理考评成绩位居全市第一，并在全省推进“厕所革命”现场会上进行经验交流，在全国进行展示。

【城市保洁】 2018年，区环卫处结合第五届世界佛教论坛筹备工作，按照全国文明城市测评标准，强化日常管理与督查，开展多项专项行动，促进环卫作业全方位提质。7月起，对城区内河河道进行明察和暗访，重点督查龙桥溪、下磨溪等两条黑臭水体，并及时掌握城区内河基本情况，将河道管理制度、保洁人员管理制度、保洁人员花名册、日常巡查记录表等登记造册，形成河道生活垃圾“一河一档”，不断完善。结合百日攻坚行动、世界佛教论坛周边卫生保障行动、创城督查行动等，分组全力做好主次干道、背街小巷、公园广场、农贸市场、居民小区、河道、公厕、野广告等项目的卫生督查工作，是年，市、区级督查发现问题9687个，全部整改到位。

【农村生活垃圾专项治理】 6月，城厢区各镇（街道）、村（居）全面清理城乡结合部、工业园旁、镇村交界处、河塘沟渠、道路边坡的陈年垃圾，杜绝向海洋、河道等水体及边坡倾倒垃圾行为，清理垃圾934吨，清理房前屋后3955处，清理木兰溪、东圳库区等河道溪道沟渠沿线43690米，清理铁路沿线5500米。

【木兰溪及农村河道沿线专项整治】 2018年，区环卫处围绕习近平总书记治理木兰溪“变利为害、造福人民”的目标和重要治理理念，出台专项行动整治实施方案，清理沿线历史垃圾4350吨，完成木兰溪沿线历史垃圾堆放点和陈年垃圾清理，并建立河道沿线垃圾治理“一河一档”。

【垃圾分类】 2018年，城厢区响应“垃圾分类是一种新时尚”的号召，率先在全市开展生活垃圾分类工作，通过事共议、责共担、活共推的方式，因地制宜探索“三种模式”（有物业小区自治模式、半开放式小区政府模式、敞开式住宅群志愿模式），在城区的25个居民小区、60个机关事业单位、30所学校、25个国有企业、21所医院、7个景区和饭店推进生活垃圾分类工作。结

3月23日，区环卫处开展城市管理日活动—进行垃圾分类知识宣传（张晓林摄）

合“五进”（进社区、进学校、进机关、进医院、进企业）宣传活动，通过线上线下一个矩阵、静态动态两个态势、点线面三个维度，多形式多渠道宣传生活垃圾分类，加大垃圾分类宣传覆盖面。根据不同区域特征，配齐配强生活垃圾分类收集设施，共采购太阳能垃圾箱、四色垃圾桶、分类垃圾桶4660组。

【公厕建设】 2018年，城厢区公厕建设经验在全省进行经验交流，完成市、区级为民办实事公厕40座建设任务，完成投资额1191万元，新建改造城乡公厕完成率达378.57%，位居全市前列，并建立公厕长制度，落实“十无五有”（公厕地面无积水、无垃圾、无污渍，门窗墙壁无灰尘、无乱张贴，镜面台面无水迹，纸篓垃圾桶无满溢，小便斗、蹲坑无尿碱、无便渍、无臭味；有纸巾、有洗手液、有保洁员服务、有定位、有绿植）保洁标准。同时，城厢公厕建设在《光明日报》、新华社等中央级媒体进行正面宣传。

【餐厨垃圾管理】 2018年，区环卫处初步建立餐厨垃圾的摸底排查、台账联单管理、台账登记与申报备案等制度。全区摸排登记在册餐厨垃圾产生单位1795家，建立日台账1303家，落实“三联单”登记制度192家，签订餐厨垃圾收运服务合同（协议）1151家；有8家单位参与餐厨垃圾收运服务，其中市餐厨垃圾收运公司对辖区55家大型公益性单位及三星级（含）以上酒店宾馆的餐厨垃圾实行上门收运，日约收集10吨；设立5个餐厨垃圾临时集中收集点，2个转运站临时收集点落实日台账登记，日约收集餐厨垃圾1.5吨，其它餐厨垃圾协同生活垃圾一并收集至垃圾焚烧发电厂处置。

【队伍建设】 2018年，城厢区有环卫工人1754名，其中3个街道及园区1088名，4个镇666名，实现城乡环卫全覆盖。截至年底，慰问处理环卫工人受伤等事件38起，慰问金额近2.62万元，体现环卫“娘家”作用；投

11月5日，区环卫处在南湖公园开展第二十三届环卫工人节活动（唐雪晶 摄）

入150万元，在城区内设置15个环卫驿站，配备桌椅、饮水机、微波炉等，努力解决环卫工人休息、饮水难问题；组织开展夏送清凉、冬送温暖等系列慰问活动10余次，关心关爱环卫工人。

【宣传教育】 2018年，区环卫处与湄洲日报社联合开设《美丽城厢进行时》专栏，在《城厢新闻》节目中开设《改善人居环境，共建美丽乡村》专栏，在区政府一楼LED屏幕及《今日城厢》公布考评结果，跟进镇（街道）动态。开展“文明创城”“平安城厢”入户宣传活动，引导群众知道创城、了解创城、参与创城，为进一步推进创城工作，营造浓厚创城氛围。在挂钩的市政府路口开展文明交通志愿劝导服务活动，提倡“关爱生命、文明出行”，扩大宣传教育深度。

（张晓林）

城市管理行政执法

【工作概况】 2018年，莆田市城厢区城市管理行政执法局（加挂莆田市城市管理行政执法局执法三大队）（以下简称区城管执法局）围绕整治提升年的工作目标，以“打造人文宜居新城厢，建设美丽莆田先行区”为中心工作，坚持以人为本、依法治城，切实做好城市管理各项工作。落实全面从严治党，推行“城管＋公安”网格化工作机制，开展精准扶贫、辖区招牌标识设置专项整治、扫黑除恶专项行动，加强夜市露天烧烤及渣土车辆整治力度，加强日常市容巡查维护，开展“两违”专项整治及工业类建设批后跟踪管理，推进行政执法规范化建设，重点抓好安全生产工作和综治平安建设。

【推行“城管＋公安”网格化工作机制】 2018年，为适应数字城管和网格化工作要求，区城管执法局通过构建区、街道、村居三级平台，整合城市管理执法力量，实现城市管理全区域覆盖，节假日城市管理常态化，延长执法保障时间，实现城市管理事项快速高效处置，累计完成数字城管案件处置5万余件，处置效率与办理质量明显提升。

【扫黑除恶专项行动】 2018年，区城管执法局重点开展施工渣土运输中阻拦施工强揽生意、实施违法建设，以暴力手段阻碍城管理执法，为占道经营、违法建设充当“保护伞”的专项斗争，通过前期排查线索，后期调查处置的方式，形成严的态势。

【夜市露天烧烤及渣土车辆整治】 2018年，区城管执法局针对中央环保督查涉及本局职能的露天烧烤油烟污染及渣土扬尘PM2.5污染问题，组织开展夜市烧烤专项整治工作及渣土运输车辆规范运输治理，采取前期入户宣传、错时上下班、延长执法工作时间的方式，确保中央环保督查油烟污染问题及渣土扬尘PM2.5污染得到有效控制，打赢保护蓝天的环保攻坚战，开展300余次夜市联合执法，出动执法人员5800人次，劝离疏导夜市流动摊点900个，取缔露天烧烤摊350个；累计查处工程车“滴撒漏”行为30起，罚款29000元，

5月3日，城厢区城市管理网格化启动暨执勤巡逻车车辆交接仪式

（陈国锋 摄）

清扫保洁道路1300多千米。

【招牌标识设置专项整治】 2018年，区城管执法局按照上级的工作部署，为进一步加强城厢区招牌标识设置管理，开展招牌标识设置专项整治行动，各中队按照先主干后背街小巷的工作原则，整治拆除各类违规招牌标识1647块，改善城市市容市貌，建设人文宜居的新城厢。

【市容巡查维护】 2018年，结合全国文明城市常态化和移风易俗工作，区城管执法局依托网格化机制，以网格化日常巡查与集中整治相结合的形式，先后完成春节元宵节、中秋和国庆、中央环保督查、佛教论坛，校园周边、凤凰山广场等重要节点及重大活动的市容保障工作，加强对夜市的巡查和管理，确保市容市貌的整洁有序。累计出动执法人员16655人次、执法车辆6779车辆次，纠正店外店3896起；取缔流动摊点4799起；纠正乱堆放物料637起；清理横幅布条1058条；取缔气球、气拱门723起；纠正乱张贴、乱涂写475起，清理占道摆设广告2565块。

【“两违”专项整治及工业类建设批后跟踪管理】 2018年，区城管执法局坚持保持对“两违”的严打高压态势：通过网格划分并明确责任分工，加强与属地街道的配合，切实加强日常工作的统筹安排，对“两违”发现一起，查处一起，确保新增“两违”零增长，全年移交“两违”案件197起，配合拆除“两违”建筑124起16717平方米，罚款2427288.81元；同时做好工业类批后项目跟踪监察工作，完成批后跟踪项目11个。

【行政执法规范化建设】 2018年，区城管执法局进一步规范指挥中心平台建设，及时受理和查处群众投诉举报案件。同时，严格依据相对集中行政处罚权限和自由裁量权规定，规范行政执法程序，进一步提高城管行政执法的执行力、公信力和服务水平，办理各类行政案件83起，收缴罚没款2490438.81元，受理各类投诉件、督办件1300件，办理和反馈率达100%，办结率在98%以上。同时，办结市、区人大代表建议和政协委员提案12件，切实做到执法为民。

【安全生产工作和综治平安建设】 2018年，区城管执法局把社会治安综合治理和“平安先行单位”创建工作列入年度工作计划，并贯穿于城市管理业务的各个环节，进行同部署、同组织、同落实；进一步加强对行业安全的管理，重点开展好道路安全、户外广告牌安全隐患的排查和燃气安全等专项行动；加大对破坏、占用城市道路、毁绿等各种行为的查处力度，加强燃气、户外广告安全管理检查，及时排查安全隐患，查处黑气357瓶，纠正擅自挖掘和占用城市道路行为195起。

（陈国锋 黄国武）

生态环境保护

【工作概况】 2018年，莆田市城厢区环境保护局（以下简称区环保局）坚决贯彻落实习近平生态文明思想和治理木兰溪重要理念，不断深化大气、水、土壤污染防治，以污染防治工作为核心，以落实环境目标为重点，加大污染整治力度，持续巩固治理成果，提高辖区环境整体质量，城厢环境保护工作取得积极成效。通过创新体制机制，建立领导责任体系，构建“党政同责”“一岗双责”纵向到底、横向到边新格局。全区城区环境空气质量二级标准以上天数比例为89.3%；全区小流域整治走在前列，小流域水质稳中有升，7个省级考核小流域6个达标；木兰溪干流濑溪断面水质达到Ⅲ类，三江口断面水质达到Ⅳ类，达到年度考核目标要求；东圳水库饮用水源专项治理有序推进，东圳水库水质优良比例达到100%，水源地保护工作经验做法得到省委办公厅肯定；园头桥水站成为生态环境部首批“最美水站”候选水站；开展生态环境损害赔偿试点取的成效。

【环保专项行动】 2018年，区环保局严厉打击各类环境违法行为，加强与司法机关联动衔接，开展2018年清水蓝天（执法大练兵）、2018利剑斩污·清水专项执法、饮用水源地保护区专项执法、“双随机抽查”、固定污染源废气挥发性有机物VOC等环保专项执法行动，检查企业358家次，发现环境问题企业72家，责令改正52家，限产整治1家，立案处罚41家，处罚金额159多万元，移送公安行政拘留2家，涉嫌污染环境犯罪移送公安侦办的3家，木兰溪流域沿线企业环境违法行为得到有效遏制。同时，区环保局积极落实环保监管网格化，依托城厢区综治社会治理服务中心的网格运行平台设立29个基础网格、281个大网格、120个村居，配备网格巡查人员207名。设立网格化分中心完成案件的受理、流转机制、部门协同配合、资源整合、协同配合机制完善，完成两期三级、四级网格员培训，763件有效处理清单全部办结。实现环保监管网格与城乡综治社区网格对接，对城港大道施工造成生活污水涌入北渠污染事件进行依法查处，将相关人员移送公安机关行政拘留；东海镇网格协助区环保执法人员查处非法倾倒一般工业垃圾行为，并依法查处到位；华亭镇网格协助区环保执法人员对2家（协源石制品、榕源鞋面）违法环境行为实施查封，配合执法人员立案查处天怡养殖场非法排污行为；霞林街道网格配合执法人员对1家（兴加福鞋材）违法环境行为实施查封。

【碧水保卫战】 2018年，城厢区开展木兰溪流域水质提升攻坚行动。实施跨区域流域断面分段监测考核机制，实现区域流域10个乡镇交界段面9条河流全覆盖监管；流域沿线华林园区入驻350家投产企业完成污水集中治理或自行处理达标排放；流经华亭镇18个村庄，动工15个村庄，累计建成污水管网约77千米，建设三格化粪池4500余户；完成入河排污口治理83处，取缔“反弹复建”生猪养殖场373户，面积99975平方米；清理流域沿线历史垃圾3192.1吨；完成水电站下泄设施改造5座。开展饮用水源地整治专项行动，东圳水库5个水源地专项督查问题全部完成整改，水源地水华应急处置能力逐步提升，库区湖滨缓冲带任务56.67公顷提前完成25.47公顷苗木种植工作。开展小流域水质提升专项行动，全区7个省级考核小流域6个达标，龙桥、九龙山庄、东青溪口、渡里溪口水质达到Ⅱ类，长岭溪口水质达到Ⅲ类，延寿溪口、涵坝水质达到Ⅴ类，小流域水质稳中有升。

6月5日，城厢区环保局在万达广场开展“美丽中国，我是行动者”六五环境日主题宣传活动 （朱梅芳 摄）

【蓝天保卫战】 2018年，区环保局强化臭氧污染防治，开展挥发性有机物（VOCs）专项治理，全区83家重点涉VOCs企业全部安装废气治理设施，被列入一级、二级管控名单的30家企业全部安装监控设备。推进“散乱污”企业整治，排查“散乱污”企业322家，完成整治304家。开展城区餐饮业油烟污染整治，排查407家餐饮服务业，完成安装设施435家，完成率为107%。

强化区域联防联控。在《城厢区环保局轻微污染天气应对工作方案》的基础上，修改一级和二级管控名单，并建立微信交流群，确保应对措施及时通知到位。在市监测站发布预警预报时，制定《城厢区空气质量预警预报的紧急函》，部署应对措施，并通过内网和传真及时通知镇街和区直相关单位。

5 月 28 日，河长制现场办公　（朱梅芳　摄）

【净土保卫战】　2018 年，城厢区制定出台《莆田市城厢区土壤污染防治行动 2018 年工作计划》和《莆田市城厢区土壤污染防治行动计划实施方案（2018—2020）》。同时，与各镇（街道）签订城厢区土壤污染防治目标责任书，通过层层签订责任状，进一步压实主体责任。落实土壤污染防治重点任务。协调全区 8 家企业做好重点行业企业用地土壤污染状况调查工作，核实上报关于第一批疑似污染地块名单基本信息；针对辖区关闭的莆田市佳源气体有限公司的疑似污染地块，督促业主按要求在规定时间内完成初步调查报告；完成 5 家土壤污染重点监管企业自行监测任务。加强危险废物管理。危险废物规范化管理考核中经营单位合格率 100%，全区医疗废物集中处置量 64.6 吨，实现医疗废物集中处置率 100%。

【突出问题整改】　2018 年，区环保局按照“有部署、有方案、有推进、有成效”的要求，加快推进中央、省环保督察反馈问题、省“三合一”及市“四合一”督察交办清单整改。制定出台《莆田市城厢区贯彻落实省委省政府环境保护督察反馈意见整改方案》《莆田市城厢区人民政府办公室关于抓紧开展全区生态环保问题整改工作的通知》，明确责任、传导压力，确定时间节点、整改措施，落实“一案一策”，盯紧抓实，确保问题整改到位。中央环保督察反馈问题 16 个，10 个基本完成整改；省环保督察反馈问题 24 个，15 个基本完成整改；省“三合一”督查发现问题 9 个，基本完成整改；市“四合一”督查发现问题 9 个，6 个基本完成整改。同时，不定期组织开展督查，把目标责任书、环境问题整改的进展情况列入重要调度内容，列明问题清单逐一督促整改落实，综合运用督查、通报、约谈等方式，统筹协调推进环保工作任务落实。

【环保宣传】　2018 年，区环保局加大环境宣传力度，利用“6•5”世界环境日开展一系列环保宣传活动，通过环保知识猜谜活动、分发环保购物袋、布置宣传展板等丰富的宣传形式吸引众多群众参与。同时，实行企业环境信息公布制度。坚持将企业环境违法信息在主流媒体和政府门户网站上进行公布，以促进各企业自觉遵守各项环保规章制度。

（刘志煌）

交通运输

【工作概况】 2018年，莆田市城厢区交通运输局（以下简称区交通局）坚持依法行政，加大交通运输行业安全生产监管，积极培育运输业，引导道路运输企业加快结构调整，规范寄递物流市场秩序。加强党建和廉政建设，通过集中学习、网络学习、开展主题党日活动方式抓学习教育，提高党员队伍思想政治修养。开展交通运输行业扫黑除恶工作；落实防控非洲猪瘟工作。年内，交通工程项目投资完成135815万元，安排重点项目投资8个，被列入省农村公路省级管理库的群养县道、乡道及村道共617.121公里。是年，全区有客运企业1家，客车34部，座位1214；水运企业3家；出租车企业3家，出租车514部；货运企业11家，货车1532部，总吨位13845.74吨；机动车维修企业31家；驾驶员培训机构8家，教练车662部。

【国省干线项目】 联十一线城厢段 里程3.78千米，按一级公路标准建设。设计速度80千米／时，路基宽度32米，双向六车道。至2018年底，完成全线工程的69%。

木兰大道一期工程 起点为324国道，终点为城港大道，道路全长为10.9千米，红线宽度60米，为区域性交通主干道，采用城市主干道标准，计算行车速度60千米／时，路幅形式为双向6车道＋辅道。总投资约14.8亿元，其中建安造价9.7亿元。至2018年底，Ⅰ标段（兴沙段）路基工程完成99%，路面工程完成95%，桥梁工程完成100%，管道工程完成95%；Ⅱ标段（樟林大桥段）路基工程完成99%，路面工程完成95%，桥梁工程完成95%，管道工程完成40%；Ⅲ标段（城港大道段）完成路基土方工程完成100%，石方开挖完成95%，软基处理完成50%，桥梁桩基完成93%，下部结构完成70%，涵洞完成80%，雨水管完成24%，污水管完成14%。

木兰大道三期建设工程城厢段 全长约7.6千米，路宽50—60米，采用双向6车道建设，起于坪坂村，终于油潭村，与在建的木兰大道一期工程衔接，与国道G324相交。主线计划征地56.33公顷，至2018年底丈量造册约51.07公顷，发放征地补偿款1700万元（18.67公顷）；计划拆迁各类房屋84户，建筑面积2.7万平方米，房屋丈量工作全部完成。计划迁移坟墓320多座，迁移103座。沿线2座小宫庙完成迁移。路基工程完成25%，桥梁工程完成15%，隧道工程完成34%。

滨海大道拓宽项目城厢段 全长14.5千米（与“联十一线”共线段长约10千米）。道路红线60米，双向8车道加辅道，设计行车速度60千米／时。桥梁工程7座，于2017年11月22日开工，至2018年底完成36.6%工程量。

【农村公路重点项目】 龟山路（X281 龟山路至濑榜路）公路工程里程 14.88 千米，起终点为龟山至华亭镇政府西侧。采用三级公路标准设计，路基宽度 9.5 米，设计时速 30 千米/时，双向两车道。至 2018 年底，PPP 项目公司组织部分机械进场清表，树木砍伐完成 4.9 千米，便道清表 6.5 千米。

县道 X282 灵川至华亭公路工程（灵华线） 总长 11.649 千米，按二级公路（兼城市道路功能）标准建设，设计 60 千米/时，路基宽 24.5 米，预算总投资 8.26 亿元。于 2017 年 10 月底动工建设。至 2018 年底，路基土石方填筑 71.48 万立方米；路基挖方 82.32 万立方米；截水沟、排水沟完成 33.46%；径里大桥钻孔完成 9.57%；涵洞完成 16 座；径里隧道完成 424.7 米，占 58.74%，二次衬砌完成 217 米，占 30.01%；羊角寨隧道完成 1777.6 米，占 36.09%。二次衬砌完成 635 米，占 12.89%。。

笏枫公路改扩建工程（X208 东龙线城厢段） 路线长 15.868 千米，全线采用二级公路标准（兼市政主干道功能），设计时速为 60 千米/时，路基宽度 35 米。项目于 2016 年 4 月 29 日动工建设。至 2018 年底，施工安全设施完成 78%；路基填筑完成 93%；挡土墙完成 100%；填隙碎石完成 88%；水稳层完成 86%，路面完成 85%；电力工程时 FB 管道完成 100%；电力拉管完成 100%；雨水管道完成 95%；污水管道完成 95%；通信管道完成 95% 绿化完成 88%。路灯完成 93%，安全防护（中间防护栏）完成 80%。涵洞已完成 35 座，桥梁下尾 1 号桥全部完成，柯朱桥完成左半桥，右半桥桩基完成。下尾 2 号桥完成左半桥。右半桥桩基完成，下部结构施工中。全线工程完成投资约占 89.89%。

【四好农村路建设】 2018 年，区交通局全面落实路长制和农村道路专管员制度。成立区、镇（街）两级路长办公室，完成区级路长办公室、7 个镇（街）路长办公室挂牌，制定区级农村公路管理体制机制实施方案，有效提升农村公路建设管理水平和服务质量，为创造安全、畅通、便捷、舒适的农村交通环境提供制度保障。同时，加大对全区 18 名乡村道专管员培训力度，强化业务水平，具体负责乡村道监督管理工作，形成专管员、各镇（街）、区路长办三级联动机制。推进“四好农村路”建设，2018 年完成四好农村路 10 千米建设施工；农村公路安全生命防护工程 10 千米完成施工。进一步完善指路标志建设，对城厢区县道 X201 城游线及 X203 龙游线指路标志进行完善，进入扫尾工作。

【农村公路养护、安保及大中修（含危桥改造）】 2018 年，区交通局完成农村公路安保工程 10 千米；农村公路大中修工程完成 10.306 千米；危桥改造 1 座：华亭镇后枫桥危桥改造完成。受热带低压强降雨影响，农村公路出现大面积护坡溜方、路面塌方等受灾情况，受灾 64 处，县道 25 处、乡道 26 处、村道 13 处，至年底恢复完成。

【规范运输市场秩序】 2018 年，区交通局布置开展春运执法行动，坚持“源头与路面并重，执法监管、管控与查处共举”的方式，强化重点领域执法监管力度。春运期间，出动执法车辆 56 辆次，执法人员 211 人次，路政巡查约 1281 千米，检查车辆 242 辆，分发宣传材料 300 份，制作宣传横幅 5 条，检查道路客运企业 2 次，共查处违章 21 起，罚款 5.82 万元。发挥交通公安“五大联动协作机制”重要作用，进一步健全与公安、安监、工商、旅游及运管等部门的联动协作机制，形成“联查、联管、联防、联控”工作格局。先后开展道路运输车辆动态监督管理专项执法检查、道路运输“两客一危”（从事旅游的包车、三类以上班线客车和运输危险化学品、烟花爆竹、民用爆炸物品的道路专用车辆）专项整治行动等各项专项行动 20 次，查处交通违法行为 284 起，处罚 50.855 万元，其中客运车辆违法行为 26 起，处罚 3.45 万元；出租汽车违规经营行为 100 起，处罚2.32万元；非法营运25起，处罚23.5万元；货运车辆违法行为72起，处罚11.15万元；危货1起，处罚3万元；驾培违法行为11起，处罚1.48万元；维修店1起，处罚2万元；租赁2件，处罚0.2万元；超限23起，处罚0.76万元；污染公路18起，处罚2.05万元；挖掘公路2起，处罚0.9万元；占道贸易、加水9起，处罚0.045万元。

【安全生产隐患排查治理活动】2018年，区交通局从源头上加大监管力度，坚决把好市场准入关，严格落实工程质量安全管理"五项制度"，建立健全"一月一督查、一季一分析"长效机制。深化交通建设领域打击非法违法生产经营建设行为专项行动，对技术风险高、质量安全隐患大的桥隧工程及隐患较多工点实施重点监督。以"平安工地"建设活动为抓手，促进施工安全标准化建设。要求施工单位切实做好施工人员的安全知识教育，切实履行好工作职责，落实安全生产的各项检查制度及施工安全交底制度，要求施工单位对各种施工器具的安全性能核查把关，做好施工人员自身安全防护工作，设立明显的安全提示牌。同时，组织工程股人员对施工单位进行经常性检查，对发现的不安全因素及违规操作的人员要求施工单位立即整改到位，加强对违规操作人员的安全教育，坚决不留安全隐患。加强对质量通病的治理，推行标准化和规范化施工。继续加强安全生产监管，严格质量安全执法，树立监督权威，全年出动检查人员239人次，发出整改通知书82份，发现问题274个，发现安全隐患171处，已全部整改到位。

【规范寄递物流市场秩序】2018年，区交通局按照2018年城厢区建设美丽莆田·社会治理行动计划，加强寄递物流安全监管工作，督促寄递企业（网点）落实三项措施、"督促物流货运企业落实托运人身份、物品信息登记制度，排查消除寄递物流行业安全隐患，确保寄递物流行业安定稳定。全年排查寄递物流企业（网点）783家次，发现一般问题隐患144处，整改142处。

【扫黑除恶专项摸排】2018年，区交通局制定印发《城厢区交通运输行业扫黑除恶专项斗争实施方案》，成立专项斗争领导小组，下设扫黑办、宣传组、线索摸排组和后勤保障组，保障扫黑除恶工作开展。先后召开10次会议，传达贯彻上级会议精神，并部署扫黑除恶重点摸排领域，在建工程、行政执法案件、信访件、寄递物流企业、运输企业，确定11类交通运输重点打击对象。在办公区域、运输企业、公路、在建工程悬挂宣传横幅22处，张贴线索举报公告400份，发放扫黑除恶宣传手册600份、群发短信1500条。开展2轮摸排工作，对2014年以来各类交通运输行政执法案件、信访件、交通招投标工程全面摸排，排查行政执法案件1345件、信访件16件、在建工程4个、招投标项目78个、寄递物流企业网点240家、客货水路运输企业20家、驾培企业9家、汽修企业28家。分析研判并排除可疑线索3条，摸排疑似涉恶线索2条。治安乱点整治方面，处罚"非法营运"25件，整改未备案寄递物流网点4家，多部门联合拆除原南门汽车站旧标识，打击原南门汽车站客车"站外组客、不按规定路线行驶"乱象131辆次。

【"非洲猪瘟"防控】2018年，区交通局成立"非洲猪瘟"防控工作领导小组，负责统筹指导非洲猪瘟防控工作，领导小组下设办公室，负责协调全区交通运输系统生猪调运监管工作，并为疫情应急处置人员以及防治药品、器械等应急物质和有关样本的公路、水路提供运输保障。先后召开非洲猪瘟疫情防控工作部署会、运输生猪、猪饲料车辆管控工作布置会，明确各阶段工作重点，根据职责制定任务分解表，将工作细化具体到各部门（股室），配合公安部门、交警部门、农业部门开展车辆引导、查验等工作。实行24小时值班制度，安排36名干部职工实行24小时轮流值班值守，配合公安、交警部门开展临时消毒站站点进出车辆引导工作，同时详细记录车辆进出登记表、交通运输系统非洲猪瘟疫情查验统计表，做好信息登记工作。建立日报告制度，指定专人负责防控工作进展情况报告工作，每日定期汇总上报各检查点车辆检验及排查运输车辆工作情况。截至12月17日，配合查验过往车辆20467辆次，查验运输活畜禽及其制品1232辆次，发现问题车辆9辆次（载有生鲜猪肉、冻猪肉、腊肉），上报区“非洲猪瘟”应急指挥部处理。对接和支持农业部门，通过深入实地宣传、打电话等方式通知道路运输企业、个体经营户198家，排查承运生猪车辆18辆，并督促排查的18辆承运车辆经营者到区农业部门备案。至年底，18辆承运车辆经营者通知到位，其中17辆完成全面消毒，剩余1辆在外地暂未回莆。

（路刚）

2018年，广化路修建完善　（蔡新添　摄）

金融 保险

工商银行

【工作概况】 2018年，中国工商银行股份有限公司莆田城厢支行（以下简称工行城厢支行）贯彻执行省市分行的各项决策部署，落实总省行新三年规划发展战略，围绕“存款立行”“全量客户”“质量攻坚”“信贷压舱”“零售先行”“渠道融合”“创新驱动”等战略，坚持“拉高标杆、负重奋进”的指导思想，抢抓机遇，加快发展，全力赶超，按照新三年发展规划的目标任务，抢占重点市场和资金份额，强化源头客户拓展，在全行上下形成“支行关系你我他，支行发展靠大家”的共识，抢占市场制高点。年内，支行实现拨备前利润13952万元；负债业务稳步增长。至年底各项存款余额412039.97万元，比年初增长53115.47万元，增幅12.89%；各项贷款余额446483.09万元，比年初增长4354.74万元，增幅0.957%。全行实现中间业务收入3036万元，完成全年任务3710万元的81.83%。各项不良贷款3109.63万元，比年初增加1566万元，不良率为0.69%。

【存款业务】 2018年，工行城厢支行持续践行“存款立行、存款兴行”的经营理念，推进客户基础强化，抓好营业网点、外拓、场景、平台四大获客渠道加强客户拓展。加快零售业务转型发展，在营销方式上，变“人海战术”为智能营销，以智能银行的开设为营销平台，利用智能设备“拉杆箱”积极开展外拓营销活动，从市场拓展、客户维护、动态管理等三方面着手，坚持全量客户战略，建立外拓服务常态化机制，由“坐商”向“行商”转变，立足网点辐射周边，拓展客户。2018年实现储蓄存款平稳较快发展，储蓄存款余额17.5亿元，比年初增加28259万元。日均储蓄存款165625万元，日均储蓄存款增量10154万元。关注符合政策导向的目标客户，建立目标客户清单，按照分层营销、分级服务、分类管理的原则，建立联动营销的服务体系。截至2018年末，公司存款时点余额55286万元，比年初增加663万元，完成任务的13.81%；公司存款日均余额48275万元，比年初增加812万元。2018年，支行获莆田分行机构业务综合考评第一名。机构存款余额18.03亿元，比年初增加2.38亿元

【贷款业务】 2018年，工行城厢支行以“项目压舱，普惠小微”为营销方向，推动公司业务持续发展。围绕总行战略导向，突出大项目、大客户、小微金融三个重点，精准信贷投放以实现公司贷款平稳增长。切实执行小微金融“三联动”（联动政府部门、联动行业协会商会、联动融资性

担保机构）、“三走进”（进园区、进专业市场、进核心企业），通过走进企业、走进金融消费者，更好地了解客户，更好地了解金融需求，更好地改进金融服务。截至12月末普惠金融较年初新增11106万元，日均金融资产5万元以上客户净增数28户，完成任务的127.27%；有效户拓户251户，被总行授予“2018年度拓户百家网点”称号。

【客户拓展】 2018年，工行城厢支行依托场景建设营销，优化移动支付服务，不断改善客户体验，加强高端客户服务，扩大消费贷款及信用卡消费额及本行商户收单业务发展，促进三大平台获客、活客和粘客。对接营销智慧能源项目建设及入驻平台加油站的收单工作，实现突破；配合人行及银联的云闪付支付服务及场景建设，对接项目有湄洲湾观光车、停车场、文甲码头门票收费系统营销宣传及场景应用，进行多次现场沟通，并组织外拓办理观光车业主借记卡及商户收单近100户；关注北磨市场改造项目，并指定公园支行为主办行，做好跟踪和维护工作，北磨市场的收单业务全部落户该行，并及时跟进宣传工行金融产品，同时结合人行及银联的云闪付APP宣传促销活动。做好E缴费、营销通、及食堂一卡通、无感通行（智慧停车）项目营销推广及应用；联合市分行行网络金融部营销凤达房地产旗下的接近10个小区的小区物业收费应用及智慧停车业务；以E商助梦活动为契机，抓好莆田市梅园路一条街及喜盈门专业市场的商户示范街营销和推广工作。2018年底，工行莆田分行与莆田市惠民宝、莆田市市交通一卡通签订三方战略合作协议，项目在工行城厢支行落地，实现在构建莆田市政府服务互联网金融场景线上获客与批量获客目标。

（梁　琳）

建设银行

【工作概况】 2018年，中国建设银行莆田分行城厢支行（以下简称城厢建行）围绕“两提一争”的总体工作目标，进一步深化价值创造，以发展为主旋律、以转型为主基调、以创效为核心点，跨越赶超，各项业务实现了高质量发展。至2018年末，一般性存款突破36亿元，总额达365421万元，居城厢辖区同业第2位，比年初新增64004万元，居城厢辖区同业第1位；一般性存款余额和新增额均居全市建行第2位。各项贷款余额306726万元，比年初新增23515万元，新增额居辖区同业第1位。其中，对公贷款余额82281万元，比年初负增长7232万元；个人贷款余额224445万元，比年初新增30747万元。不良贷款514万元，基本控制在市分行下达的指标内；逾期贷款935万元，两项计划完成率均居全市建行第1位。全年核销不良贷款775万元，现金回收不良贷款122万元。不良贷款率为0.16%。实现利润1.14亿元，实现中间业务收入2711万元，居辖区同业第2位，两项计划完成率均居全市建行第2位。纳税774万元。

【存贷款业务】 2018年，城厢建行落实上级行年初工作会议精神，坚持抓项目要存款、抓机构稳存款、抓按揭促存款、抓商户增存款、抓产品带存款的经营思路，持续做好对公存款工作，全年对公存款新增53711万元，占全市建行新增额的87.02%，对公日均存款新增52402万元，完成率205%，居全市建行第1位。同时，领导班子注重对私存款业务，抢抓旺季良好时机，紧盯消费资金、春节返乡资金、“三大源头”资金（对公经营性资金承接、代发工资、重点潜力目标客户）、“房”字号资金、拆迁资金、资本市场资金、商户资金，利用龙支付、龙商通、龙易管等产品利器，开展增存稳存工作，做大做实全量资金，促进对私存款迅速增长。全年新增对私存款10293万元，居全市建行单点型支行第3位，对私存款日均新增5250万元，完成全年计划94%。贷款业务上，城厢建行秉承着早投放早落袋的原则，加快项目审批落地，推进项目的放款流程，做好重点项目和新建楼盘的储备工作，以优质的产品和高质量的服务来吸引客户。全年贷款业务完成市分行下达的任务。

【客户发展】 2018年，城厢建行坚持以“走千家、访万户、拓客群、夯基础”劳动竞赛活动为载体，做大做强客户群体。对公客户方面，成功营销洋西项目、龟山路、区经发等重点账户，沉淀资金2.1亿元。同时，实行“名单制”管理，做好小额无贷户经营。小额无贷有效客户（折算后）比年初增长208户，增幅28.3%，票据池有效客户新增2户。开展政府机构改革专项营销活动，成功营销城厢区失地农民养老保险财政专户，打破该项业务的空白，累计吸收存款2.33亿元。同时营销了城关基督教堂、南山西塔寺、莆田石室岩寺等宗教场所账户，合计吸收存款近5000万元。继续深耕移动金融业务，推进“悦生活”、善融商务等开放平台的应用，打造获客、活客新途径；以“裕农通”、“慧兜圈”、“融易行”和龙商通为支撑，重点突破小型连锁商户、生活服务圈、专业批发市场、县域等四类客群，持续做好个人商户（包括EPOS客户）发展，全年开通龙支付个人户6465户；聚合支付商户突破492户。代发工资个人有效户新增4794人；代发金额14.29亿元。截至2018年底，当年单位人民币结算账户净新增212户（人行统计口径，下同）；基本结算账户新增184户，单位人民币结算账户总量达3493户。发展现金管理核心客户3户、监管易客户3户、现金池客户4户、票据池客户2户、电子商业汇票14户、代付产品有效客户新增230户、代收客户新增5户。

【风险防控】 2018年，城厢建行始终将防范化解金融风险排在首位，着力健全各方面风险防控机制，增强驾驭金融风险的本领，守住高质量发展底线。以资产质量管控为核心，管控资产质量。着重抓好贷前、贷中、贷后三大环节关键风险点，强化贷前真实性尽职调查、贷中条件落实、贷后管理、押品管理等薄弱环节管理，不断提高案防和基础管理水平，确保安全运营。加强对重点客户、行业的日常监测管理，做到一户一策，做到了解客户、熟悉客户，做到每一个客户都心中有数，切实防范客户风险。多策并举，加快不良资产处置。在全行开展信贷业务、低风险业务、押品管理、反洗钱、柜面操作、印章管理等一系列检查和自查工作，重点针对事前和事中疏于防控的节点，突出盯防重点，密切关注重点业务、重点环节、重点人员操作风险，加大突击抽查、录像排查力度。对上级行督察中提出的问题，及时进行了整改。

（郑清扬）

农业银行

【工作概况】 2018年，中国农业银行莆田城厢支行（以下简称城厢农行）贯彻落实省、市分行党委的各项决策部署，围绕“抓党建、强管理、促发展”的主题，业务经营发展呈现“三升三降一优化”（营业收入同比大幅上升；零售业务创收贡献度同比上升；风险抵补能力持续上升；不良贷款持续“双降”；“关注类”“逾期类”风险贷款较往期大幅下降；成本收入比不断下降；信贷资产结构持续调整优化），实现各项业务规模、质量、效益协调发展的目标。截至12月31日，全行本外币各项存款余额50.07亿元，较年初下降4.37亿元；全行各项贷款余额52.05亿元，实现营业收入18063.9万元，缴纳各种税款1361万元。不良贷款比年初减少14591万元，不良率9.38%，较年初下降2.18%，实现“双下降”。拨备覆盖率145.29%，比年初上升29.29个百分点。全年无发生重大经济案件或刑事案件，实现安全稳健经营。

【服务地方经济】 2018年，城厢农行继续强化服务地方经济发展的角色定位，支持重点建设项目、扶持小微企业，发挥金融血液的核心作用。个人贷款余额

8 月 21 日，城厢农行员工开展防电信诈骗宣传　（祁菲菲　摄）

占全部贷款余额的 45.03%，中长期贷款余额占到全部贷款余额的 55.65%，信贷结构持续优化。通过上线“单位开户在线预填”系统，为企业提供更为便捷的开户服务，本年度新开立对公结算账户 632 户，新增对公有效客户 600 户。通过不断调整政策，理顺关系，坚持正确的贷款投向，抓主流市场、主流客户，信贷投放走上了正确轨道。截至 12 月末，城厢农行央行降准口径法人小微企业贷款增量 533 万元，位列全市农行第二；银保监会口径法人小微企业贷款完成 2192 万元，位列全市农行第一。微捷贷等法人小微企业拓户净增 3 户，年末完成授信签约并投放微捷贷客户 2 户。新增龙头企业惠农 e 商平台上线 2 户，惠农 e 商完成 980 户，惠农 e 贷投放 1969 万元，助力农户生产经营。年度新增批复项目 2 个，实现乌溪水库、石门澳污水厂、妈祖城水厂及湄洲湾片区供水工程等 4 个项目贷款的二次营销和成功投放，累计投放金额 8085 万元。同时，持续深化与优质开发商正荣、联发、恒大的合作关系，全年投放一手房按揭贷款 43687 万元，满足大众购房信贷资金需求。

【创服务品牌】　2018 年，城厢农行向着争创“莆田市民最认可银行”迈出有力步伐。全年推进辖内 8 个网点微改造工作及辖内 12 个网点的转型改造工作，网点环境得到明显优化，业务流程不断改善，网点单点营销服务竞争力持续提升，员工展现新风采，客户体验度和满意度大幅提升。同时，履行金融知识宣传职责，开展金融知识普及和金融消费者教育服务工作，紧紧围绕消费者关心的重点领域如支付结算、防范电信网络诈骗等，开展厅堂宣传并“走进”推广，组织辖内网点走进梅峰农贸市场、凤凰山社区、龙桥街道、华亭第二中心小学等开展专场宣传，同时积极送金融知识下乡，走村入户为群众普及金融知识，累计组织微讲坛宣讲 16 场，外拓金融知识宣传服务活动 9 次，分发宣传折页 400 余份，受众群众约 430 余名。该行被评为“2017—2018 年创建人民满意活动先进单位”。

【精准扶贫】　2018 年，城厢农行高度重视金融精准扶贫，把金融扶贫作为服务三农、履行社会责任的重要抓手，稳步推进相关工作。与挂钩扶贫村东海镇西黄村开展支部共建活动，行领导与镇、村干部多次座谈，商讨金融扶贫有关事宜，并与该村 16 户贫困户挂钩结对，助力农户脱贫。扎实推进金融下乡，结合“金融知识进万家”“普及金融知识万里行”等活动前往东海镇开展“送金融知识下乡”“小积分、大梦想”等教育普及和公益宣传活动，切实帮扶贫困群众。切实推动金融助力，对接东海镇坪洋村特色产业，通过推广“快农贷”，加快互联网服务“三农”进程，缓解长期困扰农村的“担保难、融资难、融资贵”难题。落实政策，稳步助力脱贫攻坚，落实农总行《关于倡议基层工会结合助力脱贫攻坚开展工会会员慰问的通知》，结合实际需求购买市级贫困村—坪洋村的特色产品“金丝皇菊”作为工会会员慰问品，落实精准扶贫，做到真扶贫、扶真贫。

【安全经营】 2018年，城厢农行继续大力推进信贷风险化解工作，扎实推进依法清收工作，加大呆账核销力度，全力压降“关注类”“逾期类”贷款。全年实现现金自主清收4676万元，核销法人不良贷款本金合计45829万元，“关注类”贷款比年初下降32455万元，“逾期类”贷款比年初下降9857万元，年末实现法人逾期剪刀差贷款清零，不良贷款连续8个季度保持“双下降”趋势。贯彻落实福建银监局、农总行关于扫黑除恶相关工作要求，及时布置，配合推进扫黑除恶相关工作开展；抓好各项安全保卫要求，做好日常巡查工作，开展运营连续性、防火防暴预案演练等工作，不断夯实安全稳健经营的基础。2018年该行继续实现无重大违规违纪、无重大安保事故、无刑事案件的“三无”目标。

（祁菲菲）

中国银行

【工作概况】 2018年，中国银行莆田城厢支行（以下简称中行城厢支行）在全体员工共同努力下，各项工作呈现持续发展态势。截至12月底，中行城厢支行各项存款余额达35194万元，其中储蓄存款余额达27565万元，比年初净增1103万元；公司存款余额8095万元，比年初净增5745万元；外币存款余额达356万美元，比年初下降17万美元。各项贷款余额达41370万元，比年初下降4851万元；对公开户数达94家；资产质量状况良好，出现少量关注类资产；但及时跟踪起诉，得到有效化解。

【业务拓展】 2018年，中行城厢支行坚持发展第一要务，不断提升经营业绩。以市场渠道为平台、以服务为理念、以产品为抓手、锁定目标客户。把银行的中心客户名单全部列出来，分派员工进行电话和上门维护，了解客户客户的需求，并为客户量身定做各类金融产品，行长亲自对重点客户进行逐位上门，稳定老客户，发展新客户，稳定存贷款。对原有代发薪的企事业单位进行沟通合作，经常上门宣传、提供全方位的服务，办理信用卡、ETC、优客分期等业务，签约理财、保险等产品，以增加代发单位员工的额外收益，并与代发单位举办趣味运动会等形式。本着服务于民，便利于民，发动员工上门服务，对高端商户发展本行商户通，银联POS，对普通商户发展中银支付通，二维码扫描商户，扩大结算渠道，方便群众。发展和激活志愿者卡，联合区文明办，为建设美丽莆田，进驻国家电网、莆田三中、莆田五中、霞林学校等企事业单位，推动单位员工办理志愿卡，并参与志愿者活动。加快步伐进行网点转型，加快智能柜台的流程疏导，解放有效人员进行走出去营销。更有效为群众提供贴心服务主动进企业，了解情况，力求解决一些实际问题，树立服务意识，真正做到群众中来，到群众去。

【服务地方经济】 2018年，中行城厢支行为支持城厢区社会经济发展和民生提供全方位金融服务。截至年底，莆田城厢支行个人住房贷款余额达41370万元，新投放2850万元，消费贷款4133万元，解决城厢区人民购房消费的需求。资产质量良好，不良率为零，有效防范金融风险。同时，配合莆田市创建全国文明城市，主动参与，树立金融行业文明窗口标杆。城厢支行投入大量人力、精力、财力为城厢区辖属各机关企事业单位上门发放志愿者卡，并宣导各项金融服务，精准扶贫，深入农村并举办多场次金融下乡，进一步普及广大市民金融知识。担当社会责任，做人民满意银行。

（赵希中）

兴业银行

【工作概况】 2018年，兴业

兴业银行莆田城厢支行联合华林经济开发区举行企业专属金融服务推介会
（兴业银行城厢支行 供）

银行股份有限公司莆田城厢支行（以下简称兴业银行城厢支行）进一步把握经营导向、回归服务本源，履行社会责任，民营企业、小微企业融资规模稳步增长，绿色金融、普惠金融加快发展，优化业务结构、转变经营模式，加快存量资负结构的优化，加强有效基础客户建设，继续铸造优势，各项业务快速增长，取得较好成绩。是年年底，支行存款余额 18.19 亿元，比年初减少 1.25 亿元，其中公对公存款余额 8.51 亿元，储蓄存款余额 9.68 亿元；贷款余额 30.71 亿元，比年初增加 0.79 亿元，其中对公贷款余额 6.82 亿元，个贷余额 23.89 亿元。理财保有量余额 13.08 亿元。

【服务社会】 2018 年，兴业银行城厢支行响应监管部门号召，着力构建对中小企业“愿贷、敢贷、能贷、会贷”的长效机制，不断优化中小企业贷款期限管理和还款方式，先后推出“工业厂房贷款”“诚易贷”“中期流动资金贷款”“易速贷”“连连贷”“园区贷”“技改基金”等系列产品。为贯彻落实国家有关开展“银税互动”助力诚信小微企业发展的相关要求，破解小微企业融资难题，推出“税易融”产品，向诚信纳税优质小微企业提供满足企业日常生产经营的短期流动资金需求的传统授信业务。支行高度重视参与社会公益活动，围绕扶贫帮困总体目标，不断提高认识，落实包扶措施，履行帮扶工作职责，推进包扶工作进行。从人力、物力、财力方面推进扶贫工作的开展。通过升级网点服务设施、美化营业厅环境，强化员工服务水平，持续开展金融知识进社区、下乡村等活动，竭力为广大群众提供高效、优质、满意的金融服务。组建志愿者服务队伍，完善各项志愿服务机制建设，开展结队扶贫贫困村、党员“一日捐”、向爱心驿站捐赠物品义卖等公益活动，响应国家“精准扶贫”的号召，奉献企业力量，传递社会正能量。全年 12 次对灵川镇何寨村开展精准扶贫工作，坚持每月入村慰问，对包扶的 17 户贫困户送上实实在在的关心和物质支持。

【业务开展】 2018 年，兴业银行城厢支行贯彻落实总行、分行扶持中小企业发展的精神，推广产品，为中小企业量身定制，打

兴业银行莆田城厢支行开展“普及金融知识万里行”宣传活动
（兴业银行城厢支行 供）

造综合服务方案，创新升级专属产品，提高产品适用性和客户满意度，为不同类型、不同发展阶段的中小企业提供更加专业、高效、便捷的多元化综合性金融服务。推广“兴闪贷”，为资信良好的客户提供个人信用消费贷款。同时，满足不同客户群体差异化的金融服务需求，整合现有产品为客户提供个性化金融产品配置方案。为偏好投资理财的中高端客户提供高收益、高净值的理财、基金、保险产品；为偏好低风险和保障的老年客户配套“安愉人生”养老金融方案，配置保本理财产品和国债、货币基金等；为跨地区资金往来频繁的社区小商户提供兴业通、网上银行、电子汇款等产品；为有出境旅游、置业、求学计划的客户提供“寰宇人生”综合金融服务方案。营销团队定期组织外拓营销活动，进驻永辉超市、财富中心、万达广场等商圈开展征信宣传、信用卡推广、ETC 办理等各项金融服务，积极开展社区支行联动，走进社区，进一步提升客户体验、扩大金融服务半径，用真心实意服务大众。

（黄智琼）

农商银行

【工作概况】 莆田农村商业银行城厢支行（以下简称城厢农商银行）设综合部、个贷中心、营业厅等 3 个部门，辖内有 3 个营业网点，其中城厢支行营业厅 1 个、分理处 2 个。2018 年，城厢农商银行立足社区，服务“三农”（农业、农村、农民），为城乡群众提供存款、贷款、结算等金融服务，响应国家乡村振兴战略，坚持以点带面的原则，通过各村居主要人员，协同各项工作开展，对辖内客户进行精准建档并授信，做到普惠金融民生，惠及千家万户。截至 2018 年 12 月末，各项存款余额为 155165 万元，比年初上升 13487 万元，其中个人储蓄余额 78930 万元。各项存款日均余额 154732 万元；新增有效二维码收单 519 户、有效线上支付 3039 户、有效手机银行 2950 户。

【防范信贷风险】 2018 年，城厢农商银行落实贷款“三查”（贷前调查、贷时审查、贷后检查）和审贷分离的运行机制。把好贷款发放关，利用新的信贷产品，抢先占领新的市场，营销优质客户，提高贷款质量。严格控制大额贷款的发放，进一步提高风险防控能力，年内没有发放超比例贷款。规范不良贷款管理，实时监控贷款质量的变化，加强管理，有效遏制不良贷款的增涨。多措并举清收不良贷款，分类分组，重点攻坚，配合法院、经侦部门依法清收部分不良贷款，降低信贷风险。

【优化服务质量】 2018 年，城厢农商银行通过向社会公示“阳光信贷”服务承诺，让全社会监督服务质量，同时，以高标准“6S”（smiling 微笑、sincere 诚挚、speciality 专业、speedy 快速、satisfied 满意和 super 卓越）服务来规范员工日常服务标准，全行上下员工内练素质外塑形象。在为广大客户提供优质文明、高效廉洁服务的同时，收获地方政府及群众的肯定。

【完善内控机制】 2018 年，城厢农商银行加强重点部位、重点环节的跟踪检查，使各项工作落实到位、职责明确，实现制度管事、机制管人的目的。把案件专项治理工作纳入日常业务经营之中，与反洗钱和治理商业贿赂等工作相结合，与业务工作同研究、同部署、同落实、同检查，增强防范案件风险的整体能力。加强制度学习，引导员工树立正确的世界观、人生观和价值观，践行社会主义荣辱观，规范员工职业道德行为。

（谢敏敏）

邮储银行

【工作概况】 中国邮政储蓄银行莆田市城厢区支行（以下简称邮储银行城厢支行），属于区一级支行的一类行，内设综合业务部（三农业务管理部）、综合管理部两个部门。2018 年，邮储银行城厢支行以稳中求进为主线，以提升客户价值、打造一流大型零售商业银行为目标，坚持做大总量和提升质量并重，坚持创新驱动和转型升级并举，坚持业务发展与风险管控并行，深入贯彻落实“311”（“名单制 + 项目制 + 联动制”+“客户分层分级维护”）营销管理模式和“三个三”（落实信贷“三查”制度；加强“三道防线”风险管理职责；明确省市级风控责任）全面风险管控机制，推动转型发展再上新台阶。食年，支行业务发展稳中有进，收入利润实现双超，资产质量实现双降。支行全年实现业务收入 5741 万元，收入完成率 106%，收入规模排名全市第一；实现考核利润 4867 万元，绩效利润完成率 128%，利润总量居全市第一；不良金额 605 万元，较年初下降 74 万远，不良率 0.41%，较年初下降 0.09%。

【个人业务】 2018 年，邮储银行城厢支行个人储蓄余额 16902 万元，较年初增长 902 万元；年平均余额 17058 万元，较年初净增 1047 万元；信贷总结余首次突破 15 亿元，达 163516 万元，较年初净增 28194 万元。公司储蓄余额 32760 万元。公司贷款授信多个项目取得进展，公司贷款结余 46970 万元，较年初净增 12128 万元。

【普惠金融】 2018 年，邮储银行城厢支行继续秉承服务三农、服务小微企业的普惠金融理念，重点发展三农和小微实体经济企业。年内小微企业贷款（小型微型企业法人、个体工商户和小微企业主）结余 37627 万元，比年初净增 7103 万元，其中小微企业法人贷款放款 7360 万元，结余 9635 万元，比年初净增 2617 万元，年增速 37.30%，高于全部贷款增速，实现小微企业贷款“两个不低于”目标。

【产品创新】 2018 年，邮储银行城厢支行不断创新产品和服务方式，结合莆田地区经济特色，加强市场调研和业务申请开办力度，丰富信贷产品。如加大推广小微电商企业专属信用贷款产品—电商贷；针对政府采购中标供应商推出信用产品——政采贷；为降低存量优质客户转贷成本推出无需还本即可转贷产品——转期贷；为解决企业贷款额度低的问题，与区经信局、工商联共同推出高抵押成数产品——助保贷；根据客户纳税情况，与税务部门合作推出产品——税贷通；为服务优质行业推出专项产品——小水电贷款、电力贷、医院贷、排污贷等。同时，搭建银政、银园、银担合作平台，持续扩大邮储银行服务小微企业覆盖面。

【风控建设】 2018 年，邮储银行城厢支行继续深入开展“内控优化年”活动，积极落实消费者权益保护工作，加大条线尽职检查和“两个派驻”履职再监督，持续围绕“三个三”风控机制，通过监测、预警、检查、通报、评价、追责等措施，全面风险管控力度逐步增强。围绕“控新降旧”，持续强化对信用风险的管控力度，结合上级行的不良“双控”目标，下发信贷资产质量控制目标方案，严守不良风险底线，全行不良贷款余额及不良率均控制在上级行目标值内。

（陈爱萍）

财产保险

【工作概况】 2018 年，中国人民财产保险股份有限公司莆田市城厢支公司（以下简称城厢人保财险）在激烈的市场竞争中寻求公司的发展模式，在日益严格的监管环境中寻求合规发展，从注重规模转向以效益为中心，加强员工队伍建设，立足自我求发展，勇于创新求突破，克服种种困难，业务发展和经营管理都取得一定的成绩。是年，支付各类赔款 2546 万元，综合赔付率为 54.8%，实现承保利润 313.18 万元。业务结构调整逐步显现“优化”的态势。2018 年车险保费收入 3270 万元，占比达 73%，非车险保费收入 1046 万元。公司全年实现保费收入 4474 万元，实

人民保险 服务人民 （方丽华 摄）

现承保利润313.18万元，被城厢区人民政府授予“超500万元纳税大户”。

【联合市政府承办5.12防灾减灾宣传演练活动】 5月11日上午，市政府在文献中学开展“行动起来 减轻身边的灾害风险”为主题的全国第10个防灾减灾宣传演练活动，城厢支公司作为承办单位参加活动。活动现场通过模拟地震救援，医疗救护，灾民安置和救援物资发放等演练，让群众在日常生活中增加防灾意识、学会基本的应急避险方法和自救能力。

【与区法院签订合作协议】 6月27日，城厢人保财险与区法院签订“执行无忧，悬赏保险”合作协议。人保财险作为国有大型保险公司，承担社会责任，助力解决法院“执行难”问题，有效推进了保险与司法的融合发展。双方将以此为契机，在办好“执行无忧”悬赏保险项目的基础上，进一步加强沟通交流，探索更多的业务合作方式，为推动法制建设和平安建设贡献力量。

【为环卫工人提供雇主责任险】 5月16日，城厢人保财险成功签下莆田龙马环卫工程有限公司雇主责任险，为该工程公司1300多名环卫工人提供10亿元保额的雇主责任险。

【续保城厢区公路财产综合保险】 2月23日，城厢人保财险经过长时间的跟踪及努力，成功续保城厢区公路财产综合险，增加承保县道20多千米，实现保费67万元 ，同比增长63.65%。

【防范非法集资宣传进社区】 5月26日，城厢人保财险员工走进霞林街道屿上小区，开展防范非法集资宣传活动。通过向过往群众发放防范和打击非法集资宣传折页，现场咨询、疑难解答等多种形式，揭示非法集资的欺骗性、风险性及社会危害性，提示“非法集资不受法律保护、参与非法集资风险自担”，增强保险消费者和社会公众“理性投资、风险自担”的意识。

（方丽华）

教育 科技

教　育

【工作概况】 2018年，莆田市城厢区教育局（以下简称区教育局）有省一级达标高中1所、省二级达标校2所、省三级达标校1所、省重点职业学校1所、九年一贯制学校8所、初中校5所、小学62所、小学教学点12所、独立幼儿园60所（公办27所，民办33所），在校学生80457人，教职工5090人。是年，区教育局以创建“教育强区”为契机，以推进教育集团化和教育信息化为抓手，创新发展思路，改善办学条件，优化师资队伍，实施品牌教育战略，提高教学质量，狠抓学校管理，推动城乡教育均衡发展向更高水平迈进，进一步落实师资校际交流机制，教师队伍建设不断优化，完成2018年初计划确定的各项工作，中高考再获丰收。

【迎评成果丰硕】 2018年，城厢区被省政府授予“教育先进县（区）”称号，列为“教育强区”培养对象。中高考成绩平均分等居各县区第一，受到市局表彰。5月，区教育局安全工作受到市教育局、区政府表彰。7月，区教育局征兵工作受到区人民政府征兵办表彰。12月，区教育局办理提案工作满意率100%受到区政协表彰。新华社政务智库报告刊发《福建省城厢区多管齐下探索教育集团化发展路径》，副省长杨贤金作批示。

【集团办学成效明显】 2018年，区教育局持续落实“单月例会、双月交流会”和“三长”年度述职制度。莆田五中教育集团细化对成员学校具体工作的检查、督导、跟踪落实。南门学校教育集团推行集体备课、教研、赛课制度和培训共享制度，实施统一命题、质量检测、跨校监考，集中评卷、分析、总结。逸夫实小教育集团采取随机抽查、专项督导和综合联评等方式，点面结合，严督勤导，促进集团年度目标任务的落实。局班子成员分别参加教育集团双月分析会，听取各总校长关于集团工作进展汇报，解决集团工作和成员校项目建设中的困难，并提出集团下一步工作要求。贯彻落实中共十九大精神，开展教育系统“干部挂钩”活动，推动党员干部走出机关，走进学校、师生，全面了解学校、师生对教育的需求。刘永贤挂钩莆田五中教育集团、佘智敏挂钩逸夫实验小学教育集团、陈进挂钩南门学校教育集团。局领导班子成员按照职责分工，多次深入集团，结合“高效课堂”改革，对照标准化办学需要，补充集团成员校图书、电脑、桌椅、教学仪器等教学设施，同时督促推进学校项目建设，全面提升办学水平。莆田五中教育集团在推广听课、评课和教研组集体备课取得成效的基础上，全面实施高效课堂研究和推广工作。南门学校教育集团注重教学常规工作推广，同时组织教师到沟头小学、筱塘小学观摩骨干教师高效教学活动。逸夫实小教育集团组织党员名师工作室成员先后赴农村校就开展高效课堂研讨交流活动，紧抓教育质量开展听课活动，效果良好。抓好特色活动教育引领。莆田五中开展党建品牌引领示范，推动成员管理提升。南门学校教育集团开展以“心存感恩，成就人生”为主线的德育特色教育，培养学生良好行为习惯和感恩意识。逸夫实小教育集团把足球引进课堂，聘请教练对足球队进行系统培训；开展国学经典活动引领校园特色文化。三大教育集团通过品牌带动、示范引领，促进成员校常规规范、教学有序、质量提升，知名度不断扩大，学生数得到扩增；优质教育资源总量递增，校际差距逐步缩小。

【财务管理】 2018 年，区教育局健全义务教育经费保障机制，提高公用经费标准，确保教育经费逐年增长。安排城市教育费附加 2206.49 万元，农税转移支付补助资金 410 万元。按省定标准（小学每生每人 750 元，初中每生每人 950 元）下拨公用费 4529.98 万元；对不足 100 人的公办小学按 100 人核定公用经费，补 962 人计拨补 72.15 万元；对 100—200 人的公办小学按 200 人核定公用经费，补 1319 人计补拨 98.93 万元，对不足 300 人的公办初中按 300 人核定公用经费，补 422 人计补拨 40.09 万元，寄宿生每生每年补助 400 元公用经费，共 3557 人补助 142.28 万元；义务教育普通学校随班就读残疾学生每生每年补助公用经费 7600 元 119 人，小学 93 人每人补 6850 元；初中 29 人每人补 6650 元，共计 82.99 万元；寄宿生营养改善补助 181.17 万元。同时，对农村计生户每生每年增加生活补助费 200 元；发放幼儿助学金补助 33.67 万元；发放高中助学金补助 78.88 万元；发放高校贫困生助学金补助 35 万元；发放高中生建档立卡计补助 13.2 万元；增加普通高中学校预算内生均公用经费每生每年 900 元，计 6513 人补助 586.17 万元；职业学校生均公用经费按专业标准，补助 659.27 万元。

【师资建设】 2018 年，全区有小学教职工 2015 人，初中教职工 1134 人，高中教职工 629 人，职高教职工 189 人，幼儿教职工 777 人，在职特教教师 10 人。根据全区师资余缺实际，通过公开招聘，招录编内新任教师 73 名、编外合同教师 127 名，大部分安排到农村任教。实施绩效奖励机制，校级干部奖励 72.2 万元，增发教师一个月绩效工资。出台《乡村教师支持计划实施办法》，逐步提高农村教师待遇。落实名优教师奖励，予以 232 位名优教师兑现奖励金，每年发放 1564800 元。实施“三名”培养机制，组织 65 位名师参加省级培训，设立莆田五中陈玉水等 8 个区级“名师工作室”，徐国裕被确认为首批省级名师工作室领衔名师。组织 12 名教师参加国培计划，23 人次校长（园长）参加省级培训，4500 多名教师参加网络全员培训。组织 54 名小学数学骨干教师高级研修班到西南大学跟班培训，组织小学美术骨干教师 40 名到浙江考察培训。组织初三、高三毕业班教师到省内省外名校考察学习先进教学方法，了解中考高考新动态。继续实施教师 10% 流动计划，231 名教师参与校际交流。实施区内城乡学校结对帮扶，开展百名名师、教研员、骨干教师送教下乡活动，促进农村青年教师专业成长。启动片区管理机制，切实加强学前教育管理，努力补齐民生短板，出台《城厢区推进学前教育片区管理实施方案》，落实公办扶持民办制度。12 所省市示范幼儿园挂钩 83 所公办园和 33 所民办园，通过师资流动、教研培训、资源共享等手段，促进师资水平提升。在职称职务待遇上，全区教师职称任职职务资格确认、评审通过情况：**中学：**确认二级教师职称 29 人，助理讲师 3 人，向市教育局职改推荐参评高级教师职称 16 人通过，向省教育厅推荐参评高级讲师职称 1 人通过。**小学：**确认二、三级教师职称 99 人（其中，二级教师84人、三级教师15人），还有小学向省教育职改部门推荐参评正高级教师评审通过1人。

幼儿园： 确认二、三级教师职称73人（其中，二级教师57人、三级教师16人）。

【项目建设】 2018年，城厢区教育类建设项目6个，其中职业院校项目建设1个、初中学校建设项目1个、小学建设项目1个、公办幼儿园建设项目3个。莆田科技学校学生宿舍楼（建筑面积7960平方米）竣工投入使用；文献中学学生宿舍楼（建筑面积3225平方米）竣工投入使用；城厢区太平小学（三期）综合楼（建筑面积4180平方米）竣工投入使用；东海蔡亭幼儿园综合楼（建筑面积1300平方米）、东海东蔡幼儿园幼儿园综合楼（建筑面积2000平方米）竣工投入使用；筱塘幼儿园教学综合楼及地下停车场（建筑面积5839平方米）在进行主体建设。

【学生资助】 学前教育 2018年春季补助214人，其中一档141人，13.5595万元，二档73人3.65万元，发放助学金17.2095万元。2018年秋季补助169人，其中一档108人计10.424万元，二档61人计3.05万元，发放学前助学金13.474万元。

高中教育 2018年春季补助416人，其中一档89人13.35万元，二档328人27.88万元，共计发放高中助学金41.23万元。2018年秋季补助380人，其中一档79人11.85万元，二档301人25.585万元，发放高中助学金37.435万元。春季免学费补助发放86人，每人800元/学期，6.88万元。2018年秋季免学费补助发放79人，每人800元/学期，6.32万元 。

中职教育 2018年春季补助87人次，发放5.24万元。2018年秋季至2019年1月，补助77人次，发放7.7万元。

大学生入学补助 2018年秋季对58个建档立卡贫困家庭大学生进行入学补助，每人5000元/年，29万元。

【教育信息化】 2018年，区教育局推进“三通两平台”建设，投入680万元，采购189套触摸一体机，建成莆田十二中等4所学校云学堂5间，购置240台教师计算机。全区31所学校图书馆实现自动化集群管理；应用“教育装备自动化管理平台”，91所学校开通实验仪器入库及实验流转等操作功能。区第一实验小学等8个优质校带动13个薄弱校的“一校带多校”在线课堂全面启动，一批教学点和基层校与优质学校实现同上一堂课，弥补乡村学校教师结构性缺编、专业课教师业务水平不高等问题。

【党建工作】 2018年，区教育局围绕适应教育新常态工作，按照《中国共产党支部工作条例（试行）》要求，以组织体系建设为重点，突出政治功能和组织力，着力推进基层组织设置、班子队伍建设、党员教育管理、党内组织生活、党建作用发挥、活动场所建设、工作制度机制、基本工作保障等方面标准化、规范化，让每一个基层学校党组织都强起来，真正把基层学校党组织建设成为“引领学校正能量”战斗堡垒。强建堡垒，着力提升组织凝聚力。努力健全完善管理体制，探索创新工作方式，对照教育部党组“两个意见”要求，按照《中国共产党支部工作条例（试行）》工作要求，抓实抓强基层党支部工作。12月，新成立兴安小学党支部，使得全区区直中小学校均建立党组织，实现党建工作全覆盖；按照程序督促指导任期届满的三大教育集团党委以及莆田科技校等12个基层党支部进行换届选举，选优配强支委74名，增强基层党组织战斗力；加大对民办学校党组织管理，根据实际按区域重新规划调整成立第一、二、三等三个民办学校联合党支部，推进区第二实验小学与凰华幼儿园党支部党建共建活动，选派党建指导员指导民办学校党建工作，取得一定成效。通过优化组织建设，提升组织凝聚力，进一步夯实党建基础。出台《关于开展基层党组织达标创星的实施方案》，围绕基本组织、基本队伍、基本活动、基本作用、基本制度、基本保障等“六个基本”建设，着力推进学校党组织建设成为“引领学校正能量”战斗堡垒；印制《关于全面开展上墙材料和公共领域宣传载体检查整改工作的通知》，强化对学校党建宣传工作的规范指导，切实推进全区中小学校（园）党建工作；出台《学校党务工作者管理办法》进一步加强学校党务工作者队伍建设，进一步明确党务工作者责任、权利和待遇，提高党务工作者事业心和责任心，全面推进学校党建工作。出台《关于规范三会一课制度的有关通知》，为加强和规范党内政治生活、健全党的组织生活、严格党员管理以及推动全面从严治党向基层延伸提供保障。各学校基层党组织开展党员示范岗创建活动，党员教师带头开展教研沙龙、专题讲座等活动助力城厢区“高效课堂”改革，引领更多教师投身教学研究，提升业务素质。三大教育集团党委鼓励总校优秀党员教师带头送教到基层学校，把丰富教学经验和先进的教学理念辐射到农村，推动促进集团各校教育教学质量共同提高，增强党建活动影响力吸引力，真正在普通教师中树立起一名党员一面旗帜作用；一大批党员干部把“新思想”学习教育转化为推动学校发展的使命感，以实际行动为创建全国文明城市、省级文明城区、文明校园创建以及扫黑除恶、精准扶贫等工作努力着。如：区教育局、教师督导室党员干部每月深入挂钩村东海镇上亭村开展精准扶贫工作，了解贫困户生活近况，倾听他们心声，协调解决实际问题，并赠送慰问品；文献中学、中特小学、逸夫实小等党员帮扶关爱困难学生活动、城厢第二实验小学党支部开展“骑行木兰溪 传承治水经”倡导保护母亲河活动等。此外，在教育供给侧改革，补齐民生短板，推进工程建设等方面，一批党员干部积极作为，促项目尽快落地动工建成。

【德育工作】 2018 年，区教育局始终把德育放在素质教育首位，始终坚持育人为本、德育为先，以培养学生良好思想品德和健全人格为根本，以促进学生形成良好行为习惯为重点，培育和践行社会主义核心价值观，坚持学校教育与家庭教育、社会教育相结合，不断完善中小学德育工作长效机制。利用重大活动、重要纪念日、节庆日，继续加强以爱国主义为核心的民族精神和以改革创新为核心的时代精神宣传，持续掀起社会主义核心价值观宣传热潮，让社会主义核心价值观进教材、进课堂、进头脑。3 月 30 日，在华林学校举行城厢区 2018 年“慎终追远·缅怀先辈”清明主题活动启动仪式，组织学生登录“福建文明风网”《新福建》客户端的“网上祭英烈”专栏、飘窗，阅读林祥谦、林觉民、瞿秋白等革命先烈事迹，并在网上向先贤先烈鞠躬献花，抒写感言寄语，收到寄语 800 多条。5 月 8 日，在逸夫实验小学举行以“时刻听党话·永远跟党走”为主题的 2018 年城厢区爱国主义读书教育系列活动比赛，知识竞赛和讲故事（演讲）比赛分小学组和中学组两组同时进行，并选拔优秀选手参加省、市赛，其中文献中学卢子滢在全省 24 名参赛选手中脱颖而出，以 94.44 分的好成绩位列全省第四名，南门学校佳怡同学代表福建省知识竞赛组在中央党校发表心得体会。举行系列活动，扣好人生第一粒扣子，3 月 29 日，在东海中心小学举行莆田市“最美学生”先进事迹巡回宣讲（城厢站）暨城厢区学校先进典型人物事迹进校园宣讲活动，邀请福建省“最美学生”仙游县郊尾中心小学彭心砚进行专场事迹宣讲，充分发挥典型示范和榜样引领作用。5 月 25 日，在霞林学校组织承办莆田市“扣好人生第一粒扣子”——学习宣传新时代好少年主题教育实践活动启动仪式。10 月 12 日，在华亭镇花卉世界举办 2018 年莆田市“扣好人生第一粒扣子”主题教育实践活动之“劳动美”社会实践活动展示暨“八不”规范进校园城厢专场活动，展示现场，华亭镇第一中心小学学生以“心灵手巧话劳动”为主题，为与会人员和辖区学校展示“剪纸、磨豆浆、挖地瓜、种多肉植物、碾糍粑”社会劳动实践技能。全区有26名学生荣获莆田市新时代好少年称号。动员全区学校结合本校实际情况上报德育课题，莆田第十二中学林顺仁老师得课题《高中生命教育校本课程开发与应用得调查研究》入选2017年福建省中小学德育研究A类—决策咨文课题。组织师生参加莆田市“百威英博杯”河长制征文、摄影比赛，其中城厢区教育局获得“莆田市河长制宣传教育工作优秀组织单位”称号，18名学生获奖、11名教师获奖。以落实《中小学生守则（2015年修订）》为抓手，培育和践行社会主义核心价值观，注重课堂教学的德育渗透工作，开展一系列有关生命教育内容进课堂及相关专题综合实践活动，使知识教学与思想教育有机结合。

【体育工作】 2018年，区教育局贯彻《国务院办公厅关于强化学校体育促进学生身心健康全面发展的意见》，切实强化学校体育，推动学校体育改革发展，促进学校体育课堂教学和体育课训练与竞赛的改革创新。科学安排确保学校每天一小时的体育活动时间，落实学校体育“三个评估办法”“学校体育年度报告”制度，实施学校阳光体育工作计划，全面提高青少年学生健康标准，全区学生《国家学生体质标准》学生参与率100%，达标标率94%以上，创建16所25项市级体育项目基地校，6所省级体育项目特色校，11所省级足球特色学校，6所国家级足球特色学校，1所省级足球特色示范校，促进全区学校体育工作的发展。举办城厢区第十八届中小学生田径运动会，组建各城次项目的运动队，科学训练、全面备战，在参加省、市举行的田径、篮球排球、乒乓球、足球等项目比赛中，取得好成绩，向上级输送优秀的体育人才，为莆田市的体育事业做出贡献。

【校园文化建设】 2018年，区教育局引导学校编写美育校本教材，逸夫实验学校《竹韵》《经典诗词进校园》《中华优秀文化艺术创承之体育校本操（国学礼仪操）简介》，莆田文献中学《以湄洲妈祖文化为骨以莆仙民俗为翼——初中美术第二课堂赏析教学思考》，沟头小学的妈祖校本教材，体现当地的地方特色，区教师进修学校教研员朱秋海主持开发的小学美术校本课程《绘说莆仙童话壶兰》在“福建省中小学精品校本课程评选活动”中获得“精品校本课程”称号。各校每年都有举办校园艺术节，形式多样。为更好的提高城厢区的美育工作，12月，邀请莆田学院教授林荣华做《合唱指挥的功夫》主题讲座，随后城厢区教师合唱团正式成立。12月5日，组织40名美术骨干教师赴浙江平湖参加“浙闽新美育”论坛及培训。同时，注重学校美育教研工作，南门学校周婷婷教师参加福建省中小学技能大赛获二等奖。莆仙戏文化在试点校活动中有声有色，利用莆仙戏老艺人资源，对试点校的老师全员培训，第二课堂丰富多彩，逸夫实验学校的莆仙折子戏《学堂风波》华林学校的莆仙折子戏《孟宗家事》获福建省第六届中小学生艺术节二等奖、三等奖，文献中学器乐节目《木兰弦迹》获福建省第六届中小学生艺术展演比赛三等奖。

【民办教育】 2018年，全区有民办幼儿园32所，在园幼儿7872人；民办小学1所，在校生1290人；民办初级中学1所，在校学生3123人。民办学校学生数共计12285人。教职工1165人，其中专职教师705人。民办教育是社会主义教育事业的组成部分，贯彻《中华人民共和国民办教育促进法》，落实区政府《关于印发城厢区进一步规范民办幼儿园办学行为实施意见》精神，坚持“积极鼓励，大力支持，正确引导，依法管理”的方针，促进民办教育健康发展。支持民办教育发展。区教育局印发《城厢区推进学前教育片区管理的实施方案》，进一步贯彻落实《3—6岁儿童学习与发展指南》，继续探索建立覆盖城乡的学前教育“片区管理、联动帮扶”管理机制，全区分12个小片区，每个片区以省、市示范园为龙头，带动扶持和规范全区各级各类幼儿园发展，努力实现“帮在关键处、扶在点子上”目标，推动学前教育有序、健康发展。3所市级示范性民办幼儿园及2所区级示范性民办幼儿园通过跟踪复评，复评结果在网上公示，3所保教改革建设幼儿园各项工作有序推进。进一步规范民办学校办学行为。明确各部门职责，规范办学行为。区教育局会同各镇（街）政府、消防、建设、食药监局等部门对申请设立的民办学校严格把关，符合设立条件的，及时出具证明或发给相关证件，不符合设立条件，立即告知举办者理由；对不具备办学条件的非法办学行为，一经发现立即上报区民办学校秩序整治工作领导小组，开展联合执法，坚决予以取缔。2018年批准设立2所民办幼儿园。区教育局等各相关部门按各自职责，每学期对民办学校进行“双随机”检查，对审批的民办学校，发现问题立即下达整改通知书，责令限期整改到位。对审批的民办学校执行年检制度，把年检结果在网上公示，接受社会监督，2018年评出年检合格学校26所，基本合格8所。对年检基本合格的学校，责令下学期整改到位，年检及年检复检不合格的民办学校责令停办。

【党风廉政建设】 2018年，区教育局全面贯彻落实党风廉政建设各项部署，坚持党要管党、全面从严治党，落实党风廉政建设主体责任，推进教育系统党风廉政建设和反腐败工作，为办好人民满意的城厢教育提供坚强的政治保证、作风保证和纪律保证。坚持问题导向、效果导向，精准发力、持续加力，补齐党风廉政建设工作短板。突出“三个环节”，切实增强“一岗双责”的思想自觉和行动自觉。制定党风廉政建设责任分解表，明确工作任务、工作职责，并通过教育局工作专栏进行公示，切实增强班子成员抓好党风廉政建设的责任感和使命感，做到业务工作和廉政建设两手抓、两促进。教育系统（含驻区委宣传部纪检组）受理信访件57件，12345投诉件754件，其中转立案11件，受党纪政纪处分11人；廉政谈话提醒13人。把握“四种形态”，切实增强监督执纪的针对性和实效性。进一步开展作风建设督查。围绕中央八项规定和“慵懒散”典型问题，在开展常规督查的同时，不定期开展明察暗访，做到不打招呼、不留情面，真正做到抓早抓小、防微杜渐。是年，因师德失范提醒谈话2人，诫勉谈话1人。严肃工作纪律，在完成“在职不在岗”教师清理的基础上，不断完善请销假制度，强化考勤考绩管理，对小病大养、无病休息的教师重拳出击、从严处理，切实规范教师工作行为。优化“两大路径”，切实增强党员干部的纪律意识和规矩意识。强化廉政学习教育。组织全区教育系统党员干部参加《学好监察法 践行十九大》网络答题活动，有125475人次参加，答题次数418515次，在思想上筑起拒腐防变的坚固“长城”。组织观看《权力误区》《永远在路上》等廉政教育专题片，以真实案例来警示教育全系统党员干部，开展新任中层干部任前廉政谈话，引导党员干部不忘初心、廉洁自律。举办党风廉政和财经知识培训，邀请市纪委干部及区财政局、审计局业务骨干讲课。开展警示教育，11月15日，组织全区教育系统领导干部（约80多人）前往莆田市反腐倡廉警示教育基地开展警示教育，进一步增强廉洁自律意识。

【校园安全稳定】 2018年，全区学校安全稳定工作以第五届世界佛教论坛在莆田市召开营造和谐稳定的环境为导向，以创建“平安校园”为抓手，以学生为中心，以抓信访维稳工作、校园周边环境整治、扫黑除恶专项斗争、校园防欺凌、食品安全、火灾隐患排查整治和防溺水安全教育等活动为载体，推动创建工作全面有效开展。开发建立学校安全隐患排查整治监管平台，实现对全区学校安全工作进行实时监管；协调做好交通护学岗工作，全区学校增配保安145人，每人每月增资600元，保安全年工资支出从273万元提高到790万元。全区108所学校分别被评为AAAAA、

AAAA、AAA级平安校园。区教育局被区政府评为2017年度安全生产目标责任制度评先进单位。被市教育局评为2018年度学校综治安全目标管理优秀单位。

【校园卫生管理】 2018年，区教育局按照区食品安全委员会办公室统一部署，结合工作实际，建立“城厢区学校食堂卫生群”，利用微信公众号平台，将上级有关文件精神及时传达到位，多形式、多平台、多方位开展宣传教育。各校利用校园广播、黑板报、宣传专栏、家校通短信平台、印发《致家长一封信》、发放宣传资料和调查问卷等形式，普及食品卫生安全知识，提高学生的食品卫生安全意识，增强学生的食品卫生安全自我保护能力。围绕食品卫生安全工作开展“召开一次以食品卫生安全为主题的班会、上一堂以食品卫生安全为主题的教育课、办一期以食品卫生安全为主题的宣传板报、举行一场以食品卫生安全为主题的知识竞赛”的“四个一”主题教育活动，提高广大师生的参与率与知晓率。引导学校聘请专家举行食品卫生安全讲座，定期向学生传播食品安全知识，提高学生的食品卫生安全意识和食品安全鉴别能力，促进学生形成良好的饮食卫生习惯。严格按照创建国家食品安全示范城市的标准，督促学校抓好“食安”创建工作，扎实推进学校食堂明厨亮灶建设，学校食堂硬件设施得到有效改善，城区所有公立学校基本完成明厨亮灶建设，城区先引领示范，乡镇紧随其后，至年底有莆田五中、莆田文献中学、莆田第十二中学、莆田科技学校、砺成中学第一食堂五所学校被评为“福建省明厨亮灶示范单位”。

【学前教育】 2018年，全区有幼儿园117所，其中公办84所（含教学点）、民办33所，幼儿20859人（公办12987人、民办7872人），学前三年入园率98.8%，普惠性幼儿园比例达到68.9%。城厢区加大公办幼儿园建设力度，规划新建、改扩建幼儿园5所，其中城区建设幼儿园3所，进一步缓解中心城区幼儿学位紧缺的压力。泗华幼儿园启动前期手续办理，力争年内动工。利用原市住建局办公室改建成幼儿园，开设幼儿班12个，该项目进行主体建设；利用市职校电大旧址改建兴安小学附属幼儿园投入使用，开设幼儿班3个，招收幼儿90人。协同有关部门落实小区配套幼儿园的建设，推进住宅小区配套幼儿园移交工作。除东海天誉首府外有7个小区均在建设中，其中洋西地块五安置房项目（圳湖幼儿园）、泗华滨溪（滨溪幼儿园））等2个小区配套幼儿园在着手进行二次装修及办理移交手续。引导幼儿园走创建示范性幼儿园树品牌之路，加快省、市级示范性幼儿园创建步伐。5月，逸夫实验幼儿园通过市级示范性幼儿园复评；11月，佳艺幼儿园、金威幼儿园、凰华第二幼儿园等3所民办园通过市级示范性幼儿园复评；12月，南门中特幼儿园通过市级示范性幼儿园评估，区第一实验幼儿园即将进行省级示范性幼儿园复评；组织对东海中心幼儿园等8所幼儿园进行区级示范性幼儿园“双随机”复评，以评估促进幼儿园大发展。至年底，有省级示范园1所、市级示范园14所、区级示范园43所。申报福建省保教改革建设幼儿园，有区第一实验幼儿园、逸夫实验幼儿园等2所幼儿园被确定为福建省第二批保教改革建设幼儿园。至年底，全区有5所福建省保教改革建设幼儿园。2018年，招聘编外教师30名，充实到幼教队伍中，进一步缓解农村幼儿园教师紧缺状况。建立幼儿园园长和教师培训体系，培养幼儿骨干教师，培养一批名园长和名教师，组织对全区幼师进行《指南》知识及其他业务知识培训，举办公、民办保育员业务培训班，提高保教人员教育观念。三是组织全区各幼儿园开展主题为“我是幼儿园老师”全国学前教育宣传月活动，通过举办一系列活动，展示全区幼师风采。启动幼儿园片区管理，出台《城厢区推进学前教育片区管理实施方案》，进一步加大城镇幼儿教师帮带农村幼儿教师力度，落实公办扶持民办制度。11所省、市级示范性幼儿园挂钩 64 所公办园和 33 所民办园，通过师资流动、教研培训、资源共享等手段，促进师资水平提升。根据市教育局出台的《普惠性认定管理及政府购买服务实施办法（试行）》文件精神，初步认定灵川皇冠幼儿园等 5 所民办幼儿园为普惠性民办幼儿园，并在城厢区政府网教育专栏上进行公示，接下来将根据《城厢区普惠性民办幼儿园认定管理及政府购买服务实施办法》的要求对以上 5 所幼儿园进行奖补。

【小学教育】 2018 年，全区有小学 70 所，九年一贯制学校小学部 8 所，教学点 4 所，民办小学 1 所，在校小学生 37184 人，小学班级数 888 个，班生额 42 人。招收进城务工随迁子女 8280 人，适龄儿童入学率达 100%。扩建太平小学、逸夫实验小学新增学位 300 个，新建兴安小学新增学校 285 个，有效消除城区超大班额。出台《城厢区中小学校构建高效课堂工作方案》，成立逸夫实验小学、筱塘小学、区第一实验小学、区第二实验小学、灵川中心小学等 5 所小学为“高效课堂”建设第一批试点学校。通过加强集体备课、听评课管理、校本作业布置与批改等教学常规管理，提升精细化管理水平，激发学生学习兴趣，提高课堂教学效益。出台《城厢区教育局做好义务教育质量监测工作的通知》，明确每学期都进行一次监测，并随机抽调监测的年级、监测科目和监测结果的应用，确保各学校教师按省颁的课程开齐上足。探索形成基于教育教学改革实践的教师专业发展新机制，通过省级教育教改示范性建设学校有 9 所，为实现教育教学改革点上深化、面上推进。坚持开展“义务教育管理标准化学校”创建工作，6 所学校通过省级申报工作。制定、印发《莆田市城厢区教育局关于进一步加强农村留守儿童教育关爱保护工作的通知》，要求各校按照一人一档要求，建立健全留守儿童档案，进一步加强农村留守儿童教育关爱工作，保障农村留守儿童健康成长。为进一步推进“书香校园智慧阅读”工作，推进现代信息化阅读进入课堂，让学校多样化推进阅读，打造书香校园，培养各校阅读种子教师，来带动指导阅读，共同为建设阅读课程努，于 8 月 23—24 日组织“书香校园智慧阅读导读员”专题培训学习，全区有 130 多人参加培训。

【普通中学教育】 2018 年，全区初中学校 13 所（独立初中 5 所、九年一贯制 8 所），在校生 16203 人。全区高中学校 4 所，高级中学 1 所，完全中学 3 所，其中城区 1 所，农村 2 所，在校生 6673 人。有省一级达标校莆田五中，有省二级达标校莆田三中、莆田十二中，省三级达标校莆田十八中。普通高中容量能满足教育需要。坚持“做优做大”的发展思路，贯彻“积极鼓励、大力支持、正确引导、依法管理”的方针，坚持鼓励扶持和规范管理并重，促进规范办学，做大全区高中品牌。结合“两项督导”“双随机”检查对学校办学行为进行检查、督促，及时通报，责令整改。区教育局、区教师进修学校干部分片包校督促农村学校落实常规管理，确保课程开齐开足。创设活动平台，实施岗位练兵活动，选拔、指导教师参加教学技能、教学能手、优秀论文、说课、下水文等比赛，促进教师专业成长。莆田市教师教学技能大赛，中学组有 32 人次获奖，其中一等奖 9 人次，二等奖 9 人次，三等奖 14 人次。全面落实名师网络视频展播以及“一师一优课，一课一名师”活动。“一师一优课”评选活动，全区获得 30 节优课，其中部级优课 3 节，省级优课 10 节，市级优课 17 节课。抓好质量监测，加强全区教学质量管理，促进教育教学质量上新台阶。推进“三通两平台”建设，启动“一校带多校”在线课堂。加快学校图书馆信息化建设，实现图书馆自动化集群管理。是年，中高考整体质量再上一个新台阶，高考、中考全区总分平均分均居 7 个县区第一名。区教育局获高中教育教学优质管理奖，莆田第三中学、莆田第十二中学获高中教育教学优质管理奖，莆田十八中获高中教育教学进步奖。南门学校、砺成中学获初中教育教学优质管理奖，莆田第十二中学、柯朱学校获初中教育教学进步奖。莆田五中通过福建省教育厅“一级达标高中学校”复评；莆田三中、霞林学校、东沙中学被评为“福建省第二批义务教育教改示范性建设学校”；莆田三中、莆田十八中、华林学校、西许中学被评为福建省第三批“义务教育管理标准化学校”；莆田五中、南门学校、文献中学被评为福建省第一届省级文明校园。莆田十二中被评为“国家级节约型公共机构示范单位”；南门学校被评为“第二批全国国防教育特色学校”，莆田五中被评为福建省第三批高中生物学科教研基地校培育单位，学校篮球队获中国初高中男子篮球联赛（福建赛区）高中组第四名；霞林学校被授予“福建省大学生校外实践教育基地”称号。

【职业教育】 2018年，莆田科技职业技术学校加大投入，扎实推进校园“五化”建设，如期完成学生新宿舍楼、多功能图书阅览室和笼式足球场建设，添置饮水机、热水器、洗衣机等设备，不断改善学习、生活条件。持续添置实训设备，优化实训条件，办学实力进一步增强。围绕区域产业发展布局和市场需求，走出一条特色职业教育发展之路，秋季招生736人，招生人数居全市同类学校前列。高职招考12位学生考上本科，专科上线率达98.6%。师生技能大赛再创佳绩，教师省赛三等奖2人次，学生省赛一等奖1人次，省赛三等奖3人次。学校推进产教融合，与众多知名企业深化校企合作，6月份举办学生就业暨顶岗实习推介会，有50多家资质企业来校设展招聘，21家企业进驻学校汽车实训基地招聘现场。学校与莆田市大川实业有限公司、福建省汽车工业集团云度新能源汽车股份有限公司、福建高动人力资源管理有限公司、莆田市欧雅艺术制品有限公司、莆田市卓群文化发展有限公司等企业合作，探索实施人才订单式培养模式，拓展实习实训空间，提升实训质量。学校校园文化内容丰富，60周年校庆、第23届校园文化艺术节、技能节、运动会、元旦迎新晚会等活动成为学生锻炼技能、展示才艺的大舞台，“十佳进步奖”等系列十佳评选、“文明学生”评选、文明礼仪进课堂、普法安全教育等成为德育工作特色。“文明校园”“平安校园”等级创建成效突出，通过“福建省规范化中等职业学校”省级评估，被评为福建省第二批规范化中等职业学校。

【成人教育】 2018年，城厢区重视成人教育，把成人教育当作推动终身教育进程的先导，在制定终身教育发展计划中突显成人教育，全区终身教育成员单位联络员28人，通过召开成员单位联络员工作例会，通报终身教育工作信息。同时，结合全国“全民终身学习周活动”，创新“9·28”终身教育活动日活动形式，完善“9·28”终身教育活动日系列活动机制。运用互联网和移动终端等为载体的现代信息技术构建开放灵活的终身学习公共服务平台，全区有3个学习网站。按照《中华人民共和国老年人权益保障法》要求，把区老年教育摆在重要地位，参加区老年大学及镇街老年学校学习的人数达13000多人。进一步加强社区教育机构建设，拓展终身教育、终身学习基地的服务功能，全区有社区教育兼职人员100名，社区教育志愿者200名。以社区教育学院为主阵地，与7个社区学校、60个社区（或村居）教育学习点形成三级社区教育网络体系。建立互动合作机制，按照职责分工，做好教职员工、企业职工、农民等各类人员的职业技能培训和更新知识培训，全年开展教育培训22348人次。

（宋建伟）

莆田一中

【工作概况】 2018年，莆田第一中学（以下简称莆田一中）有57个教学班，其中包含1个新疆预科班，8个中美国际班，在校学生2932人。专任教师215人，其中正高级教师4人，高级教师77人，具有硕士学位的教师74人，特级教师1人，国家级骨干教师1人，市级及以上名优教师（教学名师、学科带头人、骨干教师）59人。学校有在研国家级课题1个、省级课题4个。年内，在莆田一中全校师生的共同努力下，学校被上级有关部门授予全国中小学心理健康教育特色学校、全国优秀科技教育创新学校、全国综合实践活动课程研究与实施先进学校、第四届中国高中教育50强、首届省级文明校园、福建省示范性高中建设学校、北京航空航天大学优质生源基地、东南大学优质生源基地等荣誉称号，获得莆田市高中教育教学优质管理奖等。学校通过省级文明校园检查、省示范高中暨一级达标复查等多项评估检查。教师1人获福建省先进工作者，1人获福建省群众体育先进个人。在“一师一优课、一课一名师”评比中，5节获得部级优课；1项教科研成果获2018年省级教学成果奖二等奖；1人获省生物实验说课比赛比赛省第四名；在第四届省教学技能大赛中，1人获特等奖，1人获二等奖，2人获三等奖。1人获2018年福建省中小学教师网络空间创建活动省一等奖。是年，与厦门一中、福州三中、上杭一中等校在学校管理、教育教学、校园文化建设、学生社团活动等方面开展交流。同时，针对学生需求开设不同主题的短期交流夏令营，有7位同学参加美国、英国和加拿大游学营。

10月15日，2018年度玫瑰基金颁奖大会召开　（莆田一中 供）

【2018年学科奥赛亮点】 在近年稳步攀升、屡创记录的基础上，2018年莆田一中在五大学科奥赛（数学、物理、化学、生物、信息学）取得历史性的突破：全国一等奖1人次，全国二等奖1人次，全国三等奖1人次，省级一等奖21人次，省级二等奖80人次，省级三等奖74人次。其中，在第35届全国中学生物理竞赛决赛中，1人获全国一等奖（第25名）和最佳女生奖，并进入国家集训队，保送北京大学。在第一届全国中学生地球科学竞赛决赛暨国际地球科学奥林匹克竞赛选拔赛（中国赛区）中获得1枚金牌6枚银牌4枚铜牌的好成绩，各项数据均居全省第一。全国中学生地球科学竞赛由中国科学技术协会主管，中国地震学会主办，本届决赛由北京大学与北京一〇一中学承办，福建省参赛学生在此次决赛中共获得1枚金牌7枚银牌6枚铜牌。

【教育集团发展】 2018年，莆田一中发挥示范辐射作用，帮扶莆田市外国语学校（莆田一中妈祖城校区），选派骨干教师支教，开展集团内教研联动。帮助擢英高中教学，坚持高三同进度、同教研、同考卷、同练习。切实提高擢英高三教育教学质量。开展对加盟协作校的帮扶，派驻挂职副校长，开展教研联动、挂教交流、外教讲座等活动，提高相关学校的管理、教学和德育等工作水平与层次，为教育均衡发展作贡献。开展对加盟协作校的帮扶，开展教研联动、挂教交流、外教讲座、送教下乡、送培下乡等活动。5月14日，召开莆田市高中教育第一联盟体第一次会议、莆田一中教育集团2018年度会议，吸收仙游盖尾中学、莆田十三中、仙游道德一中、仙游道德四中、

12月30日，莆田一中举办2018年度艺术节暨2019年元旦迎新晚会

（莆田一中 供）

渠桥二中等校加入莆田一中教育集团，莆田一中教育集团进一步壮大。

【新疆高中班】 自2012年承办新疆班，2018年学校继续为新疆班同学提供良好的学习、生活环境，努力为新疆的发展培养德才兼备的合格建设者和接班人。坚持周工作例会、月学生大会。开展结对帮扶工作，加强学生的心理疏导与思想交流。举办古尔邦节等系列庆祝活动、第三届新疆班毕业典礼和5次外出社会实践活动，2场晚会。4月17日，新疆班学生的维吾尔族舞蹈《葡萄熟了》参加福建省第五届少数民族文艺调研。6月9日，举行莆田一中第二届新疆高中班毕业典礼。

【奖教助学】 2018年，莆田一中关心学生生活，继续开展扶贫助困工程。免除贫困学生学杂费，发动社会爱心企业及人士资助贫困生，全年资助金额达98.35万元。10月15日上午，莆田一中隆重举行“莆田一中玫瑰基金”（2018年）颁奖仪式。颁奖仪式奖励高二、高三年段共计195多名学生。此基金为本校热心校友郑俊飞先生设立。

【科技教育】 2018年，莆田一中深入打造校园创意文化、科技文化、社团文化、活动文化，为学生展示青春活力、张扬个性魅力提供一个最为鲜活的载体和途径。完善科技中心硬件建设，建成3D打印创新实验室及电子创意、人工智能体验等区域。科技类获全国奖4项，省级12项。5月16日上午，莆田一中拉开校园“奇思妙想”创意节、“百花齐放”社团节、科技节的序幕。青春的力量、青春的思想、青春的创意都汇聚一起，狂热“大派对”掀起一股创新的“头脑风暴”，尽情展现青春风采。该届创意节活动再次升级，包括奇思妙想创意节、科技节、跳蚤市场、高三游园会及心理健康周等。创意活动有脑洞大开创意展、旧物改造主题展、头脑风暴竞技场、众志成城竞技场、“美丽校园”展示台、“我爱我家”模型区，科技活动有科技博览、物理园、化学院、生物田，社团活动有现场交际舞Party、美食品尝、扇面书画、吉他弹唱等活动精彩纷呈，为师生及市民打造一场视听盛宴、文化盛宴。该届“奇思妙想”创意节活动多、形式新、影响广，吸引师生及众多市民参观，引发广泛的社会反响，活动被众多学校借鉴。

附录：

莆田一中党委副书记、校长：蔡金清；莆田一中党委书记：郑高翔；副校长：陈丽华、陈国文、邹荔生。

（吴天然 方建设）

莆田五中

【工作概况】 2018年，莆田第五中学（以下简称莆田五中）有60个教学班，其中包括8个中加国际班，在校学生2775人。专任教师共计270人，有硕士研究生学历教师42人，在聘高级教师占教师总数的29.3%。学校拥有2位省特级教师，2位全国优秀教师，14位省学科带头人和省骨干教师，6位省学科带头人培养对象，2位市教学名师，4位市名师工作室领衔名师，34位市学科带头人和骨干教师，45位市骨干教师培养对象，39位区级骨干教师。年内，学校被上级有关部门授予福建省第三批高中生物、体育学科教研基地校培育单位、第二批全国国防教育特色学校、福建省2018年全国青少年校园篮球特殊学校、福建省首轮复查通过一级达标高中校、第一届（2015—2017年度）省文明校园、福建省首批示范性普通高中建设学校等荣誉称号。学校顺利通过省级文明校园检查、省示范性高中暨一级达标校复查等多项评估。

是年，教师参加莆田市第四届中小学教师教学技能大赛有14人获奖。其中，一等奖5个，二等奖4个，三等奖5个，获奖人数及等次均居全市第一。在年度“一师一优课、一课一名师”评比中，1节获得部级优课，3节获得省级优课；在福建省初、高中毕业班教学关键问题“微课”评选中，2位老师获一等奖，2位老师获三等奖。在2018年福建省中学生航模比赛中，6位学生全部获奖，其中一等奖1人，二等奖1人，三等奖5人。校乒乓球队获2018年福建省青少年乒乓球冠军赛暨中学生乒乓球联赛高中组团体总分第一名。校篮球队获得2018年福建省中学生篮球锦标赛二等奖。校足球队获2018年福建省青少年校园足球联赛暨中学生足球锦标赛三等奖。学生1人获第十九届全国中小学电脑制作活动三等奖；1人获2018年第二十七届全国中学生生物学联赛福建赛区三等奖。

4月21日，莆田五中开展社团活动（陈玉水摄）

【教育集团】 2018年，莆田五中教育集团带动集团3个成员校不断提升办学质量，提高教育水平。总校莆田五中在保持自身稳定发展的基础上，带动文献中学和莆田十二中提高办学水平，建立10个高、初中融合的“松散型”教育集团。2所成员校转变明显，教学常规更加规范，教研氛围日益浓厚，学生管理规范有序，成员校中考、高考获得佳绩。以莆田第五中学为集团总校，11月19—23日由莆田五中承办高中学段全科公开周教学研讨和

6月10日，莆田五中召开2018届毕业典礼（陈玉水 摄）

12月5日，莆田市中学实验工作会议在莆田五中举行（陈玉水 摄）

12月3—7日由南门学校承办初中学段全科公开周教学研讨活动中，集团内教师进行64节公开教学，近30场评课等教科研活动。公开周开设的展示课涵盖全部学科，集团内同学科教师同台亮相，通过“同课异构”等形式展示各自的教学风采。为加强教学经验交流，打造高效课堂和教师专业成长构建一个互动交流、学习、展示的平台。借着家国情怀情感教育巡回课堂（高中校）、全区学校2018年青少年毒品预防教育“6·27”工程达标考核工作和扫黑除恶专项斗争形势分析会暨工作推进会的契机，集团德育中心召集相关德育工作者进行专题研讨交流，旨在健全学校、家庭、社会“三结合”教育网络，着力提升未成年人的思想道德教育日常化、生活化水平。

【奖教助学】 2018年，莆田五中关心学生生活，开展扶贫助困工程，免除贫困学生学杂费。5月22日，莆田五中2017—2018学年弘毅奖学金颁奖大会在校运动场举行，有246位同学荣获弘毅奖学金。

【社团和志愿者活动】 2018年，莆田五中不断丰富思想政治教育的载体和方法。通过组织青年志愿者者服务，学生社团活动，团日活动等，寓教于乐，让学生实践中树立正确的世界观和人生观。6月23日，学校举办“砥砺奋进新时代 青春筑梦新征程”为主题的2018年学生社团文化节。全校41个学生社团结合自身特色开展了形式新颖、内容丰富的社团活动。话剧社、音乐社、古诗文社、街舞社、歌唱社、广播站等10多个社团表演精彩的舞蹈、话剧、小品、朗诵等节目，书法社、设计设、手工文创社、3D打印社、机器人社等社团展出自己优秀作品。心理社的心理测试、记者站的知识竞猜、象棋社的现场对弈、排球社的垫球比赛、植物社的植物辨别等活动引来同学们纷纷参与。在“世界艾滋病日”，青年志愿者积极参与预防艾滋病知识宣传教育活动。在“12·5”国际志愿者日到来之际，青年志愿者到莆田SOS儿童村，为孩子们带去礼物，并一起游戏。

【省级先进单位】 2018年3月，莆田第五中学获评为福建省第三批高中生物及体育学科教研基地校培育单位、第二批全国国防教育特色学校；2018年6月，莆田第五中学顺利通过福建省一级达标高中现场复查评估；2018年7月，获评第一届（2015—2017年度）省文明校园；2018年12月，获评福建省2018年全国青少年校园篮球特色学校；2018年12月，莆田第五中学被福建省教育厅立项为省首批示范性普通高中建设学校。

（陈玉水）

莆田学院

【工作概况】 2018年，莆田学院设有16个二级学院，52个本科专业，形成以“工科、医科、管理”为主干的机电类、信息类、土建类、医学类、文化产业类、工商及公共服务类、环境与生化类、工艺美术类等八大专业群，涵盖了理学、工学、文学、管理学、医学、教育学、艺术学等7大学科门类。全日制在校本科生近1.6万人；专任教师906人。校园占地面积111.12公顷，校舍建筑面积50.7万平方米，馆藏纸质图书110万册，教学仪器设备总值1.7亿元，固定资产总值10亿元（不含附属医院）。新校区占地198公顷，争取2019年秋季实现部分搬迁。有实验室38个，其中省级重点实验室3个、省级工程研究中心1个、省部级人文社科研究基地6个。直属附属医院1所，非直属附属医院3所，教学、实习医院38所。学校先后获中国侨联爱国主义教育基地、全国绿化模范单位、全国全民健身活动先进单位、福建省文明学校、平安校园、福建省花园式单位等称号。

【人才培养】 2018年，莆田学院推动转型，进一步完善产教融合人才培养模式，学校入选省示范性应用型本科高校。与信息技术新工科产学研联盟、莆田市政府一起推动建设新工科产业学院，招收学生490多名。新增省级精品课程8门。加强教学实践基地建设，立项建设校级大学生校外实践教育基地25个，新增省级示范性虚拟仿真实验教学项目1个。实施卓越人才和创新人才培养计划，继续举办妈祖文化传播人才培养特色班，开设莆仙戏文化传播人才特色班，获省级教育教学改革研究项目8项。成立创意创新创业学院，实施“三创”教育改革行动计划，学生在学科和技能竞赛中获国际级奖项10人次、国家级奖项163人次、省级奖项122人次。举办开莆讲堂9期，营造以文化人、以文育人的氛围。完善就业工作机制和指导服务体系，做好就业困难学生精准帮扶，2018届本科毕业生就业率达99.15%、签约率达73.89%，111名毕业生考取硕士研究生。

【学科专业建设】 2018年，莆田学院明晰学科建设思路，优化学科结构，加强应用型学科建设。成为硕士学位授权立项建设单位，办学层次与竞争力进一步提升。加强研究生联培合作，有联培硕士研究生43名，兼职硕士生导师60名。制订学校学科建设3年行动计划，重点建设临床医学、护理学、机械工程、环境科学与工程、社会学、数学等重点、特色、应用学科。扎实推进专业和课程建设，组建了创新量化金融、智能土木2个专业群，新增风景园林、助产学、绘画、软件工程、智能科学与技术、机器人工程、数据科学与大数据技术7个本科专业，生物技术专业由理学调整为工学，环境工程和工程管理专业接受IEET工程及科技教育认证。

【科研工作】 2018年，莆田学院获批省经信委、省科技厅等省级科研创新平台2个、省级科研创新团队1个。获校外立项科研项目214项，其中国家级项目4项、国家社科基金子项目1项、省部级项目41项、市厅级项目120项、横向项目48项，资助项目总经费3984.09万元（不含学科、平台、中央财政等经费）。教师发表论文518篇，其中SCI收录31篇。获得授权专利61项，其中发明专利13项。出版著作7部，获省社科优秀成果奖三等奖1项。参加第十六届中国·海峡项目成果交易会优秀科研成果48项，成功对接签约2项。

【师资队伍建设】 2018年，莆田学院开展“百万聘博”工作，深入985高校引揽人才，引进到岗博士64人，与27位博士签订引进协议，全职聘用台湾博士25人，兼职聘用台湾博士1人。11位在职教师继续攻读博士学位。新评聘正高级专业技术职务6人、副高级35人、中级24人。入选闽江学者讲座教授2人、省高校新世纪优秀人才支持计划3人、省高校杰出青年科研人才培育计划5人，省优秀教师1人、市先进教师4人。选派教师赴国（境）外高校、学术机构访学进修41人次，获教育厅学科（专业）带头人赴国外研修项目2人次、学科（专业）带头人赴德国研修项目 1 人次。选派教师赴企事业单位开展深度实践 226 人次。至年底，全校有专任教师 889 人，其中副高以上职称教师 442 人，占 49.72%；具有博士、硕士学位教师 719 人，占 80.88%。

【对外交流合作】 2018 年，莆田学院继续深化与美国新奥尔良大学的合作，与马来西亚砂拉越科技大学签署合作协议。开展中马青年互访交流游学等活动。校友会工作进一步加强。服务“一带一路”建设，深入开展妈祖文化研究，举办第四届国际妈祖文化学术研讨会，在海外设立妈祖文化研习基地。参与妈祖祭典表演和第五届世界佛教论坛等重大活动志愿服务，获省志愿服务项目大赛奖项 2 项、省第二届母亲河绿色团队奖 1 项，1 个志愿服务队被授予省百佳优秀志愿服务组织。继续教育进一步拓展，积极筹建老年大学。附属实验小学不断深化教育教学改革，社会影响进一步扩大。

【学术研讨】 2018 年，莆田学院举办第四届国际妈祖文化学术研讨会、省机械工程学会学术年会、省教育学会学术年会等国际、省级会议，促进学术交流，增强学校影响力。组织开展第十六届科技节活动，开展学生活动 75 场，学术讲座 60 场，引导广大青年学生崇尚科学、积极创新，推动师生参与科研实践。

【党建工作】 2018 年，莆田学院坚持党对学校工作的领导，把握社会主义办学方向。落实全面从严治党主体责任，组织制定贯彻落实高校党建工作重点任务清单。开展“学习新思想万名师生同上一堂课”“习近平教育思想万人大学习”等活动。制定出台 12 个党建工作规范性文件，促进基层党建工作标准化、规范化，管理学院第四党支部入选全国高校“样板支部”培育建设单位，2 个学院党委、20 个党支部入选省高校“标杆院系”“样板支部”培育建设单位。推进党风廉政建设和反腐败工作，重点领域、关键节点的风险防控和内部监督审计工作得到进一步加强。贯彻落实全国、全省高校思想政治工作会议精神，实施思想政治工作质量提升工程，推进了全员全过程全方位育人。实施大学生马克思主义自主学习行动计划，推进“互联网＋思政工作”，易班优课活跃度居全省第一、全国前列，学校获第三届全国高校校园好声音活动优秀组织奖，“青春逐梦十九大，砥砺奋进铸辉煌”优课入选易班全国优课教学活动案例，“传习录——‘习近平新时代中国特色社会主义思想’”诵读系列优课获福建省易班十佳品牌项目。

【附属医院工作】 2018 年，莆田学院附属医院继续深化内部改革，不断提高临床教学和医疗服务水平，年门诊量 170 万多人次，年出院病人 8 万多人次，年手术量 3 万多例，为莆田医疗卫生事业发展作出贡献。

附录：

校级领导　党委书记：陈柴生；党委副书记、校长：宋建晓；党委副书记：翁若平、黄志源；党委常委、副校长：宋一然、李文芳、蔡晃

办公室　主任：黄金象；副主任：黄素霞（女）；副主任：许莉（女）；副主任：林韬

纪委监审处　处长：苏荔萍（女）；副处长：辛国荣

组织部　部长：罗仁河；副部长：阮莉立

宣传部　部长：林萍兰（女）；副部长：朱秀兰（女）

工会　常务副主席：廖爱武（女）

团委　书记：林强

人事处　处长：俞国锋；副处长：郑开忠；

教务处　处长：程德华；副处长：陈志勇　陈祖芬

科研处　处长：陈智雄；副处长：郑洁红（女）

学生处　处长：戴杰孙；副处长：吴继云

后勤处　处长：徐玉锋；副处长：吴金荣　谢春霖

财务处　处长：林育堂；副处长：林国英

资产管理处　副处长：柯志松、俞清海

基建处　处长：黄鹏飞；副处长：曾永生、陈志聪

保卫处（武装部）　处长：林键；副处长：陈清隆

医学部　主任：王少华

发展规划处（外事办）　处长：黄少强

仙游校区管委会　主任：林征

图书馆　党总支书记：陈建美；副馆长：陈春阳

信息化建设与管理中心　主任：陈培芳；副主任：许振和

文化与传播学院　院长：孟建煌；党委副书记：蔡福兴

外国语学院　党委书记：陈玲（女）；院长：姚鸿琨；党委副书记：曾伟

数学与金融学院　院长：阮其华；党委副书记：徐卫民

环境与生物工程学院　党委书记：王清水；院长：吴锦程；党委副书记：许荔仙（女）

机电工程学院　党委副书记：蒋春兰；副院长：蒋长春；

信息工程学院　党委书记：刘卫红（女）；院长：黄金火；党委副书记：陈黎娟（女）；副院长：黄朝辉

土木工程学院　党委书记：郑立新；党委副书记：杨海青；副院长：张秀成

工艺美术学院　党委书记：林剑聪；院长：林永生；党委副书记：陈俊新

音乐学院　党委书记：朱秋良；院长：林荣华

体育学院　党委书记：方建水；院长：王清生；党委副书记：黄志强；副院长：朱家新

管理学院　党委书记：林炳荣；院长：徐国喜

商学院　院长：林鸿熙；党委副书记：陈逸萍（女）

护理学院　党委书记：蔡永兴；院长：魏碧蓉（女）

药学与医学技术学院　党委书记：程俊福；院长：阮志鹏；党委副书记：方向昭

临床医学院　党委书记：庄惠龙；院长：王少华；副院长：连志明

基础教育学院　院长：宋毅；党委书记：林剑华

继续教育学院　院长：徐永辉；副院长：林梅影（女）

马克思主义学院　党委书记、院长：朱新华

莆田学院附属医院　党委书记、院长：林海滨

（莆田学院供稿）

教育督导

【工作概况】　2018年，城厢区人民政府教育督导室（以下简称区督导室）围绕《教育规划纲要》和《教育督导条例》精神，坚持督政与督学并举、监督与指导并重的方针，进一步强化综合督政机制，创新督导评估机制，加大教育督导工作力度，扎实推进各项工作，完善督学责任区挂牌制度，推动城厢教育改革发展。落实省市“两项督导”和“教育强区”整改工作，先后组织召开相关会议，按照整改要求学习解读，做好整改。迎接省教育质量监测工作，切实做好与省市督导室联络协调工作。

【创新责任督学挂牌督导工作机制】　2018年，区督导室以责任督学换届工作为契机，创新工作机制。区政府出台《城厢区责任督学挂牌督导实施方案》，设立责任督学挂牌督导专项经费（每年3万元）。根据城厢区的实际情况，设立7个责任督学责任区，每个责任区设立办公室，实现全区所有学校全覆盖。根据《督导条例》，出台责任督学的工作职责、工作流程、待遇保障、考核办法等相关文件，特别是为提高责任督学工作积极性和工作有效性，给予每位督学人员每月300元的补助，每周工作量按2课时折算，每月5天学校免考勤，年度考核优秀的给予表彰等待遇保障。至年底，全区聘任21位责任督学，7个责任区的组长由督导室人员担任，按照《督导条例》要求抓好督导工作的开展。

【督导工作常态化】　2018年，区督导室严格按照《督导条例》要求，坚持每月每校一督导，抓好督导工作，促进学校管理规范

化制度化，推进教育进一步发展。坚持每月开展一次督导主题，实现学校督导无缺漏，强调规范督导流程操作，切实做好督导记录，及时反馈，督促整改落实，并利用微信群及时编辑发送督导信息。同时，坚持综合督导与专项督导相结合，配合区教育局开展各项检查督导工作。是年，完成对凤办、霞办辖区公办、民办25所幼儿园的督导，并形成通报。督导责任区完成两次督导，教学常规和校长听评课、集体备课和师德师风专项督导，并形成通报。通报学校35所次，通报教师7人次，受理群众来访来电3人次，并及时核查，督导整改。

（韩 冰）

教师进修学校

【工作概况】 2018年，莆田市城厢区教师进修学校（以下简称区进修学校）按照区教育主管局的统一部署，以习近平新时代中国特色社会主义思想为指导，遵循“内涵发展，服务至上”工作宗旨，发挥岗位文明正能量，筹谋达标建设新布局，各项工作进展顺利。学校领导班子重视党建工作，党支部加强党员目标管理，进一步推进“两学一做”学习教育常态化制度化。结合“党员e家”网络平台集中学习超12次，分组学习达6次，人均摘抄学习笔记万字以上，并引导党员参加“党员e家”网络平台中共十九大知识竞赛活动。落实“三会一课”制度，定期召开领导班子民主生活会和党员组织生活会，开展“改革开放再出发，凝心聚力再冲刺”“扫黑除恶扬正气，重温党纪促和谐”等8个主题党日活动。发动教职工参与第七期职工医疗互助活动，每人缴纳互助金60元，教职工参与率100%；动员和组织教职工参与“一日助”慈善捐款活动，补充各级“送温暖工程”基金。研究制定《城厢区教师进修学校文明单位创建工作规划》，各项创建工作规范有序开展。校级领导和部分处室干部先后3次下东海镇利角村挂钩开展“千名干部进村户，排忧解难保平安”活动，走访140余户村民，做好平安综治宣传，提高平安三率；轮派党员干部参加挂钩村利角村抗台防汛值班工作2人次，为平安村居建设尽心尽力。是年，徐国裕老师撰写《一位特级教师的专题式引领》专著出版，教研员撰写论文发表在《福建教育》等教育教学CN期刊13篇，另有论文参与市、区级汇编交流。教研员应邀作省市教学专题讲座30场次，人均示范讲课2节。6人获“2017—2018学年度莆田市初中教育先进个人”荣誉称号，2人获小学数学教材研读与教学一等奖，2人被评为“2017年莆田市小学教育管理优秀教研员”。

【校务常态管理】 2018年，区进修学校注重内涵发展，加强内务管理，成立绩效管理工作、校务公开等对接工作管理领导小组，开展系列基础性常态管理工作。按照莆城委办和莆城教文件通知，严格考勤制度，完善“钉钉”打卡制度，细化请销假、申请临时外出等审批程序，不定时督查，定时核对公示，并运用于年度考核量化及绩效工资奖惩中。落实莆城财文件通知要求，严格财经制度，各种报销按照程序实行一把手审批制和经审监督制，对就餐费用、下乡车辆补贴进行登记和统计核对，对新校区办公设备按照政府统一采购流程招投标购置。制定《2018年度校务、财务公开工作实施方案》，及时公示各种财务材料，并上传经费使用情况自查报告等材料，做到民主管理，公开公平运作。按照莆城委保办文件通知落实要求，做好网络清理自查工作，保证涉密工作从未出现过失泄密问题。重视档案管理工作，按档案规定标准，做好档案资料的立卷、存档工作及电子目录编写。办公室做好报刊杂志订阅收发工作，完成了上级交给的年度党报党刊和各类报刊订阅任务。

【科研教研】 2018年，区进修学校中学教研员分别组织召开2018年初中毕业班学科“复习备考”研讨会、初高三毕业班工作推进会6场次；组织参加省、市高三、九年级市质量检测研讨活动及省初中学科毕业班教学研讨活动13人次；在华林学校等校组织开展“同课异构”教学研讨等主题教研活动达20场次；依托3个学片教研平台，在常太学校、西厝中学等校举行中学片区教研活动6场次。制定城厢区2018年普通中学市级教育教学开放活动方案，推荐高初中64位教师参加莆田五中和南门学校分别承办的精品课评选活动。小学教研员承办“莆田市小学语文课外阅读现场会”、市“幼儿园优质美育观摩研讨”等省市级活动项目4场次；下基层校组织学科集体备课摩课研讨活动人均10次。在霞林学校举行全区中小学综合实践STEM课程观摩研讨，全市首家率先推动STEM课程落地生根。学校抽派5位教研员配合教育督导室做好高效课堂督查评估，形成书面材料报送汇总。教研室做好相关学科期末教学质量监测命题、监考等考务工作，并创新网上阅卷形式，高效完成考试评价阅卷工作，教研员全年参加中考、抽考等考务工作15场次。为发挥城区学校学科带头人、名师的示范作用，推进城乡义务教育均衡发展，教研室按照新规定有计划组织举行送培送教下乡。中学教研员积极组织以课堂教学为中心的“送教下乡+送研下校”活动，9所农村校受益，实现教与研双赢。小学教研员搭建城乡教师之间交流对话的平台，举行送教下乡活动12场次，执教老师24人次。区级党员名师工作室开展送教下乡活动16场次；徐国裕省级名师工作室赴龙岩市结对帮扶学校开展第二次教学研讨活动，名师示范引领效应在外地市延续辐射。另外，市区未成年人心理健康辅导站在城厢区华亭西许中学联合开展未成年人心理健康教育“送教下乡”活动，通过特色学科课程研讨深化未成年人思想道德建设。组织举行全区第七届小学幼儿园教学能手评选活动，全区推荐56位优秀教师参赛，评出语文科、数学科、综合科“教学能手”各9名，幼儿园“教学能手”8名。市第四届教师教学技能大赛中，小学幼儿组参赛获奖率达91%，初高中组参赛获奖率达58%。中学教研员指导基层教师参加省、市学科优质课评选共7位教师获奖。组织评委对各校选送的“一师一优课”教学视频进行评选，从117节课例中择优遴选41节课例视频参评获市优18节、省优11节及部优3节；协助组织全区各高中校参赛选手参加第三十五届全国中学生物理竞赛、城厢区庆国庆中学生现场作文竞赛活动和中学生乡土历史知识竞赛等赛事5场次。教研室组织举行2017—2018学年全区中小学幼儿教育教学优秀论文评选活动，评出近200篇获奖作品，制作汇编本分发交流。小学教研员组织举行学科课题观摩研讨活动达24场次，中学教研员组织开展《提高道法课教育教学实效性研究》等课题研究系列活动30多场次。小学幼儿教研员对2016区级课题送报的课题研究材料进行结题鉴定，确认“课内教学与课外阅读联动的研究”等52个课题准予结题，并评出研究优秀成果奖16个。小学幼儿教研员负责的《核心素养背景下常见文体“教学核心内容”的构建研究》等9个省市级在研课题分别在2018年结题。中学教研员对2016年立项的58个中学教育教学课题进行结题验收，对2018年中学教育教学课题申报进行立项，推选市级立项课题12个、区级立项课题59个。在进修学校举行城厢区首批教育科研基地校授牌仪式，高中2所、初中3所、九年一贯制学校3所确定为城厢区首批教育科研基地校。协助省教育科学规划办做好上一轮莆田五中吴志明主持的《利用校本课程提升高中学生英语学科素养策略研究》等5个专项课题的结题和新一轮进修学校教研员主持的《莆仙戏艺术融入中小学音乐课堂教学的实践研究》等3个专项课题申报立项，在霞林学校录播室组织举行课题开题报告会，邀请省市区三位专家到会指导。

【轮训培育】 2018年，区进修学校按照《莆田市城厢区教育局关于开展2017—2018学年城厢区中小学教师继续教育培训的通知》要求，依托奥鹏教育网通过区、中心校、基层校三级联动的管理模式，利用培训负责人工作群，对2017—2018学年全区4421名中小学（幼儿园）教师进行网络远程全员培训，4420人培训达到合格标准，并推选研训优秀展示课作品参加成果应用网络交流。制定《城厢区新任教师见习期转正考核及评优方案》，对上学年度98位小学、幼儿园教师进行转正考核，评出成绩优秀的新任教师学员10名、优秀带教教师10名、优秀专业导师9名。培训处对199位中小学幼儿园新任教师进行岗前培训，培训课程分为集中培训和分学科培训两大部分，并开设社会实践课程，组织新任教师到市政广场开展“保护河流”志愿者义务劳动，增强新任教师社会责任感。同时，创新新任教师见习期培训机制，为每一位新任教师配备带教教师和专业导师，形成2对1的结对帮扶团体，对于竞聘到农村基层学校的小学教师，见习期间到中心校接收跟岗培训，促进新教师专业成长。与教育局联合主办乡村小学语文、小学数学教师教学能力提升培训班，全区200位乡村小学语文、数学教师参加为期6天的集中学习，为打造“高效课堂”奠定坚实的基础。5月，在仙游城东中心小学举行福建省乡村教师素质提升工程省级小学数学培训班，福建省小学数学徐国裕名师工作室受托承担此该活动教学观摩示范、名师专题讲座、个别专业指导等培训任务。联合区教育局出台《关于建设城厢区第一届“名师工作室”的通知》文件，在全区选拔高中语文、初中数学、小学数学共计8个名师工作室，确定8位领衔名师和57位工作室成员。此外，区教育党委根据优秀教师中党员教师占大多数的情况，特别成立9个“党员名师工作室”。至年底，全区有17个区级名师工作室，148位工作室成员。出台《名师领衔名师职责》《名师工作室成员职责》，给每个名师工作室每年3万元活动经费，给每个党员名师工作室每年2万元活动经费。区级名师工作室成立以来，开展教学研讨活动17场次，开展课题研讨活动8场次。教研员积极推进研训一体化，以研促训，实现教科研和干师训“1+1>2”的成效。选派教研员及一线教师参加小学语文、品德学科部编版教材使用培训及中学语文、政治、历史三科教材网络培训，并做好相应学科教师全区性全员再培训。组织教研员及教师参加福建省中考、高考复习策略名师面对面研修培训、福建省中小学教师学科综合能力提升及跨省教改实验区交流培养工程培训、2018年福建省中小学教师试题能力提升研修班培训等6个主题的省级培训学习；组织教研员参加莆田市高效课堂培训、市中小学美育教师培训活动、市书香校园智慧阅读导读员培训等市区教育教学研修培训5场次；组织50多名数学骨干教师到重庆西南大学学习培训。7月份，徐国裕名师工作室为福清市1900多位小学数学教师举行全员岗位培训，共享市际研训结合成效。

（卓秀如）

科 技

【工作概况】 2018年，莆田市城厢区科学技术局（以下简称区科技局）贯彻中央、省、市和区委、政府的决策部署，实施创新驱动发展战略，加快建设创新型城区，强化科技项目带动，加大科技创新主体培育，推进科技创新平台建设，促进科技成果转移转化，建设全国知识产权强县试点，完成年初确定的目标任务。是年，城厢区争取市级科技计划项目8项，获项目资金76万元。落实《关于加强改进区级科研项目和资金管理的若干意见》，全年落实科技计划项目、高新技术企业、科技奖、专利等的区级科研奖励补助资金配套178.1135万元。万鑫模具、劲德电源、大大科技、星华电子、萨拉曼、锐马电气等6家企业通过2018年度国家级高新技术企业认定；蛤老大、诚味食品、才子服饰等3家企业获得2018年省科技小巨人领军企业；组织推荐百盛公司申报2018年度国家级专业化众创空间备案工作。截至年底，全区有国家级高新技术企业16家，省级科技型企业41家，省科技小巨人领军企业16家，省级（企业）工程技术研究中心5家，省级众创空间5家。组织推荐溢通环保袁敏、亚明食品吴其明申报2018年科技创新创业人才。推行科技特派员制度，草拟《城厢区科技特派员工作考核方法》《城厢区人民政府办公室关于建立城厢区科技特派员工作联席会议制度的通知》《城厢区人民政府办公室关于深入推行科技特派员制度的实施办法》等制度措施。加强国家知识产权强县工程试点的建设，组织亚明食品、锐马电器等2家企业实施《企业知识产权管理规范》贯标工作，新增烛火信息、杰讯光电等5家2018年莆田市知识产权试点企业，全区拥有省级知识产权试点企业7家，市级17家。是年，全区专利申请1850件，专利授权612件，其中发明专利授权45件，每万人发明专利拥有量3.603件。

【科技计划与项目】 2018年，城厢区争取市级科技计划项目8项，获项目资金76万元。技术开发与应用项目，莆田市嘉裕华制鞋工业有限公司申报的“毛勾鞋扣缝合制作工艺开发”项目，获市补助经费10万元；中科华宇（福建）科技发展有限公司申报的“高性能标签胶研究和产业化”项目，获市补助经费10万元；福建省莆田市衡力优传感器有限公司申报的“双量程扭矩检定仪关键技术研发”项目，获市补助经费10万元；莆田市城厢区诚味食品有限公司申报的“速冻预调理耗油牛柳降盐加工关键技术的研究与开发”项目，获市补助经费10万元；福建省亚明食品有限公司申报的“基于食品及人身安全的一种尾料全切削型自动锯骨机的开发与应用”项目，获市补助经费10万元；莆田市景天市政园林工程有限公司申报的“竹柏古树的保护与开发利用研究”项目，获市补助经费10万元。科技特派员后补助项目，莆田市城厢区诚味食品有限公司申报的“猪颈肉腌制速冻制品产业化示范”项目，获市补助经费8万元；福建省莆田市翔锦大农业开发有限公司申报的“枇杷新品种‘早西白’引种与示范推广”项目，获市补助经费8万元。

【科技活动】 2018年，区科技局鼓励支持企业申报国家级高新技术企业、创新型企业、科技型企业、众创空间等，推动大众创业、万众创新。万鑫模具、劲德电源、大大科技等6家企业通过2018年度国家级高新技术企业认定；蛤老大、诚味食品、才子服饰等3家企业获得2018年省科技小巨人领军企业。落实《关于加强改进区级科研项目和资金管理的若干意见》，全年落实科技计划项目、高新技术企业、科技奖、专利奖励等区级科研奖励补助资金配套178.1135万元。其中，高新技术企业4家，每家奖励20万元；省科技三等奖1家，奖励1.5万元；省科技计划项目资金补助2家企业，区政府给予15%的省科技计划项目（孵化用房补助、STS项目）资金配套10.2135万元；市科技计划项目资金补助5家，其中区政府给予15%的科技计划项目（技术开发与应用项目及小微企业创新项目）资金配套10.2万元；莆田市知识产权试点企业5家，每家奖励3万元；发明专利11项，每项奖励2万元；实用新型专利（含软件著作权）188项，每项奖励2000元；外观设计16项，每项奖励1000元。加强创新创业人才培养，组织推荐溢通环保袁敏、亚明食品吴其明申报2018年科技创新创业人才。

推行科技特派员制度，22个科技人才通过市级科技特派员认定。深化院地合作，促进科技成果对接转化，促进杰讯光电、溢通环保等10多家企业与高校、科研院所建立长期合作关系，组织星华模具、萨拉曼等6家企业申报2018年度清华大学研究生社会实践项目。加强国家知识产权强县工程试点的建设，组织亚明食品、锐马电器等2家企业实施《企业知识产权管理规范》贯标工作，新增烛火信息、杰讯光电等5家2018年莆田市知识产权试点企业，全区拥有省级知识产权试点企业7家，市级17家。落实区级专利奖励61.2万元，其中发明专利11项、实用新型专利（含软件著作权）188项、外观设计16项。

【科技宣传】 2018年，区科技局借助“科技活动周”、文化、科技、卫生“三下乡”“知识产权宣传周”等大型科普活动，开展科技政策进企业、科技“三下乡”、知识产权保护等宣传活动，赠送科技图书、科普资料、科技致富小册子等宣传资料900多份。5月19—26日举办2018年城厢区科技活动周，以“科技创新 强国富民”为主题，重点开展科技政策进企业活动和科技“三下乡”活动，组织人员开展高新技术企业政策、科技项目申报、科技奖励、知识产权保护等科技政策的宣传咨询服务，针对安全生产、食品安全、节能环保、减灾防灾等开展科普活动，发放科技图书、科普小册子、宣传资料等300多份。

（林华 陈奕雪）

防震减灾

【工作概况】 2018年，城厢区防震减灾工作在区委、区政府的领导下，在市地震局的支持指导下，坚持以“预防为主，防御与救助相结合”的防震减灾工作方针，先后开展防震减灾科普宣传、地震应急救援体系建设等工作推进防震减灾事业不断向前发展。

【地震应急宣传教育活动】 2018年，莆田市城厢区地震工作办公室（以下简称区地震办）开展地震应急宣传教育活动，为做好防震减灾工作营造良好的社会氛围。邀请市地震局领导专家在文献中学为城厢区干部群众、教育系统分管校安工作副校长作题为“防震与减灾，地震来了怎么办？”的应急避震减灾等大型的通俗易懂专题知识讲座。同时，将防震减灾法规、文件及地震有关报刊、资料分送给各级领导，让区领导及时了解防震减灾工作情况，争取各级领导对防震减灾工作的重视和支持。

【地震科普知识进校园进家庭活动】 2018年，城厢区又上报创建莆田三中国家级地震科普知识教育示范学校，依托地震科普知识教育示范学校，加强对广大青少年的防震减灾知识教育工作，向全区各类学校赠送青少年防震避震知识读本、地震科普挂图，突出防震减灾法规、防震避震知识、自救互救知识的宣传。通过设置宣传栏、教师课堂讲解、成立地震观测小组等形式，普及地震科普知识。通过组织中小学生积极参加竞赛活动，既普及地震科普知识，又提高中小学生的防震减灾意识。

【地震纪念日宣传】 3月1日防震减灾法实施日，5月12日汶川地震纪念日，7月28日唐山地震纪念日由区地震办、团区委、科技局等相关部门联合组织开展地震宣传，及时宣传防震减灾工作法律法规和地震工作的最新动态。区地震办借助区科协举办科普宣传周活动的契机，利用科普大篷车进校园平台，在城区部分学校开展防震减灾知识巡回宣传活动，增强宣传的生动性、趣味性，发放防震减灾宣传材料近5000份，现场为师生和社会群众解答防震减灾的有关问题，宣传做好2018年第五届世界佛教论坛召开期间的安全保障工作部署，落实论坛筹备和召开期间的地震安全保障工作。

【中小学校地震应急演练】 2018年，以市、区地震办联合在文献莆田三中举办的一场综合性上规模的防灾减灾应急避难、疏散、逃生、自救的现场观摩演练，拉开城厢区中小学校地震应急演练的序幕，通过各学校有序开展的演练活动，增强全体师生、社会各界群众防震减灾法规意识，做到处急不慌，防患于未然，增强群众辨别地震谣言的能力，保障人们正常的生产、生活秩序，维护社会的稳定。

【地震应急救援体系建设】 2018年，城厢区委、区政府成立区突发公共事件应急管理工作领

5 月 11 日，城厢区开展地震演练　　（蔡新添 摄）

导小组，并制定领导小组主要职责，区政府应急管理办公室作为其日常办事机构，承担全区突发公共事件应急管理的各项工作。制定《城厢区地震应急工作检查制度》，使城厢区地震应急工作检查经常化、制度化，初步形成统一领导、综合协调、分类管理，分级负责、属地为主的地震应急工作机制。根据区城总体规划和城市人口居住特点，完善莆田一中、莆田五中等 11 个地震应急避难场所的设施建设。同时，争取经费加强对 11 个应急避难场所的日常管理和维护工作，确保应急避难场所各项功能正常化。至年底，区群测群防区、镇（街）、村（居）三级网络初步形成，各镇建立以水井、动物习性为观测主体的宏观观测网。加强对新列入地震测报点莆田市天豹蛇类繁殖驯养场工作联系，促进各观测点人员及时向市地震局提供观测资料，发挥观测点的应有作用。同时，进一步充实完善全区地震灾情速报应急网络和地震应急通讯网络，各镇配备防震减灾助理员。向各镇及观测点发放《地震业务学习指南》等材料，组织参加市地震部门组织的各种业务培训活动，提高地震观测人员的业务素质和能力。

（陈 玲）

文化体育

【工作概况】 2018年，莆田市城厢区文体广电出版局（以下简称区文广局）以党的群众路线教育实践活动为抓手，围绕区委、区政府的工作中心和上级主管部门下达的各项任务，推进城乡一体化和幸福家园试点村文体设施建设，打造文体服务平台，为城厢经济和社会发展提供文化支撑。 2018年新建村级电子阅览室12个，图书二万多册，巩固提升农家书屋12个投入资金20万元。区文广局窗口受理审批事项130件，其中出版物经营许可项目新设立96件，变更5件；高危险性体育项目许可新设立6件；娱乐经营许可新设立项目14件，变更2件，延续1件，退办件1件；演出团体新设立项目1件。并于3月对电影和出版印刷等行业共107家进行年检。按照审批要求，全部事项都做到0超时，按时办结率达到100%。全区有注册运动员594人（其中省注190人，市注44人）。

【综合文化服务中心建设】 根据莆田市人民政府《关于开展2017年为民办实事活动的通知》文件精神和《关于做好2018年基层综合性文化服务中心建设的通知》、“美丽莆田 文化繁荣”行动计划相关工作要求，2018年城厢区投入资金80万元共新建村（社区）综合文化服务中心示范点10个（常太镇党城村、候山村、长基村、金川村，华亭镇郊溪村、湖头村、后塘村、华亭社区，东海镇上图村、大埔村），添置文化宣传栏、多功能会议设施、室内健身、棋牌娱乐等，使其完善宣传文化、青少年活动、党员教育、科学普及、普法教育、体育健身等综合服务功能。

【基层文化阵地建设】 2018年，区文广局把基层文化阵地建设作为文艺工作的重中之重来抓，全区建起高标准乡镇宣传文化活动中心7个，农村文化活动室89个。同时，为基层文化站配送各种文化器材，如组合健身器材、电脑、图书、书橱、培训桌椅、棋牌桌椅、体育器材、音响、电视等演出和培训必用电器，按文化部的标准规划指导各文化站的建设，同时促成综合文化站的投入使用并以点带面，循序渐进，进一步将基层文化建设推向各自然村。

【开展文艺活动】 2018年，区文广局完善基层文化站长、村级文化协管员的选拔聘任工作，举办多次村级文化协管员和文艺骨干培训班，规范协管员队伍的建设，提高协管员队伍的管理和组织能力，并想方设法组建多支文艺团队，主要是从区直机关、企事业单位的文艺爱好者中选拔优秀表演人才，组成“文化下乡艺术团”，到农村、到基层巡回演出；

将活跃在文化馆周围的一些文艺、莆仙戏爱好者组织起来成立各种民间文艺团体，利用馆里的排练厅和音响设备，组织指导排练工作。在社区和农村开展广场演出；组织社区和农村广场舞蹈队，为全区经济建设和各项工作的开展创造良好的舆论氛围。同时，加大引领群众文化活动力度。常年派出专业人员，深入基层，对农村基层农民的文化团队进行业务指导，如传统曲艺、舞蹈、车鼓、十音八乐等。组织引导群众，开展各种文艺演出、比赛，推出精品在参加省、市级比赛和活动中获得较好的成绩。克服财力不足，组织文艺志愿队伍响应省艺术扶贫的倡议部署艺术扶贫工作，服务广大农民群众的子女。安排部署与农村贫困地区的学校和群体“结对”，选定艺术扶贫点开展工作。组织曲艺专业艺术人员，利用艺术特长，为农民实施艺术扶贫活动，培训的内容有十音、车鼓、民间舞蹈、腰鼓、秧歌等项目，既可以陶冶情操，又可以健身。美术专业人员对贫困学生实施美术培训，涉及儿童画、素描、色彩、美术理论等科目，让农村贫困孩子也能受到艺术启蒙教育，身心得到健康发展，取得很好的效果。同时，组织艺术扶贫班的学生创作作品，在文化馆举办书画作品展。

【文体设施建设】 2018 年，城厢区投入资金 1110 万元建设有线电视未联网的 22 个行政村光纤联网全覆盖，实现全区覆盖；推进华亭镇埔柳村民俗博物馆和郑春晖木雕民间博物馆，区文化馆利用一楼增设多功能排练厅（争取达到国家二级馆标准）提升建设；投入资金 170 万元新建补充完善 48 个（社区）村级文化服务中心示范点、3 个文化站（含新建设 12 个农家书屋、12 个数字农家书屋、10 个文化激情广场等设施）。落实《全民健身计划健身纲要》和省、市级为民办实事与民生改善工程，争取上级资金 304 万元新建社区多功能场所 5 个，笼式足球场 2 个、室内健身房 3 个，室外健身点 11 处。

【基层文体活动】 2018 年，区文广局落实文化馆（站）公共文化设施免费开放制度。每周开放时间不少于 42 小时，每年天数时间不少于 300 天，公益培训、艺术普及、阅读欣赏、展示展览等基本服务项目健全，其中少儿书画培训每年不少于 400 人次，爱国主义核心价值观展览吸引约 1000 人参观学习。持续打造“百姓大舞台”“我们的节日”等公益文化活动品牌，如东海镇按季度组织百姓舞台活动。落实公共文化服务“四进”活动，农村“2131”工程年放映数字电影每年 1000 多场次；推进“结对子、种文化”活动，培育基层文艺队伍 10 多支；打造“忘不了的乡愁”，举办非遗文化进校园、非遗进社区等各类活动每年 10 多场次；开展莆仙戏“进校园、进村居”活动，举办莆仙戏艺术讲座每年 10 多场次。民间莆仙戏剧团演出每年 1000 多场次。推进全民阅读活动，成功举办全区性全民健身比赛 15 项共 50 多场次。

【文化市场管理】 2018 年，区文广局出动执法人员 3265 人次，组织专项执法行动 8 次，检查出版市场 1158 家次，取缔非法经营摊点 19 家，盗版音像制品 3000 多张，盗版图书 9000 多册，检查各类印刷企业 138 家，立案 5 件，坚决打击各类违法违规生产经营活动。对全区网吧、娱乐场所、印刷企业等人员密集场所进行安全大检查，出动执法人员 698 人次，检查场所 312 家次，发现安全隐患 27 处，当场责令整改 24 处，限时整改 3 处（全部整改到位），基本消除安全隐患。

【文物保护】 2018 年，区文广局为加强对文物的保护，继承中华民族优秀的历史文化遗产，促进科学研究工作，63 处文保单位全面签订《文物安全责任书》，重点检查石室岩、五帝庙、梅峰寺等 12 处文保单位，落实人员、设施和制度。通过编制市级文保单位横江祖宫、蔡襄纪念馆维修方案，组织省市文物专家论证延寿桥修缮方案。

【群众体育】 2018 年，区文广局遵照以人为本，贴近百姓，因地制宜，小型多样，健身与休闲相结合，努力打造具城厢特色的全民健身活动氛围。组织各镇街、村居、社区、老体协、农体协，利用建设好的体育健身工程，在元旦、春节、元宵及节假日期间举行广场舞、车鼓表演、篮球、乒乓球、羽毛球、门球、拔河、象棋等全民健身系列活动。举办城厢区全民健身运动会乒乓球、羽毛球、篮球、足球、跆拳道等15个比赛项目。组织报名参加2018年莆田市百村体育联赛的篮球、乒乓球、广场舞、羽毛球、象棋、拔河等6个项目比赛，霞林街道下黄村荣获莆田市百村体育联赛篮球团体第一名；组织霞林街道筱塘社区、龙桥街道北磨社区参加2018年莆田市社区体育节三人篮球，龙桥街道北磨社区获三人篮球第一名；组织华亭镇华亭社区加社区体育节羽毛球。

【体育赛事】 2018年，城厢区成功承办2018年莆田市中小学生联赛暨莆田市第三十一届学校运动会（乒乓球、足球）两个项目和莆田市锦标赛（赛艇和足球）两个项目的办赛工作。组织参加省运会，第十六届省运动会在宁德举行，组织参加集训运动员129人，参赛69人。省运会城厢区运动员取得金牌4枚、银牌10枚、铜牌13枚。区代表队参加游泳、跆拳道、篮球、足球等11个项目的比赛，其中获得跆拳道男女团体第一、足球男女团体第一、篮球男团第一、游泳男团第一、拳击男团第一、武术散打女团第一等成绩，带入第五届市运会奖牌15枚金牌4枚银牌6枚铜牌。

2018年度城厢区籍运动员参加国内外大赛（包括青少年比赛）成绩统计表

表4

姓名	性别	出生年月	现单位（队）	比赛名称	时间	地点	参赛项目	成绩	名次
满诗雨	女	2010年	省体校	全国青少年武术套路锦标赛暨第七届世界青少年武术锦标赛选拔赛	2018年5月5日	山西太原	女子丙组刀术	8.12分	第三名
				全国青少年武术套路冠军赛	2018年10月19日	河北保定	女子丙组刀术	8.34分	第三名
许　梅	女	2004年	莆田体育运动学校	全国U13—14岁田径锦标赛	2018年12月4—7日	江西九江	三级跳远	11.86米	第三名
许一鸣	男	2000年	莆田体育运动学校	全国射击射箭重点城市联合会射击比赛	2018年5月15日	陕西宝鸡	50米卧射	1157环	第二名
							3×40（三）	608.9环	第六名
					2018年8月	江西南昌	三姿	1139/441.3	第二名
							气步枪	613.8/139.7	第七名
余岭锋	男	1998年	莆田体育运动学校	世界射击锦标赛	2018年9月	韩国	飞蝶	团体	第七名
					2018年3月	澳大利亚	飞蝶	团体	第三名

续表 4

姓名	性别	出生年月	现单位（队）	比赛名称	时间	地点	参赛项目	成绩	名次
蔡琰娴	女	2003年	莆田体育运动学校	第52届世界射击锦标赛	2018年9月	韩国	女子10米移动靶标准速青年组个人	539环	第一名
							女子11米移动靶混合速青年组个人	359环	第三名
林雪芳	女	2003年	莆田体育运动学校	2018年全国重点联合赛	2018年5月	陕西宝鸡	女子25米手枪	559—9X	第四名
薛逸凯	男	2002年	莆田体育运动学校	2018全国U19锦标赛	2018年1月	洱北容城白洋延	飞碟	99中	第五名
白一廷	女	1982年	省射击中心	2018年全国射击个人团体锦标赛		江苏南京	多向混合团体	131中	第五名
				第十九届亚运会	2018年	印尼巨港	女子飞碟双多向	—	第二名
				2018年全国射击冠军赛	2018年1月	福建莆田	多向混合团体	131中	第四名
				2018年全国射击个人团体锦标赛	—	江苏南京	女子飞碟双多向	308中	第二名
高世超	男	1988年	省射击中心	2019年全国射击个人团体锦标赛	2018年7月	江苏南京	多向混合团体	131中	第五名
				2018年全国射击冠军赛	2018年1月	福建莆田	多向混合团体	131中	第四名

续表 4

姓名	性别	出生年月	现单位（队）	比赛名称	时间	地点	参赛项目	成绩	名次
吕敏贞	女	1998年	福建队	皮划激流回旋世界青年锦标赛 U23	2018 年 7 月 17—22 日	意大利	女子单人皮艇团体	—	第七名
				全国皮划激流回旋锦标赛	2018 年 10 月 17—20 日	贵州	女子双人皮艇	—	第二名
				全国皮划激流回旋冠军赛（春季）	2018 年 4 月 2—8 日	四川米易	女子单人皮艇团体	—	第三名
				全国皮划激流回旋冠军赛（春季）	2018 年 4 月 2—8 日	四川米易	男女混合双人划艇	—	第四名
				首届中国皮划激流回旋公开赛	2018 年 4 月 2—8 日	四川米易	女子单人皮艇	—	第六名
				全国皮划激流回旋夏季冠军赛	2018 年 9 月 5—9 日	湖南宜阳	公开组女子双人皮艇	—	第二名
				全国皮划激流回旋夏季冠军赛	2018 年 9 月 5—9 日	湖南宜阳	公开组女子双人皮艇	—	第二名
				首届中国皮划激流回旋公开赛湖南宜阳	2018 年 9 月 5—9 日	湖南宜阳	女子单人皮艇	—	第六名
				全国皮划激流回旋青年锦标赛暨全国青少年 U 系列总决赛	2018 年 8 月 16—19 日	湖南张家界	女子 U23 单人皮艇	—	第一名
巴炜航	男	2004年	福建队	全国皮划激流回旋夏季冠军赛	2018 年 9 月 5—9 日	湖南宜阳	青少年组 U14 男子个人全能	—	第五名
				全国皮划激流回旋青年赛 U 系列锦标赛（福建分赛区）	2018 年 12 月 11—14 日	福建长泰	U14 男子皮划	—	第二名

续表 4

姓名	性别	出生年月	现单位（队）	比赛名称	时间	地点	参赛项目	成绩	名次
闫 东	男	1990年	福建队	全国皮划艇（静水）锦标赛（春季）	2018 年 3 月 25—27 日	湖北赣州	男子 12 公里单人划艇	—	第六名
黄 辉	男	2001年	福建队	全国帆船锦标赛（激光级）	2018 年 11 月 30 日至 12 月 5 日	深圳大梅沙	男子场地赛团体	—	第三名
林伟婷	女	—	福建队	2018 年全国皮划艇激流回旋冠军赛（春季）暨首届中国皮划艇激流回旋公开赛	2018 年 4 月 4—8 日	四川易米	冠军赛公开组女子单人皮艇（跨项）	—	第六名
							公开赛公开组女子单人皮艇（跨项）	—	第五名
							冠军赛公开组女子单人皮艇团体赛（跨项）	—	第二名
				2018 年全国皮划艇激流回旋 U23 及青少年锦标赛暨全国皮划艇激流回旋青少年 U 系列总决赛	2018 年 8 月 16—19 日	湖南张家界	女子单人皮艇	—	第四名
							男女混合双人划艇	—	第八名
				2018 年全国皮划艇激流回旋夏季冠军赛暨中国皮划艇激流回旋公开赛	2018 年 9 月 7—9 日	河南宜阳	冠军赛公开组男女双人混合划艇	—	第六名
							公开组男女双人混合划艇	—	第七名
				2018 年全国皮划艇激流回旋锦标赛	2018 年 10 月 2 日	贵州下司	男女混合双人划艇团体赛	—	第二名
							女子单人皮艇团体赛（跨项）	—	第四名
							女子单人划艇团体赛	—	第五名

续表 4

姓名	性别	出生年月	现单位（队）	比赛名称	时间	地点	参赛项目	成绩	名次
陈晨鹭	女	2007年	福建队	2018年全国女子水球锦标赛	2018年5月16—20日	广西桂州	全国女子水球	—	第四名
				2018年全国青少年冠军赛	2018年3月15—18日	广西江南	全国女子水球	—	第二名
				2018年全国青少年锦标赛	2018年8月20—26日	广东顺德	全国女子水球	—	第二名

【机构合并】 2018年12月26日，根据莆城委办发〔2018〕11号文件，组建区文化体育和旅游局。将区文体广电出版局的职责，区旅游事业局的行政职能整合，组建区文化体育和旅游局，作为区政府工作部门，正科级，归口区委宣传部领导。区文化体育和旅游局加挂区新闻出版广电局牌子。

（许少杭）

社科联

【工作概况】 2018年，莆田市城厢区社会科学界联合会（以下简称区社科联）在区委、区政府的正确领导下，以习近平新时代中国特色社会主义思想为指导，深入学习中共十九大和十九届二中、三中全会精神，团结和依靠全区社科工作者，发挥社科联的桥梁纽带、组织协调、咨询服务、宣传普及作用，积极开展各类社科工作，促进全区哲学社会科学事业繁荣发展，为打造人文宜居新城厢，建设美丽莆田先行区贡献力量。

【社科普及周启动仪式】 10月14日，由市委宣传部、市社科联主办，市社科普及工作联席会议成员单位，区委宣传部、区社科联承办的2018年社会科学普及周开幕式在市博物馆举行，活动主题为“新时代新征程新使命·谱写美丽莆田新篇章”。现场，向居民赠送科普书籍，开展“社会科学在你身边”、社科知识有奖竞答活动，制作科普挂图、展板供群众参观，举行《家园记忆·华亭篇》《红色马院》等社科知识宣传材料发放以及社科知识、时事政策咨询等活动。

【举办全区习近平新时代中国特色社会主义思想学习汇报会】 8月9日，中共城厢区委召开习近平新时代中国特色社会主义思想学习汇报会，汇报交流党的十九大以来，城厢区深入学习宣传贯彻习近平新时代中国特色社会主义思想和党的十九大精神的进展和成效，研究部署下一阶段主要工作。现场，区委组织部、区委宣传部，以及北磨社区、东海镇坪洋村、亚明食品企业、南门中特小学等单位代表依次作了汇报交流发言，各镇（街道）党委（党工委）作书面汇报。

【成立城厢区乡村讲师团】 2018年，城厢区被确定为全省10个试点县（市、区）之一。6月4日，区委宣传部、区农业局、区民政局联合下发《关于开展设立乡村讲师团助力乡村振兴工作的通知》（莆城委宣联〔2018〕3号）。6月14日，召开乡村讲师团队伍建设和管理联席会议，研究并启动乡村讲师团建设试点工作。区委宣传部制定《关于建立城厢区乡村讲师团并聘请首批讲师团成员的通知》（莆城委宣〔2018〕16 号），聘请 35 位同志为首批城厢区乡村讲师团成员，下设 5 个宣讲小分队，分别为理论小分队、农技小分队、政策小分队、文教小分队、健康小分队。

【举办新媒体时代舆情处置讲座】 6 月 4 日，区委理论学习中心组学习（扩大）会议召开，邀请新华社中国经济信息社舆情监测中心高级分析师、主任编辑李雪作《新媒体时代突发事件的舆情处置》专题讲座。全区各套班子领导、公检法主要领导、全区副科级以上领导干部、区直机关干部代表等 240 多人在会场听取讲座。

【莆田市"身边故事我来讲"巡回宣讲会（城厢会场）】 8 月 27 日，莆田市"身边故事我来讲"巡回宣讲会走进城厢。活动现场来自基层的 8 位优秀理论宣讲员，围绕身边人、身边事，用亲身体会和感受讲述一个个精彩感人的故事，展示莆田市学习贯彻习近平新时代中国特色社会主义思想和中共十九大精神的生动实践，以及莆田市改革开放四十年的光辉历程和宝贵经验。

【学习贯彻学习宣传贯彻习近平总书记治理木兰溪重要理念市委宣讲团巡回宣讲活动】 11 月 15 日，学习宣传贯彻习近平总书记治理木兰溪重要理念市委宣讲团到城厢区开展巡回宣讲。活动中，肖厝社区党支部书记谢金坤、华林经济开发区组织办负责人张旭等 6 名亲历木兰溪治理的参与者、受益者代表，用他们的亲身经历来宣讲木兰溪治理情况及沿线居民生活、城市发展、产业发展等方面的变化。

【"将改革开放进行到底"全省百姓宣讲巡回活动】 10 月 29 日，"将改革开放进行到底"全省百姓宣讲巡回活动城厢区专场在华林学校开讲，300 多名干部群众、企业职工、学校师生到场聆听。活动为深化庆祝改革开放 40 年群众性主题宣传教育活动，由福建省委宣传部主办，城厢区委宣传部、区教育局、华林学校承办。宣讲队由"身边事，我来讲"全省基层理论宣讲员比赛中的 6 名优秀宣讲员组成，以真人、真事和真情实感，讲好改革开放的故事，讲好新时代中国特色社会主义的故事，展现学习贯彻习近平新时代中国特色社会主义思想的成果，展现福建人民对习近平同志的深厚感情。

（郑荔涵）

档　案

【工作概况】 2018 年，莆田市城厢区档案局与莆田市城厢区档案馆［以下简称区档案局（馆）］"村档镇管"经验写入《村级档案管理办法》，"乡村记忆档案"示范项目建设作为全省优秀典型交流，档案"双随机"检查领域不断延伸，纪念改革开放 40 周年图片展在多地流地展出，组织编纂的《东青村志》5 月由中国文史出版社出版发行，该志共 11 章节 38 万字；组织完成《红色渡里》烈属口述实录、渡里革命史概述、革命烈士人物录及事迹等部分章节 6 万多字的编纂。此外还推进档案安全、数字化、接收利用、抢救等各项工作协调开展。接收市档案馆旧址房产证、土地证原件，协调财政部门将产权过户税费纳入 2019 年财政预算。接收档案 2200 多卷、接待查档 2100 多人次、2400 多卷次、接收 34 个单位 1041 件信息公开文件、抢救馆藏档案 1200 多卷，组织开展全区机关、团体、事业单位的年度档案登记工作等多项基础工作协调开展。年内区档案局、馆被评为市级平安单位。

【"村档镇管"】 2018 年，城厢区率先开展"村档镇管"创新模式写入 2018 年 1 月由国家档案局、民政部、农业部联合颁布的第 12 号令《村级档案管理办法》并成为全省贯彻落实的借鉴对象。《村级档案管理办法》对"村档镇管"做出明文规定："不具备档案安全保管条件的，应当将档案交由乡镇档案机构代为保

10 月 18 日，省乡村记忆档案项目观摩团到城厢区参观

（许金珊 摄）

管”。3 月，省档案局、省民政厅、省农业厅联合印发的《关于贯彻落实国家档案局民政部农业部〈村级档案管理办法〉的实施意见》文件中明确提出要借鉴“村档镇管”模式。

【“乡村记忆档案”示范项目建设】 10 月 18 日，城厢区“乡村记忆档案”示范项目建设成为省级优秀典型代表在全省总结会上作交流发言。年内不断丰富东青村“乡村记忆档案”展示馆的内容，经充实拓展，展示馆面积增加到 100 余平方米，实物档案 100 多件、展板 30 余幅、视频资料 12 分钟等。展示馆先后接待区统战口党支部、省“乡村记忆档案”项目总结会观摩团等的参观。此外，区委组织部指示加挂“乡村记忆档案”展示馆为“城厢区党建活动基地”“城厢区东圳精神陈述馆”两块牌子。

【档案督导】 2018 年，区档案局继续推动全区 70 多个机关、团体、事业单位年度建档督导工作，各单位建档及时率、规范率、完整率等进一步提升。巩固和提升莆田五中、莆田十二中、筱塘小学、区一小、科技校等 11 个中、小学校档案规范管理水平，加大力度推进莆田三中、南门学校、莆田十八中、逸夫小学、华林学校等 13 个学校档案规范管理工作。部署开展全区村级组织换届选举档案工作，与区委组织部、区民政局、区农业局联合印发《关于做好 2018 年村级组织换届选举期间档案规范管理工作的通知》，明确村（社区）换届选举文件材料的归档范围和保管期限，并推动 120 个村（社区）换届选举材料规范建档。

【依法治档】 2018 年，区档案局采用重点检查和随机抽查等方式组织开展 3 个专题的档案执法检查。开展年度建档执法检查工作，4 月 9—18 日对被列入全区政府绩效考评的 74 个单位全覆盖开展执法检查，重点检查“村档镇管”民生档案建档情况，鼓励有条件单位开展档案全文数字化，并于 10 月、11 月随机进行回访复查，12 月汇总通报。联合开展安全保密专项督查，8 月 8—18 日与区保密局联合，采取单位自查、重点检查与随机抽查相结合的方式与区保密局联合对全区 34 个镇（街道）、区直机关进行档案安全保密检查，发出整改通知书 26 份，有 24 个单位进行整改反馈，于 10 月、11 月随机回访复查，于 12 月汇总通报。联合开展学校档案专项检查，11 月 7—14 日与区教育局联合，采取重点检查与抽查相结合的方式对五中、科技校、文献中学、南门学校等全区 22 个中小学校、幼儿园进行检查，重点检查档案室配设情况、各门类档案规范整理、档案安全保管利用情况等。

【信息化建设】 2018 年，区档案局引导有条件的单位开展档案数字化，其中区公安分局、区法院、区工商局、区府办等单位已逐步开展档案数字化工作；组织推进馆藏 102 万页的档案数字化加工以及 4 万多条目录的审校工作；统一档案室

10 月 8 日，纪念改革开放 40 周年照片展在城厢区政府大楼大厅流动展出　（陈志武　摄）

12 月 3 日，纪念改革开放 40 年照片展在绶溪公园等地流动展出　（陈剑林　摄）

管理软件，继续指导各单位运用博通系统做好建档的文件级目录的规范录入及数据备份工作等；组织开展馆内档案电子数据异地、异质备份工作及全区各单位年度建档电子目录的报送备份工作；组织对馆内机房服务器、存储、UPS 等机房硬件设备进行更新、升级等。

【档案安全】　2018 年，区档案局召开档案安全保密专题会议，会议邀请区保密局工作人员对安全保密工作进行指导培训，全区 30 多个机关、事业单位档案员参加会议。与区保密局联合印发《关于加强档案整理和档案数字化过程安全保密管理的通知》，明确档案服务机构资质、设备设施安全、档案数据安全保密等方面要求。开展全区档案安全保密督查，各单位对照督查内容进行自查后，区档案局联合区保密局采取重点检查与随机抽查相结合的方式对全区 34 个单位进行档案安全保密检查。印发《关于加强汛期档案安全保管工作的通知》，强调汛期档案的安全保管。此外，提升馆库档案安全保管条件，年内对机房服务器进行全面升级，新增配置磁盘阵列、档案保密柜、蓝光光盘库、智能防盗锁、安检门等提升档案安全保密硬件设施、设备等。

【举办主题照片展】　10 月，区档案局举办以“改革开放 40 年　档案见证新城厢”为主题的新老照片展，展出新老照片 205 张，直观展示城厢区 30 多年来在经济、社会、民生、文化、科技和生态文明等方面所发生的沧桑巨变和取得的成就，图片展在城厢区政府、莆田五中、绶溪公园等地流动展出，吸引上千人次的人员参观。

（黄淑霞）

地方志工作

【工作概况】　2018 年，莆田市城厢区地方志编纂委员会（以下简称区方志委）在区委、区政府的领导下，认真贯彻落实中央及省市地方志工作会议精神，立足服务经济建设和发展大局，围绕年度工作目标任务，完成目标责任规定的各项工作任务。全力推进地方综合志鉴编纂工作，开展读志用志宣传工作，努力构建地方志工作新格局。10月，《城厢年鉴（2017卷）》获评全省地方志优秀成果（年鉴类）三等奖。

【打造精品年鉴】 2018年，区方志委把工作重心放在地方综合年鉴编纂上。年初发出《关于做好2017年度城厢年鉴编写工作的通知》莆城政办网传〔2018〕4号文，启动《城厢年鉴（2018）》的编纂工作。分发《城厢年鉴（2018）》编写纲目，按照年鉴篇目、内容的要求，将年鉴的资料分解到各承编单位，年鉴编纂责任到人。为确保年鉴按时保质完成编辑，区方志委加强与各单位联系，督促各单位年鉴资料撰写情况，加强指导，积极催稿，对年鉴资料撰稿人给予适时指导，确保年鉴资料的齐全。质量是年鉴的生命和价值所在，为确保年鉴上精品，区方志委在加强指导的同时，进行认真编审，反复修改，力求年鉴资料真实可靠。至2018年5月，基本收集好各单位年鉴初稿；6—9月完成《城厢年鉴》2018总纂工作；9月，联系出版社、印刷厂，进行版面设计，精心校对稿件；11月底，交付印刷厂出版印刷。至年底，完成《城厢年鉴（2018）》的出版印刷发行工作。

【获评三等年鉴】 2018年10月15日，《城厢年鉴（2017）》通过层层筛选，从全省近百部综合年鉴中脱颖而出，获得全省地方志优秀成果（年鉴类）三等年鉴，成为全省7部获此殊荣的年鉴之一。《城厢年鉴（2017）》一书由城厢区人民政府主办、城厢区地方志编纂委员会编撰、海峡出版发行集团/海峡文艺出版社出版发行、福州诚信达彩印有限公司印刷。全书共422千字，设23个类目，书号为ISBN 978—7—5550—1365—5。

旅　游

【工作概况】 2018年，莆田市城厢区旅游事业局（以下简称区旅游局）贯彻落实市委、市政府《建设美丽莆田行动纲要》，以“打造人文宜居新城厢，建设美丽莆田我先行”为目标，以全域旅游行动为总抓手，围绕旅游景区提升、产业融合、设施完善、品牌创建、环境治理“五大工程”，深层次开发旅游产品，高质量提高产业素质，多方位营造旅游氛围，做大做强旅游产业。是年，全区接待游客总量871.75万人次，比增19.5%；旅游总收入87.92亿元，比增30%。

【落实“美丽莆田”行动计划】 2018年，城厢区有全域旅游专项行动计划共16个项目（含8个市级全域旅游项目），总投资44.63亿元，年度计划投资7.58亿元，完成投资约15亿元，完成率约200%。其中，列入市全域旅游专项行动计划8个项目，年度计划投资3.625亿元，完成投资约11.24亿元，完成率310.07%。

【旅游设施建设】 2018年，城厢区按照国家、省、市旅游局相关文件精神，积极开展旅游厕所革命工作。新改建旅游厕所9座（其中列入为民办实事建设旅游厕所6座），总面积约589.25平方米，总投资329万元。全区申请参与第五届世界佛教论坛接待工作的酒店有12家。其中，列入酒店改造提升的有10家，总投资1.14亿元，申请五星级饭店评定的1家，新引进世界级酒管公司的2家。城厢区率先在绶溪公园、御庄园景区2家A级景区和东方国际大酒店、天妃温泉大饭店、阳光假日大酒店、悦莱温泉大酒店、壶兰大酒店等5家星级饭店实施生活垃圾分类投放、收集、转运工作，总投资约26.6万元。同时把垃圾分类工作列入A级旅游景区、星级饭店的年度考核工作，建立激励和约束机制，及时总结推广生活垃圾分类工作的好经验、好做法，定期

4月20日，第十四届旅博会（厦门）城厢区展台　　（苏晋　摄）

通报垃圾分类工作情况，适时督查生活垃圾分类工作开展情况。新创建省级乡村旅游特色村1个（华亭镇走马亭）；帮扶常太镇岭下村编制完善旅游扶贫规划及旅游扶贫项目游客服务中心建设（总投资约168万元）。新创AA景区1家，即东海石梯寺景区，完成游客服务中心、生态停车场、标识标牌、旅游厕所等项目的提升，同时该景区也上报创AAA材料。市十佳乡村旅游线路之一的花果华亭四季采摘线路以其得天独厚的自然条件，加上精心打造而成的花卉世界、乡愁记忆馆，以及数量繁多的采摘果园等，成为众多市民体验农桑、感受乡村乐趣的好去处。

【旅游宣传推介】　2018年，区旅游局坚持“内外联动”的营销机制，坚持“请进来”和“走出去”并举的方式，加强产品宣传营销。利用国内旅游博览会、海峡旅游博览会、妈祖文化旅游节、“5•19”中国旅游日主题宣传活动等，做好旅游产品的宣传推介，推动城厢旅游产品走向更广阔市场。邀请主要旅行商和新闻媒体来城厢考察采风，推介城厢旅游产品。推广《城厢旅游画册》和《美丽城厢》旅游宣传片，展示城厢区优美的自然风光、丰富的历史文化和别具特色的民俗风情，进一步提升城厢旅游的知名度和影响力。进一步做好旅游资源调研、普查、资本市场需求等旅游招商的前期基础性工作，对前景好、带动性好、能够延伸产业链的项目进行重点包装。有中建集团、中青旅集团、青旅海西、中冶集团、中水城发、北京商会、远见规划设计院、慧云股份及部份民营企业和个人投资商对城厢区旅游项目进行多次组团考察，并与中青旅集团达成城厢区全域旅游规划、策划、建设及运营的合作意向，并为编制《城厢区全域旅游规划》；5月，与浙江杭州太阳公社就华亭郑庄田园综合体项目达成合作协议并委托编制策划方案；借助“清新福建”旅游投融资合作与重大项目推介专场会契机，重点推出广化寺名胜区综合开发、天龟旅游路沿线景观发及龟山寺禅修休闲景区开发、华亭田园综合体开发、木兰陂历史文化景区、常太马院红色生态旅游开发项目等5个具有投资潜力的旅游招商项目。成功协办2018年“妈祖圣地　美丽莆田”旅游产品采购大会，邀请来自全国的150多家著名旅游社代表参加对接座谈会，为旅行商到莆考察踩线提供良好的服务。同时，坚持“互利共赢”的原则，出台到莆旅游优惠政策，鼓励旅游企业优惠让利，推动客源市场拓展。采购大会作为“第二十届妈祖文化旅游节”的重要组成部分，体现妈祖文化节庆活动与旅游市场拓展的一次完美结合，取得成功。

【旅游行业管理】　2018年，区旅游局加强行业监管，优化旅游市场秩序。联合交通、质检、安监、食药监、工商等部门开展全区旅游市场联合整治行动，先后组织5次旅游市场秩序综合整治行动，出动检查人数35人次。将“游客为本、服务至诚”作为旅游行业社会核心价值观在全区旅游行业推出，全面提升行业综合素质。借助“5·19”全国旅游日、海峡旅博会、国内旅游交易会等重大节庆活动及新闻媒体，向展示旅游行业精神、旅游产品、旅游文化、旅游文明。结合创建全国文明城市及省级文明城区常态化工作，不断加强旅游行业诚信建设，进一步规范旅游经营行为，整体推进旅游行业文明服务水平，提升城市旅游形象。开展全区旅游行业扫黑除恶专项斗争工作，依法严厉打击旅游系统内各类黑恶势力违法犯罪活动，保障游客安心舒心出行，营造优质旅游发展环境、市场环境和消费环境，维护社会和谐稳定。排查旅游企业22家，重点检查A级景区欺行霸市、强买强卖、收保护费的市霸、行霸等违法行为，针对发现的线索，会同公安部门，进行严厉打击。成立城厢区旅游局非洲猪瘟疫情防控领导小组，制定《城厢区旅游局关于非洲猪瘟疫情防控工作方案》。带队开展面对面宣传，与辖区6家星级饭店签订承诺书，督促辖区6家星级酒店必须将餐厨垃圾交给有资质的运输单位运到生活垃圾转运站或焚烧处理厂进行处理；并要求酒店每日报送泔水处理及收运等情况，确保餐厨垃圾规范化、无害化处理。

【旅游景点选介】 福建九龙谷国家森林公园　位于莆田市城厢区常太镇溪南村，距莆田市区32千米，总面积1091.5公顷，森林覆盖率95%以上，素有“莆田后花园”之美称，景区与风景名胜区九鲤湖接壤，俗称“下九鲤”。景区森林资源丰富，山清水秀，风光迤逦，先后获得国家森林公园、全国农业旅游示范点、国家AAAA级旅游景区、国家生态文明教育基地、国家水利风景区等荣誉称号。明代著名地理学家徐霞客来到莆田，考察并记录九龙谷九漈的独特风景，观其自然风光，不胜感慨，遂记“即匡庐三叠，雁荡龙湫，各以一长擅胜，未若此山微体皆具也”，为九龙谷国家森林公园注入深厚的人文底蕴。（九龙谷景区于2006年被批准设立国家级森林公园，定名为“福建九龙谷国家森林公园”。）

御庄园温泉度假村　位于荔华东大道，地处市“母亲河”——木兰溪北岸，与壶公山隔水相望，周边景点众多，环境优美，步行即可到达万达广场生活便利，交通便捷。总投资近3亿，规划面积4.67公顷，规划总建筑面积3.5万平方米。以温泉度假酒店、SPA房、室外温泉游泳池、56个特色露天温泉泡池、中西式养生餐厅、健身会馆、园区木屋、别墅区、原生态休闲区和主景台等为主，为国家AAA级旅游景区。

【机构合并】 2018年12月26日，根据莆城委办发〔2018〕11号文件，组建区文化体育和旅游局。将区文体广电出版局的职责，区旅游事业局的行政职能整合，组建区文化体育和旅游局，作为区政府工作部门，正科级，归口区委宣传部领导。区文化体育和旅游局加挂区新闻出版广电局牌子。

（廖娴娴）

福建九龙谷国家森林公园

【工作概况】 福建省九龙谷国家森林公园位于莆田市城厢区常太镇溪南村，距莆田市区32千米，总面积1091.5公顷，森林覆盖率95%以上，素有莆田“后花园”之称，与风景名胜区九鲤湖接壤，俗称“下九鲤”。公园森林资源丰富，风光秀丽，先后获得国家森林公园、全国农业旅游示范点、全国生态文化教育示范地、国家AAAA级旅游景区、国家水利风景区等称号，截至2018年底，九龙谷国家森林公园投入资金近3亿元用于景区的建设发展，初具规模，先后建成游客服务中心、票务中心、购物中心、住宿中心、生态餐厅等，可同时满足200多人住宿及800人就餐。2018年游客接待量超60万人次，创造较好的经济效益和社会效益。

4 月 26 日，志愿者在九龙谷景区开展服务活动（区报道组提供）

【森林公园开发建设】 2018 年，九龙谷国家森林公园投入 2690 万元用于景区基础设施提升建设及其他项目建设，旅游厕所建设项目总投入 150 万元，消防工程总投入 200 万元，公园整体绿化工程总投入 150 万元，智慧旅游信息化基础设施建设总投入 70 万元，游客服务中心建设总投入 20 万元，旅游伴手礼总投入 100 万元，微信平台线上推广总投入 100 万元，广告宣传费用总投入 80 万元，引进、开发新项目总投入 1350 万元，新建 1 号停车场总投入 200 万元，道路、木栈道修整、绿化总投入 120 万元，标识标牌、导览系统建设总投入 50 万元，整体规划建设投入 100 万元。

【宣传促销旅游产业】 2018 年，福建九龙谷国家森林公园管理委员会（以下简称九龙谷管委会）在加快森林公园开发建设的同时，实施上级领导提出的旅游产业发展战略，立足莆田市旅游产业开发实际，加大宣传促销力度，组织招揽游客。公园重新制作或更新宣传片、导游图、宣传折页、网站页面等宣传资料，参加各类旅游博览会等，散发旅游宣传品 1 万多份，扩大九龙谷森林公园和旅游项目的知名度。

【保护森林资源】 2018 年，九龙谷管委会安排部署森林公园的防汛和防火工作，不定期进行安全生产隐患检查活动，及时进行治理整顿，消除各类安全隐患。加强对森林公园内施工场所的安全监管，在处于开发建设项目施工中的景区、景点增设安全警示标志和标语，同时加大对施工场所的巡查力度，确保建筑施工安全。根据《风景名胜区管理条例》及公园相关森林资源保护规定，对不符合总体规划乱搭乱建、张网捕鸟和破坏森林资源环境的行为进行严厉查处，保护九龙谷森林公园珍贵的生态资源。依据九龙谷景区森林防火实施方案，经常实行“安全生产月”活动，加强员工消防防火的意识，并组建公园义务消防队，增购一部 5 吨的消防水车，对义务消防队员定期进行消防理论培训及消防演练，提升公园消防防火能力，确保森林公园防火安全。

（郑梅娟）

卫生计生

【工作概况】 2018年，莆田市城厢区卫生和计划生育局（以下简称区卫计局）深入实施“健康中国”战略，坚持稳中进工作总基调，推进“健康城厢”建设，聚力抓重点、补短板、强弱项，持续深化医药卫生体制综合改革，继续完善公共卫生体系，加强重大传染疾病防控，推进城乡医疗联合体建设。卫生资源总量逐步增加，医疗卫生服务能力和效率不断提高，群众“看病难、看病贵”问题得到进一步缓解。截至年底，全区公立医疗机构总数（不含村卫生所）7个，其中区级医院1个，镇卫生院3个，街道社区卫生服务中心3个；村卫生所81个。医院床位100张，卫生院床位234张，医疗机构门诊疗人次达77.3907万人次，住院达8334人次。以促进人口均衡发展为主线，坚持计划生育基本国策，贯彻落实全面两孩政策，扎实推进计划生育服务和管理，推进生育关怀关爱，在持续人口监测和形势分析下，全区人口发展呈现健康态势。年末全区总人口41.32万人，出生率12.63‰，死亡率4.64‰，自然增长率7.99‰，出生人口政策符合率94.57%，出生人口性别比111.23。全区流入人口103757人，其中育妇20405人，出生818人，政策内104人，政策符合率92.31%。

【卫生项目建设】 2018年，城厢区医院新址建设项目规划用地面积2.31万平方米，总建筑面积2.67万平方米（其中门诊楼0.69万平方米，医技楼0.57万平方米，病房楼1.36万平方米，病房楼地下室0.17万平方米），门诊楼、医技楼室内二次装修收尾；城厢区医院病房楼完成主体封顶。城厢区华侨医院（华亭卫生院）改造提升项目，一期门诊大楼（含医技楼）8700平方米建设完成。华亭镇卫生院医养结合中心建筑面积5000平方米，主体建设中。

【医药卫生体制改革】 2018年，城厢区持续深化医药卫生体制改革，进一步完善医疗卫生体制机制。办医领导体制，建立区公立医疗机构管理委员会工作机制，成立以区长担任主任，分管领导任副主任的医管委组织机构，成员由有关部门负责人组成，区医管委办公室设在区卫计局，负责区医管委日常事务；参照“长汀经验”，实行“一归口、三下放”的公立医疗机构管理机制改革，由区医管委统一归口管理全区公立医疗机构的人事、业务、经费等事项，将内部人事管理权、经营权、分配权下放给公立医疗机构自主管理，实行院长负责制。实行绩效考核与院长年薪、职工收入分配“双挂钩”制度，设立院长年薪制区级财政专项资金，院长年薪总额由区医管委每年一核定，依据考核结果确定院长年薪档次、医疗机构绩效工资总额、医保支付、财政补助，引导收入分配向关键岗位、业务骨干和做出突出成绩的医务人员倾斜，推进现代医院管理机制建立。改革编制人事管理机制，以区为单位实行区属医疗机构的人员编制总量控制、统筹安排、动态调整，按常住人口变化情况及时调整核编，采取互补余缺的调整方式，在编制总量的控制总数内，调配机构人员编制数和总量控制数；按区医院、镇卫生院和社区卫生服务中心等级别分类统筹岗位设置管理，在岗位职位的控制总数内调配同类机构的三类岗位各等级岗位数。破除“以药补医”机制，控制医疗费用增长，全区所有公立医疗机构全面实施药品和耗材零差率销售制度，取消药品和耗材加成政策，并全面延伸到一体化村卫生所。全区公立医疗机构全面实施国家基本药物制度，实行省级药品统一网上集中采购和网络平台监控工作，基药采购占比达 85% 以上。全区村卫生所纳入基本药物实施范围，各卫生院通过药品询标形式对辖区内卫生所实行“三统一”（统一药品目录、统一药品价格、统一购药渠道）管理。推进城区医疗联合体，落实《城厢区医疗联合体建设实施方案》，初步构建以城厢区医院为龙头，以城区社区卫生服务机构为基础，组建城区医疗卫生服务联合体，对成员单位的人、财、物实行统一管理，实现“资源配置、人员编制、运行管理、医疗服务、医疗保障”五个一体化管理。健全完善分级诊疗体系，区医院与市第一医院医疗集团、厦门大学附属中山医院、省人民医院等三级医院建立合作共建机制，依托三甲医院的技术辐射，通过分级转诊和技术协作，提升区医院的慢性病科、消化内科、老年科、甲乳科及胃肠镜、内镜治疗等专科医疗服务能力。2018 年 4 月，省人民医院与区医院专科联盟正式挂牌；区医院设置“名医工作室”，由上级专家定期驻院开展门诊、手术及技术指导。区医院与各镇卫生院、社区卫生服务中心签订双向转诊协议，推进村卫生所一体化建设和农村远程视频诊疗服务改革，初步实现区、镇、村卫生服务一体化管理，基层医疗机构诊疗量占总诊疗量比例达 85% 以上。三是家庭医生签约服务，以高血压、糖尿病等慢性病为抓手，依托区医院、乡镇卫生院、街道社区卫生服务中心和乡村医生等组建三级家庭医生管理团队，以社区为单位划分责任片区，实行网格化管理，推行家庭医生契约式服务。是年，创建家庭医生团队 41 个，全区家庭医生签约覆盖率 40.7%，重点人群签约覆盖率 71.2%，建档立卡贫困人口签约率达 100%。

【乡村卫生服务一体化建设】 2018 年，区卫计局推动乡村卫生服务一体化管理，实行村卫生所建设、人员、业务、药械、财务、信息化、绩效考核等统一归口镇卫生院管理。一体化村卫生所全面纳入医保定点单位，同步落实药品、耗材零差率销售和一般诊疗费政策。该项目受到群众的好评，省卫计委基层卫生处领导、漳州市卫计委等先后前往调研、参观，并给予肯定。是年，全区完成村卫生所一体化建设 60 家，

4 月 13 日，城厢区医联体揭牌　（林丽　摄）

平均每所一体化的村卫生所门诊近 38 人次 / 天，同期相比门诊量增长近 43.2%；人均门诊处方额 19.3 元（含诊疗费），医疗费用下降近 35%。

【建立农村远程视频诊疗平台】2018 年，区卫计局推动“互联网 + 医疗”在一体化建设的村卫生所应用，由莆田移动公司建设视频诊疗信息平台，实现患者在村卫生所通过信息平台对接区医院专家在线问诊，区医院医生通过信息系统调阅患者既往诊疗记录和影像资料，完成远程就诊活动，实现老百姓在家门口享受城市医生服务。同时，辖区内群众可在村卫生所自助查询个人健康诊疗档案。2018 年，远程视频诊疗服务上线的村卫生所58个，接受远程会诊患者累计 3400 余人次，患者远程视频就诊意愿呈上升趋势。

【乡村医生队伍建设】2018 年，区卫计局优化卫生所人员配置，对村医不足的村卫生所由镇卫生院驻派医务人员，或从社会上具备执业（助理）医师、中专及以上学历的优先聘用。继续采取“订单定向”方式，每年由莆田卫生学校定向培养农村医学专业中专生，定向培养对象取得乡村执业（助理）医师证后进入村卫生所服务，全年委托莆田卫校定向委培村医 12 人。村医可在镇范围内统一调配使用，实行统一管理和调配，提升村卫生所村医队伍专业技术能力。落实村医退岗制度，对年满 60 周岁的退岗村医，自 2017 年 1 月起按区城市居民最低生活保障的标准发放退岗养老生活补助，对符合条件的村医，一律组织参加养老保险制度，按财政 18%、村医 8% 的比例缴费。2018 年参加城镇企业职工养老保险的村医每人每月按 2200 元标准缴纳，参加财政城乡居民养老保险的村医每人每年按 3600 元标准缴纳，缴费档次补助标准按社保相关规定每年核定一次。

1 月 23 日，城厢区卫计局开展三下乡活动　（林丽 摄）

【医政管理】2018 年，区卫计局临床医疗与公共卫生服务互动并举，全区基层医疗机构全面实施医生签约服务，全年签约 131915 人次。实行统一医疗质量管理，强化医疗服务管理，实现医疗质量的持续提高，保障医疗安全。医疗废物处置管理，制定印发《城厢区卫计局、城厢区环保局关于印发城厢区医疗机构医疗废物规范处置专项督查方案（2018-2020 年）的通知》《关于开展全区医疗卫生机构医疗废物规范处置专项督查工作通知》，开展全区医疗机构医疗废物管理培训，进行全区医疗机构自查自纠。是年，医疗废物规范化管理考核达标率达 95.1%，同步落实农村小型医疗机构医疗废物“小箱进大箱”104 家，实现医疗废物集中处置率 100%。

【医养结合】2018 年，区卫计局应对人口老龄化，推进医疗卫生与养老服务融合发展，作为省级区域性医养结合试点县区，将发展医养结合工作纳入全区经济社会发展专项规划，统筹各类医养结合机构的科学规划和合理布局，推进养老服务模式创新。医疗卫生机构与养老机构合作共建机制，鼓励养老机构与周边医疗卫生机构开展多种形式的协议合作，以签约合作的形式确定服务项目、服务方式，明确双方责任、权利和义务等事宜，为老年人提供医疗康复服务。城厢区常太镇卫生院与常太镇敬老院签订合作协议，设立医务室开展驻点服务，为入住老人提供医疗、护理和健康检查服务。是年，常太敬老院入住老人34名，入住老人较往年成倍增长。社区养老协同服务，凤凰山社区卫生服务中心为居家老人提供基本医疗服务工作，为辖区65岁以上老年人提供免费体检、开设“老年号”，建立老年人健康档案，设立家庭责任医生等多项基本公共卫生服务，老年人在活动时社区医生可以开展健康指导，发挥两个机构的功能。提升医疗卫生机构老年人服务能力，支持医疗机构设置分支机构或内设养老机构。华亭镇卫生院设立莆田市首家医养结合的医疗机构项目，并与市一医院的康复科协作，收治一批老年病及心脑血管病患者。灵川镇中心卫生院原宿舍楼与灵川镇敬老院进行资产置换，形成卫生院领办农村养老服务的新模式。

【健康扶贫】 2018年，区卫计局为建档立卡贫困人口进行家庭医生签约服务，通过入户随访、健康教育、组织免费体检等形式进行履约服务，并建立个人健康档案。加强建档立卡农村贫困人口大病专项救治工作，及时更新建档立卡贫困人口核增核减名单，并对全区健康扶贫对象患大病情况进行全面追踪，完善更新专项救治分类管理台帐。三严格按照市卫计委“六个一”要求，继续向建档立卡贫困对象宣传健康扶贫相关政策、家庭医生信息等，提高扶贫对象的政策知晓率；为贫困对象更新或新建电子健康档案；各医疗机构均设立了综合服务窗口，开通建档立卡贫困人口专用绿色通道，实现“一站式”服务，落实先诊疗后付费的结算机制。

【妇幼健康保健】 2018年，城厢区主要开展孕前优生健康检查、农村妇女“两癌”（宫颈癌、乳腺癌）筛查、地中海贫血防控试点项目、育龄妇女增补叶酸、孕产妇免费产前筛查、艾梅乙母婴阻断等妇幼健康保健项目，成立危重孕产妇和危重新生儿救治中心，畅通救治“绿色通道”，保障母婴安全。全年免费落实优生健康检查项目3132人次，对全区35—64岁农村妇女进行“两癌”筛查，其中完成乳腺癌筛查2700例，宫颈癌筛查2700例；全区孕产妇、婴儿和五岁以下儿童死亡率分别为18.9/10万、1.70‰、2.84‰，孕产妇早孕建册率93.75%，产后访视率94.46%，0—6岁儿童健康管理率90.02%；育龄妇女增补叶酸3172人；预防艾滋病、梅毒和乙肝母婴传播工作，孕产妇艾滋病病毒检测4865人，检出HIV阳性0人，孕产妇梅毒检测4865人，检出感染者23人，孕产妇乙肝表面抗原检测4864人，检出阳性人数664人，对乙肝表面抗原阳性孕产妇所生新生儿免费接种乙肝免疫球蛋白。推进辖区内人流密集区域母婴设施建设，全年全区拥有南门中学妈妈小屋、万达广场母婴室等13处母婴设施。建设基层妇、儿保规范化门诊，3家基层孕产妇保健门诊、2家基层儿童保健门诊均通过市级验收。联合市妇幼保健院加强高危人群孕育过程的健康指导，举办准妈妈、准爸爸孕期、哺乳期、养育知识班，做好高风险夫妇孕前、孕期跟踪及妊娠结局随访等。

【国家基本公共卫生服务】 2018年，区卫计局以基本公共卫生服务为抓手，结合家庭医生签约服务项目，落实国家基本公共卫生服务均等化。以建立居民健康档案和免费健康体检为切入点，推进基本公共卫生服务项目进展，以专家坐诊、下乡宣传、定点义诊等形式多样的服务方式向城乡居民提供健康教育咨询服务，严格按照《国家基本公共卫生服务规范》等文件要求，同步利用网站、微信公众号等开展宣传活动，开辟“公共卫生”专栏，及时登载国家基本公共卫生服务均等化政策、新闻动态、工作进展、公共卫生风采等，提升群众接受免费服务的知晓率和依从性。是年，全区累计建立居民健康档案35.31万份，电子建档率达82.28%，覆盖所有镇（街道）

村（居）。

【疾病预防与控制】 2018 年，区卫计局坚持“预防为主”，履行防病工作职能，落实重大疾病防控措施。监测和防治重点传染病，加强慢性病综合干预与管理，密切监测慢性病发病、患病、死亡及危险因素。抓好扩大免疫规划工作，加强预防接种信息化管理，加强区疫苗流通和预防接种管理，落实疫苗冷链全程管理，在疫苗储存、运输的全过程中按要求定时监测、记录温度，保证疫苗质量；完善疫苗全程追溯管理，探索推进疫苗追溯信息系统建设。加强疾控机构和哨点医院为主的食品安全风险监测体系及其能力建设，提高食源性疾病溯源能力和水平。四是加大卫生应急防控，做好突发公共卫生事件应急处置，在城厢区非洲猪瘟疫情发生前后，多次开展人畜共患病知识宣传与培训，消除群众恐慌；疫情防控期间严格落实消毒标准，指导养殖户开展病毒消杀工作，未出现传染病异常情况。春节期间在 H7N9 流感防控工作中，严格落实一天一清洗消毒、一周一大扫除、一月一休市的“三个一”措施，全面暂停各类活禽交易，对疫点及活禽交易点进行消杀，确保无疫情暴发流行。全年无甲类传染病发生，乙类传染病发病率为 410.62/10 万，丙类传染病发病率为 284.06/10 万；法定传染病总发病率为 694.69/10 万。落实严重精神障碍患者网格化“一历六单”（精神疾病患者病历，《患者家属通知单》，《乡镇（街道）卫生院（社区卫生服务中心）对接单》，《公安（边防）派出所告知单》，《乡镇（街道）综治中心提示单》，《村（社区）跟踪单》以及《新增疑似患者、病情异常患者、流动患者衔接单》）救治管理模式，筑牢严重精神障碍患者管理。

【信息化建设】 2018 年，区卫计局参与省、市人口健康信息平台建设，推动“互联网 + 医疗”在医疗行业的应用，建成覆盖区、乡、村三级医疗卫生机构诊疗信息平台，实现省、市、区卫生信息专网互联互通。开展远程医疗服务，利用 PACS 系统为基层医疗机构影像供远程影像集中诊断服务。建成居民健康信息系统、妇幼保健系统、免疫规划系统和新农合即时结报系统等信息平台运用。加大村卫生所医疗卫生信息的应用，全面推动村卫生所向群众开放居民个人健康档案自助查询。完成一体化村卫生所与区医院实现远程视频诊疗、信息共享，真正做到“小病不出村”。

【依法行政】 2018 年，区卫计局行政许可收件 1193 件，办结率为 100%；公共服务类收件 637 件；其他行政权力 44 件。开展卫生安全监督，重点打击无证行医黑诊所、无行医资格的游医和借助虚假广告招摇行骗的行医者，严查严惩“两非”（非医学需要的胎儿性别鉴定和选择性别的人工终止妊娠）违法行为，对辖区内 4 家集中式供水单位开展监督检查，进行水质采样检测，合计全年检测样品 106 份，合格率为 99.05%。2018 年出动执法监督人员 3900 余人次开展监督巡查，卫生违法违规行政处罚立案 10 起，共处罚没款 32000 元。打击“两非”（非医学需要的胎儿性别鉴定和选择性别的人工终止妊娠）工作严格执行“六个一”（即一周一碰头、一月一汇报、一月一通报、一季一督查、一季一专题推进、半年一考核评估）制度，落实任务时间表和红黄牌责任制，加大对医疗机构、药店以及采血鉴定等重点部位、重点环节“两非”行为打击，努力降低出生婴儿性别比，全区查处“两非”事件 8 例。开展社会抚养费专项治理工作，规范社会抚养费征收、管理和使用，协调法院对拒缴的予以强制执行，纳入个人征信系统，强化法律、金融手段的制约，形成高压态势，2018 年度共征收社会抚养费 194.3895 万元，申请法院强制执行 8 例，被列入失信黑名单 12 例。

【生育关怀】 2018 年，城厢区实施一系列生育关怀关爱活动。落实财政资金 1144.86 万元，兑现计生家庭奖励扶助、贡献奖励扶助、特别扶助、二女结扎奖励等对象13293人。财政落实资金129.89万元用于实施农村计生纯女户家庭房屋修缮资金补助、增加义务教育阶段寄宿生生活补助、提高计划生育独生子女伤残家庭或独生子女死亡家庭扶助标准等项目，得到群众的欢迎。落实独生子女父母光荣户家庭、农村二女结扎户家庭参加医保个人自付部分，财政给予缴纳补助1008.202万元；为辖区60周岁以上农村独生子女、二女户父母及计生特殊家庭成员提供免费体检共计1546人。结合“两节”等一系列生育关怀救助帮扶活动，元旦、春节期间对全区125户计生困难家庭进行慰问，送去救助金13.7万元；与区计生协会联合开展“温情母亲节，为贫困母亲送温暖”活动，现场免费测量血压、发放避孕药具等；为计生户学子减免高中学费565人次14.124万元，为200名农村独女、二女扎计生家庭中考给予加分照顾。定期组织人员上门对失独或伤残家庭给予慰藉关怀，帮助他们重树生活信心。

【计生管理与服务】 2018年，区卫计局审批证明便民化。生育登记审核权限逐级下放，初次生育下放村、社区，再生育审批办理权限下放到镇街；登记、审批时间放开，登记审批材料精简，办理渠道多元化，开通网上办理审核服务。全区登记一孩1077份、二孩1374份、办理再生育审批58份，未出现群众投诉。规范计划生育证明，根据省级通用格式，分别印制“一票否决”及非“一票否决”证明格式。落实首问首接负责制，取消村居一级审核环节，对婚育证明掌握不清，依照书面承诺后给予办理。服开展生殖健康进校园、进课堂活动，为青少年提供性病、艾滋病预防及生殖健康咨询服务，帮助他们解除成长中的困惑。广泛开展生殖健康、避孕节育科普知识普及活动，多次组织计生技术服务人员进企业活动，为务工育龄群众提供查环查孕查病、生殖保健咨询、避孕药具发放等优质服务。积极探索“互联网+药具发放服务”的新型药具服务模式，提高药具发放服务的可及性、易得性和便捷性。结合“世界人口日”、“三八”国际妇女节、“文化、科技、卫生三下乡”等，开展文艺踩街、莆仙计生小戏、义诊等活动，解读全面两孩政策，引导群众破除“早婚早育，多子多福、重男轻女、传宗接代”等陈旧落后的婚育观念，宣传卫生保健知识。是年，微信公众号宣传推送100多篇，编印宣传材料14万多份，设置宣传栏300多个。

【流动人口均等化服务】 2018年，区卫计局落实《福建省流动人口健康教育和促进行动计划（2016—2020年）实施方案》文件精神，城厢区作为莆田市首个流动人口基本公共卫生计生服务均等化健康同行试点区，创建2个流动人口健康促进企业、1个流动人口健康促进学校以及5个流动人口健康家庭。区财政预算专项经费21万元，开展流动人口关怀关爱活动、健康教育促进行动，为流动人口落实健康体检、儿童接种、疾病防控、妇儿保健、避孕节育、生殖健康、便民维权、生育关怀、子女教育、劳动就业等一系列均等化服务措施，服务群众达1.35万多人次。把创建流动人口健康促进示范企业、健康促进示范学校、流动人口健康家庭作为新时期流动人口计生工作重要载体，开展“人口流动，健康同行”“三减三健，迈向健康”“新市民城市健康行”主题活动，城厢区被省卫计委列为流动人口基本公共卫生服务均等化试点县区之一。

【队伍建设】 2018年，区卫计局围绕医药卫生人才“三大工程”，通过柔性引才、联大靠强、双主任制等，加大高学历人才引进力度，加强中青年专家和高层次后备人才培养。为基层医疗机构委培医学类毕业生共12名，开展全科医生、规范化住院医师和特岗医生等培训9名，基层医学类毕业生紧缺问题得到扭转，学历结构明显优化。聘用1名工作人员挂靠区法院行政庭，专门从事社会抚养费强制执行裁定、送达和银行帐户查询、冻结、执行及失信被执行人名单信息录入等，提升执行的到位率。由财政拨款专项资金7.2万元，聘用流动人口计生协管员15名。

【表彰荣誉】 2018年，城厢区卫生和计划生育局被评为“福建2015—2017年度省级文明单位”；荣获“福建省2017年度计生生育目标管理责任制考核三等奖”。

（林 丽）

老人健康

【工作概况】 2018年，莆田市城厢区老龄工作委员会办公室（以下简称区老龄办）按照区委、区政府和市、区老龄委的决策部署，努力在提升“六个老有”（老有所养、老有所医、老有所为、老有所学、老有所教、老有所乐）中展现新作为，为加快发展城厢老龄事业作贡献。

【老年协会规范化建设】 2018年，区老龄办根据基层老年协会规范化建设要求建档造册，同时按照要求上报《福建省城乡社区老年协会建设情况统计表》，建立相应台账，掌握老年协会基本情况。要求基层完善老年协会的登记备案，补缺补漏，将所有老协会会员、各届老协会理事和监事人员名单登记造册，全区120个基层老协会全部向所在镇（街）登记备案，建立规范的备案手续。完善工作制度，按照《基层老年协会章程》规范协会的组织建设、场所管理、经费列支和开展活动，逐步推进基层老年人协会建设走上规范化轨道。区老龄办结合扫黑除恶工作，每年组织对120个基层老年协会进行一次考评，对考评验收合格的村（居）老年协会予以1万元作为协会运行经费。向市老龄办争取资金2万元用于万辉社区、东青村老协会基础设施建设补助。与市人寿公司联合免费对全区800名老协会会长、副会长办理人身意外保险。向市老龄办争取到11台电视发放给东青村、霞林社区等11个村（居）基层老协会。

【居家养老服务中心（站）建设】 2018年，区老龄办投入30万元，在3个办事处各选1个社区开展提升工程，以改善软硬件设施，下磨社区、万辉社区、霞林社区提升工程全部施工完毕。加强对居家养老服务中心（站）的督查，老龄办每半年与区财政局、民政局通过听看、查、谈的形式对18家居家养老服务中心（站）进行检查指导和督查。社区居家养老服务中心（站）考核后，进行通报，协调区政府给予每个社区居家养老服务中心（站）运营补贴2万元。

【老年优待政策】 2018年，区老龄办做好年度新增90岁及百岁老人申报核实工作。督促镇、街道老龄办及时上报申请名单，做好老人申报资料的核实录入工作，为高龄补贴发放做好摸底工作，保证高龄补贴准确及时发放。填写《老年维权和优待工作情况统计表》，提交2017年度老年维权和优待情况报告。做好省老龄事业发展和养老体系建设规划评估指标体系对城厢区的中期评估。参加区人大贯彻《福建省养老机构管理办法》座谈会，重点介绍城厢区居家养老服务站建设情况及社区居家养老信息化服务试点工作开展情况，并接受人大领导的咨询。完成区政协委员周靖的政协提案《建立和健全多种形式养老模式》的答复。开展争创“敬老文明号”工作，经过调研评估，在城厢电信等单位开展争创“敬老文明号”工作。精准发放高龄老人律补贴。每季度对90—99岁高龄老人发放补贴一次和对百岁老人发放长寿营养补贴一次。针对高龄老人数量变化大的情况与补贴发放的精准度要求，每月开展由村向上报告去世老人情况，以及联系福山殡仪馆获取老年人去世登记情况，两者相结合，确保健在高龄老人数据的准确，并根据数据精准发放补贴。

【老年人志愿者活动】 2018年，区老龄办组织龙桥社区等老协会志愿者服务队参与“万年青”志愿者启动仪式。 每月组织150多人的南门社区老年人志愿者队伍，定期到荔枝公园等处开展清扫垃圾等公益活动。兴安社区组织老人志愿者免费为困难群众包送粽子等。组建莆田市城厢区老龄办妈祖志愿服务大队，在第五届世界佛教论坛召开之际，区老龄办结合“敬老月”配合活动，联合区老干部局、区平安协会，发起倡议书，印发倡议书8000多份发放基层，倡导志愿者自觉维护公共秩序，爱惜公共设施，保护生态环境。

【“敬老月”系列活动】 2018年，区老龄办开展对百岁老人，困难老人的调查摸底工作，对全区27位百岁老人，困难老人入户调查，摸清老人家庭情况，健康情况等，选择合适对象给上级领导慰问。同时，制定“敬老月”区委常委及副区长要慰问的百岁老人及困难老人对象时间表。开展2018年度百岁老人免费体检和巡诊活动，组织2018年度全区27位百岁老人免费体检和巡诊，侧重老年人的特点进行体检，针对老年人常见病、多发病等进行巡诊，将结果存入区老龄办百岁老人健康档案。陪同市长等到龙桥街道慰问百岁老人，特困老人，陪同区委书记王文才、区长吴文恩到华亭、东海慰问百岁老人、特困老人。安排16位区级领导慰问部分百岁老人、特困老人，取消不必要的浪费，开展走访慰问活动。发给27位百岁老人慰问金8.1万元，发给289位特困老人慰问金28.9万元，还发给食用油及米粉等慰问品。

【老龄问题宣传调研】 2018年，区老龄办对“高龄老人”“失能老人”调查摸底工作。对“高龄老人”“失能老人”的定义，调查对象，调查内容，调查结果报送做具体部署，区、镇（街道）老龄系统对全区进行入户调查。经过2个月的发动部署，走访调查，基本掌握全区80岁以上高龄老人，失能、半失能老人情况，建立老人数据库，为领导决策提供服务。利用《福建日报》《湄洲日报》等主流媒体加强老龄工作宣传。联合常太镇信研养老在常太长者之家开展“倡导移风易俗，弘扬传统美德，树立文明新风”文艺联欢晚会，通过喜闻乐见的节目形式弘扬移风易俗新风尚。总结全区老龄工作亮点，组稿在《莆田侨乡时报》上刊登，宣传贯彻《福建省老年人权益保障条例》，向基层发放宣传册2100本，防诈骗宣传单3000多张。与中国人寿莆田荔城分公司在凤凰山举办“喜迎十九大，关爱老年人”大型公益活动，邀请福建省第二人民医院主任医师陈耀做老年人健康讲座，吸引270多位老年人参加活动。

（张建峰）

计划生育协会工作

【工作概况】 2018年，莆田市城厢区计划生育协会（以下简称区计生协会）贯彻习近平新时代中国特色社会主义思想和党的十九大精神，按照省、市计生协会工作部署，围绕全区卫生计生工作会议精神，发挥群团优势，立足区情，着重抓好计划生育村（居）民自治，深化拓展生育关怀，扎实开展服务质量活动，不断提升计生协会服务能力和水平。是年，区计生协会组织镇（街道）计生协会会长、常务副会长、秘书长举办计生协会业务工作培训班，选派业务骨干参加国家、省、市计生协会举办的业务培训班。省、市计生协会安排城厢区安居工程1户。

【宣传教育及慰问活动】 2018年，区计生协会举办纪念第二十三届“母亲节”和第二十个“会员活动日”活动，调动宣传力量，整合宣传资源，开展各种丰富多彩的系列宣传活动。5月10日，区计生协会、区书画家协会、区文化馆联合在莆田市群众文化中心举行“母亲节”困难母亲慰问金发放仪式暨“城厢区2018年母亲节书画作品展览”；在万达广场门口开展“温情母亲节，为贫困母亲送温暖”活动，现场举行计生政策、计划生育办证、生殖健康、孕期保健等计生知识咨询，解答来往群众提出的问题；并免费发放1000多盒避孕药具及500多份宣传资料；对参与活动的200多名妇女进行免费测量血压。

【计生家庭意外伤害保险】 2018年，区计生协会按照省、市计生协会的工作要求，开展2018年计生家庭意外伤害保险工作，做到早部署、早落实，以点带面，不断推进。 截至12月底，全区参保计生户13000户，每户投保经费100元，保费达130万元，由区、镇两级财政各承担50%，完成市下达的保险任务。

【幸福工程救助和小额贴息帮扶】 2018年，城厢区各级计生协会把实施“幸福工程项目”作为帮助群众走上健康、富裕、幸福之路的有效载体，筹集资金240万元和滚动救助款13万元，惠及101户困难家庭。在小额贴息贷款工作上，规范运作流程，全年完成发放133户512万元到户，帮扶133户计生困难家庭发展生产，完成年度帮扶救助目标。

【访贫助困活动】 2018年，城厢区开展两批生育关怀救助帮扶，救助帮扶对象9人，发放救助金3.3万元。元旦、春节期间对全区125户计生困难家庭进行慰问，送去救助金13.7万元；在“母亲节”活动中为50名困难母亲进行慰问，发放慰问金5万元。通过一系列的帮扶救助，让因灾、因祸的计生家庭和困难的基层计生协会员度过难关。

【关爱计生“失独”家庭】 2018年，区计生协会采取精神慰藉和经济扶助相结合，做好对全区计生特殊家庭的摸底和建档工作，摸底建档37户“失独”家庭。中秋节期间，组织对全区37户“失独”家庭慰问，每户发放1000元，发放3.7万元慰问金。

【金秋助学】 2018年，区计生协会组织人员进村入户核实镇（街道）上报市、区助学对象，择取上报7位2018年考上大学本一院校的农村困难计生户作为市计生协会助学对象，每位资助5000元；8月23日，举行城厢区2018年“生育关怀—金秋助学”资助金发放仪式，对全区32名考取本一院校的困难计生家庭子女开展秋季助学，资助标准为大学生每人2000元，发放助学金达6.4万元。

【儿童早期发展】 2018年，城厢区在城区3个街道全面推广儿童早期发展教育。集中开展儿童早期发展活动18期，并进入社区开展早教活动3期，活动先后吸引全区867对亲子家庭参加，受益人数达1814人。举办早教公益讲座4场次，活动吸引亲子家庭60对120人、婴幼儿家长60人参加。活动期间印制分发《城厢区儿童早期发展教育宣传手册》，以点带面，提高群众的知晓率。通过建立“城厢计协服务群”“凤凰早教交流群”“凤凰卫计”公众号等，发布早教资讯、传播早教健康知识等内容，探索“互联网+卫计服务”新模式开展早教活动。

（吴元开）

城厢区医院

【工作概况】 2018年，莆田市城厢区医院（以下简称城厢医院）进一步强化医院管理，改善服务态度，狠抓医疗质量，继续进行公立医院综合改革，实现医院全面、协调、可持续的发展。全年实现总收入7284.29万元，同比增长27.15%；业务总收入达到6000万元，同比增长33.31%；门诊量达23.35万人次，比上年同期增长5.31%，门诊总收入4838.41万元，同比增长41.77%；出院人数4036人次，同期增长2.25%，住院总收入1156.53万元，同比增长9.44%，收入结构更趋合理。2018年投入资金约500多万元，新添置DR、彩超、腹腔镜等，这些设备的升级换代极大提高医院的诊疗服务能力，基本满足群众就医检查的要求。

【人事薪酬制度改革】 2018年，城厢医院根据医院发展的需要，发挥绩效考核和绩效奖励的作用，在市医院专家的帮助下，着重对院科两级分配的进行管理。医院层面每月对医生、护理、医技进行绩效百分制综合考核，对医德医风满意度、医疗质量管理、护理质量管理、院内感染管理、物价政策、医保政策执行情况等方面进行量化考评。做到评分有标准，计分有依据，得分有说服力，并将考核结果与绩效挂钩，按试行二次绩效分配方案进行兑现。业务骨干的绩效奖金高的每月可达到8000元以上，医生平均绩效奖金在每月3000多元左右。职工福利待遇显著改善，工作积极性、规范性明显提高，医疗服务质量得到持续改进，医院品牌建设大幅提升，实现社会效益和经济效益双丰收。

【临床路径管理】 2018年，城厢医院开展临床路径及单病种管理工作，控制医疗费用不合理增长。在临床科室开展部分病种临床路径实施工作，通过修订路径病种、优化路径流程、完善路径文本，部分科室调整路径病种。由2016年6个科室12个临床路径病种增加到7个科室32个临床路径病种。临床路径管理率34.94%，入径率64.76%，完成率为99.54%，变异率22.7%，退出率0.4%。12月，开展电子版临床路径系统，入径37人，完成人数29人，退出8人，入径率78.38%。分时间、阶段逐步深入，开展情况良好。

【成立医疗联合体】 2018年，城厢医院为提升整体医疗水平，促进分级诊疗政策和医联体政策落地，与福建中医药大学附属人民医院签订医疗联合体协议书。4月13日上午，福建中医药大学附属人民医院医联体成员单位揭牌仪式在城厢医院举行。以“医联体”为平台，依托福建中医药大学附属人民医院，密切合作，狠抓医院管理，强化学科建设，加快人才培养，提升服务品质。发挥福建中医药大学附属人民医院专业技术优势，致力将医院中医肛肠、康复、妇科等科室打造成重点专科，为莆田人民群众提供更好的就医选择。5月，在医院二楼门诊开设肛肠科“名医工作室”，聘请省人民医院的中医科、肛肠科专家教授定期坐诊，以专家门诊、手术示教、教学查房等方式全方位深入合作，形成“以一带多”的学术传承氛围。全年服务人次达到3000多人，让群众在家门口就能享受省级专家的医疗服务，既缓解群众“看病难、看病贵”问题，又不断提高医院医疗技术水平。

【创立消化内科品牌】 2018年，厦门中山医院内镜中心博士团队每周六在城厢医院坐诊，消化内科积极利用和引进先进的医疗技术和管理方式，提高技术和服务能力，提升科室整体水平。胃肠镜预约量大幅上升，完成胃镜检查1800余例，肠镜检查1200余例，其中独立完成1200余例的胃镜检查及700余例的肠镜检查，发现肠息肉230例并以内镜下肠息肉切除治疗。

【开展24小时犬伤门诊】 2018年，城厢医院为满足居民就医要求，保护人民群众身体健康和生命安全，医院开设24小时无假日犬伤门诊。提供规范的犬伤处置诊疗服务，对犬伤患者进行伤口处置并及时注射狂犬免疫球蛋白、狂犬疫苗。繁忙时夜班接待接种患者多达5人，进一步规范城厢区狂犬病预防和暴露后处置工作，降低狂犬病发病率。

【开展远程视频诊疗】 2018年，城厢医院全面开展与村卫生所的远程视频诊疗，助力医改提升农村群众获得感。通过不断深入调查研究，达成以高血压、糖尿病等慢性病为突破口的分级诊疗方案，及时总结下发“实施方案”等相关工作文件12份，建立完善的激励、考核、培训等机制。不断创新服务模式，在进一步提升改造信息化的基础上，将原来固定安排人员值班会诊的模式丰富为病人选择医生模式，在医生门诊科室安装视频设备，每天9名专家在线服务，在病房内配备移动视频设备，及时提供专科服务。提供远程视频诊疗服务3500多人次，减轻患者往返上级医院求医等的一系列费用，受到农村群众的好评，有效解决农村缺医少药问题。

【精细化医疗质量管理】 2018

年，城厢医院为严格落实医疗质量安全18项核心制度和促进医疗质量持续改进，医务科根据国家卫健委《关于印发医疗质量安全核心制度要点的通知》（国卫医（2018）8号）的文件指示，结合实际，进一步完善《新技术新项目准入制度》《手术分级管理制度》《临床用血审核制度》等核心制度，重新修订《病历质量持续改进管理及奖惩办法》《临床路径管理工作指标暨奖惩方案》等奖惩制度。在莆田市第一医院专家管理团队的指导帮助下，制定《医疗质量安全考核指标及实施方案（2018版）》，新版方案各项考核指标紧贴核心制度，更具操作性、针对性。是年，开展12次医疗质量大检查，抽查医疗文书500余份，下发整改意见书107份。通过考核、反馈及奖惩，临床科室的病历书写质量与完成时效获得提升，核心制度贯彻执行更加到位。统一科室质控材料标准，督促成立科室质控小组并明确成员职责、分工，科室每月至少开展一次医疗质量控制会议和医疗自查。通过院方质控和科室质控的双管齐下，院科两级医疗质量管理体系初具雏形，形成医疗质量管理的长效机制。

【医务培训】 2018年，城厢医院为提升医务人员的医学理论和技术水平，促进医疗安全和医疗服务质量的提高，组织开展“三基腹部体格检查培训”“医疗质量、安全、服务、文化”“18项核心制度培训”“新上岗职工岗前培训”“病案首页主要诊断的选择与应用”“健康扶贫政策解读”等主题培训考核12场，医务人员的理论、技术水平得到相应的提升。为检验完善医护人员应急处理能力，提高协调作战和快速反应能力，组织2018年度急救技能比赛、护航佛教论坛应急模拟综合演练等急救技能大练兵4场。

【医院感染预防与控制管理】 2018年，城厢医院为不断推进医院感染预防与控制工作持续发展，保障医疗安全，医院从组织落实到严格管理制度，采取多种措施，促进院内感染管理逐步规范化、制度化、科学化。调整医院感染管理委员会成员，建立健全医院感染管理三级组织体系和制度。建立院科两级院感质控体系，院感科每月不定期下临床科室督查消毒隔离制度、标准预防职业防护落实情况及医疗废物管理等。随机抽考医务人员院感知识，对存在问题发放反馈单，跟踪整改情况，并将院感质控考评与科室绩效挂钩。加强重点部门及重点环节的医院感染管理，每月对空气、物表及使用中的消毒液等进行环境卫生学监测，开展手术切口监测、三管监测、手卫生监测等。加强医院感染知识培训工作，选派院感专职人员及重点科室人员参加省市院感质控中心组织举办的培训。组织全院职工培训考核2场，合格率100%，开展保洁员、手卫生观察员、护理人员、新上岗人员的专项培训5场，组织医疗废物泄露应急预案演练，院感工作得到持续改进。

（朱碧玉）

疾病预防控制

【工作概况】 2018年，莆田市城厢区疾病预防控制中心（以下简称区疾控中心）坚持“预防为主”的工作方针，进一步完善疾病预防控制体系，履行防病工作职能，落实重大疾病防控措施，切实加强党组织建设和队伍建设，各项业务工作取得明显成效，较好地完成年初计划的各项任务。是年，选派各类专业技术人员到上级业务部门培训学习，有21人次参加上级15个班次的脱产培训会议，通过学习培训，干部职工及时掌握国家最新的疾病预防控制策略、防制技术和工作要求，不断增强和更新专业知识，提高业务水平和工作效率。同时为提高基层防疫人员的专业技能和素质。中心先后举办碘缺乏病监测、免疫规划预防接种、慢性病管理、死因监测、结核病防治管理、健康教育与促进等培训班11期，培训医务人员263人次。是年，城厢区卡介苗应种人数5013名，实种人数5007名，接种率99.88%；脊灰应种人数

7647 名，实种人数 7639 名，接种率为 99.9%；无细胞百白破应种人数 7370 名，实种人数 7362 名，接种率为 99.89%；乙肝应种人数 6241 名，实种人数 6228 名，接种率 99.79%；乙脑应种人数 8743 名，实种人数 8734 名，接种率 99.9%；A 群流脑应种人数 8436 名，实种人数 8428 名，接种率 99.91%；甲肝应种人数 10009 名，实种人数 9999 名，接种率为 99.9%。

【传染病管理】 2018 年，区疾控中心加强法定传染病疫情报告管理，严格执行《传染病防治法》。全区 21 家疫情网络直报单位全部实现网络直报，全区无甲类传染病报告；报告乙类传染病 1778 例，发病率为 410.62/10 万；报告丙类传染病 1230 例，发病率为 284.06/10 万；甲、乙、丙类传染病 3008 例，总发病率为 694.68/10 万。

【艾滋病防治】 城厢区作为福建省艾滋病防治项目国家级哨点监测点，开展暗娼和单位体检人群综合监测工作。2018 年，干预队伍深入经典、新贵妃、百胜、天达、天籁、凯撒等娱乐场所开展暗娼人群哨点监测，完成问卷调查与采血检测 402 人份。联合辖区医疗机构莆田市第一医院开展单位体检人群综合监测完成 2000 人任务量。在市戒毒所向吸毒人员分发艾滋病宣传单并对吸毒相关传染病知识进行解答，同时每季度对新入所人员进行免费的 HIV、丙肝、梅毒抗体的筛查检测。全年对 154 名吸毒人员进行综合监测。2018 年区疾控中心 VCT 门诊开展免费自愿咨询检测 303 人次；为莆田市第一、第二看守所新入所人员 HIV 筛查检测 3204 人，实现看守所羁押人员 100% 宣教检测；企业、工厂流动人群年干预任务 5000 人，实际完成干预 5020 人；通过现场咨询、入户宣传等方式开展大众人群宣教活动 15 场次，覆盖人数 4900 余人。是年，辖区医疗机构累计报告病例 310 例，其中男 248 例，女 62 例，男女比例 4:1，其中本市 209 例（67.42%），外地市 24 例（7.74%），外省 77 例（24.84%）。按现住址管理病例 106 例，男 87 例，女 19 例，男女比例 4.58:1。2018 年病例随访 263 人次，CD4 检测率 93.4%（99/106），在治病例 80 例，停药 6 例，治疗比例 75.47%（80/106）。

【慢性病健康管理】 2018 年，城厢区二级及以上医院报告恶性肿瘤首发病例 1787 例，报告率 100%。全区高血压患病人数约 70502 人，管理 25157 人，健康管理率为 35.68%；规范管理 21605 人，规范管理率为 85.88%；血压达标人数 20465 人，血压控制率为 81.35%。全区糖尿病患病人数约 29030 人，管理 10174 人，健康管理率为 35.01%；规范管理 8678 人，规范管理率为 85.3%；血糖达标人数 8038 人，控制率为 79%。

【结核病防治】 2018 年是结核病“十三五”规划的第三年，为落实中央加强结核病防治项目，发挥“三位一体”结核病防治模式优势，区疾控中心、区定点医院以及乡镇卫生院在区卫计局的同一领导部署下，明确职责分工，较好地完成省市下达的任务指标。全年报告登记活动性肺结核病人 184 例，完成全年任务的 102.8%（184/179），超额完成年度工作指标。其中病原学阳性病人报告登记 96 例，病原学阳性率达 59.26%（96/162），超过 50% 的指标要求。

【卫生监测】 2018 年，区疾控中心对食品行业及公共场所从业人员预防性体检 15233 人。完成公共场所监测 87 家（其中包括第五届世界佛教论坛接待酒店 4 家）274 份，涉及美容美发业，旅店业、商场、文化娱乐、游泳等场所。食源性疾病监测全区三个哨点医院共上报食源性疾病监测病例 376 例，超额完成辖区全年上报 240 例的目标。报告食源性疾病暴发事件 3 起，均按规范进行及时报告、调查和处置。参加莆田市举办的食品安全事故桌面推演演练。针对第五届佛教论坛在莆田召开，专门制定《第五届佛教论坛食物中毒领导小组、流行病学调查及采样检验小组》和《第五届佛教论坛食物中毒卫生应急预案》，并组织相关人员进行专题学习培训。

【健康教育】 2018年，区疾控中心开展主要卫生日主题宣传活动，普及卫生防病知识。与莆田市盐务局、莆田市疾病预防控制中心、莆田市健康教育促进中心、城厢区卫计局、莆田市灵川十八中及基层各卫生医疗单位联合开展世界结核病日、世界卫生日儿童预防接种日、防治碘缺乏病日、世界无烟日、全民健康生活方式日、全国高血压日等主题日大型宣传活动12场，广泛普及各类健康知识，增强群众的防病意识。发放各类宣传资料1万多份，宣传品1000多份，碘盐200包，限盐勺、控油壶等健康支持工具250套，悬挂主题横幅12条，展示展板56块112张，接受群众咨询800多人次，免费为群众量血压、测血糖600多人次。

（王永佳）

2018年4月27日，区疾控中心、区食安办、区卫计局在凤凰山街道筱塘市场联合开展活动 （区报道组供）

人力资源和社会保障

【概述】 2018年，莆田市城厢区人力资源和社会保障局（以下简称区人社局）贯彻省、市、区政府和上级人社部门的决策部署，主动适应社会经济发展新常态，坚持以人为本，精准施策，理清工作思路，创新工作机制，履行部门职能。不断深化干部人事制度改革，切实加强专业技术人员管理，创新用人机制和人才培养机制，努力推进劳动保障、人才引进、人事管理、社会保障、劳动就业工作，千方百计扩大就业，扎实有效开展劳动监察和劳动执法工作，加快健全完善社会保障体系，推进各类人才队伍建设，全面深化人事制度改革，努力构建和谐劳动关系。

劳动就业

【工作概况】 2018年，全区城镇新增就业人员3167人，完成年计划指标的105.57%；帮助城镇失业人员再就业354人，完成年计划指标的122.07%；就业困难人员再就业83人，完成年计划指标的118.57%；期末全区城镇登记失业率为2.01%，低于市里要求的控制在3%以内。

【精准扶贫】 2018年，区人社局开发公益性岗位，坚持因地制宜、适度开发、规范补助、滚动管理的原则，切实做好公益性岗位开发工作。建立常态化检查机制，印发《关于进一步加强公益性岗位开发落实情况检查的通知》（莆城人社〔2018〕45号）。截至年底，公益性岗位在岗人数102人，其中精准扶贫对象69人，其他就业困难人员33人。2018年落实公益性岗位补贴110人，169.945万元。对辖区内所有的建档立卡贫困劳动力技能培训意愿进行全面排查，对有培训意愿的精准扶贫对象与其签订精准扶贫帮扶暨培训协议书，并及时与培训机构进行对接开展培训，切实帮助其提高就业能力。

【基层公共平台建设】 2018年，区人社局加快建设基层公共就业与社会保障服务平台，改善基层服务条件。区灵川镇和龙桥办确定为市级第二批公共就业服务平台建设示范点，凤凰山街道、常太镇区级公共就业服务平台建设点，为辖区内城乡劳动者提供公共就业、失业、劳动维权等必要的公共服务。截至年底，龙桥街道、凤凰山街道、灵川镇和常太镇均按照要求完成标准化建设并通过市、区人社局联合验收。投入资金382174.5元，龙桥街道总投资178063元，凤凰山街道总投资61700元，常太镇总投资26084元，

6月15日，在万达广场举办2018年城厢区“巾帼精英杯”美容师职业技能竞赛 （徐媛清 摄）

灵川镇总投资116327.5元。

【公共就业服务】 2018年，区人社局举办“春风行动”系列专项现场招聘活动6场，组织辖区内106家企业进入招聘会场，提供就业岗位数4135个。开展“三进三落实”（进企业、进校园、进基层，惠民惠企政策、项目资金补助和就业创业服务落实）活动，拓宽就业再就业优惠政策知晓面，与区广电中心建立长期合作关系，对就业创业优惠政策及推进就业工作典型做法进行广泛宣传，收到较好成效。落实失业保险支持参保职工技能提升补贴政策，办理技能提升补贴申请32人，金额5.15万元。

【技能培训】 2018年，区人社局完成辖区内3家民办职业介绍机构、5家民办培训机构、6家劳务派遣公司的年检工作。依法审批民办培训机构1家、劳务派遣公司4家，对1家许可到期的劳务派遣公司予以延续，对2家存在严重问题隐患的培训机构按照要求中止并收回行政许可。

7月8日，城厢区在油画城举办“壶兰杯”油画职业技能竞赛 （徐媛清 摄）

劳动管理

【工作概况】 2018年，区人社局建立和完善“有报必接、有案必查、有欠必追”的查处机制，加大劳动监察和查处力度，进一步健全畅通投诉举报渠道，积极开辟农民工投诉“绿色通道”。是年，对157家用人单位进行日常巡查，审查用人单位规章制度104条，纠正用人单位违法条文51条，督促补签劳动合同1085份。处罚非法使用童工企业3家，处罚6万元。受理欠薪举报投诉78件，结案78件，法定期限内结案率100%，追讨工资195.73万元，涉及劳动者275人。

【“无欠薪项目部”创建活动】 2018年，区人社局在全区政府投资的在建施工项目要求施工单位配备专职劳工管理员，加强对施工企业劳动用工的管理，实现农民工实名制管理，建立职工名册、考勤记录、工资发放等台账，同时对工资发放情况在施工现场公示，发现欠薪隐患及时向住建部门报告。从政府性投资项目覆盖至全区在建建筑施工项目。

【劳动保障诚信体系建设】 2018年，区人社局对8家存在恶意欠薪等重大劳动保障违法行为的企业进行社会公布并录入全国企业信息系统进行信用惩戒，将1家企业被列入“拖欠农民工工资黑名单”，将3家用人单位的劳动保障守法诚信等级评价为C级。

【年终岁末欠薪预防】 2018年，区人社局注重抓早抓小，在全区范围内进行拉网式欠薪摸底排查，共摸排出存在欠薪的企业有4家（涉及141人，金额209.82万元），存在欠薪隐患的企业有2家，对排查中发现隐患的企业确定专人跟踪督促，直至隐患化解。

【劳动争议仲裁调解】 2018年，区人社局坚持“调解先行、以调为主”的工作思路，把调解工作贯穿案件处理的全过程，促进案件以调解方式化解，部分案由简单的案件通知当事人到场并当场协调解决。在做好调解工作同时，注重对涉案人数多、案情复杂或纯属欠薪的案件及时进行分析、评议，根据案情实际、采取“快立、快审、快裁、快结”的办法，快速作出，对发生一次性10人以上的劳动争议案件，均直接派人前往事发地现场进行办案。是年，立案受理212件，已办结211件，其中：调解结案97件，裁决113件，通过其他方式处理1件。

12月8日，莆田市、城厢区“欠薪投诉举报 劳动法律咨询“现场会在金保大厦召开 （徐媛清 摄）

【工伤认定】 2018年，区人社局在工伤认定过程中，对提供所需材料齐全的，当场受理，及时组织人员开展调查取证，经调查事实清楚、证据确凿的，在最短的时间内完成认定工作。对于轻微伤害的案件，启用简易工作程序，做好企业和受伤职工的工作，努力使双方达成和解与共识，努力减少行政复议和行政诉讼的发生。是年，受理案件515件，办结500件。

社会保障

【工作概况】 2018年，全区机关事业参保单位327家，参保人数7125人，企业制度参保单位27家901人；养老金发放单位数236家2707人，其中机关事业单位养老金发放204家，离退休人员2612人，企业发放32家95人，全部实行社会化发放，社会化发放率达100%；基本养老保险费收入13725万元；职业年金收入3312.95万元；基本养老金支出13781万元。全区城乡居民保应参保人数为166204人，已参保人数162795人，参保率达97.94%。2018年，应缴费人数为107834人，已缴费人数100408人，缴费率达93.2%，全年累计发放养老金8808.26万元。全区失业保险参保人数为53019人；失业保险金收入1419.01万元；失业保险金支出287.14万元，其中失业金支出222.2万元，领取人数为396人；农民工领取一次性生活补助费支出24.39万元，领取人数为64人；基本医疗保险费支出35.4万元。

【落实建立贫困人口社会保障兜底政策】 2018年，继续在精准扶贫对象脱贫前由政府出资为其缴纳城乡居民基本养老保险费，保障其基本生活水平。是年，为1212名符合条件人员代缴城乡居民基本养老保险费12.12万元。落实城乡居民养老保险缴费补贴政策，2018年为4283名各类特殊群体代缴42.83万元。

【基金监管】 2018年，区人社局开展2016年度和2017年度失业人员重新就业期间重复享受失业保险待遇追缴工作，成立领导小组，明确工作任务，开展自查，对已领取失业保险待遇人员信息与社保中心和机关保中心数据进行比对，建立台账汇总重复领取失业保险待遇人员信息，并通过电话催收、走访用人单位等方式进行追缴，追回重复领取失业保险待遇人员65人，金额25.17万元。完成2018年养老保险重点指标专项核查工作，至9月底全成完成居民养老保险疑似死亡人员的排查和追回工作。规范失业保险待遇发放流程。每月发放失业保险待遇前，与相对应的社保、机关保的数据进行查询比对，有效避免重新就业期间重复享受失业保险待遇问题和领取失业保险待遇期间重复享受企业（机关）养老保险待遇问题。做好城乡居民养老保险参保缴费、待遇领取情况的公示和特殊群体的认定工作，发现问题及时查明、解决，确保基金规范运行。开展离退休人员基本养老金待遇领取资格认证工作，未发现基金冒领、盗领等违法情况。做好就业专项资金的绩效评价和检查整改工作，对检查提出问题及时制定整改方案，抓好落实反馈。

人事人才

【工作概况】 2018年，区人社局以深化改革为抓手，完善人事制度，加强档案管理，规范档案信息归纳，加强人才队伍建设，加快构建人事人才公共服务体系，统筹做好各项人才工作，推动城厢人事人才事业持续健康发展。实施高校毕业生“三支一扶”计划，全年新征集岗位15个，其中乡镇8人，教育系统4人，卫计系统3人。全面落实兑现各项帮扶解困政策，发放驻莆部队随军家属生活补助23人，发放补助金8.28万元，确保军队干部队伍的思想稳定。

【技能竞赛活动】 2018年，区人社局组织开展系列职业技能竞赛活动。成功举办中式烹调师、美容师、油画等职业技能竞赛4场次，组织256名参赛选手参加竞赛，拨付职业技能竞赛补助经费29.36万元，促进高技能人才的选拔和培养。

【技能大师工作室动态管理】 2018年，区人社局建立日常动态管理和考核制度，加强日常走访，帮助大师工作室完善规章制度，制订工作计划，建立培训台账。推荐上报省级技能大师工作室3个，市级技能大师工作室3个。截至年底，全区有国家级技能大师工作室1个，省级高技能人才培训考核基地3个，省级技能大师工作室5个，市级技能大师工作室3个。

【大学生就业见习】 2018年，区人社局组织福建复茂食品有限公司、郭氏（福建）鞋业有限公司、莆田市金博士网络科技有限公司3家就业见习基地提供56个就业见习岗位面向高校毕业生招聘，有13人通过招聘开始见习。截至年底，全区有高校毕业生见习基地4个，莆田国际油画城、福建复茂食品有限公司、福建省百盛大同投资有限公司、安福电商城、国艺联融（福建）文化发展有限公司等高校毕业生创业孵化基地5个，为高校毕业生就业创业提供较好的平台。

【职务职级并行审批兑现】 2018年，区人社局根据《关于贯彻执行县以下机关公务员职务与职级并行制度的意见》（中办发〔2015〕4号）文件规定，按干部管理权限，对政府部门符合职级晋升人员统一摸底查档，并及时上报区委研究，审批兑现工资125人。

（徐媛清）

民政

民　政

【工作概况】 2018年，莆田市城厢区民政局（以下简称区民政局）全面贯彻落实中共十九大精神和习近平新时代中国特色社会主义思想，推进民政“十三五”规划，城厢民政各项事业健康快速向前发展，为“打造宜居城厢、建设美丽莆田”做贡献。是年，区民政局被市民政局党组推荐为全省民政系统先进集体；复茂食品有限公司被推荐为全省爱国拥军模范单位（企业）参加全省评选；全区养老、低保省对市、对区各项量化绩效考评指标位居全市第一；完成全区退役军人、军烈属的登记普查工作，进度和质量均全市第一名；平安边界考评全市第二；五地市老区工作经验交流现场会在莆田市举行，常太镇马院村老区建设经验在会上典型交流并作为大会参观点；霞林街道沟头社区被评为全国防灾减灾示范社区

【城乡最低生活保障】 2018年，区民政局推进社会“兜底”保障，加强农村低保制度与扶贫开发政策有效衔接，落实“支出型贫困”救助政策，着力强化对因病因残致贫家庭的兜底保障。2018年通过精准识别建档立卡2316人，其中符合低保条件并纳入低保1290人，约占比55.7%。实现社会救助“兜底”应保尽保。推进“扩面提标”，城乡最低生活保障标准将继续按照省定最高标准即当地最低工资标准的42%确定，月人均补助水平城市低保（含失地农民等）按不低于当地月工资最低标准的22%确定，拥有土地等生产资料的农村低保按不低于城市月人均补助水平的70%确定。城乡低保保障实施全面提标，惠及全区低保对象。全年救助农村低保957户2329人，发放救助金1296.99475万元。进一步规范残疾人两项补贴发放，全区发放残疾人生活补贴4556人，发放补贴326.93万元；残疾人护理补贴4805人，发放补贴364.8万元，低保“扩面提标”全部执行到位。 低保各项工作在全市绩效考评中名列第一。推进救助帮扶，发挥区级困难群众基本生活保障协调机制的作用，城乡救助水平逐步提高，完善区、镇（街道）两级“救急难”平台建设，建立乡镇（街道）临时救助备用金，通过落实主动发现、先行救助、个案会商等工作机制，切实提高临时救助资金使用率。

【救灾救济】 2018年，区民政局推进预防储备，积发挥好民政局统筹协调作用，突出“防”和“减”，扎实做好减灾备灾工作。加强应急值守，及时报灾，落实24小时值班制度，在第8号台风“玛莉亚”及8月25—31日持续强降雨袭击阶段，根据灾情和本级自然灾害救助应急预案及时启动救灾应急响应，紧急转移安置灾民557人。继续开展“5•12”防灾减灾宣传演练，加强与区防汛办、地震局等数据共享，做到备灾情况底子清、情况明，物资储备及时到位。推进基础建设。及时准确核准认定灾后重建对象，加大避灾点提升建设力度，2018年全区进一步提升村级避灾点建设，全区完成147个避灾点建设任务，区财政投入资金在城区新建城厢区区级救灾物资储备中心，完成建设并投入使用，储备救灾物资数量达2000多件，完全满足城厢区救灾应急基本需要。继续开展全国防灾减灾综合示范社区创建活动，新增霞林街道沟头社区为全国防灾减灾综合示范社区。

【社会福利】 2018年，区民政局全面完成养老服务项目指标。2018年度建设24所（包括省市为民办实事项目14个、2017年下半年结转项目9个、省福彩公益金项目1个），完工率100%。全面完成省对市绩效考评养老服务服务体系指标任务。完成养老机构常太、灵川、东海3个镇敬老院“三个一批”安全达标和设立许可工作。落实好养老机构开办补助和运营补贴制度，全面落实老年人3项补贴。继续扶持引导养老机构、医疗机构一院一策、自主选择医养结合的具体形式，通过“养中有医”“医中有养”等方式，逐步提高医养结合水平，促进平均护理型床位占比持续提升，全区年度新增护理型床位100张以上。养老各项工作在全市绩效考评中排名第一。

【基层政权与社区建设】 2018年，区民政局推进社区治理。贯彻落实好全市社区治理工作现场推进会部署，10月出台《城厢区进一步加强和完善城乡社区治理的实施方案》，复制推广华亭镇涧口社区、常太镇马院村（全国文明村）等可学可鉴的社区治理特色品牌。学习推广福州“军门社区”的典型经验，统筹发挥社会力量协同参与社区治理，推进社区、社会组织、社会工作“三社联动”，推进太平社区、社会组织、社会工作“三社联动”省级试点工作，配套15万元的经费补助，开展凤办筱塘社区“三社联动”市级试点工作。推进村（居）综合服务站建设。累计投资300多万元建设30多个村（居）综合服务站，不断健全村（居）服务体系。通过调研摸排，村（居）换届政策宣传，结合重点（难点）村综合推进，实施“一村一策”，推进村（居）委会换届选举， 120个村（居）委会换届选举工作9月底一次性选举完成，产生新一届村（居）委会成员468名，其中女性成员154人，占32.9%；“一肩挑”的44人，占36.7%。加大社工志愿者服务。加大社会工作职业资格考试宣传和培训力度，组织22名社区管理人员参加社工、志愿者培训，提升专业技能。加大政府购买专业社工服务岗位和项目力度，民政系统新增社会购买人员12名，新增购买服务项目2个。推进城市社区社会工作站和志愿者服务站建设，加大《志愿服务条例》宣传贯彻，推广应用“全国志愿服务信息系统”，全区注册志愿者数量占辖区内居民人口比例已达10%以上。推进扫黑除恶工作。加强组织领导，提高政治站位，围绕省委、市委、区委对扫黑除恶专项斗争工作的总体要求，摸排收集线索。通过线索摸排，线索分解移送、督促管理，依法整顿打击，巩固扫黑除恶成果。

【民间组织管理】 2018年，区民政局完善社会组织公共服务平台。挂牌城厢区社会组织孵化基地，区民政局无偿提供场地、设备，社会组织发展提供环境，配套资金9.15万元用于加强社会组织公共服务平台建设，对暂未达到登记条件，但社会需求度高、发展前景好、服务潜力大的初创期公益性社会组织的培育孵化。实行行业协会商会等4类社会组织直接登记，加快推进行业协会商会与行政机关脱钩工作，截至12月，受理社团、民非各类业务31件，直接登记社会组织6家，其中行业协会商会4家。全区有61家社会组织年检，其中社会团体16家，民办非企业单位45家。落实社会组织党建工作，民政局挂钩城厢区电商协会，通过共建帮扶让社会组织在推动城厢经济发展、创新社会治理、促进社会和谐上发挥积极作用。在全市社会组织工作考核中排名第二。

【区划地名】 2018年，区民政局开展第二次地名普查地名数据入库预检更正，完善信息补充工作，使地名信息库更加完善，数据更加详实。清理整治不规范地名和地名标志、道路交通标志，规范地名使用，推进地名公共服务职能，至12月中旬办理门牌证16683本，维护街路牌86块，制作二维码小门牌15462块、中门牌115块、大门牌14块、梯位牌198块、室牌173204块。做好《中华人民共和国标准地名词典》莆田城厢审核上报工作，完成第四轮县级界线和第三轮与涵江区，秀屿区2条市内县级界线。区内东海—灵川线、东海—华亭线、华亭—灵川线、华亭—常太线四条乡线界线勘界年度界线联检任务，边界双方和谐稳定，未发现边界纠纷。平安边界工作在全市考评中排名第二。

【优抚安置】 2018年，区民政局开展国防教育和双拥宣传进机关、进学校、进军营、进企业、进社区（农村）。主动服务军队规模结构和力量编成改革，解决随军家属安置、军人子女就学等难题。是年，解决家属安置和军人子女就学35人次。扎实做好全国“双拥”模范城（县）中期考评迎检工作，打造莆田拥军优属、拥政爱民工作品牌。复茂企业被评为“双拥”共建模范单位，城厢区“双拥”共建事迹在中国“双拥”杂志上刊登报道。

【老区建设】 2018年，区民政局贯彻落实《福建省促进革命老区发展条例》《关于加大脱贫攻坚力度支持老区开发建设的实施意见》，实施老区村振兴发展工程。下拨109万元专项资金用于城厢区老区建设。同时加强与扶建领导小组各成员单位的联系协调，按照“老区优先、适当倾斜”的原则，汇聚各成员单位的政策、技术、项目、资金、人才，持续推进老区发展。加大老区红色基因宣传力度，加大财政扶持，下拨老区发展专项资金，推动城厢区常太镇马院闽中工农游击队驻地旧址保护、开发、利用，推动红色文化旅游开发工程。支持老区村社会事业、改善老区村生产发展。落实好革命“五老”人员及遗孀生活待遇。革命老区扶建工作得到上级肯定。2018年，全省老区现场会在常太召开，会上城厢区做汇报，标志着城厢区老区建设工作进入新层次。

【依法和便民服务】 2018年，区民政局持续推进婚姻登记场所标准化建设，坚持以“依法行政、微笑服务”为宗旨，开展优质服务窗口活动，完成婚姻登记的各项服务工作。婚姻登记处全年登记数量5430对，其中结婚登记3593对，离婚登记895对，补发结（离）婚登记942对。未出现一例违法违规现象，婚姻登记合格率达到100%。区民政局被省文明委评为文明行业示范点窗口单位。

（曾德喜）

民族与宗教事务

【工作概况】　2018年，莆田市城厢区民族与宗教事务局（以下简称区民宗局）贯彻落实中共十九大精神和全国、全省、全市宗教工作会议精神，以习近平总书记关于宗教工作重要讲话和重要批示精神为统领，以提高民族宗教工作法治化水平为保障，着力引导宗教坚持中国化方向，着力解决宗教领域突出问题，着力加强宗教界自身建设，促进城厢区宗教领域和谐稳定，发挥宗教界人士的积极因素，为打造人文宜居新城厢、建设美丽莆田先行区作出新贡献。

【民族工作】　2018年，区民宗局牢牢把握"共同团结奋斗，共同繁荣发展"的民族工作主题，不断加大扶持力度，促进民族经济大力发展。申报常太镇少数民族村道路建设、公厕建设等项目民族补助资金，切实改善少数民族群众的生产生活环境。争取常太镇金川村民族补助资金7万元，其中市级民族补助资金4万元、区级3万元。

【理论学习】　2018年，区民宗局加强宗教问题理论和方针政策学习培训。4月25日，在莆田梅峰寺举办宗教界代表人士新修订的《宗教事务条例》培训。9月14日，举办宗教领导小组成员单位、镇（街）统战委员、统战干事新修订的《宗教事务条例》培训，实现宗教三支队伍培训全覆盖，把宗教问题理论和方针政策纳入培训内容。9月29日，邀请市民宗局领导在全区科级干部夜间学校上讲授"贯彻落实十九大精神，做好新时代宗教工作"课程。11月7日，组织村（社区）党组织书记培训《做好新时代宗教工作》，通过宣传学习教育，统一宗教干部和宗教界人士的思想，提高认识，为进一步依法加强对宗教事务管理打下良好的思想基础。

【宗教活动场所安全检查】　2018年，区民宗局坚持"安全第一、预防为主"的方针，将安全生产列入和谐宗教工作的重要内容。要求各镇（街道）把宗教活动场所安全列入镇、街安全生产大检查重要内容，建立宗教活动场所安全巡查制度，特别要加强节假日和恶劣气候时期巡查，确保宗教活动场所安全；督促宗教活动场所开展安全自查，以建筑、消防、交通、卫生为检查重点，深入排查事故隐患和薄弱环节，摸清隐患底数，不留盲区、不留死角。扎实推进安全生产百日行动，落实"严排查、严整治、严监管"要求，开展"严整治、促提升"专项行动，与区佛协联合开展安全检查，检查宗教活动场所108家，发放整改通知书13份，整改安全隐患13条。

【教育引导】 2018年，区民宗局注重发挥宗教在促进社会和谐中的积极作用，积引导宗教与社会主义社会相适应。指导宗教团体加强自身建设，督促抓好班子换届及思想建设工作，切实做好区道教协会换届前期工作，发挥党和政府联系信教群众桥梁纽带作用。引导宗教界人士发扬宗教服务社会、济世利人的优良传统，参与救灾、扶贫、助学等慈善活动，石室岩寺捐助贫困学生，区佛教协会、华亭城隍庙慰问困难群众。鼓励宗教界在独立自主、平等友好、互相尊重的基础上开展对外交流，宣传宗教信仰自由政策，进一步发挥闽台宗教、民间信仰方面联系密切的优势，加强互动交流，佛教协会组织参加闽台佛教文化交流研讨会，东汾五帝庙接待台中、彰化等地进香谒祖台胞120多人次，促进两岸关系和平发展。

【主动作为】 2018年，区民宗局以第五届世界佛教论坛在莆田广化寺举办为契机，着力提升佛教寺院规范管理水平。整合西塔寺、崇福寺、月峰寺等广化寺周边寺院，督促佛教协会抓好寺院教风整治，整治抽签卜卦、看命看相、乱烧香、乱放生等借教敛财活动，维护佛教场所正常秩序。协调组织市佛教协会、市园林局、市规划局等单位对广化寺、梅峰寺、石室岩、龟山寺、崇福寺、西塔寺等寺庙进行一寺一案专题改造提升设计。

（翁福铭）

关心下一代工作

【工作概况】 2018年，莆田市城厢区关心下一代工作委员会（以下简称区关工委）以中共十九大精神为引领，不忘初心，牢记使命，以习近平新时代中国特色社会主义思想为指导，按照区委、区政府和全国、省市关工委工作会议的部署要求，调动和发挥“五老”积极性，夯实关工委组织，壮大“五老”队伍，提升“五老”能力，培养典型，打造品牌，切实加强关工委各项工作，完成年初确定的各项任务。截至年底，全区7个镇街120个村居，12所中学、8所中小学全部建立关工委；华林工业园区组建关工委，园区内有6个民营企业设立关工委，基本实现关工委组织的全覆盖，解决“空白点”问题，大部分关工委都能做到有班子、有队伍、有制度、有牌子、有办公活动场所，发挥应有的作用。

【理论宣讲】 2018年，区关工委及时传达学习宣传贯彻中共十九大精神和中央省市关工委会议精神，向区委、区政府作汇报，4月份召开全区关工委会议，传达中央、省、市关工委会议精神，对2017年全区关心下一代工作进行总结，重点部署2018年工作。组织宣讲队深入到“五老”志愿者和青少年中去，用青少年喜闻乐见、易于理解、听得懂、有感悟的方式宣传中共十九大精神，谋划和推动关工委的各项工作，为“打造人文宜居新城厢、建设美丽莆田先行区”做贡献。区关工委报告团围绕党、国家、军队重大纪念活动，深入校园、社区开展学习中共十九大精神和习近平新时代中国特色社会主义思想巡讲报告会、“两史”（党史、国史）、“三爱”（爱学习、爱劳动、爱祖国）教育活动，在莆田五中、莆田三中、文献中学、华亭十二中、灵川十八中、逸夫小学、莆糖社区等20所学校和社区开展巡回报告会50场；制作“大学习”掀起新高潮、新思想指引新征程、习近平新时代中国特色社会主义思想是党和国家必须长期坚持的指导思想等课件，引导青少年增强实现中国梦的使命感和责任感，立志报效祖国。

【专题读书活动】 2018年，区关工委开展“传承红色基因，争做时代新人活动”、青少年学生所思所想所盼专题调研活动、参加省市关工委举办的法律知识竞赛、普法作品评选等活动，利用班会和法制课时间开展专题读书活动，并组织开展读后感交流、征文、学生普法论坛等活动，引导广大学生学法、用法、守法。鼓励各学校订阅《全国青少年普法教育读本》，利用班会和法制课时间开展专题读书活动，并组织开展读后感交流、征文、学生普法论坛等活动，引导广大学生积极学法、用法、守法。

【普法教育宣讲活动】 2018年，区关工委针对青少年群体的不同需求，深入全区各中小学开展以“关爱明天、普法先行”为主题的普法教育宣讲活动；联合区法院、区教育局在莆田第五中学举行全区中学“模拟法庭”比赛活动，让青少年在自己演绎庭审的过程中，学法、知法、守法、用法，有效预防中学生违法犯罪行为的发生；联合教育部门利用“普法教育宣传月”“12•4”普法宣传日等契机，开展法制宣传，增强教职工依法执教和维护学生合法权益的观念；联合区法院定期举办“公众开放日”活动，组织青少年参观法院的立案大厅、廉政文化长廊、观摩民、刑事案件的庭审过程，并观看法治宣教片《成长路上，与法同行》，近距离感知中国现行司法制度。

【扫黑除恶等法治警示教育活动】 2018年3月7日，区关工委联合区法院区妇联等单位在常太中学开展以“关爱明天 普法先行”为主题的三八维权月法治宣传系列活动。组织区法院人民陪审员及少年庭法官结合生动形象的案例为常太学校的学生们进行一场“和谐家园，法制有我”的主题讲座，通过讲座，提升学生知法、懂法、守法，用法的能力。联合区法院组织学生观看“预防犯罪，共同成长”“遵守交规，共享平安”等展板，提高中小学生的法律意识。联合区妇联、区法院向学生发放维权宣传材料，重点宣传反家庭暴力、未成年人法律小常识等妇女儿童权益保护法律法规，并提供妇女儿童合法权益保护、交通法律法规等法律咨询。此次宣传活动，发放各类宣传资料600余份，解答法律咨询18余次。与区人民法院、区总工会、团区委等单位在莆田南门学校、文献中学等学校开展以“用法浇灌未来 用爱播种希望”为主题的防止校园霸凌的扫黑除恶法制宣传系列活动，通过以案释法，号召学生们遵纪守法，增强学生们的法律意识，促进学生们学法守法氛围的形成。

【创建零犯罪学校活动】 2018年，区关工委始终把创建“零犯罪学校”活动作为普法教育的关键环节，先后总结莆田第五中学、城厢区逸夫实验小学等8所“零犯罪学校”创建的典型经验，并在全区范围内进行宣传和推广。至2018年底，全区两个零犯罪创建活动成效均走在全市前列，分别达93.97%和96.97%。

【夏令营活动】 7月份，区关工委联合区少工委继续在南门学校开展“争当新时代好少年”第三届少年军校夏令营活动，500多名学生参加，通过5天军事训练，引导青少年了解红军长征历史，增强爱国、爱党意识。8月份，联合区团委、区妇联、华林学校举办“传递爱心 扶志助学”关爱外来工子女公益夏令营活动，进一步加强对外来工人员子女的教育帮扶力度，丰富他们的课余文化生活。此外，同小学、村居开展青少年教育活动，太平小学利用暑假开展法制教育培训，下黄村开展“两史”教育学生演出，洋西村退休教师陈金荣继续在假期组织书法（含家风、家训）培训，后角村美国华侨林念生携女儿在家乡举办学生假期英语培训，万辉国际城在4号楼设立青少年科学工作室，为辖区内未成年人和中小学生全天候免费开放等。区关工委将引导组织这些热心“五老”人员扩大活动面，形成夏令营规模，将广泛开展夏令营活动作为区关工委创新工作品牌来抓。

【帮扶贫困青少年学生】 2018年，区关工委继续和各相关部门开展“希望工程”“育苗工程”“爱心助学”“金秋助学”和“春蕾女童”等社会公益活动，帮助贫困学子顺利入学。2018年，上报2名贫困学生接受市关工委的扶贫帮困；区关工委继续资助挂钩村霞林街道肖厝村贫困学生2名，送去慰问金4000元；区关工委资助挂钩村霞林街道肖厝村特困学生2名，送去慰问金4000元；下

5月25日，区关工委开展主题活动　（蔡朝晖 摄）

黄村关工委为下黄小学捐献一万元，东海镇关工委牵头为低保户学生2人各助学1000元，区关工委还为兴安社区、下黄村、濑溪村、新塘社区、东海村、长青村等农家书屋送去图书5000多册，丰富村社区孩子们的文化生活。联合区残联、心连星儿童培训中心开展“牵手星星宝贝，共绘美好明天”庆六一活动关心关爱自闭症儿童，给他们送去温暖。

【关爱留守外来孩子】 2018年，区关工委针对全区外出经商、务工人员多，留守孩子多的实际情况，各级各部门采取多种方式，对留守儿童进行关爱。各中小学建立班主任、科任老师帮教责任制，广泛开展关爱“留守孩子”活动；法院组织女法官与留守孩子开展“一对一”帮带活动；区妇联组织发动各行各业的女性争当“爱心妈妈”，与农村留守孩子结成“一帮一”，为他们解决学习、生活、心理等实际问题，现有“爱心妈妈”168名，手拉手互助对子168对。各级关工委发挥“五老”作用与优势，长期与留守孩子结对，帮助辅导日常学习，解决生活困难，适时为他们送去学习用品或慰问金。霞林街道下黄村关工委组织本村青少年学生开展敬老爱老尊老亲老活动；东海镇关工委利用寒暑假时间举办免费的夏令营活动，为留守孩子和外来工子女开设音、体、美、书法等课程，并通过寓教于乐等方式宣传消防、地震、交通、游泳、食品卫生等知识，还引导孩子们学做“小雷锋”，增强他们乐于助人的思想意识。8月，与区团委、区妇联、华林学校联合举办“传递爱心，扶志助学”关爱外来工子女公益夏令营活动，进一步加强对外来工人员子女的教育帮扶力度，丰富他们的课余文化生活。

【基层关工委自身建设】 2018年，区关工委加强理论学习，组织7个镇街关工委常务副主任参加市关工委举办的中共十九大精神培训班和学习习近平总书记新时代中国特色理论学习培训班。6月，参加全省关工委组织的为期3天的学习习近平总书记新时代中国特色理论中共十九大精神培训班。争创先进，2018年区关工委、华亭镇关工委、霞林街道下黄村关工委被省关工委评为全省关心下一代工作第七次先进集体，7人被省关工委评为全省关心下一代工作第七次先进个人。

【志愿者活动】 2018年，区关工委继续开展报告团、关爱工作组、网吧监督员、校外辅导员、社区矫正志愿者等12支志愿者队伍的志愿者活动。6月，还组织20名关工委老干部参加，全市“不忘初心　助力美丽莆田”莆田市千名万年青老干部志愿者活动。

（蔡朝晖）

龙桥街道

【基本情况】 龙桥街道位于城厢区东部，东北、东南与荔城区西天尾镇、拱辰街道办事处、镇海街道办事处接壤，西北、西南与常太镇、凤凰山街道办事处接壤。辖区面积 20.6 平方千米，下辖龙桥、太平、北磨、下磨、兴安、万辉等 6 个社区居委会和泗华、延寿、洋西等 3 个村委会，期末人口 40667 人，有常住人口 5.88 万人。

【概述】 2018 年，龙桥街道办事处（以下简称龙桥办）经济迈上新台阶，四大经济指标序时增幅在全区靠前，财政收入连续两年超过 10 亿元，2018 年达到 11.002 亿元，同比增长 3.7%，是全区第一个财政收入超过 10 亿元的镇（街）。是年，街道固定资产投资完成 58.46 亿元，同比增长 12%；限上批发和零售业完成 44.02 亿，同比增长 22.39%；限上住餐业完成 1.3 亿元，同比增长 27.45%；规模工业产值完成 3.32 亿元，同比增长 17.31%，在全区的“五个一批”考评中，前三季度均名列第一，10 月列第三名，11 月列第二名，全年考评综合排名第一。

【项目建设】 2018 年，龙桥街道安排重点项目 66 个，其中在建项目 32 个，预备项目 11 个，前期项目 23 个。街道可开工建设的项目有君领天玺、莆田学院二期（融侨碧桂园·铂钥府）、洋西地块 A、京都国际等 11 个，街道成立跟进服务小组，开展君领天玺跟踪服务工作，加快推进工程进度；推进莆田学院二期（融侨碧桂园·铂钥府）项目建设进度，实现年内主体 16 幢；加快洋西地块项目建设，争取早日投入使用。征迁工作主要有延寿整村改造项目，该项目到年底完成 13.33 公顷土地征用任务；城厢区泗华小学及幼儿园改造项目，3 个月完成征迁任务净地交付使用；城厢区九华学校新建工程项目完成土地预征和房屋丈量工作；文献路中段北侧片区改造项目完成房屋丈量和内业整理工作。整合人员力量组建街道项目前期工作服务小组，有效推进项目实施。其中，延寿安养中心完成建设用地的土地预征。街道拟规划开发建设集商业、居住、度假、文化、娱乐为一体的城市综合体，在跟踪市规划局控规修编。

【民生工程】 2018 年，龙桥街道协调各方力量，加快周边地区道路建设，努力完善工程配套建设。东圳库区洋西安置房道路改造工程，在建设半幅地下管线；泗华滨溪小区一期配套道路建设工程在进行高边陂防护施工中；延寿安养中心规划征地 5.53 公顷，完成征地 4 公顷。

【社会治安管理】 2018年，龙桥办坚持以“拆违建、清街道”的核心理念改善街道的面貌。“两违”整治工作继续采取网格化管理，采取“三定政策”，定人、定岗、定责加强排查、拆除力度，有效遏制“两违”现象的发生。是年，街道发放“两违”宣传材料280余份，收办“两违”案件130余宗，全部拆除到位，合计拆除面积10967平方米。加大社会治安综合治理巡逻力度，组成一支巡逻队伍，每天进行全方位巡逻，对辖区内治安复杂的地段及重要时段进行巡逻防控，加强对校园及周边环境的整治。环卫体制继续采取“专业人干专业事”模式，聘请专职技术人员进行全程全方位管理，确保工人在岗在位，并提高机械操作水平，提高辖区卫生水平环境，提升居民的生活环境水平。街道还多次代表城厢区参加全市城市管理评比，均取得优异名次。

【安全生产管理】 2018年，龙桥办坚持“安全第一、预防为主”的方针，落实安全生产目标管理责任制。成立调查小组，以25个专项领导小组为责任部门，以村居为单元，共同对安全生产进行调查。针对隐患排查情况，街道多次召开安全生产专题会议，研究部署安全生产“严排查、严整治、严监管、促提升”及百日安全生产整治攻坚工作，治理辖区内建筑施工、人员密集场所、消防安全等重要薄弱环节，重点对沿街经营单位、建筑工地、危险化学品、宗教场所、地质灾害点及“三合一”场所、出租房、“两违”建筑进行拉网式排查。街道安全生产工作落实责任划分和分类监管制度，对查出的事故隐患实行定人定岗负责，督促生产经营单位加大安全投入，增加安全防护设备，限期整改隐患，提高安全生产管理水平，增强防范事故能力。开展出租屋和“两违”专项整治行动。街道召开专题会议对辖区出租屋和“两违”安全隐患排查整治工作进行统一部署，明确网格化包片人员，由分管领导牵头、街道两委工作包片责任制的工作实施思路。同时，组织工作队、包片民警组织相关单位对在建工程的安全生产进行自查自纠，发现施工过程中存在的13个问题，均纠正到位。

【社会事业】 2018年，龙桥街道党委、办事处以更实的作风和更硬的举措，不断巩固和扩大扶贫成果，为脱贫攻坚赢得坚实基础。街道有建档立卡贫困户28户74人全部脱贫。及时成立责任组，狠抓整改落实。抽调4名工作人员（纪工委、民政办、经管站、扶贫办），分赴3个有脱贫任务的村开展工作，采取区领导挂钩、街道包片领导、企业经济帮扶、安排就业，到“干部到户、责任到人”。不断完善综治中心建设，推行突出矛盾纠纷联调、社会治安联防、重点人群联管、区域问题联治、服务管理联抓、基层平安联创等“六联动”工作法，努力提升社会治理水平，有效促进“平安龙桥”创建，被评为“2018年度一类平安乡镇（街道）”。街道成立以街道党工委书记为组长的扫黑除恶专项斗争工作领导小组，对扫黑除恶宣传、线索摸排、人员经费等工作做出具体安排。向群众分发相关宣传单等16000多份，在显眼位置设置30多块大幅宣传广告，在春节前，街道还举办一场移风易俗暨扫黑除恶宣传晚会，各村（居）也各自组织写春联并结合扫黑除恶等宣传的活动。联合龙桥派出所破获涉恶案件16起，抓获涉恶犯罪嫌疑人58名，其中在逃人员7名，查出“保护伞”1名，移送起诉39人、公诉19人，扣押8885元。

【生态环保建设】 2018年，龙桥办全面贯彻落实习近平生态文明思想和治理木兰溪的重要理念，严格落实“党政同责”“一岗双责”，通过河道清淤截污、黑臭水体整治、雨污分流管网改造项目、百日污染防治攻坚战、清水蓝天、餐饮业油烟等专项整治工作，系统推进生活污水、入河排污口整治、污染源收集纳管完善等方面治污工作，主要污染物得到有效控制，各项工作指标持续改善提升。涉及龙桥办中央环保投诉件5件全部整改到位。

其中，投入近50万元在下磨溪、延寿溪等处建设10个“三格式沉淀池”，从渡槽涵洞处进行截污抽排。投资1000余万元对下磨溪生态河道、龙桥溪暗渠、洋西溪、下磨溪北磨段、洋西溪下游雅颂居段等河段开展河道清淤清障工程建设，基本完成建设任务。

【基层组织建设】 2018年，街道建强党工委“1”个体系，突出引领作用，强化人员、阵地、经费、制度四大保障，夯实党建基础，围绕联动区域化、党建品牌化、管理网格化、工作信息化、服务精准化等五化融合，激发基层活力。按照“三年行动计划”推进街道村级活动场所建设，完成龙桥、北磨社区建设。与市直机关党工委、市委组织部、市农商行、莆田电信、莆田学院、众望企业家共赢平台等6家驻区++单位共驻共建，探索“专职委员+兼职委员+第一书记”的“大工委”组织架构，推行街道大工委“1+6”模式，统筹辖区内各类党建资源，吸收区域内部分机关、企业、学校等单位党建负责人为“大工委”委员，实行党组织、党员双重管理，实现组织共建、资源共享、治理共商、发展共促、活动共办。党建引领，基层治理，共建共治共享，街道按照“一居一特”的整体工作思路，把各基层支部打造成连接群众的“服务器”。北磨社区推行“网格化”管理服务试点，在所辖的骏欧龙盘小区率先成立全区第一个小区党支部，实现社区工作标准化、规范化、网格化和精细化，最大限度地推动网格化管理服务自基层末端延伸；万辉社区探索推进城市基层“家党建”工作新模式，念好学、爱、和、乐“四字”决，打造学习型、服务型、人文型、活力型的“四型”社区；兴安、龙桥和洋西等村居，依托所在地电商小镇、莆田电商城和城厢跨境电商中心的吸蜂巢、当当网等平台，推动互联网＋的转型升级工作，带领党员闯电商，全力创建全省电子商务示范区。

（许佳琦）

凤凰山街道

【基本情况】 2018年，凤凰山街道辖南门、南园、龙德井、筱塘、月塘、新塘6个居委会及林桥、朱坑、白洋等3个村居委员会，有居民小组34个及11个自然村，24个村居民小组。2018年末，全街道总户数15447户，总人口44982人，其中男22501人，女22481人；农业人口3991人，非农业人口40991人。

【概述】 2018年，区下达凤凰山街道全年规上工业计划指标3.5亿元，累计完成3亿元。农作物全年总播种面积53.4公顷，其中粮食播种面积48.93公顷，产量364吨；蔬菜4.47公顷，产量118吨；水果种植面积199.33公顷，产量925吨，其中龙眼35.47公顷，产量122吨；枇杷161.93公顷，产量786吨；杨梅1.73公顷，产量15吨；柿子0.2公顷，产量2吨。中草药材2.27公顷，花卉12公顷。限上批零业全年累计完成54.8亿，同比增长5.7%。限上住餐业完成3.9亿元，同比增长26.9%。规上服务业累计完成4.5亿元，同比增长42.5%。固定资产投资完成28.2亿元，完成年计划94%，同比增长197%。

【教育事业】 2018年，凤凰山街道有公办九年一贯制学校1所，公办小学1所，民办小学1所，教育部门办幼儿园3所，其他部门办幼儿园1所和民办幼儿园5所。街道辖区内适龄儿童学前三年教育入园率91.5%，小学学龄人口入学率为99.8%，小学在校生辍学率为0%，初中学龄人口入学率98%，初中在校生辍学率为0%，6—14岁三类残疾人口义务教育入学率为95.8%。街道加快发展社区教育，努力构建全民学习、终身学习的学习型社会；各居（村）的阅览室无偿对外开放，丰富辖区居（村）民文化生活。

【生态环保整治】 2018年，凤凰山街道完成对下磨溪、北渠的直排口污水收集，新建污水收集管340多米，加强对下磨溪、北渠 20 个排污口排查整治工作，按照规范一批、封堵一批要求完成整治。开展城区内河下磨溪、北渠清淤工程，完成清淤 2 万多立方米，完成新梅溪清淤疏浚 200 多米，完成下磨溪城南旅社污水管网疏浚 60 多米。加大力度做好截污纳管，协调区住建局实施南门市场排污改管工程 200 米，组织对下磨溪（市农行、市水利设计院围墙外段）进行污水修复，对排污口进行全面封堵。完善河道专管员日常巡查机制，加大河面保洁，与区住建、市闽中污水处理公司加强协调，形成治河合力，推进城区内河水质稳中有升。强化城市生活污染治理，对凤凰路占道摆摊夜间烧烤油烟污染采取集中整治，强化定点整治，并加大对周边油烟污染的整治，配合区环保等部门，对古城路夜市进行停水停电整治，减少污染源进入下磨溪。购置 2 只打捞船只，聘请一支河道保洁队伍，全天候保洁河面，加大力度做好日常河岸保洁工作。加大涉 VOCs 企业的全面排查工作，完成 6 家涉 VOCs 企业的整治工作，对 2 家“小散乱污”企业采取关闭治理。加强对畜禽养殖反弹复建工作的巡查，落实村居一周一巡查，街道一月一检查的长效管理机制，组织 2 次执法行动，完成拆除 7 家，关闭 1 家。

【精准扶贫】 2018 年，凤凰山街道党工委实施 1 名街道科级干部与 2 名机关党员挂钩结对帮扶，针对贫困户的动态情况细化帮扶措施，实行“一户一策”，加强分类帮扶。联系企业，对年人均收入低于 5000 元的贫困户量身定制创造就业，有 2 户 3 人在凤翔、向阳坊等 2 家企业工作，达到自身造血脱贫。落实贫困学生补助工作，积极对接，实现贫困户子女在学期间及时得到补助。在白洋村利用民资设立洪淼扶贫基金组织，6 名爱心企业家各挂钩白洋村一户贫困户并予以资助 2000 元。加快产业扶贫，在白洋村成立凤洋农业发展有限公司，进一步做大做强香菇、枇杷等名特色农业品种，推动村民增收，2018 年白洋村实现脱贫摘帽。

【社会综合治理】 2018 年，凤凰山街道在辖区内全面开展禁燃禁炮宣传工作，出动宣传车不定时开展流动宣传，发放宣传单 2 万份，签订禁燃承诺书 5000 份，LED 电子屏宣传 13 处。成立扫黑除恶专项斗争工作领导小组，开展入户走访宣传和街面宣传相结合，发放各类宣传材料 2 万余份，在各村（居）、车站、广场、农贸市场等场所悬挂横幅，利用沿街 LED 显示屏循环播放扫黑除恶专项斗争宣传标语。开展“百日攻坚”重点整治工作，实施打防管控并举，破 23 起“七类案件”。加大力度化解社会矛盾，指导督促 9 个村居人民调解委员会充实调整人员，完成配备人民调解员及矛盾纠纷信息员 47 人，是年街道矛盾调处中心排查矛盾纠纷 18 起，涉及 62 人，调处 18 起，调解成功 15 起，履行 15 起。在信访工作中，街道信访办做到件件有回声，件件在落实，对初访户反映问题能解决的及时解决，一时无法解决的做好思想工作和协调工作。对老信访户进行疏导教育，防止无序上访。

【基础设施建设】 2018 年，油画城片区改造项目采取 “四集工作法”（征迁力量集合一线、补偿方案集思广益、群众工作集中深入、扫尾工作集体攻坚），全力以赴，全力攻坚，在短短两个月内，完成了油画城片区 267 户、5.27 万平方米的征迁工作，实现零强制、零冲突、零事故，创造新的莆田征迁速度，得到市区领导的一致肯定。油画城项目指挥部被区委区政府评为年度先进指挥部。南湖公园片区改造项目，全面完成广化路改扩建工程、南湖公园整治提升工程、广场改造提升及地下停车场建设工程、临时停车场修建、同愿林建设，于 2018 年国庆期间正式向市民、游客开放，南湖公园已经成为莆田中心城区市民休闲娱乐的新地标建筑。月塘南片区改造项目，完成地形修测、蓝线图绘制、选址意见书办理、土地预审分类、可行性研究报告、立项批复、总平方案初稿及建设用地规划许可证办理等前期手续，涉及企业资产委托第三方进行专业评估，片区238户征迁户丈量及复核并完成，为下一步拆迁建设打下坚实基础。新塘南景片区改造项目，做实做细群众思想工作，对被征迁群众予以在莆田西安置房安置，解决拖延多年的历史遗留问题。城厢区龙德井危旧房改造项目，指挥部成员重新调整充实。片区范围内的地形图修测完成，待规划编制完成后立即启动土地收储手续。日间照料中心项目，完成老年人日间照料中心的选址、房屋安全鉴定、平面设计、消防设计、室内装修以及办公用品和家电设备采购，在进行招标运营阶段。地灾点消除项目，朱坑村陈某梅户开始动工，张某辉、陈某祥两户完成80%；新塘社区成通寺通过代理公司进行邀请标中标，开始公示。新塘道路“白改黑”项目，完成建设路、建安路、顶社路、建丰路、凤凰路、新塘街、文塘街、锦塘街，总长2千米，总投资1300万元。污水管网建设项目，结合片区改造，实行污水管网改造，完成污水管道改造约2千米；在南门市场建设一座智能一体化预制泵站，利用抽水泵将污水排入市政污水管内；对下磨溪进行污水管修复，并对城区内河的排污口进行全面封堵。

7月5日，凤凰山街道月塘南拆迁改造　（朱秋星 摄）

【民生保障】 2018年，凤凰山街道办事窗口服务群众181人次，负责认定就业失业人员登记131人，办理城镇灵活就业人员养老社会保险申请52人，个人社会保障情况咨询服务191人。街道城镇居民全年基本医疗保险参保人数16955人，缴费2997900元。有2778人享受基本养老金，累计发放金额413.91万元。做好社区居家养老服务工作，为48位老年人办理老年人优待证，慰问特困老人25人，百岁老人2人，发放慰问金3.15万元，在筱塘居委会三楼成立日间照料中心，完成室内装修。辖区有500多名残疾人，2018年春节慰问12人，每人1000元，国际助残日慰问贫困残疾人14人，每人500元，全年发放一户多残补助资金33户70人88400元，发放残疾人两项补贴6500人次445600元，其中生活补贴3100人次，补贴金额201020元，护理补贴3400人次，补贴金额244580元，发放残疾人托养补助区级19人，省级9人，每人补助资金2000元，发放扶助困难残疾人创业就业1人，每人补助资金5000元，帮助11名残疾人申请获得辅助器具适配补贴，帮助3名残疾儿童申请康复补助资金，每人补助资金15000元，接受群众申请发放残疾证121本。

【精神文明建设】 2018年，凤凰山街道把精神文明建设的成效作为衡量各项工作质量的关键标准，坚持以制度建设推进创建工作的正常化、规范化，制定督促检查等一系列规章制度，明确工作制度和岗位职责，确保各项工作落实到位。街道以学习习近平新时代中国特色社会主义思想和中共十九大精神为主题，深化理论教育，提高思想素质，为建设文明和谐社会奠定思想理论基础。采取课堂授课、专题讲座、座谈、观看电教片、知识竞赛等灵活多样的形式营造浓厚的学习氛围，教学内容既有国家方针政策、科普知识、社交礼仪规范，也有日常医疗健康知识、法律法规的解答、社会主义核心价值观教育，从而把社会公德、职业道德、家庭美德和文明礼仪融入到日常生活中，进一步增强机关干部的学习意识、法律意识、成才意识和自立意识。利用“凤凰卫计”微信公众号平台开展健康宣传教育服务；依托“五大课堂”开展母婴保健、健康科普、常见病防治、早教亲子活动16场。街道组织社区、居民召开展道德讲堂活动，并把道德讲堂活动与道德模范相结合，用身边人讲身边事、身边人讲自己事、身边事教身边人，促使道德讲堂活动取得良好成效。各社区开展扶贫济困、环境美化、义务检修等形式多样的志愿服务活动，促进志愿服务活动在辖区常态化发展。

（朱秋星）

霞林街道

【基本情况】 霞林街道位于城厢区东南部，总土地面积17平方千米。总耕地面积161.25公顷（其中水田149.66公顷，水浇地10.63公顷，旱地0.96公顷）；园地107.89公顷；林地69.95公顷，人均耕地面积0.006公顷。最低海拔50米以下，最高海拔277.9米，位于云洞山峰。气候属南亚热带海洋性季风气候；年平均气温20.2℃，年平均降雨量1200—1700毫米。主产蔬菜、水果、食用菌等作物；主要资源有以温泉为代表的地下水。街道办事处所在地沟头社区，距城区1千米。

全街道辖顶墩、下黄、坂头、屿上、木兰、铁岭6个村民委员会，霞林、沟头、棠坡、莆糖、肖厝5个社区居民委员会，182个村（居）民小组，22个自然村。2018年末，全街道总户数8123户，总人口30007人，农业人口15716人，非农业人口14291人；人口自然增长率5.97‰，人口密度为1605.82人/平方千米。

【概述】 2018年，霞林街道办事处抓转型促升级，服务实体经济，稳住工业基本面，完成工业产值16.82亿元，完成年度计划15亿元的112.13%；完成固定资产投资58.01亿元，完成年度计划60亿元的96.7%；完成批发零售业销售额22.84亿元，完成年度计划22.8亿元的100.18%；完成住宿餐饮业营业额2.81亿元，完成年度计划2.8亿元的100.36%；完成营利性服务业营业收入3.99亿元，完成年度计划3.99亿元的100%；财政收入完成94500万元，完成预算94360的100.01%。“三转一市”工作顺利完成，新增“下转上”22家，工业“个转企”22家，完成商贸“个转企”67家。招商引资取得明显成效，进一步聚集发展动能。引进九木科技公司、高盛新能源有新公司2个重大项目，总投资额2.55亿元，西城国际总投资额6.3亿元。港峰小区总投资额10亿元。油画城出让地总投资额3亿元。坂头东出让地（八地、九地、十地块）拍卖10.88亿元。

【项目建设】 2018年霞林街道共安排重点项目56个，其中在建项目32个，预备项目16个，前期项目8个，被列入2018年重点重大攻坚项目21个，30大征迁重点攻坚项目6个。莆田市美术馆、木兰陂公园成为莆田市两张“新名片”。中央商务区—肖厝安置区（7—9号）、莆田市海峡广场、南兴国贸中心、城厢商务楼、霞林片区改造安置房等10个项目实现竣工。打通八二一大街、延寿路、学园路及胜利路等断头路，荔城大道—荔园路立体交叉工程通车。顶黄路及附属桥涵工程项目完成总进度的35%。钟潭片区改造项目、屿上棚户区改造征迁全部完成。万达南片区和两个片区项目成功实施，推动城市“向西看”。此外，富邦学苑三期、坂头东七地块（融创）、坂头东地块五（正荣御府）、城厢区医院续建工程（含病房楼续建）等在建项目按序时推进。莆田西安置房进行规划及消防验收。木兰新城片区改造项目在规划建设及资金估算。坂头东一期安置房（地块一）在做设计招标。兰溪国际温泉大酒店、木兰溪南岸商贸城（孤岛）、霞林养老院、铁岭加油站等前期项目抓紧做好相关手续。

【社会事业】 2018年，霞林办事处坚持把优先发展教育列入街道经济和社会发展总体规划，召开多次专题办公会议，研究解决霞林小学、下黄小学、坂头小学扩建工程等问题。面对辖区大部分是农村校这一现实，逐年加大教育投入，不断改善农村校尤其是基础相对薄弱学校的办学条件。霞林小学更名为霞林学校，建成为一所九年一贯制学校。至年底，辖区有公办中学1所，九年一贯制学校1所，公办小学6所，教育部门办幼儿园6所，民办幼儿园7所。幼儿园9所，小学6所，中学1所，特殊教育班2班，社区教育学校1所。学前三年教育入园率为93%，小学学龄人口入学率为99.85%、初中学龄人口入学率为98.66%、6—14周岁三类残疾入学率达到100%，小学年辍学率为零。投入15万元用于教师节奖优励学。街道11个春风宣传文化中心都配置多媒体电教设备，先后建立育华小区、莆糖社区、金威豪园、荔景花园等全民健身场所。下黄村和荔景花园两个室外活动场所配置灯光篮球场和健身器材并免费对外开放。有条件的村居跳广场舞、交谊舞。莆糖社区设有文化交流中心、老人活动中心、图书室，拥有路径健身器材，开辟居民健身舞蹈场所。组织热爱健身的居民参加市体育局举办的社会体育指导员培训，加强对民间艺术团体管理。街道有车鼓队7支，十音八乐队6支，女子腰鼓队2支，女子军乐队2支。稳步推进环卫体制改革，成立国有保洁公司——莆田市木兰陂投资开发有限公司，招聘环卫工人246人，落实环卫办公场所，交接18部环卫机械试运行，扫把、畚斗、铁锹等环卫工具等易耗品到位。强化城市卫生管理，着力治理环境“脏乱差”，清运生活垃圾5690吨。加大执法整治，加强市容秩序执法，组织开展交叉执法整治行动39次，劝导、制止纠正商家越门出摊占道经营369余处次，劝离、取缔流动商贩306处次。清理整治商家店铺卷帘门上各类“涂鸦”96处，清除乱张贴“牛皮癣”3万多张，清除书写、喷涂“牛皮癣”1800余处。荔园路二期霞林社区水池边安置房改造提升工程完工，“公厕革命”3座公厕建设完工，5座驿站投入使用。坚持依法行政，主办人大代表建议意见1件，政协提案2件。街道便民服务中心办理办理社保卡1123张，计划生育证302张，二代残疾人证214张，门牌证230张，公交一卡通523张。城乡居民社会养老保险工作续保率完成94.03%，城镇居民基本医疗保险参保工作完成。提高城乡低保补助水平，发放低保补助、医疗求助、临时救助等各类社会救助资金56万多元。

【社会综合治理】 2018年，霞林街道有效维护社会和谐稳定、确保人民群众安居乐业。创新社会治理、深化平安建设，提升平安“三率”建设水平。全年接警7295起，比上年同期6446起上升13%；立刑事案件 810起，比上年同期600起下降 35 %；破刑事案件 382起，比上年同期 311上升23%；起诉 227名，比上年同期159名上升43%；查处治安案件 364起，比上年同期362 起下降 0.005 %。抓获贩毒犯罪嫌疑人 15名、吸毒违法人员 63名，强制隔离戒毒 29名。是年，街道受理初信初访36件，办结29件，息访23件。省交办信访件111件，累计化解信访94件，化解息访率为84.68%；市交办信访件35件，累计化解息访35件，化解息访率为100%；区自排交办信访件45件，累计化解息访45件，化解息访率为100%；四级交办信访件总化解息访率为90.1%，全区信访绩效量化考评第一名。先后检查各类企业26家，查封6家，处理3家，关停3家。道安整治摸底15处，整改5处。开展消防安全大检查，联合派出所、工商所、“三合一”办，安办等部门对辖区内11个村（居）开展消防安全大排查、大整治专项行动，出动执法人员280多人次，排查消防安全隐患240家，发出整改通知书65份，查封22家。同时，加强夏季消防安全与专项检查相结合，坚持严查严防严打，对“三合一”沿街店铺经营与住宿合用场所、劳动密集型企业、彩钢板建筑安全隐患，开展专项整治活动，出动执法人员180多人次，排查“三合一”65家，沿街店铺经营与住宿合用场所78家，劳动密集型企业12家，彩钢板45家，发出整改通知书95份，查封32家。检查辖区内35家油漆店，联合区安监局查封2家无证涂料加工点，3家油漆仓库，有效打击非法生产经营活动。雪津啤酒二厂、恒源制冰厂、龙升农副产品深加工冷冻库等3家涉氨企业继续跟踪，督促整改，先后配合市区安监局质监局执法多次。对辖区内的4家气体供应站、1家爱迪斯精细化工、4家加油站进行联合检查，发现安全隐患7条，下发限期整改单3份，基本整改到位。在全街道范围内开展道路交通安全隐患大摸排清查，同时依托干部进村入户等活动，摸排出事故多发路段数量5处、道路危险路段数量14处、道路低标路段数量6处、道路临水临崖路段数量2处。街道对排查出16处隐患路段进行分类整治，事故多发路段数量8处由区交警整治、危险路段12处由区住建局整治，对低标隐患路段23处，通过设立警示标志、树立广角反光镜、封闭偏僻危险路段等方式整改到位。在辖区内排查出低速货车65辆，拖拉机22辆，三轮车23辆；签订安全承诺书45份，送整改通知书38份。组织全办干部开展平安宣传入户活动，共入户6023户，入户率达100%，化解矛盾纠纷积案80件。推进“网格+”工作，构建“大机制、大队伍、大平台、大服务、大群防”格局，霞林社区网格化建设成为全市的参观点。接管精神障碍患者178人，接收社区戒毒对象18人，安置帮教人员129人，接收社区矫正人员52人，完成11个村居的平安协会会长换届，招募9000人平安志愿者参与平安建设。全年在综治（平安）建设方面的总支出约100万元。加强宗教工作，不断提高依法管理水平。

【党建工作】 2018年，霞林街道党工委继续推进机关便民服务中心规范化建设，开展“办事难、办证难”专项整治，完善即办制度和限时办理承诺制度和落实一次性告知制度。推进基层组织建设，抓好村级组织换届工作。成立领导小组，制定工作方案，召开动员大会，层层布署级级落实，加强指导，强化督查、严格程序，严肃纪律，全街道11个村（居）全部完成党支部和村委会换届，完成率100%。继续开展后进村党支部整治和“基层党建工作示范村”创建活动，全面推行“网格化管理、组团式服务”工作，不断增强村级组织凝聚力与战斗力。组建莆田市亿达电力工程有限公司、易汇融（福建）网络服务有限公司党支部，不断扩大党建覆盖面。开展在职党员深入社区服务群众活动，为困难群众排忧解难。全面推行发展党员民主测评推荐和差额考察确定入党对象制度，试行干部亲属入党报告制度，全年培训入党积极分子70名，发展党员22人。扎实推进农村党员远程教育活动，对11个村居远教设备进行全面更新升级。发动广大党员积极订阅使用共产党员微信、易信，使之成为宣传党的政策、传播党的思想、开展党性教育、引领社会风尚的平台。坚持“一岗双责”，贯彻落实党风廉政责任制，扎实推进惩防体系建设，强化党员干部监督力度，进一步严肃党的纪律．加强村级集体资产资金监管，清理违规费用支出。畅通监督渠道，加强社会监督，实行网上公开，自觉接受党员和群众的民主评议。做好“12345”投诉平台工作，接受群众投诉1543件，处理与流转达100%。推行党务、政务、财务公开，加强公务车辆使用管理，未发现违规用车和公车私用等行为。严格落实中央八项规定精神，查处群众身边“四风”问题案件3件3人。对省委巡视四组反馈意见做到即知即改。克服形式主义官僚主义，全力整治文风会风。深化运用监督执纪“四种形态”，打通全面从严治党最后一公里。 街道纪工委立案查处14件，结案13件，给予党纪处分13人(轻处分10人，重处分3人),开展谈话提醒10人。加强新《中华人民共和国监察法》学习，组织观看《将改革进行到底》《巡视利剑》等廉政专题片，通报中央、省、市查处的典型案件，让纪律教育成为街道干部日常工作和生活的常态。强化内部监督，推进“三重一大”事项决策科学化、民主化和规范化。深入开展移风易俗专项治理，对党员干部操办婚丧嫁娶等红白喜事实行事前事后“双报告”制度，把春节、元宵等节日作为关键节点开展专项督查，提倡党员干部和公职人员“非亲不请、非亲不去”。

【网格化基础建设】 2018年，霞林街道辖区11村（居）约4.2万人（其中常驻人口3万人，流动人口近1.8万人），以霞林社区为试点，推进各村居网格化建设与运作，有效解决网格点选址、平台建设、队伍整合、经费筹集等问题。至年底建立6个网格站，每个网格站配备网格管理员员6人，网格巡逻员7人，摩托车1部，电脑5部和其他的办公设备等，网格站布局与规模初步形成。构建以街道综治委牵头、公安民警为主力，群防群治力量为依托的治安立体防控新体系。截至年底，街道采录流口15860条，单位管理3560条，出租屋6302条。

（李强）

华亭镇

【基本情况】 华亭镇人口总数占全区的三分之一左右，是城厢区的人口大镇、工业重镇、重点侨乡、水果之乡，是省级经济开发区、农民创业园所在地、莆田市小城镇综合改革、“幸福家园”建设的试点镇，是一个以半山区为主的乡镇。拥有龟山寺，西冲岩、酒池寨、将军岩、钱陂故址等名胜近20处，横贯莆田市的母亲河木兰溪中段全境通过，沿途遍布新石器时代、汉唐之前的古迹遗址10处之多，是居山大名果之首的龙眼（桂圆）的全国乃至东南亚地区的干果集散地。自古为陆路通往岭南地区的咽喉要道。著名的白石港码头、盐仓巷码头直接诠释3000多年前的木兰溪中段地区的文赋里文明盛况。又是莆田是范围内数一数二的侨乡，侨乡文化在本地区熠熠生辉。同时也是发展闽台文化的较佳区域。宽广的福厦324国道全境通过，高质量的莆永高速路已经通车，木兰溪治理工程正在开展，这里区位优越，植被丰茂，山水相依，环境优美。先后获全国人口计生服务示范站、福建省绿色乡镇、生态乡镇、人口计生依法行政示范镇、莆田市人口计生优质服务一类乡镇、市级先进基层党组织等称号。

华亭镇位于城厢区西部，南北长133千米，东西宽13.1千米，土地总面积174.23平方千米，耕地总面积1.31万公顷，人均耕地面积0.12公顷，最低海拔6.8米，最高海拔768米，位于紫微山峰。属亚热带气候，年平均气温20℃，年平均降雨量1524毫米，主要农作物为水稻、花生、大豆、番薯等，矿产资源有花岗石、非土、铅钒土、石英等。镇政府所在地位于华亭社区，距离城区1400千米。

全镇辖华亭、霞皋、南湖、郊溪、兴沙等34个村民委员会，1个社区，297个自然村，448个村民小组。全镇总户数32332户，总人口113513人，其中男57373人，女56140人；农业人口104744人，非农业人口8769人，人口密度为每平方千米652人。

【概述】 2018年，华亭镇党委政府围绕“建设富美华亭，打造幸福城镇”，抓住华亭镇被列为省级农村产权融合发展示范镇，莆田市小城镇综合配套改革、莆田市城乡一体化“幸福家园”建设试点镇等有利时机，抢抓机遇，完成各项目标任务。是年，财政收入完成4.4425亿元，完成年计划的100.62%，同比增长25.8%；规模以上工业总产值完成194.39亿元，完成年计划的86%，同比增长11.3%；固定资产投资完成22.63亿元；限上商贸企业销售21.94亿元，完成年计划的87.78%，同比增长12.3%。

【农业发展】 2018年，华亭镇推进设施农业、休闲农业建设，引进利农现代农业综合园、绿丰花卉苗圃以及城厢花卉世界等农业产业类项目。园头村66.67多公顷承包经营土地进行统一流转并投产，创出多赢的土地流转开发“利农模式”。华亭花卉世界二期、利农蔬菜种植示范基地、云峰村省级龙眼产业园、埔柳区级扶贫农场等重点农业设施实现扩存增量。积极探索农事体验游，成功举办涧口片杨梅、云峰片龙眼、后枫片百香果、走马亭片橄榄等系列采摘活动。推进乡村振兴战略，先后有五云、隆兴、走马亭等24个“空壳村”“薄弱村”与区乡村振兴集团合作，实现“破壳消薄”。

【商贸服务业】 2018年，全镇限上商贸企业销售21.94亿元，完成年计划的87.78%，同比增长12.3%。鞋服、食品、电子、工艺美术四大产业进一步集聚与发展，有中国驰名商标1个、福建省著名商标12个、名牌产品10个，国家级高新技术企业5家、省级品牌企业7家，食品类上市企业（天怡农业）1家，文化类世界吉尼斯纪录1项（清明上河图木雕）。先后有三利谱、亚明食品、溢通环保等16家工业企业实施技改，12个项目列入省、市级重点技改项目，提高工业性投资质量和效益；锐马电气、杰讯光电等10家企业跻身省级高成长企业，皇冠制罐、南兴针织等8家企业通过工信部两化融合贯标称号评定，企业数量分别占全区的76.9%、53.3%。

【社会事业】 2018年，华亭镇坚持以强化民生保障为宗旨，全面推进“惠民实事”“民心工程”，建成一批休闲公园、景观绿化、水利排洪、路灯、公厕设施等，群众获得感持续增强。持续实施精准脱贫，通过采取结对挂钩、企业帮扶、搭建爱心平台、小额信贷、培训就业、产业发展、健康扶贫等措施，建设绿丰园艺、利农、扶贫农场等农业扶贫基地，促进全镇256户贫困户稳定脱贫，五云、隆兴2个贫困村成功摘帽，全市精准扶贫扶贫现场会两次在华亭召开。自成立华亭爱心帮帮团微信平台，筹集资金75.3万元，通过爱心超市平价购买花生油、米粉、大米、棉被等日常用品，基本保障贫困户吃穿不愁。合理配置教育资源，加大教育资源供给，妥善解决农民工随迁子女入学难等问题。医疗卫生服务水平进一步提高，华亭卫生院2公顷扩建项目完成主体结构建设，分级诊疗及特殊人群医疗服务更为便捷。持续办好区青少年校外体育活动中心、镇综合文化站，提升各村“春风文化中心”建设，村级组织活动场所、老年人活动中心、老年教育学校建设成效显著。多途径筹集资金，广泛开展访贫问苦、送温暖解忧难和资助入学、帮助弱势群众等活动，落实最低生活保障制度，抓好新型农村合作医疗和农村养老保险工作，新型农村社会养老保险缴费率97%以上，农村合作医疗缴费率达100%，农村群众“病有所医，老有所养”问题有效缓解。促进再就业政策，及时妥善处置劳资纠纷，切实维护辖区务工人员合法权益。全面落实河长制，开展黑臭水体专项整治工作，重点围绕木兰溪及7大支流开展巡查整治工作，排查整治沿线排污口80处，152口；清理相关河道沿线28千米。切实抓好中央、省环保督查发现问题整改工作，开展畜禽养殖场“反弹复建”专项整治工作，有效提升木兰溪流域水质，木兰溪干流水质优良（达到或优于III类）比例均达100%。持续开展重点小流域整治提升项目建设，先后完成院里水库下游、长岭溪和后角水土流失综合治理等项目建设。全面落实应急防控措施和属地工作责任，取缔扑杀生猪散养户193户。持续开展大气（臭氧）污染防治行动，开展工业废气整治力度，摸排拆除“五小行业”企业3家，整治取缔非法排污企业20多家，打赢蓝天保卫战。

【基础设施建设】 2018年，华亭镇11个村市级“幸福家园”试点村建设工作稳步推进，万坂、前柳等新建区基本完成。以油潭村整村改造项目作为全市实施乡村振兴的试点，全面完成土地和房屋再丈量；倾力打造园头古文化村落，推进华亭田园综合体建设。五云、宫利约10公顷新一批拆旧复垦项目也完工并通过市、区两级验收。洞口、云峰等村的“幸福家园”建设成为全市样板村。重点项目建设持续加快，木兰溪防洪工程华亭段11个村完成征地120公顷。后枫、坪板、西许、濑溪、兴沙、樟塘等安置区在施工。灵华线开工建设，龟山路征地基本完成。市政配套设施加速推进，农村污水一期PPP项目涉及19个村，铺设污水主管网、接户管12千米以上，建设三格化粪池1500多个，惠及16个村近5000多户。巨岸集团竞得PS拍2017—09号三紫地块，商住楼主体在建设，山牌片区安置房由经发公司推进建设。樟塘整村改造一期、山牌片区改造等项目实现快签约、快拆房、块净地，体现“城厢速度”。

【社会综合治理】 2018年，华亭镇开展“千名干部进村户、排忧解难保平安”活动，有效提升“平安三率”（平安建设知晓率、平安建设参与率、平安建设安全感）。推行网格化服务管理，加强治安巡逻和打击“两抢一盗”（抢劫罪、抢夺罪、盗窃罪）力度，在福厦路和濑榜路沿线、华林经济开发区、各村的重要部位和关键路口以及镇政府周边架设400多个电子高清探头，基本实现村居电子警察全覆盖。开展扫黑除恶专项斗争，全年破获涉恶案件8起，加强金融风险防控抓，抓获涉嫌“套路贷”犯罪嫌疑人5名，破获“套路贷”团伙诈骗案件17起。健全镇、村两级维稳网络，加强矛盾纠纷的排查调处力度，开展矛盾纠纷排查调处工作，基本实现小事不出村、大事不出镇。组织云峰、前柳等村举办“国家宪法日”“习近平新思想”“综治平安”等主题晚会，社会风气持续向好。

【安全生产管理】 2018年，华亭镇开展“道路交通安全整治”活动，加大隐患排查力度，完善福厦路、濑榜路、三紫路和农村主干道道路安保设施。结合专项行动，统筹开展危险化学品、建筑施工等21个安全生产专项整治，持续组织对全镇辖区内无证非法采矿进行严厉打击。督促整改“三合一”场所221家，查封65家，取缔无证企业5家。严格落实森林防火责任制，确保人民生命财产和森林资源安全。

【基层党建】 2018年，华亭镇党委履行全面从严治党“一岗双责”，严格落实意识形态工作责任制，着力加快政府职能和作风转变，政府自身建设进一步加强。恪守法律底线、弘扬法治精神、依法履行职责，自觉接受人大、政协及社会各界监督，办理人大建议、意见26件，通过政协联络室向上提交建议意见13件。严格执行权力清单、责任清单制度，严格依照法定权限和程序行使权力、履行职责。继续推进政务公开和政府信息公开。践行“马上就办”，梳理公布镇级部门“一趟不用跑”和“最多跑一趟”办事清单，完善镇便民服务大厅建设。加强政府绩效管理，完善电子政务平台，强化政府信息公

10月1日下午，华亭镇在镇政府广场举行联合大巡逻启动仪式

（俞清 摄）

开，健全保密审查机制。综合平安考评，组织“进村入户”大走访，提升为民服务的主动性和实效性，镇村干部共走访农户7800多户，重点联系党员、村民代表、困难群众900多户。持续办好“华亭夜校”，组织开展习近平新思想、中共十九大精神、木兰溪治理理念、新修订《中国共产党纪律处分条例》等专题学习。注重干部队伍建设，加强对新进班子成员传帮带，促其尽快转变角色；发挥镇执法队、保洁队、网格化等队伍作用，有力推进项目攻坚、“三大攻坚战”、扫黑除恶等工作落实。坚持严管厚爱相结合，组织干部健康体检，对16名镇村干部进行慰问。严格执行中央“八项规定”，着力构建廉政风险防控长效机制。加强农村“三资”管理，做好招投标和审计工作，严格控制行政成本和“三公”（财政拨款支出安排的出国(境)费、车辆购置及运行费、公务接待费）经费支出。深入治理“中梗阻、庸懒散”，是年开展各类效能督查30次，给予内部通报43人次，个人扣款9600元，效能问责4人次。坚决惩治腐败，严明纪律，查处案件22件。

（庄且静）

常太镇

【基本情况】　常太镇，位于城厢区西北部，南北长18千米，东西宽16.3千米，总面积201平方千米，土地总面积1.62万公顷，其中耕地500公顷，山地1.50公顷；人均耕地面积0.012公顷，复种指数100%；人均山地0.39公顷，森林覆盖率87.3%。最低海拔80米，最高海拔832.6米，位于古山尾。主产枇杷、龙眼、橄榄、香蕉等作物。气候属南亚热带海洋性季风气候；年平均气温17—20℃，年平均降雨量1446毫米。主要矿产资源有铁、镍、蛇纹岩、滑石等，镇政府所在地常太村利洋1号，距城区14千米。常太镇有光荣的革命历史，20世纪30年代中期即为闽中革命根据地之一，(有老区基点村27个)。其境内山峦起伏，著名的东圳水库（莆田新24景为圳湖映碧）横卧境内，还有国家级森林公园九龙谷AAAA风景区（莆田新24景为龙谷奔泉）。全镇辖松峰、利车、照车、东太、东青、山门、汀洋、侯山、常太、坑洋、霞山、渡里、金川、马院、党城、顶坑、外东坪、内东坪、南川、过溪、下莒、埔头、溪南、溪北、山坑、洋边、长基、岭下等28个村（居）民委员会，320个村（居）民小组，246个自然村。2018年末，全镇总户数11220户，总人口43282人，其中男性21717人，女性21565人；农业人口41871人，非农业人口1411人；少数民族（畲族为主）人口1044人，占总人口的2.41%。人口密度为215.3人／平方千米。

【概述】　2018年，常太镇围绕促投入、稳增长、惠民生、保稳定，克服资源环境要素的制约，坚持东圳库区生态环境保护与开发并重的总基调，立足山区、库区、老区的实际，以创建全国生态文明示范镇为目标，各项工作取得积极进展，经济社会保持平稳健康发展。是年，地方财政收入1725万元，地方财政支出1692万元；年末各项存款余额5.3亿元，人均存款12245元；全镇固定投资累计54800万元，社会消费品零售总额37562万元，农民人均纯收入15780元。

【工业】　2018年，常太镇有工业企业1家，院里水力发电站，装机容量4660千瓦，年可发电总量950万千瓦时，产业工人12人。

【农业】　2018年，常太镇农业总产值3.02亿元。全年农作物总播种面积470.93公顷，其中粮食播种面积163.87公顷，产量853吨。蔬菜283.6公顷，产量4926吨。全镇水果种植面积4250.27公顷，其中枇杷面积3863.33公顷（品种有“解放钟”“早钟6号”“长红”“白梨”“贵妃白梨”“三月白”“亚舜本”），产量7476吨；龙眼面积104.33公顷，产量323吨；橄榄面积148.93公顷，产量586吨；香蕉面积103公顷，产量514吨；其他水果50.67公顷，产量138吨。油茶产量86吨。

7月20日，莆田市7月份河长日现场会在城厢区常太镇召开

（蔡仲清 摄）

中草药材面积7.73公顷，产量6.3吨。是年，抓好枇杷传统产业，调整枇杷结构，引进“三月白”等新品种。发展生态农业，在侯山村试种“沉香”2.67公顷；调整经济结构，在岭下村、外东坪村引进光伏发电项目，促进这2个贫困村实现稳定脱贫摘帽；完成28个村土地承包经营确权登记发证工作，稳定农村土地承包经营。对接该镇产业，加强农民劳动技能培训，经常性组织村农技员参加远程教育技术培训和农业技术知识培训。全年参训620多人次。

【社会事业】 2018年，全镇有4所完全小学，9个小学教学点，1所独立中心幼儿园，10所公办幼儿园；2017—2018学年，全镇适龄儿童入园率达98.7%，小学学龄入学率为100%，初中学龄儿童入学率为99.5%，初中年辍学率0.6%；6—14周岁三类残入学率100%；教育资金到位率为100%。开展金秋助学活动，召开庆祝第34个教师节表彰大会，表彰奖励优秀教师12人、优秀班主任6人、优秀教育工作者5人。辖区内有1个镇级农民文化广场和6个村级农民文化广场，农家书屋28个；集镇成立两支广场舞队，各村也相应开展老年人广场舞活动；春节期间在莒溪举办篮球、拔河等比赛；元宵期间，各村开展多种多样的“跳棕轿舞”、车鼓队、游灯、十音八乐等闹元宵活动；全镇有省级文物保护单位1个、市级文物保护单位3个、区级文物保护单位1个、文物点1个，市级非物质文化遗产（常太山歌—俚歌、方氏家酿）2个。完成16个乡村卫生所一体化建设，实现乡村卫生服务一体化管理和远程视频诊疗服务；开展爱国卫生运动，经常性开展以“灭蚊、灭蝇、灭鼠”为重点的除四害工作。新型农村合作医疗群众参合率达98.8%，围绕“保基本、强基层、建机制”的要求，切实转变服务方式，稳妥地推进医药卫生体制改革，开展健康档案建立、健康教育、老年人、慢性病、防疫、儿童保健、妇女保健等工作管理的基本公共卫生，定期举办乡村医生业务培训。开展食品安全示范镇创建活动，组织食品安全进农村、进学校、进生产经营单位宣传活动，强化校园及周边食品安全专项整治和旅游景点食品安全专项整治，排查食品加工小作坊、食杂店、小摊贩、餐饮店89家，督促整改餐饮店食品卫生隐患8条；开展非洲猪瘟防控工作，取缔农村定点屠宰，由天怡公司负责猪肉配送。全镇28个行政村开通“村村通”广电网络光缆，开通全业务数字信号，完成视频会商系统的安装调试，完成霞山、党城、东青、岭下有线电视全光纤传输改造，新增用户329户。落实各种奖扶2500多人，兑现独生子女父母奖励费3.3万元，独生、二女户免费参加医保9232人，计划生育家庭养老保险缴费补贴3298人，60岁以上独生、二女户加发养老金759人，免费参加健康体检230人，实施

1月22日，城厢区在常太镇马院村举行主题党日活动基地揭牌仪式　　（陈怡勤　摄）

幸福工程救助贫困母亲13人43万元。

【社会治安综合治理】　2018年，常太镇开展“千名干部进村户、排忧解难保平安”、无邪教镇村和校园安全工作，全年发生治安案件39起，刑事案件16起。落实综治工作领导责任制，健全“横向到边，纵向到底”的网格责任体系，健全“多元调解”紧密衔接、相互补充的“大调解”工作体系，排查矛盾纠纷155件，调处率、调处成功率和履行率均为100%，其中疑难案件5件，涉案金额225.55万元。落实信访领导包案责任制，切实解决一批信访老户问题，全年初信初访件23件，办结率100%，办结成功率90.5%。常太镇位居全市综治平安二类乡镇之列。落实“党政同责，一岗双责”和地方党政领导安全生产责任制，部署开展安全生产“严排查、严整治、严监管”和“严整治，促提升”专项行动，推进安全生产整治攻坚，佛教论坛期间安全生产得到有效管控，安全生产工作取得明显成效。森林防火工作严格落实镇干部、村干部、护林员的三级工作负责制。

【旅游产业发展】　2018年，常太镇以九龙谷AAAA景区为龙头，岭下村、马院村为支点的全域旅游初具规模，年接待旅客近100万人次，转移就业人数1000多人。九龙谷国家森林公园完成空中索道及玻璃栈道建设，成为周边旅游新亮点。岭下村进一步完善生态停车场、游客服务中心等基础设施建设，依托东圳库区移民精神展示馆，打造集会议、住宿、餐饮、土特产交易为一体的游客集散中心；马院村修缮滃川闽中工农游击队旧址，建设闽中游击区革命史展示馆，形成独有的老区红色文化，被列入城厢区20个党日活动基地之一；岭下村“美丽乡村”、马院村“马院人家”成功创建AAA级景区；推进外东坪村“休闲体验农家乐”、内东坪村“竹笋节”等项目；举办第四届“绿色常太美丽圳湖”自行车环库骑行活动，提高常太旅游的知名度和美誉度，打造全民运动新品牌。

【民生保障】　2018年，常太镇开展精准扶贫、重病、重残对象摸底核实工作，按照脱贫路上一个都不落下的精神，经过精准识别，全镇有低保家庭102户220人，特困人员57人，享受生活补助资金200多万元；开展农村临时救助工作，全年救助45户192人，发放救助资金11.6万元；完成退役军人、现役军人等12类人员近900人信息采集，累计发放重点优抚对象生活补助80多万元。切实做好社会保障各项工作，基本完成社会保障覆盖率指标。全镇范围内机关、企事业单位干部、职工全部纳入医疗保险范畴，参保率100%。推进企业退休人员管理服务社会化工作，对企业退休人员情况建立台账纳入管理。新型农村社会养老保险金缴费率98.59%以上。投资50多万元提升改造镇敬老院，增加敬老院床位数，投资20万元改进敬老院消防安全，成为全市首家实现公建民营的乡镇敬老院，并在全区率先取得消防确认；完成山坑、利车、东太、常太、霞山、渡里、金川、洋边等8个村农村幸福院的建设，为农村老人提供养老平台；镇政府为农村籍126个90周岁以上老年人统一缴纳城乡居民基本医疗保险费。坚持脱贫不脱钩，全镇干部职工及各村干部挂钩帮扶41户贫困户，落实每户5000元帮扶资金；聘用13名贫困户劳力从事卫生保洁、护林等公益性工作；完成10户贫困户住房修缮或重建，保障贫困户住房安全；分别设立“岭下村奖教奖学扶贫基金会”和“外东坪村圆梦公益基金会”，每年分别按期获得固定分红收益3.6万元，实现对贫困户的长期帮扶；岭下村去年已脱贫，外东坪村旧村复垦项目正在有序推进，今年已实现脱贫。蛤老大（福建）食品有限公司为内东坪村捐赠35万元圆梦基金，专款用于扶贫帮困。享受残疾护理补助、生活补助对象923人，累计发放残疾两费约81万元。

【东圳水库湖滨缓冲带治理工程搬迁】 2018年，常太镇东圳库区搬迁安置工程完成，征迁土地765.73公顷，发放土地补偿款近4亿元；房屋征迁661户，搬迁房屋总建筑面积23万多平方米并全部拆除，签约安置房1415套建筑总面积15.68万平方米；于10月底实现回迁，回迁率超90%，全面实现市委、市政府关于东圳库区搬迁3年行动计划的目标任务，3000多名群众成为城市居民，实现从农村走向城市的梦想。

【生态环境保护】 2018年，常太镇开展畜禽养殖污染整治“回头看”活动，重点化解“钉子户”养殖反弹复建问题，依法对3家养殖复养户采取行政执法，形成威慑力。集中整治九龙谷公园外的餐饮污染，取缔3家砂石加工场、9家生猪屠宰点，由天怡公司负责全镇猪肉定点配送。采用PPP模式建设环库路周边11个村污水管网，完成松峰村主管网1500米，洋边主管网1200米，内东坪、外东坪接户支管90%，南川接户支管支管85%，溪南主管网650米，化粪池完成60座；马院村污水处理工程全部完工。整治农业面源污染，推广测土配方施肥，加大宣传力度，禁止滥用农药化肥，在利车和松峰两个重要路口设卡拦截制止农家肥进库区。继续实施东圳库区退果返林工程，完成退果返林32.4公顷，完成库区桉树林赎买并改造60.67公顷。投资近1800万元完成延寿溪上游（常太段）樟龙溪、草埔溪、溪北溪、莒溪等安全生态水系建设；入库河流院里溪、东太溪生态整治工程顺利开工。加快推进“六水”（治污水、清河水、防洪水、排涝水、保供水、抓节水），落实河长制，促进东圳水库水质提升，在区对镇年度环保工作考评上名列第一。

【基础设施建设】 2018年，常太镇投资435万元实施财政奖补一事一议“美丽乡村”建设项目3个。推进农村“四好”公路建设，整治城常线、城石线及王马线等交通安全隐患。投资8.5亿元实施东圳库区搬迁、生态河道整治等各类重点项目36个；投资2800多万元实施移民项目61个，涉及环境综合整治、生产开发、农村道路、社会事业发展、饮水安全等内容。

【精神文明建设】 2018年，常太镇开展群众性文明创建活动，组织开展“星级文明户”“最美人物”等评选活动，常太镇被评为2015—2017年度省级文明镇，洋边村、东青村、下莒村被评为2015—2017年度省级文明村。10月，央视节目组《舌尖上的节日》到党城村采访录制民间小吃九层粿制作方法并在CCTV9播出。

【共建美丽乡村】 2018年，常太镇成立城厢区常清环卫管理有限公司，环卫工作实现企业化、市场化运作。全年支出环卫资金1045万元，用于各村垃圾池、公厕建设和购买家庭分类垃圾桶补助；投资近600万元新建垃圾中转站一座，新建省级公厕2座；每月发动群众集中开展环境卫生大扫除，重点对房前屋后、村道沿线水沟、绿化带等进行整治及清理乱堆放建筑垃圾。统筹推进马院、岭下、东青、下莒等16个美丽乡村建设。

2018 年城厢区先进集体表

表 5

获奖单位	荣誉称号	授予单位	表彰级别	授予时间
常太镇	第十三届文明镇	福建省委、省政府	省级	2018 年 7 月
常太镇	创建无邪教示范镇	福建省人民政府防范和处置邪教问题办公室	省级	2018 年 8 月

（蔡仲清）

灵川镇

【基本情况】 灵川镇地处城厢区南部，东与秀屿区笏石镇、东庄镇接壤，南濒临湄洲湾内海，西与东海镇相邻，北与华亭镇毗连。总面积 56 平方千米，全镇有山地 3200 公顷，耕地 1546.67 公顷。海岸线长 13.71 千米，海堤总长 12.01 千米，滩涂浅海面积 820 公顷，淡水域面积 91 公顷，属于亚热带季风海洋性气候。灵川镇人民政府下辖 14 个行政村、1 个社区，设基层党委 3 个、党支部 25 个，党员 2115 名。

【概述】 2018 年，灵川镇大力推进经济建设、社会事业建设、精神文明和民主法制建设，紧紧围绕着“打造生态宜居新灵川，建设美丽城厢示范镇”的目标，以经济转型为核心，以城镇化建设为重点，攻坚克难，抢抓机遇，实现经济平稳发展，社会和谐，政治稳定，民生福祉全面提升。结合区位优势促进第三产业发展，初步形成了乡村旅游、生态休闲旅游业。先后获得“全国亿万农民健身先进镇”“莆田市农业产业化先进乡镇”“省级生态镇”等荣誉称号，下尾村被誉为“中国花蛤之村”，下尾村党委被评为“省级先进基层党组织”。

【工业】 2018 年，太湖园区规模不断壮大，华源纺织城提质增量；以天喔食品、台兴食品、蛤老大、金山辣木等龙头企业带动，食品产业初步集聚。全镇（含太湖园区）规模以上工业实现产值 73.6423 亿元，同比增长 10.5%；财政总收入约 9716 万元；限上批发和零售业销售额 14.6035 亿元；规上服务业营利性营业收入 0.3012 亿元，同比增长 45.8%。

【农业】 境内山海田具备，土地肥沃，耕地面积 1546.67 公顷，盛产甘薯、花生、大豆、四季蔬菜等。山峦叠翠，山源自壶公山脉，主峰海拔 771 米，大小山峰 16 座，林业用地 3200 公顷。滩涂和浅海面积较大，海域资源丰富，盛产花蛤、牡蛎、对虾等海产品。2018 年，灵川镇发挥灵川背山靠海的独特区位优势，发展特色种植业、海产品养殖业。以生产基地化为目标，以发展集约型农业为重点，扶持和培育一批农业产业化龙头企业。发挥农产品基地的优势，因地制宜发展农贸市场、超市，实现农超对接。引进食品工程新技术，培育发展以天喔、台兴、金山辣木等一批龙头企业为主的食品产业集群，带动名优果品、水产品精深加工，延长产业链，增加附加值。实施桂山现代农业种植园、温氏生态养殖、径里观光农业种植等项目。扶持农民创业园，加快蛤老大、金山辣木、威利思等龙头企业实施技改，提升农业龙头企业发展水平。坚持和完善农村土地基本经营制度，全面完成农村土地承包经营权确权登记颁证，实施农村土地连片经营，推广公司 + 农户模式，提高土地亩产效益。

【商贸服务业】 2018 年，灵川镇党委、政府主动融入湄洲湾港口城市中心城区核心区建设大局，着力建设乡村休闲旅游度假基地：以径里休闲垂钓，桂山农业观光，下尾特色海鲜餐饮，书峰海边宿营，五帝庙两岸宗教文化体验，台兴现代食品园参观等“四村一庙一园”为主题的旅游圈，围绕“三横三纵”的路网格局和产业布局，结合区位优势促进第三产业发展，初步形成乡村旅游、生态休闲旅游业，向“打造生态宜居新灵川，建设美丽城厢示范镇”迈进。

【社会事业】 2018年，灵川镇继续推进“教育强镇”，各项教育工作进展顺利，办学条件明显改善。学校布局调整取得重大进展，全镇19所中小学校安配套工程不断完善、学校操场全部实现塑胶化；西墩教师周转房、桂山独立幼儿园有序推进。办学水平不断提升，教学特色逐步凸显，灵川中心小学乡村少年宫书法、剪纸等活动丰富校园文化；莆田十八中学硬笔书法得以更广泛推广，艺术、特色课程取得一定成绩。倡导志愿服务，全镇干部职工中有90%报名参加志愿服务。镇团委创建志愿服务站，开展各类志愿服务50多次，帮扶孤寡老人、留守儿童100多人次。全面实施新农保，全镇群众参保率达99.89%，继续实施新农合，全镇参合率达100%。持续加快实施教育强镇，教学教育质量不断提升，通过教育强镇验收评估。继续推进“教育强镇”，各项教育工作进展顺利，办学条件明显改善。抓好新型农村合作医疗和农村养老保险工作，群众参合率和参保率分别达98%、95%以上。严抓“两违”防控，全年拆除“两违”10余万平方米。

【基础设施建设】 2018年，灵川镇滨海大道、联十一线、笏枫公路拓宽等一批重大交通路网项目加快扫尾。2条区级河道，桂山溪完成中段2.8千米溪道整治，上下游5.73千米溪道整治委托设计，完成6个坝的提升工程；径里溪整治4.5千米河道护岸，完成沿溪历史垃圾治理、水面垃圾和杂草清理，鱼网整治及溪道截流整治，完成4个坝及1千米灌溉渠的提升工程。径里溪张边段水质监测5月为劣Ⅴ类，7月为Ⅴ类。3条镇级河道，柯朱溪、书峰溪完成清淤清杂。篁山溪完成I、II、III标段防洪排涝工程，Ⅳ标段在进场施工。径里、桂山两个市级幸福家园试点加快建设，完成径里水库周边防护工程、2公顷土地复垦、3千米沟渠整治、4条道路硬化工程、入口景观节点整治工程、径里生态停车场、环库木栈道和荷塘栈道工程、凤山幸福小区新建21幢三层半小楼，完成污水管网1.6千米及300米收集管铺设；完成新桂路整治提升、完成自然村道硬化10多千米、建成岩厝休闲健身公园、完成桂山溪道整治一期工程、一期36亩土地复垦工程、科技楼建设、1.2千米污水管网建设、自来水管网改造等。桂山村旧村复垦二期项目旧房拆除方案征求部门意见，扶贫农场进场施工。区级幸福家园试点书峰村完成总体规划设计，入口景观工程完工。

【治污攻坚】 2018年，灵川镇以治水、拆违为突破口，拆除机砖厂、石板厂等散乱污企业63家，拆除养殖场33场，提升全镇生态颜值。认真落实河长制，桂山溪、径里溪水质不断提升。年内共拆除反弹复养的养殖场20场计5800平方米，7月15日起发放“小散乱污”企业清理整治预通知书21份，查封6家，关闭2家。继续保持打击“反弹复养”、小作坊高压态势，严格落实畜禽养殖污染防治“村周巡查、镇月检查”工作机制，严厉打击“反弹复建”行为，特别是针对省市环保督查指出的突出问题，以零容忍的态度对待“反弹复建”，坚持露头就打，坚决取缔拆除到位。继续实施农村“家园清洁行动”，投入资金400多万元，购买保洁、清运车辆，垃圾桶等卫生设施，全面清理15个村居历史垃圾。

【精准扶贫】 2018年，灵川镇开展精准扶贫攻坚，全镇有建档立卡贫困户181户512人，其中国定贫困户48户137人，省定贫困户133户375人，重点贫困户4户18人。因病51户182人，因残 105 户 258 人，缺劳力 22 户 60 人，因学 3 户 12 人。截至 2017 年底，全镇贫困户全部脱贫到位。径里贫困村摘帽（村集体年收入超 10 万元，农民人均年可支配收入超 9810 元，村基础设施完善）。

【精神文明建设】 2018 年，灵川镇在全镇范围内迅速掀起文明乡镇创建、常态化创城热潮。文明创建期间，专门组织全镇干部职工开展文明乡镇创建等知识培训，每个干部职工作为文明的宣传员，对分管领域、所挂钩的村（居）、单位，进行一次广泛深入的宣传，并在集市、重要交通路口、学校等重点部位通过 LED 滚动、公益广告等开展社会主义核心价值观、文明新风等宣传活动。各村（居）、学校、单位也开展“垃圾不落到、灵川更美丽”卫生大打扫除、“我为城市文明作贡献”志愿服务等系列争先创优活动。在镇中小学开展向雷锋叔叔学习的主题教育活动，宣传雷锋精神。学校组织学生参观黄凤金烈士纪念馆，并在学校开展“网上祭英烈”活动，对学生进行爱国主义教育、革命传统教育。整治校园周边文化场所，聘请“五老”义务监督员加大对校园周边文化场所监督力度，严禁未成年人进出网吧。围绕“公民道德宣传月”开展文明礼仪“七进”（进企业、进学校、进机关、进社区、进农村、进家庭、进公共场所）活动，组织人员参加道德大讲堂。引导全镇群众参与道德模范推荐工作，通过宣传发动，组织各村（社区）群众对身边的好人好事进行挖掘。

（吴欣 林伟清）

东海镇

【基本情况】 东海镇地处城厢区南部，位于北纬 25°16′2′′—25°17′1′′，东经 118°54′20′′—118°57′1′′。东与灵川镇相邻，南临湄洲湾内海，与秀屿港隔海相望，西与仙游县枫亭镇交界；北与华亭镇毗连。人民政府驻地为东海镇海头村，距城厢城区 23 千米，莆田市区 25 千米。至 2018 年末辖东沙、大埔、东海、海头、上亭、上图、利角、坪洋、蔡厝、东朱、西厝、西黄、蔡亭等 13 个村民委员会，下设 115 个村（居）民小组，35 个自然村。

2018 年末，东海镇总人口 60453 人，其中常住人口 58355 人。男性 30952 人，占 51.2%；女性 29501 人，占 48.8%。14 岁以下 14269 人，占 23.6%；15—64 岁 40723 人，占 67.36%；65 岁以上 5461 人，占 9.04%。总人口中，以汉族为主。2018 年人口自然增长率为 8.19‰。

镇辖区东西最大距离 6.4 千米，南北最大距离 8.9 千米，总面积 96 平方千米，其中陆地面积 47 平方千米，水域面积 49 平方千米。人口密度为每平方千米 574 人。

【自然条件】 东海镇地处湄洲湾畔，地形依山面海，地势自北向南倾斜。海堤总长度 7.2 千米。境内最高处位于西北部的西柳山太子峰山峰，海拔 660 米；最低处多为平地，海拔 5 米。境内属南亚热带气候；年平均气温 21.8℃，年平均降雨量 1663 毫米。境内河道属自然流域，主要河道有板溪、海头溪、蔡厝溪、东坑溪、大埔溪等 5 条，河流总长度 20 千米，河网密度 13/12 千米 / 平方千米。境内最大的河流为板溪从团结水库至海头溪流经境内上图、东海、枫亭，长 3 千米，流域面积 0.025 平方千米，年均流量 30 立方米 / 秒。境内主要矿产资源有铝、铁、锰、黄铁矿等金属矿，但储量较少；有高岭土、蛇纹石、滑石、叶腊石、花岗石、钾长石、硅线石、铝土、石油、明矾等非金属矿藏；主产水稻、地瓜、花生、大豆等作物。境内主要自然灾害有地震、台风、洪涝、干旱、暴雨、寒害、冰雹和雷击等。

【概述】 2018 年，东海镇党委、政府以“实践科学发展，加快富民强镇”为目标，团结和带领广大党员干部群众，埋头苦干，开拓创新，坚定不移地实施项目强镇战略，推进工业化、产业化、城镇化进程，努力构筑经济繁荣、社会稳定的和谐社会，全面脱贫攻坚取得重要进展，全面从严治党纵深推进，全年经济社会发展主要目标任务圆满完成，全镇经济和社会各项事业继续保持持续、稳定、健康发展的良好势头。围绕保投入、保增长、保民生、保稳定，凝心聚力，迎难而上，经济社会事业稳步推进，经济指标平稳发展。财税收入达1.44亿元，比增3.26%，超额完成321万元。

【农业发展】 2018年，东海镇耕地面积398.67公顷，人均0.006公顷。农业总产值24984.5万元，比上年减少5.2%，农业减少值1315万元。粮食作物以水稻、地瓜、花生、大豆为主，生产粮食2605吨，其中水稻1385吨，花生339吨，地瓜849吨，大豆等32吨。主要经济作物有蔬菜、花生、地瓜等。种植业总产值5340万元，占农业总产值的21%。畜牧业以鸡、鸭和猪为主。生猪饲养量3326头，羊饲养量1308只；牛饲养量21头；家禽饲养量718853羽。生产肉类800吨，总产值为7743.68万元，占农业总产值的29.4%。截至2018年末，中央财政资金森林抚育220公顷，森林覆盖率为66.77%，林业产值为327.18万元。渔业以养殖、捕捞为主。可用于水产养殖的海水水面52平方千米。渔业总产值13453万元，占农业总产值的48.4%。拥有大型农业机械165台（辆），农民人均纯收入10352元。

【工业商贸】 2018年，东海镇工业总产值43.03亿元，工业增加值1.21亿元，比上年增加3.5%。规模以上企业24家，规上工业企业产值达42.12亿元，比增5.92%。固定资产投资达8.64亿元，比增2.35%。限上商贸业实现销售额3.02亿元，与上年持平。

【社会事业发展】 科技 2018年，东海镇全面落实科教兴镇的战略，开展多次培训，开办农村实用人才带头人培训班，为群众提供技能培训；深入村委会，为村民提供免费义诊；在全国科普日在学校开展科普日活动，提高在校学生科普意识。2018年末，拥有各类科技人才3910人，其中专业技术人才93人，经营管理人才864人，技能人才230人，农村实用人才2723人。

教育 2018年，辖区内有幼儿园6所（其中3所独立幼儿园），在园人数1578人，学前教育入园率达99.23%，各级示范幼儿园就读幼儿与在园人数比率90.9%，公办幼儿园在园幼儿比率76.13%；有11所完全小学，在校小学生4245人，小学适龄儿童入学率100%，6—14周岁三类残入学率96.77%；小升初升学率100%，九年义务教育覆盖率100%。小学教职工229人，幼儿教师82人。专任教师实行持证上岗，持证率100%，学历达标率100%。各类学校均有较规范的运动场、篮球场，小学有60米的直跑道，中学有250米的环形跑道、100米的直跑道。2018年全镇各中小学共接收到来自宏峰集团、振兴旅游、珍中工贸、辉特体育、爱源贸易等20多家爱心企业奖教助学金共110多万元，奖励优秀师生，改善办学条件。

文化体育 2018年，东海镇继续发展文化事业，不断完善文体基础设施建设，辖区共有市级非物质文化遗产项目3个；市级文物保护单位3个，县级文物保护单位5个；市级爱国主义教育基地1个；省级民间信仰活动场所1个；仿古戏台4个；扩建文化广场1个，新建文化广场2个；国家级农民健身公园1个；国家一级乡镇综合文化站1个；开展移风易俗，倡树文明婚嫁新风，开展群众性文体活动，连续10年开展春节文体赛事元宵节游灯活动、“廉政宣传月”系列活动等等，满足和丰富人民群众文体生活，掀起全民健身热潮，传播开放、文明、包容、大气的东海新风尚。举办3场移风易俗主题晚会，扎实推动移风易俗工作向纵深开展，营造浓厚的文明过节氛围，积极汇聚乡村发展动力，形成“文化成果全民共享”的共创局面。

卫生 2018年，东海镇进一步发挥农村生活垃圾治理暨共建美丽乡村工作领导小组作用，完善环卫长效机制，落实镇主官一手抓，分管领导亲自抓，定期召开相关工作会议，明确工作任务，列出工作清单，分工合作，责任到人，持续推进农村生活垃圾治理暨共建美丽乡村工作。全镇总人口58661人，按照500人配置一名保洁员的要求，共配备环卫工人130人，对全镇范围进行划片划区，每位保洁员固定保洁区域，相互不交叉，责任保洁范围明确，奖惩机制建立。配置垃圾运输车14辆，其中垃圾压缩车3辆、扫路王3辆、农用车1辆，钩臂车6辆、铲车1辆；同时全镇配置2立方米垃圾箱100个，小桶12173个，实行一户2桶分类收集和集中定点收集投放；东海垃圾转运站建成并投入使用，每天清运垃圾30多吨，确保垃圾日产日清。镇共建办组织人员对全镇各村进行环境卫生日常巡查，各村配备一名村级卫生监督员，负责本村卫生巡查及整改，镇、村二级联合协作，形成工作合力，齐抓共管、务求实效。开展“三边六化”和“三清一改”综合整治工作，重点做好4个省级生活垃圾治理村（上图村、上亭村、西黄村、蔡亭村）和“六溪一横沟”沿线的生活垃圾治理工作，建立健全餐厨垃圾管理工作机制。全年共清理建筑垃圾、生活垃圾、陈年垃圾15000万多吨，动用大型挖掘机清理沟渠、水沟8千米多，整顿拆除旱厕10多座。镇财政加大对各村环境卫生整治的投入统筹并列入全镇年度财政预算，每月对各村给予1000元补贴，同时按每户120月征收农村生活垃圾处理费共1225376元。推进“厕所革命”，2018年新建农村公厕2座（上图1座、西厝1座），乡镇公厕1座（西厝村村部）。

社会治安综合治理 2018年，东海镇党委、政府有序推进重点整治、调解衔接、社区网格化建设、打击防范、平安创建、综治宣传等工作，接待群众的来信来电来访43件，其中经调解息访息诉13件，处理答复40件。接处警1065起（其中治安警情336起，刑事接警107起，其他纠纷、求助类警情622起）；受理案件443起，其中治安案件228起，查结175起；立刑事案件99起，共破49起。在打击走私成品油方面，查获无合同、齐全手续成品油24起、涉案车辆31辆，拆除查获涉案油罐8个，抓获嫌疑人21人，查获成品油共446.71吨。开展安全生产大排查大整治工作，组织大型联合执法8次，职能部门执法58次，按照安全生产25个专项整治领导小组的分工，开展安全生产大检查、大整治、大排查工作检查各类企业共531家，查出安全隐患573处，发出整改通知书166家，整改到位571处。还有2条隐患在督促限期整改。发出整治、整改提醒单66份。生产企业存在“二合一”“三合一”场所及人员密集场所等开展大排查大整治工作。组织检查企业单位386家，排查出安全隐患166条，发出整改通知书86份，即查即改66条，整改到位84条，还有2条在督促限时整改到位。督促各学校每月对校舍安全、寄宿制学校安全管理、食品卫生、消防、教学设备安全、交通安全、门卫值班情况、校园及周边社会治安综合治理情况等8个重点项目进行自我排查整改，检查学校、幼儿园16所，查出一般安全隐患6处，全部整改到位。全年排查社会矛盾纠纷108件，其中房屋宅基地纠纷13件，家庭婚姻纠纷6件，人身意外事故赔偿9件，轻微伤害等治安问题18件，邻里纠纷35件，其他纠纷27件，调处108件，调处成功108件，调处成功率100%。其中，民事案件提请法院司法确认0件。综治网格化中心录入流动人口信息3257条、出租房屋信息54条、单位组织管理11条、平安宣传信息1434条、食品监察管理52条、城市管理信息5940条。

【社会保障】 2018年，东海镇坚持把民生放在心上、抓在手上，持续加大投入，扩大公共服务供给，增加农民收入，使广大人民群众有更多获得感。新型农村合作医疗参缴人数50311人，参保金额每人180元，参缴率94%。提高社会救助福利水平，落实优抚政策，全镇有农村低保户145户385人，月保障金额17多万元；特困户28户，月保障金额3万多元。新型农村养老保险60周岁以上领取人数7912人，45—59周岁参保人数10363人，16—44周岁参保人数13612人，参保率100%，完成缴费197.01万元，发放养老金1089.32万元。落实就业促进政策，新增就业岗位187个，社会就业率97%，处置化解劳资纠纷35起。全面实施二孩政策，并为8126人妇女进行免费健康检查。深化残疾人和老龄工作，开展各类慈善救助，关爱妇女儿童，重点节日发放慰问金19.3万多元。加强对社会福利中心（农村敬老院）的管理，东海镇社会福利中心（农村敬老院）建筑总面积1100平方米，总投资200万元，有居住室20间，每间均有单独卫生间，可供养80位老人居住。整顿全镇基干民兵230人，应急分队排40人。举行的应急分队点验，镇人员和装备点验率达100%。

【残疾人帮扶】 2018年，东海镇办残疾人证273本；残疾人参加区残联组织举办的实用技术和职业技能培训42人次；残疾人两项补贴（生活补贴和护理补贴）发放资金达72多万元；机构托养8人，居家托养（省级16人，区级23人）每人2000元；一户多残334人，每人每年1200元；儿童康复：0—6岁9人，每人1.5万元，7—10岁1人8000元；残疾人助学工程：大学生4人，每人3000元，高中生1人，每人1000元；无障碍改造2人，每户4000元；残疾人配发辅助器具，如四脚拐杖1支，双腋拐2副，轮椅5架，护理床10架，助听器2人。第28个助残日慰问15人，每人800元；春节慰问残疾人：精准扶贫户43户，每户1000元，一般困难户50人，每人1000元；残疾人创业就业补助5户，每户5000元。“七一”中国共产党建党节慰问残疾人党员5人，每人1000元，“八一”中国人民解放军建军节慰问残疾退伍军人8人，每人1000元，老党员1人长期补助，每年1200元。

【精准扶贫】 2018年，东海镇有精准扶贫建档立卡贫困户147户503人，其中国定117户388人，省定30户115人，已全部实现脱贫，其中2016年脱贫66户227人，2017年脱贫81户276人，2018年稳定脱贫7户30人。围绕“两不愁四保障”的工作要求，因户施策、因人施策，造福工程完成33户111人（其中国定30户98人，省定3户13人），4户15人危旧房改造，完成6户26人D级住房户修缮，公益性岗位12户13人，低保保障79户237人，小额信贷69户264人，医疗报销救助68户。一个贫困村：坪洋村，围绕贫困村脱帽目标，强化资金监管，切实用好上级补助资金，督促跟进项目落实，实现村集体经济增收，坪洋村村级收入达27.91万元，贫困发生率降至0%，完成道路硬化约35千米，各自然村通电通水通网，坪洋小学、卫生所等基础设施和休闲娱乐设施完善，12月27日经上级批准实现贫困村脱贫摘帽。

【基础设施建设】 公路建设 2018年，东海镇交通框架形成“五横四纵”路网格局，“五横”即福厦铁路和福泉高速公路、笏枫公路、滨海大道（联十一线）、新建福厦铁路客运专线横穿东海镇境内。除新建福厦铁路客运专线、滨海大道（联十一线）“两横”在建设中外，其余“两横”均建成并投入使用，“四纵”即金沙路、金桥路、忠惠路、洋滨路，其中金桥路、洋滨路土路基完成，忠惠路、金沙路在办理规划手续中。“四纵”路网与“五横”路网相互交织，形成东海镇的交通大路网，并主动承接仙游枫亭省级经济开发区和闽南经济发达地区，实现互动互联，依托东沙幸福家园、浮山岭天誉首府房地产、东海鞋服辅料生产基地、海头商业城、蔡襄文化园等开发建设，形成以金桥路、笏枫路为纽带的新集镇镇区。

东海鞋服辅料生产基地建设 规划总用海面积33.65公顷，规划建设厂房、员工社区房总建筑面积 55.69 万平方米，计划总投资 9.1 亿元。截至 2018 年底，生产基地基础设施建设工程全部竣工，海域使用证填海验收全部完成换证，具备项目招商条件，招商选企工作有序开展中。

浮山岭开发项目 该项目由莆田市滨城城镇建设发展有限公司进行开发建设，项目开发名称：天誉首府房地产，总占地面积 9.67 公顷，分三期开发。截至 2018 年底，一、二期工程全部完工并交付使用，三期工程占地面积约 2.67 公顷，规划建设商品住宅总建筑面积达 10 万平方米，将建设高层住宅 6 栋，幼儿园 1 栋，计划总投资约 2 亿元。

莆田坪洋风电场工程建设 总装机容量 30 兆瓦，拟安装 20 台 1.5 兆瓦风力发电组，总投资 5 亿元。福能电力发电有限公司作为业主，自 2013 年动工建设以来，至 2018 年全部建成并投入运营并网发电。

大埔山兜造福工程新村建设 大埔山兜造福工程总规划占地面积 4.48 公顷，规划建设联排式住宅 143 幢，总建筑占地面积 1.57 万平方米，总建筑面积 5.22 万元平方米，总投资达 8000 万元。截至 2018 年底，一期 2.67 公顷约 100 幢联排式住宅完成，安置区初具规模，市政工程在进一步推进中，累计完成投资达 4000 多万元。

新建福厦铁路客运专线 省重点建设项目，途经西黄、西厝、蔡厝、东海、大埔、东沙等 6 个村海域，总长 4.45 千米，截至 2018 年底，征海工作全部完成，铁路施工方中铁十一局在抓紧施工，搭设施工便桥 2 千米，预计 2022 年建成并投入运营。

笏枫公路改扩建工程 为改造项目，市重点建设项目，涉及东海镇总长 6.667 千米，扩宽后路基宽度 35 米。需拆除旧房 360 户，拆除房屋总建筑面积 6.4 万平方米，截至 2018 年底，拆除旧房 356 户，工程施工自 2016 年动工建设以来，已完成水泥路面浇灌 80%，雨水、污水管道铺设完成总量的 85%，通信管道完成 80.27%，片石砼挡墙、砼路面均完成总工程量的 75%，涵洞完成了 87% 等，其余在奋力推进中，预计 2019 年 7 月全部建成并通车。

【幸福家园项目】 坪洋西头幸福家园建设项目 截至 2018 年底，拆除旧房 115 户，旧房建筑面积 1.2 万平方米，全部拆除完毕，建设业主为坪洋村委会，并成立坪洋村幸福家园建设有限公司进行开发建设，安置区规划占地面积 2.05 公顷，规划安置房总建筑面积 27717 平方米，分 A、B 两个片区，在进行 A 区共 6 幢安置房建设，有 3 幢安置房（每幢为 2 户并联式六层框架结构）完成五层框架土建施工，另外 3 幢安置房完成基础圈梁施工，因上级拨补资金有部分未到位，致使后续工程施工缓慢。整理土地 2.67 公顷用于复垦，新增耕地用地指标挂网拍卖，上级部门拨付建设资金 700 多万元用于安置房建设，区城乡一体办拨补 150 万元在申请拨付中。

东沙幸福家园建设项目 东沙村幸福家园旧村改造工程截至 2018 年底，一期改造区规划占地面积 5.8 公顷，建设联排式住宅 282 栋，高层住宅 6 幢，规划总建筑占地面积 1.7 万平方米，总建筑面积 10 万平方米，总投资 6 亿元。截至年底，签约拆除房屋和空地户 228 户，未签约 78 户，签约未拆除 31 户，拆除区域场地已平整，建设两户型联排式安置房 22 幢计 44 套基础圈梁统一建设施工，其余在稳步推进中。涉及征地拆迁方案报区政府办公会议研究，尚在修改完善中。

【蔡襄文化园建设】 位于东海镇浮山岭，占地面积 3.53 公顷，规划总投资达 5000 多万元。主要建设蔡襄文化活动中心、蔡襄公园及蔡襄文化宣传室及配套设施等，筹资 1070 多万元动工建设。其中，蔡襄文化活动中心建筑占地面积 2776 平方米，总建筑面积 2901 平方米，由泉州博文古建筑设计有限公司设计，建设单位为莆田蔡襄文化活动中心筹建委员会，工程预决算价 1560 万元，中标价 1328 万元，完成主体框架结构施工，在挑檐施工中。蔡襄文化活动中心分主殿、前殿、回廊三个部分，主殿总建筑面积

1293 平方米，框架二层，重檐歇山式屋顶建筑，正脊高度 20.46 米。前殿总建筑面积 368 平方米，框架一层，重檐歇山式屋顶建筑，正脊高度 12.64 米。回廊总建筑面积 1240 平方米，框架一层，蔡襄文化活动中心将设有蔡襄政绩展厅、廉政教育教育展厅、书画展厅、接待室等。蔡襄公园占地面积 1.52 公顷，完成一期绿化工程和蔡襄石像竖立施工。至年底，蔡襄文化园至完成投资达 1300 多万元。

1 月 30 日，东海镇接受区纪委的爱心捐赠　　（蔡新添　摄）

【精神文明建设】 2018 年，东海镇发挥精神文明建设在农村全面小康建设进程中立心铸魂、成风化人的作用，推进移风易俗，农村环境面貌、社会风尚、阵地设施、文化服务、队伍建设等方面取得明显进步。深入开展“五星文明户”“道德模范”“身边好人、最美人物”等群众性精神文明创建创评活动，申报推荐市、区级文明村、单位 6 个，树立诚信村 8 个，诚信家庭 201 户；推进文化基础设施建设，创建“12345”家庭文化示范户 388 户。完成投资 412 多万元，完成蔡厝古民居修缮与保护施工，粉刷文化墙 2000 多平方米。石梯旅游景区被列入莆田市六大旅游景点之一，投入争创 AAAA 景区的工作中，获“福建省 2016 年度农村宣传思想文化工作示范乡镇”称号。

（陈丽丽）

人物

2018年城厢区处级领导简介

王文才 1972年6月出生，福建莆田秀屿东庄人，1991年9月参加工作，1994年1月加入中国共产党，中央党校大学学历。现任城厢区委书记。

1987年9月至1991年7月在福建省集美水产学校海水养殖专业学习。1991年9月至1994年5月为原莆田县笏石镇人民政府干部。1994年5月至1997年3月为原莆田县纪委办公室科员。1997年3月至1999年8月任原莆田县纪委宣教室主任（1995年8月至1998年6月参加中央党校函授学院大专班经济管理专业学习）。1999年8月至2002年9月任原莆田县东峤镇党委副书记。2002年9月至2006年3月任共青团莆田市委办公室主任（2000年8月至2002年12月参加中央党校函授学院本科班法律专业学习）。2006年3月至2010年8月任共青团莆田市委副书记、党组成员。2010年8月至2012年12月任共青团莆田市委副书记、党组成员，新疆玛纳斯县委副书记，福建省援疆工作前方指挥部玛纳斯县第一分指挥长、莆田市援疆工作队领队（2011年12月在新疆确定为正处长级）。2012年12月至2013年12月任莆田市委、市政府农办正处长级干部、新疆玛纳斯县委副书记，福建省援疆工作前方指挥部玛纳斯县第一分指挥长，莆田市援疆工作队领队。2013年12月至2016年6月任莆田市台办主任。2016年6月起任城厢区委书记。

吴文恩 1970年10月出生，福建莆田秀屿埭头人，1990年8月参加工作，1994年5月加入中国共产党，江西财经大学大学学历。现任城厢区委副书记、区政府党组书记、区长。

1987年9月至1990年7月在莆田华侨师范学校普师专业学习。1990年8月至1993年11月为原莆田县埭头镇政府干部。1993年11月至1996年7月任原莆田县埭头镇政府民政办主任（1996年2月至1996年7月挂职任原莆田县埭头镇后温村党支部书记）。1996年7月至1999年8月任原莆田县平海镇党委宣传委员（1996年9月至1998年7月参加中央政法管理干部学院法律专业学习）。1999年8月至1999年12月，任原莆田县新度镇镇长助理。1999年12月至2002年8月，任原莆田县新度镇副镇长。2002年8月至2003年7月，任荔城区新度镇党委副书记、纪委书记（2001年9月至2004年6月参加江西财经大学函授本科班财政学专业学习）。2003年7月至2006年3月，任荔城区镇海街道党工委副书记、办事处主任。2006年3月至2010年2月任荔城区拱辰街道党工委书记。2010年2月至2011年7月任涵江区委常委、区委办公室主任。2011年7月至2013年5月任涵江区委常委、政法委书记。2013年5月至2013年7月任城厢区委常委、区政府党组副书记、副区长人选。2013年7月至2016年6月，任城厢区委常委、区政府党组副书记、副区长（2014年7月至2015年1月挂任浙江省瑞安市市长助理）。2016年6月至2016年12月任城厢区委副书记、区政府党组书记、代区长。2016年12月起任城厢区委副书记、区政府党组书记、区长。

郑松青　1977年5月出生，福建仙游榜头人，1997年8月参加工作，2006年7月加入中国共产党，福建农林大学管理学博士。现任城厢区委副书记（正处长级）、区委党校校长。

1993年9月至1997年7月在厦门大学化工工艺专业学习。1997年8月至2000年9月在厦门灿坤电器有限公司工作。2000年9月至2003年12月在厦门大学研究生院工商管理专业学习。2003年12月至2004年3月研究生毕业待安排。2004年3月至2005年6月为莆田市土地储备中心综合部干部、收储出让部经理。2005年6月至2006年1月任莆田市国土资源局驻涵江区高新技术园区办事处副主任。2006年1月至2007年6月任莆田市审计局办公室副主任。2007年6月至2007年10月任莆田市国资委政治处副主任。2007年10月至2010年7月任莆田市国资委政治处副主任（正科级）。2010年7月至2011年8月任莆田市国资委副调研员、秀屿区政府副区长（挂职）。2011年8月至2012年11月任共青团莆田市委副书记、党组成员。2012年11月至2016年3月任共青团莆田市委书记、党组书记（2009年9月至2012年12月参加福建农林大学博士学位林业经济管理专业学习）。2016年3月至2016年7月任城厢区委副书记（正处长级）。2016年7月起任城厢区委副书记（正处长级）、区委党校校长。

陈洪武　1963年6月出生，福建莆田北岸山亭人，1982年8月参加工作，1985年10月加入中国共产党，中央党校大专学历。现任城厢区委常委、统战部部长。

1979年9月至1982年7月在莆田地区农业学校畜牧兽医专业学习。1982年8月至1989年12月为原莆田县笏石镇干部、科员。1989年12月至1993年11月任原莆田县笏石镇武装部副部长。1993年11月至1999年4月任原莆田县北高镇党委副书记（1996年8月至1999年6月参加中央党校函授学院大专班党政管理专业学习）。1999年4月至2000年1月任原莆田县常太镇党委副书记。2000年1月至2002年5月任原莆田县常太镇党委副书记、镇长。2002年5月至2002年9月任城厢区常太镇党委副书记、镇长。2002年9月至2006年6月任城厢区常太镇党委书记。2006年6月至2011年7月任城厢区政府党组成员、副区长。（2006年6月至2008年6月任援宁任宁夏西吉县政府常委、副县长）。2011年7月起任城厢区委常委、统战部部长。

余丽红（女） 1975年8月出生，福建莆田荔城黄石人，1997年9月参加工作，1996年4月加入中国共产党，中央党校大学学历。现任城厢区委常委、纪委书记、监委主任。

1994年9月至1997年7月在福州大学社科系中国文化专业学习。1997年9月至1999年12月为莆田市委组织部党群科科员。1999年至12月2002年9月为莆田市委组织部办公室科员（1998年8月至2000年12月参加中央党校函授学院本科班政法专业学习）。2002年9月至2006年2月任莆田市委组织部办公室副主任。2006年2月至2007年4月任莆田市委组织部干部三科主任科员。2007年4月至2010年6月任莆田市委组织员办公室主任（2006年5月至2008年11月挂职任城厢区龙桥街道党工委副书记）。2010年6月至2011年12月任莆田市委组织部副调研员、荔城区政府党组成员、副区长（挂职）。2011年12月至2013年12月任荔城区政府党组成员、副区长。2013年12月至2016年7月任莆田市发改委党组成员、市直发改系统党委专职副书记。2016年7月至2017年12月任城厢区委常委、纪委书记。2017年12月起任城厢区委常委、纪委书记、监委主任。

陆建琪 1969年2月出生，福建莆田仙游鲤城人，1991年8月参加工作，1993年12月加入中国共产党，厦门大学理学学士。现任城厢区委常委、组织部部长，区直机关党工委书记、区总工会主席。

1987年9月至1991年7月在厦门大学生物系微生物专业学习。1991年8月至1993年12月为仙游县委农办干部。1994年1月至1998年1月为仙游县委组织部干部、科员。1998年1月至1999年11月任仙游县委组织部党群机关干部股股长。1999年11月至2001年5月任仙游县委副科级组织员（2000年2月至2000年8月兼任仙游县委“三讲”办联络员；2000年11月至2001年4月兼任仙游县委农村“三个代表”学教办综合组组长）。2001年5月至2002年9月任莆田市委组织部办公室副主任科员。2002年9月至2006年2月任莆田市委组织部干部二科主任科员、部机关第一党支部书记。2006年2月至2012年5月任莆田市委组织部办公室主任、部机关党总支副书记。2012年5月至2012年12月任城厢区委常委、组织部部长。2012年12月至2013年6月任城厢区委常委、组织部部长，区直机关党工委书记、区委党校校长。2013年6月至2016年7月任城厢区委常委、组织部部长，区直机关党工委书记、区委党校校长、区总工会主席。2016年7月起任城厢区委常委、组织部部长，区直机关党工委书记、区总工会主席。

吴建銮 1973年6月出生，福建莆田秀屿东庄人，1997年8月参加工作，2001年6月加入中国共产党，中央党校大学学历。现任城厢区委常委、宣传部部长。

1994年9月至1997年7月在集美财经高等专科学校财政金融专业学习。1997年8月至1998年10月为莆田市政协办公室秘书科干部。1998年10月至2002年2月为莆田市政协综合调研室综合科科员（1999年8月至2001年12月参加中央党校函授学院本科班行政管理专业学习）。2002年2月至2004年4月任莆田市政协提案委员会办公室副主任。2004年4月至2008年4月任莆田市政协提案委员会办公室主任（2005年9月起兼任莆田市诚信促进会常务副秘书长）。2008年4月至

2010年2月任莆田市政协综合调研室综合科科长。2010年2月至2013年5月任莆田市政协综合调研室副主任。2013年5月至2013年6月任城厢区委常委。2013年6月至2016年5月任城厢区委常委、宣传部部长、教育工委书记。2016年5月起任城厢区委常委、宣传部部长。

陈庆王　1965年12月出生，福建莆田秀屿埭头人，1989年8月参加工作，1992年5月加入中国共产党，中央党校大学学历。现任城厢区委常委、政法委书记。

1986年9月至1989年7月在福州农校畜牧兽医专业学习。1989年8月至1996年7月为原莆田县灵川镇监察室干事、团委书记。1996年7月至1998年10月任原莆田县灵川镇党委组织委员。1998年10月至2000年1月任原莆田县灵川镇党委副书记。2000年1月至2002年9月任湄洲湾北岸灵川镇人大主席（1998年8月2001年6月参加中央党校函授学院行政管理专科学习）。2002年9月至2003年1月任城厢区灵川镇党委副书记、镇长候选人。2003年1月至2006年5月任城厢区灵川镇党委副书记、镇长（2001年8月至2003年12月参加中央党校函授学院行政管理本科学习）。2006年5月至2010年1月任城厢区灵川镇党委书记。2010年1月至2010年3月为秀屿区政府党组成员、副区长人选。2010年3月至2016年7月任秀屿区政府党组成员、副区长。2016年7月起任城厢区委常委、政法委书记。

林荣斌　1969年4月出生，福建莆田城厢华亭人，1992年8月参加工作，1991年8月参加工作，1992年6月加入中国共产党，漳州师范学院大学学历，现任莆田广播电视大学党委书记。

1988年9月至1992年7月在漳州师范学院物理系物理专业学习。1992年8月至1994年1月为莆田农业职业中专学校教师。1994年1月至1994年5月为福建省妇幼卫校办公室干部。1994年5月至1996年9月为中共莆田县委办公室干部。1996年9月至1997年8月为莆田县人民政府办公室综合股股长。1997年8月至1998年2月为莆田县人民政府办公室副主任科员。1998年2月至2000年7月任莆田县人民政府办公室副主任。2000年7月至2002年9月任莆田县人民政府办公室副主任、主任科员（2002年5月至2002年8月任荔城区镇海街道办事处筹建领导小组副组长）。2002年9月至2002年10月任荔城区镇海街道党工委副书记。2002年10月至2003年7月任荔城区镇海街道党工委副书记、办事处主任。2003年7月至2011年7 月任荔城区镇海街道党工委书记。2011年7月至2016年7月任荔城区人民政府副区长（2014年9月至2016年7月挂职宁夏西吉县委常委、副县长）。2016年7月至2018年12月任城厢区委常委、党组成员。2018年12月起任莆田广播电视大学党委书记。

肖志雄　1964年7月出生，福建莆田涵江国欢人，1987年8月参加工作，1992年6月加入中国共产党，福建林学院农学学士。现任城厢区委常委、区政府党组副书记、副区长。

1983年9月至1987年7月在福建林学院林业专业学习。1987年8月至1990年12月为原莆田县林业职业中学教师。1990年12月至1994年1月为原莆田县农业委员会干部、科员。1994年1月至1996年7月任原莆田县北高镇副镇长（科技）。1996年7月至1999年4月任原莆田县华亭镇党委副书记（计生）。1999年4月至1999年8月任原莆田县黄石镇党委副书记（计生）。1999年8月至2002年9月任原莆田县黄石镇党委副书记。2002年9月至2003年1月任荔城区北高镇选举委员会副主任。2003年1月至2005年5月任荔城区北高镇人大主席。2005年5月至2010年4月任荔城区新度镇党委副书记、镇长。2010年4月至2011年6月任荔城区新度镇党委书记。2011年6月至2011年9月任荔城区黄石镇党委书记。2011年9月至2013年5月任荔城区黄石镇党委书记、黄石工业园区党委书记。2013年5月至2016年7月任城厢区政府党组成员、副区长。2016年7月起任城厢区委常委、区政府党组副书记、副区长。

颜启昌 现任中共城厢区委常委、人武部部长。

周敏（女） 1971年4月出生，福建南平建阳人。1992年8月参加工作，2002年7月加入中国共产党，研究生学历。现任中共城厢区委常委、区政府副区长。

1988年9月至1992年8月在厦门大学历史学专业学习。1992年8月至1993年6月为福州港集装箱公司经理办秘书。1993年6月至1996年3月任福州港务局编史办编辑。1996年3月至2001年1月任福州港务局办公室秘书。2001年1月至2001年5月任福州港务集团办公室秘书。2001年5月至2005年3月任福州港务集团有限公司办公室副主任。2005年3月至2007年12月任福州港务集团有限公司办公室主任。2007年12月至2010年1月任福州港务集团有限公司办公室主任兼发展部经理。2010年1月至2010年6月任福州港务集团有限公司总经济师、办公室主任、发展部经理。2010年6月至2011年6月任福建省交通运输集团有限责任公司办公室副主任、法律事务部副经理。2011年6月至2013年9月任福建八方物流股份有限公司副总经理。2013年9月至2016年2月任福建省交通运输集团有限责任公司法律事务部副经理（2009年3月至月至2013年9参加厦门大学管理学院高级管理人员工商管理专业学习）。2016年2月起任福建省交通运输集团有限责任公司法律事务中心主任。2017年10月起挂职任城厢区委常委、副区长。

黄美光 1965年2月出生，福建莆田荔城镇海人，1986年8月参加工作，1992年1月加入中国共产党，中央党校大学学历。现任城厢区政府党组成员、区委常委。

1982年9月至1986年7月在福建工艺美术学校绘画专业学习。1986年8月至1990年5月为莆田市青少年宫辅导员。1990年6月至1993年7月为共青团莆田市委组织部科员（1989年9月至1991年6月参加福建师大美术系大专班学习）。1993年2月至1993年11月为共青团莆田市城厢区委副书记。1993年11月至1999年3月任城厢区凤凰山街道办事处副主任（1994年6月1997年8月兼任新塘社区党支部书记）。1999年4月至2005年5月任城厢区文化体育局局长（1999年8月2001年12月参加中央党校函授学院本科班行政管理专业学习）。2005年6月至2006年5月任城厢区太湖工业园党工委书记、管委会主任。2006年6月至2007年4月任城厢区凤凰山街道党工委副书记、办事处主任。2007年5月至2007年9月任城厢区凤凰山街道党工委书记、办事处主任。2007年10月至2011年7月任城厢区凤凰山街道党工委书记。2011年7月至2011年12月任城厢区人大常委会党组成员、副主任候选人。2011年12月至2013年7月任城厢区人大常委会党组成员、副主任。2013年5月至2013年7月任城厢区人大常委会党组成员、副主任、区政府副区长人选。

2013年7月至2018年12月任城厢区政府党组成员、副区长。2018年12月起任城厢区委常委、区政府党组成员。

王国太　1962年6月出生，福建莆田仙游鲤南人，1982年8月参加工作，1991年4月加入中国共产党，福建农学院农学学士，现任城厢区人大常委会党组书记、主任。

1978年10月至1982年7月在福建农学院植保系植物保护专业学习。1982年8月至1986年7月为福建省建阳地区农校教师。1986年7月至1992年5月为莆田市农委政研科干部、科员。1992年5月至1994年7月任莆田市农委办公室副主任。1994年7月至1997年11月任莆田市农委办公室主任。1997年11月至1999年4月任莆田市委农办秘书科科长。1999年4月至2001年8月任莆田市委、市政府农办副主任。2001年8月至2005年6月任城厢区政府党组成员、副区长。2005年6月至2007年2月任城厢区委常委、副区长。2007年2月至2010年3月任城厢区人大常委会党组副书记、主任。2010年3月起任城厢区人大常委会党组书记、主任。

黄光明　1962年5月出生，福建莆田城厢凤凰山街道人，1984年8月参加工作，1992年12月加入中国共产党，福建师范大学大学学历。现任城厢区人大常委会党组副书记、副主任。

1980年10月至1984年7月在福建师范大学历史系历史专业学习。1984年8月至1988年11月为厦门同安一中教师。1988年11月至1991年7月为莆田文献中学教师。1991年7月至1996年4月为城厢区人武部政工干事。1996年4月至1998年12月任城厢区人武部政工科副科长（主持工作）、部党委委员。1998年12月至2002年10月任城厢区人武部政工科科长、部党委委员。2002年10月至2005年11月为城厢区委办公室科员。2005年11至2006年5月任城厢区委办公室副主任科员。2006年5月至2009年1月任城厢区委办公室副主任。2009年1月至2010年4月任城厢区委办公室副主任、主任科员。2010年4月至2014年1月任城厢区委办公室主任（2014年1月至2017月6月任城厢区人大常委会党组成员、副主任）。2017年6月起任城厢区人大常委会党组副书记、副主任。

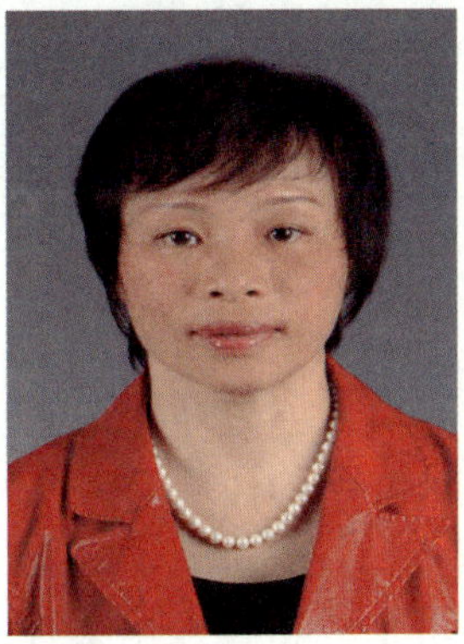

王乌妹（女）　1967年9月出生，福建莆田秀屿平海人，1986年8月参加工作，1996年加入致公党，厦门大学大专学历。现任城厢区人大常委会副主任、致公党城厢区支部主委。

1984年9月至1986年7月在福建省厦门集美财经学校财会专业学习。1986年8月至1994年4月为莆田市机械总厂会计（1987年9月至1991年4月参加厦门大学会计专业学习）。1994年4月至1999年7月任城厢区审计局科员。1999年7月至2002年4月任城厢区城郊乡副乡长。2002年4月至2005年6月任城厢区龙桥街道办事处副主任。2005年6月至2005年12月任城厢区龙桥街道办事处副科级干部。2005年12月至2010年9月任城厢区监察局副局长、正科级监察员。2010年9月至2011年12月任城厢区人大常委会教科文卫委主任，致公党城厢区支部主委。2011年12月起任城厢区人大常委会副主任、致公党城厢区支部主委。

林少敏　1969年11月出生，福建莆田城厢霞林人，1993年9月参加工作，1995年12月加入

中国共产党，华东师范大学大学学历。现任城厢区人大常委会党组成员、副主任。

1989年9月至1993年7月在华东师范大学体育系体育教育专业学习。1993年9月至1997年9月为莆田市城厢区凤凰山街道办事处干部（1996年9月至1997年8月借用城厢区委组织部联系办工作）。1997年9月至1999年7月为城厢区委组织部科员。1999年7月至2002年4月任城厢区荔城街道纪委书记。2002年4月至2006年5月任城厢区龙桥街道党工委副书记、纪工委书记。2006年5月至2010年4月任城厢区龙桥街道党工委副书记、办事处主任。2010年4月至2015年1月任城厢区龙桥街道党工委书记。2015年1月至2016年6月任城厢区人大常委会党组成员、副主任、龙桥街道党工委书记。2016年6月起任城厢区人大常委会党组成员、副主任。

林晋居 1964年4月出生，福建莆田荔城西天尾人，1980年9月参加工作，1984年7月加入中国共产党，南昌陆军学院大专学历。现任城厢区人大常委会党组成员、副主任。

1980年9月至1983年6月在南昌陆军学校学院军事指挥专业学习。1983年9月至1986年1月任福州军区守备第三师十团二营六连二排排长。1986年1月至1986年3月任南京军区守备第十三师五十团一营三连三排排长。1986年3月至1988年6月任南京军区守备第十三师教导队副连职教员。1988年6月至1988年8月任南京军区守备第十三师教导队二中队长。1988年8月至1991年6月任南京军区守备第十三师司令部直工科正连职干事。1991年6月至1993年1月任南京军区守备第十三师教导队正连职教员。1993年1月至1994年3月任南京军区海防第十三师教导队正连职教员。1994年3月至1994年9月军转待安置。1994年9月至1999年7月为城厢区荔城街道办事处科员。1999年7月至2002年4月为城厢区原荔城街道党委宣传委员。2002年4月至2002年9月为城厢区龙桥街道党工委宣传委员。2002年9月至2005年5月为城厢区龙桥街道党工委宣传统战委员。2005年5月至2008年1月任城厢区政协调研室主任。2008年1月至2009年2月任城厢区纪委常委、正科级纪检监察员。2009年2月至2010年8月任中共城厢区纪委副书记、区人大常委会委员。2010年8月至2016年7月任中共城厢区纪委副书记、监察局局长。2016年7月至2016年12月任城厢区人大党组成员、副主任人选、监察局局长。2016年12月起任城厢区人大常委会党组成员、副主任。

施清芳 1965年12月出生，福建莆田涵江国欢人，1988年7月参加工作，1999年3月加入民盟，北京大学理学学士。现任城厢区政府副区长。

1984年9月至1988年7月在北京大学地球物理学系天气动力学专业学习。1988年7月至1993年3月为福建省气象局气科所干部。1993年3月至1996年12月为福建省气象局服务中心干部。1997年1月至1998年7月为涵江区环保局环境监测站干部。1998年7月至2005年6月任涵江区环保局环境监测站副站长。2005年7月至2007年11月任涵江区经贸局副局长。2007年11月至2008年3月任莆田市经贸委副主任科员。2008年4月至2011年12月任莆田市经贸委运行科科长。2011年12月至2014年1月任秀屿区政协副主席。2014年1月至2016年7月任秀屿区

政府副区长。2016年7月起任城厢区政府副区长。

李文杰 1979年4月出生，福建莆田仙游盖尾人，2000年11月参加工作，1999年6月加入中国共产党，福建农林大学农业推广硕士。现任城厢区政府副区长、党组成员。

1997年9月至1999年7月在福建省人民武装学校人武指挥专业学习。1999年7月至2000年11月毕业待安排（1997年9月2000年7月参加南京陆军指挥学院函授大专人武指挥专业学习）。2000年11月至2003年6月为仙游县社硎乡武装部干事、项目办主任（2002年1月定为科员）。2003年6月至2003年10月为仙游县鲤城街道办事处科员（2000年9月至2003年7月参加南京陆军指挥学院函授本科政治指导专业学习）。2003年10月至2008年8月任仙游县鲤城街道武装部副部长、团工委书记。2008年8月至2011年6月任仙游县游洋镇党委委员、武装部长。2011年6月至2012年11月任仙游县钟山镇党委委员、武装部长、副镇长（2009年5月至2011年12月参加福建农林大学农业推广硕士学位学习）。2012年11月至2013年12月任公选副处级干部拟任人选，任市服务重大项目工业及新能源工作小组成员，参加实践锻炼。2013年12月至2016年7月任莆田市民族与宗教事务局党组成员、副局长。2016年7月起任城厢区政府党组成员、副区长。

谢长征 1974年11月出生，福建莆田城厢霞林人，1993年10月参加工作，1995年11月加入中国共产党，中央党校大学学历。现任城厢区政府党组成员、副区长。

1989年9月至1993年6月在建阳农业工程学校机械制造专业学习。1993年10月至1999年8月为城厢区人民政府办公室办事员、科员（1994年8月至1997年6月参加中央党校函授学院大专班经济管理专业学习）。1999年8月至2005年6月为城厢区人民政府办公室副主任（2001年8月至2003年12月参加中央党校函授学院本科班行政管理专业学习）。2005年6月至2007年9月任城厢区人民政府办公室主任。2007年9月至2010年8月任城厢区华亭镇党委副书记、镇长。2010年8月至2011年5月任城厢区华亭镇党委副书记、镇长，莆田华林经济开发区党工委副书记。2011年5月至2013年1月任城厢区华亭镇党委书记、华林经济开发区党工委副书记。2013年1月至2016年5月任城厢区华亭镇党委书记。2016年6月起任城厢区政府党组成员、副区长。

杨碧静（女） 1973年8月出生，福建莆田仙游榜头人，1991年8月参加工作，1993年10月加入中国共产党，中央党校大学学历。现任城厢区政府党组成员、副区长

1988年9月至1991年7月在泉州幼儿师范学校学习。1991年8月至1996年10月任共青团仙游县委干部、学校部部长、县个协团委书记（1992年9月至1995年7月参加中国青年政治学院函授大学青年思想教育专业学习）。1996年10月至2000年1月任仙游县龙华镇党委宣传委员。2000年1月至2002年10月任仙游县鲤城镇副镇长。2002年10月至2005年8月任仙游县鲤城街道党工委副书记、纪工委书记（2001年8月至2003年12月参加中央党校函授学院本科班法律专业学习）。2005年8月至2005年9月任仙游县钟山镇党委副书记、镇长候选人。2005年9月至2007年12月任仙游县钟山镇党委副书记、镇长。2007年12月

至2008年2月为仙游县度尾镇党委副书记、镇长候选人。2008年2月至2011年6月任仙游县度尾镇党委副书记、镇长。2011年6月至2016年6月任仙游县度尾镇党委书记。2016年6月起任城厢区政府党组成员、副区长。

郭国辉 1966年8月出生，福建莆田秀屿月塘人，1991年8月参加工作，1990年9月加入中国共产党，华南热带作物学院大学学历。现任城厢区政府党组成员、副区长。

1987年8月至1991年8月在华南热带作物学院加工系农产品贮藏与加工专业学习。1991年8月至1996年9月为莆田市农业局干部（1993年9月至1994年10月挂职仙游县象溪乡黄洋村党支部书记；1995年1月至1995年12月抽调城厢区农业大观园指挥部工作）。1996年9月至1996年12月任提名仙游县榜头镇副镇长（科技）。1996年12月至2000年1月任仙游县榜头镇副镇长（科技）。2000年1月至2002年9月任仙游县榜头镇副镇长。2002年9月至2003年1月任提名仙游县象溪乡人大主席。2003年1月至2004年5月任仙游县象溪乡人大主席。2004年5月至2004年7月任提名仙游县盖尾镇人大主席。2004年7月至2010年3月任仙游县盖尾镇人大主席（2009年2月至2010年2月挂职任省国土资源厅矿产管理处处长助理）。2010年3月至2010年4月任仙游县龙华镇党委副书记、镇长人选。2010年4月至2013年8月任仙游县龙华镇党委副书记、镇长。2013年8月至2017年3月任仙游县盖尾镇党委书记。2017年4月起任城厢区政府党组成员、副区长。

莫彩华 1990年9月出生，浙江长兴人，2018年8月参加工作，2009年7月加入中国共产党，中国人民大学博士研究生。现任城厢区人民政府副区长。

2009年9月至2013年6月，在中国人民大学商学院大学本科学习。2013年9月至2015年6月在中国人民大学商学院硕士学习。2015年9月至2018年6月，中国人民大学商学院博士研究生学习［（2016年10月至2018年3月以访问学者赴美国哥伦比亚大学商学院（博士生联合培养）］。2018年8月至今城厢区人民政府副区长，2018年8月至2019年8月挂职华亭镇党委副书记。

张伟国 1971年12月出生，福建莆田荔城黄石人，1990年8月参加工作，1995年9月加入中国共产党，福建省委党校函授学院研究生。现任城厢区政府党组成员、华林经济开发区党工委书记。

1987年9月至1990年7月在福建省侨兴轻工学校工业企业财会专业学习。1990年8月至1996年5月为原莆田县江口镇政府干部（1991年4月至1993年12月参加厦门大学行政管理专业自考大专学习）。1996年5月至1997年1月为原莆田县江口镇财政所所长。1997年1月至1999年8月任原莆田县江口镇团委副书记（1996年8月至1998年12月参加中央党校函授学院本科班党政管理专业学习）。1999年8月至2002年10月任城厢区常太镇党委统战委员。2002年10月至2007年4月任城厢区财政局副局长。2007年4月至2011年9月任城厢区财政局局长（2006年12月至2009年7月参加省委党校在职研究生班行政管理专业学习）。2011年9月至2011年11月任华林经济开发区党工委书记、财政局局长。2011年11月至2012年2月任城厢区政府党组织成员、华林经济开发区党工委书记、财政局局长。2012年2月起任城厢区政府党组成员、华林经济开发区党工委书记。

陈丽萍（女）　1966年11月出生，福建莆田秀屿北岸山亭人，1987年7月参加工作，1997年4月加入中国共产党，福建省委党校在职研究生。现任城厢区政府党组成员、福建莆田华林经济开发区党工委副书记、管委会主任。

1985年9月至1987年7月在莆田师范大专班中文系中文专业学习。1987年8月至1994年7月为莆田市技工学校教师。1994年7月至1997年5月为城厢区政府办公室干部、科员。1997年5月至2000年9月任城厢区政府办公室副主任（1997年8月至1999年12月参加中央党校函授学院本科班党政管理专业学习）。2000年9月至2001年2月任城厢区残联副理事长。2001年2月至2002年9月任城厢区残联理事长。2002年9月至2006年5月任城厢区凤凰山街道党工委副书记、办事处主任。2006年5月至2008年1月任城厢区太湖工业园党工委书记、管委会主任。2008年1月至2012年4月任城厢区计生局局长（2007年9月至2010年1月参加省委党校在职研究生班中共党史和党的建设专业学习）。2012年4月至2012年12月任华林经济开发区党工委副书记、管委会主任。2012年12月起任城厢区政府党组成员、华林经济开发区党工委副书记、管委会主任。

黄志强　1961年1月出生，福建莆田涵江涵东人，1981年9月参加工作，1984年6月加入中国共产党，福建林学院大专学历。现任城厢区政协主席、党组书记。

1979年4月至1981年4月在福建林学院采伐运输专业学习。1981年9月至1983年9月为福建林学院森工系教工团支部书记。1983年9月至1988年8月为福建林学院森工系党总支干事兼团总支副书记、负责人、森工系学生党支部副书记、书记。1988年8月至1990年10月任共青团城厢区委副书记。1990年10月至1993年12月任共青团城厢区委书记。1993年12月至1996年6月任城厢区荔城街道党委副书记、人大常委会主任。1996年6月至1998年10月任城厢区荔城街道党委书记。1998年10月至1999年1月任城厢区政府党组成员、区长助理。1999年1月至2005年7月任城厢区政府党组成员、副区长。2005年7月至2007年1月任城厢区委常委、统战部部长。2007年1月至2007年2月任城厢区政协党组书记、区委统战部部长。2007年2月至2010年1月任城厢区政协党组书记、主席，区委统战部部长。2010年1月起任城厢区政协党组书记、主席。

郑尚庆　1965年2月出生，福建莆田涵江梧塘人，1988年9月参加工作，华东政法学院法学学士。现任城厢区政协副主席。

1984年9月至1988年7月在华东政法学院法律系法律专业学习。1988年9月至1989年12月为城厢区司法局法制宣传科员。1989年12月至1991年12月为城厢区城郊乡司法助理员。1992年1月至1993年5月为城厢区城郊乡七步村社教工作队员。1993年5月至1998年10月任城厢区荔城街道办事处司法办主任。1998年10月至2002年5月任城郊乡司法所所长。2002年5月至2005年6月任城厢区司法局公证律师科长。2005年6月至2008年1月任城厢区龙桥街道办事处副主任。2008年1月至2011年12月任城厢区司法局局长。2011年12月起任城厢区政协副主席。

林素香（女） 1964年10月出生，福建莆田城厢凤办人，1984年8月参加工作，1985年7月加入中国共产党，福清师专大专学历。现任城厢区政协党组副书记、副主席。

1982年9月至1984年7月在福清师专体育专业学习。1984年8月至1992年4月为城厢区原荔城街道团委书记。1992年4月至1999年3月为城厢区原城南乡党委组织委员。1999年3月至1999年7月任城厢区原城南乡党委副书记。1999年7月至2002年5月任城厢区原城郊乡党委副书记。2002年6月至2002年10月任城厢区直机关党工委常务副书记。2002年10月至2006年4月任城厢区委组织部副部长（正科级）。2006年4月至2012年2月任城厢区人事局局长。2012年2月至2016年7月任城厢区人力资源与社会保障局局长。2016年7月至2016年12月任城厢区政协党组成员、副主席人选、区人力资源与社会保障局局长。2016年12月至2017年2月任城厢区政协党组成员、副主席、区人力资源与社会保障局局长。2017年2月起任城厢区政协党组成员、副主席。

黄斌华 1966年9月出生，福建莆田城厢灵川人，1989年9月参加工作，1995年8月加入中国共产党，福州大学经济学学士。现任城厢区政协副主席、党组成员。

1985年9月至1989年7月在福州大学会计系会计学专业学习。1989年9月至1990年9月为城厢区城郊乡财政所干部、总会计。1990年10月至1993年12月任城厢区城南乡财政所所长。1994年1月至1995年12月为城厢区财政局科员。1995年12月至2002年7月任城厢区财政局副局长。2002年7月至2007年9月任城厢区审计局局长。2007年9月至2011年5月任城厢区凤凰山街道党工委副书记、办事处主任。2011年5月至2016年6月任城厢区东海镇党委书记。2016年6月至2016年12月任城厢区政协党组成员、副主席人选。2016年12月起任城厢区政协党组成员、副主席。

何剑锋（女） 1966年1月出生，福建福州福清人，1987年8月参加工作，1989年10月加入民革，中央党校研究生学院在职研究生。现任城厢区政协副主席。

1984年9月至1987年7月在福建师大分校政教系学习。1987年8月至1989年2月为福清第三中学教师。1989年2月至1995年12月为莆田市少体校教师。1995年12月至1996年11月为莆田市体委办事员。1996年11月至1999年4月为城厢区荔城街道办事处副主任。1999年4月至2003年3月为莆田市体育局副主任科员，办公室负责人（1999年9月至2002年7月参加中央党校研究生学院在职研究生班社会主义专业学习）。2003年3月至2016年7月任莆田市体育局群体科科长。2016年7月至2016年12月任城厢区政协副主席人选。2016年12月起任城厢区政协副主席。

陈志权 1973年4月出生，福建莆田秀屿平海人，1994年12月参加工作，1994年6月加入中国共产党，福建省委党校在职研究生学历。现任城厢区法院党组书记、院长。

1990年9月至1994年7月在福建农业大学畜牧兽医专业学习。1994年8月至1994年12月毕业待分配。1994年12月至2002年10月为莆田市中

级人民法院书记员、助理审判员（1997年9月至2000年7月参加全国法院干部业余法律大学函授学习）。2002年10月至2003年12月任涵江区人民法院党组成员、政工科科长（副科级）。2003年12月至2005年7月任涵江区人民法院党组成员、政治处主任（副科级）（2001年9月至2004年7月参加厦门大学函授本科法学专业学习）。2005年7月至2013年12月任涵江区人民法院党组成员、副院长（正科级）（2006年12月至2009年6月参加福建省委党校在职研究生班法学理论专业学习）。2013年12月至2016年7月任仙游县人民法院党组书记、院长。2016年7月至2016年12月任城厢区法院党组书记、副院长、代院长。2016年12月起任城厢区法院党组书记、院长。

林秀冰（女） 1974年10月出生，福建莆田秀屿东峤人，1990年9月参加工作，1994年8月加入中国共产党，清华大学远程教育学院大学学历。现任城厢区人民检察院党组书记、检察长。

1990年9月至1993年7月在解放军电子技术学院计算机应用专业学习。1993年7月至1994年7月在步兵第93师司令部机要科见习。1994年7月至1995年9月为步兵第93师司令部机要科正排职译电员。1995年9月至1996年9月任步兵第93师司令部机要科副连职参谋。1996年9月至1998年12月任陆军第95医院副连职秘书（1994年9月至1997年7月参加解放军电子技术学院函授大专机要指挥专业学习）。1998年12月至2000年8月任陆军第95医院办公室正连职秘书。2000年8月至2005年10月任莆田市人民检察院科员（1998年9月至2000年12月参加中央党校函授学院本科班法律专业学习；2002年9月至2005年1月参加清华大学远程教育学院法学专业学习）。2005年10月至2009年8月任莆田市人民检察院干部处副处长。2009年8月至2012年12月任莆田市人民检察院干部处处长。2012年12月至2013年8月任莆田市人民检察院政治部副主任、干部处处长。2013年8月至2013年9月任城厢区人民检察院党组书记。2013年9月至2014年1月任城厢区人民检察院党组书记、代检察长、副检察长。2014年1月起任城厢区人民检察院党组书记、检察长。

林一虎 1970年8月出生，福建莆田荔城镇海人，1993年9月参加工作，1996年6月加入中国共产党，福建公安高等专科学校大专学历。现任莆田市公安局城厢分局党委书记、局长（副处级）、督察长。

1990年9月至1993年7月在福建公安高等专科学校刑事侦察专业学习。1993年9月至1999年3月为莆田市公安局城厢分局政保科见习干部、科员。1999年3月至2000年10月为莆田市公安局城厢分局刑事警察大队科员。2000年10月至2002年5月任莆田市公安局城厢分局巡逻警察大队副大队长（正股职）。2002年5月至2005年10月任莆田市公安局龙桥派出所所长（正股职）。2005年10月至2009年1月任莆田市公安局龙桥派出所所长（副科级）。2009年1月至2009年10月任莆田市公安局龙桥派出所所长（正科级）。2009年10月至2012年10月任莆田市公安局治安支队副支队长（正科级）。2012年10月至2012年11月任莆田市公安局涵江分局局长（副处级）。2012年11月至2014年1月任莆田市公安局涵江分局党委书记、局长（副处级）。2014年1月至2015年3月任莆田市公安局涵江分局党委书记、局长（副处级）、督察长。2015年3月至2015年4月任莆田市公安局城厢分局局长（副处级）、督察长。2015年4月起任莆田市公安局城厢分局党委书记、局长（副处级）、督察长。

新闻人物

徐晋雄 1986年12月出生，2008年6月入党，现任莆田市城厢区人民检察院第一检察部副主任、一级检察官。2009年6月，福建农林大学人文社会科学学院法学专业毕业，获法学学士学位。2016年5月，荣获莆田市“优秀公诉人”称号；2016年7月，荣获第五届全市检察机关侦监业务竞赛一等奖；2016年8月，荣获第四届全省检察机关“侦查监督业务标兵”称号；2016年11月，以总分第一名的成绩夺得第四届全国检察机关侦查监督竞赛业务标兵，成为福建省检察机关重建以来的首位全国状元；2017年5月，荣获莆田市第四届“青年五四奖章”；2017年7月，荣获“全省杰出检察官”称号、全省检察机关先进个人；所撰写《网络时代跨境电信诈骗犯罪的新发展与防治对策研究》《黑社会性质组织犯罪所得没收保全制度研究》《新经济业态视野下共享使用权的法治保障研究》等获得第十一届中国法学青年论坛二等奖、第二十七届中国犯罪学学术年会三等奖、第十四届泛珠三角合作与发展法治论坛二等奖等多项国家级奖项；因业务精良、工作突出，记个人二等功、三等功各一次；入选全国、全省检察机关侦查监督人才库、全省检察教育培训师资库、全省检察机关案件质量评查人才库；2018年11月，被人力资源社会保障部、最高人民检察院授予“全国模范检察官”荣誉称号。

陈　静 1973年3月出生，2002年10月入党，现任莆田市城厢区人民法院党组成员、政治处主任，并兼任莆田市妇联副主席。2004年7月，福建经济管理干部学院法学专业在职大学毕业；2007年8月，被福建省高级人民法院评为“全省民商事先进个人”；2010年12月，被福建省高级人民法院评为“全省法院系统先进个人”；2011年2月，被福建省高级人民人民法院、福建省妇女联合会联合评为为“福建省巾帼建功标兵”；2011年6月，被福建省高级人民法院评为“全省法院系统创先争优先进个人”；2011年10月，被福建省人大内司委、福建省公务员局、福建省妇联联合评为“福建省第二届维护妇女儿童合法权益先进个人”；2012年12月，被福建省高级人民法院评为“全省优秀法官”；2013年3月，被中华全国妇女联合会、全国维护妇女儿童权益暨平安家庭创建协调组联合评为全国维护妇女儿童权益先进个人；2013年11月，被莆田市妇联评为“莆田市建市三十周年维权之星”；2014年5月，入选五月中国好人榜（敬业奉献）候选人；2015年3月，被福建省妇联评为“福建省三八红旗手”；2016年6月，在《涉及家庭暴力婚姻案件审理指南》试点工作表现突出，被最高人民法院通报表扬；2016年6月，被最高院评为“全国党建先进工作者”；2016年10月，当选福建省第十次党代会代表；2017年4月，被中华全国妇女联合会评为“全国巾帼建功标兵”；2018年3月，被全国妇联评为“全国三八红旗手”。

2018年城厢区百岁以上老人名录表

表6

序号	姓名	性别	出生年月	民族	居住地
1	魏他妹	女	1912年10月	汉族	龙桥街道泗华村
2	宋照妹	女	1918年8月	汉族	龙桥街道洋西村
3	陈九妹	女	1915年3月	汉族	凤凰山街道林桥村
4	宋启宁	男	1917年12月	汉族	凤凰山街道龙德井社区
5	程亚幼	女	1916年8月	汉族	华亭镇濑溪村
6	林亚水	男	1917年10月	汉族	华亭镇后枫村
7	卓大张厝	女	1917年10月	汉族	华亭镇后唐村
8	郑淑珍	女	1917年2月	汉族	华亭镇前柳村
9	郑吓阻	女	1917年12月	汉族	华亭镇霞皋村
10	许企石	女	1918年10月	汉族	华亭镇云峰村
11	倪林厝	女	1918年8月	汉族	华亭镇油潭村
12	林吓贵	女	1914年11月	汉族	常太镇顶坑村
13	刘 世	女	1917年5月	汉族	常太镇溪北村
14	陈金通	男	1918年1月	汉族	常太镇山门村
15	洪珍光	男	1919年7月	汉族	常太镇长基村
16	陈兰妹	女	1919年8月	汉族	常太镇南川村
17	叶好治	女	1919年11月	汉族	常太镇利车村
18	蔡瑞烟	女	1915年5月	汉族	灵川镇西墩村
19	黄文林	男	1916年11月	汉族	灵川镇西墩村
20	李亚贞	女	1917年3月	汉族	灵川镇下尾村
21	林春发	男	1918年12月	汉族	灵川镇张边村
22	黄亚香	女	1915年4月	汉族	灵川镇桂山村
23	杨秋妹	女	1918年9月	汉族	灵川镇桂山村
24	詹金玉	男	1918年8月	汉族	灵川镇东进村
25	朱顺珠	女	1918年10月	汉族	灵川镇东进村
26	黄头厝	女	1918年10月	汉族	灵川镇东进村
27	朱八口	女	1915年12月	汉族	东海镇海头村
28	朱红冇	女	1915年6月	汉族	东海镇东海村
29	郝吉仔	女	1918年8月	汉族	东海镇西厝村

（吴献武）

2018 年城厢区在职领导干部名录表

表 7

姓名	现单位及职务	籍贯	任现职务时间
区委			
王文才	书记	秀屿东庄	续任
吴文恩	副书记 区政府区长 区政府党组书记	秀屿埭头	续任
郑松青	副书记（正处长级） 党校校长	仙游榜头	续任
陈洪武	常委 统战部部长	秀屿山亭	续任
余丽红（女）	常委 纪委书记 监察委主任	荔城黄石	续任
陆建琪	常委、组织部部长 区直机关党工委书记 总工会主席	仙游鲤城	续任
吴建銮	常委 宣传部部长	秀屿东庄	续任
陈庆王	常委 政法委书记	秀屿埭头	续任
林荣斌	区委常委 党组成员	城厢华亭	任至 2018 年
肖志雄	常委 区政府副区长 党组副书记	涵江国欢	续任
颜启昌	常委 区人武部部长	漳州东山	
周　敏（女）	常委（挂职） 区政府副区长（挂职） 党组成员	福建建阳	续任
黄美光	常委	荔城镇海	2018 年 12 月起
人大常委会			
王国太	主任 党组书记	仙游鲤南	续任
黄光明	副主任 党组副书记	城厢凤凰山	续任

续表 7

姓名	现单位及职务	籍贯	任现职务时间
王乌妹（女）	副主任（兼）	秀屿平海	续任
林少敏	副主任 党组成员	城厢霞林	续任
林晋居	副主任 党组成员	荔城西天尾	续任
政府			
吴文恩	区委副书记 区长 党组书记	秀屿埭头	续任
林荣斌	区委常委 党组成员	城厢华亭	至 2018
肖志雄	区委常委 副区长 党组副书记	涵江国欢	续任
周　敏（女）	区委常委（挂职） 副区长（挂职） 党组成员	福建建阳	续任
施清芳	副区长	涵江国欢	续任
李文杰	副区长 党组成员	仙游盖尾	续任
谢长征	副区长 党组成员	城厢霞林	续任
杨碧静（女）	副区长 党组成员	仙游榜头	续任
郭国辉	副区长 党组成员	秀屿月塘	续任
莫彩华	科技副区长（挂职） 党组成员 华亭镇党委副书记（挂职）	浙江长兴	2018 年 8 月起
张伟国	党组成员 华林经济开发区党工委书记（副处级）	荔城黄石	续任
陈丽萍（女）	党组成员 华林经济开发区管委会主任 党工委副书记（副处级）	秀屿山亭	续任
吴俊峰	党组成员（挂职）	荔城	
政协			
黄志强	主席 党组书记	涵江涵东	续任

续表 7

姓名	现单位及职务	籍贯	任现职务时间
郑尚庆	副主席（兼） 司法局主任科员	涵江梧塘	续任
林素香（女）	副主席 党组成员	城厢凤凰山	续任
黄斌华	副主席 党组成员	城厢灵川	续任
何剑锋（女）	副主席	福州福清	续任
华林经济开发区			
张伟国	党组成员 华林经济开发区党工委书记（副处级）	荔城黄石	续任
陈丽萍（女）	党组成员 华林经济开发区管委会主任 党工委副书记（副处级）	秀屿山亭	续任
法院、公安局、检察院			
陈志权	区法院党组书记 院长	秀屿平海	续任
林一虎	公安分局局长、党委书记 （副处级）	荔城镇海	续任
林秀冰（女）	检察院党组书记 检察长	秀屿东峤	续任
人大内设机构			
陈庆中	办公室主任 党组成员	城厢龙桥	续任
陈建国	办公室副主任	城厢霞林	续任
林德龙	财经委主任	秀屿埭头	续任
刘祖耀	侨（台）委主任	涵江江口	续任
陈铁山	人事代表工作室主任	城厢常太	续任
孙曙文	人大法制委主任	山东寿光	续任
何福水	环城委主任	荔城新度	续任
卓永安	农经委主任	仙游园庄	续任
黄建山（女）	教科文卫委主任	荔城镇海	续任
林　丽（女）	信访室主任	荔城镇海	续任
陈文桂	区人大常委会委员 区委办主任科员	荔城拱辰	续任
政协内设机构			

续表 7

姓名	现单位及职务	籍贯	任现职务时间
黄黎明	办公室主任 党组成员	涵江涵西	续任
蔡玉坤	文教卫体和学习宣传文史资料委员会主任	城厢霞林	续任
詹雄志	社会法制民族宗教和港澳台侨外事委员会主任	秀屿平海	续任
陈剑冰	提案委员会主任	荔城拱辰	续任
陈德胜	经济科技和人口资源环境委员会副主任	秀屿月塘	续任
章建平	办公室主任科员	涵江梧塘	续任
龚金忠	办公室副主任科员	城厢凤凰山	续任
纪委监委			
余丽红（女）	区委常委 纪委书记 监察委主任	荔城黄石	续任
林雪琳（女）	副书记 监察委副主任	荔城镇海	续任
吴智杰	副书记 监察委副主任	城厢龙桥	续任
张飞虎	常委（正科长级） 监察委委员	仙游盖尾	续任
沈文忠	常委（正科长级） 区委巡察办主任 监察委委员	秀屿埭头	续任
林清华	常委（正科长级） 监察委委员	秀屿埭头	续任
陈宜宓	常委（正科长级） 监察委委员	涵江白沙	续任
陈旭清	办公室主任	仙游赖店	2018 年 7 月起
柯　立	组织和宣传部部长	城厢灵川	续任
欧许晖	党风政风监督室主任	荔城镇海	续任
郑冠群	第一纪检监察室主任	城厢凤凰山	续任
戴智宇	第二纪检监察室主任	城厢凤凰山	2018 年 7 月起
傅建彬	第三纪检监察室主任	仙游赖店	2018 年 7 月起
林国煌	第四纪检监察室主任	秀屿埭头	2018 年 7 月起
李　健	第五纪检监察室主任	荔城西天尾	2018 年 7 月起
陈碧金（女）	案件审理室主任	秀屿平海	2018 年 12 月起
陈金凤	正科级纪检监察员	荔城拱辰	续任
吴朝阳	正科级纪检监察员	涵江涵西	续任

续表 7

姓名	现单位及职务	籍贯	任现职务时间
林云英（女）	正科级纪检监察员	荔城新度	续任
唐金辉	正科级纪检监察员	秀屿东峤	续任
郑仁泉	正科级纪检监察员	城厢凤凰山	2018 年 7 月起
林世忠	驻区委办公室纪检组副组长	城厢龙桥	续任
陈　杰	驻区人大常委会机关纪检组副组长	浙江萧山	续任
黄青锋	驻区政府办公室纪检组副组长	荔城镇海	续任
林永辉	驻区政协机关纪检组组长	秀屿东峤	续任
许丽莉（女）	驻区政协机关纪检组副组长	秀屿东峤	续任
刘武生	驻区委宣传部纪检组副组长	龙岩武平	续任
区委巡察办			
沈文忠	主任 区纪委常委（正科长级） 监察委委员	秀屿埭头	续任
陈天疆	副主任	秀屿埭头	续任
区委巡察组			
田林华	巡察一组组长	涵江涵西	2018 年 7 月起
吴立锋	巡察二组组长	荔城黄石	2018 年 7 月起
何震宇	巡察三组组长	城厢灵川	2018 年 7 月起
陈贤仁	巡察一组副组长	涵江新县	2018 年 7 月起
叶晨曦（女）	巡察二组副组长	荔城北高	2018 年 7 月起
陈文林	巡察三组副组长	安溪桃舟	2018 年 7 月起
法院			
陈志权	院长、党组书记 政法委委员	秀屿平海	续任
林文兴	副院长（正科级） 党组成员	秀屿平海	续任
郑炳素（女）	副院长（正科级） 党组成员	仙游鲤城	续任
余金灿	副院长（正科级） 党组成员	秀屿东峤	续任
陈玉志	纪检组组长（正科级） 党组成员	秀屿埭头	续任
陈　静（女）	政治处主任（正科级） 党组成员	荔城镇海	续任

续表 7

姓名	现单位及职务	籍贯	任现职务时间
钟丽华（女）	专职审委会委员 正科级审判员 党组成员	涵江国欢	续任
林少斌	专职审委会委员 正科级审判员	秀屿平海	续任
曾可嘉	区法院执行局（庭）局（庭）长 正科级审判员	城厢凤凰山	续任
戴爱富（女）	立案庭庭长 正科级审判员	城厢灵川	续任
陈建郭	刑事审判庭庭长 正科级审判员	荔城镇海	续任
方新福	民事审判第一庭庭长 正科级审判员	仙游榜头	续任
宋国仁	民事审判第二庭庭长 正科级审判员	荔城新度	续任
王少甫	行政审判庭庭长 正科级审判员	荔城镇海	续任
陈爱军（女）	研究室主任 正科级审判员	荔城镇海	续任
陈良发	行政装备管理科科长 主任科员	仙游榜头	续任
刘世民	刑事审判庭副庭长 正科级审判员	城厢凤凰山	续任
陈俊武	灵川人民法庭庭长 正科级审判员	秀屿东庄	续任
宋立强	法警大队大队长 正科级执行员	荔城拱辰	续任
徐　荟（女）	少年刑事审判庭庭长、正科级审判员	涵江国欢	续任
魏新华	法警大队政委 主任科员	仙游鲤城	续任
程省立	正科级审判员	荔城黄石	续任
林凤莺（女）	监察室主任 副科级审判员	城厢凤凰山	续任
陈玲亚（女）	审判监督庭庭长 副科级审判员	仙游龙华	续任
吴　晨	刑事审判庭副庭长 副科级审判员	荔城黄石	续任
许国珍	民事审判第一庭副庭长 副科级审判员	涵江三江口	续任

续表 7

姓名	现单位及职务	籍贯	任现职务时间
陈颖盈（女）	办公室主任（副科级）	秀屿平海	续任
陈德辉	保留副科级职级干部	荔城黄石	续任
检察院			
林秀冰（女）	检察长 党组书记	秀屿东峤	续任
康青永	副检察长（正科级） 党组成员	涵江梧塘	续任
张丽琼（女）	副检察长（正科级） 党组成员	荔城新度	续任
沈　威	副检察长（正科级） 党组成员	秀屿笏石	续任
杨金春	纪检组组长（正科级） 党组成员	秀屿东埔	续任
陈建明	政治处主任（正科级） 党组成员	仙游榜头	续任
陈予方（女）	党组成员 正科级检察员	涵江涵西	续任
蔡茂金	专职检委会委员 正科级检察员	仙游盖尾	续任
徐金模	专职检委会委员 正科级检察员	荔城黄石	续任
吴智群	法律政策研究室主任 正科级检察员	荔城黄石	续任
刘国富	侦查监督科科长 正科级检察员	城厢凤凰山	续任
张春阳	司法警察大队大队长 主任科员	城厢凤凰山	续任
张纪英（女）	正科级检察员	荔城黄石	续任
姚国庆	正科级检察员	荔城镇海	续任
欧泉灿	正科级检察员	城厢霞林	续任
游龙熙	办公室主任（副科级）	宁德古田	续任
佘晓冬（女）	公诉科科长（副科级）	涵江江口	续任
蔡枫金	保留正科级职级干部	城厢东海	续任
区委办			
陈福平	主任	仙游榜头	续任

续表 7

姓名	现单位及职务	籍贯	任现职务时间
郭雪寒	副主任	秀屿平海	续任
黄晨宇	副主任	荔城黄石	续任
陈文桂	主任科员 区人大常委会委员	荔城拱辰	续任
陈士忠	室务会成员 区信访局局长	城厢凤凰山	续任
林凤棋	室务会成员 督查室主任（保留正科长级待遇） 区国家保密局局长	荔城新度	续任
党群系统党委			
刘剑萍（女）	专职副书记（副科级）	秀屿南日	续任
机要局			
黄敢力	局长（正科级）	仙游榜头	续任
国家保密局			
林凤棋	局长 区委办公室室务会成员 督查室主任（保留正科长级待遇）	荔城新度	续任
党史研究室			
林晓伟	主任	秀屿东峤	续任
信访局			
陈士忠	局长 区委办公室室务会成员	城厢凤凰山	2018 年 10 月起
陈丽娟（女）	副局长	涵江新县	续任
连益斌	副局长	涵江白沙	续任
柯子鹏	主任科员	涵江白沙	续任
蔡剑鸣	副主任科员	仙游枫亭	续任
组织部			
陆建琪	区委常委、组织部部长 区直机关党工委书记 总工会主席	仙游鲤城	续任
林祖宪	副部长 正科级组织员	秀屿笏石	续任
陈珊珊（女）	副部长 老干部局局长	涵江涵西	续任

续表 7

姓名	现单位及职务	籍贯	任现职务时间
谢芳菁（女）	副部长 正科级组织员	荔城镇海	续任
许燕桢（女）	副科级组织员	城厢龙桥	续任
非公有制企业党工委			
胡　宏	专职副书记（副科级）	城厢凤凰山	续任
老干部局			
陈珊珊（女）	局长 组织部副部长	涵江涵西	续任
吴凌燕（女）	主任科员	城厢龙桥	续任
陈秀模（女）	副主任科员	秀屿平海	续任
关工委			
蔡朝晖	秘书长	城厢灵川	续任
宣传部			
吴建銮	区委常委 部长	秀屿东庄	续任
许国清	副部长 文明办主任	涵江秋芦	续任
郑国树	副部长（正科长级）	秀屿月塘	续任
潘建生	副部长	城厢霞林	续任
陈　斌	主任科员	荔城西天尾	续任
陈俊奇	主任科员 宣传系统党委专职副书记	城厢华亭	续任
林少勇	部务会成员 文明办主任科员 市民素质教育办主任	城厢凤凰山	续任
宣传系统党委			
陈俊奇	专职副书记 宣传部主任科员	城厢华亭	续任
文明办			
许国清	主任 宣传部副部长	涵江秋芦	续任
黄鹏远	副主任（正科长级） 区执法局负责人	城厢龙桥	续任

续表 7

姓名	现单位及职务	籍贯	任现职务时间
林少勇	主任科员 宣传部部务会成员 市民素质教育办主任	城厢凤凰山	续任
许秋兰（女）	主任科员	秀屿月塘	续任
社科联			
林其委	主席	仙游榜头	续任
文联			
林宗哲	主席	荔城镇海	续任
张珍发	副主席	秀屿南日	续任
报道组			
易振环	组长 地震办主任科员	涵江庄边	续任
统战部			
陈洪武	区委常委、统战部部长	秀屿山亭	续任
翁福铭	副部长 民宗局局长	城厢灵川	续任
叶建平	副部长（正科长级）	荔城黄石	续任
宋超英（女）	副部长 工商联党组书记、常务副会长	荔城黄石	续任
程　琴（女）	主任科员	福州仓山	续任
林文桃	主任科员	秀屿东峤	续任
民族与宗教事务局			
翁福铭	局长 区委统战部副部长	城厢灵川	续任
程文革	副局长	荔城黄石	续任
杜金发	副主任科员	秀屿埭头	续任
工商联			
宋超英（女）	党组书记、常务副会长 区委统战部副部长	荔城黄石	续任
谢金灿	主任科员、党组成员	仙游游洋	续任
吴　迈（女）	副主任科员	荔城拱辰	续任
侨联			
陈玉萍（女）	主席	涵江江口	续任

续表 7

姓名	现单位及职务	籍贯	任现职务时间
林素玉（女）	副主席	秀屿埭头	续任
台办			
黄国祥	主任	城厢龙桥	续任
姚朝霞（女）	主任科员	荔城西天尾	续任
政法委（综治办、防范和处理邪教问题办公室）			
陈庆王	区委常委 政法委书记	秀屿埭头	续任
卓国华	常务副书记	秀屿平海	续任
俞学军	副书记 综治办主任	荔城镇海	续任
蔡爱国	防范和处理邪教问题办公室主任	荔城黄石	续任
林　伟	主任科员	荔城镇海	续任
林清发	主任科员	秀屿东埔	续任
柯锦扬	政法系统党委专职副书记	城厢霞林	续任
黄永国	综治办副主任	城厢东海	续任
王岩清	副主任科员	仙游盖尾	续任
政法系统党委			
柯锦扬	专职副书记	城厢霞林	续任
大调解工作办公室			
陈　洄（女）	九龙谷管委会主任 区大调解工作办公室专职副主任	荔城镇海	2018 年 7 月起续任
编办			
阮剑文	主任	秀屿平海	续任
郑开荣	副主任	荔城新度	续任
事业单位登记管理局			
陈俊洪	局长	荔城西天尾	续任
杨素红（女）	副主任科员	城厢华亭	续任
移民局			
詹志宇	局长 农业局室务会成员（正科级）	秀屿笏石	续任
陈　婷（女）	副主任科员	城厢龙桥	续任

续表 7

姓名	现单位及职务	籍贯	任现职务时间
区直机关党工委			
陆建琪	书记 区委常委、组织部部长 总工会主席	仙游鲤城	续任
傅元泉	常务副书记	城厢霞林	续任
孙　翠（女）	党工委委员	荔城拱辰	续任
吴国晖	党工委委员	仙游鲤城	续任
林　德	主任科员	城厢凤凰山	续任
党校			
郑松青	区委副书记（正处长级） 党校校长	仙游榜头	续任
吴章福	常务副校长	荔城拱辰	续任
陈建辉	副校长	秀屿埭头	续任
林明钟	副校长	涵江新县	续任
林志勇	副主任科员	仙游郊尾	续任
档案局（馆）			
雷碧霞（女，畲）	局长	城厢常太	续任
陈夏莉（女）	副局长	荔城镇海	续任
马炳臻	主任科员	涵江新县	续任
黄淑霞（女）	副主任科员	北岸山亭	续任
总工会			
陆建琪	主席 区委常委、组织部长 区直机关党工委书记	仙游鲤城	续任
陈开水	常务副主席 党组书记	荔城新度	续任
庞丽香（女）	副主席（正科级）、党组成员	荔城拱辰	续任
连炳辉	主任科员、党组成员	涵江梧塘	续任
翁文理	主任科员、党组成员	荔城北高	续任
团区委			
林鸿伟	书记	城厢灵川	续任

续表 7

姓名	现单位及职务	籍贯	任现职务时间
妇联			
陈颖珊（女）	主席	秀屿平海	续任
林　琳（女）	副主席（正科级）	秀屿月塘	续任
陈丽琴（女）	主任科员	秀屿埭头	续任
科协			
林荣聪	主席	涵江新县	续任
范弦歌	副主席（正科级）	涵江庄边	续任
王　伟	主任科员	荔城镇海	续任
残联			
郭　樱（女）	理事长	涵江涵西	续任
欧奇翔	副理事长	城厢霞林	续任
石志坤	主任科员	城厢华亭	续任
林丽清（女）	副主任科员	秀屿平海	续任
政府办			
蔡建志	主任 政府党组成员	城厢东海	续任
吴胜飞	副主任 主任科员 外事侨务办主任	荔城镇海	续任
陈敬阳	副主任 主任科员	荔城拱辰	续任
林金维	副主任 法制办主任	涵江新县	续任
肖超雄	主任科员	仙游盖尾	续任
姚子镰	主任科员	湄洲岛	续任
徐志群	副主任科员	城厢常太	续任
政府系统党委			
沈　军	专职副书记（正科级）	秀屿埭头	续任
审计局			
涂铁军	局长	城厢常太	续任
吴庆贤	副局长	秀屿埭头	续任

续表 7

姓名	现单位及职务	籍贯	任现职务时间
旅游局			
林双法	局长	仙游园庄	续任
黄荔民（女）	副局长	荔城镇海	续任
蒋荔明（女）	主任科员	秀屿笏石	续任
曾景德	主任科员	荔城拱辰	续任
九龙谷管委会			
陈　洄（女）	主任 区大调解工作办公室专职副主任	荔城镇海	续任
发展和改革局			
徐达威	局长	秀屿笏石	续任
程秀莲（女）	副局长（正科级）	荔城黄石	续任
蔡东明	主任科员	城厢灵川	续任
发改系统党委			
徐振海	专职副书记（副科级）	城厢霞林	续任
城乡一体化办公室			
郑圣柏	广化寺佛教名胜区管委会副主任 区城乡一体化办公室副主任	仙游游洋	2018 年 7 月起续任
人力资源和社会保障局			
林素香（女）	区政协副主席、党组成员 （主持区人社局工作）	城厢凤凰山	续任
林思壮	副局长	荔城镇海	续任
徐晓松	副局长 灵川镇党委副书记（挂职）	荔城黄石	续任
许文龙	副局长	秀屿笏石	续任
胡晨耀	主任科员	秀屿埭头	续任
蔡新凯	副主任科员	荔城新度	续任
社保中心			
统计局			
黄锦南	局长	城厢龙桥	续任
蔡金铭	副局长	城厢灵川	续任
陈光豹	主任科员	秀屿平海	续任
蔡国珍	主任科员	城厢灵川	续任

续表 7

姓名	现单位及职务	籍贯	任现职务时间
经调队			
刘开贵	队长	仙游度尾	续任
经济和信息化局			
林春生	局长	秀屿东峤	续任
谢铁群	副局长	仙游郊尾	续任
吴碧娟（女）	副局长	城厢常太	续任
方碧娴（女）	副局长	城厢华亭	续任
林国春	主任科员 经贸系统党委专职副书记	秀屿埭头	续任
潘宏程	主任科员	涵江秋芦	续任
吴建荣	副主任科员	荔城新度	续任
颜颖频	局务会成员（聘任） 区政府行政服务中心党支部专职副书记 二轻工业联社主任	荔城拱辰	续任
经贸系统党委			
林国春	专职副书记 经济和信息化局主任科员	秀屿埭头	续任
商务局			
陈丽娟（女）	局长	秀屿埭头	续任
汤国恩	副局长	荔城新度	续任
林　君（女）	副局长	荔城镇海	续任
黄元清	主任科员	荔城新度	续任
杜子雄	局务会成员 安福电子商务城党工委书记、管委会主任（聘任） 莆田国际油画城管委会负责人	湄洲岛	续任
安福电子商务城管委会			
杜子雄	局务会成员 安福电子商务城党工委书记、管委会主任（聘任） 莆田国际油画城管委会负责人	湄洲岛	续任
郑颖瑛（女）	副主任 党工委委员	荔城镇海	续任

续表 7

姓名	现单位及职务	籍贯	任现职务时间
安全生产监督管理局			
刘国文	负责人	秀屿埭头	2018 年 12 月起
郑国庆	副局长（正科级）	荔城北高	续任
贸促会			
茅良杰	副会长	仙游赖店	续任
朱金焰	主任科员	荔城镇海	续任
财政局			
许玉树	局长	秀屿东峤	续任
林琦媛（女）	副局长	秀屿笏石	续任
肖建耀	副局长	秀屿东庄	续任
张茂元	主任科员	仙游郊尾	续任
交通运输局			
郑黎明	局长	荔城新度	续任
林建兴	副局长	秀屿埭头	续任
陈志杰	副局长	城厢龙桥	续任
苏启泰	副局长	涵江萩芦	续任
郭妙桑（女）	总工程师（副科级） 项目前期办副主任	荔城北高	续任
交通运输管理所			
吴正兴	所长	仙游大济	续任
交通综合行政执法大队			
朱明穗	大队长	仙游枫亭	续任
吴开金	保留副科级待遇干部	涵江江口	续任
教育局			
刘永贤	局长	涵江江口	续任
佘智敏	副局长（正科级）	荔城拱辰	续任
陈　进	副局长（正科级）	城厢华亭	续任
张宁建	局务会成员 教师进修学校校长	城厢龙桥	续任
黄玉成	主任科员	荔城拱辰	续任
教育督导室			
胡洪九	副主任	秀屿埭头	续任
洪茂兴	保留原职级干部	城厢华亭	续任
陈洪元	保留原职级干部	秀屿埭头	续任

续表 7

姓名	现单位及职务	籍贯	任现职务时间
教师进修学校			
张宁建	校长 教育局局务会成员	城厢龙桥	续任
莆田五中			
吴志明	校长	涵江涵西	续任
黄家红（女）	党委书记	涵江涵西	续任
郑毓青	副校长	城厢华亭	续任
陈国勇	副校长 文献中学校长	荔城新度	续任
梁宏晖	副校长	荔城镇海	续任
傅锦国	党委副书记	城厢凤凰山	续任
莆田三中			
荣秀庆	党支部书记	城厢华亭	续任
韩志勇	副校长	城厢霞林	续任
俞为民	副校长	荔城西天尾	续任
文体广电出版局			
许淑珍（女）	局长	秀屿平海	续任
姚正扬	副局长（正科级）	涵江国欢	续任
程正中	副局长	仙游枫亭	续任
许建平	主任科员	荔城镇海	续任
林劲松	主任科员	城厢华亭	续任
文化市场综合执法大队			
卫生和计划生育局			
陈清汉	局长	秀屿平海	续任
林的华	副局长	秀屿埭头	续任
蔡智勇	副局长	城厢东海	续任
黄顺华	副局长 霞林街道党工委副书记（挂职）	城厢龙桥	续任
吴金世	主任科员	秀屿埭头	续任
林文富	副主任科员	荔城黄石	续任
郑友山	副主任科员	城厢灵川	续任
计生协会			
郑友洪	专职副会长	荔城拱辰	续任

续表 7

姓名	现单位及职务	籍贯	任现职务时间
吴元开	主任科员	城厢灵川	续任
陈玉爱（女）	副主任科员	荔城新度	续任
区医院			
刘华山	院长	涵江国欢	续任
吴武中	党支部书记	秀屿埭头	续任
疾控中心			
郭　伟	主任	城厢凤凰山	续任
红十字会			
黄荔青（女）	常务副会长（正科级）	荔城拱辰	续任
科学技术局			
孙桂芳	局长	城厢灵川	续任
陈宝卫	副局长（正科级）	荔城拱辰	续任
陈平越	副局长	城厢华亭	续任
苏美金（女）	主任科员	仙游度尾	续任
地震办			
黄慧娟（女）	副主任	荔城镇海	续任
易振环	主任科员 报道组组长	涵江庄边	续任
郭玉章	副主任科员	涵江大洋	续任
民政局			
林平凡	局长	城厢常太	续任
黄国生	副局长（正科级）	城厢常太	续任
陈金华	主任科员	秀屿平海	续任
老龄办			
张建峰	常务副主任	涵江涵东	续任
司法局			
陈志平	局长	荔城拱辰	续任
施荔红（女）	副局长（正科级）	秀屿笏石	续任
苏新添	副局长	秀屿东庄	续任
林长春	副局长	城厢灵川	续任

续表 7

姓名	现单位及职务	籍贯	任现职务时间
林　毅	副主任科员	城厢华亭	续任
住建局（人防办）			
黄志汉	局长 区人防办主任	荔城西天尾	续任
林建东	副局长	秀屿埭头	续任
李晓忠	副局长	涵江江口	续任
建设系统党委			
陈臻华	专职副书记	荔城镇海	续任
城市管理行政执法局			
黄鹏远	区委文明办副主任（正科长级）、 暂时负责区执法局工作	城厢龙桥	续任
陈　翔	副局长	城厢东海	续任
佘建明	副局长	秀屿南日	续任
陈志辉	副局长	仙游郊尾	续任
何国文	主任科员	城厢华亭	续任
黄国武	党支部副书记（副科级）	秀屿东庄	续任
环卫处（城管办）			
林清飞	主任	仙游社硎	续任
欧宗辉	环卫处党支部书记	涵江庄边	续任
环保局			
林桂祖	局长	秀屿东峤	续任
王志强	副局长（正科级）	城厢华亭	续任
王国阳	副局长	涵江梧塘	续任
黄锦菁	副局长 凤凰山街道党工委副书记（挂职）	涵江梧塘	续任
陈振达	副主任科员	荔城拱辰	续任
水务局			
陈　攀	负责人	城厢霞林	2018 年 12 月
林密腾	副局长（正科级）	城厢华亭	续任
龚　勇	副局长	荔城新度	续任
谢玉仙	总工程师（聘任，副科级）	荔城拱辰	续任
防汛抗旱指挥部办公室			
吴洪云	防汛办主任（副科级）	秀屿埭头	续任
农业局（农办）			
刘都峰	局长（主任）	秀屿笏石	续任

续表 7

姓名	现单位及职务	籍贯	任现职务时间
陈玉华	副局长	城厢霞林	续任
戴志朋	副局长	秀屿东埔	续任
詹志宇	室务会成员（正科级） 移民局局长	秀屿笏石	续任
陈成瑞	主任科员 农业系统党委专职副书记	仙游郊尾	续任
吴国良	主任科员	秀屿埭头	续任
海洋与渔业执法大队			
戴剑晗	大队长	涵江江口	续任
农业系统党委			
陈成瑞	专职副书记 农业局主任科员	仙游郊尾	续任
供销社			
林基立	主任	仙游鲤城	续任
林垒镕（女）	副主任	涵江三江口	续任
蔡腾达	副主任	城厢东海	续任
方志委			
林建如	主任	仙游游洋	续任
谢　彬	副主任科员	城厢霞林	续任
行政服务中心管委会			
林雄峰	副主任（聘任）	荔城镇海	续任
江　波	副主任	城厢龙桥	续任
颜颖频	党支部专职副书记（聘任） 区经济和信息化局局务会成员 二轻工业联社主任	荔城拱辰	续任
广化寺佛教名胜区管委会			
郑圣柏	副主任 区城乡一体化办公室副主任	仙游游洋	2018 年 7 月— 续任
陈永光	副主任	城厢龙桥	2018 年 8 月起
华林经济开发区			
张伟国	党工委书记（副处级） 区政府党组成员	荔城黄石	续任
陈丽萍（女）	党工委副书记 管委会主任（副处级） 区政府党组成员	秀屿山亭	续任

续表 7

姓名	现单位及职务	籍贯	任现职务时间
柯黎明	党工委委员（聘任） 太湖工业园党委副书记兼副主任	城厢华亭	续任
柯金芳	党工委委员 华林工业园党委副书记兼副主任（聘任）	城厢灵川	续任
柳军英（女）	党工委委员（聘任）	北岸山亭	续任
吴　震	党工委副书记、纪工委书记	城厢常太	续任
陈国霖	管委会副主任	秀屿笏石	续任
蔡国贤	管委会副主任 华林工业园党委委员兼副主任	城厢东海	续任
陈光青	管委会副主任	秀屿平海	续任
吴海东	管委会副主任（聘任）	荔城新度	续任
太湖工业园			
郑　雄	党委书记兼管委会主任（聘任）	仙游榜头	续任
柯黎明	党委副书记兼副主任 华林经济开发区党工委委员（聘任）	城厢华亭	续任
张亦强	党委委员兼副主任	城厢华亭	续任
吴奇伟	党委委员兼副主任	荔城镇海	2018 年 8 月起
华林工业园			
柯金芳	党委副书记兼副主任 华林经济开发区党工委委员（聘任）	城厢灵川	续任
张朝阳	党委委员兼副主任 （聘任，副科级）	仙游榜头	续任
蔡国贤	党委委员兼副主任 华林经济开发区管委会副主任	城厢东海	续任
华亭镇			
蒋万顺	书记	城厢灵川	续任
苏顺琪	副书记 镇长	城厢东海	2018 年 7 月起
莫彩华	副书记（挂职） 区政府科技副区长（挂职）、党组成员	浙江长兴	2018 年 8 月起
胡彬伟	委员 人大主席	荔城黄石	2018 年 12 月起
郑英杰	组织委员	仙游榜头	续任
庄且静（女）	宣传、统战委员	涵江梧塘	2018 年 12 月起
王谟兵	委员 武装部部长	江苏赣榆	2018 年 12 月起

续表 7

姓名	现单位及职务	籍贯	任现职务时间
蔡庆明	副镇长	城厢东海	续任
林俊嘉	副镇长	秀屿埭头	续任
陈扬鑫	副镇长	南平延平	2018 年 12 月起
李永鑫	综治办专职副主任	涵江江口	续任
常太镇			
吴晋春	书记	荔城拱辰	续任
沈海霞（女）	副书记 镇长	城厢东海	续任
林志伟	委员 人大主席	城厢龙桥	2018 年 12 月起
陈志敏	副书记	秀屿笏石	续任
陈屹楠	委员 纪委书记	北岸山亭	续任
张少俊	组织委员	荔城新度	续任
林　宇	宣传委员 统战委员	荔城黄石	续任
贾　昱	委员 武装部部长	江西萍乡	续任
戴玉腾	委员 副镇长	城厢华亭	续任
郭凤祥	副镇长	秀屿东峤	续任
邹圣侠	科技副镇长（挂职） 区移民局综合股和计财股负责人	荔城黄石	续任
黄超群	司法所所长	秀屿平海	续任
蔡莉娜（女）	综治办专职副主任	城厢常太	续任
灵川镇			
林俊杰	书记	城厢凤凰山	续任
林　根	副书记 镇长	仙游鲤城	续任
曾　锋	委员 人大主席	城厢凤凰山	续任
潘金珍	主任科员	湄洲岛	续任
许晋芳	副书记	城厢华亭	续任
杨少龙	委员 纪委书记	城厢常太	续任
林窕婧（女）	组织委员	仙游鲤城	续任

续表 7

姓名	现单位及职务	籍贯	任现职务时间
陈清龙	宣传、统战委员	城厢凤凰山	2018 年 12 月起
张印忠	委员 武装部部长	河北巨鹿	续任
吴清松	副镇长	城厢霞林	续任
许志勇	副镇长	秀屿东峤	续任
吴美玉（女）	科技副镇长（挂职） 区卫生监督所科员	荔城拱辰	续任
蔡明华	司法所所长	城厢东海	续任
东海镇			
陈志军	书记	荔城拱辰	续任
沈国发	副书记 镇长	秀屿埭头	续任
陈俊成	委员 人大主席	秀屿埭头	2018 年 12 月起
黄俊飞	主任科员	城厢灵川	续任
黄智强	副书记	仙游榜头	续任
林　航	委员 纪委书记	仙游鲤城	续任
许　震	组织委员	城厢华亭	续任
陈丽丽（女）	宣传委员 统战委员	秀屿东埔	续任
胡元良	委员 副镇长	仙游枫亭	续任
林梅红（女）	副镇长	仙游盖尾	续任
阮成伟	科技副镇长（挂职） 区交通局工程路政股负责人	仙游郊尾	续任
许宇宙	司法所所长	秀屿笏石	续任
黄剑恒	综治办专职副主任	涵江白塘	续任
龙桥街道			
张洪宾	书记	仙游榜头	续任
宋朝阳	副书记 主任	秀屿平海	续任
柳军勇	委员 人大主任	北岸山亭	2018 年 12 月起
吴俊熹	委员 纪工委书记	秀屿东庄	2018 年 12 月起

续表 7

姓名	现单位及职务	籍贯	任现职务时间
郑碧樊（女）	组织委员	城厢龙桥	续任
翁朝晖	宣传、统战委员	荔城镇海	续任
陈建华	委员 武装部部长	城厢灵川	续任
蔡金平	委员 副主任	城厢霞林	续任
陈毓卿（女）	副主任	秀屿平海	续任
陈　扬	副主任	涵江国欢	续任
方海英（女）	司法所所长	荔城拱辰	续任
曾秋泉	综治办专职副主任	秀屿湄洲	续任
霞林街道			
陈国忠	书记	秀屿东庄	续任
陈元兴	副书记 主任	荔城新度	续任
许庆明	委员 人大主任	秀屿东峤	续任
黄顺华	副书记（挂职） 区卫生和计划生育局副局长	城厢龙桥	续任
刘清伟	副书记	仙游榜头	2018 年 12 月起
林朝阳	副书记	秀屿埭头	续任
姜大银	委员 纪工委书记	重庆开县	续任
林天虎	组织委员	荔城西天尾	续任
吴敏红（女）	宣传委员 统战委员	荔城黄石	续任
杨　勇	委员 武装部部长	江苏海安	续任
黄志伟	委员 副主任	城厢龙桥	续任
郑婷婷（女）	副主任	城厢 龙桥	续任
周东明	司法所所长	荔城新度	续任
方　晖	综治办专职副主任	城厢灵川	续任
凤凰山街道			
蔡辉彬	副书记 主任	城厢 东海	续任

续表 7

姓名	现单位及职务	籍贯	任现职务时间
杨智伟	副书记	仙游 榜头	续任
黄锦菁	副书记（挂职） 区环境保护局副局长	涵江梧塘	续任
陈鹏远	委员 纪工委书记	涵江 涵东	续任
黄 敏 （女）	组织委员	城厢灵川	续任
黄雪峰	宣传委员 统战委员	荔城拱辰	续任
沈耀森	委员 武装部部长	漳州诏安	2018 年 12 月起
蔡妹玉 （女）	副主任	荔城镇海	续任
周荔山	副主任	城厢霞林	续任
崔建行	司法所所长	秀屿月塘	2018 年 12 月起
苏剑炜	综治办专职副主任	城厢龙桥	续任
黄智深	副主任科员	秀屿平海	续任

（区委组织部提供）

2018 年城厢区逝世人物名表

（2018 年逝世，曾在城厢区担任过副科级以上领导职务或在外回城厢区籍贯地，行政职务副处级以上的人物和离休人员）

表 8

姓名	性别	出生年月	逝世年月	籍贯（省、市（县）、镇（街道））	原工作单位及职务表彰级别
石金兴	男	1938 年 3 月	2008 年 5 月	福建省莆田市城厢区华亭镇	城厢区民政局 局长（科级）

2018 年城厢区先进集体名录表

表 9

获奖单位	荣誉称号	授予单位	表彰时间	表彰级别
区检察院	全国检察宣传先进单位	最高检	2018 年 9 月	国家级
区法院审监庭	全国法院家事审判工作先进集体	最高院	2018 年 7 月	国家级
区司法局	第四批全国法治县（市、区）创建活动先进单位	全国普法办公室	2018 年 7 月	国家级
沟头社区	防灾减灾示范社区	国家防灾减灾委	2019 年 1 月	国家级
城厢区	福建省第五届（2015—2017 年度）文明城区	省委省政府	2018 年 7 月	省级
城厢区	2017 年度福建省教育工作先进县（区）	省政府	2018 年 9 月	省级
区防诈骗反传销志愿服务大队	福建省学雷锋志愿服务最佳志愿服务项目	省委省政府	2018 年 12 月	省级
区检察院案件管理科	全省检察机关先进集体	省人社厅 省检察院	2018 年 12 月	省级
区人武部	先进人武部	省军区	2018 年 12 月	省级
区人武部	安全管理先进单位	省军区	2018 年 1 月	省级
区公安分局	全省公安机关执法质量优秀单位	省公安厅	2018 年 3 月	省级
区公安分局侦破部督肖某明等网络贩枪案专案组	集体二等功	省公安厅	2018 年 7 月	省级

续表 9

获奖单位	荣誉称号	授予单位	表彰时间	表彰级别
区征兵办	征兵工作先进单位	省征兵办	2018 年 8 月	省级
区财政局	2017 年度省级财政信息工作省级先进单位	省财政厅	2018 年 1 月	省级
区委文明办	最佳志愿服务项目	省学雷锋志愿服务“四个最美”先进典型宣传活动组委会	2018 年 12 月	省级
城厢区	2018 年县区（管委会）党政领导落实生态环境保护目标责任书情况第一名	市委市政府	2019 年 1 月	市级
城厢区	2018 年县区（管委会）党政领导落实综治（平安建设）责任书情况第一名	市委市政府	2019 年 1 月	市级
霞林街道	在厦门会晤和党的十九大期间维护全市社会安定稳定工作中表现突出，获得集体嘉奖	市委市政府	2018 年 5 月	市级
常太镇	2018 年“四好农村路”示范乡镇	市政府	2018 年 12 月	市级

2018 年城厢区先进人物表

表 10

姓名	工作单位	荣誉称号	授予单位	表彰时间	表彰级别
徐晋雄	区检察院	全国模范检察官	人社部 最高检	2018 年 11 月	国家级
陈　静	区法院	2017 年度全国三八红旗手	全国妇联	2018 年 3 月	国家级
戴艳芳	区检察院	全国检察宣传先进个人	检察日报	2018 年 1 月	国家级
黄艾婧	区检察院	“第二届全国检察官阅读征文活动”三等奖	最高检、同方知网	2018 年 3 月	国家级
沈　威	区检察院	“第二届全国检察官阅读征文活动”二等奖	最高检、同方知网	2018 年 3 月	国家级
佘晓冬	区检察院	“第二届全国检察官阅读征文活动”优秀等奖	最高检、同方知网	2018 年 3 月	国家级
陈家波	区环境监察大队	全国环境执法大练兵先进个人	生态环境部	2018 年 3 月	国家级
陈家波	区环境监察大队	打击固体废物环境违法行为专项行动表现突出个人	生态环境部	2018 年 5 月	国家级

续表 10

姓名	工作单位	荣誉称号	授予单位	表彰时间	表彰级别
沈 威	区检察院	全省优秀检察官	省人社厅 省检察院	2018 年 12 月	省级
戴艳芳	区检察院	新媒体工作先进个人	省检察院	2018 年 2 月	省级
翟 威	区法院	全省法院司法警察先进个人	省法院	2018 年 8 月	省级
张 燕 翟 威	区法院	全省法院司法警察教练员教学技能竞赛“优秀教练员”	省法院	2018 年 8 月	省级
郑育顺 许秋兰	区法院	全省法院优秀人民陪审员	省法院	2018 年 1 月	省级
陈剑煌	区公安分局	2018 年全省公安机关现场执法比武标兵	省公安厅	2018 年 12 月	省级
陈家波	区环境监察大队	全国执法大练兵个人记功嘉奖	省人社厅、环保厅、公务员局	2018 年 10 月	省级
杨志英	区外侨办	全省侨务系统先进工作者	省人社厅 省侨务办	2018 年 11 月	省级
吴一涵	女	全省第二批五星级志愿者	城厢区招商局	2018 年 12 月	省级
林一虎 吴瑞珊	区公安分局	厦门会晤和党的十九大期间为莆田市社会安定稳定工作作出突出贡献的公务员集体和个人记功嘉奖（二等功）	市委市政府	2018 年 5 月	市级
李向忠	区公安分局	厦门会晤和党的十九大期间为莆田市社会安定稳定工作作出突出贡献的公务员集体和个人记功嘉奖（三等功）	市委市政府	2018 年 5 月	市级
陈国忠	霞林街道	厦门会晤和党的十九大期间为莆田市社会安定稳定工作作出突出贡献的公务员集体和个人记功嘉奖（三等功）	市委市政府	2018 年 5 月	市级
黄明森	区国土分局	厦门会晤和党的十九大期间为莆田市社会安定稳定工作作出突出贡献的公务员集体和个人记功嘉奖	市委市政府	2018 年 5 月	市级
方海星	华亭派出所	厦门会晤和党的十九大期间为莆田市社会安定稳定工作作出突出贡献的公务员集体和个人记功嘉奖	市委市政府	2018 年 5 月	市级
陈丽娟	区信访局	厦门会晤和党的十九大期间为莆田市社会安定稳定工作作出突出贡献的公务员集体和个人记功嘉奖	市委市政府	2018 年 5 月	市级
吕伍平	凤凰山街道	莆田市 2017 年征兵工作先进个人	市政府	2018 年 3 月	市级

姓名	工作单位	荣誉称号	授予单位	表彰时间	表彰级别
沈海霞	常太镇	2018 年“四好农村路”优秀路长	市政府	2018 年 12 月	市级

2018 年城厢区获评高级技术职称人物表

表 11

姓名	工作单位	技术职称	获任职资格时间
郑　靖	城厢区劳动就业中心	高级经济师	2018 年 9 月 10 日

附录

国家级媒体报道

新华社

2018.1.3　从“钱袋子”抓起：中国加快环境治理现代化转型

2018.8.11　福建莆田 重振四大名果 助力乡村振兴

2018.9.21　“人水和谐”的生动实践——福建莆田木兰溪治理纪实

2018.10.26　飞阅生态莆田

2018.11.11　特色化智能化一体化：福建构建矛盾纠纷多元化解格局

2018.12.21　福建莆田：老产业焕发新生机

2018.12.22　福建莆田：民营经济稳步发展

人民日报

2018.9.21　5版 木兰溪之变

2018.11.11　4版 福建多元化化解矛盾纠纷“接地气，百姓就满意”（坚持发展“枫桥经验”）

中新社

2018.3.2　中国新闻网　城厢区南门村摆棕轿庆元宵活动

光明日报

2018.6.19　4版 改革激活千年文化因子

经济日报

2018.9.23　1 版 从水患频仍到“全国最美”——“人水和谐”木兰溪

中央电视台

2018.3.18　新闻频道《新闻直播间》摩托车雨夜滑倒路人撑伞守护

2018.6.17　《农广天地》　别样端午

2019.9.20　《新闻联播》　聚焦莆田木兰溪

省级媒体报道

《福建日报》

2018.2.8　16 版头条 莆田观察　一座馆，藏着一座城

2018.2.20　01 版 登山过个健身年

2018.3.15　16 版头条 莆田柳园：武举美名冠八闽长留医术泽四方

2018.3.22　16 版头条 莆田观察　探访灵川东进“五帝文化”

2018.4.4　01 版 莆田乡村，宜居宜业更宜游

2018.4.26　16 版 头条　千年龟山寺：深山古寺藏故事云里无了响梵音

2018.5.1　01 版 “信息 +”，打通环境执法“神经末梢”

2018.5.10　14 版头条 优化征迁机制刷新“征迁速度”

2018.5.17　15 版 莆田观察　一元理发欢乐多

2018.5.17　15 版头条 莆田观察　社区发展不忘本

2018.6.7　14 版 深化医保改革，做大“民生红包”

2018.7.12　13 版 踏上木兰陂，找寻历史踪迹

2018.7.12　15 版城厢：加强实有房屋和人口管理

2018.7.12　15 版城厢：延寿路南伸工程全线通车

2018.7.19　15 版头条　“三社联动”，社区生活悄然蝶变

2018.7.19　16 版头条革命燎原上红星再闪

2018.7.26　15 版头条 今天，我们如何留住乡村医生？

2018.8.2　16 版城厢区打造天龟线景观道

2018.9.20　10 版头条 十年坚守创办乡村公益学堂

2018.9.6　14 版头条 乡村振兴的“城厢探路”

2018.9.13　13 版头条 “红色火车头”驶入项目攻坚主战场 —莆田推行“党支部 + 指挥部”一线党建工作法

2018.9.20　15 版头条 城厢教育“：集团化”力推“均衡化”

2018.10.17　03 版头条 探秘莆田产业经济的“黑马”

2018.11.1　14 版头条 “花蛤之乡”的转型之路

2018.11.8　13 版头条 城厢：让城市更靓丽更宜居

2018.11.29　14 版头条 村美人幸福 —莆田市城厢区建设“美丽乡村”纪实

2018.12.6　15 版头条 诚信交通，让失信者处处“难通”

2018.12.13　16 版头条 城厢：用廉政文化涤荡心灵

2018.12.18　15 版 打造生态文明的莆田样本

市级媒体报道

《湄州日报》

2018.1.5　B1B4 版　锐意进取勇担当 阔步逐梦新时代——城厢区深入贯彻十九大精神加快建设美丽莆田先行区（两会专版）

2018.1.10　B2 版头条 锐意进取谱新篇——从区两会看城厢先行发展新思路

2018.1.17　B2 版头条 探索社会治理新模式——城厢区积极推进基层善治工程建设

2018.1.24　B2 版头条 放飞乡村孩童艺术梦想 ——城厢区实现镇中心学校乡村少年宫建设全覆盖

2018.1.31　B2 版头条 小厕所惠及大民生——城厢区创新思路持续推进农村厕所革命

2018.2.7　B2 版头条 让河流更澄澈生活更美好——城厢区全面推行河长制工作侧记

2018.3.7　B2 版头条　易俗除弊新气象 文明乡风润民心——东海镇全力推动移风易俗工作侧记

2018.3.14　B2 版头条　不负春光韶华展——城厢区华林经济开发区多措并举冲刺首季“开门红”

2018.3.21　B2 版头条　一场漂亮的征迁攻坚战——油画城片区改造项目锻造“城厢速度”

2018.3.28　B2 版头条　叩响美好宜居城市之门——龙桥街道洋西六期、八期项目征迁工作侧记

2018.4.4　B2 版头条　推动互联网服务业高层次发展——城厢区加快平台经济建设

2018.4.11　B2 版头条　春风化雨育新风——城厢区教育系统积极推动移风易俗

2018.4.18　B2 版头条　释放发展新活力——城厢区积极推进产业提升

2018.4.25　B2 版头条　保一方平安 促一方和谐——城厢区创新社会治理助推美丽莆田建设

2018.5.2　B2 版头条　“党建 + 一线”激活“造血扶贫”源动力——城厢区创新机制抓党建促脱贫

2018.5.9　B2 版头条　一个更广阔的发展空间——莆田国际油画城开园试营业

2018.5.23　A3 版头条　打造全域旅游圈——城厢区积极推动旅游业转型升级

2018.5.30　B2 版头条　情牵百姓千万家——城厢区财政局改善服务民生纪实

2018.6.6　B2 版头条　生态颜值“节节高”——城厢区全力打好污染防治攻坚战

2018.6.13　B2 版头条　绿水碧波景色美——常太镇大力推进小流域治理

2018.6.20　B2 版头条　党员攻坚在一线——华亭镇樟塘片区整村改造党建引领和谐征迁

2018.6.27　B2 版头条　“红色引擎”激活攻坚动力——霞林街道发挥党建引领助推征迁项目

2018.7.4　B2 版头条　打造食品产业党建联盟——城厢区积极探索党建工作新模式

2018.7.11　B2 版头条　永葆初心创佳绩——城厢区各级党组织开展纪念建党 97 周年系列活动侧记

2018.7.18　B2 版头条　打造校外活动乐园——城厢区搭建平台扎实推进校外教育

2018.7.25　B2 版头条　构建食品安全防线——城厢区扎实推进“食安创城”
2018.8.1　B2 版头条　打赢精准脱贫百日攻坚战——城厢区实施五大专项行
2018.8.8　B2 版头条　文明花开结硕果——城厢区实现省级文明城区“四连冠”
2018.8.15　B2 版头条　开启发展新动能——城厢区发改局全力推进重点项目建设
2018.8.22　B2 版头条　A4 版 时不我待鏖战急——东海镇下足“绣花”功打好三大攻坚战
2018.8.29　B2 版头条　尽锐出战齐攻坚——灵川镇紧抓落实全力打好三大攻坚战
2018.9.5　A4 版头条　营造清风正气——城厢区建立“四查三问”工作机制
2018.9.12　B2 版头条　战鼓隆隆攻坚忙——华亭镇精准施策打好三大攻坚战
2018.9.19　B2 版头条　提升堡垒战斗力——城厢区为扫黑除恶专项斗争提供坚强组织保障
2018.9.26　B2 版头条　栽好梧桐树 诚引凤凰栖——城厢区工商局营造良好营商环境
2018.10.10　B2 版头条　撬动质量“高地” 打造发展“引擎”——城厢区兑现惠企政策提振企业信心
2018.10.17　B2 版头条　让环境更净更美——城厢区全力推进垃圾强制分类工作
2018.10.24　B2 版头条　筑牢校园安全“防护网”——城厢区教育系统深入推进扫黑除恶专项斗争
2018.10.31　B1 版头条　浇灌教育之花 收获丰硕果实——城厢区财政多措并举大力支持教育改革发展
2018.11.1　B2 版头条　精雕细琢高颜值——城厢区美丽蝶变绘就城市新容颜
2018.11.14　B2 版头条　激活城市交通脉搏——城厢区打造纵横有序市政道路网络
2018.11.21　A4 版头条　打造亮丽城市窗口——城厢区补齐短板提升城市形象
2018.11.28　B2 版头条　绿色生态美 和谐宜居城——城厢区民生项目为市民幸福指数“加码”
2018.12.5　B2 版头条　激活工业企业新活力——城厢区推进“三转一市”促经济发展
2018.12.12　B2 版头条　严防死守 筑牢屏障——城厢公安机关连续作战防控非洲猪瘟疫情
2018.12.19　A4 版头条　治好一方水土 实现永续发展——城厢区多举措推进水土保持生态建设
2018.12.26　B2 版头条　呵护童心 快乐成长——城厢区打造儿童之家为孩子成长助力

索引

说明

一、本索引采用主题词分析法，按主题词首字汉语拼音字母顺序排列。

二、栏目、分目标题用黑体。“特载”“专记”“大事记”“人物”“名录”“附录”内容不作索引。

三、索引主题词后的数字表示页码。

四、空一字起排的款目为上一主题的“附见”。

C

D

E

F

G

H

J

K

L

M

N

P

Q

R

S

Y

Z